# 国际标准体系下海外工程 BIM 技术应用

BIM TECHNOLOGY PRACTICES FOR INTERNATIONAL ENGINEERING
PROJECTS UNDER INTERNATIONAL STANDARDS

王 昊 主编
张志峰 唐子其 副主编

中国建筑工业出版社

图书在版编目（CIP）数据

国际标准体系下海外工程 BIM 技术应用 = BIM TECHNOLOGY PRACTICES FOR INTERNATIONAL ENGINEERING PROJECTS UNDER INTERNATIONAL STANDARDS / 王昊主编；张志峰，唐子其副主编. — 北京：中国建筑工业出版社，2024. 11. — ISBN 978-7-112-30427-1

Ⅰ.F284-39

中国国家版本馆 CIP 数据核字第 2024XP7468 号

责任编辑：毕凤鸣
文字编辑：白天宁
责任校对：张惠雯

## 国际标准体系下海外工程 BIM 技术应用
### BIM TECHNOLOGY PRACTICES FOR INTERNATIONAL ENGINEERING PROJECTS UNDER INTERNATIONAL STANDARDS

王　昊　主　编
张志峰　唐子其　副主编

\*

中国建筑工业出版社出版、发行（北京海淀三里河路 9 号）
各地新华书店、建筑书店经销
北京龙达新润科技有限公司制版
建工社（河北）印刷有限公司印刷

\*

开本：787 毫米 ×1092 毫米　1/16　印张：26¼　字数：622 千字
2024 年 12 月第一版　　2024 年 12 月第一次印刷
定价：**108.00** 元
ISBN 978-7-112-30427-1
（43773）

**版权所有　翻印必究**
如有内容及印装质量问题，请与本社读者服务中心联系
电话：（010）58337283　QQ：2885381756
（地址：北京海淀三里河路 9 号中国建筑工业出版社 604 室　邮政编码：100037）

# 《国际标准体系下海外工程 BIM 技术应用》
## 编写指导委员会

主　任：白银战　张晓强
副主任：吴　宇　何俊彪　丁　文　王　昊　朱明峰　陶　然
委　员：王广斌　富科军　安永强

## 编委会

主　编：王　昊
副主编：张志峰　唐子其　刘维佳　李　冲　胡伟明　杨佳岩　徐青云
顾　问：王广斌
编　委：

中国港湾工程有限责任公司：侍嘉鹏　于高荣　Daniel Villamarin Zuluaga
　　　　　　　　　　　　　Laura Alejandra Buitrago
　　　　　　　　　　　　　刘　磊
中交武汉智行国际工程咨询有限公司：刘维佳
北京城建设计发展集团股份有限公司：赵　辰　王　刚　吴　婕
　　　　　　　　　　　　　吕东海
同济大学：　　　　　　　　　　　　朱家德　曹冬平　谭　丹
　　　　　　　　　　　　　　　　　任国乾　周逸苇
中国建筑资讯科技有限公司：　　　　顾志远　陆琪琪　舒　盼
中国电信国际有限公司：　　　　　　李　彦　李　翔　余文博
小库科技：　　　　　　　　　　　　何宛余　赵　珂
Mizu studio：　　　　　　　　　　Alberto Sebastian Arciniegas Flórez
　　　　　　　　　　　　　　　　　Oswaldo Avila Andrade

# 前言

在"一带一路"倡议带动下，中国公司在海外基础设施参建和投资的项目越来越多。海外工程项目由于具有跨区域、跨语言的特征，且各区域对BIM（Building Information Modeling，建筑信息模型）技术的认识、应用程度、方式均存在较大差异，BIM技术应用深度较国内更为深入，并且在实际BIM技术应用过程中会涉及诸多标准及不同体系。国内BIM标准指南包括现已发布的BIM标准，已经无法满足中国企业海外项目BIM应用要求，需要加强对海外工程项目BIM技术应用指南的研究与编制工作。

本书主要包括以下内容：全球BIM标准体系、海外BIM团队组织管理体系、海外项目BIM综合应用分析、海外项目BIM技术实施体系、海外项目BIM技术应用成果评价体系。

其中，"全球BIM标准体系"作为整个书稿的基础，该章通过对相关文献及标准的梳理，深度分析对比了国际上部分国家及中国香港地区标准之间的差异，并找到了更加适用于海外EPC及运营项目的BIM技术应用要点，后续开展的BIM技术应用均基于此项研究开展。

"海外BIM团队组织管理体系"是对工程项目在全生命周期实施过程中的目标管理、项目特征、组织结构进行合理分析，通过对文献及国内外案例的分析，结合公司及项目实际情况，归纳总结适合海外标准体系的BIM团队架构及工作职责。

"海外项目BIM综合应用分析"通过对文献及国内外案例的分析，结合波哥大项目BIM应用实践，确定了工程项目全生命周期BIM技术应用的应用实施点，其中包括规划设计、施工及竣工交付、运维三个阶段。

"海外项目BIM技术实施体系"是对工程项目全生命周期BIM技术应用业务流程管控、项目风险管控和成果质量与标准化管理进行论述，确保BIM技术应用高质量完成服务。

"海外项目BIM技术应用成果评价体系"是采用后评价的模式，对工程项目全生命周期BIM技术应用完成后的客户满意度、工作成果度量、绩效考核和工作成果奖励机制进行研究，为工程项目全生命周期BIM技术应用完成效果评判提供参考标准。

本书为海外工程BIM技术应用指南，可为从事海外工程公司的工程师和管理人员，以及想要了解国际标准BIM应用的学生和研究人员提供参考。本书能帮助相关从业人员深入了解国际BIM标准及技术体系并改善中国企业海外工程项目BIM技术应用现状，为中国企业海外工程项目BIM工作的实施提供全面、系统、合理的指导建议，并为将来国内组织编制海外BIM标准提供实践参考。

本书在编写过程中引用了许多专家、学者在科研、实践中的经验资料，在此一并表示感谢。限于作者水平有限，书中难免存在不足，恳请读者批评指正。

# 目录

**第1章 全球BIM标准体系** ················································ 1
  1.1 概述 ················································ 1
  1.2 全球BIM标准体系 ················································ 7

**第2章 海外BIM团队组织管理体系** ················································ 101
  2.1 组织管理模式 ················································ 101
  2.2 组织架构与岗位职责 ················································ 108

**第3章 海外项目BIM综合应用分析** ················································ 116
  3.1 项目生命周期的阶段划分 ················································ 116
  3.2 业主信息管理需求分析 ················································ 119
  3.3 BIM应用（BIM Uses） ················································ 126
  3.4 模型精细度（LOD） ················································ 165
  3.5 BIM技术融合与应用 ················································ 171

**第4章 海外项目BIM技术实施体系** ················································ 203
  4.1 BIM执行计划编制指南 ················································ 203
  4.2 基于BIM的协同设计流程 ················································ 267
  4.3 基于BIM的施工管控流程 ················································ 318
  4.4 基于BIM的竣工交付与设施运维 ················································ 355

**第5章 海外项目BIM技术应用成果评价体系** ················································ 388
  5.1 BIM技术应用成果评价体系 ················································ 388
  5.2 客户满意度度量方式 ················································ 393
  5.3 工作成果价值与项目效益度量方式 ················································ 398

**参考文献** ················································ 411

**后记** ················································ 415

# 第 1 章

# 全球 BIM 标准体系

## 1.1 概述

### 1.1.1 全球 BIM 发展水平

自 1975 年 Chuck Eastman（查克·伊士曼）提出 BIM（Building Information Modeling，简称 BIM，建筑信息模型）的雏形——基于计算机的建筑描述系统（Building Description System）算起，BIM 技术已经诞生和发展了近 50 年，其内涵和外延也在不断发展并被更多人们认知，特别是近十年，BIM 已成为国内外研究和应用的热点。

目前，BIM 在建筑工程各领域皆有较广泛的应用，并已被证实具有降本增效的作用。波士顿咨询公司的报告显示，通过 BIM 技术的普及与应用，到 2025 年全行业工程建设成本有望降低 7000 亿至 12000 亿美元，运维成本有望降低 3000 亿至 5000 亿美元。实现这一目标的关键特征包括全生命周期的 BIM 技术应用、数据驱动的精益建造、精准的施工监测与监管、自动化施工、设备健康监测与预警、智能运维等。

英国 NBS（原为 National Building Specification，翻译为"英国建筑规范组"，后改名为 NBS，原名称不再使用）的最新报告《NBS 数字建造报告 2021》，收集了世界各地 906 份不同企业的问卷回答，采访了设计顾问、施工、业主、供应商等多方参建单位。调查显示已有 71% 的企业采用 BIM 技术，对比往年变化不大，BIM 应用增长由爆发期进入稳定期；有近三分之二的企业遵循政府与协会制定的统一标准，整体规范程度较高。

与 BIM 技术的广泛应用相反，BIM 技术的应用水平依然不高。NBS 发布的《NBS 国家 BIM 报告》显示，截至 2020 年年末，英国政府制定的全面达成含附加信息的协作 BIM 目标仍未完全实现，很少有从业者使用完全集成和可互操作的 BIM 系统，在许多发展中国家，BIM 远未得到广泛采用。即使采用，也仅局限于低成熟度的部分应用，如可视化及冲突检测。许多关键技术需要攻关，才能促进其深入应用。例如，目前大模型的操作和互操作效率都还很低，对硬件要求过高，面向建筑行业应用的图形引擎核心技术还有很大的提升空间。再比如，2020年《NBS国家BIM报告》显示，仍有超过三分之一的项目采用IFC（Industry Foundation Classes，工业基础类）以外的格式开展信息交换，这并不利于模型数据在建筑物全生命期的应用。所有这些说明，BIM技术本身还处在快速发展阶段，技术研发和深度应用正相互促进。

通过对2010年至2020年间1369篇高引论文的文献计量学研究，BIM研究仍处于扩散增长阶段，近年来的主要趋势分布在增强现实、建筑安全、BIM教育、虚拟学习、生命周期评估、地理信息系统、计算机辅助设计、工程设计和性能分析模型、预制等九大领域。从时间演化的角度来看，过去十年BIM的发展经历了从数据收集到信息集成再到知识管理的过程。BIM在未来发展中的主要趋势将包括与新兴数字技术和信息网络的结合、建筑改造中应用的探索、实时的协作系统的开发以及开放的BIM数据模型IFC的普及。

## 1.1.2 国际标准

国际标准主要是指由国际标准化组织（International Organization for Standardization，ISO）制定的标准，旨在世界范围内促进标准化工作的发展，以利于国际物资交流与互助。

1985年，ISO在工业自动化与集成技术委员会TC 184新设立第四分委会SC 4（ISO/TC 184/SC 4）研发支持产品数据交换的标准，并于1994年正式发布了产品模型数据转换标准（Standard for the Exchange of Product model data，STEP），ISO/TC 184/SC 4在随后的十年内发布了基于STEP语言的数个IFC标准版本，包括IFC 2x版本的部分技术内容（ISO/PAS 16739：2005，"PAS"全称为Publicly Available Specification，即公开可用规范）和IFC2x4的完整技术内容（ISO 16739：2013）。目前，BIM相关的标准主要由ISO建筑和土木工程信息组织与数字化委员会TC 59的第13分委会SC 13（ISO/TC 59/SC 13）主管。ISO/TC 59/SC 13的名称为建筑和土木工程的信息组织和数字化，专注于贯穿整个建筑和基础设施生命周期的信息的标准化工作，主要职责包括：促进信息交互性；提供一套成体系的标准、规程及报告；实现面向对象的数字信息交换。

截至2023年1月，ISO/TC 59/SC 13拥有参编成员33位，观察成员17位，已发布标准21部，在编9部，见表1.1。

ISO/TC 59/SC 13 已发布和在编标准情况　　　　表1.1

| 标准号 | 名称 |
| --- | --- |
| ISO 12006-2：2015 | 房屋建筑—建筑工程信息的组织—第2部分：分类框架<br>Building construction—Organization of information about construction works—Part 2：Framework for classification |
| ISO 12006-3：2022 | 房屋建筑—建筑工程信息的组织—第3部分：基于对象的信息分类框架<br>Building construction—Organization of information about construction works—Part 3：Framework for object-oriented information |
| ISO/TS 12911：2012 | BIM导则框架<br>Framework for building information modelling(BIM) guidance |

续表

| 标准号 | 名称 |
| --- | --- |
| ISO 16354:2013 | 知识库和对象库的构建导则<br>Guidelines for knowledge libraries and object libraries |
| ISO 16739-1:2018 | 建筑和设施管理行业数据共享的工业基础类—第1部分:数据模式<br>Industry Foundation Classes(IFC) for data sharing in the construction and facility management industries—Part 1:Data schema |
| ISO 16757-1:2015 | 建筑服务电子产品目录的数据结构—第1部分:概念、结构和模型<br>Data structures for electronic product catalogues for building services—Part 1:Concepts,architecture and model |
| ISO 16757-2:2016 | 建筑服务电子产品目录的数据结构—第2部分:几何<br>Data structures for electronic product catalogues for building services—Part 2:Geometry |
| ISO 19650-1:2018 | 建筑和土木工程信息的组织和数字化,包括BIM—基于BIM的信息管理—第1部分:概念和原则<br>Organization and digitization of information about buildings and civil engineering works,including building information modelling(BIM)—Information management using building information modelling—Part 1:Concepts and principles |
| ISO 19650-2:2018 | 建筑和土木工程信息的组织和数字化,包括BIM—基于BIM的信息管理—第2部分:资产交付阶段<br>Organization and digitization of information about buildings and civil engineering works,including building information modelling(BIM)—Information management using building information modelling—Part 2:Delivery phase of the assets |
| ISO 19650-3:2020 | 建筑和土木工程信息的组织和数字化,包括BIM—基于BIM的信息管理—第3部分:资产运营阶段<br>Organization and digitization of information about buildings and civil engineering works,including building information modelling(BIM)—Information management using building information modelling—Part 3:Operational phase of the assets |
| ISO 19650-4:2022 | 建筑和土木工程信息的组织和数字化,包括BIM—基于BIM的信息管理—第4部分:信息交换<br>Organization and digitization of information about buildings and civil engineering works,including building information modelling(BIM)—Information management using building information modelling—Part 4:Information exchange |
| ISO 19650-5:2020 | 建筑和土木工程信息的组织和数字化,包括BIM—基于BIM的信息管理—第5部分:信息管理中的安全意识<br>Organization and digitization of information about buildings and civil engineering works,including building information modelling(BIM)—Information management using building information modelling—Part 5:Security-minded approach to information management |
| ISO 21597-1:2020 | 用于链接文件传送的信息容器—交换规范—第1部分:容器<br>Information container for linked document delivery—Exchange specification—Part 1:Container |
| ISO 21597-2:2020 | 用于链接文件传送的信息容器—交换规范—第2部分:链接类型<br>Information container for linked document delivery—Exchange specification—Part 2:Link types |
| ISO 22263:2008 | 建筑工程信息组织—项目信息管理框架<br>Organization of information about construction works—Framework for management of project information |
| ISO/TR 23262:2021 | GIS(Geographic Information System或Geo—Information System,地理信息系统)/BIM互操作性<br>GIS(geospatial)/BIM interoperability |
| ISO 23386:2020 | 建筑工程中使用BIM和其他数字化过程的数据字典—描述、组织和维护属性的方法<br>Building information modelling and other digital processes used in construction—Methodology to describe,author and maintain properties in interconnected data dictionaries |

续表

| 标准号 | 名称 |
|---|---|
| ISO 23387:2020 | BIM—资产全生命周期中的工程对象的数据模板—概念和原则<br>Building information modelling(BIM)—Data templates for construction objects used in the life cycle of built assets—Concepts and principles |
| ISO 29481-1:2016 | BIM—信息交付手册—第1部分:方法和格式<br>Building information models—Information delivery manual — Part 1:Methodology and format |
| ISO 29481-2:2012 | BIM—信息交付手册—第2部分:交互框架<br>Building information models—Information delivery manual—Part 2:Interaction framework |
| ISO 29481-3:2022 | BIM—信息交付手册—第3部分:数据模式<br>Building information models—Information delivery manual—Part 3:Data schema |
| ISO/DIS 7817 | BIM—信息需求水平—概念和原则<br>Building information modelling—Level of information need—Concepts and principles |
| ISO/AWI 12006-2 | 房屋建筑—建筑工程信息的组织—第2部分:分类框架<br>Building construction—Organization of information about construction works—Part 2:Framework for classification |
| ISO/FDIS 12911 | 建筑和土木工程信息的组织和数字化,包括BIM—BIM实施规范框架<br>Organization and digitization of information about buildings and civil engineering works,including building information modelling(BIM)—Framework for specification of BIM implementation |
| ISO/AWI TR 16214 | 地理空间和BIM词汇评述<br>Geospatial and BIM review of vocabularies |
| ISO/CD 16739-1 | 建筑和设施管理行业数据共享的工业基础类(IFC)—第1部分:数据模式<br>Industry Foundation Classes(IFC) for data sharing in the construction and facility management industries—Part 1:Data schema |
| ISO/AWI 16757-4 | 建筑服务系统模型的产品模型—第4部分:产品分类目录<br>Product Data for Building Services System Models—Part 4:Dictionaries for product catalogues |
| ISO/AWI 16757-5 | 建筑服务系统模型的产品模型—第5部分:产品目录交换格式<br>Product Data for Building Services System Models—Part 5:Product catalogue exchange format |
| ISO/CD 19650-6 | 建筑和土木工程信息的组织和数字化,包括BIM—基于BIM的信息管理—第6部分:健康和安全<br>Organization and digitization of information about buildings and civil engineering works,including building information modelling(BIM)— Information management using building information modelling — Part 6:Health and Safety |
| ISO/AWI 23387 | BIM—资产全生命周期中的工程对象的数据模板—概念和原则<br>Building information modelling(BIM)—Data templates for construction objects used in the life cycle of built assets — Concepts and principles |

ISO标准体系随着逐渐补充和修订完善,已基本能够完整指导Open BIM(Open Building Information Modeling,开放式建筑信息模型)流程,Open BIM是一个基于开放标准和工作流程的协同设计、建造和维护的通用方法,ISO标准体系可用于支持各项目参与方无缝协作的信息共享。

基于ISO标准体系所开发的新的工作方式改变了项目参与方传统的点对点的工作流程,极大地增强了项目交付效率和建筑资产的性能。因此英国、美国以及新加坡、中国香港地区等BIM起步较早、行业应用相对成熟和领先的国家与地区,大多采用了直接引用、根据需求转化或部分转化等方式来建设其自身的 BIM 标准体系。同时，作为 ISO 体系下 BIM 标准的主要贡献者和行业实践的领先者，英国和美国标准在世界范围内具有较大的影响力，尚未形成完整 BIM 标准体系的国家和地区的建筑工程项目通常采用参考或引用英美 BIM 标准的方式指导实践，因此下文将选取英国、美国、新加坡和中国香港地区等地的 BIM 标准发展情况与实践经验进行介绍。

## 1.1.3 全球 BIM 标准的制定与发展

**1. 英国标准发展与特点**

英国是目前全球 BIM 应用推广力度最大和增长最快的地区之一。英国的 BIM 标准和政策在制定上遵循着顶层设计与推动的模式：通过中央政府顶层设计推行 BIM 研究和应用，采取"建立组织机构——研究和制定政策标准——推广应用——开展下一阶段政策标准研究"这样一种滚动式、渐进持续发展模式。

基于中央政府顶层设计主导的 BIM 发展模式，英国的 BIM 标准具有很强的统一性与系统性，均为政府委托的机构编写。英国整体框架性、宏观性标准由英国标准学会（British Standards Institution，BSI）编写。BSI 与行业组织、研究人员、英国政府和商业团体合作，于 2007 年开始编制和发布 BIM 标准系列，制定实施 BIM 所必需的总体原则、规范和指导。英国的 BIM 应用系列标准以及相关 BIM 应用资源远远超过其他国家，英国的相关政策文件都把输出英国的标准体系和智力资源作为政府行业战略的主要目标之一。BSI 努力把英国 BIM 标准升格为 ISO 标准，以加大在全球推广英国标准的力度，并成功于 2017 年推动 BS/PAS 1192（"BS"全称为 British Standards，即英国标准）系列标准向 ISO 19650 系列标准的转化工作。

**2. 美国标准发展与特点**

作为 BIM 技术的发源地，美国对于 BIM 研究与应用一直处于国际引领地位。20 世纪 70 年代，Eastman（伊士曼，1975）在尝试融合图纸与物理模型的优势时，提出了借由计算机来进行三维绘制和设计建筑的设想，并将承载建筑工程信息的模型（Model）作为建筑描述系统（Building Description System，BDS）的主要信息载体。2002 年，Autodesk Inc.〔Autodesk 即欧特克，是世界领先的设计软件和数字内容创建公司；Inc. 是英文单词"incorporated"（注册成立）的缩写，该词在美国以法人公司的形式组织成立的公司名称后所使用〕首次对现代意义上的 BIM 提出 Building Information Modeling（建筑信息模型）的命名方法，并向市场推出以 Revit（Revit 是 Autodesk 公司一套系列软件的名称）为代表的一系列用于建模的工具软件，随后 Autodesk、Bentley（本特利，是在 MicroStation 上二次开发出一系列的 BIM 软件，MicroStation 是国际上著名的二维和三维 CAD 设计软件，"CAD"全称为 Computer Aided Design，计算机辅助设计）、Graphisoft（图软，是一家开发专门用于建筑设计的三维 CAD 软件的公司）等三大建筑软件供应商先后都向市场推出了自己的建模工具软件。美国的 BIM 技术发展更多是市场自发的行为，由 BIM 软件厂商主导。BIM 在美国的发展是从民间对 BIM 需求的兴起到联邦政府机构对

BIM 发展的重视及推行相应的指导意见和标准，最后到整个行业对 BIM 发展的整体需求提升。

根据《中美英 BIM 标准与技术政策》一书的调研总结，美国 BIM 标准的发展具有鲜明的自下而上的特点，即由各大公司和行业协会制定 BIM 标准，在实践过程中逐渐为行业所认可，随后由国家部门编制相应的国家级 BIM 标准。美国 BIM 标准最大的特征是这些标准之间都有相互参考相互联系的。在已经发布的这些 BIM 标准中，有很大一部分标准和规范是基于另一些标准规范而编订的。

**3. 新加坡标准发展与特点**

新加坡政府十分坚定地推广 BIM 技术，使新加坡成为广泛应用 BIM 技术的国家之一。新加坡政府从政策导向、资金支持、教育推广等方面推广 BIM 技术。2011 年，新加坡建设局（Building and Construction Authority，BCA）发布了新加坡 BIM 发展路线规划（BCA's Building Information Modelling Roadmap），明确行动目标，即整个建筑业在 2015 年前广泛使用 BIM 技术。为了实现这一目标，清除推广障碍，BCA 实施了一系列举措，包括：制定 BIM 交付模板以降低从 CAD 到 BIM 的转化难度。2010 年 BCA 发布了建筑和结构专业的模板，2011 年 4 月发布了机电专业的模板；另外，与新加坡 buildingSMART（建筑智能）分会合作，制定了建筑与设计对象库，并分别于 2012 年和 2013 年发布了两个版本的 BIM 指南。

2017 年，新加坡政府设立了未来经济委员会（Future Economy Council，FEC）以支持新加坡未来经济的增长和转型，其下设的七个集群中的城市系统集群制定了新加坡建筑业转型路线图（Built Environment Industry Transformation Map，BE ITM）。根据 BE ITM，新加坡建筑业的数字化转型将全面转向集成数字交付（Integrated Digital Delivery，IDD）。IDD 在使用建筑信息模型（BIM）和虚拟设计与施工（Virtual Design and Construction，VDC）的基础上，使用数字技术来整合工作流程，并将在整个施工和建筑生命周期内从事同一项目的利益相关者联系起来。

BCA 制定了 IDD 实施计划，通过实际项目实施 IDD、开发 IDD 生态系统、制定解决方案和标准、提升建筑业能力水平四大行动，实现 BE ITM。在开发 IDD 生态系统、制定解决方案和标准方面，目前 BCA 已完成了 CDE（Common Data Element，通用数据元素）数据标准、面向资产信息交付的 BIM 指南、BIM 手册的发布，并上线测试运行了哈勃工程数字平台（Hubble Construction Digital Platform）。

**4. 中国香港地区标准发展与特点**

香港特别行政区政府（以下简称香港特区政府）对 BIM 的应用可以追溯到 2013 年 4 月的工程政策协调委员会会议，该会议确定了在公共工程项目中递进式采用 BIM 的策略，并先期选择了不同类型的工程进行 BIM 应用试验。2017 年，香港特区政府要求大型基础设施工程项目的顾问和承包商在设计中使用 BIM。2019 年 12 月，香港特区政府发展局发布了工程技术通告第 9/2019 号，要求 2020 年 1 月 1 日起，预算超过 3000 万港元的基础设施建设工程项目强制采用 BIM，并明确了适用于"投资融资、可行性研究、规划设计或施工"阶段。2020 年 12 月，香港特区政府发展局发布了工程技术通告第 12/2020 号，扩大了第 9/2019 号通告中的 BIM 采用范围，将资产管理、地下设施勘测、工程分析、三维进度控制等纳入公共工程强制采用 BIM 的范围中。

## 1.2 全球 BIM 标准体系

### 1.2.1 buildingSMART 体系

**1. 概述**

1) buildingSMART 介绍

buildingSMART 是一个开放、中立的非营利性国际组织，其前身为国际数据互用联盟（International Alliance for Interoperability, IAI）。IAI 成立于 1994 年，是一个由 Autodesk 牵头 12 家美国公司共同组建的产业联盟，开发支持软件集成应用的 C++类（C++ Classes）。1995 年，IAI 向行业内的其他相关方开放成员资格。1996 年 5 月，IAI 更名为互操作性国际联盟（Industry Alliance for Interoperability, IAI），并重组为一个以行业为主导的非营利性国际组织，开发支持建筑全生命周期产品模型的 IFC。2005 年，IAI 更名为 buildingSMART。截至 2022 年年末，buildingSMART 共有包括机场、建筑、施工、基础设施、产品、铁路、监管、可持续的能源管理、技术等九个委员会，并在 27 个国家和地区设立了分部。buildingSMART 共有九家战略级会员单位，其中包括中国交通建设集团有限公司和中国铁路 BIM 联盟，另外同济大学建筑设计研究院（集团）有限公司和中设数字技术有限公司也是 buildingSMART 的 38 家标准会员单位之一。

buildingSMART 有四大核心业务：解决方案和标准、合规、用户、技术服务。解决方案和标准业务的主要任务是开发 IFC，该标准用于规定规范管理和高效利用建筑业资产的流程、数据、条款和变更。合规业务通过提供培训与测试服务对人员、组织和软件进行认证。用户业务通过加强 buildingSMART 社区与建筑行业的协作和沟通，从而更好地利用现有标准和用例。技术服务业务则是通过包括技术网站、开发者文档、数据字典、技术方法等多种服务形式推进 BIM 和标准实施。

buildingSMART 的愿景是将基础设施和建筑的资产信息开放、共享地构建到全球的商业和制度流程中，从而实现社会、环境和经济效益。其关键使命是积极促进开放数据标准的使用和传播，以支持基础设施和建筑的资产数据和生命周期流程，提高建筑资产投资的价值并促进增长。buildingSMART 的重点是标准化 Open BIM 的程序、工作流程和规程，赋能数字化转型。

2) 技术路线

出于软件开发和商业竞争等因素的考虑，不同软件间的数据格式难以统一。为了应对 BIM 生态中软件数据相互独立缺乏互操作性的局面，提升建筑行业资产数据的可达性、可用性、可管理和可持续水平，由 buildingSMART 牵头、多家行业领先的软件供应商共同参与开发 Open BIM，以期拓展建筑信息模型的效益。buildingSMART 既是 Open BIM

的重要支持和参与力量，同时也是 Open BIM 标准的权威组织，因此 Open BIM 是 buildingSMART 的主要研究方向，也是其推广政策的核心。

Open BIM 是一个基于开放标准和工作流程的协同设计、建造和维护的通用方法。Open BIM 的流程被定义为用于支持各项目参与方无缝协作的共享信息。Open BIM 所开发的新的工作方式改变了项目参与方传统的点对点的工作流程，极大地增强了项目交付效率和建筑资产的性能。buildingSMART 承诺，Open BIM 将遵从中立于供应商这一原则。

Open BIM 的核心方法论着重于解决开放、共享的 BIM 技术应用的五大问题：流程的描述、传输信息的数据、数据的格式、术语的映射、流程的技术需求。针对如何描述流程这一问题，buildingSMART 制定了信息交付手册（Information Delivery Manual，IDM），用以规定所有参与者在何时传达哪些不同类型的信息。针对怎样组织传输信息的数据这一问题，buildingSMART 制定了 IFC，用以定义建筑和基础设施全生命周期中所需用到的所有数据及其组织方式。针对使用何种格式传输数据这一问题，buildingSMART 开发了 BIM 协同格式（BIM Collaboration Format，BCF），用以定义在不同软件之间传输基于模型的信息。针对不同语种、词汇的信息表述如何与 IFC 之间实现映射关系这一问题，buildingSMART 在国际字典框架（International Framework for Dictionaries，IFD）的基础上开发了 buildingSMART 数据字典（buildingSMART Data Dictionary，bSDD）服务，用以为用户提供查找正确分类、对象、属性及其允许值集的标准化流程。针对如何确定某一流程的软件技术需求这一问题，buildingSMART 制定了模型视图定义（Model View Definitions，MVD），用以规定所需的 IFC 概念的子集从而支持该流程（图 1.1）。

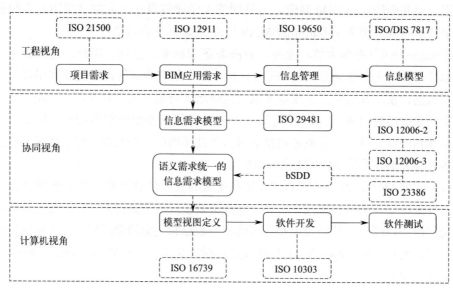

图 1.1　BSI 信息管理与标准关系图

ISO 21500 Project, programme and portfolio management—Context and concepts（项目、方案和投资组合管理—背景和概念）。项目需求的来源还应该与 ISO 55000 企业资产管理的需求、企业质量管理的需求有关。

ISO 12911 Organization and digitization of information about buildings and civil engineering wroks, including building information modelling (BIM)—Framework for specification of BIM implementation（建筑和土木工程信息的组织和数字化，包括建筑信息模型—BIM 实施规范框架）。

ISO 19650 Organization and digitization of information about buildings and civil engineering works, including building information modelling (BIM)—Information management using building information modelling（建筑和土木工程信息的组织和数字化，包括建筑信息模型—应用 BIM 进行信息管理）。

ISO 7817-1 Building information modelling—Part 1: Level of information need—Concepts and principles（建筑信息建模—信息需求水平—第 1 部分：概念和原则），是不同层次信息需求的模型定义标准。该标准转化自 EN 17412，目前正在编制阶段。

ISO 29481 Building information models—Information delivery manual（建筑信息模型—信息交付手册），是关于制定信息交付手册的方法、交互框架和数据模式的标准。

ISO 12006-2 Building construction—Organization of information about construction works—Part 2: Framework for classification（房屋建筑—工程信息的组织—第 2 部分：分类框架）。

ISO 12006-3 Building construction—Organization of information about construction works—Part 3: Framework for object-oriented information（房屋建筑—工程信息的组织—第 3 部分：面向对象的信息框架）。

ISO 23386 Building information modelling and other digital processes used in construction—Methodology to describe, author and maintain properties in interconnected data dictionaries（建筑工程中使用 BIM 和其他数字化过程的数据字典—描述、组织和维护属性的方法）。

bSDD 指 buildingSMART 开发的在线数据字典服务，全称为 buildingSMART Data Dictionary。

ISO 16739-1 Industry Foundation Classes (IFC) for data sharing in the construction and facility management industries—Part 1: Data schema（建筑和设施管理数据共享的工业基础类—第 1 部分：数据模式）。

ISO 10303-11 Industrial automation systems and integration—Product data representation and exchange—Part 11: Description methods: The EXPRESS language reference manual（工业自动化系统和集成—产品数据表示和交换—第 11 部分：描述方法：EXPRESS 语言参考手册）（EXPRESS 即表达）。

ISO 10303-21 Industrial automation systems and integration—Product data representation and exchange—Part 21: Implementation methods: Clear text encoding of the exchange structure（工业自动化系统和集成—产品数据表示和交换—第 21 部分：实施方法：交换结构的明文编码）。

ISO 10303-28 Industrial automation systems and integration—Product data representation and exchange—Part 28: Implementation methods: XML representations of EXPRESS schemas and data, using XML schemas（工业自动化系统和集成—产品数据表示

和交换的第 28 部分：实施方法：EXPRESS 模式和数据的 XML 表示）（"XML"全称为 Extensible Markup Language，即可扩展标记语言）。该系列标准定义的 STEP 是 IFC 数据架构模式的基础。

在建筑业这样一个支离破碎的行业中，高质量的数据交换对于提高效率至关重要。在不同组织之间交换数据需要可靠的标准和实施。只有通过高质量的数据交换，才能提高建筑业的生产力。交换数据的质量取决于数据模式的可预测性、语义（实体的文档和定义）以及实现的一致性，这些因素都会影响正在交换的数据的最终质量，同时因素间也会相互影响。复杂的模式或松散定义的语义可能导致不可靠的实现，从而导致低质量的交换。当前的标准和解决方案仅可在有限的环境中运行，对于新手来说，使用 Open BIM 标准的门槛很高。这通常是由于使用了非主流的底层技术，在管理过程中使用了定制工具，以及制定了不适合在现代且更通用的开发环境中工作的解决方案。今天，创建未来的技术路线图很困难，因为许多标准和解决方案的技术基础不足以实现扩展。当前的技术路线图侧重于将解决方案和标准转向通用的、可扩展的基础，从而降低用户、建模者、开发人员和实施人员快速可靠地使用标准和解决方案的门槛。未来两年的主要目标是提高可用性，以推动更广泛的采用。实现这一目标的战略是从定制的技术和解决方案转向通用的技术和解决方案，这些技术和方案具有可扩展性，可被广泛采用并可在多种工具中使用。为实现这一目标，需要弃用一些高度先进的解决方案，以便更广泛和可靠地采用和使用上述解决方案。

**2. 工业基础类（Industry Foundation Classes，IFC）**

1）IFC 发展历程概述

早在 CAD 时代，图形交换格式（Drawing Interchange Format，DXF）就逐步展现出其在工业产品的设计、制造、管理等领域的信息共享能力的不足，制造业需要一种能够支持产品全生命周期信息共享、中立于特定生产制造系统的数据格式和机制。1985 年，ISO 在工业自动化与集成技术委员会 TC 184 新设立第四分委会 SC 4 研发支持产品数据交换的标准。1994 年，ISO 正式发布了产品模型数据转换标准（Standard for the Exchange of Product model data，STEP），该标准可以支持包括 CAD、计算机辅助制造（Computer Aided Manufacturing，CAM）、计算机辅助工程（Computer Aided Engineering，CAE）、产品数据管理（Product Data Management，PDM）在内的一系列 CAx（三大工业基础设计类软件的综合叫法）应用。1995 年，IAI 首次在 AEC（AEC 软件系统有限公司，是一家为建筑工程领域的建筑师、工程师和其他相关人员提供设计制图软件产品及服务的公司）Systems（系统）1995 亚特兰大年会上展示了 12 种 IAI 创始机构基于 STEP 标准研发的面向对象的信息共享架构。1997 年，IAI 正式发布了针对建筑工程领域的 IFC1.0 标准。经过 1998 年 IFC1.5 和 1999 年 IFC2.0 的两次迭代，IAI 于 2000 年发布了 IFC2x 版本（2.1.0.0）并于次年发布了该版本的补遗。IFC2x 是首个相对稳定的 IFC 版本，经过 3 个小版本的迭代以及两次补遗，2005 年 buildingSMART 发布了 IFC2x3 版本（2.3.0.0），其 IFC2x3 TC1 技术勘误（Technical Corrigendum 1）版本（2.3.0.1）被 ISO/TC184/SC4 接受为 ISO/PAS 16739：2005。

同期，ISO 建筑和土木工程信息组织与数字化委员会 TC 59 的第 13 分委会 SC 13 也在 1993 年其出版的技术报告（ISO Technical Report，TR 14177）《建筑工业信息分类》中对比现有建筑信息分类体系后确定的基于面分类法的建筑信息分类体系框架的基础上展开针对建筑业信息分类与组织的研究，并于 2001 年形成了 ISO 12006-2：2001。IFC 与 ISO 12006-2 选择了两条相互有关联但方法有区别的路线。IAI 延续了 STEP 所遵循的计算机本体论（Ontology）的观点，旨在实现对概念的精确描述。计算机本体论要求 IFC 能够作为建筑业的基石，清楚定义建筑业的概念以及概念之间的关系，为信息交换的各方提供统一的认识。在这一基石的支持下，知识的检索、积累和交换的效率将大大提高，知识的重用和共享也成为可能。从实现的角度出发，计算机本体论要求一系列概念具体地表现为一个正式的词汇表。这一系列概念可以大致地分为四种类型：领域、应用、通用和表示，领域本体包含着特定类型领域的相关知识，或者是某个学科、某门课程中的相关知识；应用本体包含特定领域建模所需的全部知识；通用本体则覆盖了若干个领域，通常也称为核心本体；表示本体不只局限于某个特定的领域，还提供了用于描述事物的实体。

IFC2x3 TC1 与最初的 IFC2x 版本一样，采用了 EXPRESS 语言，并将所有数据划分为资源层（Resource Layer）、核心层（Core Layer）、交互层（Interoperability Layer）、领域层（Domain Layer）4 个层级。相比 IFC2x，IFC2x3 TC1 在资源层添加了外观、外形定义、尺寸标注、外观组合、简介、结构载荷、时间等数据定义，删去了参考几何的数据定义，将交互层的空间元素更名为组件元素，在领域层添加了建筑控制、管道与消防、结构、结构分析等领域的数据定义，总计实现了对 600 多个类的定义。在 ISO 发布的公开可获取规范（Publicly Available Specification，PAS）版本 ISO/PAS 16739：2005 中，仅有 14 个资源层模块、2 个核心层模块（含 Kernel，即内核）和 1 个交互层模块经过 ISO/TC 184/SC 4 的完整审查和投票通过。

2013 年，buildingSMART 发布了跨时代的 IFC2x4 版本，后重新命名为 IFC4。IFC4 与同时期配套开发的 BCF、buildingSMART MVD 一起被 ISO/TC 184/SC 4 接受为 ISO 16739：2013，这也标志着 ISO 16739 正式由公开可获取规范升级为国际标准。IFC4 开始正式引入可扩展标记语言（Extensible Markup Language，XML），XML 的优势在于可以简易、清晰地表达结构化数据、描述面向对象的数据，是在 Web（网络）上实现本体论非常具有优势的语言。相比 IFC2x 系列，IFC4 主要有以下改进：

（1）完善了交互层中缺失的元素类型，增强了资源层在几何、参数和其他方面的描述能力，允许几何体的镶嵌，支持矢量顶点、定义每个面的颜色和纹理或贴图，增强了光照和着色组件。

（2）支持了更多新的 BIM 工作流程，采纳 ISO 8601 的时间格式，并为流程添加了类型、状态，包括 BIM4D/5D、环境影响、能耗和其他性能模拟、场地规划等，通过添加坐标系转换、地理特征元素等方式增强了与 GIS 的互操作性。

（3）将所有 IFC 属性定义链接到 buildingSMART 数据字典。完整集成了效率更高的 ifcXML，实现了 EXPRESS 和 ifcXML 的统一开发。集成了 mvdXML，并为 MVD 开发和测试提供工具。

（4）增加了大量的注释和测试用例，对每一个数据类添加了 URL（Uniform Resource Locator，统一资源定位系统）以直达注释和测试用例，增强了文档的可读性和易用性。

2017年，buildingSMART发布了基于IFC4两次补遗和一次技术勘误的IFC4 ADD2 TC1版本（4.0.2.1），该版本被ISO/TC 59/SC 13接收为ISO 16739-1：2018。相比IFC4，IFC4 ADD2 TC1主要有以下改进：

（1）支持基于指数函数的曲线组合，允许使用比三角测量更复杂的镶嵌几何，支持高级边界显示等，从而改进和简化了复合曲线、复杂曲面的显示；

（2）进一步增强了属性集定义和注释，增强了文档的可读性。

2022年，buildingSMART发布了最新的IFC4.3版本（4.3.0.0），该版本已提交ISO/TC 59/SC 13进行审查，同时buildingSMART同步对IFC4.3进行修订以期形成IFC4.3.1版本（4.3.0.1）。相比IFC4 ADD2 TC1，IFC4.3主要有以下改进：

（1）增强了空间描述能力和空间定位能力，包括引入ISO 19148空间中线形的定义、对齐、线性定位。

（2）支持了对基础设施、港口与水路、铁路、公路领域的数据定义。包括在交互层新增了基础设施领域并添加了24类实体总计68个预定义类型；在资源层新增了港口与水路领域并添加了9类实体总计66个预定义类型，铁路领域并添加了22类实体总计121个预定义类型，以及公路领域并添加了7类实体总计39个预定义类型。

2）IFC4.3数据模式

IFC定义了适用于建筑和基础设施的BIM数据模式和可交换的文件格式结构。由于IFC来源于STEP标准，作为STEP在建筑工程领域的分支，IAI选择了EXPRESS作为IFC开发的定义语言。1994年，ISO公布了ISO 10303-11作为EXPRESS语言的参考手册以及ISO 10303-21作为STEP纯文本编码规范，1998年，公布了ISO 10303-22作为标准数据访问接口（Standard Data Access Interface，SDAI）。EXPRESS是一种纯文本的、明文的格式，其对应的IFC文件被定义为STEP物理文件（STEP Physical File，SPF），是目前实践中使用最广泛的IFC文件格式，其导出的".ifc文件"可以直接作为文本读取。IFC对信息的描述方法，也继承了EXPRESS语言对实体（Entity）和模式（Schema）的嵌套定义方法，用类（Type）的方式反映实体间的集成关系，通过对超类（Supertype）、子类（Subtype）的属性的描述、约束和条件，以及实体和模式的相互引用，将对应的信息描述清楚。一个典型的IFC数据模式的EXPRESS描述通常包括模式定义（Schema definition）、类（Types）、实体（Entities）、属性集（Property Sets）、数量集（Quantity Sets）、功能（Function）、规则（Rules）、属性枚举（Property Enumerations），通常每个IFC数据模式都会包含模式定义、类、实体的描述，但不一定具有完整的属性集、数量集、功能、规则、属性枚举的描述。

IFC的数据模式（Data Schema）定义了一套由四个概念层组成的架构，每一个模式都指定了唯一一个概念层，IFC4.3的数据模式架构如图1.2所示。

IFC的核心数据模式（Core Data Schemas）在IFC的数据模式架构中建立了最通用的层，即核心层（Core Layer）。该层中定义的实体可以被处于数据模式架构中更上层（交互层

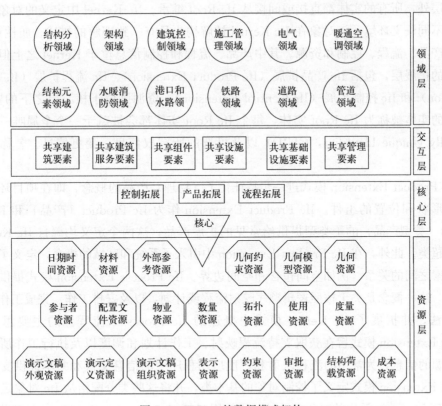

图 1.2 IFC4.3 的数据模式架构

和领域层)的所有实体引用和特征化。核心层自 IFC2x 版本以来即稳定,不再进行调整。在具体的模型中,核心层为进一步专业化提供基本结构、基本关系和通用概念。IFC 数据模型中有三种基本的实体类型,包括 Ifc 对象定义(Ifc Object Definition)、Ifc 关系(Ifc Relationship)和 Ifc 属性定义(Ifc Property Definition),均由 Ifc 根(Ifc Root)实体派生而来。对象定义是 IFC 数据模型中任何经过语义处理或解构的事物或项目的概括(Ifc Object 或 Ifc Type Object)。IFC 数据模型中具有六种基础的实体类,均派生自 Ifc 对象定义,包括产品、流程、控制、资源、角色、集合。Ifc 关系是事物或项目之间所有关系的概括,这些关系被视为不同实体之间的客观关系。IFC 数据模型中具有六种基础的关系类,均派生自 Ifc 关系,包括赋值、关联、分解、定义(指将实体归为某一类的定义方法)、连接性、声明(声明对象定义和属性定义的链接)。Ifc 属性定义是可以分配给对象定义的所有特征的概括。IFC 数据模型中具有两种基础的属性概念,均派生自 Ifc 属性定义,包括属性或属性集模板(定义属性或属性集的语法和数据类型)、属性集引用(属性集的属性信息被视为类信息的一部分,可以与其子集共享属性信息)。Ifc 对象和对象类从所涉及的关系中来获取信息,例如,对象与属性定义的关系、超类与子类的关系。Ifc 关系可以作为特定的属性直接保留在关系对象中,关系语义与对象属性相互独立。Ifc 属性定义可以在多个对象实例之间共享,即反映了一个对象类的特定属性。这些信息构成实体层次结构中的第一级。

Ifc Kernel(Ifc 内核)定义了 IFC 信息中最抽象的部分,同时也是最核心的部分,除了资源层外，所有的实体都直接或间接从 Ifc Root 继承。Ifc Kernel 中定义的对象模型可能来自不同语义环境，该对象在 Ifc Kernel 被解构为具有一致理解的描述、属性和关系，例如，产品、流程、控制和资源。其中产品、流程和控制信息位于 Kernel 之上但同属于核心层的扩展层，包括 Ifc 产品扩展（Ifc Product Extension）、Ifc 流程扩展（Ifc Process Extension）和 Ifc 控制扩展（Ifc Control Extension），资源则位于核心层之下的资源层。被解构的实体被称为 Ifc Root 实体，每个 Ifc Root 实体都会被赋予一个全局唯一标识符（Globally Unique Identifier，GUID）以及可选的所有权信息、变更信息、名称和描述属性。

Ifc Product Extension 模式进一步特征化了（物理）产品的概念，即在项目环境中可能具有形状和位置的组件。Ifc Product Extension 作为 Ifc Product（产品）和 Ifc Type Product（类型产品）的子类型提供给常见的扩展产品，这两个定义均源自 Ifc Kernel 中提供的超类。此外，在 Ifc Product Extension 中引入了系统和区域的概念，定义了空间结构和元素之间的关系，例如空间包含和空间边界。Ifc Process Extension 模式提供了流程的概念，这一概念是关于按照逻辑顺序映射流程或计划，以及安排工作、完成工作所需任务的想法，并扩展了 Ifc Kernel 模式中概述的 Ifc Process（流程）的主要思想。Ifc Process Extension 模式旨在获取支持流程映射、工作计划和调度以及执行工作所需的过程和资源的信息，为常用的流程映射和调度应用程序中的信息交换和共享提供支持。Ifc Control Extension 模式定义了控制对象的基本类，并将这些类分配给从 Ifc 对象定义（Ifc Object Definition）派生的对象。此外，它使用 Ifc Rel Associates Constraint（解除关联约束）和 Ifc Rel Associates Approval（解除关联审批）定义了能够将控制性质的资源级对象与 Ifc Root 的任何子类型相关联的类。

IFC 的共享元素数据模式（Shared Element Data Schemas）在 IFC 的数据模式架构中建立了中等特征化的层，即交互层（Interoperability Layer）。该层中定义的实体可以被处于数据模式架构中更上层（领域层）的所有实体引用和特征化。交互层提供了由多个领域共享的更专业的对象和关系。IFC4.3 数据模式的交互层包括 Ifc 共享建筑元素（Ifc Shared Bldg Elements）数据模式、Ifc 共享建筑服务元素（Ifc Shared Bldg Service Elements）数据模式、Ifc 共享部件元素（Ifc Shared Component Elements）数据模式、Ifc 共享设施元素（Ifc Shared Facilities Elements）数据模式、Ifc 共享管理元素（Ifc Shared Mgmt Elements）数据模式以及 IFC4.3 中最新加入的 Ifc 共享基础设施元素（Ifc Shared Infrastructure Elements）数据模式。

Ifc 共享建筑元素（Ifc Shared Bldg Elements）的子类在核心层扩展的产品扩展中定义，是客观物理世界的建筑或建筑设计的主要组成部分，是项目数据交换的核心。Ifc 共享建筑服务元素（Ifc Shared Bldg Service Elements）定义了在建筑服务领域扩展所需的基本概念，尤其是领域层的暖通、管道与消防、电气、建筑控制。Ifc 共享部件元素（Ifc Shared Component Elements）的子类在核心层扩展的产品扩展中定义，提供了表示不同种类的小部件的能力。Ifc 共享设施元素（Ifc Shared Facilities Elements）定义了设施管理领域的基本概念，通常与核心层扩展的流程扩展、交互层的共享管理元素共同描述一组数据。Ifc 共享管理元素

(Ifc Shared Mgmt Elements) 的子类在核心层扩展的控制扩展中定义，定义了整个建筑生命周期的各阶段中管理的通用基本概念，通常与核心层的流程扩展，领域层的施工管理领域、设施管理领域等共同描述一组数据。Ifc 共享基础设施元素（Ifc Shared Infrastructure Elements）的子类在核心层扩展的产品扩展中定义，定义了适用于基础设施部门的基本概念。

IFC 的特定领域数据模式（Domain Specific Data Schemas）在 IFC 的数据模式架构中建立了表示实体最终特征化的层，即领域层（Domain Layer）。该层中定义的每一个实体都是各自独立、自我完整的，不能被其他任何层引用。领域层的特定领域根据行业的规则来定义。IFC4.3 数据模式的领域层包含 Ifc 建筑领域（Ifc Architecture Domain）、建筑控制领域（Ifc Building Controls Domain）、Ifc 施工管理领域（Ifc Construction Management Domain）、Ifc 电气领域（Ifc Electrical Domain）、Ifc 暖通领域（Ifc Hvac Domain）、Ifc 管道与消防领域（Ifc Plumbing Fire Protection Domain）、Ifc 结构分析领域（Ifc Structural Analysis Domain）、Ifc 结构元素领域（Ifc Structural Elements Domain），以及 IFC4.3 中最新加入的 Ifc 港口与水路领域（Ifc Ports and Waterways Domain）、Ifc 铁路领域（Ifc Rail Domain）、Ifc 公路领域（Ifc Road Domain）。

IFC 的资源定义数据模式（Resource Definition Data Schemas）在 IFC 的数据模式架构中建立了表示资源定义单个数据模式的层，即资源层（Resource Layer）。资源层是 IFC 数据模式架构的最底层，产品类的引用可以来自资源类。在 Ifc Kernel 以上的实体均为有根实体，从 Ifc Root 派生，并分配了 GUID，而资源层位于 Ifc Kernel 以下，资源层类可以不依赖其他层的类单独存在，但资源实体为无根实体，不具备唯一的身份标识，只有被引用时才具有意义。

IFC 中实体通过属性来描述自身信息，其中属性包括直接属性、导出属性和反属性，直接属性包括标量或直接信息，导出属性是由其他实体表述的属性，反属性则是通过关联实体进行链接的属性。以"柱（Column）"为例，柱实体在 IFC4.3 中具有 35 个属性，其自身只具有预定义类（Predefined Type）这一项属性，其他用于描述自身信息的属性均继承自核心层和交互层。其中，柱从 Ifc Root 中继承了直接属性 GUID、导出属性包括 Owner History（历史记录）、Name（名称）、Description（说明），从 Ifc Object Definition 中继承了 7 项反属性，从 Ifc Object 中继承了导出属性 Object Type（目标类型）和 4 项反属性，从 Ifc Product 中继承了导出属性包括 Object Placement（对象放置）、Representation（代表）和 3 项反属性，从 Ifc Element（元素）中继承了导出属性 Tag（标签）和 12 项反属性，而 Ifc Column（列）自身只具有 Predefined Type 一项属性，且只有在该柱实体没有分配到柱的类中时才具有自己的预定义类。这个例子体现了 IFC 数据模式架构高层级数据对低层级数据的层层引用方式。

3) 对基础设施、铁路、公路、港口与水路的支持情况

2017 年 buildingSMART 巴塞罗那国际峰会在西班牙举行，中国交通建设集团有限公司（以下简称中国交建）与 buildingSMART、卡迪夫大学就水运基础设施 BIM 技术 IFC 国际标准的研究与制订签订了合作备忘录。会议讨论确定，将由中国交建牵头主导水运基础设施 IFC 国际标准的研究与制订，并由中国铁路 BIM 联盟牵头成立铁路 IFC 国际标准编制组，主导铁路 IFC 国际标准的研究与制订。

IFC4.3 的主要目的是扩展 IFC 模式，以涵盖铁路、道路、港口与水路领域内基础设施建设的描述，包括这些领域中常见的元素。IFC4.3 创建了 294 个新的预定义类型：包括 68 个共享基础设施领域、121 个铁路领域、39 个公路领域、66 个港口与水路领域。IFC4.3 创建了 62 个新的实体，其中 24 个来自共享基础设施领域，包括：信号的引用和类型实体（Ifc Sign＿[type]、Ifc Signal＿[type]，Ifc 标志＿类型、Ifc 信号＿类型）；土方工程概念（Ifc Earthworks Cut、Ifc Earthworks Element、Ifc Earthworks Fill、Ifc Reinforced Soil，Ifc 土方工程路堑、Ifc 土方工程要素、Ifc 土方工程填充、Ifc 加筋土）；地上工程的引用和类型实体（Ifc Pavement＿[type]、Ifc Course＿[type]、Ifc Impact Protection Device＿[Types]、Ifc Plant＿[type]，Ifc 路面＿类型、Ifc 层＿类型、Ifc 冲击保护装置＿类型、Ifc 设备＿类型）；岩土工程概念（Ifc Geotechnical Assembly、Ifc Geotechnical Element、Ifc Geotechnical Stratum、Ifc Geomodel、Ifc Geoslice、Ifc Borehole、Ifc Solid Stratum、Ifc Void Stratum、Ifc Water Stratum，Ifc 岩土工程装配、Ifc 岩土工程要素、Ifc 岩土地层、Ifc 地质模型、Ifc 地质切片、Ifc 钻孔、Ifc 固体地层、Ifc 孔隙地层、Ifc 水层）；22 个来自铁路领域，包括：空间结构（Ifc Railway），考虑铁路超高的线形几何表示（Ifc Alignment 2D Cant、Ifc Align 2D Cant Seg Line、Ifc Alignment 2D Cant Seg、Ifc Alignment 2D Cant Seg Transition、Ifc Alignment 2D Vertical Seg Transition、Ifc Axis Lateral Inclination、Ifc Liner Axis With Inclination，Ifc 路线二维铁路超高、Ifc 对齐二维铁路超高分段线、Ifc 路线二维铁路超高分段、Ifc 对齐二维超高过渡段、Ifc 垂直对齐过渡段、Ifc 轴横向倾斜、Ifc 倾斜衬砌轴线），考虑铁路超高的线性布置（Ifc Linear Placement With Inclination，Ifc 线性倾斜布置），创建扫掠区域实体（Ifc Directrix Curve Swept Area Solid、Ifc Directrix Distance Swept Area Solid、Ifc Inclined Reference Swept Area Solid，Ifc 准曲面扫掠区域实体、Ifc 准线距离扫掠区域实心、Ifc 倾斜扫掠区域实心），构建元素（轨道概念）的引用和类型实体（Ifc Rail[type]、Ifc Track Element[type]，Ifc 轨道类型、Ifc 轨道元素类型），配电元件的引用和类型实体（Ifc Distribution Board[type]、Ifc Electric Flow Treatment Device[type] 和 Ifc Mobile Telecommunications Appliance[type]，Ifc 配电盘类型、Ifc 电流处理装置类型和 Ifc 移动通信设备类型）；7 个来自公路领域，包括：空间结构（Ifc Road），创建剖切面（Ifc Sectioned Surface），使用宽度和坡度创建轮廓定义（Ifc Open Cross Profile Def，Ifc 开放式截面轮廓），纵断面定义与其定义源（如超高和宽度事件）之间的关联（Ifc Rel Associates Profile Def，Ifc 相对关联配置文件定义），放置实体（Ifc Liner Span Placement，Ifc 衬砌跨距布置），构建的元素的引用和类型实体（Ifc Kerb [type]，Ifc 路缘类型）；9 个来自港口和水路领域，包括：空间结构（Ifc Marine Facility，Ifc 海上设施），包含系泊（Ifc Mooring Device [type]，Ifc 系泊装置类型）、导航（Ifc Navigation Element [type]，Ifc 导航元件类型）的引用和类型实体，以及输送机系统（Ifc Conveyor Segment [type]，Ifc 输送机段类型）和液体输送系统（Ifc Liquid Terminal [type]，Ifc 液体终端类型）的引用和类型实体。

4）IFC 的局限和发展方向

IFC 文件官方的格式包括 STEP 物理文件（STEP Physical File，SPF），扩展名为

".ifc"；可扩展置标语言文件（Extensible Markup Language，XML），扩展名为".ifcXML"；压缩文件（ZIP），扩展名为".ifcZIP"；龟文文件（Terse RDF Triple Language，Turtle），扩展名为".ttl"；资源描述框架文件（Resource Description Framework，RDF），扩展名为".rdl"。IFC 文件候选的格式包括 JavaScript（脚本语言）对象标记文件（Java Script Object Notation，JSON），扩展名为".json"；层次数据格式文件（Hierarchical Data Format，HDF），扩展名为".hdf"。buildingSMART 希望将 IFC 背后的数据模式替代 XML 数据模式进行发布，其在 IFC2x3 首次引入了 XML 语言，但当时 IFC2x 系列的数据模式过于复杂，导致了当时 ifcXML 语言相对冗长，文件占用空间较大且效率低下。随着 IFC4 标准的新发展，buildingSMART 已经完成了与基于 EXPRESS 的规范等效的 ifcXML4 语言的重新开发。尽管 IFC 具有基于对象的数据建模格式，但是 IFC 将整个模型作为文件存储在数据库中，使得只传输或更新部分数据变得非常困难。此外，提取单个对象的信息需要对整个文件进行检索并分析多组依赖关系，让本就烦琐冗长的工作变得更加低效。ifcZIP 部分解决了文件过大的问题，高压缩率的算法最多可以将 IFC 文件大小降至原文件的五分之一。随着语义网络（Semantic Web）和 WEB3.0 等概念和技术的兴起与发展，语义网络在 URL/IRI（Internationalized Resource Identifier，国际化资源标识符）、Unicode（统一字符编码）、XML 的基础上逐渐向上层发展，在 XML 之上出现了 RDF 用于表示数据组的结构、数据和元数据的主体以及数据之间的关系，但由于 IFC 信息具有大量的关系，因此 IFC4.3 采用了 RDF triple（RDF triple）语言，在 RDF 定义的信息之上添加了一段 Statement（陈述），同时采用了 N3（Notation 3，符号3）增强了 RDF 的可读性，形成了 IFC 的 Turtle 文件。IFC 的 Turtle 文件的出现为 BIM 与 GIS 等相关专业进行信息交换或信息组合提供了可能。目前 buildingSMART 正在开发的基于 JSON 的文件格式，是一种基于文本的、轻量级的数据格式，同样已经在计算机领域大量应用，具备与其他系统间交互的能力，有潜力成为未来主流的 IFC 文件格式之一。HDF 则是一种分层存储 IFC 数据的高性能数据库格式，除去已被 buildingSMART 放弃的轻量化的 SQL（Structured Query Language，结构化查询语言）数据库格式外，该文件格式是目前唯一可以检索模型文件内部信息的 IFC 格式，有望解决长期困扰业界如何实现模型数据文件部分增删改的问题，对于提高 BIM 应用效率具有重要意义。

buildingSMART 认为基于 STEP 的 IFC 在语义网络和 Web3.0 时代导致了一些复杂性问题，包括以下方面：

（1）几何内核太大而无法完全应用。有许多特定实体可以提高存储效率，但使用率并不高。

（2）该结构中有许多依赖项。实体的最终表示取决于其他对象的属性。在导出单个对象的描述结果之前，需要对具有多个依赖项的整个文件进行分析。

（3）IFC 中高级的数据建模结构（例如，"链接列表 linked lists" 和 "选择 selects"）在 UML 和 RDF 等现在更流行的语言中几乎无法实现。在 XML 和 JSON 等语言中实现 IFC 数据结构往往导致无法应用于市面上常见的数据库。

（4）许多可用的高级数据建模技术为软件供应商提供了广泛的选择，然而这反而导致了软件之间互操作性的降低，IFC 数据模式需要更严格并消除歧义。

（5）IFC 中的许多高级结构已被证明过于复杂，以至于软件供应商需要付出较大的代价来实施，抬高了供应商的门槛，将本身利润较低的供应商拒绝在了开放环境之外。

IFC 的当前结构专注于创建基于文件的交换标准，然而共享的通用数据环境（Common Data Environment，CDE）、数字孪生（Digital Twins，DT）的应用、传感器信息（流）的链接、微服务和未来的智慧城市，对 IFC 的进化提出了新的要求，当前的 IFC4.x 更擅长基于文件的交换，使用 CDE 或在数字孪生中使用 IFC 需要 IFC 数据具有基于对象的交换能力。为了促进新的用例（例如，使用 CDE）以及新的业务概念〔例如，数字孪生和自动化（微）服务〕，IFC 需要能够进行业务交换，从而允许更小范围地、精准地交换。将 IFC 转变为能够在业务交换环境中使用是一项艰巨的任务，并且是对迄今为止使用的基于文件的优化建模技术的巨大转变。在 buildingSMART 设想中，具有事务能力的 IFC 仍然可以作为文件交换，但也可以使用"应用程序编程接口（Application Programming Interface，API）"访问、维护和交换，部分（事务性）文件交换或局部"更改"（增量、替换、删除）交换已成为行业需求。IFC API 的标准化是 buildingSMART 未来几年重点关注的一项活动。目前，受制于 IFC 文件结构复杂，在系统之间交换部分文件很困难，且很少有场景能够顺利、简易地通过 API 使用 IFC。用于优化基于文件的交换的 STEP 特定建模技术阻碍了 IFC 的基于对象的访问和交换，将优化 IFC 的目标改为"在业务交换环境中使用"，而不是"优化基于文件的交换"，这对于 buildingSMART 是一个巨大的文化变革。这意味着 buildingSMART 的技术社区在 IFC 的开发过程中需要改变过去 15 年所使用的关键绩效指标。

buildingSMART 将会在 IFC 数据模式方面进行一些变革，包括以下方面：

（1）变得可预测和一致（在实施过程中变得更严格和更容易）；

（2）基于在多种现代计算机可解释语言〔如 XSD（XML Schema Definition，XML 架构定义）、OWL（Ontology Web Language，本体 Web 语言）和 JSON〕中等效的方法；

（3）删除循环引用，并可能为现在没有的实体添加标识符；

（4）变得模块化，以方便其他域和扩展。

此外，向后兼容性也应在项目实施中考虑。向后兼容性被定义为能够在实现较新版本 IFC 标准的软件工具中打开基于旧版本数据结构的 IFC 文件，例如，在理想状态下，具有 IFC4 导入功能的软件工具应该能够使用 IFC4 导入器的相同代码库导入 IFC2x3 文件。BuildingSMART 将 "extension（扩大）" 的 "x" 用于版本命名，例如，IFC2x3 是 IFC 版本 2 的第三个扩展。然而 buildingSMART 承认这种向后兼容性在工程实践中从未实现，在每一个新版本中，IFC 实体都被删除或大幅重组，在可预见的未来，从基于文件的 IFC 数据模式更新升级到面向数据交换的数据结构将会导致向后兼容性完全不复存在。为了支持从 IFC2x3 和 IFC4.x 到最新 IFC 的转换，buildingSMART 认为 IFC 的每一个新版本都应该有一个"转换路径"，说明如何将 IFC 数据的旧版本转换为新版本，这种转换路径可以用文本记录，最好用脚本等可自动执行的方式进行记录。

3. BIM 协作格式（BIM Collaboration Format，BCF）

1）BCF 概述

BIM 协作格式 BCF（BIM Collaboration Format，BIM 协作格式）的开发始于 2009 年，最初由 buildingSMART 国际实施支持小组（Implementation Support Group，ISG）的两名成员以及慕尼黑应用科学大学的应用建筑信息学研究所共同构思。他们希望将开放式通信技术用于基于 IFC 的工作流，这促使 ISG 设计并最终全面开发了 BCF。BCF 现在是 openBIM 标准，与 IFC 和 buildingSMART 数据字典一样，可供所有人使用。

开发 BCF 是为了促进开放式通信和改进基于 IFC 的 openBIM 流程，方法是利用开放式标准（文件格式和数据通信协议）更容易地识别和交流 BIM 软件工具之间基于模型的问题，绕过专有格式和工作流程。根据 buildingSMART 介绍，BCF 可以在建筑和基础设施工程各阶段提供帮助。例如，在设计阶段，BCF 可以帮助进行质量检查、冲突检测、选型等工作流；在采购阶段，BCF 可以帮助业主声明招标事项，帮助供应商声明产品、成本和供应商信息等；在建设阶段，BCF 可以帮助进行施工质量记录、设备材料进场检查以作为交付成果的一部分等；在运营阶段，BCF 可以帮助进行设施设备更新、业主更新需求等工作。

应用 BCF 有通过基于文件的交换或通过 Web 服务等两种不同的方式。基于文件的交换工作流程相对简单，是大多数人习惯使用的过程。扩展名为".bcfzip"的 BCF 文件通过可存储介质或邮箱等途径在用户之间传输、编辑并返回。与规定的 IFC 文件工作流程不同，BCF 文件可以"往返"，只要每个人都保持共享 BCF 文件的完整性，而不是传递它的副本。作为基于文件的工作流的替代方案，BCF 有基于 Web 服务的 API 模式。可以选择同时搭建支持 BIM 和 BCF 的服务器，以存储所有 BCF 数据并使项目参与者能够在一个服务器同步 BCF 主题的创建、编辑和管理。

2）基于文件的 BCF 应用

BCF 文件是一个 ZIP 压缩文件，BCFv1.0 和 BCFv2.0 的文件扩展名为".bcfzip"，BCFv2.1 以后（包括 BCFv3.0）引入了新的文件扩展名为".bcf"。BCF 文件本质是一个文件夹，BCF 文件的根目录包含 extensions（延伸）.xml、project（项目）.bcfp（optional，可选择的）、documents（文件）.xml（optional）、bcf.version（版本）。

标记文件〔Markup（加成）.bcf〕指与该 BCF 文件的主题〔Topic（话题），例如，设计中的某个问题〕相关的文本信息的集合。Markup（.bcf）文件通常由标题、主题、注释、视点以及可选项（包括局部 BIM 文件、参考文档、相关主题等）共同组成。标题（Header）包含与本 BCF 有关的 IFC 文件的信息（例如，该 IFC 文件的名称）。主题（Topic）包含本 BCF 的主题的参考信息，以及该主题的 GUID。注释（Comment）包含与本 BCF 有关的各方的讨论或者观点。视点（Viewpoints）包含与本 BCF 的主题有关的一个或多个模型视点，也可以包含与某一条或多条注释有关的一个或多个模型视点，视点在 BCF 中不允许修改，但可以随着新增的注释而新增视点。局部 BIM 文件（BIM Snippet）是可选内容，可以是一个仅指定空间信息的 IFC 文件。参考文档（Document References）是可选内容，提供了一种链接与本 BCF 主题有关的文档的方法。

相关主题（Related Topic）是可选内容，提供了一种链接与本 BCF 主题有关的主题的方法。

可视化信息文件〔Visualization Information/Viewpoint（观点）. bcfv〕是包含与主题相关的组建信息、相机设置以及可能的标记或裁剪信息的文件。Viewpoint（. bcfv）文件通常由组件、相机以及可选项（包括线段、裁剪平面等）共同组成。组件（Components）包含选择的与本 BCF 主题有关的组件、确定哪些部分可见或不可见、组件应用哪些颜色等信息。相机（Camera）提供了正交或透视相机的选项，并必须二选一。线段（Lines）可以用于在三维中添加标记。裁剪平面（Clipping Planes）可以用于确定与主题相关的 BIM 模型的局部。

截图（Snapshot. png/. jpg）包含与主题相关的可视化图片，长宽尺寸不能大于 1500 像素。位图（Bitmap）可以用于添加更多可视化的信息。

3）基于 Web 的 BCF 应用

BCF-API 支持通过 RESTful（RESTful 是一种网络应用程序的设计风格和开发方式）Web 界面在应用程序之间交流 BCF 问题，可以通过 HTTP（Hypertext Transfer Protocol，超文本传输协议）查询参数、与 JSON 主体交换数据。BCF-API 是 OpenCDE（开放式通用数据环境）API 家族之一。所有 OpenCDE API 都由一个称为 OpenCDE Foundation API 的共享通用 API 联合起来。Foundation（地基）API 指定了所有 OpenCDE API 通用的服务和约定。所有 BCF-API 都必须在 Foundation API 的基础之上实现，并遵循其约定和准则。实施者应该从实施 Foundation API 开始，然后才能继续实施 BCF-API。BCF 支持使用专用的 BCF 服务器处理身份验证和 BCF 问题，共享文件等服务则通过其他网络文件共享服务提供的拓扑类型实现，BCF 也支持将 BCF 服务和文件服务部署在同一个主机上。

BCF-API 可以提供主题服务、文件服务、注释服务、视点服务、相关主题服务、参考文档服务、文档服务、主题事件服务、注释事件服务。

主题服务包括检索、发布、删除 BCF 问题；文件服务提供与主题关联的文件；注释服务包括检索、发布、删除 BCF 问题的注释；视点服务提供与主题或注释相关的一个或多个视点；相关主题服务包括检索、发布、删除与 BCF 问题相关的主题；参考文档服务是将文档与主题相关联的服务，文档可以是内部文档也可以来自外部 URL，由文档的 GUID 确定；文档服务包括检索、发布、删除与 BCF 问题相关的文档；主题事件服务反映 BCF 问题的更新，例如问题的更新、添加，信息的增删改等；注释事件服务反映 BCF 问题的注释的更新，例如注释的更新、添加，信息的增删改等。

BCF 允许不同的 BIM 应用程序通过利用以前在项目协作者之间共享的 IFC 数据来相互交流基于模型的问题/主题。目前，基于文件的交换工作流程相对简单，是大多数人习惯使用的过程，一个 ZIP 文件即可完成用户之间对问题/主题的传输、注释、编辑和返回。作为基于文件的工作流的替代方案，BCF 有基于 Web 服务（RESTful）的 API 模式。然而，在 BCF 的正式模式中，仅有几个必填字段，许多字段是可选的，这意味着供应商可以自由地导出许多字段，但并非必须如此；接收 BCF 时，同样如此，仅支持了必填字段，但可选字段并不总能导入到软件工具中,这导致一个内容丰富的 BCF 数据集在输出和输入的过程中存在信息丢失的可能。尽管根据 buildingSMART 的测试,实际的交互应用中几乎不存在丢失信息的情况。目前,BCF 主要存在两方面问题:一方面近些年 BCF 没有更新迭代,另一方面 buildingSMART 认为应当成立治理工作小组,推动治理结构的建立和成熟,并适时为用户推出正式的 BCF 认证。

**4. 信息交付手册与模型视图定义**(Information Delivery Manual,Model View Definition)

1) 集成的 IDM/MVD 流程

建筑资产行业(包括建筑物和民用基础设施)的特点是参与方的类型众多,一个项目通常需要将许多不同的公司聚集在一个特定的组织中。为了有效地工作,组织中的所有参与者都必须知道哪一个参与方必须在哪些时间向哪一方传达哪些信息,这是自建筑行业诞生以来就一直存在的挑战,而当建筑业更多地引入信息化、数字化工具时,这个需求变得更加重要,而挑战也变得更加严峻。因为大多数行业工具在面对数据发生错误或缺失时都难以完成设定的功能目标。尽管 buildingSMART 开发了 IFC,但如果要求所有软件均可基于完整的 IFC 进行数据交换是不现实的,例如,一个结构载荷设计的软件支持热能耗管理领域的 IFC 是完全没有必要的,不但为软件开发工作带来负担,也让数据交换的效率更加低下。

为了高效、可靠地组织起建筑行业的信息交换,buildingSMART 定义了一个为全球建筑行业设计、实施、认证和使用标准信息交换的集成过程。这个过程包括 4 个不同的阶段,分别是定义信息交换手册(Information Delivery Manual,IDM)、开发模型视图定义(Model View Definition,MVD)、软件开发与认证、BIM 实施与验证,从需求定义开始,到在建筑行业项目中使用信息交换结束。定义信息交换手册即是定义需求,这一步由建筑行业的领域专家完成,开发模型视图定义即为设计需求的解决方案,这一步需要由建筑行业的领域专家和软件开发者共同完成,并由软件开发者完成软件的开发与认证工作,最后由终端用户在实际项目中实施和验证,buildingSMART 称该流程为集成的 IDM/MVD 流程。

首先,由建筑行业各领域的专家根据项目目标和流程开发共识文档或业务用例,业务用例应包括流程参与者、交换信息的内容与格式、交换信息的时间点以及目的。buildingSMART 指定的业务流程描述方法为 BPMN 符号(Business Process Modeling Notation,业务流程建模符号)。流程模型(Process Model)描述了业务流程中存在的活动,规定了业务流程的内容定义了所有必需的活动并将它们设置为逻辑顺序。逻辑顺序是由一个进程对一个或多个其他进程提供给它的信息的依赖性驱动的,逻辑顺序不依赖于时间,不应与甘特图或 PERT 图中表示的任务调度相混淆。可以将流程模型开发到非常精细或非常粗略的细节程度,流程模型越精确,其实践的特定过程就越具体;反之,流程模型越粗略,则其通用度就越高。流程模型在 IFC 规范开发项目中,起到了发现和捕获业务流程的信息内容、确定该信息如何在流程参与者之间交换的作用。BPMN 具有 6 个关键要素,包括对象、流程、联系、物件、事件、节点。BPMN 确定后将 BPMN 中的所有数据以及该数据的类型、值域、默认值等信息记录在电子表格中,并形成交换需求模型（Exchange Requirements Model，ERM）。

该需求根据实际项目的不同，所包含的数据也有所不同。通常来说，一个单体的项目有其所处的特定的领域、项目计划实施的 BIM 应用也有其特定的用例，并不需要也无法将 IFC 中的所有数据——映射到相应的数据需求。因此，在完成 IDM 定义以后，需要由建筑行业相应领域的专家和软件开发者共同完成模型视图定义。MVD 中模型视图（Model View）的含义来源于数据库技术，其概念更接近数据视图（Data View），是指从某个视角看到的客观数据对象的特征，之所以需要定义这一"视角"是因为 IFC 在元素分类性能上天然的劣势。IFC 最初的发展遵循了只允许用户根据元素的主要功能角色或作为系统的一部分对元素进行分类这一原则，IFC 开发者通过分别定义模型元素、功能角色和系统来使一个元素可以承担多个角色或者成为多个系统的一部分，即 IFC 的方法论认为事物应该被建模为"它们本质是什么"而不是"事物所扮演的角色"。因此 IFC 的核心层（主要指核心扩展层）和交互层的类并不能等同于计算机科学中来源于分类的类，而应该被视为与实例信息有关的某种占位符，实例的属性通过与属性集、资源层以及其他类的关系来确定。哲学家和科学家通常持有的观点是人们只能认识"我们所看到的世界"而不是"世界本来的面目"，同时"如果我们想要研究某一件事，就必须选择它的某些方面"。因此，由建筑行业的领域专家制定的 ERM 无法直接形成对所需 IFC 元素的——映射，而必须选择一个或多个视角。该"视角"在 buildingSMART 集成的 IDM/MVD 流程中即来自信息交换需求。根据领域和业务的不同，模型视图只需要根据 IDM 定义的信息交换指向 IFC 数据模型的局部（模型视图定义的内容是 IFC 数据模型的子集）。MVD 包含三个要素：MVD 描述，用于确定 MVD 的范围；MVD 图，用于确定交换所需的 MVD 概念以及视角之间的关系或结构；MVD 实施规范，用于定义每个概念相对应的 IFC 实体以及实施者协议。

根据领域和业务的不同，目前业内正在开发和实施很多特定的 MVD。为了促进行业的使用，buildingSMART 也开发/认证了共计 38 个 MVD，其中 IFC4 的 MVD 共有 8 个，包括：

（1）Land（土地）XML view（视图）：LandXML 是一种专门的 XML 数据文件格式，提供土地开发和运输行业常用的土木工程和测量数据，可以支持土木和基础设施设计和施工中的多个业务案例。

（2）Product Library View（产品库视图）：提供了制造商产品信息和配置。

（3）Energy Analysis View（能量分析视图）：可用于估算和监测能源消耗量和成本信息。

（4）Quantity Takeoff View（土方量视图）：可用于估算和跟踪建筑材料和成本。

（5）Design Transfer View（设计传递视图）：提供空间和物理组件的高级几何和关系表示，可以将模型信息高保真地从一种工具传输到另一种工具。

（6）Bridge Construction View（桥梁施工视图）：可以用于建造和维护桥梁。

（7）IFC4Precast（IFC4 预制）：可以在 CAD 和制造执行系统（Manufacturing Execution Systems，MES）之间交换几何信息，用于预制建筑构件的自动化生产。

(8) Reference View（参考视图）：是由 buildingSMART 开发的 IFC4 版本（4.0.2.1）的标准化子集，适用于 6 种参考工作流程的信息交换，包括协同的方案设计、冲突检测、链接模型进行参考、算量、施工进度组织、可视化展示。该版本的参考模型数据包括：具有明确几何、属性、数量、材料和分类的物理元素；具有关联物理元素的元素类型；具有明确几何、属性、数量和分类的空间元素；空间结构元素，以及非垂直建筑的空间区域；物理元素（组件、子组件、零件）之间的元素分解结构；空间元素之间的空间分解结构；空间元素和物理元素之间的空间包含结构；逻辑系统结构和分配；系统网络的拓扑结构（元素到端口、端口到端口等关系）；建筑模型的通用环境，提供单位、坐标系和 GIS 位置；使用 GUID 的通用对象识别。

完成 MVD 开发后即可进入软件开发和认证阶段，软件在交由终端用户使用前需要完成验证测试。验证测试是根据 ERM 的数据模式对从软件应用程序导出的信息进行的测试，用于确保根据一组应用的业务规则满足规定的交换要求。验证测试主要包含以下目标：验证从软件应用程序导出的信息是否符合交换要求中规定的质量标准；提高软件实施的质量；提供可软件性能的指标；在实现相同目标的软件应用程序之间进行比较；测试软件的可靠性。

2）ISO 29481 系列标准

2010 年，ISO/TC59/SC13 将 IDM 接受为 ISO 29481-1：2010，并于 2016 年修订为 ISO 29481-1：2016。ISO 29481-1：2016 为信息交付手册.第 1 部分：方法和格式，该标准旨在促进在建筑工程生命周期的所有阶段使用的软件应用程序之间的互操作性。它促进了施工过程中参与者之间的数字协作，并为准确、可靠、可重复和高质量的信息交换提供了基础。

ISO 29481-1：2016 描述了 IDM 的基础框架，应包含交互图、信息交换图或流程图，应包含一个或多个交换要求。交互图定义了所涉及的角色以及角色之间的互动，对于每个定义的互动过程，一个角色是发起者，而另一个角色则是执行者。与交互图一致的信息交换图定义了信息交换中的消息以及执行顺序。流程图以泳道图的形式显示了每个角色要执行的相关活动顺序。不同角色所从事的活动可能具有交换信息的需求，该需求应对应信息交换图中的消息及其执行。

ISO 29481-1：2016 描述了选用流程图或是交互图、信息交换图的两种不同情况。当关注于交付服务或生产最终产品（如设计）所需遵循的业务流程时，流程图最为有用，在这种情况下，IDM 关注的信息与业务需求相关联。在业务流程中，交互图、信息交换图最为有用，因为关注的是需要交付服务或产品的参与者之间的交互，以及确保达成一致的通信协议，以确保实现项目目标。在这种情况下，IDM 关注的焦点为信息交换需求。

某些消息由多个 BIM 数据模型的组合形成，因此需要定义交换要求。交换要求包括与角色之间信息交换的 BIM 数据模型的全面描述，包括信息需求的定义，对相关库对象的引用，以及需求描述、使用指南和可能存在的约束。ISO 29481-1：2016 具体指出了 IDM 中的内容的要求，主要包括：描述在业务环境中进行信息交换的需要，识别、发送和接收信息的参与者，定义、指定和描述所交换的信息，以满足业务流程中每个环节的需求，确保以有用且易于理解的形式提供定义、规范和描述，为交换要求中获取的信息创建详细规范，以促进 BIM 软件应用程序的开发，确保所规定的信息要求是当地工程实践所能提供的。

ISO 29481-1 中描述了 IDM 的方法和组成部分，ISO 29481-2：2012 则描述了 IDM 不同的组成部分是什么以及它们之间的关系。ISO 29481-2：2012 为信息交付手册·第 2 部分：交互框架。交互框架将相互作用的要素以合乎逻辑的方式组合起来，条理性地描述交互、信息交换和流程。交互框架应包括对角色的定义、信息交换方式、用于交换的信息，以及信息中的数据元素。完成交互框架的制定后，应考虑如何使用软件支持交互框架，软件应具备的功能包括支持交互框架的编辑、保证交互框架的完整性和有效性、支持交互框架的可移植性、支持信息系统的运行、支持消息的互操作性。实现上述功能的软件解决方案应考虑两个层次，第一层次涉及交互框架本身，第二层次涉及基于交互框架的实际信息交换。为了支持交互框架的可移植性，应该清楚交互框架必须遵守哪些规则。这些规则应包含在交互框架模式中，该模式记录为 XSD 模式文件，模式中定义的类的实例应记录为 XML 文件，交互框架的模式在 ISO 29481-2：2012 的附录 A 中列举，模式中可用的类列举在第五章。完成有效的交互框架后，应配套相应的信息系统来解释这些信息。信息系统应能够根据交互框架中列出的选项来支持消息的通信，并验证接收和发送的消息。为确保信息系统之间可以交换带有附件的信息，需要制定实施指南，包括通信协议、通信架构和服务器、加密、SOAP 函数调用等。

3）IDM/MVD 流程的局限与发展

随着对 BIM 应用项目需求的增加，人们对明确定义的信息需求的认识和需求更加迫切。长期以来，每个人都可以创建自己的 MVD 并联系软件供应商来实现它。这造成了已创建的多个 MVD 无法相互操作的困境，必须依靠额外的努力才能在软件工具中实现。ISO 29481-1：2016 的 IDM 标准定义了如何使用 BPMN 指定交换需求 ER（Entity-Relationship，实体关系），然而，IDM 至今缺乏普遍接受的标准数据模式，IDM 规范目前不容易共享及重用。目前，buildingSMART 正在就 IDM 数据模式的架构进行研究，截至 2021 年年末，来自 13 个国家的 46 位专家的讨论和投票结果显示 buildingSMART 认为 IDM 组件应包括用例、流程和交换需求，其中用例是定义 IDM 的起始点和必选项。在新的 IDM 数据模式架构中，用例实体决定了 IDM 的需求，每个 IDM 组件可以由多个子数据交换需求（sub-ER，附属的 ER）和子流程（sub-PM，附属的流程模型）组成，流程和交换需求允许在定义 IDM 的过程中的稍后时间点确定，IDM 可以通过数据交换需求的实体（ER Entity，ER 实体）与多个 MVD 关联。

除了对 IDM 数据模式架构的研究外，buildingSMART 也正在开发信息交付规范（Information Delivery Specifications，IDS）。在当今的行业中，许多 BIM 用户定义了自己的 BIM 执行计划（BIM Execution Plan，BEP），包括具有交换要求的流程图。虽然流程通常使用计算机可解释的 BPMN 格式来定义，但按照计算机可解释的标准定义交换需求，通常只有人类可读。信息交付规范是一种计算机可解释文档，IDS 定义了基于模型的交换要求,并规定如何交付和交换对象、分类、属性,甚至值和单位,数据模式基础可以是工业基础类(IFC)、领域扩展以及其他分类和属性标准的组合。该分类和属性标准可以是来自其他国家的协议或公司的特定协议。IDS 为客户、建模者和执行自动分析的软件工具提供了一个可以用来验证和交付正确信息的核心组件。buildingSMART 希望通过 IDS 完成计算机可解释的交换需求定义,从而提供可预测且可靠的数据交换工作流程的解决方案。

组成信息交付规范 IDS 中的每一个规范都应由三部分组成:说明、适用范围、要求。说明:说明为什么该条规范对项目很重要,以及如何实现规范,本部分旨在让人类阅读并理解为什么需要信息。适用范围:每条规范都只适用于 IFC 数据模式中的一个或一些类型的对象,本部分应标明该条规范适用于哪种类型的对象。要求:第二部分中指定的对象需要什么信息,例如,所需的属性或分类。

IDS 使用"面(Facet)"的概念描述适用范围和要求。Facet 具有实体(Entity)、特征(Attribute)、分类(Classification)、属性(Property)、材料(Material)、部分(Parts),其中特征(Attribute)为对实体的描述属性,属性(Property)为实体自身的属性,通常在类中已声明。

在适用范围中使用 Facet 描述实体需要具备的信息,从而让计算机理解该条规范适用于哪个实体。在要求中使用 Facet 描述本条规范对适用范围中的实体的信息需求。规范的适用范围和要求部分可以将多个 Facet 组合在一起描述各种规格。某些 Facet 可能具有可选的参数或值域,可以为某些 Facet 参数设置复杂限制,指定有效值列表、数字范围或文本模式。

**5. 术语框架与数据字典**(Framework for Semantics, Data Dictionary)

1)术语分类与数据字典标准

在上文 buildingSMART 集成的 IDM/MVD 流程中,MVD 是由建筑行业的领域专家与软件开发者共同根据 IDM 定义的信息需求开发的,忽略近年来正在进行的用例管理(Use Case Management,UCM)研究以及可以直接完成 MVD 定义的 IDS 方案,在过去的很长一段时间内,IDM/MVD 流程中都存在着将自然语言定义的需求转换为计算机可读语义的难题。实现语义网络的基本假设之一认为,普遍认可的本体是任何知识领域中实现有效的信息交换和互操作性的先决条件。分类系统是本体开发的基石,它们既涉及概念又涉及术语,并且对于为行业中的参与者建立通用语言具有决定性的影响。本体由描述领域中感兴趣的对象的概念组成。建筑和设施管理领域的本体包括描述建筑实体,其设计、生产、使用和管理,以及人们使用和体验建筑环境的概念。瑞典建筑业常用的 SfB〔SfB 是世界上第一个正式的建筑信息分类体系,由瑞典 Joint Working Committee for Building Problem(建筑问题联合工作委员会)制定,侧重于建筑工程领域,按照分部(Element)、施工(Construction)和材料(Material)划分信息〕建筑分类系统成为当时最有潜力实现建筑领域对象分类的方法。瑞典在 SfB 建筑分类系统的基础上发展出了 BSAB 96 分类系统(BSAB 是 Byggandets Samordning AB 的缩写,是瑞典建筑业自 20 世纪 70 年代以来使用的分类系统,由瑞典 Svensk Byggtjänst 协会制定,旨在对所有建筑和房地产活动的信息进行识别、划分和分类），英国对应发展出了 Uniclass（一个统一的分类系统）系统，北美地区也开发出 OmniClass（专为建筑行业设计的一种组织和检索信息的方法）系统，丹麦则制定了丹麦建筑分类系统（Dansk Bygge Klassifikation，DBK），荷兰和挪威的专家最早提出了构建建筑对象库的构思，用于处理不同语言的术语定义。

针对这一难题，当时 ISO 和 IAI 分别选择了两套相近的方法，并分别开发出了 ISO 12006-2：2015 和 IFC。ISO 12006-2：2015 开发之初的目标是定义建筑和设施管理等业务活动中的通用类的框架，作为开发详细分类表的起点。ISO 12006-2：2015 的范围是建筑工程的完整生命周期，但并未具体考虑信息和通信技术、ICT（ICT 是信息、通信和技术三个英文单词的词头组合，全称是 Information and Communications Technology，被称为信息通信技术）、应用程序的互操作性需求。IFC 同样可以应用于建设和设施管理领域，但它重点解决互操作性需求。IFC 由类和模型的框架组成，主要用于在不同的面向对象信息系统中的模式之间转换信息，也用于为此类系统开发数据模式。

ISO 12006-2：2015 采用了符合人类认识世界逻辑的分类框架，其中最通用的实体是"建筑对象"，即建筑行业对事物来源特征的认识（而不是 IFC 使用的对事物本质的认识）。ISO 12006-2：2015 确定了建筑对象的四个主要类别，分别是建筑资源、建筑过程、建筑结果和属性/特征，它们被描述为了一个通用的流程模型："建筑资源"用于"建筑过程"，将产生"建筑结果"，并且这些建筑对象都具有相应的"属性/特征"。ISO 12006-2：2015 中的每一个类都是这四个主要类别的子类。

尽管 ISO 12006-2：2015 与 IFC 在分类的方法论上不同，但两者在业界应用中都体现了其关键性的作用。ISO 12006-2：2015 为不同语言环境和文化的项目参与者提供了一致的语义，IFC 为计算机应用提供了强大的互操作性，这两者间仍然有可能在对象/元素方面建立链接。

ISO 12006-3：2022 建筑工程信息的组织．第 3 部分：基于对象的信息分类框架的主要部分为分类模型的规范，该模型通过属性定义概念，实现概念的分组以及概念之间关系的定义。对象、集合和关系是分类模型的基本实体，与对象关联的属性集声明了对象的正式定义及其典型行为。属性具有值，并可以选择单位。可以通过模型指定对象要扮演的角色，从而定义使用该对象的环境。每个对象可以有多个名称，允许其以同义词或多种语言表示。每个对象的语言名称始终以英语（默认语言）提供，也可以根据确定或使用对象的位置的语言来命名对象，在使用非英语时，可以通过提供索引将对象与英语分类系统相关。

ISO 12006-3：2022 定义的分类模型有一个根实体，对象、对象之间的关系以及集合这三种类型实体从该根实体继承，根实体能够以任何语言将任何一组名称、标签、描述和引用分配给其派生类型、标识符和日期。对象分为主题、活动、角色、单位、值，以及单位和属性的度量。主题和活动是所描述的事物和过程，其余则是与其他对象和自身相关的描述实体。关系提供对象之间的关联机制，分为关联、集合、特征化、组成、参与（作用）、组成、排序和度量分配。集合通过集合关系提供各种对象分组，包括嵌套集合。属性为所储存的值提供了环境，描述了该值的功能，按照数据的类型可将属性值分为：枚举值、列表值、有界列表值、有界值、单个值和表值。通过度量值与单位关联的内容将存储在值组件中，该组件可以在各种语言基础上以表示任何名称、说明、值或引用的方式进行建模。

ISO 23387：2020 是资产全生命周期中的工程对象的数据模板——概念和原则，该标准规定了工程对象数据模板的原则和结构，旨在支持使用机器可读格式的数字流程，使用标准数据结构来交换有关任何类型的建筑对象的信息，例如，产品、系统、装配、空间、建筑等，用于设施的启动、简介、设计、生产、运营和拆除。数据模板指用于描述构造对象特性的数据结构，从而在任何建筑资产的生命周期中实现建筑行业业务语义的无缝信息交换。数据模板的标准化成果即为数据字典，数据字典的结构应遵守 ISO 12006-3：2022 的有关规定。

在数字建筑环境中，不会有一个包含所有 BIM 领域所需的所有定义的数据字典。不同的群体专门针对他们的需要，将根据法律和文化创建单独的数据字典。各种不同的数据字典可以部署在同一平台上，但逻辑上它们是分离的。ISO 23386：2020 提供了建立、维护数据字典的标准化方法，从而实现不同数据字典之间的互操作性。ISO 23386：2020 采用的方法主要包括两个方面，一是规定不同数据字典的元素使用相同的属性（Attribute）进行描述，从而实现不同数据字典中的属性映射；二是在数据字典内容的构建和开发方面遵循相同的规则。ISO 23386：2020 规定了定义单个数据字典属性（Property）和属性组（Groups of Properties）的属性（Attribute），以及在协调数据字典网络中管理单个数据字典的过程和委托/角色。在治理过程中，描述了单个数据字典如何处理查询和更改请求的规定，以及如何将查询扩展到其他链接的数据字典；有关更改的其他链接数据字典的信息是此过程的一个组成部分。

2）buildingSMART 数据字典

buildingSMART 开发了 buildingSMART 数据字典（buildingSMART Data Dictionary, bSDD）。bSDD 是一种在线服务，它提供分类及其属性、允许值、单位和翻译。bSDD 允许在数据库内的所有内容之间进行链接。它提供了一个标准化的工作流程来保证数据质量和信息的一致性。根据 buildingSMART 的介绍，BIM 建模人员使用 bSDD 可以轻松高效地访问各种标准来丰富他们的模型。BIM 经理使用 bSDD 检查 BIM 数据的有效性。高级用户使用 bSDD 中的内容来检查合规性、自动查找制造商产品、扩展 IFC、创建信息交付规范（IDS）等。

经过多年的迭代更新，bSDD 如今不但可以为 ISO 12006-2 与 IFC 之间的对象/元素提供链接，也整合了各种国家标准、分类系统、特定领域的标准，同时 bSDD 支持通过"域"（Domain，即领域，与 IFC 中的 Domain 有区别）来定制私有标准或者规范协议（必须严格遵循 ISO 12006-3 数据结构化质量标准），支持"域"之间创建关系。

用户可以通过 buildingSMART 的网页来访问 bSDD 服务，同时 buildingSMART 也为开发者提供了 bSDD API，API 提供了检索多个标准/域的分类和属性信息的方法。截至 2023 年 1 月，bSDD API 公开的域包括 IFC4.3、CCI Construction 1.0、ETIM 7.0、ETIM 8.0、NL-SfB 2005 2.2、Uniclass 2015 1、Universal Types 1.0。buildingSMART

官方给出的一个示例流程如下：

① 用户打开屏幕以搜索分类及其属性；② 打开屏幕后，应用程序调用 API 的"域"方法来检索可用域的列表。然后可以将该列表呈现给用户以进行选择；③ 用户选择一个域并输入文本以查找所需的分类；④ 用户按下搜索，应用程序将请求发送到 bSDD API（Application Programming Interface，应用程序编程接口；"SearchList"——method，即"搜索列表"——方法）；⑤ 结果为分类列表；⑥ 用户可以选择需要的选项；⑦ 应用程序向 bSDD API 发送分类详细信息和属性的请求（"Classification"——method，即"分类"——方法）；⑧ API 返回应用程序向用户显示的分类详细信息和属性。

**6. 技术文档索引**

buildingSMART 标准体系的技术支持文档可在其官网找到，在线服务的技术开发文档可在 GitHub 找到。根据 buildingSMART 官方发布的最新技术路线，buildingSMART 的标准体系将在未来转向"通用的、可拓展的、高适用性的"，具体措施表现为将 IFC 数据模式与特定的建模语言（例如，STEP）和文件格式分离，在一个独立于建模语言的基础上，更高效、更广泛地支持生成 SPFF、XML、RDF、JSON 和二级制格式。将 IFC、bSDD、BCF 等的技术开发文档上传 GitHub（一个面向开源及私有软件项目的托管平台），并更多地提供 APIs 从而支持软件的集成与开发。本节内容提到的相关标准和技术内容，大多数已在 buildingSMART 官方网站和 GitHub 发布。

## 1.2.2 英国标准体系

**1. 概述**

与 2011 年财政预算一起发布的英国《政府发展计划》（Government's Plan for Growth）强调了高效建筑业对英国经济的至关重要性。英国政府认识到，建筑业是英国经济的重要组成部分，约占 GDP（Gross Domestic Product，国内生产总值）的 7%，同时每年向该行业支出 1100 亿英镑，其中约 40% 来自中央政府用于公共事业的投资。政府和行业普遍认为，英国没有从公共部门建设中获得全部价值；并且它未能利用公共采购建设和基础设施项目的潜力来推动增长。

2011 年 5 月，英国发布了《政府建设战略》（Government Construction Strategy，以下简称《战略》），这份战略文件由内阁办公室的效率和改革小组、商业创新与技能部（Department for Business Innovation & Skills，BEIS）的建筑部门、英国基础设施局（现与重大项目管理局合并为基础设施与项目管理局，Infrastructure and Projects Authority，IPA）共同编制。该《战略》旨在降低建筑业成本，同时改进商业模式和实践，确保政府投资能始终如一地获得更高的回报，从而推动国家获得长期所需的社会和经济基础设施。这一战略要求政府成为一个优质的建筑业客户，能够更明确地掌握信息、更高效地协调各方；这一战略挑战了建筑行业长期以来的对抗文化，将在行业的商业模式和实践中推广协作文化；同时，政府希望通过这一战略的投资推动产业链的创新。《战略》首次将 BIM 作为英国建筑业战略目标，政府要求到 2016 年达到最低的绩效要求，即实现完全协作的 3D（Three-Dimension，三维）BIM，这一要求后称为 BIM Level 2（图 1.3）。

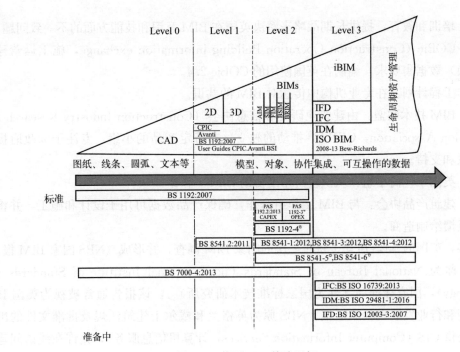

图 1.3　英国 BIM 战略目标

英国 BIM 战略将 BIM 成熟度描述为四个等级：

（1）BIM Level 0：非可控的 CAD，包括 2D（Two-Dimension，二维）绘图和文本，具有纸质或电子信息交换，但没有通用标准和流程。本质上，这是一个数字绘图板。

（2）BIM Level 1：可控的 CAD，随着空间协调、标准化结构和格式的不断引入，可能包括 2D 信息和 3D 信息，例如，可视化或概念开发模型。BIM Level 1 可以描述为"孤立的 BIM"，因为项目团队成员之间不共享模型。

（3）BIM Level 2：带有附加数据的可控的 3D 环境，在单独的基于学科的模型中创建。这些单独的模型组合在一起形成一个联合模型，但不会失去它们的身份或完整性。数据可能包括施工顺序（BIM 4D）（Four-Dimension，四维）和成本（BIM 5D）（Five-Dimension，五维）信息。有时被称为"pBIM"（proprietary BIM，即专有的 BIM）。

（4）BIM Level 3：具有施工顺序、成本和项目生命周期（BIM 6D）信息的统一在线协作项目模型。有时被称为"iBIM"（integrated BIM，即集成的 BIM），旨在交付更好的业务成果。

对于更高等级的 BIM Level 4 尚未明确定义，业界通常认为这一级别的 BIM 成熟度将包含改善社会成果和福祉的概念。

2011 年，英国政府组织成立了 BIM 工作组（BIM Task Group），BIM 工作组汇集了来自行业、政府、机构和学术界的专业知识，以加强政府部门的 BIM 能力，并为行业提供满足政府 BIM 战略所需的信息，该组织由商业创新与技能部 BIS 和建筑业议会（Construction Industry Council，CIC）支持。与 BIM 工作组相关的主要工作组有六个：

（1）培训和教育：提供长期战略来解决英国在 BIM 意识和技能方面的不一致问题。

（2）COBie（Construction Operation Building information exchange，施工运营建筑信息交换）数据集要求：编制在英国使用的 COBie 2.4。

（3）工程计划：在专业机构中传达对 BIM 的共识。

（4）BIM 技术联盟：由建筑业研究和信息协会（Construction Industry Research and Information Association，CIRIA）推动的独立、非特定产品的小组，专注于为政府提供通用建议和支持。

（5）英国承包商小组：从供应链角度协助 BIM 工作组。

（6）建筑产品协会：与 BIM 工作组合作，确保产品数据可用于设计和施工，并将运营数据反馈给制造商。

同年，英国的 NBS 启动了每年一次的国家 BIM 调查，并形成《NBS 国家 BIM 报告》〔NBS 全称为 National Bureau of Standards（now National Institute of Standards and Technology），国家标准局（现为国家标准技术研究所）〕，该报告通常被视为英国 BIM 技术应用和行业发展现状的汇报。NBS 原为英格兰和威尔士建筑法规及批准文件的出版商，并提供 CIS（Computer Information Services，计算机信息服务），允许在线访问建筑业法规、标准、技术建议和行业新闻，现已被英国皇家建筑师学会公司和劳埃德银行集团出售给 Byggfakta 集团（Byggfakta 集团是一家专注于建筑行业的软件信息公司），但仍提供包括 BIM Level 2 Toolkit（工具包）和 Uniclass 等服务。

2015 年，商务大臣文斯·凯布尔（Vince Cable）发布了《数字英国，BIM Level 3 的战略计划》（Digital Built Britain，Level 3 Building Information Modelling—Strategic Plan），同步上线了数字英国网站（现为剑桥大学数字英国中心）。该战略计划由伦敦大学学院（University College London，UCL）、BIS、BIM 工作组及 buildingSMART UK 主席共同编写。该战略计划表明，在未来十年，BIM 将与物联网、高级数据分析和数字经济相结合，实现更有效地规划、以更低的成本建造和更高效地运营。BIM 工作组主席马克·比尤（Mark Bew）表示，实现 BIM Level 3 是一个十年计划，在 2017 年或 2018 年开始进行五年的准备工作，随后五年将进入实施阶段，早期的 BIM Level 3 采用项目将在 2017 年或 2018 年开始。该战略计划将 BIM 从 Level 2 到 Level 3 的改变进一步描述为：

（1）终身和功能（业务）管理能力；

（2）可互操作的简单易用技术；

（3）集成到大数据以进行更广泛的分析；

（4）更安全的架构；

（5）无纸化透明合同和支付系统；

（6）保护供应商免受知识产权和版权欺诈的数据来源；

(7) 从基于文件的方法转向完全基于对象的技术。

并首次将 BIM Level 3 划分为四个阶段 BIM Level 3A～BIM Level 3D，从而进一步明确技术演进的过程，并提示商业机会（图 1.4）。

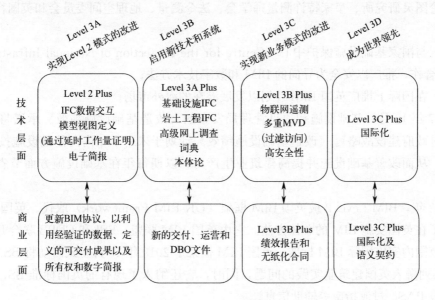

图 1.4　IFC4.3 架构图

2016 年 3 月，英国内阁办公室、基础设施和项目管理局发布了第二个政府建设战略，即《政府建设战略 2016—2020》(Government Construction Strategy 2016—2020，以下简称《政府建设战略》)。报告显示，在《政府建设战略》实施的 2011 年至 2015 年期间，建筑业实现了 30 亿英镑的成本缩减，但仍然明显低于 2011 年政府建设战略设定的每年至少节约 66 亿英镑的目标。在《政府建设战略 2016—2020》中，BIM 工作组制定了一套更雄心勃勃的措施，以使政府部门能够从 BIM 中获得更多好处，但目标适当调整为五年间实现 17 亿英镑的成本缩减和使政府采购的公共建筑项目能够逐步升级到 BIM Level 3。

在 2016 年 5 月公共部门的 BIM 强制令开始前，行业、政府、机构和学术界成立了新的组织——英国 BIM 联盟（UK BIM Alliance），接替原 BIM 工作组继续应对英国实现 BIM Level 2 的挑战，其主要的任务是动员全行业的所有组织，将 BIM Level 2 从集中采购的公共部门进一步推广到整个建筑行业。2017 年年底，英国 BIM 联盟与 buildingSMART UKI 合并。

英国数字建设中心（Centre for Digital Built Britain，CDBB）于 2016 年在 BEIS 和剑桥大学的合作下成立，并吸纳了原 BIM 工作组，CDBB 通过其战略顾问委员会向英国政府报告。CDBB 是推进数字英国战略计划的组织，其主要任务包括：

(1) 促进行业采用 BIM 进行资产运营和整合；

(2) 教育和培训计划；

(3) 与国家和国际标准机构联络，以创建和迭代支持 BIM 行业实施的技术标准和协议；

（4）支持现有社区和战略组织工作以促进BIM，包括政府部门（中央、地方及其机构）、英国BIM联盟、数字化转型网络、buildingSMART、土木工程师学会数字化转型咨询委员会、BIM4、BSI、未来城市助推器、建筑领导委员会、建筑行业委员会、数字助推器、艾伦图灵研究所、皇家特许测量师学会、法令测量、地理空间委员会和英国特许建筑学会；

（5）与国家基础设施保护中心（Centre for the Protection of National Infrastructure，CPNI）合作，推广以安全为导向的BIM和数字技术方法；

（6）在国际上推广英国BIM计划以发展潜在的海外市场。

2017年12月，基础设施和项目管理局发布的《改造基础设施绩效》承诺将于2018年更新《政府建设战略》。《改造基础设施绩效》计划于未来十年内向基础设施投资6000亿英镑，从而改善基础设施并提高建筑业生产力，以期每年在基础设施方面节省150亿英镑。

2018年，BIM Level 2 被英国BIM框架（UK BIM Framework）取代。英国BIM框架规定了在英国实施BIM的总体方法。它由英国BIM联盟、BSI和CDBB联合开发，旨在英国范围内实施国际BIM标准。英国BIM框架于2019年10月正式启动将BS EN ISO 19650系列融入英国建筑业实践的问题，同时，它还纳入了现有的英国标准BS、公开可用的规范PAS、过渡指南等辅助信息。

2021年9月，《转变基础设施绩效：到2030年的路线图》（Transforming Infrastructure Performance（TIP）：Roadmap to 2030）接替了《政府建设战略》。TIP更新了英国信息管理任务（Information Management Mandate，IMM），将英国BIM框架视作达成IMM的关键过程。

## 2. NBS BIM Toolkit

2014年2月，英国技术战略委员会（The UK Teehnology Strategy Board，TSB）拨款150万英镑赞助了小企业研究计划（Small Business Research Initiative，SBRI）的竞标，目标是"开发一种免费使用的数字工具，该工具可以利用公开的BIM标准"。2014年9月，该合同授予了由NBS领导的团队，该团队还包括：研究机构BIM Academy（学院）、英国皇家特许测量师学会（Royal Institution of Chartered Surveyors，RICS）、软件厂商微软、设计公司BDP（Building Design Partnership，英国建筑设计事务所）、顾问公司莫特·麦克唐纳、纽卡斯尔大学和建筑公司莱因·奥洛克。项目于2014年10月启动，NBS BIM Toolkit公测版于2015年4月8日上线，供公众评估。NBS BIM Toolkit上线之初拥有数字工作计划、统一分类系统、数千个定义模板和验证工具，经过多年的发展和英国标准的更新迭代，这三部分进一步明确为在线Uniclass 2015服务、LOD（Level of Development，发展水平）指南和数字工作计划，以服务英国BIM Level 2的整体战略目标。NBS BIM Toolkit在其六年的服务周期内，主要任务包括：

（1）定义与特定项目阶段一致的信息需求；

（2）组建项目团队，定义可交付成果，分配角色和责任；

（3）管理信息的传递；

(4) 免费使用 BIM 对象和制造商的技术文献；

(5) 遵循定义模板参考库，描述项目不同阶段与统一分类系统 Uniclass 2015 一致的典型定义级别；

(6) 向指定者提供数字信息；

(7) 通过识别正确分类的对象并确认存在所需数据，验证所需信息是否已交付。

随着 2018 年英国 BIM 框架取代 BIM Level 2 计划，以及 2021 年 TIP 接替政府建设战略，NBS BIM Toolkit 与 2022 年 7 月停止了维护，NBS 仍将继续与政府合作维护 Uniclass 2015，LOD 指南将停止维护，数字工作计划将全面转向 RIBA 工作计划。

RIBA 工作计划将建筑的规划、设计、交付、维护、运营和使用过程分为八个阶段，是建筑项目所有专业的框架，用作编制详细专业服务和建筑合同的指导。RIBA 工作计划以表格的形式，描述了每个工程阶段的阶段成果、核心任务、核心政策流程、采购路线、信息交换。

**3. 系列标准介绍**

1) BS EN ISO 19650 系列与 PAS 1192 系列

2017 年 2 月，BSI 发布了新的标准草案征求意见。标准草案分为两部分：ISO 19650-1 建筑工程信息组织—使用建筑信息模型的信息管理—第 1 部分：概念和原则；ISO 19650-2 建筑工程信息组织—使用建筑信息模型的信息管理—第 2 部分：资产的交付阶段。

ISO 19650 系列标准的前身为 BS/PAS 1192 系列标准，起点是 BS 1192 中定义的信息的协作生产，以及分别在 PAS 1192-2 和 PAS 1192-3 中定义的资产交付和运营阶段的信息管理。该系列标准的第一版为 BS 1192：1990，1998 年被第二版 BS 1192：1998 取代。第三版"建筑、工程和施工信息的协同生产"于 2007 年 12 月 31 日发布，提供了一个更全面的业务守则，可应用基于二维和三维模型的信息系统。BS/PAS 1192 系列标准为英国 BIM Level 2 计划中核心的 BIM 标准，该标准适用于在项目的设计、施工、运营和退役期间编制和使用施工信息的人员，也能为软件开发人员提供有用的指导。标准确立了在建立涉及协作工作以及确定角色和责任的项目时命名、分类、分层和交换数据的通用方法。

如今，一系列 PAS 1192 标准规定了通过建立协作工作和信息需求框架来实现 BIM Level 2 的要求。PAS 1192 框架规定了模型详细程度、模型信息、模型定义和模型信息交换的要求。具体来看：PAS 1192-2：2013，为建设阶段的信息交换要求，规定了 2 级成熟度的要求；规定了 BIM 协同工作的框架、作用和责任；建立在 BS 1192 现有标准的基础上并扩展了通用数据环境（Common Data Environment，CDE）的范围。PAS 1192-3：2014，为运营阶段的信息交换要求，重点是设施管理资产信息模型的使用和维护。BS 1192-4：2014，从技术上讲是一种实践准则，而不是规范标准，它记录了实施 COBie 的最佳方式。PAS 1192-5：2015，安全建筑信息建模、数字建筑环境和智能资产管理规范。

根据 ISO 19650 的主要作者保罗·希尔科克（Paul Shillcock）和大卫·丘彻（David Churcher）的介绍，PAS 1192 系列标准向 ISO 19650 系列标准的转化主要包括以下工作内容：删除 PAS 1192 系列标准中英国政府战略、BIM Level 2 和英国特定的标准引用等内容；从 PAS 1192 系列标准中总结和抽象出主要的概念和原则、重点介绍资产交付阶段和资产运营阶段信息管理流程中的活动和任务。

最终版本于 2019 年 1 月发布，即 BS EN ISO 19650-1：2018 以及 BS EN ISO 19650-2：2018，其中，第 1 部分概述了概念和原则，并就如何管理建筑信息提供了建议，第 2 部分提供资产交付阶段的信息管理要求。它适用于建筑资产的整个生命周期，包括战略规划、初始设计、工程、开发、文档编制和施工、日常运营、维护、翻新、维修和报废。使用该标准将有助于消除跨境协作工作和竞争性招标的障碍。ISO 19650 系列技术内容源自英国 BIM Level 2 的 BS 1192：2007＋A2：2016 和 PAS 1192-2：2013，BS EN ISO 19650-1：2018 以及 BS EN ISO 19650-1：2018，添加了适用于英国的国家前言（UK National Foreword）以及国家附录（UK National Annex，仅 BS EN ISO 19650-2），从而完整替代了 BS 1192：2007＋A2：2016 和 PAS 1192-2：2013。BSI 称，如果企业或项目已经参照 BS 1192：2007＋A2：2016 和 PAS 1192-2：2013 实施了 BIM Level 2，则无须进行任何调整即可过渡到 ISO 19650。2020 年，BSI 相继发布 BS EN ISO 19650-3：2020 和 BS EN ISO 19650-5：2020，替代了多年前发布的 PAS 1192-3：2014 和 PAS 1192-5：2015。2022 年 8 月 11 日，BSI 继续将 BS 1192-4：2014 过渡到 ISO 19650-4：2022。

至此，英国 BIM Level 2 至 BIM Level 3 正式形成了以 BS EN ISO 19650-1：2018、BS EN ISO 19650-2：2018、BS EN ISO 19650-3：2020、ISO 19650-4：2022、BS EN ISO 19650-5：2020、BS 8536 为核心的标准框架，并辅以公开可获取规范 PAS 1192-6：2018 和过渡指南 PD 19650-0：2019。

ISO 19650-1 概述了处于成熟阶段 2 的信息管理的概念和原则，描述为"根据 ISO 19650 系列的建筑信息模型"。ISO 19650-1 为管理信息的框架提供了建议，包括所有参与者的交换、记录、版本控制和组织，适用于任何已建成资产的整个生命周期，包括战略规划、初始设计、工程、开发、文件编制和施工、日常运营、维护、翻新、维修和报废。标准可适用于任何规模和复杂性的资产或项目，同时尽可能避免妨碍各种潜在采购策略的灵活性和多功能性，并降低实施本标准的成本。

ISO 19650-1 首先描述了资产信息模型（Asset Information Model，AIM）和项目信息模型（Project Information Model，PIM）的概念。资产信息模型 AIM 指与运营阶段有关的信息模型，项目信息模型 PIM 则是与交付阶段有关的信息模型，同时，在项目期间 PIM 可用于传达设计意图（有时称为设计意图模型）或要建造的资产的虚拟表示（有时称为虚拟建造模型）。资产信息模型 AIM 和项目信息模型 PIM 是在建筑环境资产的整个生命周期中做出决策所需的结构化信息库，包括新资产的设计和建造、现有资产的翻新以及资产的运营和维护等情形。资产信息模型 AIM 和项目信息模型 PIM 可以包括结构化和非结构化信息：结构化信息的示例包括几何模型、时间表和数据库；非结构化信息的示例包括文档、视频剪辑和录音。信息的来源为真实物理实体时（例如，土壤和产品样本）应使用 ISO 19650-1 中描述的信息管理流程，通过适当的交叉引用（例如，样本编号）进行管理。信息管理流程包括在项目开始和结束时在资产信息模型 AIM 和项目信息模型 PIM

之间传输相关信息，资产和项目信息对于参与资产管理和项目交付的委托方（业主）、直接受托方（总承包商）和受托方（分包商）具有重要价值。

信息管理可以表示为一系列成熟度阶段，如图1.5中的第一阶段、第二阶段和第三阶段所示。

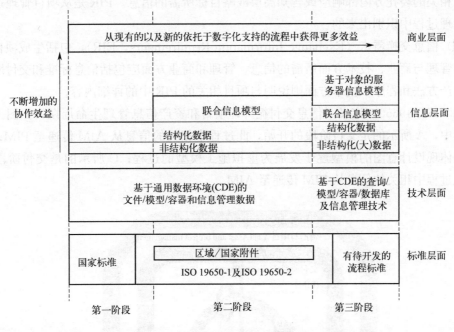

图1.5 信息管理成熟度阶段

图1.5表明，标准的发展、技术的进步和更复杂的信息管理形式都结合在一起，以提供越来越多的业务收益。ISO 19650系列主要适用于第二阶段成熟度，但也可以部分适用于第一阶段和第三阶段。在第二阶段中，通过手动和自动混合的信息管理过程生成联合信息模型。信息模型包括任务团队交付的与资产或项目相关的所有信息容器（Information Container）。信息容器是指可以从文件、系统或应用程序的存储层次结构中检索的持续性的信息集，包括子目录、信息文件（包括模型、文档、表格、时间表）或信息文件的不同子集，例如，章节或部分、层或符号。信息容器可包含结构化和非结构化信息，持久性的信息存在的时间必须足够长，因此可以稳定地对其进行管理，且不包括诸如互联网搜索结果之类的瞬态信息。

ISO 19650-1定义了实施ISO 19650系列的原则与框架，包括信息需求、信息交付循环、职责矩阵以及协作环境，下面从信息需求、信息交付循环、责任矩阵和协作环境四个方面具体描述ISO 19650系列的原则与框架。

（1）委托方可以从资产登记、合规和监管责任、风险管理、业务需要等方面来思考其信息需求。通常，这些信息需求可以分为以下类型：

（a）组织信息需求（Organizational Information Requirements，OIR），解释委托方内部响应或告知高层战略目标所需的信息。

(b) 资产信息需求（Asset Information Requirements，AIR），包括生成资产信息所需的管理与商业、技术方面所需的信息，管理和商业方面应包括信息标准和交付团队实施的生产方法和程序，技术方面则说明了与资产相关的 OIR 中的详细内容。

(c) 项目信息需求（Project Information Requirements，PIR），解释了与特定已建资产项目相关的委托方内部响应或告知高层战略目标所需的信息。PIR 是从项目管理过程和资产管理过程中识别出来的。

(d) 信息交换需求（Exchange Information Requirements，EIR），包括生成项目信息所需的管理与商业、技术方面所需的信息，管理和商业方面应包括信息标准和交付团队实施的生产方法和程序，技术方面则说明与项目相关的 PIR 中的详细内容。

(2) ISO 19650-1 定义了信息交付循环即项目和资产信息管理生命周期，如图 1.6 所示。其中，A 所示的是交付阶段的开始，此过程中相关的信息从 AIM 传递至 PIM；B 所示的是体现设计意图的模型逐步发展为虚拟施工模型的过程；C 所示的是交付阶段的结束，此过程中相关的信息从 PIM 传递至 AIM。

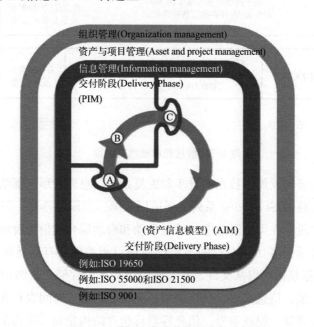

图 1.6　项目和资产信息管理生命周期

根据 ISO 19650-1 的要求，成功实施 ISO 19650 系列需要各方的协同参与，其主要流程如下：

(a) 委托方从需求声明开始，确保在项目开始时就明确定义信息需求以及如何实施和预期的收益。确认信息的类型，并阐明不同类型的信息应如何构建和交换。如果委托方可以进一步解释信息需求的主要原因/目的，应帮助交付团队理解额外的背景信息。

(b) 每个潜在的受托方（例如，设计师、承包商）应当在其 BIM 执行计划中响应这些信息要求，其中包括他们应用 ISO 19650 系列的能力和能力声明。委托方在选择主要受托方（总承包商）时，应考虑 BIM 执行计划的内容。

（c）在配置期间，委托方、主要受托方（总承包商）和其他受托方（例如，分包商）合作商定关键角色和职责，并通过 BIM 执行计划、主信息交付计划和任务信息交付计划等形式，商定信息交付计划（Information Delivery Plan）。信息交付计划应概述了协调和交付机制。交底和培训可确保每个人都具有商定的能力水平并了解所需内容。

（d）各方确定每个项目阶段以及批准、授权和接受程序所需的信息需求水平（Level of Information Need，LOIN），从而为适当的信息管理系统的配置和实施提供前提条件。这些信息系统的选择和使用必须提供并考虑人员（项目团队和利益相关者）的需求、信息交付过程以及交付所需的适当技术。

（e）在每个项目阶段（以及可能在项目阶段内）结束时，要确保该阶段的信息需求已得到满足。在项目期间或合约期间收集的相关资产信息在完成后应及时移交，以便及时通知运维。

（3）为了改进协作工作，各方必须理解与活动和信息交付相关的明确定义的责任。责任矩阵可以从信息管理活动和信息交付物两个维度进行定义，两个维度在 ISO 19650-2 中具体规定。

从信息管理活动的维度定义责任矩阵主要考虑项目整体信息管理任务，并可以使用表 1.2 完成任务的指派。

信息管理活动任务分配模板    表 1.2

| 任务 | 委托方 | 第三方 | 牵头受托方 | 其他受托方 |
| --- | --- | --- | --- | --- |
| 任命个人承担信息管理职能 | | | | |
| 建立项目的信息需求 | | | | |
| 建立项目信息传递的里程碑节点 | | | | |
| 建立项目的信息标准 | | | | |
| 建立项目的信息生产方法和程序 | | | | |
| 建立项目的参考资料和共享资源 | | | | |
| 建立项目的通用数据环境 | | | | |
| 建立项目的信息协议 | | | | |
| 建立委托方的信息交换需求 | | | | |
| 收集参考信息并共享资源 | | | | |
| 建立投标响应要求和评价标准 | | | | |
| 编制招标信息 | | | | |
| 提名个人承担信息管理职能 | | | | |

续表

| 任务 | 委托方 | 第三方 | 牵头受托方 | 其他受托方 |
|---|---|---|---|---|
| 建立（候选）交付团队 BIM 执行计划 | | | | |
| 评估每个任务组的能力和产能 | | | | |
| 建立交付团队的能力和产能 | | | | |
| 制定交付团队的配置计划 | | | | |
| 建立交付团队的风险登记册 | | | | |
| 编译交付团队的投标响应 | | | | |
| 确认交付团队的 BIM 执行计划 | | | | |
| 建立交付团队的详细责任矩阵 | | | | |
| 建立牵头受托方信息交换需求 | | | | |
| 建立任务信息传递计划 | | | | |
| 建立主信息交付计划 | | | | |
| 完成牵头受托方的任命文件 | | | | |
| 完成受托方的任命文件 | | | | |
| 调动资源 | | | | |
| 配置信息技术 | | | | |
| 测试项目信息生成的方法和程序 | | | | |
| 检查参考信息的可用性和共享资源 | | | | |
| 生成信息 | | | | |
| 进行质量保证检查 | | | | |
| 审核信息并批准共享 | | | | |
| 信息模型评审 | | | | |
| 牵头受托方授权提交信息 | | | | |
| 审查和授权信息模型 | | | | |
| 委托方授权接收模型 | | | | |
| 审查和接收信息模型 | | | | |
| 归档项目信息模型 | | | | |
| 为未来项目汲取经验教训 | | | | |

注：职责类型包括：R——开展活动；A——完成活动；C——活动期间咨询；I——活动完成后通知。

从信息交付物的维度定义责任矩阵主要应考虑：信息模型每个元素的分配责任以及与每个元素相关的关键可交付成果；牵头受托方（总承包商）应与其他受托方（分包商）在BIM执行计划中确定：将产生什么信息、何时交换信息、与何方交换信息、哪个团队负责执行；其他受托方（分包商）应在任务信息交付计划（Task Information Delivery

Plan，TIDP）中明确任务组在职责矩阵中的角色、牵头受托方的信息需求、共享资源的可用性、生成信息的事件；牵头受托方（总承包商）应汇总 TIDP 并建立主信息交付计划（Main Information Delivery Plan，MIDP），并应明确分配的职责、任务组之间信息的前置条件或依赖关系、审查和授权信息的时间、审查和接收信息的时间。

（4）信息的生成往往建立在其他团队的工作之上，很少具有孤立创建的信息，因此 ISO 19650 系列要求配置通用数据环境（Common Data Environment，CDE）。CDE 指特定项目或资产各方约定的信息来源，可以用来在受控的过程中收集、管理和传递信息容器。CDE 首要属性是工作流，通过设计合理的工作流并通过技术手段配套促进工作流的实现，工作流的实现可以由多种技术手段来组合实现，常见的包括文档管理工具、合同管理工具、电子邮件、移动端程序等。ISO 19650-2 给出了由委托方或代表他们的第三方提供和管理 CDE，实际上，每个交付团队都可以设置和使用自己的分布式 CDE。在 CDE 的流程设计和管理过程中，应主要考虑以下方面：

（a）信息容器状态；
（b）使用元数据对信息容器分类；
（c）使用元数据进行修订控制；
（d）使用元数据进行状态管理。

随着数据的增删改，信息容器的状态会发生改变，ISO 19650 定义了包括进行中（Work In Progress，WIP）、共享、发布、存档等四种状态（图 1.7）。

图 1.7　CDE 信息容器状态

元数据主要用于描述信息容器的其他信息，ISO 19650-1 中元数据需要包含修订代码和状态代码，ISO 19650-2 中需要包含分类信息。在 BS EN ISO 19650-2 中，英国国家附录首选的分类方法是 Uniclass 2015，同时也给出了基于元数据的修订管理的示例方法。在 BS EN ISO 19650-2 中，2021 年修订的英国国家附录给出了为元数据分配状态代码的方法，从而通过元数据控制信息容器在 CDE 流程中的位置。

ISO 19650 系列标准的第 2 部分和第 3 部分为在 ISO 19650-1 框架下，资产交付阶段和资产运营阶段的各环节活动的规定。ISO 19650-2 为在 ISO 19650 框架下应用 BIM 在资产交付阶段进行信息管理的具体规定，它将资产交付阶段的活动具体划分为需求评估、招标、应标、定标、配置资源、合作生产信息、信息模型交付、项目关闭。ISO 19650-3 为在 ISO 19650 框架下应用 BIM 在资产运营阶段进行信息管理的具体规定，它将资产运营阶段的活动具体划分为需求评估、招标/要求提供服务、应标/相应服务要求、定标、配置资源、生产信息、委托方接收信息模型、资产信息模型整合。两部标准对不同阶段的应用信息需求、信息交互循环、职责矩阵以及协作环境作出了具体规定。

ISO 19650-5 为在 ISO 19650 框架下应用 BIM 强调安全和风险意识，以及对敏感信息进行有意识的管理，旨在降低敏感信息丢失、误用或修改的风险；避免商业信息的丢失、被盗或泄露，保护个人信息和知识产权；提高资产、产品和建筑环境的安全性、保障性和弹性。ISO 19650-5 提供了在可以访问敏感信息的组织中创建和培养适当和相称的安全心态和文化所需的步骤，包括：建立安全意识（敏感性评估）、制定安全策略、制定安全管理计划（包括制定安全漏洞/事件的管理计划）、与受托方合作。

敏感性评估阶段的主要任务是确定是否需要实施一种具有安全意识的方法来保护敏感信息，作出判断的依据是两项评估过程：评估安全风险和识别组织敏感性。评估安全风险可以参照 ISO 19650-5 附录 A 的风险示例列表，识别组织敏感性应根据上一个评估过程中发现的风险，检查需要收集的信息是否符合 ISO 19650-5 中描述的敏感信息。该阶段的主要成果是一个对安全问题分类的文档，通过对安全问题的分类，可以帮助针对不同程度、类型的安全问题采取适当和相称的安全措施，避免采取过度的举措使安全措施成为一个严重的负担。

制定安全措施可以被理解为在组织内执行内务管理任务，因此应初步设定治理、问责和责任制的框架，从而针对具体安全措施在组织内的分配达成一致。在制定安全措施的阶段，应主要考虑两方面的内容：一方面，需要评估安全风险带来的影响，另一方面，综合考虑安全措施的实施成本、风险减低水平、可能的影响和商业利益等，安全措施的重点应缩小到仅保护关键的敏感信息。

制定安全管理计划时主要考虑的问题包括：是否真的需要分享有关的每一个细节？哪些细节可以与更广泛的团队共享，哪些应该受到保护？谁需要访问这些信息以及访问多长时间？之后他们将如何处理这些信息？如果这些信息泄露，我们将如何应对？并对应制定安全管理计划，安全管理计划通常可以包含以下内容：

（1）制定与安全相关的业务规则；
（2）源自安全策略的过程及统一实施的指南；

(3) 详细说明应被视为敏感信息的安全信息要求及其创建、分发、使用、存储、处置和销毁的策略和过程；

(4) 与向第三方提供信息有关的要求；

(5) 组织管理的安全要求；

(6) 安全漏洞/事件管理计划；

(7) 各方的职责细节和问责制度；

(8) 对安全措施的测试、监控和审计要求；

(9) 该安全管理计划的定期审查和更新机制。

与受托方合作主要是提供了项目前中后期各阶段必须采取的措施，例如，签约前需考虑的合同条款、项目中安全管理职能的分配、安全管理职责进一步向分包团队的延伸等。

ISO 19650-4 通过为每个单独的信息交换提供明确的过程和标准，对 ISO 19650-1、ISO 19650-3 和 ISO 19650-5 进行了补充。其目的是通过选择"开放的"模式、数据格式和约定，确保 BIM 的互操作性。ISO 19650-4：2022 由 PAS 1192-4 转化而来，PAS 1192-4 在英国使用 COBie 的相关要求，而在 ISO 19650-4 的转化过程中，将 COBie 的具体化、特征化的表格内容全部删去，从总体上描述制定面向资产管理的 MVD 应执行的要求，从而保证了 ISO 19650-4 在英美之外、不使用 COBie 的市场中的适用性。

ISO 19650 系列标准为框架性的标准，为帮助英国建筑业从 PAS 1192 系列标准过渡至 ISO 19650 系列标准，英国 BIM 框架（UK BIM Framework）编制了英国 BIM 框架指南（UK BIM Framework Guidance）。目前该指南包含了从 0～5 的六部分册，指南 0 提供了一个典型的信息管理案例供参考，指南 1 解释了 ISO 19650 系列标准的基本概念，指南 2 和指南 3 分别对应 ISO 19650-2 和 ISO 19650-3，介绍了资产交付阶段和资产运营阶段的信息管理方法，指南 4 作为英国 BIM 框架的一部分，提供了从 PAS 1192 系列向 ISO 19650 系列过渡的指导，指南 5 对应 ISO 19650-5，介绍数字化工程的安全理念。同时，该指南提供了 A～F 六个附件，分别提供信息管理的工具和资源、国际标准与 COBie、部署 CDE、定义信息需求、招标与合约、信息交付计划等任务的具体指导。

2）分类编码标准

Uniclass 是 BSI 提供的涵盖所有部门和角色的建筑环境统一分类系统，由一组表格组成，行业的不同部分以各种方式使用这些表格。Uniclass 采用线分类法，允许用户从高层次考虑资产，并逐步将更详细的项目分类到最适合其需求的级别。

Uniclass 由建设项目信息委员会（Construction Project Information Committee，CPIC）于 1997 年创建，CPIC 是一个由主要行业机构代表组成的泛行业组织。首个版本的 Uniclass 主要由 16 张表组成：

A——Form of Information（信息形式）。

B——Subject Disciplines（学科）。

C——Management（管理）。

D——Facilities（设施）。

E——Construction Entities（施工单位）。

F——Spaces（空间）。

G——Elements for Buildings（建筑物的构件）。

H——Elements for Civil Engineering Works（土木工程要素）。

J——Work Sections for Buildings（建筑物的工作剖面）。

K——Work Sections for Civil Engineering Works（土建工程的工作区段）。

L——Construction Products（建筑产品）。

M——Construction Aids（施工辅助工具）。

N——Properties and Characteristics（性质和特性）。

P——Materials（材料）。

Q——Universal Decimal Classification（十进制通用分类法）。

Z——Computer Aided Draughting（计算机辅助绘图）。

然而，早期版本存在着表格的标签和深度之间的不一致、土木工程和建筑工程的整合不佳以及缺少电子化表格等问题，导致实际应用效果不佳。因此，CPIC 开发了一个新版本 Uniclass 2。Uniclass 2 用于构建在项目的整个生命周期所有参与者都可以免费使用的信息，并提供在线工具方便检索和使用。Uniclass 2 是一个动态调整的分类系统，由 CPIC 的专家团队根据行业反馈、实践监控情况等进行更新和版本控制。Uniclass 2 主要由 10 张表组成：

Co——Complexes（复合体）。

En——Entities（实体）。

Ac——Activities（活动）。

Sp——Spaces（空间）。

EF——Entities by Form（按形式划分的实体）。

Ee——Elements（元素）。

Ss——Systems（系统）。

Pr——Products（产品）。

Zz——CAD（计算机辅助设计）。

PP——Project Phases（项目阶段）。

其中，Ac——Activities 对于 ISO 12006-2 和 Uniclass 来说都是新增的，Co——Complexes 替换了 D——Facilities 的部分内容，Ee——Elements 替换了 G——Elements for Buildings，En——Entities 和 EF——Entities by Form 替换了 D——Facilities 的部分内容，PP——Project Phases 对于 ISO 12006-2 和 Uniclass 来说都是新增的，Pr——Products 取代了 L——Construction Products，Sp——Spaces 替换了 D——Facilities 的部分内容，Ss——Systems 对于 ISO 12006-2 和 Uniclass 来说都是新增的，Zz——CAD 对 ISO 12006-2 和 Uniclass 来说都是新增的。

在收到有关 Uniclass 2 的反馈后，进行了进一步的更改，并发布了新版本 Uniclass 2015。Uniclass 2015 涵盖了行业的所有领域，并扩展了以前版本的范围，以允许对建筑物、工程、景观和基础设施进行一致的分类。Uniclass 2015 符合 ISO 12006-2，兼容 BIM

Level 2。Uniclass 2015 主要由 12 张表组成：

　　Ac——Activities。

　　Co——Complexes。

　　En——Entities。

　　SL——Spaces/Locations（位置）。

　　EF——Elements（元素）/Functions（功能）。

　　Ss——Systems。

　　Pr——Products。

　　TE——Tools and Equipment（工具和设备）。

　　PM——Project Management（项目管理）。

　　FI——Form of Information（信息形式）。

　　Ro——Roles（角色）。

　　Zz——CAD and Modelling Content（CAD 和建模内容）。

　　如上文所述，Uniclass 2015 在表之间采用了面分类法，从而允许从不同的维度描述事务。在 12 张表中，TE、PM、FI、Ro、Zz 容易理解，相对来说前 7 张表则容易存在混淆。

　　Co——Complexes。用于描述整体资产的性质。例如，大学（Co_25_10_92）、住宅地产（Co_45_10_74）和商业园区（Co_20_15_08）。

　　En——Entities。包括 Complexes 中的建筑物、桥梁和隧道等元素。例如，在大学建筑群（Co_25_10_92）内，可对球场（En_42_15_06）和进场道路（En_80_35_01）进行分类。

　　Ac——Activities。包括 Entities 中的元素的功能。例如，授课（Ac_25_10_47）、教学（Ac_22_10_88）或用餐（Ac_45_45_22）。

　　SL——Spaces/Locations。在建筑物中，为各种活动提供空间。例如，艺术家工作室（SL_25_20_04）、接待区（SL_20_15_71）以及流通空间（SL_90_10）。

　　EF——Elements/Functions。描述建筑物或资产的特定部分。例如，资产是桥梁，则要分类的元素可能是桥台和桥墩（EF_20_50）；资产是建筑物，则可能为屋顶（EF_30_10）。

　　Ss——Systems。比元素更细粒度，系统是组成元素或执行功能的组件集合。例如，对于屋顶，系统可能是轻钢屋顶框架系统（Ss_30_10_30_45）。

　　Pr——Products。是可用于制造系统的单个组件。如对于轻钢屋顶框架系统（Ss_30_10_30_45），其中一种产品可能是屋顶夹具（Pr_20_29_88_71）或碳钢梁（Pr_20_85_08_11）。

　　总的来说，这七张表所描述的事物具有如下的关系：实体 Entities 组成建（构）筑物的综合体 Complexes，实体 Entities 可以由活动 Activities、空间/位置 Spaces/Locations 和元素/功能 Elements/Functions 来描述，其中，由产品（组件）Products 组成的系统 Systems 是对元素/功能 Elements/Functions 更精细的描述。

　　Uniclass 2015 的代码由最多四个两位数字组成，其中例如 FI——Form of Information 内容较少，因此仅由两个两位数字组成。四个两位数字组成部分按照顺序分别为组（Group）、子组（Subgroup）、部分（Section）和对象（Object），相应地更具特征化，表 1.3 为 Uniclass 2015 部分墙的分类示例。

**Uniclass 2015 部分墙的分类示例**　　　　　　　　　　　表 1.3

| 完整代码 | 组 | 子组 | 部分 | 对象 | 名称 |
| --- | --- | --- | --- | --- | --- |
| EF_25 | 25 | | | | 墙和围护元素 |
| EF_25_10 | 25 | 10 | | | 墙 |
| EF_25_10_25 | 25 | 10 | 25 | | 外壁 |
| EF_25_10_30 | 25 | 10 | 30 | | 独立墙 |
| EF_25_10_40 | 25 | 10 | 40 | | 内壁 |

3）BS 8536

BS 8536-1：2015 设计和施工简报—设施管理实务守则（建筑物基础设施）是英国 BIM 框架文件套件的一部分，为设计和施工简报所需的数据和信息的使用提供了建议，确保考虑建筑物的未来性能和使用，该标准适用于所有新建建筑项目和重大翻新工程。

BS 8536-2：2016 设计和施工简报—资产管理实务守则（线性和地理基础设施）是英国 BIM 框架文件套件的一部分，就能源、电信、交通、水和其他公用事业基础设施的设计和建设项目的简报提供系统化、结构化的建议。

为更好地反映英国 BIM 框架（UK BIM Framework）的发展，BS 8536-1：2015 和 BS 8536-2：2016 于 2022 年合并发布为 BS 8536：2022 设计、制造和施工的可操作性实务守则。BS 8536：2022 不提供设计或施工建议，但涉及确定可操作性和性能要求所需的信息和数据。BS 8536：2022 的核心概念是"可操作性"（Operability），这一概念通常容易被误解为方法的可实施性，但在标准中，可操作性主要关注的是建筑资产在其生命周期内操作、运行、使用的难易程度。与这一概念相对的是"可施工性"，可施工性这一概念被广泛应用于建筑业，它是描述施工或构建建筑资产的难易程度。然而资产在其生命周期内操作的难易程度却很少受到关注，从实践来看，明确资产在其生命周期内操作的难易或运行的性能，需要设计决策基于准确的相关信息和数据，并且要求在建设之前就能够全面了解这些信息和数据对运营阶段的影响。因此，BS 8536：2022 就与已建资产相关的可操作性的设计、制造和施工提出了建议，同时考虑了在用资产或设施在其计划运行寿命内的预期性能。

为实现这一目标，BS 8536：2022 的核心技术路线包括：

（1）酌情促进运营商或运营团队的早期参与；

（2）提高项目团队对使用资产绩效的关注；

（3）促进树立资产所有者和资方的计划和投资组合思维，确保资产满足业主运营的更广泛要求；

（4）在交付阶段的每个阶段就资产的预期功能和运营绩效提供反馈；

（5）根据环境、社会和经济绩效结果和目标，将每个交付团队的承诺扩大到资产移交后的售后期，确保其安全、可靠、高效和具有成本效益的运营；

（6）在运营阶段基于交付阶段早期关于需求的协议，执行实施后审查或建筑绩效评估（Building Performance Evaluation，BPE）；

（7）在资产交付和运营过程中嵌入基于 BIM 的信息管理；

（8）强调信息和数据质量的重要性，强调需要最大化资产的投资价值和资源价值。

4）BS 7000-4

BS 7000 系列是关于设计管理系统的标准，主要包括 BS 7000-1：1989/ BS 7000-2：1997/BS 7000-2：2008/ BS 7000-2：2015（制造业）产品设计指南、BS 7000-1：1999/BS 7000-1：2008 创新管理指南、BS 7000-3：1994 服务设计管理指南、BS 7000-4：1996/BS 7000-4：2013 建筑设计管理指南、BS 7000-5：2001/BS EN IES 62403：2019 报废管理指南、BS 7000-6：2005 包容性设计管理指南、BS 7000-10：1995/BS 7000-10：2008 设计管理中的术语词汇表。

BS 7000-4：1996 为管理建筑行业的设计过程提供了指导，该版本中主要提供了设计管理框架、设计资源管理、设计过程管理。英国标准协会认为，自 1996 年 BS 7000-4 发布以来，有四个关键的变化对设计管理产生了重大影响：协同工作、新技术的影响、施工采购的效果、角色和职责。其中，新技术的影响主要指英国 2011 年发布的《政府建设战略 2011》中强调的 BIM 等数字化技术，BSI 认为在新技术的影响下，协同、采购、角色都发生了较大的变化，因此在 2013 年对该标准进行了大幅度的修编。最新版本的 BS 7000-4 是为响应计算机辅助设计和建筑信息模型的发展以及政府宣布从 2016 年 4 月起对所有集中采购的公共项目都需要 BIM 2 级而准备的。BIM 的引入重新强调了设计过程中的协作，并需要纳入新的经济和流程考虑因素。同时，根据 BS 8534 定义的建筑采购流程，源于雇主/客户的商业需求、设计能力通过设计服务的方式提供给行业、雇主/客户的设计需求应当在早期的各类协议中提出。这些因素共同导致了设计管理的要求更加严格。

BS 7000-4：2013 依然主要包括了设计管理框架、设计资源管理和设计过程管理三个部分。其重点内容在于设计过程管理，最理想的状态是尽可能在生产信息开始准备前完成建筑的详细设计，并在投标行动和施工前完成图纸和规范。然而，在实践中，生产信息的准备往往与详细设计和施工重叠。有时重叠是有利的，例如压缩整个项目方案和充分利用专业建造人员的设计技能，但重叠也会导致技术和尺寸的不协调，导致浪费的返工和缺陷。设计是一个高度迭代的过程，元素之间有许多复杂的依赖关系，以及许多审查和修订周期。对此，BS 7000-4：2013 从以下方面提供建议：委托前审查（Pre-commission Review）、设计交底、设计阶段、进度验证、设计数据控制、施工阶段的设计、施工阶段的监测、测试、完成、使用后评价、设计管理评审。

委托前审查的主要内容包括：佣金在财务上是可以接受的、有足够的信息来判断技术和资源要求、预期将有足够的技术和支助资源来实施委托、通过进行风险分析和应用有效的风险管理技术，委托前审查可以将所有感知到的风险控制在可接受的范围内。设计交底的主要内容包括：项目信息的介绍、项目要求的逐步明确、设计需求的提出、变更控制。设计阶段的主要内容包括：进度计划与信息交换、过程集成，目标的实现可以通过战略性的通用数据环境,也可以在更详细明确的层面上应用分析设计规划技术(Analytical Design Planning Technique,ADePT)和精益建造 LEAN 等技术。进度验证的主要内容包括:检查阶段或整体目标是否已达到、为下一阶段做准备,重新评估资源和方案、检查所有授权(例如,开支)是否已经获得,进度验证可能意味着保持一个阶段的开放,并与以下阶段重叠,或将一些特定的项目带到下一个阶段并关闭现有阶段。

设计阶段的数据控制主要应用 CDE,设计变更控制程序应在设计任务的承担单位之间商定,以确保一个设计任务单位的工作不会被另一个设计任务单位单方面修改。施工阶段的设计的主要内容包括:确认样品(例如,砖瓦、饰面),可能会需要视察工厂,监督样品和模型的建立和检查,评估和批准设计变更,准备记录图纸和适当的构造数据。施工阶段的监测的主要内容包括:可能需要访问现场或驻留现场来解决设计问题,尤其是当某些条件(例如,地面条件或现有结构的细节)不能在施工开始前确定时。测试的主要内容包括:在组件、材料以及用于建设的设备的制造和组装过程中进行检验和认证,可能需要对土壤、沥青材料、混凝土和类似材料进行试验,并应就所有此类测试编写报告。完成阶段的主要内容包括:数据的升级和优化(从概念到构建再到完成和移交,数据从通用的和基于性能的转向特征化的和说明性的),应包含具体的性能要求,以便未来的重新采购和更新,点云、激光雷达或其他测量数据也应包括在内;施工期间变更的审核记录,从重大的设计特性变更到少量的组件替换,都应记录在案;根据合约要求提供操作和维修资料、健康和安全信息、合同/EIR 中要求的形式及资产数据。BIM 项目的数据要求非常具体,其过程就是将 BIM 信息转化为资产信息模型(Asset Information Model,AIM)信息。使用后的主要内容包括:使用后评估,由于目前运营阶段的成本付出远超大多数建筑建设阶段的成本,因此应该在最早的筹备阶段就明确使用后评估的指标,并将使用阶段前期的性能要求添加入设计团队的委托中。设计管理评审的主要内容包括:项目完成后,每个设计方应进行工艺和设计管理的评估。理想情况下,整合的团队协议还应该允许对整个团队的表现进行评估。设计任务组经理应编制设计方评估报告,报告政策、程序或资源的变化以及对未来项目的建议。在综合团队协议允许的情况下,设计团队负责人应根据各设计方负责人的意见编制一份团队评估报告,以便在未来各设计方合作时就原则问题获得一般性反馈和具体反馈。

5)BS 8541

BS 8541 系列是关于用于建筑、工程和施工的库对象的标准,主要包括 BS 8541-2:2011 推荐用于建筑信息建模的建筑元素的 2D 符号、BS 8541-1:2012 识别和分类、BS 8541-3:2012 形状和尺寸、BS 8541-4:2012 用于规范和评估的属性、BS 8541-5:2015 组件、BS 8541-6:2015 产品和设施说明。

库(类型)对象〔Library(Type)Object〕,也被称为类型对象或类,是指对象的表示,实践中作为具有共同特征的集合的一部分进行维护。库对象可以是模板对象、通用对象或产品对象,独立于任何事件,并且在空间中没有位置。

BS 8541 系列的目的是为开发人员、库提供者和制造商提供一个统一的标准,以改进库对象的交换和重用。如今,库对象及其相应的图形符号通常由 BIM 创作软件以数字格式提供,传统的纸质符号标准已不适宜在这些情况下使用。建筑物和土木工程等复杂实体的文档需要清晰统一地表示,以便明确易懂。通过组合属性、形状和符号,为更高准确性和效率地表示库对象提供了可能。该标准为定义库对象的格式和内容提供了建议,以支持项目规划、设计、招标、建造和管理建筑资产,支持整个过程的信息开发。BS 8541 系列旨在为模型对象的表示提供一个框架,以及将符号结构化到符号库中,给出将对象的符号和简化视觉呈现链接到 BIM 的原则和定义。库对象旨在供项目团队和跨组织重用。这有助于提高设计的准确性和可建造性,并改善通过采购链向业主/运营商传递信息。

为实现这一目标,BS 8541 系列的核心技术路线包括:

(1) 建立了在数据驱动库和设计过程中定义模板对象、通用对象和产品对象的要求。

(2) 规定了建筑行业图纸上使用的符号和其他图形约定的要求。它还描述了符号的基本原理,为符号的设计和其他图形约定建立了规则,并就这些规则的应用和符号的使用方式提出了建议。

(3) 涵盖了表征库对象的形状和测量的目的。

(4) 涵盖了指定和评估库对象属性的目的。它定义了适用于特定用途的信息,包括期望结果的规范和特定产品的选择,并就装配式在集成 BIM 工作中的应用提出了建议。

### 1.2.3 美国标准体系

**1. 概述**

1) 标准现状

建筑信息模型的专业术语 2002 年诞生于美国。作为 BIM 的诞生地,美国对于 BIM 的研究与应用长期位于世界前列。在美国,最初由民间的需求推动 BIM 发展,随后引起联邦机构的重视与大力推行,最后整个建筑业意识到 BIM 技术对于行业的重要作用。美国自下而上推动 BIM 技术的特点使得相关标准种类众多:从企业到行业、从地方到国家,可以查阅到的 BIM 标准有百余种。美国 BIM 标准最大的特征是这些标准之间都是相互参考、相互联系的。在已经发布的这些 BIM 标准中,有很大一部分标准和规范是基于另一些标准规范而编订的。

在美国众多 BIM 标准的编制过程中,作为其他标准引用和借鉴的基础,查克·伊士曼(Chuck Eastman)编写的《BIM 手册》(BIM Handbook)和美国宾夕法尼亚州立大学计算机集成化施工研究组(Computer Integrated Construction Research Program,The Pennsylvania State University)在完成 buildingSMART 联盟(buildingSMART alliance,bSa)项目时编写的《BIM 项目实施计划指南》,这两本资料在行业和学术界有着相当大的影响力。

美国国家 BIM 标准(the National Building Information Modeling Standard,NBIMS),因其全面性以及对美国各类主流标准的引用和融合,成为美国行业目前参照最多的标准。美国建筑科学研究院(National Institute of Building Science,NIBS)分别于 2007 年、2012 年、2015 年发布了 NBIMS 第一版(NBIMS-USV1)、第二版(NBIMS-USV2)和第三版(NBIMS-USV3)。

2) 官方组织机构介绍

(1) 美国联邦总务署

美国联邦总务署（General Services Administration，GSA），1949 年由联邦工程署等 5 个分散的总务机构合并组成，负责联邦公共建筑的建造、运维、资产管理与信息化建设等工作。

2003 年，GSA 下属公共建筑服务部门（Public Buildings Service，PBS）推出了全国 3D-4D-BIM 计划，目标是给所有希望使用 BIM 技术的项目团队提供系统性服务。根据不同类型项目的特点和建设团队的相关需求，PBS 将提供有针对性的战略咨询与技术服务。

2007 年开始，GSA 就要求所有大型项目都需要应用 BIM 技术，同时鼓励所有 GSA 项目应用 BIM 技术，根据应用深度给予对应数量的资金以激励项目方多应用 BIM 技术。GSA 不断探索 BIM 技术的全生命周期应用，陆续发布 BIM 指南，包括总体概述、空间验证、3D 激光扫描、4D 进度、建筑性能、流通和安全验证、建筑构件、设施管理等，这一系列指南给现实中的 BIM 实践应用提供了强有力的指导。

(2) buildingSMART 联盟

buildingSMART 联盟（buildingSMART alliance，bSa）的前身为 buildingSMART 国际（buildingSMART International，bSI）的北美分会 buildingSMART USA，于 2007 年独立并接受 NIBS 主管，是 NIBS 在信息技术领域的一个专业委员会。

bSa 的目标是 BIM 的深入研究与大力推广，为美国建设项目的所有参与方提供一个完整的 BIM 应用基础环境，方便各参与方能够利用 BIM 平台共享信息，提高行业的信息化水平。bSa 下设的 NBIMS 项目委员会承担 NBIMS 的编写、维护与更新等工作。NBIMS 第二版在编写时采用了开放投稿、民主投票的方法。2015 年发布的 NBIMS 第三版在第二版的基础上进行了适应行业 BIM 应用情况的拓展与深化，整理出一套具备完整性与可行性的 BIM 标准。

除了 NBIMS 的研究与制定，bSa 还致力于进行其他建筑行业信息技术标准的开发与维护，例如，《BIM Project Execution Planning Guide（BIM 项目执行计划指南）》的制定与维护，目前该指南 3.0 版本处于预发布草案阶段，3.0 版本旨在帮助项目团队设计他们的 BIM 策略和开发 BIM 项目执行计划（BEP）。

(3) 美国陆军工程兵团

美国陆军工程兵团（United States Army Corps of Engineers，USACE）隶属于美国联邦政府和军队，负责美国军事建筑项目的建设管理。

2006 年 10 月，USACE 发布了陆军军团的 BIM 建设工程路线图，如图 1.8 所示，从培养初始的 BIM 应用能力到建立全生命周期互操作性再到建立全面的 BIM 应用能力，最终的目标是建设项目全生命周期任务的自动化，给军事建筑项目的 BIM 实践提供了系统的战略规划。同时，USACE 承诺未来所有军事建筑项目都将使用 BIM 技术。

为了增加 BIM 在军事建筑项目中的应用深度，USACE 做了许多相应的准备。USACE 在西雅图分区的一项无家眷军人宿舍项目首次使用 BIM 技术。2005 年，USACE 成立项目交付小组，为 BIM 应用策略提供建议，上述 BIM 建设工程路线图就是该交付小组

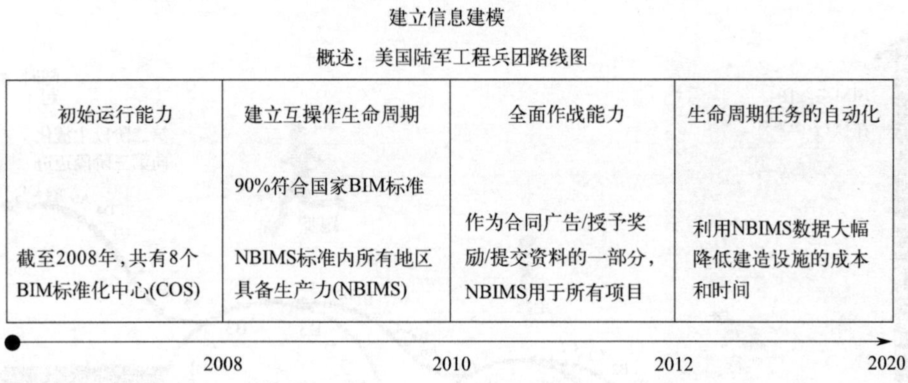

建立信息建模
概述：美国陆军工程兵团路线图

| 初始运行能力 | 建立互操作生命周期 | 全面作战能力 | 生命周期任务的自动化 |
|---|---|---|---|
| 截至2008年，共有8个BIM标准化中心(COS) | 90%符合国家BIM标准<br>NBIMS标准内所有地区具备生产力(NBIMS) | 作为合同广告/授予奖励/提交资料的一部分，NBIMS用于所有项目 | 利用NBIMS数据大幅降低建造设施的成本和时间 |
| 2008 | 2010 | 2012 | 2020 |

图1.8 USACE BIM 发展路线图

注：COS——Centers of Standardization，标准化中心；NBIMS——National BIM Standard，国家BIM标准。

的研究成果。此外，USACE 还编写合同模板，并制定相应的条款方便建设项目的承包商应用 BIM 技术。

2012 年，USACE 对 BIM 发展路线图进行了一定重新评估和修订，USACE 认识到 BIM 的推广与应用将引起建筑业工作方法、流程、内容产生广泛而深刻的变化，是一个长期而巨大的系统工程。在总的发展模式未进行大调整的情况下加入了 BIM 应用的限定条件，允许部分符合要求的项目（例如，小型项目、环境因素不利于 BIM、对运维管理没有高要求的项目等）将应用 BIM 作为可选要求，也允许特定的专业不采用 BIM。

（4）美国联邦公路管理局

美国联邦公路管理局（Federal Highway Administration，FHWA）是美国负责公路规划、建设、运输管理的政府机构。主要任务包含道路的设计、建设和维护，交通政策与规划，交通安全，管理，环保，资金，土地征用，课题研究八项。

2021 年，FHWA 发布文件《Advancing BIM For Infrastructure：National Strategic Roadmap（推进基础设施 BIM：国家战略路线图）》，提供了一个国家级的 BIM 路线图示例（图 1.9），该路线图专门针对高速公路和道路。文件中概述的路线图的目标是帮助州交通部战略性地制定与基础设施 BIM、开放数据交换标准和采用这些标准的方法相关的统一的全国性框架，包括 BIM 工具以及人员培训和技能提升计划。这些由州领导和 FHWA 支持的行动可以成为规划和实施基础设施 BIM 的基础，以更好地在州交通部级别交付项目和运输服务，以协调的方式将 BIM 用于基础设施，而不必担心各州的不同要求。

如图 1.10 所示，路线图中建议用来实现这些成熟度级别的实施行动分为三个阶段：短期（即 0~2 年，阶段一），中期（即 3~5 年，阶段二）和长期（即 6~10 年，阶段三）。对行动进行定义和排序，使 BIM 框架的所有组件同时朝着以下里程碑发展：

（a）到第 2 年，对于部分项目类型和 BIM 使用案例，BIM 成熟度等级 1 已经在资产生命周期的所有阶段实现。

（b）到第 5 年，BIM 成熟度等级 1 已经扩展到大多数项目类型和 BIM 使用案例。

（c）到第 10 年，所有资产生命周期阶段、项目类型和 BIM 使用案例的 BIM 成熟度级别都已达到 2 级。

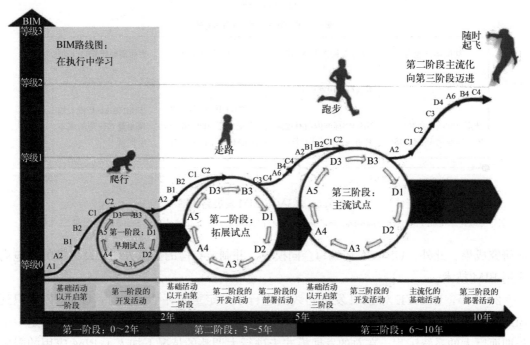

图1.9 美国国家高速公路BIM发展路线图

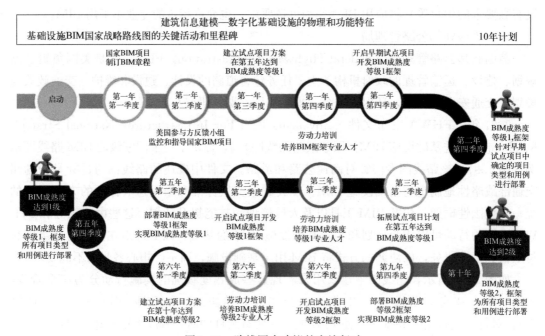

图1.10 路线图中建议的实施行动

（5）美国国防部军事卫生系统

美国国防部军事卫生系统（Department of Defense Military Health System，DoD-MHS）是由国防部下属的军队医疗机构提供的免费医疗服务，以及在地方医疗机构由TRICARE医疗保险产品提供的付费医疗服务两部分组成的系统。

2014年，DoD MHS发布了《MHS设施全国生命周期BIM最低要求》，文档介绍了UFC 4-510-01中所述的DoD MHS设施项目的BIM最低要求。目的是确保在设施全生命周期方面军事卫生系统设施项目的BIM标准是协调一致的。

3）技术政策与推广体系、支撑体系

美国的BIM推广体系具有独特性。前期的BIM发展更多是市场自发的行为，以产业为主导，先行将BIM技术和理念应用在实践中。随着BIM技术在实践中的经验与价值积累，政府开始逐步出台BIM政策与激励手段，相关建筑企业也跟上发展潮流，纷纷响应，来加深BIM在行业实践中的应用，提高行业的生产效率与信息化水平。BIM软件厂商与科研机构、协会合作，不断研发BIM技术产品，如Autodesk Revit、Navisworks（可视化和仿真）等，企业也借助其力量扩展BIM技术的应用范围，并编制标准指南以指导BIM技术的实践应用，最后在行业协会与政府机构的共同推动下有了国家标准的出台。

美国在国家层面没有相应的BIM技术政策作为支撑。一方面，市场驱动BIM发展，建筑企业使用软件厂商研发的产品在实践中不断验证BIM的应用价值并逐步加深其应用程度。另一方面，美国的官方机构负责推行各自领域的BIM技术政策，例如，GSA自2008年起要求政府项目提交BIM模型，USACE也要求其管理项目使用BIM模型进行设计施工，FHWA在2021年提供了一个国家级的BIM路线图以帮助州交通部战略性地制定与基础设施BIM、开放数据交换标准和采用这些标准的方法相关的统一的全国性框架等。

虽然美国没有出台国家层面的总揽性的BIM政策，但是NBIMS第一版将BIM应用定义为4个层级，其中将BIM应用的最高等级定义为"国土安全"，将其视作建筑行业信息技术的基础。

**2. 体系架构**

NBIMS标准体系包括BIM技术标准和BIM实施向导（图1.11）。BIM技术标准包括数据存储标准（主要采纳IFC）、信息语义标准〔主要采纳OmniClass（施工项目中的业界标准分类系统）〕与信息交换标准（IDM和MVD）；BIM实施向导主要是用于为建筑行业的从业人员提供BIM规划、实施和交付方面的指导。

NBIMS第三版的框架可以分为标准引用层、信息交换层和标准实施层三个层次。这三个层次相互引用、相互联系，构成BIM技术标准与应用指导的系统。

1）标准引用层

标准引用层是NBIMS标准体系的最底层，整合了开发BIM软件所需要的所有标准，为建筑行业的专业人员开发工程项目全生命周期的BIM模型提供基础数据标准，确保信息交换的一致性与完整性。引用的标准包括：

（1）IFC标准。IFC是支持BIM软件互操作性的开放性模型数据交换与共享标准，已被建设行业接受为国际标准。

（2）W3C（World Wide Web Consortium，万维网联盟）XML数据标准。主要确保符合NBIMS标准的数据模型能够符合W3C联盟的规范。

（3）OmniClass分类标准。通过表格形式进行分类编码，旨在给北美AEC行业创

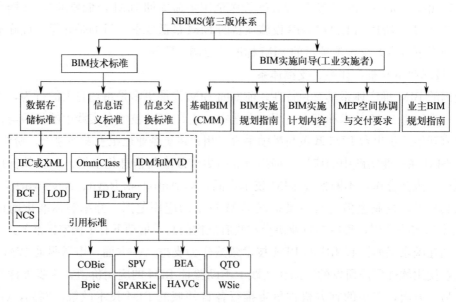

图 1.11 美国 BIM 标准体系

建和使用的信息提供标准化基础，贯穿从概念到拆除或再利用的整个设施生命周期，并涵盖所有不同类型的构成建筑环境的建筑。

（4）IFD/bSDD 数据字典。IFD/bSDD 数据字典是涵盖建筑概念的类、属性、关系和单元等信息的库，用以为用户提供查找正确分类、对象、属性及其允许值集的标准化流程。

（5）BCF 建筑信息模型协同格式。BCF 允许不同的 BIM 应用程序通过利用以前在项目协作者之间共享的 IFC 数据来沟通模型的问题/主题，其创建是为了促进开放通信和改进基于 IFC 的流程，从而更容易地识别和交换 BIM 软件之间基于模型的问题，绕过专有格式和工作流。

（6）LOD 开发等级。表示 BIM 模型中的构件在工程项目生命周期的不同阶段中所预期的完整度。

（7）美国国家 CAD 标准（United States National CAD Standard，NCS）。是目前广泛使用的 CAD 标准。

2）信息交换层

信息交换层是 NBIMS 标准体系的核心，通过业务流程建模、IDM 和 MVD 构建工程项目全生命周期不同业务流程的信息交换标准，整合不同格式的 BIM 模型与建筑信息。信息交换层的标准包括：

（1）施工运营建筑信息交换（Construction Operations Building information exchange，COBie）。生命周期阶段列表涵盖沟通结果决策、空间规划开发、产品计划开发、投标邀请书和接收建议书准备等 25 个业务流程。

（2）从设计到空间规划验证（Spatial Program Validation，SPV）信息交换。业主和设计师评估建筑设计性能是否满足空间规划要求。

(3) 从设计到建筑能耗分析（Building Energy Analysis，BEA）信息交换。使用建筑能耗分析软件，利用 BIM 模型与能耗模型模拟建筑能耗性能，进一步提高建筑节能效果。

(4) 从设计到工程量计价（Quantity Takeoff for Cost Estimating，QTO）信息交换。使用概预算软件，根据 BIM 模型和定额成本库对建筑成本进行估算。

(5) 建筑规划信息交换（Building Programming information exchange，BPie）。确保业主需求的规范化和灵活性，使用相关应用软件可以自动比较不同的建筑设计方案。

(6) 电气信息交换（Electrical information exchange，SPARKie）。描述电气设备系统设计的业务流程和信息需求，以及相应的 IDM 和 MVD。

(7) 暖通空调信息交换（Heating, Ventilation and Air Conditioning information exchange，HVACie）。描述 HAVC 系统设计的业务流程和信息需求，以及相应的 IDM 和 MVD。

(8) 水系统信息交换（Water Systems information exchange，WSie）。描述给水排水设备系统设计的业务流程和信息需求，以及相应的 IDM 和 MVD。

3) 标准实施层

标准实施层是 NBIMS 标准体系的最顶层，涵盖 BIM 实践的应用指南，用于指导工程项目人员和业主具体实施基于 BIM 的全生命周期业务流程。实施向导包括：

(1) 最低 BIM：是被称为能力成熟度模型（Capability Maturity Mode，CMM）的评价工具，使用结构化指标评估工程项目应用 BIM 的成熟程度。

(2) BIM 实施规划指南：提供制定和实施 BIM 项目的执行计划。

(3) BIM 实施计划内容：包含具体的 BIM 项目实施内容，如实践中如何应用 BIM，以及项目全生命周期 BIM 实施业务流程。

(4) 设备安装模型：提供建筑设备相关专业使用 BIM 三维 MEP（Mechanical, Electrical & Plumbing，机械、电气、管道）协同工作系统的建造和安装指南。

(5) 业主 BIM 规划指南：帮助业主在工程项目业务流程中接受和使用 BIM。

**3. 系列标准介绍**

1) 美国国家标准

(1) 美国国家标准概述

美国国家 BIM 标准——NBIMS（图 1.12）是 NIBS 组织编写的，NBIMS 项目委员会确保 NBIMS 的编写、维护与更新。对 BIM 软件开发商和供应商而言，NBIMS 明确分为参考标准和交换信息标准。对建筑实操人员来说，NBIMS 提供了实务文件参考标准，并从设计、采购、施工和运营（Design、Procure、Assemble、Operate）四个领域来组织建筑知识、技能和系统。在设计领域中，NBIMS 提供了有关程序（Program）、进度表（Schedule）、质量（Quality）、成本（Cost）、分区（Zoning）、物理（Physical）、实用程序（Utilities）、环境（Environmental）、建筑（Architecture）、结构（Structure）、围护（Enclosure）、系统（Systems）、数量（Quantity）、系统价格（System Price）、比较（Comparison）、升级（Escalation）的参考标准；在采购领域中，NBIM 提供了有关资格（Qualitications）、可得性（Availability）、稳定度（Stability）、容量（Capacity）、提交

图 1.12　美国国家 BIM 标准第三版

（Submittal）、选择（Selection）、购买（Purchase）、证明（Certification）、提案请求（Request for Proposal，RFP）、提价请求（Request for Quotation，RFQ）、协议（Agreement）、质量（Quality）、单价（Unit Price）、劳动（Labor）、设备（Equipment）的参考标准；在施工领域中，NBIMS 提供了有关组装（Assemble）、质量（Quality）、检验（Testing）、验证（Validation）、检查（Inspection）、验收（Acceptance）、安全（Safety）、要求（Requirements）、物流（Logistics）、培训（Training）、进度表（Schedule）、制造（Fabrication）、送货（Delivers）、资源（Resources）、安装（Installation）、成本（Cost）、生产率（Productivity）、招揽（Solicit）、定价（Pricing）、选择（Selection）的参考标准；在运营领域中，NBIMS 提供了有关运行（Operate）、委员会（Commission）、启动（Startup）、检验（Testing）、平衡（Balance）、培训（Training）、占用（Occupy）、租赁（Leasing）、楼宇管理（Building Management）、安防（Security）、租户服务（Tenant Services）、修改（Modify）、评量（Assessment）、翻新（Refurbish）、修缮（Renovate）、拆迁（Demolish）、维持（Maintain）、预防（Prevention）、排定（Scheduled）、保修（Warranty）、承包（Contracted）的参考标准。

　　NBIMS-USV1 在 2007 年发布，涵盖 BIM 理论、研究范畴、组织架构、方法论以及成果。第一版介绍了 BIM 的定义和范围、BIM 标准范围、信息交换的概念和内容，强调了 BIM 标准的开发流程，明确 IDM 和 MVD 是 BIM 标准研究的核心和指导性文件。

NBIMS-USV2 在 2012 年发布，对 BIM 标准的架构和相应内容作出了较大的调整。提出的应用标准包括数据存储标准、信息语义标准和信息交换标准，涵盖 IFC2x3、W3CXML、OmniClass、IFD Library 等。第二版通过业务流程建模、IDM 和 MVD 构建了信息交换标准的大纲，具体应用范围涵盖 COBie、SPV、BEA 和 QTO。

NBIMS-USV3 在 2015 年发布，进行了适应行业 BIM 发展与应用情况的拓展与深化，整合出一套具备完整性与可用性的 BIM 标准。在标准引用层除了对已有标准进行更新外，还增加了 BCF、LOD、NCS 等。在信息交换层，除了深入拓展 COBie 外，还增加了新的业务流程，包括 BPie、SPARKie、HVACie 和 WSie 等。

作为一个自愿性标准，NBIMS 的采用与执行不具备强制性。同时 NBIMS 因为其全面性以及对美国各类主流标准的引用和融合，成为美国行业目前参照最多的标准。

在 NBIMS-USV3 第二章节中文件的全部或部分在 NBIMS-USV3 中作了规范引用。对于注明日期的文件，只有引用的版本适用。未注明日期的文件，以最新版本（包括任何修订）适用。

(2) 施工运营建筑信息交换

A. 概述

施工运营建筑信息交换作为美国国家标准体系信息交换层的典型标准，标准号为 NBIMS-USV34.2，广为人知。COBie 是一种用于管理建筑信息的标准格式。COBie 的作用是使建筑业的不同利益相关者能够共享和管理建筑信息，以实现更高效的设计、建造和维护。COBie 的目标是用数字化的方式替代竣工后交付大量纸质文件的过程，通过建立一个标准的电子数据交换格式，使建筑项目的信息在设计、施工和运营阶段之间能够无缝传递，可以通过简单的电子表格〔例如，Microsoft Excel（电子表格）〕或支持 COBie 标准的专业软件进行查看和应用。基于 COBie 信息可以适用三种数据格式：IFC、ifcXML、SpreadsheetML（SpreadsheetML 是 Microsoft Excel 使用的一种格式，用于基于 XML 的文件表示电子表格，几乎涵盖了所有电子表格自定义项，如公式、数据等）。在项目全生命周期中，COBie 能够依照数据架构模式自动提取与设施管理相关的信息，使得 BIM 数据可以贯穿在项目的全生命周期中。

由于 COBie 本质上是 IFC 的子集，因此如果要以 COBie 作为数字化交付的标准，BIM 模型应该遵从一定的建模规范，并具备必要的基础数据。COBie 包含一系列的数据表格和规则，以标准化数据的格式和内容。这些数据表格描述了建筑物的各种属性，如建筑元素、设备、材料、用途、位置和维护要求等。具体包括：每个空间、设备资产对象需要有唯一的编码或命名；每一个设备型号要用唯一的类型编码或命名来区分；需要对空间、设备资产进行分类（使用 OmniClass 或其他分类编码体系）；需要涵盖空间、设备资产的属性信息，设备资产与空间的关系，空间与区域的关系，以及设备资产与系统的关系；如有必要，可包含备件、任务、资源等信息。通过使用 COBie，建筑业的利益相关者可以更好地共享信息，避免出现信息断层和冗余，从而提高建筑项目的效率和质量。

B. 应用现状与问题

自开发以来，COBie 在研究和实践中受到了相当大的关注，因为它突出了设计、施工和运营中冗余数据收集的成本，使建筑业负责设计、施工和运营的组织意识到了它的价值。2015 年至 2018 年的国家统计局 BIM 报告显示，COBie 的采用率从 2014 年的 14% 增加到 2018 年的 42%。目前，COBie 已被纳入美国、英国、新加坡和中东等多个国家和地区的建筑合同，并已被授权用于所有英国公共项目，同时包含在美国国家 BIM 标准和 BCA BIM 资产信息交付指南（新加坡）。

尽管 COBie 经过了十多年的发展，目前仍未完全成为整个行业的主流。不论是 COBie 数据表格式本身的问题，还是使用或处理 COBie 数据表时面临的问题及其数据要求，都为 COBie 在实践中的应用带来困扰。关于数据要求的范围，COBie 可能并不能满足资产管理的所有信息要求，并且在定制 COBie 属性集方面存在技术限制。此外，COBie 的规范性假设在实施过程中受到了挑战，COBie 指示的数据要求、任务顺序和时间表不符合行业规范（例如，从业人员在项目中提供的传统数据），并且无法解释项目参与者内部例行程序的可变性（例如，为数据收集分配资源、常规数据收集的时间轴）。

在使用与处理 COBie 数据时，会遇到三类问题：可用性问题、技术问题和组织/其他问题。在 COBie 可用性问题方面，COBie 数据表可在各种工作簿中显示，每个数据都可链接到另一个工作簿中的数据，这种数据的相互联系对有效找到正确的数据提出了挑战，给人类的大脑造成寻找相关信息的高认知负荷。此外，用户需要手动输入大量数据，有时用户甚至不了解数据需求，因为这可能超出了他们的领域知识范围。同时数据结构和具有大量数据行的各种工作簿之间的数据扩展使得 COBie 数据表难以理解。在 COBie 技术问题方面，包括无法解释 COBie 工作表内的变化、无法随着项目的进展跟踪 COBie 工作表中的变化、缺乏验证制度、数据抓取延迟等。在 COBie 组织/其他问题方面，包括与其他并行数据收集活动的工作重复、在项目中使用 COBie 缺乏合同授权和缺乏有关 COBie 处理的额外培训和支持。

C. 基于 IFC 的 COBie 应用流程

COBie 是建立在 ISO BIM 标准体系基础上的，可以完全基于 IFC 来实现完整的数据交付流程。buildingSMART 主导的 Open BIM 联盟成员如 GRAPHISOFT（Graphisoft 公司成立于匈牙利，致力于开发专门用于建筑设计的三维 CAD 软件）、Tekla（Tekla 公司成立于芬兰，其主力产品为用于钢结构详图设计的软件）、Trimble（Trimble 公司成立于美国，业务涉及测绘、卫星定位、建筑工程等领域，2011 年 Trimble 公司收购了 Tekla 公司）、Nemetschek（Nemetschek 成立于德国，提供建筑设计、建造、运营全流程的软件）、Solibri（Solibri 目前为内梅切克公司产品，总部位于芬兰，主要功能用于检查 BIM 模型质量、设计合规性）等软件企业均在自己的各专业软件产品中支持 IFC 和 COBie。因此，可以用一种比较简单的结构来实现整个数据采集、汇总、检查整理、交付的流程。具体步骤包括：

（a）BIM 模型设置：规划模型数据与 COBie 的映射关系，尽量只在模型中保留必要的数据。

(b) IFC 生成：各专业按设置将模型导出为 IFC，如果建模软件为 Revit，建议使用开源版本的 IFC for Revit 插件，如果有多专业使用 Revit，需确保各专业使用相同版本的 IFC 插件。

(c) 模型质量检查：使用 IFC 模型检查工具将各专业的 IFC 模型合并，并用预定义的 BIM 检查规则检查模型的完整性、准确性和一致性。

(d) 用 COBie 导出工具（例如，Solibri COBie Toolkit）导出 COBie 数据。

(e) 某些情况下需要通过 COBie 回传数据到原始的专业模型。

D. Revit 环境下的 COBie 应用流程

大部分的房建项目以 Autodesk Revit 为各专业的主要建模工具，而 Autodesk 提供了名为 Autodesk BIM Interoperability Tools 的 Revit 插件，可以实现 Revit 环境下的 COBie 应用流程。

(a) 利用 Equipment Data Tool（设备数据工具）、Spatial Data Tool（空间数据工具）整理 Revit 模型中的设备、空间数据；

(b) 用 Classification Manager（分类管理员）管理分类编码标准，对设备、空间、人员等进行分类，除了使用内建的 OmniClass、Uniclass 等标准外，也可以自定义分类编码标准；

(c) 用 Model Checker（模型检查器）按照配置好的规则检查模型；

(d) 用 COBie Extension（扩展）配置 Revit 族类型、构件与 COBie 数据的映射关系，并导出 COBie 数据。

(3) BIM 能力成熟度模型

BIM 能力成熟度模型来源于 CMM（Capability Maturity Model，能力成熟度模型），使用结构化指标评估工程项目应用 BIM 的成熟程度。CMM 包括两种形式：Tabular（表格）CMM（表 1.4）和 Interactive（交互）CMM（I-CMM，图 1.13）。CMM 定义的 11 个维度包括：数据丰富性、生命周期视图、角色或专业领域、变更管理、业务流程、及时性/响应、交付方式、图形信息、空间能力、信息精度、互操作性/支持 IFC。

如表 1.4 所示，Tabular CMM 是一个拥有 x 轴和 y 轴的矩阵。在 x 轴上，可以看到 11 个感兴趣的领域，没有特定的顺序。在 y 轴上，可以看到从 1 到 10 的成熟度级别，1 是最不成熟的，10 是最成熟的。矩阵的主体用文字表述了成熟度的不同级别，描述了组织或单个项目中感兴趣的领域。由于这些词是主观的，可以自由地进行解释，人们可能不会总是同意所有可能的划分或对不同成熟度级别的描述，但它们代表了一种简化的基于共识的方法。CMM 提供了一种评估工具，在这种工具中，大量的项目被结构化，人们可以使用这种格式作为一个起点，在某种程度上采用标准化的连续体上进行分类。最后，可以理解的是，这些描述将随着行业的发展和 BIM 应用水平的提高而更新。

I-CMM 基于 Tabular CMM，因此，它包含所有与表格 CMM 相同的信息，但它以图形用户界面为中心，以一种对某些用户来说更容易消化和理解的方式使静态信息变得生动。交互成熟度模型工作簿中的第一个，也是最重要的选项卡（图 1.13）是"交互式成熟度模型"。界面的任务是成功地将矩阵格式一次性显示所有信息的表格图转换为用户可以

**Tabular CMM**

表 1.4

| 成熟度 | A 数据丰富性 | B 生命周期视图 | C 角色或专业领域 | D 业务流程 | E 交付方式 | F 及时性/响应 | G 变更管理(CM) | H 图形信息 | I 空间能力 | J 信息精度 | K 互操作性/支持 IFC |
|---|---|---|---|---|---|---|---|---|---|---|---|
| 1 | 基本的核心数据 | 没有完整的项目阶段 | 没有完全支持的单一领域 | 未集成的单独流程 | 单点访问无 IA | 手动重新收集大部分响应信息,缓慢 | 无 CM 能力 | 主要是文本信息,没有技术图形 | 无空间定位 | 无地面实况 | 无互操作性 |
| 2 | 拓展的数据集 | 规划与设计 | 仅支持一个角色 | 几乎无收集业务流程信息 | 单点访问有限 IA | 手动重新收集大部分响应信息 | 了解 CM | 2D 非智能设计 | 基本空间定位 | 初始地面实况 | 强制互操作性 |
| 3 | 增强(高级)数据集 | 添加施工/供应 | 部分支持两个角色 | 收集有部分业务流程信息 | 网络访问基本 IA | 数据调用不在 BIM 中,但大部分其他数据存在 | 了解 CM 和根本原因分析(RCA) | NCS 2D 非智能设计 | 共享有限空间信息定位 | 有限地面实况—内部空间 | 有限的互操作性 |
| 4 | 数据加上部分信息 | 包括施工/供应 | 完全支持两个角色 | 收集大部分业务流程信息 | 网络访问完全 IA | BIM 中有限响应信息可用 | 了解 CM、RCA 和反馈 | NCS 2D 智能设计 | 使用元数据的空间定位 | 全面地面实况—内部和外部空间 | COTS 之间的有限信息传输 |
| 5 | 数据加上拓展的信息 | 包括施工/供应和制作 | 支持部分规划、设计和施工 | 收集全部业务流程(BP)信息 | 启用有限的 Web 服务 | BIM 中大部分响应信息可用 | 实施 CM | NCS 2D 智能竣工图 | 共享所有空间信息的定位 | 有限地面实况—内部和外部空间 | COTS 之间的大部分信息传输 |
| 6 | 具有有限的权威性的数据 | 添加财务运营和保修 | 支持部分操作和维持 | 几乎无收集 BP 信息和维护信息 | 启用完全支持的 Web 服务 | 从 BIM 中获取数据获取所有响应信息 | 初步实施 CM 流程 | NCS 2D 智能和智能 | 共享所有空间信息的定位 | 全面地面实况—内部和外部空间 | COTS 之间的完整信息传输 |
| 7 | 具有大多数权威性的数据 | 包括施工和运营保修 | 支持操作和维持 | 收集部分 BP 信息和维护信息 | 启用有限的 Web 服务保护 | 从 BIM 中获取和实时访问所有数据 | CM 流程到位及早期实施 | 3D—当前信息和智能 | 有限 GIS 的一部分 | 有限计算区域和地面实况 | 应用 IFC 干互操作性的有限使用信息 |
| 8 | 具有完全权威性的数据 | 添加财务 | 支持所有部分生命周期的角色 | 收集全部 BP 信息 | 启用 Web 服务保护 | 从 BIM 中获取完全实时访问数据 | CM 和 RCA 实施能力 | 3D—添加时间 | 更完整的 GIS 的一部分 | 全部计算区域和地面实况 | 应用 IFC 干互操作性的拓展大部分使用信息 |
| 9 | 有限的知识管理 | 完整设施寿命期收集 | 支持部分设施寿命—循环的角色 | 实时收集部分 BP 信息和维护信息 | 基于网络中心 SOA 角色的 CAC 访问 | 实时时间响应信息 | 业务进程由地由 CM 应用 RCA 及反馈维持 | 4D—添加时间 | 集成的完整 GIS | 带有有限衡量指标的计算区域地面实况 | 应用 IFC 干互操作性的拓展大部分使用信息 |
| 10 | 全面的知识管理 | 支持外部努力 | 支持内部的和外部的角色 | 实时收集和维护全部 BP 信息 | 基于网络中心 SOA 角色的 CAC 访问 | 实时访问实时信息 | 业务进程常规地由 CM 应用 RCA 及反馈机制维持 | nD—时间和成本 | 完整信息流集成的 GIS | 带有全部衡量指标的计算全区域地面实况 | 应用 IFC 干互操作性的全部使用信息 |

## 第1章 全球BIM标准体系

### 交互式BIM能力成熟度模型

| 感兴趣的领域 | 加权重要性 | 选择你认为的成熟度级别 | 信用 |
|---|---|---|---|
| 数据丰富性 | 84% | 数据加上扩展信息 | 4.2 |
| 生命周期视图 | 84% | 添加施工/供应 | 2.5 |
| 角色或专业领域 | 90% | 支持部分规划、设计和施工 | 4.5 |
| 变更管理（CM） | 90% | 有限的意识 | 2.7 |
| 业务流程 | 91% | 收集有部分业务流程信息 | 2.7 |
| 及时性/响应 | 91% | 数据调用不在BIM中，但大多数其他数据都在 | 2.7 |
| 交付方式 | 92% | 启用有限的Web服务 | 4.6 |
| 图形信息 | 93% | 3D—智能图形 | 6.5 |
| 空间能力 | 94% | 基本空间定位 | 1.9 |
| 信息精度 | 95% | 有限 地面实况—内部空间 | 2.9 |
| 互操作性/支持IFC | 96% | COTS之间的大部分信息传输 | 4.8 |
| | | 信用额度 | 40.0 |
| | | 成熟度水平 | 最小BIM |

| 行政管理 | 认证等级要求的分数 | | |
|---|---|---|---|
| | 低 | 高 | |
| | 40 | 49.9 | 最小BIM |
| | 50 | 59.9 | 最小BIM |
| | 60 | 69.9 | 证实 |
| | 70 | 79.9 | 银 |
| | 80 | 89.9 | 金 |
| | 90 | 100 | 铂金 |

| 所需的剩余点数: | 证实 | 20.0 |
|---|---|---|

| 超链接: |
|---|
| 交互式成熟度模型 |
| 兴趣领域加权流程图 |
| 表格成熟度模型 |
| 类别描述 |
| 矩阵定义 |

图1.13 交互式BIM能力成熟度模型

与之交互的界面，以评估自己的流程或BIM系统。感兴趣的领域列在第一列，按重要性的增加顺序排列。将鼠标悬停在每个感兴趣的区域上，将会引出对感兴趣区域的完整描述的评论。下一列显示了在100%的比例中，每个感兴趣的领域所获得的相对百分比。在此之后，用户将通过使用与每个感兴趣的领域一致的下拉菜单来选择他们自己感知的成熟度级别。当单击此单元格时，下拉文本会提醒所关心的区域定义，以便在十个成熟度级别中作出明智的选择。在目标领域选择了正确的成熟度后，学分的数目会自动出现在下一列中。这些分数合计在TOTAL box（合计框）中，TOTAL box反过来决定了获得的认证水平。

初步的BIM成熟度研究证明，目前行业还处于BIM实施的早期阶段。为了实现BIM的真正潜力，以下步骤可以提高建筑业的设计、建造、运营阶段行业BIM的成熟度：

（a）确定行业中BIM的基线水平，并创建一个系统，随着行业的发展积极测量和维护基线。

（b）继续为更成熟的BIM制定愿景，并制定提高BIM稳健性水平的路线图。确定在未来20年或更长时间内实现更高层次和更成熟实施的最后期限。

（c）继续跟踪BIM的成熟度和性能指标，以便为用户定义一套评估标准。

（d）继续发布BIM成熟生命周期执行的成功案例，作为AECOO/FM（Facilities Management，设施管理）行业的典范标准。

2）AIA/AGC BIM 指南系列

（1）AIA BIM 指南

美国建筑师协会（American Institute of Architects，AIA）从设计师视角出发，发布了一系列数字实践文件（AIA Digital Practice documents）。2022年，AIA 公布了新的数字实践文件，取代了 2013 版本的文件。新的数字实践文档将有一个不同于以往的结构，可用于任何涉及数字数据或建筑信息建模的项目。

作为在北美地区具有较高影响力和权威性的建筑师协会，AIA 在推动建筑业的进步方面做出过较大的贡献。早在19世纪末，AIA 就制定了后来推动美国合同文本标准化的协议书样本（Uniform Contract，即统一合同）。当 BIM 在美国逐渐流行以后，AIA 于2008年发布了首个 BIM 合同范本，为推动行业采纳 BIM 实践作出了贡献。

AIA 数字实践文件各文档的作用如下：AIA C106 提供了一份传输数字数据的许可协议。AIA 文件 E201、E202、E401 和 E402 是一项协议的附件，该协议确立了各方对在项目中使用数字数据和建筑信息模型的期望，并设定了制定详细协议的过程以及监管数字数据和建筑信息模型的使用。一旦同意，相关协议和程序即在 AIA 文件 G203 BIM 执行计划中列出。G203 BIM 执行计划使双方能够使用 G204 或 G205 模型元素表就模型元素的开发水平达成一致。各文档相关信息如下：

（a）C106-2022，Digital Data Licensing Agreement（数字数据许可协议）。C106-2022 与 C106-2013 相似，只是做了一些小改动。在双方使用和传输数字数据（包括服务工具）方面没有现有的许可协议时，AIA C106-2022 可以作为两方之间的许可协议。C106 允许一方：①授予另一方在特定项目中使用数字数据的有限非排他性许可；②规定传输数字数据的程序；③对所授予的许可进行限制。此外，C106 允许传输数字数据的一方向使用数字数据的接收方收取许可费用。

（b）E201-2022，BIM Exhibit for Sharing Models with Project Participants，Where Model Versions May be Enumerated as a Contract Document（用于与项目参与者共享模型的 BIM 展示，其中模型版本可作为合同文件列举）。E201-2022 旨在用于所有项目参与方共享模型，其中一些模型版本将被列举为合同文件。新的 E201-2022 赋予了项目参与者明确允许或禁止将某些模型版本列举为合同文件的能力。因此，由于整个项目的所有合同都附有相同的 E201-2022，所有项目参与者在对特定模型版本依赖程度的理解上保持一致。这种统一的理解便于模型作者相应地安排他们的建模服务和费用。

（c）E202-2022，BIM Exhibit for Sharing Models with Project Participants，Where Model Versions May Not be Enumerated as a Contract Document（用于与项目参与者共享模型的 BIM 展示，其中模型版本不可作为合同文件列举）。E202-2022 适用于所有项目参与方共享模型的情况，但 E202-2022 不允许将模型版本列举为合同文件。E202-2022 的许多条款与 E201-2022 相似。

（d）E401-2022，BIM Exhibit for Sharing Model Solely Within the Design Team（设计团队内部单独共享模型的 BIM 展示）。与 E201-2022 和 E202-2022 不同，E401-

2022用于模型仅在设计团队（被定义为"建筑师及其顾问、子顾问和各层次的分包顾问"）内部共享时的情况。E401-2022预计采用一种更"孤岛式"的建模方法，即设计团队只在其内部创建和分享模型，这些模型将不与业主或任何施工团队成员共享。

(e) E402-2022，BIM Exhibit for Sharing Model Solely Within the Construction Team（仅在施工团队内部共享模型的BIM展示）。与E401-2022类似，E402-2022预计采用一种更"孤岛式"的建模方法。具体来说，E402-2022的使用情况是模型只单独在施工团队（定义为"承包商及其分包商和各层次次分包商，包括制造商"）内部共享。当使用E402-2022时，施工团队只能在其内部共享模型，这些模型将不与业主或任何设计团队成员共享。

(f) G203-2022，BIM Execution Plan（BIM执行计划）。G203-2022旨在提供一个框架，项目参与方可以根据该框架创建项目特定的BIM执行计划。在这方面，G203-2022包含多个填充点，旨在激发关于项目参与者将如何在其项目中使用BIM的对话和文件决定。所有BIM附件都包含要求各方遵守其BIM执行计划的语言。与项目进度表类似，虽然BIM执行计划不应成为合同附件，但合同双方都有义务遵守其条款。

(g) G204-2022，Model Element Table（free）〔模型元素表（免费）〕与G205-2022，Abbreviated Model Element Table（free）〔缩写模型元素表（免费）〕。一旦项目参与者对LOD（Level of Development，开发等级）决策达成一致，AIA文件G204-2022或AIA文件G205-2022则可作为记录这些决策的项目表单。

在风险/责任分担方面，业主可以依靠AIA E202-2022、E203-2013、G201-2013和G202-2022合同范本组合，在LOD和LoD（Level of Detail，详细程度）方面详细说明所有合同方的合同可交付成果。

在赔偿方面，如果AIA G201-2013和G202-2013中商定的可交付成果导致缔约方的工作范围发生变化，从而需要调整赔偿、合同金额、进度或时间，则可采用AIA E202规定的通知和补救措施的程序进行处理。

(2) AGC BIM指南

2006年，美国总承包商协会（Associated General Contractors of America，AGC）发布了《承包商BIM指南》（Contractor's Guide to BIM），并于2010年发布了第二版。主题包括：①BIM概念简介；②管理BIM流程；③合同、法律问题和风险管理；④选择和实施BIM工具和资源；⑤选择BIM顾问的标准。

与AIA类似，AGC也是行业中合同范本的主导协会之一，其更倾向于为美国的承包商服务。当BIM在北美逐渐流行以后，美国的承包商迫切需要加快对BIM技术的接纳和实施，但大多数承包商还没有能力完全掌握BIM的实践应用。在承包商对于BIM的巨大需求下，AGC编制发布了《承包商BIM指南》，为承包商提供了可信赖的参考依据。

《承包商BIM指南》指出，BIM的使用可能会改变项目的构思、设计、沟通和定义的方式，但这一工具不会改变项目团队成员的核心责任。在一个完全集成的3D虚拟施工环境中，承包商和施工经理仍然需要组织和领导现场施工工作。BIM 不会取代设计师传达其设计意图，也不会取代分包商在提交过程中展示其对设计意图的解释。为了使用 BIM 工具以优化效率，必须有一个协作的团队结构，并采用两种方式合作：一种是团队成员有合同义务或同意以一种有凝聚力的方式工作，另一种是团队成员互相提供数据，使其"伙伴"更快、更好或更低成本地执行其工作。

在对 BIM 的风险管理问题中，《承包商 BIM 指南》提供了 3 点见解：

（a）承包方应尽最大努力与各方达成共识，确定其有能力和权利依赖 BIM 模式。一些试图应用于电子格式设计文档的免责声明应被丢弃。

（b）适用于传统二维设计的风险分配原则也应该适用于 BIM 模型。即使采用 BIM，建筑师/工程师仍然负责项目设计。承包商对设计的参与和相应的责任不应超出通常与可施工性问题、施工手段和方法以及施工图有关的范围。

（c）当使用模型时，将应用严格的规则来管理模型，因此访问权限被合理地限制，更改模型的权利被严格限制在那些负责更改模型部分的人的手中，过时的模型版本可以被销毁，并且可以为模型的各种迭代维护进行精确的审计跟踪。"模型所有权"的问题可以通过合同来解决。

此外，还应考虑的问题包括：

（a）维持电子文件版本控制的方法，包括传输和接收电子文件的记录副本储存库。

（b）特定的隐私和安全要求。

（c）电子文档和数据的存储和检索要求。

（d）双方应审查设计和施工协议中涉及项目各方之间沟通线路和流程的合同条款。这使他们能够评估这些规定是否需要在适当的、有限的情况下进行修改，以允许没有合同关系的各方（如主要设计专业人员和执行部分设计的专门承包商）可以进行直接沟通。在这种情况下，应同时将这种沟通通知其他当事方。

（e）应审查合同文件中已知或观察到的错误或遗漏的合同报告要求，以确定在电子文件交换的速度可能加快的情况下，这些规定是否充分和一致。

（f）应审查保密条款是否与交换协议中的类似要求一致。

3）分类编码体系标准

分类编码体系是建筑工程项目全生命周期中信息集成的基本机制和框架基础。编码标准采用体系化的编码方式，为建筑的对象、实力、专业属性和信息等提供一致和标准化的编码，从而实现建筑信息模型的结构化存储和交互性。

（1）MasterFormat（建筑信息组织分类方法产生的编码系统）标准：面向材料和工种的分类

1963 年，美国施工规范协会（Construction Specifications Institute，CSI）开发了 MasterFormat 标准，旨在用于项目造价管理、项目档案管理及组织规范编写。MasterFormat 标准采用面向工种和材料的分类方式，将建造过程拆解成不同的工序、材料和设备，然后进行编码。

2004 年，CSI 发布了 MasterFormat 标准 2004 版，将该标准扩充成 50 个类别，并且划分成六个组别（表1.5）。最新版本是2018年6月版，其中15~20、28~30、36~39等分类留给未来扩展。

**MasterFormat标准的50个分类** 表1.5

| | | | | | |
|---|---|---|---|---|---|
| 招标投标与合同需求组 ||||||
| 00 | 招标投标与合同需求 | | | | |
| 通用需求组 ||||||
| 01 | 通用需求 | | | | |
| 设施建设组 ||||||
| 02 | 现场条件 | 03 | 混凝土工程 | 04 | 砌体工程 |
| 05 | 金属工程 | 06 | 木材、塑料和复合材料工程 | 07 | 保温防水工程 |
| 08 | 门窗工程 | 09 | 装饰工程 | 10 | 建筑配件 |
| 11 | 设备工程 | 12 | 室内用品 | 13 | 特殊施工 |
| 14 | 运输系统 | | | | |
| 设施服务组 ||||||
| 21 | 消防设施 | 22 | 管道 | 23 | 暖通和空调 |
| 24 | 综合自动化 | 25 | 电气 | 26 | 通信 |
| 27 | 电子安全和保安 | | | | |
| 场地和基础设施组 ||||||
| 31 | 土方工程 | 32 | 外部改造 | 33 | 市政工程 |
| 34 | 运输工程 | 35 | 港口和航道工程 | | |
| 工艺设备组 ||||||
| 40 | 工艺整合 | 41 | 材料加工处理设备 | 42 | 加热、冷却、干燥设备 |
| 43 | 气体、液体处理、净化和存储设备 | 44 | 污染和废物控制设备 | 45 | 特殊行业制造设备 |
| 46 | 水和废水处理设备 | 49 | 发电设备 | | |

MasterFormat编码一般是3个层次，每个层次由两位数字组成，没有明确类别的层次可以用00补位。例如，「04 00 00」表示最高层级中的第4个类别，砌体。第二层编码在第一位不为0、第二位为0时，可以多展开一层，比如「04 50 00」耐火砌体，可以进一步分为「04 51 00」烟道衬块砌体和「04 54 00」耐火砖砌体。第三层编码在自身基础上继续扩展分类时，可以在编码后增加一个句点，并且补上两位扩展编码，比如「04 21 13」砖砌体，可以进一步细分，「04 21 13.13」是其中的表面粘接砖砌体分项。

MasterFormat将项目统一在一个通用标准下——连接设计、建筑产品、施工前活动、估算、合同以及施工——以支持安全、高效的施工项目的所有阶段。以MasterFormat编码和命名在项目阶段进行组织和交流规范；为组织施工文件提供依据；标准化和管理建筑产品、成本代码、估算、合同和变更单。MasterFormat 更加适用于工程建造阶段的信息处理，被建设单位广泛应用于任务分解、成本计算和招标投标；但其在应用中也存在投资估算误差大、数据难以指导深化设计、不适用于动态成本分析等缺点。

MasterFormat 是 MasterSpec（一款建筑设计软件）、SpecText（一套适用于基础设施项目的规范）、National Master Specifications（一套加拿大的建筑施工规范框架）、Speclink（一个嵌入了建筑规范的云平台）和 SpecsIntact（规格联系方式）系统等行业领先的规范软件解决方案的基础，有助于制定 ASTM（American Society of Testing Materials，美国材料实验协会）标准以进行建筑产品的可持续性评估。

（2）UniFormat（一种用于表示数据的编码体系）标准：面向建筑物理构件的分类

MasterFormat 提供了一个按照不同工序、材料和设备将建造过程进行分类和拆解的编码方法，为工序流程管理、材料设备供应管理等业务提供了合理、有序的项目信息管理方法，是建设单位制作工程量清单、招标投标文件、项目管理文件等常用的编码方式，然而这种编码方式却并不能很好地支持成本管理和设计，主要原因就在于 MasterFormat 在对建筑对象和实例的分类和编码方面支持较为薄弱。

因此，为了能够相对精细地面向建筑对象和实例进行分类，1989 年，AIA 与 GSA 联合开发了 UniFormat 标准，最新版为 UniFormat 2010。UniFormat 标准是一种基于功能元素或以其功能为特征的设施部分来编码施工信息的方法。这些元素通常被称为系统或组件。UniFormat 组织数据的方法对于 BIM 软件的持续开发也很重要，因为它的系统组织允许在对象的属性被进一步定义之前放置对象。同样在 1989 年，ASTM 制定了 UniFormat Ⅱ 分类标准，标准号为 E 1557，其最新版本为 2015 版。

UniFormat Ⅱ 标准采用树状线性分类，按字母从 A 到 G 把建筑物构件分为 7 大类，作为第一层主要元素组（表 1.6）。

UniFormat Ⅱ 标准第一层主要元素组　　　　表 1.6

| | |
|---|---|
| A | 基础结构 |
| B | 外封闭工程 |
| C | 建筑内部 |
| D | 配套设施 |
| E | 设备及家具 |
| F | 特殊建筑和建筑拆除 |
| G | 建筑场地 |

编码第二层和第三层都是由两位数字组成，是对上一层元素的扩展。例如，UniFormat Ⅱ 的 A 项基础结构分为 A10 基础和 A20 地下室两类；A10 基础分为 A1010 一般基础、A1020 特殊基础、A1030 底板三类；到了第 4 层，在第三层后面直接增加两位数字，A1010 一般基础细化到第四层是 A101001 墙基础与 A101002 柱基础和桩帽（表 1.7）。

UniFormat 标准示例　　　　　　　　　　　　　　　表 1.7

| Level1 | Level2 | Level3 | Level4 |
|---|---|---|---|
| A 基础 | A10 基础 | A1010 一般基础 | A101001 墙基础 |
|  |  |  | A101002 柱基础和桩帽 |

UniFormat 标准采用面向建筑物理构件的分类编码方式，更倾向于再现建筑的物理构成、成本数据以及施工文档等信息，其分类编码方式更符合设计机构（如 AIA）及业主机构（如 GSA）的信息处理习惯。

利用 UniFormat Ⅱ 的构件分解体系进行投资估算，分项浮动小，估算敏感度低，解决了建设单位在成本估算、设计方在限额设计时的应用需求。UniFormat Ⅱ 常用于设计阶段的估算和成本分析，施工阶段的成本控制和运营阶段的工程数据归档及工程维修，应用于全生命周期管理中仍面临数据衔接不畅通、转换工作复杂的问题。

对于 UniFormat 标准在 BIM 工程实践中的应用，以 Revit 为例，Revit 族属性中的「部件代码」可以用来描述对应构件的 UniFormat 编码。只要选择了部件代码，相应的部件说明会自动填写，也就是 UniFormat 编码对应的文字类别。如图 1.14 所示，左边是类型参数中的部件说明和部件代码，右边是部件代码的具体分类显示。

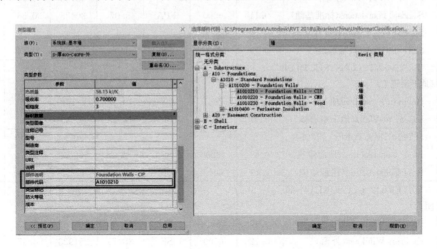

图 1.14　Revit 中 UniFormat 编码示例

注：Foundation Walls——基础墙；CIP——Cast in Place，现浇（混凝土）。

在 Revit「管理菜单—其他设置」里，有部件代码的设置选项，打开后是「UniFormat Classifications（分类）.txt」。该文件共有四列：第一列表示编码内容，即部件代码；第二列表示编码的类目名称，即部件说明；第三列表示编码所在的目录级数；第四列是用 CODE（代码）的形式来表达族类别。

如果需要采用自己的编码规则对模型构件进行编码，可以新建一个 Microsoft Excel 表格，按照上述代码格式填写内容，第一列为自己选择的编码规则对应的编码，第二列为编码的类目名称，第三列为层级编号，第四列为 CODE。表格填写完成后，需要导出

UNICODE（统一码）模式的 TXT（微软在操作系统上附带的一种文本格式）文本文件，然后在 Revit「部件代码」中导入该文件。

建筑基本成本汇总是 ASTM UniFormatⅡ标准 E1557 的一个重要组成部分（示例见表 1.8）。它为所有项目利益相关者提供了一个共同的成本协议点。UniFormatⅡ基本成本包括材料成本、劳动力成本以及分包商间接费用和利润。元素的成本通过以下方式计算：

(a) 将元素单位成本（也称为单位费率）乘以元素数量；

(b) 将构成该元素的组件的成本相加；

(c) 将构成该元素的系统组件的材料和人工成本相加。

在成本估算的任何阶段，都可以基于元素比率和数量或组装和组件成本的总和，或两者兼而有之进行元素估算。对某些元素使用一种方法，并不限制对同一估计中的其他元素使用其他方法。

建筑基本成本汇总（单位：美元） 表 1.8

| Level 2 Group Elements(第2级组别要素) Level 3 Elements(第3级要素) | | Ratio（比率）Qty/GFA（数量/总建筑面积） | Element(元素) | | | Cost per Unit GFA（单位建筑面积成本） | Trade Cost(贸易成本,%,一位小数) |
|---|---|---|---|---|---|---|---|
| | | | Quantity（Qty,数量） | Unit（项目） | Rate（单价，两位小数） | Amount（金额） | | |
| A10 | | FOUNDATIONS(基础) | | | | | 48733 | 0.90 | 1.2 |
| A1010 | | Standard Foundations(标准基础) | 0.11 | 6000 | FPA | 5.07 | 30433 | 0.56 | |
| A1020 | | Special Foundations(特殊基础) | | | | | | | |
| A1030 | | Slab on Grade(楼板等级) | 0.11 | 6000 | SF | 3.05 | 18300 | 0.34 | |
| A20 | | BASEMENT CONSTRUCTION(地下室施工) | | | | | 75492 | 1.4 | 1.9 |
| A2010 | | Basement Excavation(地下室开挖) | 0.05 | 2667 | CY | 10.18 | 27162 | 0.5 | |
| A2020 | | Basement Walls(地下室墙体) | 0.07 | 3840 | SF | 12.59 | 48330 | 0.9 | |
| B10 | | SUPERSTRUCTURE(上部结构) | | | | | 620264 | 11.49 | 16.4 |
| B1010 | | Floor Construction(地面建筑) | 0.89 | 48000 | SF | 12.08 | 580032 | 10.74 | |
| B1020 | | Roof Construction(屋顶结构) | 0.11 | 6000 | SF | 6.71 | 40232 | 0.75 | |
| B20 | | EXTERIOR CLOSURE(外部闭合) | | | | | 652477 | 12.08 | 16.2 |
| B2010 | | Exterior Walls(外壁) | 0.47 | 25500 | SF | 15.45 | 393869 | 7.29 | |
| B2020 | | Exterior Windows(外窗) | 0.12 | 6500 | SF | 38.76 | 251923 | 4.67 | |
| B2030 | | Exterior Doors(外门) | 0.00 | 4 | LVS | 1671.25 | 6685 | 0.12 | |
| B30 | | ROOFING(屋面) | | | | | 18255 | 0.34 | 0.6 |
| B3010 | | Roof Coverings(屋顶覆盖物) | 0.11 | 6000 | SF | 2.92 | 17506 | 0.32 | |
| B3020 | | Roof/Opening(屋顶/开口) | 0.00 | 1 | EA | 749.00 | 749 | 0.01 | |
| C10 | | INTERIOR CONSTRUCTION(内部建筑) | | | | | 208314 | 3.86 | 6.2 |
| C1010 | | Partitions(分区) | 0.54 | 28979 | SF | 5.55 | 160846 | 2.98 | |
| C1020 | | Interior Doors(室内门) | | 66 | EA | 530.00 | 34980 | 0.65 | |
| C1030 | | Specialties(特色) | 0.00 | 1 | Lot | 12487.85 | 12488 | 0.23 | |
| C20 | | STAIRCASES(楼梯间) | | | | | 103500 | 1.92 | 2.6 |
| C2010 | | Stair Construction(建筑楼梯) | 0.00 | 18 | FLT | 5750.00 | 103500 | 1.92 | |
| C2020 | | Stair Finishes(楼梯饰面) | | | | | | | |

续表

| Level 2 Group Elements(第2级组别要素) Level 3 Elements(第3级要素) | | Ratio(比率) Qty/GFA(数量/总建筑面积) | Element(元素) | | | Cost per Unit GFA(单位建筑面积成本) | Trade Cost(贸易成本,%,一位小数) |
|---|---|---|---|---|---|---|---|
| | | | Quantity(Qty,数量) | Unit(项目) | Rate(单价,两位小数) | Amount(金额) | |
| C30 | INTERIOR FINISHES(内部饰面) | | | | | 335828 | 6.22 | 8.4 |
| C3010 | Wall Finishes(墙面饰面) | 0.81 | 43484 | SF | 2.59 | 112837 | 2.09 | |
| C3020 | Floor Finishes(地板饰面) | 0.69 | 37350 | SF | 3.74 | 139791 | 2.59 | |
| C3030 | Ceiling Finishes(天花板饰面) | 0.77 | 41600 | SF | 2 | 83200 | 1.54 | |
| D10 | CONVEYING SYSTEMS(传输系统) | | | | | 249360 | 4.62 | 6.2 |
| D1010 | Elevators(电梯) | 0.00 | 18 | STS | 13853.33 | 249360 | 4.62 | |
| D1020 | Escalators & Moving Walks(自动扶梯和移动人行道) | | | | | | | |
| D1030 | Material Handling Systems(材料处理系统) | | | | | | | |
| D20 | PLUMBING(管道系统) | | | | | 124059 | 2.30 | 3.1 |
| D2010 | Plumbing Fixtures(管道装置) | 0.00 | 78 | FIX | 1019.94 | 79555 | 1.47 | |
| D2020 | Domestic Water Distribution(生活用水分配器) | 0.00 | 39 | FIX | 507.36 | 19787 | 0.37 | |
| D2030 | Sanitary Waste(卫生废物) | 0.00 | 39 | FIX | 476.41 | 18580 | 0.34 | |
| D2040 | Rain Water Drainage(雨水排水) | 0.11 | 6000 | SF | 1.02 | 6137 | 0.11 | |
| D2050 | Special Plumbing Systems(特殊的管路系统) | | | | | | | |
| D30 | HVAC(供暖、通风和空调系统) | | | | | 767885 | 14.03 | 18.9 |
| D3010 | Energy Supply(能源供应) | | | | | | | |
| D3020 | Heat Generating Systems(供热系统) | 0.01 | 765 | MBH | 30.03 | 22975 | 0.43 | |
| D3030 | Cooling Generating Systems(冷却生成系统) | 0.00 | 150 | TR | 914.67 | 137200 | 2.54 | |
| D3040 | Distribution Systems(配电系统) | 0.89 | 48000 | SF | 10.19 | 488960 | 9.05 | |
| D3050 | Terminal & Package Units(终端和包装设备) | 0.11 | 6000 | SF | 1.48 | 8850 | 0.16 | |
| D3060 | Control & Instrumentation(控制与仪器) | 1.00 | 54000 | SF | 1.79 | 96400 | 1.60 | |
| D3070 | Special HVAC Systems & Equipment(特殊暖通空调系统和设备) | | | | | | | |
| D3080 | Systems Testing & Balancing(系统测试和平衡) | 1.00 | 54000 | SF | 0.25 | 13500 | 0.25 | |
| D40 | FIRE PROTECTION(消防设施) | | | | | 110340 | 2.64 | 2.7 |
| D4010 | Fire Protection & Sprinkler Systems(消防和洒水灭火系统) | 0.01 | 270 | HDS | 320.22 | 86460 | 1.6 | |
| D4020 | Stand-pipe & Hose Systems(立管及软管系统) | 0.01 | 9 | CAB | 2653.33 | 23880 | 0.44 | |
| D4030 | Fire Protection Specialties(消防特种设备) | | | | | | | |
| D4040 | Special Fire Protection Systems(特殊消防系统) | | | | | | | |

续表

| Level 2 Group Elements(第2级组别要素) Level 3 Elements(第3级要素) | | Ratio(比率) Qty/GFA (数量/总建筑面积) | Element(元素) | | | Cost per Unit GFA (单位建筑面积成本) | Trade Cost(贸易成本,%,一位小数) |
|---|---|---|---|---|---|---|---|
| | | | Quantity (Qty,数量) | Unit (项目) | Rate (单价,两位小数) | Amount (金额) | | |
| D50 | ELECTRICAL(电气) | | | | | 639578 | 11.84 | 15.9 |
| D5010 | Electrical Services & Distribution(电气服务和配电) | 0.01 | 360 | LW | 203.69 | 73328 | 1.36 | |
| D5020 | Lighting & Branch Wiring(照明和分支线路) | 0.01 | 360 | LW | 1205.92 | 434130 | 8.04 | |
| D5030 | Communication & Security Systems(通信和安全系统) | 1.00 | 54000 | SF | 2.14 | 115725 | 2.14 | |
| D5040 | Special Electrical Systems(特殊电气系统) | 1.00 | 54000 | SF | 0.30 | 16395 | 0.3 | |
| E10 | EQUIPMENT(设备) | | | | | 16595 | 0.31 | 0.4 |
| E1010 | Commercial Equipment(商用设备) | | | | | | | |
| E1020 | Institutional Equipment(机构设备) | | | | | | | |
| E1030 | Vehicular Equipment(车辆设备) | 0.00 | 1 | Lot | 9960.00 | 9960 | 0.18 | |
| E1040 | Other Equipment(其他设备) | 0.00 | 1 | Lot | 6635.00 | 6635 | 0.12 | |
| E20 | FURNISHINGS(家具) | | | | | 58212 | 1.04 | 1.4 |
| E2010 | Fixed Furnishings(固定家具) | 0.00 | 1 | Lot | 58212.00 | 58212 | 1.04 | |
| E2020 | Movable Furnishings(可移动家具) | | | | | | | |
| F10 | SPECIAL CONSTRUCTION(特殊建筑) | | | | | | | |
| F1010 | Special Structures(特殊结构) | | | | | | | |
| F1020 | Integrated Construction(综合建筑) | | | | | | | |
| F1030 | Special Construction Systems(特殊建筑系统) | | | | | | | |
| F1040 | Special Facilities(特殊设施) | | | | | | | |
| F1050 | Special Controls & Instrumentation(特殊控制和仪器) | | | | | | | |
| F20 | SELECTIVE BUILDING DEMOLITION(选择性拆除建筑物) | | | | | | | |
| F2010 | Building Elements Demolition(建筑构件拆除) | | | | | | | |
| F2020 | Hazardous Compounds Abatement(消除有害化合物) | | | | | | | |
| Building Trade Cost without Design Allowance(不含设计津贴的建筑贸易成本): | | | | | | 4028892 | 74.42 | 100.0 |
| Z10 | DESIGN ALLOWANCE(设计津贴) | | | | 5.00 | 200944 | 3.72 | |
| Building Trade Cost(建筑贸易成本): | | | | | | 4219834 | 78.18 | 105.0 |
| Z20 | OVERHEAD & PROFIT(间接费用和利润) | | | | | 421963 | 7.81 | 10.5 |
| Z2010 | Overhead(间接费用) | | | | 7.00 | 295388 | 5.47 | |
| Z2020 | Profit(利润) | | | | 3.00 | 128505 | 2.34 | |

续表

| Level 2 Group Elements(第2级组别要素) Level 3 Elements(第3级要素) | Ratio(比率) Qty/GFA(数量/总建筑面积) | Element(元素) | | | Cost per Unit GFA(单位建筑面积成本) | Trade Cost(贸易成本,%,一位小数) |
|---|---|---|---|---|---|---|
| | | Quantity(Qty,数量) | Unit(项目) | Rate(单价,两位小数) Amount(金额) | | |
| Building Construction Cost without Inflation(无通货膨胀的建筑成本): | | | | $4641818 | $85.96 | 115.5 |
| Z30　Inflation Allowance(通货膨胀津贴) | | 3.00 | | 139254 | 2.58 | 3.5 |
| Building Construction Cost(BCC)(建筑施工费): | | | | $4781072 | $88.54 | 119.0 |

Notes
(注意事项)

1. The classification conforms to ASTM designation E1557-1997 "Standard Classification for Building Elements and Related Sitework-UNIFORMAT Ⅱ."
(1. 该分类符合 ASTM 名称 E1557-1997"建筑构件及有关现场工作标准分类——统一格式Ⅱ"。)
2. The "Building Trade Cost without Design Allowance" is designated as the 100% value; this figure is the Design-to-Cost objective for designers based on trade level costing.
(2. "不含设计津贴的建筑贸易成本"被指定为 100%值;这一数字是设计人员根据贸易级成本计算得出的"设计到成本"目标。)
3. Construction contingencies (part of the construction cost) and taxes are not included in the summaries.
(3. 施工意外事件(施工成本的一部分)和税收不包括在摘要中。)

| Level 1 Major Group Elements(主要群体元素,千美元) | | Parameters(参数) | | Abbreviations(缩略语) | |
|---|---|---|---|---|---|
| A Substructure(下部结构) | 124.2 | Location(地点): | Washington, DC | TSA: | Total Site Area(总场地面积) |
| B Shell(外壳) | 1291.0 | Facility Type(设施类型): | Office Building | FPA: | Foot Print Area(足迹区域) |
| C Interiors(内饰) | 647.8 | Cost Index(成本指数): | 1 | GFA: | Gross Floor Area(总建筑面积) |
| D Services(服务) | 1881.2 | Estimate Type(估算类型): | Schematic | | |
| E Furnishings & E-quip.(家具和设备) | 74.8 | Reference(参考): | TRB-2 | NSA: | Net Site Area(净场地面积) |
| F Spec. Constr. & Dem.(特殊建筑与拆除) | | Revision Date(修订日期): | 25-Mar-1997 | BTC: | Building Trade Cost(建筑贸易成本) |
| G Sitework(现场工作) | 174.9 | Estimate Date(估计日期): | 1-Jan-1997 | BCC: | Building Construction Cost(建筑施工成本) |
| Z Allowances & OH & P(津贴与职业健康和个人健康保险) | 795.3 | Start Date(开始日期): | 15-Sep-1997 | | |
| | | Finish Date(完成日期): | 15-Jun-1998 | STC: | Sitework Trade Cost(现场施工贸易成本) |
| Project Total(项目合计)($,000) | 4989.2 | Design GFA(设计GFA): | 54000 SF | SCC: | Sitework Construction Cost(现场施工费用) |
| | | Program GFA(计划总建筑面积): | 52000 SF | TCC: | Total Construction Cost(总建设成本) |
| | | Difference(差异): | 2000 SF | | |
| | | TSA: | 43580 SF | | |
| | | FPA: | 6000 SF | | |
| | | NSA: | 37580 SF | | |

(3) OmniClass

在借鉴 MasterFormat 标准与 UniFormat 标准的基础上,美国与加拿大进一步共同开发了 OmniClass 标准,旨在更全面涵盖建筑全生命周期的各类产品、过程及组织信息。OmniClass旨在为北美建筑、工程和施工行业创建和使用的信息提供标准化基础，贯穿从概念到拆除或再利用的整个设施生命周期，并涵盖所有不同类型的构成建筑环境的建筑。OmniClass旨在成为组织、分类和检索信息以及派生关系计算机应用程序的手段。

OmniClass标准采用面分法与线分法相结合的方式，共有15张分类表（表1.9），每张表代表构造信息的不同方面，可以单独用来表达项目特定信息，或者可以将其上的条目与其他表上的条目组合以对更复杂的主题进行分类。

OmniClass 分类表　　　　　　　　　　　　　　　　　　　表 1.9

| 表格 | 与 ISO 12006-2 对应 | 表格 | 与 ISO 12006-2 对应 |
| --- | --- | --- | --- |
| 11"按功能定义的建筑实体" | A2、A3、A6 | 32"服务" | A10 |
| 12"按形式定义的建筑实体" | A1 | 33"学科" | A15 |
| 13"按功能定义的空间" | A5 | 34"组织角色" | A15 |
| 14"按形式定义的空间" | A4 | 35"工具" | A14 |
| 21"元素（基于 UniFormat）" | A7、A8 | 36"信息" | A16 |
| 22"工作成果（基于 MasterFormat）" | A9 | 41"材料" | A17 |
| 23"产品（Revit 使用的表格）" | A13 | 49"属性" | A17 |
| 31"阶段" | A11、A12 | | |

OmniClass标准将建筑全生命周期信息划分为建造资源、建造过程、建造结果等三大类，并依据描述角度的不同划分为多张表格。例如，OmniClass标准中表13"按功能定义的空间"对空间按照功能进行了分类和编码（例如，13-21 00 00 停车空间和13-31 00 00 教育培训空间），表32"服务"对建筑全生命期各相关的活动、流程和程序进行了分类和编码（例如，32-11 00 00 交易服务和32-19 00 00 行政服务）。

针对各表格，OmniClass标准进一步依据分类对象的属性及特征建立不同的分类规则，对表格内容进行多层次细分，并形成唯一编码。以表23"产品"为例（表1.10），OmniClass标准采用纯数字编码方法，表格中每一级层次编码中由2位数值来表示，取值范围01～99。OmniClass编码体系可以扩展到第5层，23-13 00 00 表示在表23"产品"里，属于第一层的结构和外部附件产品（第二层和第三层用4个0补位）；23-13 13 00 表示第二层的胶粘剂和掺合料；23-13 13 11 表示第三层的胶合剂；23-13 13 11 13 表示第四层的石灰；它可以再向后扩展到第五层，11表示水硬性石灰，13表示气硬性石灰。

OmniClass 编码示例　　　　　　　　　　　　　　　　　　表 1.10

| 表格编码 | 第一层 | 第二层 | 第三层 | 第四层 | 第五层 |
| --- | --- | --- | --- | --- | --- |
| 23-13 00 00 | 结构和外部附件产品 | | | | |
| 23-13 13 00 | | 胶粘剂和掺合料 | | | |
| 23-13 13 11 | | | 胶合剂 | | |

续表

| 表格编码 | 第一层 | 第二层 | 第三层 | 第四层 | 第五层 |
|---|---|---|---|---|---|
| 23-13 13 11 13 | | | | 石灰 | |
| 23-13 13 11 13 11 | | | | | 水硬性石灰 |
| 23-13 13 11 13 13 | | | | | 气硬性石灰 |

和 ISO 12006-2 一样，OmniClass 规定了用"＋"号来表示多个表格之间的编码组合。例如，把「石膏板可拆卸隔墙」的编码，和「研讨室」的编码，用"＋"号连接起来，23-15 11 13 11 13＋13-31 13 21，就可以表示「石膏板可拆卸隔墙的研讨室」。除了"＋"号，OmniClass 还提供了另外几个运算符号。">"和"＜"是比"＋"号更高级的符号，它不仅代表了把两个编码组合到一起，还表示它们的从属关系。符号开口的方向是概念更重要的一方。

OmniClass 吸收了已有分类体系的成果和精华，并将它们统一在一个框架内，其分类对象包含了建筑从规划、设计、施工、运维、拆除再利用等阶段的建设资源、建设过程和建设成果，实现了建筑全生命周期内的信息组织、分类和传递。

Revit 默认采用 OmniClass 编码，不过只自带"表 23'建筑产品'"，其他还要靠开发者自行编入。使用 Revit 自带的 OmniClass 编码（图 1.15），原理跟部件代码一样，但是只能在族编辑器中编辑。编码文件的位置默认在：C：\Users(用户)\Yourname(你的名字)\AppData(应用程序数据)\Roaming(漫游)\Autodesk \ Revit \ AutodeskRevit20XX \ OmniClass Taxonomy(分类).txt。使用"②UniFormat 标准"中替换文件的方法，可以把 Revit 自带的 OmniClass 编码替换为自定义的编码。

4) BIM Uses

宾夕法尼亚州立大学（Pennsylvania State University，PSU）下设的计算机集成化施工研究组

图 1.15　Revit 中 OmniClass 编码示例
注：Columns——柱。

（Computer Integrated Construction Research Program，CIC）受 buildingSMART 联盟委托，于 2007 年发布了《BIM 项目实施计划指南》（BIM Project Execution Planning Guide，PxP）。2013 年，PSU CIC 先后发布了《业主 BIM 规划指南》的第二版以及在 PxP 和《业主 BIM 规划指南》基础上编制的《BIM 的使用》（The Uses of BIM，Version 0.9）。2016 年，PSU CIC 发布了《在施工中使用模型：规划指南》（Using Models in Construction：A Planning Guide）。

在《BIM 的使用》一书中，PSU 将建筑工程分为规划、设计、施工和运营四个阶段，给出了 23 个可供参考的具体应用点，分别是现状捕捉、业主投资估算、业主 4DBIM、分

析项目需求、分析选址标准、设计、设计复核、结构性能分析、光照分析、能耗分析、工程性能分析、可持续性能分析、设计模型协调、施工现场物流模型、临建模型分析、建筑产品制造、施工组织、竣工模型交付、维护检测、性能检测、资产管理、空间利用分析、能耗管理等。并对每一个 BIM 应用点进行了描述，预测了潜在的价值、软硬件资源的需求、团队能力的需求，给出了可具体参考的文献或规范。

5）BIM Forum（BIM 论坛）——LOD Specification

在 AIA E202 号文件中，使用 LOD（Level of Development）表示 BIM 模型中的构件在建设项目生命周期的不同阶段中所预期的完整度，并定义了从 100 到 500 的五种 LOD。从 2011 年起，AGC 的 BIM Forum 工作小组与 AIA 合作发展 LOD 规范（LOD Specification），逐步明确各个建筑系统 LOD 的详细定义，辅以案例图示说明。越来越多的专业组织正在采用该规范，并提供与其领域相关的额外内容。

BIM Forum——LOD Specification 的目的是帮助解释 LOD 框架并标准化其使用，使其作为一种通信工具变得更加有用。它没有规定在项目的哪个阶段要达到什么开发水平，而是将模型进展的规范留给用户。为了实现文档的意图，其主要目标是：

（1）帮助团队（包括业主）制定 BIM 可交付成果，并清楚了解 BIM 可交付成果中包含的内容；

（2）帮助设计经理向他们的团队解释需要在设计过程的各个阶段提供的信息和细节；

（3）提供可供合同和 BIM 执行计划参考的标准。

BIM Forum——LOD Specification 旨在与 BIMXP 项目一起使用，LOD 定义中不包括项目中的特定信息，该信息由 BIMXP 来处理。大多数 BER 都包括一个部分详细描述里程碑和信息交换——在特定的 BIM 使用中，在特定的点交换特定的信息所产生的模型。然而，在大多数情况下，目前的做法是伴随这些模型而来的是常见的"仅供参考"的免责声明，降低了交换的有效性。在 BIMXP 中引用 BIM Forum _ LOD Specification，并使用它来简明地定义里程碑和信息交换模型，为过程带来了许多效率。

2021 年，BIM Forum 工作小组发布了"Level of Development（LOD）Specification for Building Information Models—PART Ⅰ，Guide&Commentary"（建筑信息模型的发展水平规范—第一部分，指南和评论，以下简称为文档）与配套的"LOD Spec 2021 Part Ⅱ-FINAL 2021-12-28"（LOD 规格 2021 第二部分—最终版本 2021-12-28）。其中，LOD100 到 LOD500（包含 LOD350）各级别 LOD 模型深度要求见表 1.11。

LOD100 到 LOD500（包含 LOD350）各级别 LOD 模型深度要求　　　　表 1.11

| 等级 | 模型要求 |
| --- | --- |
| LOD100 | 模型元素可以用一个符号或其他通用方式在模型中图形化地表示，但是不满足 LOD 200 的要求。与模型元素相关的信息（例如，单位面积的成本、暖通空调总重量等）可以从其他模型元素中得到 |
| LOD200 | 模型元素在模型中以图形化的方式表示为一个具有近似数量、大小、形状、位置和方向的通用系统、对象或组合。非图形信息也可以附加到模型元素 |

续表

| 等级 | 模型要求 |
|---|---|
| LOD300 | 模型元素在模型中以图形化的方式表示为一个在数量、大小、形状、位置和方向方面的特定系统、对象或组合。非图形信息也可以附加到模型元素 |
| LOD350 | 模型元素在模型中以图形化的方式表示为一个在数量、大小、形状、位置、方向和与其他建筑系统的接口方面的特定系统、对象或组合。非图形信息也可以附加到模型元素 |
| LOD400 | 模型元素在模型中以图形化的方式表示为一个在数量、大小、形状、位置和方向方面有详细设计、制造、施工和安装信息的特定系统、对象或组合。非图形信息也可以附加到模型元素 |
| LOD500（本书不使用） | 模型元素是一个在大小、形状、位置、数量和方向方面进行现场验证的字段表示。非图形信息也可以附加到模型元素中 |

文档对于建筑、结构、水暖电等专业模型的模型深度作了相关要求，以建筑专业的窗为例，见表 1.12，各专业几何模型深度要求可参照 UniFormat 和 OmniClass 找到对应的内容。

建筑专业（窗）集合模型深度要求示意　　　　表 1.12

| 等级 | 模型要求 |
|---|---|
| LOD100 | 表示整体建筑体积的实体体量模型；或者,不能通过类型或材料区分的示意元素；<br>装配深度/厚度和位置仍然灵活 |
| LOD200 | 表示建议的窗墙组合的主要类型的常规墙对象；<br>由单个模型对象表示的窗墙总装配深度；<br>布局和位置可变 |
| LOD300 | 玻璃表面的指定位置和方向；<br>玻璃的标称表面尺寸和厚度；<br>竖挺的间距、位置、大小和方向；<br>定义可操作部件(窗、百叶窗和门)，并包含在模型中 |
| LOD350 | 定义竖挺形状和几何图形；<br>定义和建模实际固定位置和类型；<br>实际面板尺寸(包括底座) |
| LOD400 | 完整的竖挺拉伸型材；<br>墙体系统(内部)与墙体和支撑系统之间的接口构造细节，包括密封剂、端坝、防水板和膜 |

一个模型元素可以包含两种类型的信息：①元素的几何形状；②相关的数值和/或文本属性。为了处理这些类型的信息，文档包含两部分：①元素几何。第一部分包括每个 LOD 中特定模型元素的叙述性描述和说明，构成了文档的主体部分，具体示例见表 1.11。②关联属性信息。第二部分是一个从模型元素表（图 1.13）开始的工作手册，反映了 AIA G202-2013 建筑信息建模协议表格中的模型元素表的布局，并且可以通过该文件进行引用。模型元素表引用包含各种建筑系统属性信息的属性表。

模型元素表的行是按照 CSI UniFormat 2010 列出的建筑元素。还列出了每个系统的相关属性表，参考包含相关系统属性信息的选项卡。如果需要，用户可以为特定的行项目添加属性表。

模型元素表包括用于定义项目中各种里程碑的 LOD 的列。每个里程碑列都有三个子列：开发等级（LOD）、模型元素作者（Model Element Author，MEA）和注释（Notes）。文档中的表格显示了完成传统设计阶段的标准里程碑，以及中期评审、具体可交付成果、BIM 使用信息交换等项目特定里程碑的例子。鼓励用户根据需要修改和添加这些里程碑。一旦确定了项目的里程碑，模型就可以按照图 1.16 所示的逻辑顺序重新排序。

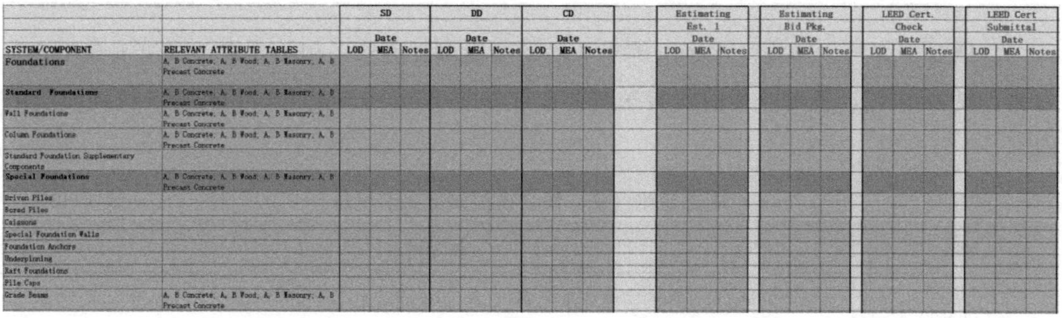

| | | SD | | | DD | | | CD | | | Estimating Est. 1 | | | Estimating Bid Pkg. | | | LEED Cert. Check | | | LEED Cert Submittal | | |
|---|---|---|---|---|---|---|---|---|---|---|---|---|---|---|---|---|---|---|---|---|---|---|
| | | Date | | | Date | | | Date | | | Date | | | Date | | | Date | | | Date | | |
| SYSTEM/COMPONENT | RELEVANT ATTRIBUTE TABLES | LOD | MEA | Notes | LOD | MEA | Notes | LOD | MEA | Notes | LOD | MEA | Notes | LOD | MEA | Notes | LOD | MEA | Notes | LOD | MEA | Notes |
| Foundations | A, B Concrete; A, B Wood; A, B Masonry; A, B Precast Concrete | | | | | | | | | | | | | | | | | | | | | |
| **Standard Foundations** | A, B Concrete; A, B Wood; A, B Masonry; A, B Precast Concrete | | | | | | | | | | | | | | | | | | | | | |
| Wall Foundations | A, B Concrete; A, B Wood; A, B Masonry; A, B Precast Concrete | | | | | | | | | | | | | | | | | | | | | |
| Column Foundations | A, B Concrete; A, B Wood; A, B Masonry; A, B Precast Concrete | | | | | | | | | | | | | | | | | | | | | |
| Standard Foundation Supplementary Components | | | | | | | | | | | | | | | | | | | | | | |
| **Special Foundations** | A, B Concrete; A, B Wood; A, B Masonry; A, B Precast Concrete | | | | | | | | | | | | | | | | | | | | | |
| Driven Piles | | | | | | | | | | | | | | | | | | | | | | |
| Bored Piles | | | | | | | | | | | | | | | | | | | | | | |
| Caissons | | | | | | | | | | | | | | | | | | | | | | |
| Special Foundation Walls | | | | | | | | | | | | | | | | | | | | | | |
| Foundation Anchors | | | | | | | | | | | | | | | | | | | | | | |
| Underpinning | | | | | | | | | | | | | | | | | | | | | | |
| Raft Foundations | | | | | | | | | | | | | | | | | | | | | | |
| Pile Caps | | | | | | | | | | | | | | | | | | | | | | |
| Grade Beams | A, B Concrete; A, B Wood; A, B Masonry; A, B Precast Concrete | | | | | | | | | | | | | | | | | | | | | |

图 1.16　向模型元素表中添加里程碑/可交付成果

属性表（图 1.17）一般包括两部分：①属性描述（Attribute Description），列出了与关联的建筑系统相关的属性；②里程碑（Project Specific Milestones），用于标记特定里程碑和可交付成果所需的属性。

有许多使用属性表的方法，在这里展示其中三种方法：

（1）项目团队采用基准属性列表。属性和 LODs 之间的预填充相关量代表了在 AEC 行业中精通 BIM 的用户的当前实践。

（2）项目团队在 LODs 和属性填充需求之间创建自定义关联。在这种情况下，项目团队将编辑 LODs 概要文件部分，以反映项目的特定需求。

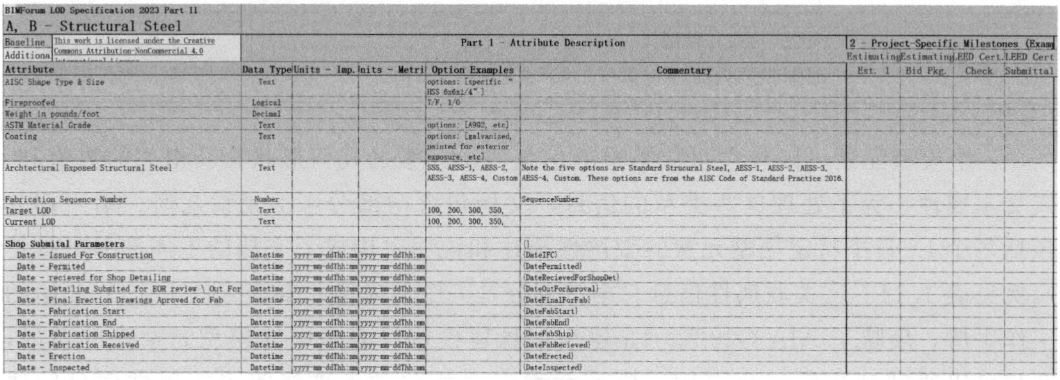

BIMForum LOD Specification 2023 Part II

A, B - Structural Steel

Baseline | Additiona — This work is licensed under the Creative Commons Attribution-NonCommercial 4.0 International License

| | | | | | Part 1 - Attribute Description | 2 - Project-Specific Milestones (Exam | | | |
|---|---|---|---|---|---|---|---|---|---|
| | | | | | | Estimating | Estimating | LEED Cert. | LEED Cert |
| Attribute | Data Type | Units - Imp. | nits - Metri | Option Examples | Commentary | Est. 1 | Bid Pkg. | Check | Submittal |
| AISC Shape Type & Size | Text | | | options: [specific " HSS 6x6x1/4" ] | | | | | |
| Fireproofed | Logical | | | T/F, 1/0 | | | | | |
| Weight in pounds/foot | Decimal | | | | | | | | |
| ASTM Material Grade | Text | | | options: [A992, etc] | | | | | |
| Coating | Text | | | options: [galvanized, painted for exterior exposure, etc] | | | | | |
| Archtectural Exposed Structural Steel | Text | | | SSS, AESS-1, AESS-2, AESS-3, AESS-4, Custom | Note the five options are Standard Strucural Steel, AESS-1, AESS-2, AESS-3, AESS-4, Custom. These options are from the AISC Code of Standard Practice 2016. | | | | |
| Fabrication Sequence Number | Number | | | | SequenceNumber | | | | |
| Target LOD | Text | | | 100, 200, 300, 350, | | | | | |
| Current LOD | Text | | | 100, 200, 300, 350, | | | | | |
| | | | | | | | | | |
| **Shop Submital Parameters** | | | | | {} | | | | |
| Date - Issued For Construction | Datetime | yyyy-mm-ddThh:mm | yyyy-mm-ddThh:mm | | {DateIFC} | | | | |
| Date - Permited | Datetime | yyyy-mm-ddThh:mm | yyyy-mm-ddThh:mm | | {DatePermitted} | | | | |
| Date - recieved for Shop Detailing | Datetime | yyyy-mm-ddThh:mm | yyyy-mm-ddThh:mm | | {DateRecievedForShopDet} | | | | |
| Date - Detailing Submited for EOR review \ Out For | Datetime | yyyy-mm-ddThh:mm | yyyy-mm-ddThh:mm | | {DateOutForAproval} | | | | |
| Date - Final Erection Drawings Aproved for Fab | Datetime | yyyy-mm-ddThh:mm | yyyy-mm-ddThh:mm | | {DateFinalForFab} | | | | |
| Date - Fabrication Start | Datetime | yyyy-mm-ddThh:mm | yyyy-mm-ddThh:mm | | {DateFabStart} | | | | |
| Date - Fabrication End | Datetime | yyyy-mm-ddThh:mm | yyyy-mm-ddThh:mm | | {DateFabEnd} | | | | |
| Date - Fabrication Shipped | Datetime | yyyy-mm-ddThh:mm | yyyy-mm-ddThh:mm | | {DateFabShip} | | | | |
| Date - Fabrication Received | Datetime | yyyy-mm-ddThh:mm | yyyy-mm-ddThh:mm | | {DateFabRecieved} | | | | |
| Date - Erection | Datetime | yyyy-mm-ddThh:mm | yyyy-mm-ddThh:mm | | {DateErected} | | | | |
| Date - Inspected | Datetime | yyyy-mm-ddThh:mm | yyyy-mm-ddThh:mm | | {DateInspected} | | | | |

图 1.17　属性表

（3）项目团队创建新的、项目特定的里程碑，并在里程碑部分中定义属性填充需求。这种方法将为项目团队定义属性填充需求提供最大的灵活性。

同时，文档给出了 LOD 的两种实施方法：

（1）依赖于模型元素表：项目团队引用模型元素表，如 AIA G202-2013 的第 3.3 条或"Level of Development（LOD）Specification for Building Information Models—PART Ⅰ, Guide & Commentary"（建筑信息模型的发展水平规范—第一部分，指南和评论）的第Ⅱ部分，用于模型元素的 LODs。在这个方法中，所有在给定的模型元素表单行中引用的元素都被认为在声明的 LOD 中。例如，如果对于一个给定的模型表格中列出的室内门为 LOD 200，那么该模型中的所有室内门都被认为是 LOD 200。

（2）将 LOD 包括进单个指定模型元素的属性：模型中的所有元素都具有两个属性——Current（当前的）LOD（元素的实际 LOD）和 Target（目标）LOD（模型元素表中为该元素指定的 LOD）。元素默认的 Current LOD 为 100 或 200，当元素开发得更充分时该属性会得到提升。这种方法提供了更多的灵活性和可靠性，允许在单个模型元素表单行中区分元素。一些软件产品提供了突出显示 Current LOD 小于 Target LOD 的元素的功能。

在长期使用 LOD 的过程中人们发现，为了避免信息缺失，行业往往会要求更高的 LOD，但在这种情况下会产生和共享过多的信息，而这些信息往往是无用的。

为了克服这个问题，"BS EN 17412-1：2020 Building Information Modelling-Level of Information Need"（信息需求的建筑信息建模水平）标准引入了一个概念——Level of Information Need（LOIN，信息需求水平）。LOIN 的概念始于认识到模型的深度不是一个绝对的参数，而是要根据不同的条件进行评估。LOIN 是为特定的交换场景定义的，因此它需要将目的、参与者和项目里程碑分配为元数据。名称本身意味着视角的改变：重点不再是对象的特征，而是对象必须包含的信息的需求，以满足专业人员在设计过程中某一精确时刻的要求。

LOIN 指定了一组语义和几何信息需求，并通过为其他文档定义需求的可能性进行了扩展。在这一点上，LOIN 标准的作者避免使用术语级别，因为他们认为几何和语义需求太多样化，不能用有限的一组级别来捕获。同时，对于几何规范，引入了一组细粒度更高的子元素，包括细节、维度、位置、外观和参数行为。然而，当涉及这些元素在可选值等方面的确切使用时，标准仍然很模糊。LOIN 要求各方更多地考虑他们想要什么，以及 why（请求信息的目的）、when（需要信息的特定日期或时间，一次或是定期）、who（共享信息的参与方）和 how（请求的信息与什么有关）。为了准确定义 LOIN，每个项目都应包括 BIM 执行计划，以明确参与方什么信息正在发生，并确保信息要求与 BS EN 17412-1：2020 的要求一致。LOIN 是对项目或组织内的利益相关者进行信息数字化交付的总体规划的一个关键方面，当在正确的时间请求正确的信息以做出正确的决定时，施工过程的风险就会降低，效率也会大大提高。

**4. 美国 BIM 标准体系未来发展趋势**

从诞生开始，NBIMS 标准的定位就是作为国家 BIM 标准来使用的。NBIMS 标准规定了整体 BIM 应用框架和基础共性问题，尤其是在该标准的第三版中，很明确地阐述了做BIM要涉及哪些标准，通过较为清晰的标准体系明确哪些属于基础性标准，在此之上又需要涉及哪些应用标准。

NBIMS标准在编制上也采纳了较为成熟的标准体系内容，该标准引用了buildingSMART体系中的相关概念，比如数据模型标准IFC、交付标准IDM等。在统一的标准框架下，具体的标准制定就可以直接引用那些比较成熟的标准。在信息交换标准部分，NBIMS第三版除了对COBie进行了拓展与深化，还增加了新的业务流程，例如，BPie、SPARKie等。随着BIM技术的进一步发展，针对信息交换标准在实践应用中暴露出来的种种问题，必将需要对已有的标准做更深入的扩展与完善，并进一步增加新的业务流程。

从本质上讲，NBIMS标准着眼于BIM的基本问题，强调解决这些基本问题，从而充分发挥模型的作用，实现多阶段多参与方的信息共享。由于对基础性工作的强调，应用性的内容相对较少，虽然在基础标准里面也包括一些应用类技术标准，但并不是其重点关注的方向。NBIMS-USV3的"最小BIM"章节中提到，未来需要继续为更成熟的BIM制定愿景，并制定提高BIM稳健性水平的路线图。例如，美国联邦公路管理局2021年发布文件，提供了一个国家级的针对高速公路和道路的BIM发展路线图示例。美国官方组织机构可以进一步为更广泛的建筑（例如，其他基础设施、公共建筑等）制定未来十几年的BIM愿景与发展路线图，同时进一步跟踪BIM的成熟度和性能指标，以便定义一套基准标准帮助用户实现BIM的自我评估。

### 1.2.4 亚太地区标准体系

**1. 中国香港地区**

1）概述

中国香港地区在2002年左右就开始运用BIM技术，最初并不是政府强制使用，而是由市场主导。但后期，香港特区政府部门在技术规范层面上工作非常主动，或由政府部门自己完成，或委托行业协会来承担，为行业推出了大量具体的非常有针对性并不断更新的专业技术指引，让包括技术厂商在内的从业企业都能够参与进来，按照规范和标准为行业提供非常有针对性的解决方案。

在建筑业推广和采纳BIM的过程中，英美的BIM标准体系对中国香港地区的建筑业BIM实践产生了较大的影响。2017年，香港特区政府明确投资额高于3000万美元的项目需要执行PAS 1192系列标准。2020年，香港建造业议会（Construction Industry Council，CIC）发布了《建筑信息模拟标准—通用》（第二版）（CIC BIM Standards-General Version 2），相比2019年8月的版本，第2版包含了与ISO 19650信息管理原则、工作流程和要求相一致的重大改进，还提供了ISO 19650-2：2018的中国香港地区"本地附件"（Local Annex）。

2008年左右，中国香港地区的BIM运用开始进入增长期，一些香港特区政府部门和地铁公司都开始运用BIM技术。2012年，一些香港特区政府部门开始明确要求未来的项目中必须要用到BIM技术。2017年，《2017年施政报告》关于建造业科技应用及创新板块提出:"BIM 技术可让建造业专业人士在虚拟环境中进行设计和建造工作,尽量减少建造过程中的变更,同时降低风险,明确各阶段的项目成本。香港特区政府会致力于在明年起开展设计的主要政府基本工程项目中,规定承办设计或负责项目的顾问公司及承建商采用这项技术"。

为了进一步落实《2017 年施政报告》,香港特区政府发展局于 2017 年 12 月 1 日发出技术通告(工务)编号 7/2017。规定自 2018 年 1 月 1 日起,任何香港特区政府基本工程项目预算超过 3000 万元,项目的设计和建造必须采用 BIM 技术。《2018—19 年度财政预算案—演词》中再次提及,从 2018 年开始,主要的香港特区政府基本工程项目的设计和建造将采用 BIM 技术。香港建造业议会 CIC 将制定 BIM 技术标准,支援业界装备,并鼓励私人工程项目采用此技术。以下将具体介绍一些相关部门。

(1)香港特区政府房屋署

香港特区政府房屋署(Housing Department,HD)是香港特区政府房屋及规划地政局辖下的部门,专责管理中国香港地区公共房屋。该部门从独立的法定机构——香港房屋委员会(Housing Authority,HA)收集意见以确定政策方向,再加以执行。

2009 年 7 月,香港特区政府房屋署发布了第一版 BIM 标准指南(Hong Kong Housing Authority Building Information Modelling Standards and Guidelines Version 1.0,HABIMSG,香港房屋委员会建筑资讯模型标准及指引),同时要求在 2014—2015 年,BIM 技术将覆盖香港特区政府房屋署的所有项目。2016 年 9 月,香港特区政府房屋署发布《作业备考—34》以鼓励中国香港地区认可人士、注册结构工程师及注册岩土工程师在《建筑物条例》规管下的建筑项目中考虑采用 BIM 技术。

2018 年 9 月,香港特区政府房屋署发布了 HABIMSG 2.0 版本,对第一版作出了重大改动,将独立的指南合并成一个完整的标准和指南;2022 年 2 月,香港特区政府房屋署发布了 HABIMSG 3.0 版本,也是现行版。

(2)香港建造业议会

香港建造业议会(Construction Industry Council,CIC)成立于 2007 年,议会的主要职能是就长远的策略性事宜与业界达成共识,向香港特区政府反映建造业的需要与期许,并为香港特区政府提供沟通渠道,取得与建造业所有相关事项的意见。为推动整个行业进行改善,议会获授权制定操守守则、管理注册及评级计划、督导前沿研究和人才发展、促进业界采用建造业标准、推广良好作业方式和制定表现指标。

2014 年,香港建造业议会刊发《香港建造业策略性推行建筑信息模拟路线图》,于 9 个范畴内推行 17 项建议,提出三项重点策略,其中之一就是建立本地信息模拟标准,为中国香港地区建造业界就推广建筑信息模拟建立蓝图,并于 2015 年 9 月正式发布了香港建造业议会《建筑信息模拟标准》(第一期)。

(3)香港特区政府机电工程署

香港特区政府机电工程署(the Electrical and Mechanical Services Department,EMSD)在中国香港地区主要肩负着双重职责:作为电力、气体、升降机及自动梯及其他有关机电安全方面的规管及执法机构;同时亦为香港特区其他政府部门及公营机构提供机电工程方案和服务。其组织架构包括铁路科、气体及一般法例科、电力及能源效益科和三个工程服务科。

香港特区政府机电工程署与特区政府建筑署及香港特区政府产业署建立了长远的业务伙伴关系，同时为香港特区政府各建筑物、工作点及设施提供机电维修保养和屋宇装备系统项目管理服务。例如，负责操作、监察及维修政府及公共建筑物的机电、空调、电子及屋宇装备系统及装置；为政府租用楼宇的屋宇装备设施提供工程项目管理服务、为政府建筑物进行改装及改善工程，以及策划翻新工程等。

自2015年起，香港特区政府机电工程署一直积极推动BIM在资产管理上的应用，更获得不少业界奖项。2017年正式发布了《资产管理标准指南》〔Asset Management (BIM-AM) Standards and Guidelines，BIM-AM SG〕1.0版本，随后于2019年和2022年分别发布了2.0和3.0版本。该指南目前已在多个香港特区政府或公营机构管理的场地或建筑物实践应用，包括政府办公室、非政府机构（Non-Governmental Organization，NGO）场地、医院等。

（4）香港特区政府土木工程拓展署

香港特区政府土木工程拓展署（Civil Engineering and Development Department，CEDD）于2004年7月1日由香港特区政府土木工程署与香港特区政府拓展署合并而成，隶属香港特区政府环境运输及工务局。2007年7月1日香港特区政府决策局重组后划入新成立的香港特区政府发展局，主管中国香港地区的土木工程及土地拓展事宜，例如，中国香港地区填海工程。其主要服务范畴包括土地及基础建设、港口及海事工程服务、岩土工程服务、环境及可持续发展服务。

香港特区政府土木工程拓展署设有1个总部，2个功能分处（即土木工程处和土力工程处）和5个分区拓展处（可持续大屿办事处、东拓展处、南拓展处、西拓展处以及北拓展处）。2006年6月土木工程拓展署网站推出2006年版《土木工程项目管理手册》（Project Administration Handbook for Givil Engineering Works，Edition 2006），2020年3月开始对2018年版进行全面审查，最终发布了2020年版。

2）系列标准介绍

（1）BIM标准指南（HABIMSG，Version3.0）

2009年7月，香港特区政府房屋署发布了第一版BIM标准指南（HABIMSG），其中包括以下香港特区政府房屋署特定的标准和准则：

（a）BIM Library Components Design Guide（BIM库组件设计指南）1.0版本（2009年7月）；

（b）BIM Standards Manual（标准手册）1.0版（2009年11月）；

（c）BIM Library Components Reference（BIM库组件参考）1.0版本（2010年1月）；

（d）Standard Approaching to Modelling（建筑信息模型的标准建模方法）1.0版本（2014年3月）。

多年来，香港房屋委员会已经发布了10套专注于特定BIM的标准和指南应用程序。由于这些标准和准则是由不同的工作小组或在临时基础上制定的，内容可能不连贯或不代表 HA 最新的首选 BIM 实践。根据 BIM 技术的快速发展，有必要将以往的出版物整合成一个全面的 BIM 标准及指引，供医管局员工及相关人士参考。因此从 2015 年开始，HA 先后三次承担顾问工作，修订现有的香港房屋委员会 BIM 刊物，并编制一份综合性的房屋委员会 BIM 标准和指南（HABIMSG）。

HABIMSG 旨在为项目团队/专业服务提供商/承包商/BIM 服务提供商提供全面的指南，以保障 BIM 在香港特区政府房屋署项目中的应用，并就应用细节、相应的工作流程、协作方法和建模的标准方法等提供逐步指导。HABIMSG 的结构按顺序分为四个级别，每个级别都有自己的功能，在该指南内容的基础上，有附录补充可用的 HA 资源和文件。总而言之，指南解决了以下基本问题：

(a) 为什么使用特定的 BIM 应用；
(b) 本项目适用哪些 BIM 任务；
(c) 谁负责执行特定的 BIM 任务；
(d) 任务从什么时候开始，按照什么顺序进行；
(e) BIM 创作和其他 BIM 活动应在哪里进行；
(f) 如何循序渐进地执行任务。

HABIMSG 确保所有相关方清楚了解将 BIM 纳入项目工作流程的机会和责任。它定义了 BIM 在项目中的适当用途（例如，设计创作、设计审查和 3D 协调），以及在项目生命周期中执行 BIM 的详细设计和过程信息。通过遵循制定的程序，团队可以根据执行计划跟踪和监控他们的进度，从而从 BIM 的实施中获得最大的利益。同时，HABIMSG 提供了在 HA 中实施 BIM 的结构化程序：

(a) 快速指南 Level 1 BIM 使用概述，识别并定义 BIM 在整个项目生命周期中常用的可能使用方法。
(b) 快速指南 Level 2 BIM 应用细节，识别适用的具体 BIM 应用和任务实例，在哪些阶段应用 BIM 应用细节，以及完成任务所需的相关工作指标。
(c) 快速指南 Level 3 BIM 工作流程，描述每个 BIM 应用的执行流程。
(d) 详细指南 Level 4 实施有关标准及程序，包括进度限制、协作、通用建模策略、标准建模方法及演示、BIM 质量保证等。
(e) 附件包含了 HA 的 BIM 资源，以及如何获取这些补充文件的指示，以促进 BIM 的实施，包括 HA BIM 项目执行计划（PxP）模板、HA BIM 质量保证（Quality Assurance，QA）清单、建模资源〔HA 项目模型模板，HA 家庭图书馆，HA 共享参数列表，模块化平面设计（Modular Flat Design，MFD）模型的简化版本〕，HA BIM 为编制工程量清单和其他招标文件进行工程量核算（Quantity Take-off for Preparation of Bills of Quantities and other Tender Documents，QTO）的范围、BIM 培训视频和 IT（Information Technology，信息技术）提供建议。

(2)《建筑信息模拟标准》(CIC BIM Standards，CICBIMS)

香港建造业议会《建筑信息模拟标准》（CICBIMS，以下简称《标准》）的制定，旨在让业主能够指定、管理并评估建筑师、工程师、测量师和承建商的建筑信息模拟交付结果，各方应能确保根据建筑信息模拟流程所产生的项目交付成果均符合一定的质量标准。香港建造业议会对《建筑信息模拟标准》进行分段推行，2015年9月正式发布了香港建造业议会《建筑信息模拟标准》（第一期）。第一期的《标准》涵盖以下内容：

（a）如何由概念、评估、规划阶段至竣工阶段筹备建筑模型；
（b）如何由概念、评估、规划阶段至竣工阶段筹备结构模型；
（c）如何由概念、评估、规划阶段至初步及计划设计阶段筹备机械、电气及水管装置模型。

《标准》主要包括BIM在项目各阶段执行计划内容、建模方法、细节程度、组件展示形式与资料架构等内容，可细分为四个相互关联的部分：

（a）项目执行计划（建筑信息模拟项目执行计划）；
（b）建模方法；
（c）细节程度；
（d）组件展示形式与资料架构。

《标准》首先对项目实施规则和业主要求规格作出了明确要求，业主可自行委任一名或多名建筑信息模拟管理人员，或与首席顾问共同编制建筑信息模拟项目执行计划，说明对具体建筑信息模拟要求，包括初议阶段，可行性及规划阶段，概念设计、初步设计、详细设计阶段，呈报批核当局、施工及竣工阶段提供的交付成果。正式委任后，首席顾问或建筑信息模拟管理人员必须制定并向业主提交设计、招标和施工阶段的建筑信息模拟项目执行计划，该计划必须包括项目资讯、建筑信息模拟目标、用途、交付成果、建筑信息模拟资料、管理人员职责权限、团队资源与能力等详细信息。最后，按照标准规定的建筑信息模拟流程，依次实现各团队不同专业建模、模型修订管理、协作分享、协调和冲突检测等过程。

《标准》于2019年进行修订并更名为《建筑信息模拟标准—通用》，并在此基础上发布了机械、电气与管道BIM标准，地下公共设施BIM标准（图1.18），用于指导行业工程建设项目BIM应用。

图1.18 CIC发布的BIM相关标准

(3)《资产管理标准指南》(BIM-AM SG,Version3.0)

《资产管理标准指南》(Asset Management(BIM-AM)Standards and Guidelines,以下简称 BIM-AM SG)是香港特区政府机电工程署对楼宇生命周期信息需求的总结。BIM-AM SG 为香港特区政府机电工程署工程项目的承建商提供有关机电系统及资产从建造阶段至移交的 BIM 模型标准、编码标准和信息需求，并根据这些需求开发了相关的模板。在设计和施工阶段，BIM 是一种设计可视化和协调工具；在项目信息模型（PIM）中逐步建立资产信息，使 BIM 模型在施工阶段结束时成为移交资产管理的资产信息模型（AIM）。BIM-AM SG 提供了关于应该包括哪些信息以及如何管理这些信息的指导方针，旨在为已建成的 BIM 及移交阶段的资产资料提供符合香港特区政府机电工程署 BIM-AM 系统的标准。

BIM-AM SG 的 1.0 版本于 2017 年发布，2.0 版本于 2019 年发布。2021 年 10 月，香港特区政府发展局（Development Bureau, DEVB）发布了《工程部门 BIM 协调准则》1.0 版（BIM Harmonisation Guidelines for Works Departments Version 1.0，BH）。为了与 BH 保持一致，香港特区政府机电工程署根据 DEVB 的技术通告进一步审查和更新自己的 BIM 标准和指南，将 BIM-AM SG 从版本 2.0 更新到版本 3.0，以与 BH、CIC 的 BIM 标准等保持一致。

此外，BIM-AM SG 还参考了一些国际标准准则：

（a）香港特区政府发展局最新的技术通告——在中国香港地区的基本工程项目中采用建筑信息模型；

（b）BS EN ISO 19650。

BIM-AM SG 的内容主要涵盖了以下方面：

（a）BIM 建模标准：根据香港特区政府机电工程署 BIM-AM 要求的内容，为建立 BIM 项目提供初步指导。

（b）BIM 对象创建：根据 BH、CIC BIM Object Guide（对象指南）的原则和 EMSD BIM-AM 的要求，设置创建对象的标准。

（c）BIM 模型创建：根据 BH 或其他系统建模方法设定创建模型的标准。

（d）编码与编号系统：提供地区、学科、资产的编码原则。

（e）资产信息需求：介绍如何建立 BIM 模型，为日后的管理和维护提供资产信息。

（f）BIM-AM 系统与其他系统的接口和集成：介绍 BIM 资产管理如何与其他系统和功能集成，如 RFID（Radio Frequency Identification，无线射频识别）阅读器和 CCTV（Closed Circuit Television，闭路电视）系统，以及便于集成的资产标签编码要求。

（g）CDE 工作流程：解释 BIM-AM 信息如何集成到机电工程署的通用数据环境（CDE）中。

（h）交接及验收：说明承办商向香港特区政府机电工程署移交资料所需的工作及交接资料。

(4)土木工程项目管理手册（Project Administration Handbook for Civil Engineering Works，2020 Edition）(土木工程项目管理手册，2020 年版)

2005 年 5 月，由香港特区政府土木工程拓展署、渠务署、路政署及水务署代表组成的审阅及更新《土木工程项目管理手册》工作小组决定，应每两年全面审查《土木工程项目管理手册》。2006年6月土木工程拓展署网站推出2006年版，全面审查了该手册的九个章节。从2020年3月开始对2018年版的全面审查，最终发布了2020年版。新版主要考虑了2018年版首次发布以来的所有修订，以及截至2020年9月中国香港地区各政府部门发布的相关要求。

手册共包含九个章节，分别为项目规划、项目批准、土地事宜、项目设计概算、合同文件、招标程序、合同管理、合同工程、测量程序，以及有关业主管理多环要害的一般指南。

（5）国际标准交流

中国香港地区是我国最早引入BIM的地区之一，早在2006年香港房屋委员会就开始试用BIM技术，2009年成立了香港建筑信息模拟学会，并开始在部分公用事业项目实施BIM技术，使BIM技术在政府部门、行业学会、业界企业的共同推动下得以快速发展。

BIM标准体系建设首先要确定模型总数及其信息关联关系，确定建筑全生命期的所有总、分、子BIM模型体系及所有建模和应用软件，所有软件在不同的总、分、子BIM建立模型和从中获取数据完成工作。以香港建造业议会发布的《建筑信息模拟标准》（CICBIMS）为例，标准的制定参考了许多国际BIM标准，包括新加坡建设局BIM指南第二版、新西兰BIM手册（2014版）、AEC（UK）BIM协议文件等；在CICBIMS标准体系建设中，建筑信息模拟项目执行计划首先应规划项目的整体构思，并为顾问及承建商制定项目全过程中可供援引的具体执行措施；正式委任设计团队、承建商和分包商后，建筑信息模拟项目执行计划也应加以确立，并在项目推进过程中不断更新；在项目交付流程中，CICBIMS不仅应说明顾问及承建商在项目交付时必须提供的各项信息，也应列出相应标准及流程。

同时，中国香港地区十分注重BIM技术及标准体系的交流与推广，有助于BIM标准体系与国际标准体系对接。以香港建造业议会CIC为例，CIC于2016年设立了建筑信息模拟及发展中心（现建筑信息模拟培训中心），是目前全港规模较大、较先进的BIM训练中心之一，配备有最新的BIM硬件设备、3D立体科技及最先进的BIM系统，开放给政府部门、专业学会、非营利机构等使用，为业界积极创新者、专家、管理人员以及决策者提供重要的训练基地。为推动BIM技术在行业内的有效运用，CIC于2019年设立建造业议会建筑信息模拟空间，用于举办更多BIM技术相关的活动及提供多样化支持，包括BIM技术及相关应用展示、与业界伙伴合作举办座谈会及工作坊等活动，以及作为推广BIM技术的知识与咨询服务中心等。除此之外，CIC与HKIBIM（The Hong Kong Institute of Building Information Modelling，香港建筑信息模拟学会）还经常举办建筑信息模拟比赛、建筑信息模拟空间参观、建筑信息模拟讲座及工作坊、BIM网上研讨会、BIM解决方案日、BIM角等讲座或活动，以推动业界BIM发展。这对内地BIM应用和标准体系建立也有重要的借鉴意义，例如，因地制宜制定政策，明确BIM标准体系的应用范围。香港特区政府对BIM应用的范围以及强制应用BIM的工程项目类型进行了明确的界定与及时的更新，结合各地实际情况发布BIM技术应用指南或应用标准，指导BIM技术应用落地。

**2. 新加坡**

1）概述

早在1982年，新加坡就有使用人工智能规划审批的构想。1997年新加坡开始启动建筑信息化建筑与房地产网络项目（Construction and Real Estate NETwork，CORENET），2000年至2004年期间相继开发了：建筑图纸自动审图功能的e-Plan Check（电子计划检查）、集成建筑规划（Integrated Building Plan，IBP）系统、集成建模服务（Integrated Building Services，IBS）系统。2007年新加坡建设局（Building and Construction Authority，BCA）发布了世界上首个BIM技术电子提交系统（e-Submission System）。2011年BCA成立了建设和房地产网络中心，用以审批建设项目交付的BIM模型，并与一些政府部门合作确立了示范项目。2012年BCA与buildingSMART分会合作发布新加坡建筑信息模型指南。2013年发布建筑、结构、业主、机电、施工等各专业BIM详细指南，制定各专业自身应用BIM技术的规范和最佳实践，更新修订发布新加坡BIM指南2.0版，并强制要求自2013年起提交建筑BIM模型，2014年起提交结构与机电BIM模型，并且最终在2015年前实现所有建筑面积大于$5000m^2$的项目都必须提交BIM模型的目标。通过经济政策的鼓励，组织推广培训会议等手段使系统顺利启用，新加坡逐渐在2015年通过电子提交系统及电子审批系统实现了所有建筑项目都必须提交BIM模型的目标，电子审批系统换上了建筑业工作流程，提高了项目审批效率及建筑生产质量。

BCA提出"建造两次"（Build Twice）的概念，即先进行虚拟建造，然后进行现实建造。在虚拟建造阶段，通过BIM/VDC，经各参与方讨论协作，提前解决施工问题。在现实建造阶段，采用虚拟建造阶段的数字化解决方案及IDD解决构件生产、施工现场与物流管理问题。

（1）虚拟设计与施工（VDC）

虚拟设计与施工（Virtual Design and Construction，VDC）。VDC不是BIM，BIM是VDC的一个组成部分。VDC是一个框架，对BIM模型、参与人员与项目实施进行管理，进而实现明确的项目或组织目标并提高绩效。

虚拟设计与施工的概念自CIFE（Center for Integrated Facility Engineering，网络集成设施工程中心）于2001年提出后几经修改，2007年该中心第五版（最新版）将VDC定义为：虚拟设计与施工是在工程建设过程中通过应用多学科多专业集成化的信息技术模型来准确反映和控制项目建设的过程，使项目建设目标能最好地实现。

虚拟设计和施工在工程建设过程中主要有以下特点：

虚拟设计和施工是虚拟可视化的。VDC是通过在计算机上建立模型并借助于各种可视化设备对项目进行虚拟描述。

虚拟设计与施工理论是集成化管理思想和IT技术在工程建设领域的创造性应用，其框架内容可以用POP模型来概括。POP模型是指产品（Product）、组织（Organization）、过程（Process）模型，产品是指组织为完成项目而交付的成果，它可以是最后的成果（如完成的设施），也可以是中间成果（如设计）；组织是为完成产品而参与到项目中的单位或个人；过程是指组织为完成产品而经历的程序。VDC的第一级POP模型框架见表1.13，反映了以功能需求、形式或设计选项、行为预期表示的产品、过程及组织。

VDC 的第一级 POP 模型框架内容　　　　　　　　表 1.13

|  | 产品 | 组织 | 过程 |
| --- | --- | --- | --- |
| 功能 | 计划的空间布局；<br>计划的系统需求 | 计划的组织类型需求 | 计划的任务类型需求 |
| 形式 | 产品空间布局；<br>产品系统 | 团队 | 工作（活动） |
| 行为 | 预期的产品性能；<br>可度量的产品性能 | 预期的组织工作；<br>可度量的组织绩效 | 预期的过程效果；<br>可度量的过程效果 |

VDC 目标体系将项目目标划分成 3 类：可控目标、过程目标、成果目标，VDC 目标管理的思想是通过做好可控目标来实现过程目标进而实现项目的成果目标，通过梯层制的方式来逐步最好地实现项目的成果目标。

VDC 在工程建设中的作用可总结为以下 4 个方面：

(a) 提高建筑业的生产效率。

包括以下几个方面：大量研究表明传统建筑业割裂的行业结构是导致建筑业效率低下的根源，VDC 集成化管理的思想和方法有望成为解决这一问题的"良药"。建设过程中的信息流失所导致的大量重复劳动是造成建筑业效率低下的另一个重要原因，VDC 通过对项目生命周期的信息进行集成可以极大避免传统建筑模式下信息流失现象的发生。VDC 可视化可以提高各项目参与方沟通和协作的效率，加强对项目的事前控制，减少因信息不明确造成的返工和变更。

(b) 提高项目客户满意度。

包括以下几个方面：提高业主在建设过程中的满意度。VDC 所表现的虚拟可视化和集成化可以使业主更能准确了解分析项目的建设和运营的情况，帮助业主进行分析决策。提高业主的目标满意度。通过大幅提高建筑业的生产效率可以提高业主的目标满意度。

(c) 有助于项目的前期策划和决策。

VDC 的模型分析方法有助于项目团队在项目前期分析研究不同的建设方案，并对不同的方案作出模拟和预测分析；VDC 可视化有利于促进各专业工程师的参与，提高项目策划的效率和有效性。

(d) 有利于建设项目全寿命周期的经济分析。

VDC 虚拟可视化和集成化可以较好地为项目建成后的运营进行模拟，为项目全寿命周期的经济分析提供帮助；VDC 不断更新的数据库和方便的工具模型为准确分析调整项目经济分析提供可能。

(2) 集成数字交付（IDD）

集成数字交付（Integrated Digital Delivery，IDD）是指建筑全生命周期的工作流程和利益相关者的数字集成。BIM、VDC、IDD 的关系如图 1.19 所示。

BIM 被定位为设计、制造、施工、资产交付和管理的核心。VDC 占据第二层，涵盖设计和施工阶段，而 IDD 作为最外层，涵盖建筑的全生命周期。BIM 通常是为了满

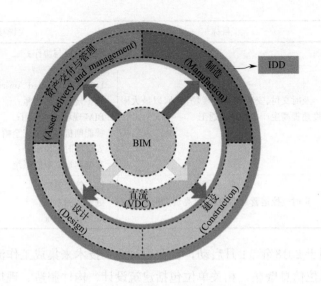

图 1.19 BIM、VDC 和 IDD 关系图

足特定目的而进行的特定建模过程，例如，创建模型以供监管机构批准或用于工料估算（Quantity Take-Off，QTO）。VDC 利用 BIM 模型促进设计和施工阶段的沟通，从而实现明确的项目或组织目标并提高绩效。反过来，IDD 以 BIM 为核心，涵盖从设计、施工和制造到资产交付和管理的整个生命周期。总之，BIM 是 VDC 和 IDD 的核心，三个组成部分都涵盖不同的阶段。IDD 在不同阶段的目标与关键技术见表 1.14。

**IDD 不同阶段目标与关键技术**　　　　　　　　　　　　表 1.14

| IDD 不同阶段 | 目标 | 关键技术 |
| --- | --- | --- |
| 数字化设计 | 通过协作和协调设计实现设计目标，以满足客户、法规和下游要求 | BIM；<br>可施工性审查与分析；<br>AR（Augmented Reality，增强现实技术）；<br>VR（Virtual Reality，虚拟现实技术）；<br>大数据分析 |
| 数字化加工制造 | 将设计转化为标准化组件，实现场外生产自动化 | 构件预制；<br>RFID 项目物料跟踪；<br>数字订购；<br>数字建模与制造；<br>中央控制；<br>机器人技术；<br>智能传感器网络；<br>及时现场交付 |
| 数字化施工 | 及时交付、安装和监控现场活动，以最大限度地提高生产率和减少返工 | 4D 进度监控；<br>RFID 标签预制构件；<br>虚拟施工进度安排和排序；<br>数字 QA/QC 检查；<br>三维激光扫描 |

续表

| IDD不同阶段 | 目标 | 关键技术 |
|---|---|---|
| 数字化施工 | 及时交付、安装和监控现场活动,以最大限度地提高生产率和减少返工 | 虚拟建设与协作;<br>异地协作;<br>UAV(Unmanned Aerial Vehicle,无人机);<br>施工规划摄影测量;<br>BIM现场移动应用;<br>智能闸机与智能安全帽系统;<br>安全实时定位服务;<br>智能起重机导航系统 |
| 数字化运维 | 实时监控运营和维护,以提高资产价值 | 综合管养系统;<br>健康监测系统;<br>应急管理系统 |

IDD实施计划于2018年11月启动,旨在通过数字技术来集成工作流程,并打通全生命周期中各参建单位信息壁垒,相关单位包括建筑设计、构件制造、现场施工,以及建筑物的运营和维护。数字化交付对于工程项目不同角色的价值见表1.15。

数字化交付对于工程项目不同角色的价值　　　　表1.15

| 角色 | 价值 |
|---|---|
| 业主 | 优化项目设计;<br>提高成本、时间和质量的项目目标;<br>更准确可靠的数字资产信息;<br>资产增值 |
| 设计方 | 更快更好地完成设计;<br>更好地设计协调和减少变更;<br>提高竞争力 |
| 加工方 | 更快地批准施工图;<br>设计到生产/制造的自动转换;<br>改进生产管理 |
| 施工方 | 降低风险;<br>减少返工;<br>提高投标准确性;<br>更多时间用于价值工程;<br>提高安全性 |
| 运维方 | 具有成本效益的运维;<br>增强的生命周期管理;<br>实时访问操作和维护手册;<br>简化维修制度 |

IDD是新加坡建筑业转型中的主要推动力之一,它与新加坡通过创建一支接受过最新建筑、工程、施工和运营技术培训的高技能劳动力队伍来改造建筑业的目标相一致。

2)体系架构与核心概念

新加坡标准主要围绕IDD为主要目标,其中包括新加坡BIM指南(Singapore BIM Guides Version 1.0、2.0)、BIM特殊条件(BIM Particular Conditions)、BIM基本指南

(BIM Essential Guides)、VDC 指南（VDC Guide）、IDD 指南（IDD Guide）。其中，BIM 基本指南系列为使用者提供易读的 BIM 实践参考和贸易协会和商会（Trade Associations and Chambers，TACs）的 BIM 实施文件。新加坡标准整理见表 1.16。

**新加坡标准整理** 表 1.16

| 标准系列 | 标准名称 |
|---|---|
| Singapore BIM Guides（新加坡 BIM 指南） | Singapore BIM Guide Version 1.0（新加坡 BIM 指南 1.0 版） |
| | Singapore BIM Guide Version 2.0（新加坡 BIM 指南 2.0 版） |
| BIM Particular Conditions（BIM 特定条件） | BIM Particular Conditions Version 1.0（BIM 特定条件 1.0 版） |
| | BIM Particular Conditions Version 2.0（BIM 特定条件 2.0 版） |
| | BIM Particular Conditions Version 2.0 Guidance Notes（BIM 特定条件 2.0 版指导说明） |
| BIM Essential Guides（BIM 基本指南） | For Architectural Consultants（面向建筑顾问） |
| | For C&S Consultants（面向 C&S 咨询公司） |
| | For MEP Consultants（面向 MEP 顾问） |
| | For Land Surveyors（供土地测量员使用） |
| | For Contractors（面向承包商） |
| | For BIM Adoption in an Organisation（在组织中采用 BIM） |
| | For BIM Execution Plan（用于 BIM 执行计划） |
| | For Building Performance Analysis（用于建筑物性能分析） |
| | For Collaborative Virtual Design and Construction（用于协作式虚拟设计和施工） |
| | For DfMA(Design for Manufacturing and Assembly)〔用于 DfMA(制造和装配设计)〕 |
| | For 3D Topographic Surveying(Mapping)in Singapore〔在新加坡进行三维地形测量(测绘)〕 |
| VDC Guide Version 1.0（VDC 指南 1.0 版） | Singapore VDC Guide Version 1.0（新加坡 VDC 指南 1.0 版） |

续表

| 标准系列 | 标准名称 |
|---|---|
| IDD Guide<br>（IDD 指南） | Industry Leaders Quick Start Guide to IDD<br>（行业领袖 IDD 快速入门指南） |
| | Common Data Environment(CDE)Data Standards<br>〔通用数据环境（CDE）数据标准〕 |
| | BIM Guide for Asset Information Delivery<br>（资产信息交付 BIM 指南） |

此外，BCA 围绕 CORENET 的 BIM 线上审查，编制了 BIM 电子提交实务守则，包括 4 部标准：一般要求（General Requirements v1.1）、架构要求（Architectural Requirements v1.1）、建筑与结构要求〔Civil & Structural（C&S）Requirements v1.1〕、机电暖通要求〔Mechanical, Electrical & Plumbing（MEP）Requirements v1.1〕。

3）系列标准介绍

（1）新加坡 BIM 指南 2.0 版（Singapore BIM Guide Version 2.0）

A. 标准介绍

新加坡 BIM 指南 2.0 版（以下简称指南）旨在概述各种可能的交付物、流程和人员/专业人员用户可以使用指南来阐明在建筑项目中使用 BIM 时项目成员的角色和职责，并且在由业主和项目成员商定的 BIM 执行计划中确定参与支付的节点、支付方和交付物要求。

（a）BIM 交付。

指南规定了在项目的不同阶段，为满足 BIM 应用目标，各项目成员需要创建哪些内容，并在"BIM 目标和责任矩阵"中注明。BIM 交付由一组 BIM 模型元素（或多个元素）组成，代表实际建筑构件物理和功能特征。每个元素又由一组几何表示和非几何属性组成，这些属性可以随着项目的进展而增加。这样就建立起从应用目标到信息细节的完整链条。

（b）BIM 应用流程。

指南规定了在项目不同阶段创建和共享 BIM 交付物的方式和步骤。指南提供了一套可行的建模指南，以指导项目成员在项目的不同阶段创建 BIM 交付物，包括：单专业建模、跨专业建模、出图、数据交换格式、数据安全和存储、建模质量控制和保障、DB（Design-Build，即设计—建造）项目的工作流程、DBB（Design-Bid-Build，即设计—招标—建造）项目的工作流程等。

针对传统 DB 项目，可以采用单一模型的方式生成建筑信息文件以及满足构件生产的需要。其主要流程为：在建模前建立 BIM 执行计划；在方案设计阶段，设计师与分包商合作创建 BIM 模型，以满足项目预期的需求；将 BIM 模型整合，进行协调和冲突检测；通过协调会议解决冲突问题；制作施工文件；DB 团队召开施工规划会议，将协调后的 BIM 模型应用于检查与施工；支持在场外对关键构件进行数字化制造，如钢结构、预制件。

针对传统 DBB 项目，可将 BIM 流程分为设计模型阶段与施工模型阶段。由顾问制作设计模型和招标文件。由总包单位建立施工模型。在投标前阶段：在建模前建立 BIM 执行计划；由设计团队创建建筑与机电模型；将 BIM 模型整合，进行协调和冲突检测；通过协调会议解决冲突问题；制作设计与招标文件。在施工阶段：模型和/或模型生成的图纸交付给总包单位以供参考；总包单位结合分包的深化图纸进一步完善模型。

（c）BIM 专业人员。

指南定义了 BIM 经理和 BIM 协调员两种 BIM 应用过程中的关键角色，并规定其承担在 BIM 执行过程中的主要责任。

B. 标准实施流程

（a）执行计划。

为了有效地将 BIM 引入项目交付过程，项目团队应在项目早期阶段制定 BIM 执行计划。计划概述项目整体愿景与实施细节，供项目团队在整个项目期间跟进。

BIM 执行计划主要包括：项目信息；BIM 的目标与用途；每个项目成员的岗位、工作内容与职责；BIM 流程与实施战略；BIM 交换协议和提交格式；BIM 数据要求；处理共享模型的协作程序与方法；质量控制；软硬件设施。

有关 BIM 执行计划的详细信息，可以参考 BIM Essential Guide For BIM Execution Plan（BIM 执行计划的 BIM 基本指南），该标准提供了一套 BIM 执行计划的模板。

（b）模型创建。

在这个阶段，每个模型作者将根据 BIM 执行计划中规定的交付物创建模型。模型由每个作者的建模团队存储和处理，尚未经过检查和验证可供在团队外使用。为确保建模质量，模型作者应在 BIM 项目实施过程中建立并遵循建模要求的最低标准。

在标准的附录 C 中有针对不同阶段关键 BIM 元素的建模指南。

（c）模型协调与数据交换。

项目成员应定期与其他成员分享他们的模型以供参考。在某些节点上，应该协调来自不同专业的模型，以供相关方提前解决潜在的冲突，避免在施工阶段产生代价高昂的变更和延误。在模型协调之前，应检查、审批和验证各个模型是否"适合协调"。

建议项目团队制定一个高级别的协调流程，以实现业主与项目成员之间良好的交流互动（表 1.17）。

BIM 项目协作示例　　　　　　　　　　　　　　　　　　　　　　　　表 1.17

| 阶段 | 业主 | 建筑师 | 咨询工程师 | 承包商 |
|---|---|---|---|---|
| 概念设计 | 提供表格、功能、成本和进度的相关要求 | 从体量概念和场地考虑开始设计意向模型 | 提供有关初始建筑性能目标和要求的反馈意见 | 提供关于初始建设成本、进度和可施工性的反馈意见* |
| 方案设计 | 提供设计审查并进一步完善设计要求 | 根据业主、咨询工程师和施工项目经理的意见完善设计模型 | 随着设计模型的不断发展，提供简图建模、分析和系统迭代 | 设计审查，并持续提供成本、进度和可施工性的反馈意见* |
| 施工设计 | 设计评审。项目设计和指标的最终批准 | 继续完善设计模型 引入各专业模型并进行模型协调 最终确定设计模型、招标文件和法律规范合规性 | 创建特定于各专业的设计模型和分析 最终确定各专业设计模型、招标文件和法律规范合规性 | 模拟、协调、算量和进度控制创建施工模型* 改进施工模型，完成工程预算和施工进度计划，管理投标流程 |

续表

| 阶段 | 业主 | 建筑师 | 咨询工程师 | 承包商 |
|---|---|---|---|---|
| 施工 | 监控施工并为施工变更和问题提供意见 | 响应施工RFI（Request For Information，信息邀请书）进行合同管理，根据变更更新设计模型 | 响应施工RFI，更新专业特定设计模型、现场条件和调试 | 与分包商和材料供应商一起管理施工，告知设计模型变更 |
| 竣工 | | 验证竣工模型 | 验证竣工模型 | 验证竣工模型 |
| 运营管理 | 组织建筑团队与设施设备团队进行移交 | 通过模型与设施设备团队协调信息交换 | 准备移交文件 | |

注：*适用于在概念设计阶段委任总承建商的设计及建造项目。

项目团队可以利用可用的软件解决方案来有效地进行协调。建议使用通用（软件）平台，以降低共享不同模型时数据丢失或错误的可能性。协调产生的问题应记录在案并跟进。

应记录、管理在协调过程中发现的差异，并通过协调报告与相关模型所有者沟通，包括任何具体的干扰位置和建议的解决方案。

建议在协调过程中发现的问题得到解决后，冻结并签署模型的修订版本。可以考虑使用数字签名来进行保护。

(d) 模型冻结与发布。

发布2D工程图：BIM正式成为合同一部分之前，项目成员仍需要就构成合同文件一部分的2D图纸标准达成一致。2D图纸包括平面图、剖面图、立面图、细节图和RFI等。

BIM交换格式：合作各方还应就BIM执行计划中的BIM交换协议和提交格式（专用或开放标准）达成一致。

协调后文件：BIM模型的所有输出数据，包括已发布、已替换和"竣工"数据，都应保存在项目文件夹中。

(2) 新加坡VDC指南（Singapore VDC Guide Version 1.0）

A. 标准介绍

新加坡VDC指南（以下简称标准）是一份参考文件，为在新加坡实施VDC提供指导。标准旨在建立对虚拟设计与建造的定义、内容及原则的共识；提供一个框架以指导VDC在项目建设或组织优化中实施；促进项目交付落地，实现行业转型。

标准旨在解决项目交付中的3个主要问题：设计期间BIM只会在监管规定要求内容中得以部分应用；大量时间与精力用于明确与解决设计与构想的差异；BIM未充分应用于施工阶段。

标准定义VDC框架主要分为4个部分，如图1.20所示。

a. 战略目标（Goal）

战略目标是VDC实施的总体预期成果。可以是与所有利益相关者一致的项目目标，也可以是改进公司业务流程的组织目标。

b. 战术目标（Object）

战术目标是为了实现战略目标而确立的更具体的关注点。从战术目标着手有助于项目

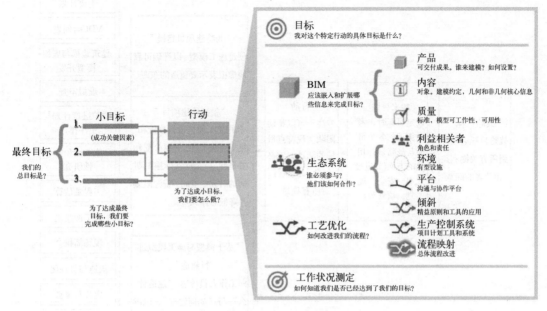

图 1.20 VDC 框架图

或团队集中精力于具体的活动,以实现战略目标。

如,为了实现减少时间的战略目标,需要着眼于提高预制率、优化工序、优化工作流程等战术目标。

c. 行动（Activities）

行动作为迈向成功的关键一步,每个行动或行动组必须有一个特定的目标,并且可以根据该目标衡量绩效。需要在这个部分明确哪些关键活动可以帮助实现目标,采用这些行动有什么意义。

d. 指标与绩效（Targets and Performance Measurement）

指标是每个行动或行动组的具体期望结果。可以为其中一些指标设置绩效衡量标准,以提供可以在整个项目中持续收集和跟踪的绩效指标。

指标可以细化为以下 3 个方面:

(a) BIM:应将 BIM 视作一个数据库,包含执行虚拟模型各项特定活动所需的所有信息。因此 BIM 应考虑产品可交付的成果、信息内容和质量。

(b) 生态系统:生态系统不仅涉及人,还涉及各参建方的工作环境,以及帮助团队协作交流的信息共享平台。需要明确组织架构和岗位职能,创建一个促进协作易于沟通的工作环境,创建数据共享平台,优化信息共享。

(c) 流程优化:项目团队应努力改进当前流程,不能仅限于信息数字化的技术应用。流程优化包括使流程可视化,了解成本浪费点与价值创造点,以及如何检查与改进。

B. 标准实施流程

下面以施工阶段应用为例,简述 VDC 框架每个组成部分的关键原则,介绍建设阶段各种关键活动的具体目标和细节,施工阶段 VDC 各组件原则如图 1.21 所示。

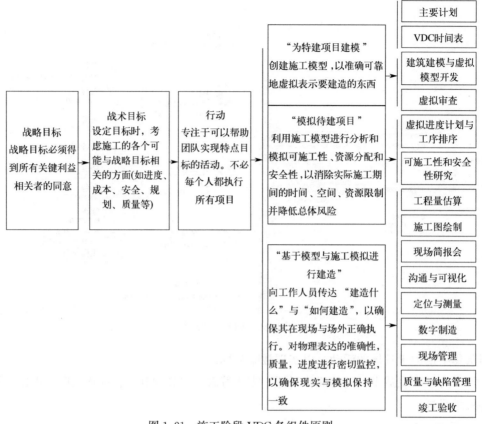

图 1.21 施工阶段 VDC 各组件原则

a. 创建 VDC 时间表

总承包商应根据总进度表按地点创建、维护和更新所有任务和活动的综合进度表。创建和维护 VDC 时间表对于确保所有活动按照进度计划表依次执行至关重要。识别所有可能的问题和限制并及时解决，这是项目顺利进行的关键。

以下是创建 VDC 时间表的一般步骤：

（a）步骤 1：从主计划中提取每个施工活动的执行日期。

（b）步骤 2：根据主计划执行日期，按时间、按各地生产活动有序组织计划。

（c）步骤 3：对于每个地点和生产活动，明确各项活动的结束日期，并确保各项任务有充足的完成时间，例如，图纸绘制；协调与资金投入；检查与施工图/模型审批；必要的修改；分包商提出的需求。

（d）步骤 4：突出计划中的关键活动，关键领域或活动可能包括：现实模型构建；设计复杂的区域（由咨询顾问确定）；施工复杂的区域（由项目经理确定）；施工拥挤的区域；移交日期及其他关键节点。

（e）步骤 5：对于每个位置和施工活动，明确需要提供或确认的关键信息及提供此信息的相关人员。

（f）步骤 6：定期跟踪和监控时间表（例如，每周）并检查是否存在任何延误或未解决的问题。

b. 施工阶段 VDC 行动

施工阶段 VDC 行动涵盖了利用施工模型进行施工审查、模拟、分析和现场 BIM 的典型任务的详细信息（表 1.18～表 1.22）。

每项活动都有具体目标，可用于：

(a) 支持总体项目目标和目的（例如，消除返工，减少材料浪费）；
(b) 提高执行特定任务的性能和生产率（例如，增加施工图生产的周期时间）。

VDC 行动详表-1　　　　　　　　　　　　　　表 1.18

| 活动 | VDC 时间表 | 虚拟模型开发 | 虚拟审查 |
|---|---|---|---|
| 目标 | 确保根据最新的进度计划表按时定点执行任务；确定哪些参建方在何时参与，哪些信息在何时确认 | 将模型（或模型中的孤立区域）开发到适合特定下游用途的详细程度、完整性和准确性，即可施工性分析、制造、虚拟审查、工程量估算等 | 确保所有关键利益相关者（客户、最终用户、顾问）对最终产品有清晰的直观了解；尽可能确保在虚拟模型中整合所有客户和顾问的更改意见 |
| 内容 |  | 为实现预期用途（嵌入式管道、固定装置、瓷砖等）的完整准确的物品信息，并根据其使用方式建模（例如，为材料采购获取正确的计量单位和数量） | 模型中最终产品的准确表示，包括实际饰面、模型、尺寸和固定装置的位置、瓷砖和天花板的设计、家具的类型和位置等 |
| 参与方与主要工作 | 总承包商：准备时间表并经咨询顾问批准；更新项目进度计划表；管理所有项目。分包商、专业承包商、供应商：确认时间表；提供自己的进度计划，明确影响整体协调计划的任何长期项目。客户：在需要其批准的情况下参与；根据时间表提供信息；按计划审查进度。咨询顾问：审查和批准时间表；参与并按计划提供信息；按计划审查进度。 | 总承包商：确定虚拟模型开发的领域；根据其预期用途确定虚拟模型的详细程度和内容；管理所有分包商和贸易模型的模型开发和更新。分包商、专业承包商：保证自身提供的模型完整性、位置和尺寸精度；根据已解决的问题更新模型；将获批的材料/系统信息集成到模型中；确保模型开发完善。顾问：批准最终的虚拟模型 | 总承包商：上传和更新模型以供所有利益相关者进行虚拟审查；领导虚拟审查会议；根据模型审查意见更新模型。客户和顾问：审核虚拟模型并及时反馈意见和进行事项确认 |
| 过程 |  |  | 在每次审核会议上记录所有评论和反馈；由所有相关方签署最终模型和文件，并注明每个专业的任何其他进一步更改和审查的截止日期 |
| 管理指标 | 监控 VDC 计划中所有任务的计划与实际进度 |  | 决策延迟；减少因变更导致的返工数量 |

VDC 行动详表-2　　　　　　　　　　　　　　表 1.19

| 活动 | 虚拟建筑模拟 | 安全研究 | 工程量估算 |
|---|---|---|---|
| 目标 | 模拟施工的顺序和方法，以识别和消除时空限制；在执行前识别和排除时间冲突 | 识别每个关键施工阶段可能存在的安全风险；确定减轻风险的必要措施；模拟安全措施，特别注意与建筑工程相结合 | 提高采购或资源分配 QTO 测算的准确性；在数量计算过程中提高生产力 |

续表

| 活动 | 虚拟建筑模拟 | 安全研究 | 工程量估算 |
|---|---|---|---|
| 内容 | 为规划所需的或可能影响规划的所有设备、临时结构或设施建模；<br>确保施工基础模型集成规划所需的详细信息，例如，浇筑区、临时开口和支撑、按区开挖等 | 利用模型可视化施工安全或风险隐患；<br>模拟、可视化和/或安全简报等特定目的所需的适当详细程度的模型安全措施 | 建模技术应该能够为每个要测算的项目生成正确的测量单位；<br>确保模型中数量的可靠性和可接受的准确性和模型质量；<br>确保模型元素按位置/区域分组 |
| 参与方与主要工作 | 项目经理、现场工程师和/或规划师：<br>在需要时确定并启用虚拟计划/工序的开发；<br>确定工法、工序和总体规划；<br>识别空间/时间冲突；<br>就发现的问题提出措施建议；<br>选择并建议要使用的建筑设备和临时结构。<br>BIM协调员/建模师：<br>与计划人员协调以确定需要建模的内容以及需求的详细程度；<br>根据工法和工序创建并更新模型，并在必要时创建工作序列/动画 | 安全人员：<br>按阶段审查可施工性或安全问题的模型；<br>提供安全要求和安全措施建议。<br>BIM协调员/建模师：<br>与安全员协调，根据上述需求确定需要建模的内容和详细程度；<br>根据需求创建和更新模型 | 测量师：<br>确定项目测算所需的计量单位和计量标准；<br>根据模型算量编制成本计划或成本估算。<br>BIM协调员/建模师：<br>确保模型质量和完整性，以便于工程量估算 |
| 过程 | | | |
| 管理指标 | 监控VDC计划中所有任务的计划与实际进度 | | 直接（或间接）由BIM模型算量获得的工程量清单的百分比；<br>花在工程量估算的时间（新流程与传统模式对比） |

VDC行动详表-3　　　　　　　　　　　　　　　表1.20

| 活动 | 施工图绘制 | 现场简报会 | 沟通与可视化 |
|---|---|---|---|
| 目标 | 将最终协调模型有效转化为施工图以供执行；<br>缩短施工图生产周期 | 通过虚拟审查确保工作人员全面了解最终产品，包括构建什么、如何构建以及安全问题和限制 | 改进了现场工作人员将要建造内容的可视化和清晰度；<br>向现场人员提供最新的批准模型、图纸和文件 |
| 内容 | 施工图中显示的所有建模项目的完整性；<br>施工图中所有项目或部件的几何和位置精度；<br>施工图制作所需的所有标签的核心信息 | 可以过滤模型视图，以仅显示实际检查所需的内容 | 模型可以被过滤掉，仅显示相关的房间/区域和模型组件以供查看 |
| 参与方与主要工作 | 总承包商：<br>确保施工图的及时制作和批准符合计划；<br>确保从最新批准的协调模型中提取或引用施工图；<br>管理图纸修订；<br>确保及时制作施工图 | 总承包商：<br>安排与分包商、所有相关RE和RO的定期虚拟审查和简报会。<br>分包商、供应商：<br>准备演示文稿并在必要时进行演示。<br>RE团队：<br>参加简报会和演示，提出注意事项和问题；<br>标注在检查中特别的地方 | 总承包商：<br>为移动接入准备模型；<br>确保相关现场人员能够访问最新的模型、图纸和其他文件。<br>分包商、专业分包商：<br>检查并查看最新的模型、图纸和文件，作为安装参考 |

续表

| 活动 | 施工图绘制 | 现场简报会 | 沟通与可视化 |
|---|---|---|---|
| 过程 | | | 实施二维码系统,对现场重点区域相关文件进行扫描查看;<br>实施同一系统在需要时显示安装顺序 |
| 管理指标 | 施工图绘制周期;<br>基于BIM绘制的施工图占比 | | 接受培训的关键人员(现场主管、工头、项目经理、工程师)的百分比或数量;<br>通过云访问文件和模型的关键人员的百分比或数量 |

VDC行动详表-4  表1.21

| 活动 | 定位与测量 | 数字制造 | 现场管理 |
|---|---|---|---|
| 目标 | 提高从最终批准的协调模型到现场的协调模型转换的准确性;<br>提高现场定位和测量的生产效率 | 提高根据建模部件或组件的制造精度;<br>自动化提高了制造生产效率;<br>减少对2D制造图纸的依赖 | 验证现场与模型的一致性;<br>保证根据计划进度的实际进度及时性 |
| 内容 | 待测的所有建模项目的完整性;<br>所有待测量项目或组件的几何和位置精度 | 用于制造的建模部件的几何精度;<br>全面的质量协调,以防止实际现场安装中出现错误 | 根据实际工作顺序区域对模型进行分区;<br>核心信息可能包括任务ID(Identification,识别)、区域和/或计划和实际执行日期 |
| 参与方与主要工作 | 总承包商、分包商、专业分包商:<br>确保测量模型的完整性和准确性;<br>为测量准备模型点;<br>根据批准的模型进行精确定位 | 总承包商/制造商:<br>用于制造的部件标识。<br>制造商:<br>制造模型的开发;<br>根据最终批准的协调模型进行构件制造 | 总承包商:<br>规划师、现场工程师:<br>收集、复核并跟踪每日现场进度数据;<br>跟踪延期原因(如有)。<br>项目经理:<br>认可规划师/工程师提供的信息的准确性;<br>规划如何缓解延期。<br>BIM协调员/建模师:<br>根据规划师提供的实际完成数据更新进度模型 |
| 过程 | 参见标准附录6:数字布局工作流 | | |
| 管理指标 | 测量工作所需时间;<br>测量工作所需的人力;<br>测量工作的准确性 | 数字化(自动化)制造的项目范围百分比 | 计划与实际对比 |

VDC行动详表-5  表1.22

| 活动 | 质量与缺陷管理 | 竣工验收 |
|---|---|---|
| 目标 | 缺陷的无缝和系统化管理;<br>减少问题报告和响应延迟时间 | 提高竣工文件的准确性;<br>提高竣工调查的效率 |

续表

| 活动 | 质量与缺陷管理 | 竣工验收 |
|---|---|---|
| 内容 | 可以过滤模型视图,仅显示实际检查所需的内容 | 根据准确的竣工测量更新模型的物理几何结构 |
| 参与方与主要工作 | 总承包商:<br>检查现场安装情况并记录质量和缺陷问题,以便责任方采取适当行动;<br>跟踪问题的状态。<br>分包商、专业承包商:<br>对任何质量或缺陷问题作出响应并立即采取行动 | 总承包商:<br>准确记录竣工数据;<br>将数据准确转化为竣工模型 |
| 过程 | | |
| 管理指标 | 问题报告所花费的时间;<br>问题响应/解决延迟的时间 | 竣工准备所花费的时间 |

(3) 资产信息交付 BIM 指南（BIM Guide for Asset Information Delivery）

A. 标准介绍

为使 BIM 更有效地为运营管理服务,应该在项目开始时明确后期运营所需的信息。本指南编制主要参考 BSI 标准 PAS 1192 系列及组织信息需求（OIR）、STD/BIM/P005 业主信息需求（EIR）,旨在为业主提供一个框架,以规范在设计、施工阶段 BIM 应用阶段的信息需求,并使业主能够将这些信息用于运营和维护。

指南主要分为三个部分,介绍、基于 BIM 的资产信息交付与其他。第一部分介绍了 BIM 以及 BIM 对资产管理的好处；第二部分详细阐述了 BIM 如何支持启用 BIM 项目资产信息交付和管理的步骤,描述了做什么和如何做；第三部分涵盖了为资产管理解决方案实施 BIM 时需要注意的其他事项。

在第二部分基于 BIM 的资产信息交付中,指南提出了一种交付框架以支持基于 BIM 的资产信息定义与获取方法（图 1.22）。

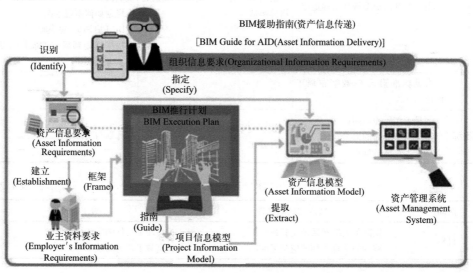

图 1.22 基于 BIM 的资产信息交付框架

数据管理框架中有3个关键要素：信息需求（OIR、AIR、EIR），由业主负责；信息交付（BEP、PIM、AIM），由项目团队负责；信息交换，由全体参建方共同参与。

(a) 信息需求。

指南提出了一个循序渐进的方法，以帮助业主明确战略级别的组织信息需求（OIR）并将其转化为运营级别的资产信息需求（AIR），以及协助明确招标文件中的业主信息需求（EIR）。各需求的参与方与详细内容见表1.23。

信息需求表　　　　　　　　　　　　　　　　　　　　　　　　　　　表1.23

| 信息要求 | 参与方 | 主要内容 |
| --- | --- | --- |
| 组织信息需求(OIR) | 地产经理；<br>物业经理；<br>设施设备经理 | 描述在战略层面进行资产管理和运营以及其他组织职能所需的信息 |
| 资产信息需求(AIR) | 地产主管；<br>物业主管；<br>设施设备主管 | 实物资产数据——资产名称、描述及技术特征；<br>位置和空间数据——资产在哪及它与其他资产的关系；<br>性能数据——资产如何为可维护性目标作贡献；<br>状况数据——资产预期寿命 |
| 雇主信息需求(EIR)或客户的BIM要求 | 法律部门；<br>IT部门；<br>地产/物业/设施设备部门 | 概述要交付的信息以及项目交付团队将采用的标准与流程，并确定项目团队以结构化方式创建数据的工作范围 |

(b) 信息交付。

根据EIR中指定的信息要求，项目团队将开始计划如何收集、协调和交付资产信息。其典型的可交付成果见表1.24。

可交付成果表　　　　　　　　　　　　　　　　　　　　　　　　　　表1.24

| 交付成果 | 交付时间 | 内容 |
| --- | --- | --- |
| BIM执行计划(BEP) | 在项目开始前交付 | 详细说明项目团队计划如何满足业主需求 |
| 项目信息模型(PIM) | 在不同的项目阶段/里程碑交付 | 在项目全生命周期逐步开发的信息模型（BIM和非BIM）如：设计模型—施工模型—竣工模型 |
| 资产信息模型(AIM) | 在项目交付期间交付 | 源自PIM的支持资产持续管理的信息模型（BIM和非BIM） |

(c) 信息交换。

顺畅的信息交换过程对于建设项目的成功至关重要。为了成功交换信息，所有参建方都需要了解他们应该提供什么信息、他人将提供什么信息以及如何呈现和使用这些信息。指南提供了一些基本技术——通用数据环境、信息交换格式，与设施管理（Facility Management，FM）解决方案的信息交换。

通用数据环境（CDE）：为了改进支持项目交付的信息交换和信息发布流程，建议使用通用数据环境（CDE）或协作平台。CDE是存储和共享建设项目信息的中央存储库。它不仅保留BIM环境中创建的资产，还保留与资产相关的文档。

信息交换格式：数据交换格式和协议应征得协作和参与信息传递过程的所有各方开发和同意。在项目层面，需要以BIM执行计划（BEP）中定义的格式提供信息，其中可能包括（但不限于）以下任何形式：原生 3D 模型文件；通用文件格式——IFC 模型文件；COBie。

与设施管理（FM）解决方案的信息交换：资产管理团队应验证其资产管理软件支持哪些文件/数据格式，并要求将信息从 BIM 和/或任何其他 AIM 源导出为该特定格式。大多数 BIM 应用程序可以以电子表格格式导出〔大多数 CMMS（Computerized Maintenance Management System，计算机维修管理系统）/CAFM（Computer-Aided Facility Management，计算机辅助设施管理）/BMS（Building Management Systems，楼宇管理系统）平台可以导入〕信息，但是每个解决方案都可能具有特定的电子表格布局或数据结构，以符合其专有数据模型。

一般来说，有两种方法可以将资产信息可交付成果交换为设施管理解决方案，以 CMMS/CAFM/BMS 平台为例：

一种方式是从 BIM 平台直接映射到 CMMS/CAFM/BMS 平台（图 1.23）。

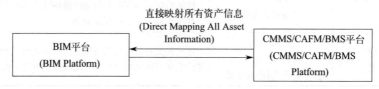

图 1.23 资产信息 BIM 平台—管理平台直接映射

另一种方式是仅映射关键资产信息，其他资产信息由数据库或电子表格导入（图 1.24）。

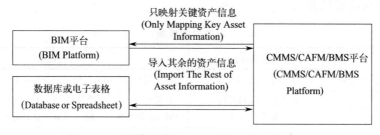

图 1.24 关键资产信息 BIM 平台—管理平台映射

B. 标准实施流程

a. 定义组织信息需求（OIR）

要定义 OIR，重要的是要了解业务流程及业务部门的职责。因此，识别 OIR 可能需要组织内各部门的参与。可以通过明确各流程所需信息的必要性提出组织信息需求。例如，租赁经理需要向客户提供有关潜在空置空间的信息，以便客户对房产做出明智的决策。为此，经理需要有权访问并跟踪关键属性的变化（例如，租赁到期日期和所占面积）。更多 OIR 示例可参见资产信息交付 BIM 指南的附件 A。

b. 定义资产信息需求（AIR）

一旦了解了业务需求，就可以定义更详细的资产信息需求（AIR）。根据对建筑物/设施所有者重要的资产类型列表，信息的初始请求者应该能够明确特定资产信息以实现 OIR 中定义的目标。出于运营和维护目的，关键资产通常是与空间和建筑服务系统相关的资产。

建议资产所有者在 AIR 设置过程中尽早让设施管理团队参与进来。

c. 定义业主信息需求（EIR）

业主信息需求（EIR）是定义客户项目和 BIM 目标的文件。EIR 通常概述要交付的信息以及项目交付团队将采用的标准与流程，并确定项目团队以结构化方式创建数据的工作范围。

稍后应在 BIM 执行计划（BEP）中详细说明要采取的详细方法，包括定义价值链中需要创建资产数据的关键利益相关者的角色和职责。

d. 制定 BIM 执行计划（BEP）

BIM 执行计划（BEP）是由 BIM 经理准备并作为实时文档与项目进度一起维护的文件，用于详细解释项目团队计划如何满足建筑物/设施所有者指定的业主信息要求（EIR）。

BIM 执行计划（BEP）是由 BIM 经理准备并作为实时文档与项目进展一起维护的文件，用于详细解释项目团队计划如何满足建筑物/设施所有者的业主信息需求（EIR）。更多详细信息参见新加坡 BIM 指南 2.0。新加坡 BIM 指南 2.0 中概述了在建筑项目中使用 BIM 时可能涉及的各种可交付成果、流程和人员/专业人员。在建设项目中使用 BIM 时，用户可以使用指南来明确项目成员的角色和职责。然后将角色和职责记录在 BIM 执行计划（BEP）中，由雇主和项目成员商定。

e. 创建项目信息模型（PIM）

项目信息模型（PIM）是在项目的设计和施工阶段开发的信息模型。使用 BEP 作为标准和程序指南，PIM 从最初的概念设计演变为虚拟施工模型，以支持施工阶段的活动，并在项目移交期间作为资产信息模型（AIM）交付。

项目信息模型的演进一般会经历如下几个阶段：

（a）协同设计 BIM 模型：设计模型由预期设计的设计团队创建。

（b）施工 BIM 模型：施工模型是从设计模型发展而来的，由承包商用于制造和施工协调。

（c）竣工 BIM 模型：该模型应整合施工阶段结束时的状况和相关信息。建筑物/设施所有者应保留竣工模型作为权威来源和竣工建筑物的参考。

（d）资产信息模型：资产信息模型（AIM）源自竣工 BIM 模型，其中仅保留 AIR 中指定的信息。

建筑物/设施所有者应明确指定任何临时和最终交付的时间、内容和格式。这是为了让首席顾问和/或首席承包商作出适当的准备和响应。资产信息可交付成果见表 1.25。

资产信息可交付成果    表 1.25

| 节点 | 资产信息可交付成果 | 格式 |
| --- | --- | --- |
| 合同授予 | 包括资产信息交付计划的 BIM 执行计划 | PDF |
| 详细设计 | 管理资产的设计性能（如冷水机组的冷却能力）管理资产的位置 | 原生 BIM 格式＋Excel |

续表

| 节点 | 资产信息可交付成果 | 格式 |
|---|---|---|
| 建造 | 资产信息交付 BIM 指南附件 B 中规定的所有其他资产信息 | 原生 BIM 格式＋Excel |

顾问和承包商可交付成果的最终细节将包含在商定的项目 BIM 执行计划（BEP）中，这也可以为满足建筑/设施所有者或客户要求的资产信息模型的生产和交付提供信息。

f. 创建资产信息模型（AIM）

AIM 可交付成果通常包括 BIM 和非 BIM 可交付成果。BIM 可交付成果由一组 BIM 模型（例如，建筑模型、结构模型和管道模型、防火模型、空调和通风模型、电气模型等）组成，其中每个模型都包含 BIM 元素及其几何表示选定的非几何属性。非 BIM 可交付成果通常由 BIM 可交付成果链接和引用的其他资产信息文档〔PDF（Portable Document Format，可携带文件格式）、JPEG（Joint Photographic Experts Group，联合图像专家组）、XLS（Microsoft Excel 工作表）、数据库等文件〕组成。

BIM 可交付成果通常由几何元素（例如，要建模的资产）和非几何数据（例如，要在几何元素中标记为参数的资产信息）组成。并非所有有关设施的信息都需要在 BIM 模型中集成。对象越详细，文件越大，加载模型所需的时间就越长。过度指定可能会导致用户获得不必要的信息虚增，在运维阶段产生更高的 BIM 维护成本。

非 BIM 可交付成果是指附加资产信息，如文件、数据库或云存储，以按照合同规定移交给建筑业主。这些信息不是 BIM 模型的一部分，但它们对于设施运营管理的从业者来说是必不可少的。

# 第 2 章 海外 BIM 团队组织管理体系

项目管理（Project Management，PM）是运用管理的知识、工具、技术于项目活动中，来解决项目的问题或达成项目的需求。所谓管理包含领导（leading）、组织（organizing）、用人（staffing）、计划（planning）、控制（controlling）等五项主要工作。在一些西方项目管理学中将项目管理 PM（Project Management）的 P 即 Project 等同为 People，认为项目管理的关键是人员和组织的管理。而 BIM 技术中人力资源影响比例更高，海外 BIM 执行成功与否，与人的能力、经验、参与度以及团队组织架构和管理关系更加密切。

本章首先梳理了三种由不同参建主体主导的、海外常见的 BIM 组织管理模式，并对各组织管理模式进行了对比分析，其次，针对不同管理模式分别梳理和设计了对应的 RACI(Responsible，Accountable，Consulted and Informed，执行、负责、咨询和告知)、组织架构和岗位职责，以助于高效、准确地完成 BIM 组织搭建。最后，对参建单位 BIM 实施能力调查及 BIM 咨询招标的流程和要点进行了介绍，为 BIM 实施单位了解参建单位 BIM 实施能力，以及发现自身管控能力不足或某项技术经验等存在短板时，提供合理补充的措施和流程。本章主要为逐步实现 BIM 技术应用提供合理和有力的组织保障措施。

## 2.1 组织管理模式

### 2.1.1 参建方主导管理模式

参建方主导的管理模式是出现较早的一种 BIM 管理模式，其成因与国际工程项目最常用的 DBB 管理模式有关，建设方式按照各阶段进行划分，设计方、施工方以及运维方由业主分别确认，相互衔接比较弱。

BIM 是集成了整个工程项目全生命周期的所有的信息而形成的信息化、参数化的数字模型，强调的是实施全过程的信息收集、协作和共享。但是在 BIM 推广初期，工程各参建方，尤其是业主，对BIM管理经验不足或认识程度不够，未对项目BIM实施进行整体策划，仅对若干项BIM应用有要求，如要求设计方碰撞检查或者施工单位进行施工进度模拟等。各参建单位如果仅满足合同或者业主要求，则只需根据要求在设计或施工阶段开展部分独立的BIM应用。另一种情况是，业主对BIM进行了策划和总体要求，但对BIM管理把控不严，或部分海外地区业主没有专门的BIM管理团队，相关管理人员对BIM经验较少，虽对BIM提出较高要求，但被实施单位抓住机会，设计施工运维等信息未做到贯穿，仅将BIM应用做个样子。或者各实施单位将BIM作为辅助工具，基于自身管控目的，进行各自独立BIM应用。

以上几种情况BIM应用相对清楚简单，各参建方只需完成各自负责的BIM应用和内容即可，没有太多的沟通协调，不作为本节讨论重点，本节所指的BIM主导实施管理模式，是指BIM主导方通过合理的方式，对项目的BIM实施进行全面的策划、管理、控制和组织，以达到合同或业主或既定的BIM应用目标的管理过程。

### 1. 设计主导

设计主导的管理模式是指业主委托一家设计方，并将项目所需的BIM应用和需求以合同的形式进行约定，由设计院自身或委托BIM单位共同完成BIM整体策划、管理制度及流程制定等，以及设计阶段的建模、信息管理等工作，还将根据项目的实际需求提供在施工阶段、运营和维护阶段的BIM管理和控制。此种管理模式下，施工和运维团队只需完成其各自的BIM应用工作。

设计方主导的BIM管理模式出现较早，因为设计团队开展BIM应用相对较早，技术水平一般较强，项目BIM信息模型最初也需要设计方进行建模，对自己搭建的BIM模型十分了解，因此BIM技术发展初期，由设计方主导BIM应用较为广泛，在设计阶段BIM应用也能取得较好的效益，可提高设计质量，减少设计变更。

但该模式对于跨阶段、全生命周期BIM应用，效益就会大大降低，尤其在国内设计公司投标海外项目时，原因主要有以下四点。第一点，海外项目一般对于设计期间的BIM应用不会专门列支专项经费，尤其业主要求正向设计，业主或总承包方在进行设计合同谈判时会回避BIM经费问题。设计方基于中标需求，往往对BIM费用考虑不足，随着业主BIM团队的组建及BIM发挥效益，业主，尤其不发达区域的业主，存在对BIM的要求和期许逐渐变高的情况，设计方需要投入超出当初预期的人力和物力来保障BIM应用落地，使得设计方对BIM应用的积极性逐渐降低，对后期施工及运维阶段投入明显下降。第二点，海外设计合同一般只签署半年或者一年设计缺陷责任期，设计期结束后，国际设计院会进行大量裁员，国内设计院会将大部分现场设计人员调回国内或下一个项目，其服务积极性及参与度在施工运维阶段明显下降，投入力度显著降低。第三点，设计方知识结构和能力范围主要集中于设计专业，对施工和运维的专业性和认识深度等方面存在不足，无法站在全局高度对项目BIM应用进行整体的策划。第四点，设计方在施工阶段的影响力和话语权明显下降，尤其是对于有设计能力的施工总承包单位，缺乏对施工等参建方的有效管控手段。以上这些原因均导致设计方难以基于全局观来推动BIM技术在项目建设的全生命周期中的应用。

### 2. 施工主导

近年来施工单位尤其是具有总承包能力的施工总包单位BIM技术能力逐渐加强，纷纷成立了专门的 BIM 中心或 BIM 管理部，培养专职 BIM 技术和管理人员，使得施工方主导的 BIM 管理模式逐渐代替设计方主导的 BIM 管理模式。大量实践经验表明，BIM 收益率从设计到施工再到运维，随着项目阶段进行是逐渐升高的。就波哥大地铁一号线项目而言，设计方英国科进（WSP）集团收益虽为设计合同额，但投入费用相对合同额的比例却是最高，而运维方中国港湾和西安地铁联营体作为项目信息使用方，拥有所有建设项目信息，投入相对来说则是最小的。对于施工单位，可利用 BIM 进行 4D 进度展示、5D 算量以及施工模拟，尤其与现在流行的物联网应用（智慧工地）相结合，做到物联网硬件感知，BIM 数据分析和可视化展示。在物联网技术的辅助下，BIM 技术在施工现场运用的广度和深度都得到大幅提升，其产生的价值在项目实施的技术管理方面得以凸显。同时，相对施工合同额，BIM 费用占比很低，施工方积极性高，人力和资金投入多，因此施工主导的 BIM 管理模式比例越来越高。进入施工阶段，设计方负责 BIM 模型的配合工作，施工单位可将分包商、供应商，甚至运维单位的 BIM 工作统一纳入其管理之下。一般来说，在施工阶段内，施工单位尤其是施工总承包方的现场控制能力较强，施工单位可直接进行设计阶段的 BIM 模型深化，并能全面集成各分包和供应商的信息和数据。而目前施工图或 IFC(Issue for Construction，可施工性的图纸）是需要施工和设计签字的，具有法律效力且用于指导现场施工的依据，施工 BIM 模型必须准确可靠，且保持图模一致，才能用于指导现场施工。而施工方通过自身即可保证 BIM 模型、IFC/施工图和现场实际实施效果的一致性。

施工单位主导 BIM 管理模式，可以顺利推进项目建设和 BIM 实施。但对于业主管控和全项目实施存在不利方面。首先，施工方天然抗拒将工程量、质量、安全等核心信息传递给业主。从模型中导出的工程量清单对于业主来说较难审核其准确性，对于质量问题和安全问题，更不会反映到模型信息中。对于施工总承包方，更多的是要求分包单位或供应商提供模型，配合总包模型深化和搭建，不会分享模型信息，使得信息较难在参与各方之间进行流通和协同，无法达到项目利益最大化。其次，随着项目接近尾声，施工方的 BIM 应用动力降低，施工方倾向利用信息不对称来获得更多的利益，对于部分海外项目，一个准确、全面的 BIM 模型不利于其进行竣工结算，因此其交付至运维方的 BIM 模型会修改或缺失很多关键信息，同样不利于全生命周期的项目管理。

**3. 运维主导**

运维方主导 BIM 管理，可参考国际标准 BS 8536、ISO 55000 等，提前规划和考虑运维需求。BIM 模型建立完成后，形成数字化运营管理平台，为运营期提供与现场实际一致的全数字化全集成化竣工信息，并具备运营期资产管理、运营维护管理（系统分析、预防性维护、空间管理等）、应急管理等功能，实现设施运维数据资产的积累。项目全生命期的 BIM 工作始终有一条任务主线：协同—集成—交付，最终评价 BIM 实施效果的依据是：交付到运维的成果能不能应用。但是，单独与业主签订合同的运维方，往往只能提出自身的运维信息需求和 BIM 运维阶段的应用目标，对设计方和施工方监管和控制较弱，无法保证向运维阶段完整的模型交付与准确的信息传递。单独招标项目运维方的情况比较少，只负责项目运维的单位对 BIM 实施主导也较难完成，通常运维单位会与总承包单位组成联营体。一般而言，在 DBB（Design—Bid—Build，设计—招标—施工）、DB（Design—Build，设计—施工一体化）和 EPC（Engineering、

Procurement、Construction，工程总承包）模式中，业主负责将来的运维工作，而在 PPP（Public—Private Partnership，公私合作伙伴关系）和 BOT（Build—Operate—Transfer，建设—经营—转让）模式中，总包方通常负责运营维护，相应的运维方主导 BIM 管理模式即转换为总承包方管理模式和业主主导管理模式，将在本书第 2.1.2 节和 2.1.3 节进行介绍。

## 2.1.2 总承包方主导管理模式

根据商务部发布的数据显示，从 2016 年至 2021 年，中国对外承包企业的新签合同额基本稳定在 1 万亿~1.2 万亿元之间，完成营业额则基本保持在 1.6 万亿~1.8 万亿元之间。而根据 ENR 发布的"全球最大 250 家国际承包商"榜单，由中国对外承包工程商会组织申报的内地企业的数量则是连年增多，截至 2021 年，已占到 250 家企业中的 78 家，中国上榜企业数量近年来一直蝉联各国榜首。中国对外承包工程企业实力不断增强，已从最初的土建施工发展到工程总承包、项目融资等高附加领域拓展。本节所指的总承包方管理模式指的是针对 EPC、DB 等含有设计和施工内容的工程项目的总牵头方，以及针对 PPP 和 BOT 等包括融资、设计、施工、试运营、运维全生命周期阶段的总承包方。由总承包方依据合同要求负责 BIM 应用的组织与管理，对其各分包的 BIM 工作进行管理，此种模式管理链条清晰，适用于项目全生命周期 BIM 过程管理，是目前较为广泛的海外项目 BIM 管理模式。

**1. 总承包自主实施**

目前具备海外总承包能力的项目公司，基本上在 BIM 应用上均有投入，大多数公司设置专门的 BIM 管理部室，并配置相关 BIM 管理人员。公司总部的 BIM 管理部门负责指导项目 BIM 管理工作，以及项目 BIM 管理工作组的组建，对项目各阶段 BIM 应用场景中的关键项内容进行把控，并负责考核项目 BIM 应用情况。

对于总承包自营实施模式，项目 BIM 管理工作组主要人员将由总承包公司派遣，负责完成项目 BIM 实施的整体规划与管理工作，对施工方 BIM 工作小组和设计方 BIM 工作小组提交的 BIM 成果进行审查，根据需要对 BIM 管理平台和运维管理平台进行搭建和验收。总承包方针对项目全生命周期的不同阶段配置相应的项目 BIM 管理工作组人员，营销阶段工作组由营销工作小组人员组成，并指定专人负责 BIM 各项管理工作；实施阶段工作组由项目经理部人员组成，并指定专人负责 BIM 各项管理工作；运营阶段工作组由公司运维管理相关部门负责组建，并指定专人负责 BIM 各项管理工作。

对于总承包方委托实施模式，委托实施是指公司和项目承建商签订实施协议书，工程由承建商全面负责，承建商履行主合同的全部责任。由此，承建商牵头设立项目 BIM 管理工作组，全面负责项目 BIM 相关工作。

对于总承包方主导的联营实施模式，需要按照联营承包合同中规定的内容，参考自营模式和委托模式两种项目 BIM 管理工作组的组建模式。

**2. 总承包+第三方 BIM 咨询**

第三方 BIM 咨询模式是目前最为常见的一种模式。但对于大型基础设施和房建项目，因涉及 BIM 不同应用方、不同专业、不同项目阶段的应用，单一的 BIM 技术实施方可能会存在相关技术、经验等方面的短板。若总承包方发现自身管控能力不足以满足项目 BIM 管控要求，或公司层面 BIM 人员配备和管理水平在不同地区存在差异，则可根据具体情况聘请第三方 BIM 顾问咨询方，由其完成部分组织和管理工作。

BIM 咨询对于总承包方则有三种模式，第一种为独立完成部分工作，如利用丰富的管理经验协助总承包方进行 BIM 界面梳理或编写 BIM 整体的实施方案，或利用专业知识完成部分专项 BIM 设计管理，例如，管理幕墙 BIM 模型设计等。但是 BIM 管理工作总体还是总承包方完成，该模式与总承包方自主实施 BIM 的管理模式基本相同，只是补充了总承包方 BIM 实施的部分不足。

第二种为总承包方通过合同等方式，授权 BIM 咨询方进行整个项目的 BIM 管理工作。模式的关键是招标过程充分比选，选择设计和施工管理经验丰富，知识体系充足，沟通能力强的咨询单位。总承包方需对 BIM 咨询方充分授权，委托 BIM 咨询方进行 BIM 技术应用的总体规划和管理，制定 BIM 整体实施标准、方案、制度、流程和计划，在统一的 BIM 协同管理平台完成 BIM 实施管理。总承包方可在招标分包方和供应商时，明确要求其服从该咨询单位的管理，并可将 BIM 审计和考核等工作也明确到 BIM 咨询单位的职责下。

第三种为 BIM 咨询方派遣部分 BIM 管理人员或 BIM 专业工程师，与总承包方的 BIM 管理人员共同组成项目 BIM 管理工作组，填补总承包方 BIM 管理工作的空缺。第三种模式的关键是派遣的管理和专业工程师，工程设计和施工经验充足，理论知识或软件操作能力强，最重要的是其沟通交流能力强，能快速融入 BIM 管理团队。总承包方的 BIM 管理团队则要注重管理艺术和沟通技巧，将 BIM 管理团队凝聚成一个整体，增加派遣人员的责任意识。

三种总承包＋第三方 BIM 咨询的组织架构图可以概括为图 2.1 中所示，将第三方置于项目 BIM 管理工作组之上，是为强调 BIM 咨询的作用，即 BIM 咨询方是为填补总承包方自身管理不足而聘请

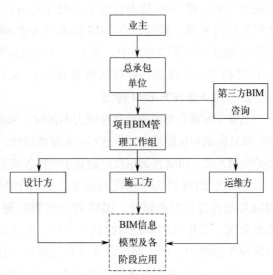

图 2.1　三种总承包＋第三方 BIM 咨询的组织架构图

的，因此应多听取 BIM 咨询方的建议。但 BIM 咨询方应服从总承包方的管理，若发现 BIM 咨询方不能达到项目 BIM 管理需求，总承包方应及时更换，或引入新的咨询方。

## 2.1.3　业主主导管理模式

从 BIM 是数据资产积累和信息传递的角度来说，设计到施工到运维再到业主的模型

交付过程中，模型资产和信息价值在逐渐提高，作为BIM技术价值最大利用者，近年来业主对BIM的理解和认识也在逐渐加深，逐渐开始在BIM管理上进行投入，培养自己的BIM管理团队和专业BIM咨询合作单位。业主需对项目的全过程负责，并基于全局观和市场观对项目全生命周期进行考量，因此考虑问题会更加全面和深入，同时，又能根据市场及政策的调整做出相应措施。

而其他各方往往从自身利益出发，不考虑项目整体和情况变化下相互掣肘。

### 1. 业主自主管理

业主自主管理模式对业主的人力资源、整体信息化和数字化水平都有很高的要求，在某种程度上，需要各个业务部门都能将BIM作为辅助管理工具来进行应用，做到设计、技术、质量、计划、造价、商法、工程等部门熟悉BIM工作环境，拥有BIM技术和经验。业主团队一般人员较少，很难做到单位整体业务层面上BIM的全方位应用。对于BIM技术在企业发展战略中定位较高的业主单位，可在主业范围内先行进行BIM相关人员的培养和BIM管理团队的组建，再通过培训、招聘等方式以点带面，逐渐提升企业层面BIM应用水平，做到企业层面对各区域项目的BIM应用进行支撑，企业又能派遣人员承担项目BIM管理责任。

业主方自主实施BIM管理，将BIM管理纳入其组织架构中，可统一规划和协调BIM应用的开展，将BIM技术管理职责划分至相关业务部门，对工作目标提出要求，并对工作结果进行考核。同时，将BIM技术各专业和阶段的应用要求纳入对各设计、施工、厂商单位的招标要求和合同中，要求参与项目的相关单位完成其对应的BIM技术工作，提交BIM技术工作成果，并服从相关BIM技术工作考核。

### 2. 业主+第三方BIM咨询

当业主发现自身经验或管控能力不足时，采用的最直接的方式是寻找第三方BIM咨询单位。BIM咨询单位的基本要求包括：丰富的设计、施工和运维经验，全面的专业知识体系，有效的沟通方式。BIM咨询单位应独立于项目各实施单位的主体，直接对业主负责。

第三方BIM咨询单位需协助业主进行BIM整体实施方案规划、BIM技术标准编制、BIM界面管理和职责划分、BIM管理流程监理、BIM信息管理、质量和进度把控、BIM模型管理、工作成果审核与归档等工作。并为参建各方提供BIM协同管理平台，负责平台软硬件的维护工作，同时，还需对包括业主在内的各参建方提供培训和实施指导。第三方BIM咨询可不从事具体的建模工作，而是通过管理各参建方完成具体的BIM建模和应用来达到统一的数字化竣工交付。

### 3. 业主+BIM总体牵头单位

等同于设计方完成设计工作，施工方进行施工工作。对于业主+BIM总体牵头单位的BIM管理模式，项目BIM由业主主导，但是BIM总体单位牵头，其他各参加单位共同参与。业主提出项目BIM的应用目标和要求，通过招标等形式，将BIM管理工作全权委托给BIM总体牵头单位，进行总体规划、应用标准制定、管理平台搭建等工作。此方式不同于委托给总承包方的BIM管理，BIM总体牵头单位不参与项目的设计和实施等工作，而是站在项目全局角度，对业主负责，对各参建方BIM应用进行管理和指导。对于项目全生命周期的BIM应用，该模式以运维为导向，能较早明确运维管理需求，并在设计和施工阶段提前进行规划和考虑。

## 2.1.4 各组织管理模式对比分析

上述共介绍了三种大的组织管理模式，细分成八种 BIM 的管理模式，接下来将站在项目整体角度进行分析，分别从目前整体应用程度、公司初始成本投入、项目组织协调难度、业主管理难度、满足运维管理程度、项目实施整体效益这六个维度进行考察，最后总结出各个模式的特点及适用的情况（表 2.1）。

各组织管理模式不同维度对比分析表　　　　　　　　　　　表 2.1

| 比较维度 | 设计主导 | 施工主导 | 运维主导 | 总承包自主实施 | 总承包+第三方BIM咨询 | 业主自主管理 | 业主+第三方BIM咨询 | 业主+BIM总体牵头单位 |
|---|---|---|---|---|---|---|---|---|
| 整体应用程度 | 高 | 较高 | 低 | 较高 | 高 | 低 | 较低 | 较低 |
| 公司初始成本投入 | 中 | 中 | 高 | 较低 | 低 | 高 | 中 | 中 |
| 项目组织协调难度 | 高 | 较高 | 高 | 较低 | 中 | 低 | 较低 | 较低 |
| 业主管理难度 | 较高 | 高 | 高 | 中 | 中 | 低 | 较低 | 较低 |
| 满足运维管理程度 | 低 | 较低 | 高 | 中 | 中 | 高 | 较高 | 较高 |
| 项目实施整体效益 | 较低 | 低 | 较高 | 中 | 中 | 高 | 较高 | 较高 |

根据表 2.1 不同维度的对比，各组织管理模式各有其特点和优缺点，接下来根据海外项目的现状，综合各组织管理模式的特点，站在各国际承包商的角度对各模式的特点和适用情况进行总结（表 2.2）。

各组织管理模式适用情况及应用建议表　　　　　　　　　　表 2.2

| 组织管理模式 | 特点 | 适用情况 | 应用建议 |
|---|---|---|---|
| 设计主导 | 1. 设计阶段 BIM 应用效果好；<br>2. 施工阶段和运维阶段管控和协调难度很大 | 1. 设计复杂但实施简单的项目；<br>2. 项目周期短的项目；<br>3. 对项目的实施和运维单位比较了解且上述单位能力比较强的 | 1. 具有实施和运维经验和能力的大型设计院可考虑主导；<br>2. 一般不建议设计院在海外工程中主导使用该模式 |
| 施工主导 | 1. 规划设计阶段无法介入；<br>2. 能全面集成各分包和供应商的信息和数据；<br>3. 可保持图模一致，用于指导现场施工；<br>4. 业主获得工程量、安全、质量等核心信息难度大，关键信息较难交付至运维方 | 1. 设计阶段 BIM 模型完整且深度足够；<br>2. 设计阶段模型无法达到要求，但通过合同或其他形式能得知模型深化费用和时间；<br>3. 项目复杂，采用多种信息化和数字化手段管控项目 | 对于大型项目，一般 BIM 应用成本占施工合同金额比例较低，如果施工单位具有一定的 BIM 应用水平则可以主导该模式 BIM 应用，可通过 BIM 获得设计、现场、设备等有用的信息 |
| 运维主导 | 1. 可提前规划和考虑运维需求，实现设施运维数据资产的积累；<br>2. 独立运维方对设计和施工方控制能力弱 | 1. 运维时间长，建设周期短且难度较小的工程；<br>2. 设计、施工、运维 BIM 管理经验都丰富的实施单位 | 目前国内企业利用 BIM 技术海外运维经验较少，而运维经验需要较长时间的积累，短时间内较难主导使用该模式 |

107

续表

| 组织管理模式 | 特点 | 适用情况 | 应用建议 |
|---|---|---|---|
| 总承包方主导 | 1. 整体管控能力强，对其各分包的BIM有较强的管理能力，管理链条清晰；<br>2. 项目全生命周期的BIM组织和管理 | 1. 特别适合业主对BIM有要求的大型复杂项目；<br>2. 项目全生命周期BIM过程管理；<br>3. 目前较为广泛的海外项目BIM管理模式 | 目前具有海外总承包能力的实施单位一般具有较强BIM管理能力和经验，如果业主对BIM有要求，建议使用该模式主导BIM应用 |
| 业主主导 | 1. 基于全局观和市场观对项目全生命周期进行考量；<br>2. 能根据市场及政策的调整做出相应的响应措施 | 1. 适用于国际投资类项目；<br>2. 公司在海外自建自营项目 | 公司在海外投资或自建自营项目适用，且公司具有一定的BIM管理能力和经验，一般公司在海外投资的长期性、重复性或专业性很强的项目建议培养自己的BIM管理团队使用该模式 |

通过上述比较分析，各组织管理模式适用情况各不相同，项目参建单位需根据项目现场条件、业主要求、其他参建单位情况、自身能力和需求等因素综合考虑，选择是否主导项目BIM应用。对于参建单位尤其是中国企业的海外工程，如果是承接DBB、DB模式中的施工内容，业主对BIM有要求且施工单位具有较强BIM应用水平，则总承包方可以使用该模式主导BIM应用。如果EPC、PPP、BOT三种模式中的总承包方或者投资方，且具有一定的BIM管理能力和经验，则比较建议业主主导BIM应用管理。

## 2.2　组织架构与岗位职责

BIM的组织管理可以分为公司层面和项目层面，但在海外环境下，单独成立公司的情况较少，因此公司层面BIM相关组织管理用一节进行简单介绍和讨论，重点对项目层级BIM组织架构及岗位职责进行描述。

### 2.2.1　公司组织架构中BIM角色

对于整个行业，公司组织架构中BIM位置和职责仍在变化和完善。根据公司的性质、规模和内部结构的不同，每个公司对于BIM岗位的设置都会有所不同。BIM（Building Information Modelling）是建筑信息建模，而对于公司层面则建议理解为BIM（Building Information Management）建筑信息管理，可将BIM管理团队作为新的能力层，加入原公司组织架构中（图2.2）。也可以在公司原有组织架构中替换现有角色或在某科技部门下添加新角色。随着时间的推移，这些层级和角色将根据公司的发展不断发展，但核心角色及职责将保持不变。

但无论公司规模如何，BIM的实施需在整个团队内达成共识，在公司的战略层、战

## 第 2 章 海外 BIM 团队组织管理体系

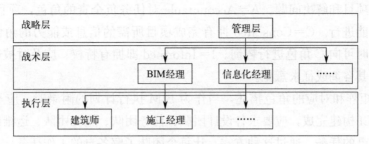

图 2.2　BIM 经理作为战术层

术层和执行层同时实施。管理层负责指导 BIM 的战略方向，确保 BIM 实施与公司的管理目标保持一致，战术层（图 2.2 中的 BIM 经理）需在管理层指定的方向上完成实施方案、流程等制定，执行层（图 2.2 中的建筑师等）最终创建和使用模型数据，并指导现场施工等。

### 2.2.2　项目责任矩阵 RACI

在明确项目 BIM 组织架构及岗位职责前，先需明确项目责任矩阵（RACI）。项目责任矩阵主要作为信息交付计划（Information Delivery Plan，IDP）/标前 BIM 执行计划（PreBEP）/标后 BIM 执行计划（BEP）中的附录文件，但也可作为独立文件。海外项目 BIM 管理所用的 RACI 需根据 ISO 19650：2018 参考构建，项目团队、交付团队、任务团队之间的关系，参照 ISO-19650 组织界面图设置的基本原则（图 2.3，关于各团队管理职能分工，详见指南第四章第一节）。RACI 可以用来支撑 BEP 中角色和职责相关章节的编写工作，进而完成项目组织架构的建立。

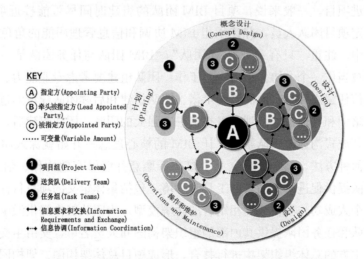

图 2.3　项目团队、交付团队、任务团队之间的关系

对于 RACI 中的每项任务，BIM/信息经理都需要分配适当的识别码，即 R——谁执行、A——谁批准、C——咨询谁、I——通知谁。R＝Responsible 即负责执行任务的角

色，负责操控项目和解决问题。A＝Accountable 对任务负全责的角色，项目需经 A 角色同意或签署才能进行。C＝Consulted 拥有完成项目所需的信息或能力的角色，当某项信息或能力缺少时可向 C 角色进行咨询。I＝Informed 即拥有特权、应及时被通知结果的角色，却不必向其咨询或征求意见。

RACI 的矩阵和对应的角色描述，当作为 BIM 执行计划的附录时，应与合同有同等地位。当 RACI 构建完成，应要求各设计团队、任务团队、施工团队、运维团队以及分包商积极确认自己的任务。通过这种方式，让每个团队了解各自的工作任务，进而让团队中每位成员了解各自的工作，提高整体的工作协作参与度。当 RACI 及其职责描述与已约定的职责、合同或者利益存在冲突时，相关参与方应及时通知给总承包方或相关 BIM 主导方的 BIM 经理来进行协调和修改。所有相关方有责任根据有关合同要求来检测 BIM 主导方所制定的 RACI 文件，并最终达成一致。

### 2.2.3 项目组织架构

项目相关方（业主、总承包商、咨询方、设计团队、施工团队、运维团队等）管理角色和管理职能在项目责任矩阵（RACI）确定之后，即可建立项目的 BIM 团队组织架构图。由于项目管理模式以及内部分工不同，可能会产生不同的组织架构。而传统职能型的组织架构，因为各方之间存在不同的利益关系，组织之间会自然而然地形成上下级的管理关系。但 BIM 核心理念为"集成""共享""协同"，与传统的组织架构是有本质区别的。

理想的适用于 BIM 的项目管理模式是 IPD（Integrated Project Delivery，集成项目交付）模式，IPD 模式的管理思想与 BIM 核心理念高度重合，IPD 提倡在整个项目实施的生命周期中，所有项目的利益相关者和参与者都保持高度协作的工作关系，通过协作平台，来高效推进项目。一般来说，项目 BIM 团队的组建时间尽可能接近项目开始时间，尽可能早地确定项目团队人员，并让承担 BIM 协调和信息管理职能的角色进入团队。在组织架构设计中，注重"只有一个 BIM 团队""BIM 团队与任务团队是一个整体"的理念，参与者都被当作一个个协作单元一起工作。团队组建要考虑专业能力、团队动力、兼容性、沟通、信任建立和对合同的履约承诺。团队组建和后续团队建设的过程建议进行性格评估、沟通培训和其他技能培训，以打造一支强大的团队。团队组建后，重要的是要营造一种协作和开放式沟通的团队氛围，让 BIM 的核心理念一开始就深入团队每个人的心中。无论采用何种方法，都必须建立一个参与者愿意并能够有效协作、信息共享的 BIM 团队，并为团队提供促进协作绩效的工具和环境，包括集体定义的项目目标和衡量绩效的指标，以及将个人成功与项目成功相结合的薪酬模型，为团队工作提供激励。

各交付团队和任务团队提供其内部的组织架构图和人员名单，交由主交付团队（总承包商）根据业主方的总体组织架构进行整合，形成项目总体架构图。架构图中需标明项目职能管理部门与各团队的组织关系，以及各团队下设的承担信息管理职能的岗位角色，特别是负责组织接口协调的角色，例如，BIM 协调工程师。很多项目只是在原有的项目组织架构中加入 BIM 角色，就认为已经完成了 BIM 团队的架构设计，这种做法会为将来的

BIM 实施埋下风险。如果一个项目具备国际化，要求正向设计，跨组织跨地域跨多专业、多界面的特点，BIM 团队的组织架构设计甚至项目的组织架构设计就会异常复杂，需考虑合同关系、内部关系、实施阶段，进行灵活配置，搭建符合项目特点的 BIM 组织架构。

## 2.2.4 项目 BIM 团队的岗位配置

项目 BIM 专职人员，一般包括 BIM 经理、BIM 协调工程师、BIM 专业工程师、建模人员等，相关的 BIM 团队组织架构中的主要岗位、责任权限及能力要求见表 2.3。根据项目需求，可按照表格所对应的岗位角色进行灵活配置。如项目有数个设计或施工分包，项目对应需要若干名 BIM 协调工程师，则可配置一名 BIM 总协调工程师负责管理相应的 BIM 协调工程师。表格中责任权限也可相互搭配，如 BIM 专业工程师的语言和沟通协调能力较强，则可承担部分 BIM 协调工程师的职责。在招聘 BIM 相关人员时，招聘信息可参考表格中相关责任和能力要求进行编制。表 2.3 中能力要求为各角色所需最突出的几项要求，并非列举全部所需能力。如 BIM 协调工程师最重要的是协调沟通和整合能力，但也需要丰富的 BIM 专业知识来进行 BIM 模型质量审核等，也需要 BIM 软件操作能力等基本能力。

**BIM 团队组织架构中的主要岗位、职责权限及能力要求** 表 2.3

| 角色 | 责任与权限 | 能力要求 |
|---|---|---|
| 业主方/项目经理 | 总体项目目标规划，管理所有项目交付成果的成本、时间、范围和质量。<br>1. 制定项目整体计划（非 BEP，BEP 为 BIM 经理制定，为整体计划的一部分）；<br>2. 定义项目实施范围；<br>3. 识别并评估参与项目参与方，尤其是总承包方；<br>4. 编制项目管理计划，包括范围、预算和时间表；<br>5. 管理和控制风险；<br>6. 管理项目中可能产生的变更；<br>7. 管理项目质量；<br>8. 管理项目成本和进度 | 对项目成本、时间、范围、质量和风险目标和要求了解 |
| 业主方 BIM 审核人员 | BIM 审核人员应监督 BIM 过程的执行及其合同项下项目的 BIM 实施过程，其职责应包括但不限于：<br>1. 监督 BIM 执行计划（BEP）、标准、流程和程序的制定、实施和管理；<br>2. 负责审核所有 BIM 交付成果、交付时间计划、进度监控和质量保证 | 合格评定基础知识、审核技术基础知识、沟通技巧、审核能力 |
| 总承包方 BIM 经理 | 总承包方 BIM 经理应管理 BIM 的执行过程，并根据其合同要求，监督项目的 BIM 实施过程。其职责应包括但不限于：<br>1. 促进 BIM 执行计划（BEP）、标准、流程和程序的制定、实施和管理；<br>2. 确保按业主方的 BIM 要求、目标和应用点进行成果交付；<br>3. 负责 BIM 交付成果、交付时间计划、进度监控、质量保证和 BIM 协调；<br>4. 在合同项下的各分包商之间进行协同；<br>5. 监督各专业/分包商创建的所有细分信息模型的整合； | 专业和管理经验丰富，熟悉标准和流程的制定、实施和管理，具备语言和沟通能力 |

续表

| 角色 | 责任与权限 | 能力要求 |
|---|---|---|
| 总承包方 BIM 经理 | 6. 实施冲突分析和管理、问题管理和变更管理等 BIM 过程管理；<br>7. 管理项目范围内的通用数据环境（CDE）；<br>8. 验证总承包商需要提交的竣工信息。<br>对于 DBB 合同类型：<br>整合各个专业提交的 BIM 模型，管理模型的合规性和质量保证，并提交给设计团队 BIM 经理。<br>对于 DB 合同类型：<br>1. 在设计阶段监督设计团队 BIM 经理；<br>2. 整合各个专业提交的 BIM 模型，管理模型的合规性和质量保证，并提交给业主方的 BIM 审核人员 | 专业和管理经验丰富，熟悉标准和流程的制定、实施和管理，具备语言和沟通能力 |
| 设计方 BIM 经理 | 设计 BIM 经理应管理设计 BIM 的执行，并根据其合同要求，监督项目的 BIM 实施过程。应确保其独立于各个专业负责人的角色开展工作，其职责应包括但不限于：<br>1. 促进 BIM 团队发展，监管 BIM 执行计划的执行，以确保交付成果按时发布提交给总承包方或业主方；<br>2. 负责在 BIM 协调员和 BIM 建模员之间分配 BIM 任务，并监督信息交换过程的协同，以确保所有信息都记录在模型中；<br>3. 负责与各个分包方团队和业主方或总承包方之间的协调与协同工作；<br>4. 按各专业分别审核和管理分区的信息模型；<br>5. 进行冲突检测分析、问题管理，并监督 BIM 流程中的变更管理；<br>6. 与 FM/AM（设施/资产）团队联络，以明确资产信息要求（AIR）。<br>对于 DBB 合同类型：<br>1. 管理 BIM 项目标准，制定实施策略，并整合多专业信息模型以供提交；<br>2. 为 BIM 交付成果的检查程序提供质量保证，并提交给业主方的 BIM 审核人员；<br>3. 在施工和竣工阶段监督施工总承包方 BIM 经理；<br>4. 核实施工总承包方提交的竣工信息；<br>5. 管理项目范围内的通用数据环境（CDE）。<br>对于 DB 合同类型：<br>1. 管理 BIM 项目标准，制定实施策略，并整合多专业信息模型以供提交；<br>2. 为 BIM 交付成果的检查程序提供质量保证，并提交给总承包方的 BIM 经理 | 设计及管理经验丰富，沟通、协调能力强，善于接口管理、目标管理、模型审核 |
| 施工方 BIM 经理 | 施工 BIM 经理应管理施工期间 BIM 的实施和 BIM 应用的执行，并根据其合同要求开展相应 BIM 工作，尽量提高项目精细化管控水平，其职责应包括但不限于：<br>1. 促进 BIM 团队发展，建立和更新施工期的 BIM 执行计划，监管 BIM 执行计划的执行，以确保交付成果按时发布并提交给总承包方或业主方；<br>2. 负责审核和接收设计文件、模型、MPDT、MIDP、TIDP 等并进行更新；<br>3. 负责与施工团队、设计方和总承包方之间的协调与协同工作；<br>4. 按照标准和方案指导信息生产，确保所有信息符合相关的 BIM 创建标准；<br>5. 与设计方进行联系，确保冲突、问题冲突被识别、报告和解决，监督 BIM 流程中的变更管理，并进行三维协调和设计审查；<br>6. 为 BIM 交付成果的检查程序提供质量保证，并提交给总承包的 BIM 经理 | 施工及管理经验丰富，沟通、协调能力强，善于接口管理、目标管理、冲突解决 |

续表

| 角色 | 责任与权限 | 能力要求 |
|---|---|---|
| 设计专业负责人 | 设计专业负责人主要负责领导本专业的设计创作和信息生产(图纸、可视化、分析等)。设计专业负责人承担任务团队的管理职能,其职责应包括但不限于:<br>1. 在自己的专业范围内领导BIM执行计划(BEP)的执行;<br>2. 在自己的专业范围内管理和领导BIM设计创作过程;<br>3. 根据要求领导BIM交付成果的创建;<br>4. 与BIM经理协调,向其对应的专业设计团队反馈意见,以解决在BIM流程中发现的冲突和问题;<br>5. 与其他专业的BIM团队协调;<br>6. 在相应专业范围内解决设计问题;<br>7. 在与其他专业、BIM经理和BIM审核人员分享模型之前,进行模型质量检查;<br>8. 通过项目范围内的通用数据环境(CDE)共享信息;<br>9. 与FM/AM团队联络,以明确资产信息要求(AIR) | 设计创作经验丰富,设计信息生产、软件应用和沟通协调能力强 |
| BIM协调员 | BIM协调员应主要负责本专业内和跨专业的整体BIM流程的日常协调,以支持专业负责人或总承包方领导的所有BIM实施活动,其职责应包括但不限于:<br>1. 协调和管理具体的专业模型,并整合建模员提供的信息,以确保所有模型、图纸、计划表和文档符合BEP要求;<br>2. 协调项目的各个参与方,包括BIM经理、专业负责人、设计师、咨询师、其他协调员、建模师、造价师、总承包方、分包方及其他项目参与方;<br>3. 根据收集的信息和数据,建立和发展信息模型和所有交付成果,管理BIM数据库,报告信息模型创建过程中的任何碰撞冲突或困难,并与相关方解决此类困难;<br>4. 进行质量保证的检查,在与其他专业、BIM经理和BIM审计人员分享模型之前,确保实时更新最新的信息输入,并确保所有交付成果得到及时的协调;<br>5. 管理并跟踪版本修订、增补,以确保各方提交的所有交付成果之间的一致性;<br>6. 维护与所选软件平台兼容的项目BIM构件库;<br>7. 充分利用BIM模型,最大限度地减少变更和风险,明晰项目成本和计划,加强施工和运营的安全设计。<br>对于施工阶段的设计团队BIM协调员:<br>1. 监督和管理由承包方开发和提交的BIM交付成果,指导承包方对BIM交付成果进行必要的更新或修正;<br>2. 从设计阶段开始到设计咨询服务完成,履行或执行业主方合理要求的其他职责、工作或服务 | 沟通协调和整合能力,语言能力,模型审核能力 |
| BIM建模员 | BIM建模员应为具体领域的专业人员,主要负责其所在专业的BIM模型创建与信息生产工作。其职责应包括但不限于:<br>1. 根据BIM执行计划(BEP)中的规定,创建、维护或修改模型、图纸、计划表、图像、动画和文档等;<br>2. 梳理并跟踪模型的变化 | 软件应用能力和熟练度较强 |
| IT管理工程师 | IT管理工程师是协作平台/通用数据环境(CDE)中的一个关键角色,主要负责与通用数据环境相关的软件维护、插件/系统开发、硬件采购及维护,其职责应包括但不限于:<br>1. 负责制定BIM软件、硬件和维护方案,为各参与方的BIM应用环境建设提出解决方案;<br>2. 负责建设和维护通用数据环境(CDE);<br>3. 负责BIM数据在设计、施工和运营及维护阶段的管理,以确保数据的长期使用;<br>4. 负责与项目其他平台的对接工作 | 软硬件维护和开发能力,对CDE建设和维护熟悉 |

## 2.2.5 项目 BIM 团队管理制度

项目 BIM 团队的管理制度须在充分了解项目目标、业主要求、执行标准、项目特点和团队成员能力的基础上进行制定，因此没有统一的通用模板。同时，项目 BIM 团队须遵守公司和项目部制定的管理制度和流程，并根据相关管理办法制定团队管理方案，围绕项目需求，统一工作制度，规范 BIM 人员职责，明确工作制度，制定培训计划和考评标准等，以保证 BIM 管理目标一致、职责明确、任务清晰、标准统一。

以下将对项目 BIM 团队管理制度编制时的一些内容要点进行列举。

#### 1. BIM 团队工作制度

项目 BIM 团队工作制度主要是对 BIM 相关工作进行规范与指导，明确工作方式方法、工作目标、工作要求、工作时间等。保障 BIM 工作井然有序开展，以及有据可依、有流程可参考地进行。

明确团队工作目标，是指满足业主信息需求（EIR），制定项目管理目标和 BIM 应用目标，还需要另外承担公司转型或试点任务，肩负公司培养人才需要。项目管理目标一般包括利用 BIM 技术减少能源消耗、提高项目精细化管理、施工模拟、空间碰撞检测、提升现场质量安全管理等。业主相关要求可直接查找业主 EIR 文件和合同文件。公司的管理目标，可能包括借助项目提升企业数字化应用水平，完成企业数字化转型等。

明确工作方式方法，例如，规定项目采用的软件，是采用正向设计还是利用图纸创建各专业模型，是创建项目通用数据环境还是利用公司已有平台，BIM 模型建立是否同步到 CDE 平台上等。

#### 2. BIM 团队组织管理制度

项目 BIM 团队组织管理制度主要是对项目 BIM 实施团队的隶属、成员的构成、岗位职责和能力要求进行明确。根据项目责任矩阵 RACI 进行相关岗位配置，明确 BIM 团队岗位需求、职责权限及能力要求，确定人员组织架构和各岗位人员工作职责，完成 BIM 团队的建设。可参考本书第 2.2.1 和 2.2.2 节相关内容。

#### 3. BIM 团队考评管理制度和培训管理制度

团队管理者还要考虑如何提高团队能力、BIM 应用效率和团队人员的工作积极性。因此需要制定针对性的培训制度和公平工作的考评制度。

团队的考评制度可从三个角度进行考虑：制定岗位晋升体系，固定时间的绩效评估体系，以及做出突出贡献的奖励制度。

岗位晋升体系重点是促进员工不断学习，加强自身能力，留住有能力的员工，留住人才，保障项目及公司 BIM 的发展壮大。BIM 人才培养周期相对较长，培养成功后，有能力的 BIM 人才长久稳定的工作状态也可为项目和公司提供更加优质的服务。可制定相应的员工级别评定标准，使得 BIM 员工有明确的工作目标和动力。可设置相应岗位，如初级 BIM 工程师、BIM 工程师、BIM 协调工程师、高级 BIM 工程师、BIM 项目经理等。

各岗位均有对应的专业能力、工作年限、项目经验等要求，达到全部设置要求即可完成晋升，增加相应的薪水，实现在工作中学习，学习中进步，进步中成长，成长中晋升的目的。

公正公平、完善科学的绩效评估体系和奖励制度可提高项目BIM工作人员的积极性。评估制度需制定详细的考评周期、考评职责、考评原则和考评标准。而相应的奖励制度，可体现在：建模能力水平奖励、培训达标奖励、优质成果奖励、新技术突破及小工具开发奖励、应用成果成效奖励等。

BIM团队培训制度总体上包括系统软件类培训、BIM技术应用培训及新员工培训。系统软件类培训主要为BIM系统平台部署后，针对相关岗位人员进行培训，使其熟练掌握。BIM技术应用培训，则是从整体上对BIM技术进行讲解，以及对项目BIM应用的范围和关键点进行讲解，加强员工对项目BIM应用的理解。可以每年或者每月根据项目和员工需求制定培训计划。通过培训，帮助内部人员梳理和掌握项目BIM应用要点和操作规范；多专业相关人员培训，增强多专业协作，尽量实现专业团队可直接应用BIM进行协同工作；完成知识的传递和转移，促成全项目人员掌握和应用BIM。

**4. BIM工作流程**

BIM相关管理制度建立完毕之后，则需制定具体的工作流程，涉及各项工作步骤，负责的人员或者部门，如何配合、沟通、协作和审核。具体流程可包括：模型创建流程、模型交底流程、模型维护流程、信息管理流程、平台系统部署流程、软硬件购置流程、碰撞检查流程、模型质量管理流程、构件库搭建流程等。

**5. BIM软硬件管理制度**

项目BIM软硬件管理制度主要是对BIM工作使用的相关软件、硬件进行规范化、标准化、高效化合理使用。主要包括软硬件的使用方法、维修方法、管理方法、申领方法和采购方案等。制定合理的软硬件配置方案与管理制度，保障BIM工作有效率地实施开展。同时，还有项目数据共享平台制定维护方案，包括BIM模型数据标准、数据归档格式、访问权限等。达到低成本投资、高效利用的效果，便于最终BIM应用成果的交付与使用。

项目BIM团队管理制度，应重点编制公司管理要求相关内容，以及项目所需而无须上报业主部分的管理内容。而涉及业主需求信息和合同要求等相关内容重点在BIM执行计划（BEP）中进行编制，详细内容可参考本书第4.1节"BIM执行计划编制指南"。该节除对BEP的定义、作用进行解释，还详细介绍了项目信息、BIM应用目标和实施路线、信息管理职能、EIR响应、构建协同体系、实施信息管理、进行模型生产、控制数据质量、完成信息交付等内容。

# 第 3 章

# 海外项目 BIM 综合应用分析

## 3.1 项目生命周期的阶段划分

### 3.1.1 英标体系下的项目阶段划分

英国 BIM 框架（UK BIM Framwork）由 BSI（The British Standards Institution，英国标准学会）、CDBB（Centre for Digital Built Britain，英国数字建设中心）和英国 BIM 联盟（UK BIM Alliance）联合建立，该框架取代了原英国 BIM Level 2 的要求，延续了 PAS 1192 系列标准将 BIM 应用主要分为设计阶段（Design）、施工阶段（Build）、运营阶段（Operate）和整合阶段（Integrate）4 个阶段的划分方法，并逐步过渡到 ISO 19650 系列标准的 Stage 1~Stage 8 的划分方法。

设计阶段：部署数字技术，设计性能更好的建筑、住宅和基础设施。从一开始就使用良好的安全的信息管理确保获得正确的数据。相关标准主要有 BE EN ISO 19650-1：2018、BE EN ISO 19650-2：2018、ISO 19650-5：2020、BS 8536-1：2015、BS 8536-2：2016、BS 1192-4：2014、PAS 1192-6：2018。

施工阶段：开发新兴的数字建筑和制造技术、流程和技术。安全、共享的信息，使客户、设计团队、施工团队和供应链能够更紧密地合作，提高施工期间的安全、质量和生产率。相关标准主要有 BE EN ISO 19650-1：2018、BE EN ISO 19650-2：2018、ISO 19650-5：2020、BS 8536-1：2015、BS 8536-2：2016、BS 1192-4：2014、PAS 1192-6：2018。

运营阶段：使用实时信息改变建筑环境及其社会和经济基础设施的经济效益。智能资产管理，预测和避免服务中断。现有资产和基础设施的数字化。相关标准主要有 BE EN ISO 19650-1：2018、ISO 19650-3：2020、ISO 19650-5：2020、BS 8536-1：2015、BS 8536-2：2016、BS 1192-4：2014、PAS 1192-6：2018。

整合阶段：了解空间和服务如何提高公民的生活质量。将这些信息输入到经济和社会基础设施的设计和建设以及它们提供的服务的运营和集成中。相关标准主要有 BE EN ISO 19650-1：2018、ISO 19650-3：2020、ISO 19650-5：2020、BS 1192-4：2014。

经过 5 年的过渡期，2022 年 7 月更新的英国 BIM 框架以 BS EN ISO 19650 系列标准为基础，将项目划分为更详细的 8 个阶段（表 3.1）。该指南与建筑项目资本/交付阶段的二级 BIM 标准 PAS 1192-2（目前已被 BS EN ISO 19650 取代）相一致，并与其他信息管理行业标准如 BS 1192：2007、BS 1192：4 和 PAS 1192：5 相一致。

**ISO 19650 对信息管理流程的划分** 表 3.1

| 阶段 | 阶段名称 |
| --- | --- |
| 阶段 1(Stage 1) | 评估和需求(Assessment and need) |
| 阶段 2(Stage 2) | 邀请投标(Invitation to tender) |
| 阶段 3(Stage 3) | 投标响应(Tender response) |
| 阶段 4(Stage 4) | 签约(Appointment) |
| 阶段 5(Stage 5) | 交底(Mobilization) |
| 阶段 6(Stage 6) | 信息协同生产(Collaborative production of information) |
| 阶段 7(Stage 7) | 信息模型交付(Information model delivery) |
| 阶段 8(Stage 8) | 项目收尾(Project close-out) |

## 3.1.2 美标体系下的项目阶段划分

美国的 BIM 技术标准主要包括国际 ISO 标准、美国国家标准（NBIMS）、各州标准、企业和协会标准，此外还有 Open Bridge Information Model（OpenBriM2.0，开放式桥梁信息模型）、Land Topography（LandXML，一种描述地形、公路路线、管道系统和其他土地测量相关的信息和开发的数据模型标准）、National Bridge Inventory（NBI，美国国家桥梁数据库）、Bentley OpenBridge Model（Bentley 系统软件公司于 2015 年公布的一种桥梁信息建模标准）等相关标准。

根据最新的美国国家标准 NBIMS 第三版对全生命周期（Life Cycle）的定义，可以将项目划分为设计（Design）、采购（Procure）、施工（Assemble）和运营（Operate）四个阶段。NBIMS 第三版在设计阶段重点关注项目需求、进度需求、质量需求、成本需求、场地分区、场地性能、社区、环境、建筑表单、结构表单、设备表单、系统表单并开展质量预测、造价估算、比选、更新预测等。在采购阶段关注供应商资质、可达性、稳定性和能力，材料的交付、选型、采购、认证，合同的报价、招标文件、选择和签订，价格的数量、单价、人力成本和装备成本。在施工阶段关注质量的测试、认证、检查和验收，安全的要求、培训、检查和组织工作，制造、交付、资源和安装的进度，价格方面的生产率、索赔、定价和选择。在运营阶段关注管理团队的交底、测试、利益平衡和培训，空间租赁、建筑物管理、安保和租户服务，计划的维护、预防性维护、质保、款项核定、翻新、拆除、整修等。

根据美国建筑师协会（AIA）给出的建筑信息模型 LOD（Level of Development，发展等级）规范，LOD100一般为规划、概念设计阶段所采用，此阶段不需要特别建立三维建筑模型，可以用文字和表格搭载此阶段的建筑信息。LOD200一般用于设计开发及初步设计。LOD300可等同于传统模式中的施工图和深化图纸阶段。LOD400一般用于施工阶段。LOD500表现了竣工阶段的情形，可用于建筑运营和维护。LOD框架本身不针对项目阶段进行划分，但是根据LOD等级间的模型信息要求不同，企业和项目可以针对需求将LOD与项目阶段进行关联。

### 3.1.3 亚太地区项目阶段划分

以新加坡为例，新加坡BIM指南（Singapore BIM Guide）将项目阶段划分为概念设计（Conceptual Design）、初步设计（Preliminary Design）、细部设计（Detailed Design）、施工阶段（Construction）和竣工阶段（As-Built），对每个阶段的模型内容作出了详细的解释。每个阶段生产的模型类型取决于所需的BIM可交付成果。

概念设计阶段，模型涵盖了拓扑图、场地边界、层次、定位、质量等，用于选址规划、改造工程开工情况、现场调研、可视化设计、投资分析、初步能源仿真、投资计算、空间范围管理等内容。

初步设计阶段，模型主要包括具有标称尺寸和细节的建筑元素、承重结构、拟议结构体系、MEP原理图等，用于建筑构件的定义、建筑构件与结构方案的比较、数量信息的管理、结构的初步尺寸确定、MEP分析和可视化分析等方面。

细部设计阶段，模型主要包括具有实际尺寸和细节的建筑元素、框架结构、接头、基础及连接、预制件的连接等，明确了机电工程系统、中央装置、管道、管道工程、终端设备、配电板、电缆线路、照明装置等的服务区域，最终能够按照结构尺寸的精确要求进行投标，有助于实现组合服务设计等。

施工阶段，根据模型提取构造信息，并根据细部设计、施工资料、预制构件设计等制定并实现生产计划。

竣工阶段，根据现场实际情况更新详细模型，实现成果交付。

根据新加坡BIM指南2.0版（Singapore BIM Guide Version 2.0）中对不同阶段BIM交付成果的规定，将项目阶段划分为6个阶段，包括概念设计、方案/初步设计、细部设计、施工阶段、竣工阶段和设施管理阶段。新加坡BIM指南第二版对项目阶段的划分见表3.2。

新加坡BIM指南第二版对项目阶段的划分　　　　表3.2

| 阶段 | 阶段内容 | BIM模型元素 | 建议交付成果 |
|---|---|---|---|
| 概念设计<br>（Conceptual Design） | 大纲规划许可（Outline Planning Permission）、项目可行性（Project Feasibility） | 包括建筑体量研究或其他形式的数据表示，具有指示性的维度、面积、体积、位置和方向 | BIM执行计划、场地模型、BIM集成模型等 |

续表

| 阶段 | 阶段内容 | BIM 模型元素 | 建议交付成果 |
| --- | --- | --- | --- |
| 方案/初步设计（Schematic/Preliminary Design） | 规划批准（Planning Approval）、设计和建造投标文件（Design & Build Tender Documentation） | 具有近似尺寸、形状、位置、方向和数量的广义建筑构件或系统。可能包括非几何性质 | 建筑体系模型、结构模型、MEP 模型、初步设计协调报告（只适用于建筑及结构模型）和初步成本估算 |
| 细部设计（Detailed Design） | 建筑计划批准、继续设计和建造投标文件或 DBB 招标文件 | 更详细的广义建筑组件或系统,具有精确的尺寸、形状、位置、方向和数量。应提供非几何属性 | 建筑模型、结构模型及计算、MEP 模型和分析结果、冲突检测和解决报告和空间验证报告、详细的数量成本估算和工程量清单 |
| 施工阶段（Construction） | 施工与建造（Constructability and Fabrication） | BIM 建模中制造和装配细节超过细部设计阶段,否则可以用 2D CAD 图纸补充详细设计阶段的细节级别 | 与关键服务协调的构建模型、施工用材料、面积、数量表、施工图、施工模型图纸、综合业务图纸（CSD）和单业务图纸（SSD） |
| 竣工阶段（As-Built） | TOP/CSC | BIM 元素在施工阶段随着变化而更新 | 最终竣工模型及必要的第三方认证 |
| 设施管理阶段（Facility Management） | 运维管理（O&M） | BIM 元素被建模为实际构建的建筑组件或系统,是实际完成的建筑的建成表示 | 适合空间管理的最终竣工模型、建筑维护及物业公司/业主在使用期间进行的修改 |

## 3.2 业主信息管理需求分析

### 3.2.1 业主信息需求的定义及作用

**1. 业主信息需求在 PAS 1192-2 中的定义和作用**

业主信息需求（Employer's Information Requirements，EIR）是国外 BIM 项目流程中的基本书件,最早在 PAS 1192-2 中定义：EIR 是一份文件,定义了如何传输信息,以何种格式,何种信息级别,并在利益相关方之间针对需要如何以及使用哪些功能交换数字信息达成协议。EIR 是一种招标前的文件,其中列出了要交付的信息,以及供应商作为项目交付过程的一部分要采用的标准和流程。因此,可以认为,EIR 是客户参与 BIM 项目的关键起点。

EIR 列明了承包商需交付的信息资料,以及承包商在项目交付过程中所采用的标准和程序。在 ISO 19650 规定的信息管理过程中要求委任方/客户在指定项目相关阶段（即规划、设计、施工或运营）的交付团队之前,确定其 BIM 信息要求。

EIR 包含一些关于建筑项目应如何执行的明确说明。根据 BSI（British Standards Institution，英国标准协会）的说法，EIR 是一份"确定委任方与指定（合同）有关的信息要求"的文件。它确定了指派方希望在交付和移交期间交付的内容。它包括项目信息的责任、时间表、格式和信息级别（LOD）。它还包括任何其他项目特定的要求，例如，要采用的程序、要使用的工作计划、任何格式限制，并且应分别考虑项目的信息标准，即"组织信息需求"（OIR）和"资产信息需求"（AIR）。因此，EIR 为承包商及其客户提供足够的信息，用于衡量承包商的提案/招标文件等是否满足项目的具体要求。同时，EIR 也起到了监管作用，因为它确保在任何时候或当需要时向所有相关方提供相同的信息。

多种不同的信息要求有助于促进 EIR 的完善。组织信息要求（OIR）有助于定义实现组织在业务运营、资产管理等方面的战略目标所需的信息，它描述了业主组织管理其建筑组合和相关服务的需求。项目信息要求（PIR）定义了项目任命方需要交付团队提供哪些信息，它描述了所有者对特定设施管理的要求，可以与设施空间（建筑物内的功能房间）、服务（在这些空间中发生的操作和维护活动）以及设备属性的详细信息相关联：类型、位置、维护要求、更换期和成本。资产信息要求（AIR）指定项目团队在项目移交阶段要传递的信息，主要用于项目的运营和设施管理。

### 2. 业主信息需求在 BS EN 19650 中的演变

BS EN 19650 引入的术语"交换信息要求"（Exchange Information Requirements，EIR）取代了 PAS 1192 术语"业主信息要求"（EIR），适用于所有需要 BS EN ISO 19650 合规性的项目。首字母缩略词"E"指的是"交换（Exchange）"，正如 ISO 19650 所改变的那样，恰恰是指"信息的交换要求"。

这些定义之间的差异显示了 EIR 的潜在变化。如果在这两种情况下产生和提供的信息需求都发挥了主导作用，从 EIR 的新含义我们可以了解到，现在应将更多的注意力集中在如何交换这些信息上。

EIR 侧重于共享数据和生成文件的方法，重点是各利益相关方之间信息内容的管理以及模型的验证、存储和交付方法。它形成一个文本类型文档，其中标识了以下内容：

（1）参考监管方面、优先事项和目标；

（2）每个设计阶段要实现的模型，以及适合参考步骤的信息级别。

目标必须通过各种工作团队的协作实现，其中包括承包商、技术人员、供应商以及任何分包商和次级供应商，可以通过优化的数据交换和使用 BIM 管理系统来实现。

那么，如果想要正确创建出适合的项目 EIR，首先就要理解什么才是客户的信息要求。通常客户定义的 EIR 提供了任务的精确管理特征，概述了生产和交付过程。但是，还需要承包商或被委任方来定义其他一些特定的信息要求，比如定义的信息要求与各个方面相关联，例如：

（1）管理方法（例如，使用协作平台）；

（2）生产方法；

（3）模型和团队之间的协调方法（使用 BIM 工具，协调分析模型等）；

（4）验证和控制方法；

(5) 与要素相关的详细程度，以及每个阶段要实施的具体模型的一般详细程度；

(6) 交换模式（例如，可互操作的格式）；

(7) 交付时间，截止日期和阶段；

(8) 交付模式（输出格式、文件命名等）。

EIR 是项目 BIM 管理过程中一个关键的文件，它是 BIM 方法的一部分，它的出现意味着项目开始后，各个相关方都应清晰地了解 BIM 需要达到的最终目标，而不只是在脑海中有一个大概的构想。为了有效地实现最终目标，EIR 无疑代表了项目 BIM 采购流程的一个功能部分，非常详细地确定了要遵循的整个工作流程，提前管理整个施工流程，并较好地控制项目成本以及各个方向的造价。

## 3.2.2 资产信息需求

#### 1. 资产信息需求定义

资产信息要求（Asset Information Requirement，AIR）应该为产生和管理资产信息的商业、管理和技术方面提供基础，并应包括交付团队要实施的标准、方法和程序。资产信息要求还应为资产信息模型（AIM）的交付提供详细的技术规格信息。

AIR 的技术方面具体说明所需的详细信息，回应资产相关的 OIR，这些需求应该被纳入资产管理任命，以支持组织决策的方式表达。

应准备一组 AIR 以响应资产操作期间的每一个触发事件，在适当情况下还应参考安全要求。

在整个资产管理战略和计划中，可能存在几个不同的任命。所有 AIR 都应形成一套单一且连贯协调的信息要求，以满足所有与资产有关的 OIR。

#### 2. 资产信息需求要点

AIR 列出了资产所有者/运营相关方需要的资产相关信息，无论是为他们自己还是为他们的利益相关方。

资产信息需求应包括详细的资产信息交付物，资产信息服务还应该以一种允许纳入资产管理任命的方式来表达，以支持更好地组织决策。资产信息服务应便于在多个任命中逐级提出要求，并合并数据交付物，以提供对 OIR 的综合回应。

资产信息需求需要为每项资产指定精确的信息，无论是整个建筑、区域、空间，还是单个物体（部件），如一扇门或一件家具。至少应包括监管要求、健康和安全信息、运营维护（Operations and Maintenance，OM）等方面，以及为每一种资产类型提供独特的标识。使用确定的分类系统和与资产相关的模式，将促进要求的逐级传递。

一个具体的资产信息需求最好以数据模板的形式提供，同样适用于产品以及空间、区域或整个建筑。开发标准化的数据字典来保存和管理数据需求，有利于加强信息管理，例如，通过报告，允许标准化的文件交付，如 OpenOffice（一套跨平台的办公室软件套件）等开放的行业格式，也可以通过开放的应用程序编程接口，如 .json 和 .xml 等数字格式。

这反过来又能促进根据要求对交付物进行自动验证。

针对每个项目里程碑的资产信息需求的交付应在信息需求的层面上确定。在业主信息需求中也应明确定义和确定资产信息需求的交付格式。模型信息可以通过开放的数据格式选项来提供，如施工作业建筑信息交换（Construction Operation Building information exchange，COBie）和适用于FM移交视图的IFC2x3。制造商和供应商也可以根据行业模板提供标准化的产品数据表，这些数据表可以通过URL、QR码（Quick Response Code，二维码）、Bar码（Barcode，条形码）或RFID标签进行访问。

定义AIR是支持资产管理以及设计和建设项目的重要业务活动，AIR必须在任何相关的任命委任之前被委任方定义。对于拥有多项资产的委任方或客户，明智的做法是考虑如何在切实可行的范围内使用一致的结构，以使用精简和有效的方式来对AIR进行合理化安排。有了AIR，就可以在EIR中更加精确地定义要传递的信息。

### 3.2.3 项目信息需求

**1. 项目信息需求定义**

项目信息需求（Project Information Requirement，PIR）是委任方/客户发布的某特定建筑资产项目所需信息的高级战略目标。PIR是由项目管理过程和资产管理过程共同确定的。

在项目期间，应为委任方的每个关键决策准备一套相应的信息需求。

可为固定重复的项目发起人开发一套通用的PIR而加以采用，应用于该项目发起人所有的项目，并按情况加以补充。

**2. 项目信息需求内容及要点**

项目信息要求是由委任方/客户确定的内容和资源的集合，要求从委任方/客户的角度出发，规定了如何、什么和何时由交付团队提供的内容。通过表格形式列出了所有的资源和内容，谁提供这些资源和内容，以及它们属于哪个文件集。

项目信息需求的目的是阐明"以终为始"的必要性，并应至少提供以下内容。

（1）委任方/客户实施BIM的战略目标。

（2）信息需求水平（Level of Information Need，LOIN），为了满足委任方/客户的要求和目的，以及促进其决策和业务需求的要求。

（3）文件格式、数据类型、软件要求和交付模式，以实现信息管理的生命周期方法。

（4）明确的所有权和责任策略，以及质量保证程序，以促进对所交付信息的信任。

（5）明确定义委任方/客户的要求，以促进交付团队减少浪费和努力，同时降低委任方/客户在项目生命周期内的信息成本。

另外还需要注意的是，在定义PIR时，一些设计和施工项目中，部分PIR内容可能已经在OIR中定义，例如，法规要求或公司项目的交付策略。任何额外的PIR都应在设计和施工项目开始时确定并添加到从OIR衍生的PIR中，并且在任命任何顾问和承包商之前被定义。

PIR 应解释所需信息，以回答或告知委任方/客户可能与每个设施有关的高级战略目标。项目信息要求应考虑项目的生命周期要求，包括项目管理和资产管理过程。

在制定 PIR 的过程中，委任方/客户应考虑以下几点。

(1) 项目范围；
(2) BIM 应用；
(3) 项目的工作计划；
(4) 采购路线和过程；
(5) 委任方/客户的阶段性目标和决策点；
(6) 委任方/客户的决定和回应要求。

PIR 应针对具体项目和阶段，并根据委任方/客户的每个关键决策点编制。PIR 的内容还可以包括以下几点。

(1) 组织的关键绩效指标；
(2) 战略简报要求；
(3) 商业案例需求〔例如,项目投资回报率（Return On Investment,ROI）〕；
(4) 委任方/客户要求的项目具体任务；
(5) 确定的项目利益相关者。

## 3.2.4　资产信息模型（AIM）和项目信息模型（PIM）

资产信息模型（AIM）和项目信息模型（PIM）是结构化的信息库，用于在建筑环境资产的整个生命周期内做出决策。在建筑环境资产的整个生命周期中做出决策所需的信息的结构化存储。

图 3.1 为通用项目和资产信息管理生命周期，包括新资产的设计和建造、现有资产的翻新，以及资产的运营和维护。可以预见的是，信息模型中存储的信息量，以及它的不同用途，都会对建筑环境产生影响。在项目交付和资产管理期间，信息模型中存储的信息量及其用途都会增加。

AIM 和 PIM 可以包括结构化和非结构化的信息。结构化信息的例子包括几何模型、时间表和数据库。非结构化信息的例子包括文件、视频剪辑和声音记录。信息的物理来源，如土壤和产品样本，应使用本书描述的信息管理流程进行管理。通过适当的交叉引用，例如样品编号，来管理实物信息来源。

大多数项目，即使是一个以前未开发的场地都会涉及对现有资产的管理。因此，这些项目应该包括一些已有的资产信息，以支持项目的发展，并提供给为项目工作的主要委任方。

资产和项目信息对参与资产管理和项目交付的委任方、主要委任方和被委任方具有重要价值，无论是否存在正式的任命。

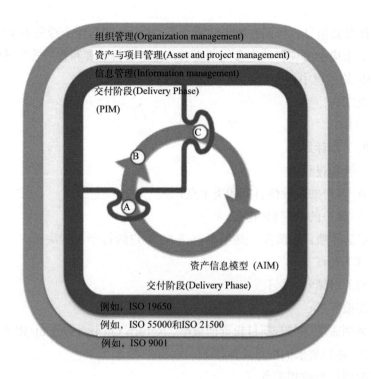

图 3.1　通用项目和资产信息管理生命周期

委任方、主要委任方和被委任方包括建筑资产的所有者、经营者和管理者，以及提供设计和施工的企业和个人。资产和项目信息对于政策制定者、监管者、投资者、保险人和其他外部各方也有价值。

**1. 资产信息模型（AIM）介绍**

资产信息模型（Asset Information Model，AIM），定义项目资产信息模型（AIM）所需的信息交付物，其中应包括确定任务团队的责任。这些内容应同时反映到资产信息要求（AIR）。

AIM 支持由委任方建立的日常策略性资产管理流程。它还可以在项目交付过程的开始阶段提供信息。例如，AIM 可以包含设备登记册、累计维护成本、安装和维护日期的记录、财产所有权细节以及委任方认为有价值并希望以系统方式管理的其他细节。

在处理施工阶段的问题时，资产信息模型（AIM）将复制竣工阶段信息模型（As-Built Information Model，ABIM）的数据，而后委任方/客户的运营团队将正式接管 AIM 的所有权，然后更新以反映资产变化。

根据委任方/客户组织的规模和复杂性，AIM 已经有了与功能相关的现有企业解决方案，如：

（1）计算机辅助设施管理（CAFM）；

(2) 电子文件管理系统（Electronic Document Management System，EDMS）；
(3) 综合工作场所管理系统（Integrated Workplace Management System，IWMS）；
(4) 财产管理系统；
(5) 企业资源管理（Enterprise Resource Planning，ERP）；
(6) 会计和财务系统等；
(7) 采购和供应商关系。

保证设计和施工团队的信息可整合到上述系统的要求需要在 BIM 要求中明确指出，并"以目标为出发点"。委任方/客户组织在使用 AIM 方面的经验可以反馈给管理层，并更新资产改建和增建的 OIR，或影响组织下一个项目的持续改进。

ISO 19650-3 介绍了如何将其扩展到资产的运营阶段的程序。

**2. 项目信息模型（PIM）介绍**

项目信息模型（Project Information Model，PIM），应包括定义项目信息模型所需的信息交付物，以及确定任务团队的责任。

PIM 支持项目的交付，并有助于 AIM 支持资产管理活动。因此，应该存储保管 PIM，以利于项目的长期存档，并用于审计等工作。例如，在项目建设期间，PIM 可以包含项目几何形状的细节、设备的位置、项目设计期间的性能要求、施工方法、进度、成本和安装系统的细节、组件和设备（包括维护要求）。

项目信息模型（PIM）是图形信息、非图形信息和支持项目交付所需文件的集合。由设计和施工阶段的模型组成，作为对 LOIN 的回应，实现委任方/客户和首席顾问/首席承包商定义的 BIM 用途。PIM 将在项目阶段使用模型进展策略进行开发，该策略应以项目标准、方法和程序为基础。PIM 将模型、图纸、时间表、成本计算、视觉效果等交付物在主信息交付计划（MIDP）中定义，并应在通用数据环境（CDE）的共享和公布的功能部分中提供。每个交付物都将有一个确定的修订、状态和授权代码。

## 3.2.5 EIR 文件编制模板

**1. EIR 文件编制要点**

交换信息要求（EIR）应规定信息交付的管理、商业和技术方面。管理和商业方面应包括信息标准、方法和程序；EIR 的技术方面应规定与 PIR 有关的拟议方法和反应，并应与项目的里程碑或阶段相一致。

从委任方/客户到首席顾问/首席承包商，然后从首席顾问/首席承包商到每个任务小组，每项任命都应包括一份环境影响报告，随着层层递进，要求的划分可以支持具体的任务交付。如有必要，首席顾问/首席承包商应按照他们自己的要求增加委任方/客户的 EIR，以满足为项目确定的 BIM 用途。在交付团队中，应认识到并非所有信息都是为委任方/客户的利益而创建的，这一点应在连续传递的过程中得到解决。

**2. EIR 文件编制内容**

EIR 应考虑 OIR、AIR 和 PIR。

OIR（Organizational Information Requirements，组织信息需求）解释了在委任方内部，回答和告知高层次战略目标所需要的信息。

AIR（Asset Information Requirements，资产信息需求）规定了生成资产信息的经营管理、商务及管理方面。商务及管理方面应包含交付团队要实施的信息标准、生产方法和步骤。

PIR（Project Information Requirements，项目信息需求）解释了在委任方内部，针对一个特定的建筑资产项目，回答和告知高层次战略目标所需要的信息。项目信息需求是从项目管理及资产管理过程中产生的。应为项目期间每一个委任方的关键决策点，提供一套信息要求。

除此之外，EIR 还应考虑至少以下内容：

（1）信息管理：标准和分类；信息功能（角色和责任）；工作的规划；BIM 的使用；网络安全；空间协调和冲突检测；协作过程；CDE 的实施；系统性能；合规计划（验收和审计标准）；资产信息的交付策略；培训要求；健康和安全。

（2）技术方面：软件平台；数据交换格式；坐标系统、单位和级别；信息需求水平等；模型的排除和包含。

（3）商业方面：验收标准；里程碑和项目交付物；委任方/客户的战略目的；职责表；BIM 能力评估。

**3. EIR 文件编制模板**

详见新加坡 BIM 指南第二版指南附件 1：Annex 1-Employers-Information-Requirements-BIM-Template（EIR 模板）。

## 3.3　BIM 应用（BIM Uses）

### 3.3.1　BIM Uses 概述

BIM 应用，是我们使用 BIM 模型的任务或过程。这里所指的是单个的模型，以及使用任何软件组合形成的一个通用环境及其应用。

为了给 BIM 项目中的每个参与者提供他们所需要的信息，了解他们目前阶段的 BIM 用途至关重要。例如，使用 BIM 模型图纸实施生产加工时，其不同用途阶段的信息需求差异很大，不能将其同时用于预制、资产管理或其他方面。

表 3.3 在宾夕法尼亚大学版的 BEP 指南中有关 BIM Uses 章节的基础上，补充了一些境外 BIM 项目涉及的 BIM Uses。

第3章 海外项目 BIM 综合应用分析

不同阶段的 BIM Uses 列表　　　　　　表 3.3

| 阶段 | BIM Uses | 阶段 | BIM Uses |
| --- | --- | --- | --- |
| 计划阶段 | 现场分析；<br>成本预估；<br>阶段计划(4D模拟)；<br>现有条件建模；<br>施工计划；<br>…… | 施工阶段 | 三维协调；<br>工程量清单；<br>费用评估；<br>安全计划；<br>施工顺序；<br>制造及施工测试；<br>阶段性计划；<br>施工现场计划；<br>现场用地验证；<br>数字建造；<br>…… |
| 设计阶段 | 3D协调；<br>碰撞检测；<br>设计审查；<br>导出图纸；<br>明细表；<br>现有条件建模；<br>设计创作；<br>结构分析；<br>工程分析；<br>机电分析；<br>能源分析；<br>照明分析；<br>可持续性(LEED)评估；<br>分类及代码验证；<br>成本评估；<br>工程量清单；<br>…… | 运营阶段 | 资产管理；<br>建筑运维计划；<br>建筑系统分析；<br>成本评估；<br>突发险情预估；<br>记录模型；<br>空间管理及跟踪；<br>…… |

## 3.3.2　各阶段 BIM Uses 通用介绍

BIM 技术的基本应用不仅可以在单一阶段实施，也可在其他阶段或全生命周期实施。以较为常见的工程阶段为例，下面将从设计阶段（包含方案设计阶段、初步设计阶段、施工图设计阶段）、施工阶段（包含施工准备阶段、施工实施阶段、竣工阶段）及运维阶段介绍 BIM Uses。下文中所列出的各阶段 BIM Uses 实施流程图依据编者所做项目的总结，当涉及具体的工程 BIM 项目时，应根据项目的类型特点及项目管理策略进行适当调整。

**1. 方案设计阶段**

以轨道交通工程为例，方案设计主要是从建筑专业的需求出发，根据建筑专业的设计条件，研究分析满足建筑功能和性能的总体方案，并对建筑的总体方案进行初步的评价、优化和确定。

方案设计阶段的 BIM 应用主要是利用 BIM 技术对项目的可行性进行验证，对下一步深化工作进行指导。利用 BIM 分析软件对建筑项目所处的场地环境模型进行必要的分析，如坡度、方向、高程、纵横断面、填挖量、等高线、流域等，为方案设计提供数据支持。整合土建模型与场地环境模型，对建筑物的物理环境（如气候、风速、地表热辐射、采光、通风等）、出入口、人车流动、结构、节能排放等方面进行模拟分析，选择最优的工程设计方案。

127

1）场地分析

(1) 应用目标

场地分析的主要目的是利用场地分析软件,例如 Infraworks(基础设施设计软件),建立三维场地模型,在场地规划设计和建筑设计的过程中,提供可视化的模拟分析数据,以作为评估设计方案选择的依据。在进行场地分析时,宜详细分析建筑场地的主要影响因素。

(2) 资料准备

场地分析需要准备的资料包括：

(a) 初勘地勘报告、工程水文资料、现有规划文件、建设地块信息；

(b) 电子地图(周边地形、建筑属性、道路用地性质等信息)、GIS 数据。

(3) 实施流程

场地分析的实施流程如下：

(a) 收集数据,并确保测量勘察数据及市政管网的准确性；

(b) 建立相应的场地模型,借助软件模拟分析场地数据,如坡度、方向、高程、纵横断面、填挖量、等高线、流域等；

(c) 根据场地分析结果,评估场地设计方案或工程设计方案的可行性,判断是否需要调整设计方案。

场地分析 BIM 应用的实施流程如图 3.2 所示。

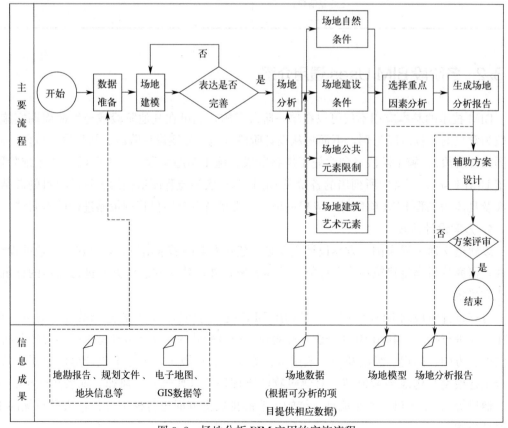

图 3.2 场地分析 BIM 应用的实施流程

(4) 应用成果及要求

场地分析 BIM 应用的成果及要求如下：

(a) 场地模型。模型应体现坐标信息、各类控制线（如用地红线、道路红线、建筑控制线）、地形表面、建筑地坪、场地道路等。

(b) 场地分析报告。报告应体现三维场地模型图像、场地分析结果，以及对场地设计方案或工程设计方案的场地分析数据对比。

2) 方案比选

(1) 应用目标

设计方案比选的主要目标是通过对各方案的可行性、功能性、美观性等方面进行对比分析，形成相应的方案比选报告，选择出最佳的设计方案。以轨道交通为例，基于 BIM 技术的方案设计比选是利用建模软件，通过设计资料或局部调整方式，形成多个备选的线路位置及车站类型模型，使线路位置及车站类型方案的沟通、讨论、决策在三维可视化场景下进行，直观、高效地决策出最佳设计方案。

(2) 资料准备

设计方案比选需要准备的资料包括：

(a) 各设计方案；

(b) 各方案设计模型；

(c) 二维设计图。

(3) 实施流程

设计方案比选的实施流程如下：

(a) 准备资料，并确保资料的准确性。

(b) 前期的设计模型，应包含方案的完整设计信息。采用二维设计图创建的模型，应当和方案设计图纸一致。

(c) 对多个备选方案模型进行对比，形成方案比选报告，选择最优的设计方案。

(d) 形成最终设计方案模型。

设计方案比选 BIM 应用的实施流程如图 3.3 所示。

(4) 应用成果及要求

设计方案比选 BIM 应用的成果及要求如下：

(a) 方案设计比选报告。报告应体现建筑项目各方案的三维透视图、轴测图、剖切图等，平面、立面、剖面等二维图纸，以及方案设计比选的对比说明，以此确定最优设计方案。

(b) 最优方案模型。模型应体现建筑主体外观形状、建筑层数高度、基本功能分隔构件、基本面积等。

## 2. 初步设计阶段

初步设计阶段是介于方案设计阶段和施工图设计阶段之间的过程，是对方案设计进行细化的阶段。在该阶段，完善建筑模型，并配合结构模型进行核查设计。依据完善后的模型生成平面、立面、剖面及节点大样图，形成初步设计阶段的土建、安装专业模型和初步

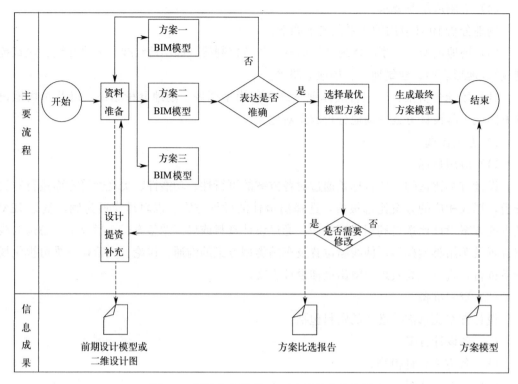

图 3.3 设计方案比选 BIM 应用的实施流程

设计二维图纸。在初步设计过程中依据 BIM 模型并通过管理平台进行沟通、讨论、决策等，在管理平台上交换图纸、模型等初步设计过程资料，提高设计资料共享的即时性、高效性。

1) 现场分析

（1）应用目标

以轨道交通现场分析应用为例，宜规避不良工程地质、水文地质地段，并宜减少房屋和管线拆迁，宜保护文物和重要建（构）筑物，同时应保护地下资源。地铁线路与相近建筑物距离应符合城市环境、风景名胜和文物保护的要求；地上线路必要时应采取针对振动、噪声、景观、隐私、日照的治理措施，并应满足城市环境相关的规定；地下线路应减少振动对周围敏感点的影响。

（2）资料准备

现场分析需要准备的资料包括：

(a) 方案设计阶段三维市政管线模型、三维水文地质模型、实景环境模型；

(b) 多点位勘测的地勘报告、市政管网资料、工程水文资料、建设地块信息；

(c) 电子地图（周边地形、建筑属性、道路用地性质等信息）、GIS 数据；

(d) 方案设计阶段的二维方案设计图。

（3）实施流程

现场分析 BIM 应用的实施流程如下：

(a) 收集数据,并确保方案设计阶段三维模型数据的准确性;

(b) 创建建筑、结构几何尺寸的信息模型,分析车站站位及区间隧道与周边环境的物理尺寸关系,得出分析结论报告和相关数据;

(c) 输出二维初步设计方案设计图。

现场分析 BIM 应用的实施流程如图 3.4 所示。

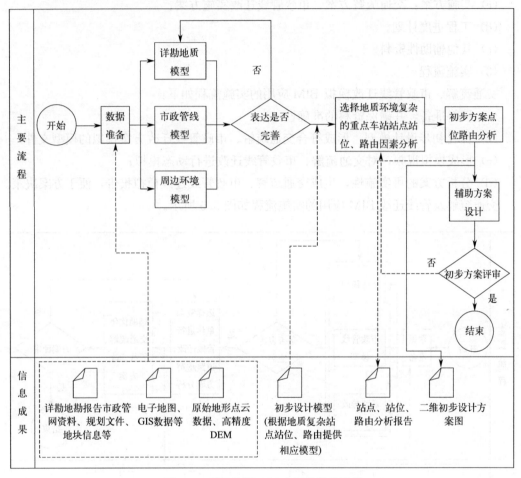

图 3.4 现场分析 BIM 应用的实施流程

(4) 应用成果及要求

现场分析 BIM 应用的成果及要求如下:

(a) 建筑结构和现场分析相融合的建筑信息模型。

(b) 二维初步设计方案图,为施工图设计提供设计模型和依据。图纸深度应满足初步设计阶段制图标准的要求。

2) 工程分析

(1) 应用目标

利用模型分阶段模拟并优化管线迁改和道路交通方案,利用模拟视频清晰表达交通疏解、管线迁改方案随进度计划变化的状况,反映各施工阶段存在的重点难点,检查并优化方案，辅助工程筹划。

(2) 资料准备

交通疏解、市政管线迁改模拟需要准备的资料包括：

(a) 三维信息模型：初步设计建筑物、场地环境等模型文件。

(b) 二维设计图纸：地形图、交通疏解方案图、市政各专业管线图等二维图纸。

(c) 实施方案：交通疏解方案、市政管线迁改实施方案。

(d) 工程进度计划。

(e) 其他辅助性资料。

(3) 实施流程

交通疏解、市政管线迁改模拟 BIM 应用的实施流程如下：

(a) 资料准备，并确保资料的准确性；

(b) 深化初步设计模型，形成符合交通疏解、市政管线迁改方案模拟的模型文件；

(c) 形成模拟视频，对交通疏解、市政管线迁改进行动态模拟；

(d) 分析方案的可实施性，生成交通疏解、市政管线迁改模拟报告，便于方案决策。

交通疏解及管线迁改 BIM 应用的实施流程如图 3.5 所示。

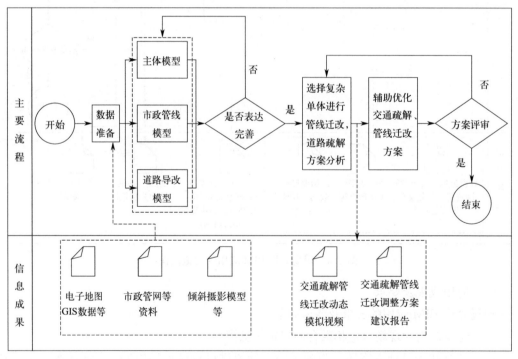

图 3.5 交通疏解及管线迁改 BIM 应用的实施流程

(4) 应用成果

交通疏解、市政管线迁改模拟 BIM 应用的成果及要求如下：

(a) 模型文件：交通疏解方案模型、市政各专业管线模型、周边环境模型、其他辅助性模型。

(b) 方案模拟视频：交通疏解方案模拟视频、市政管线迁改模拟视频。

(c) 方案模拟分析报告。

**3. 施工图设计阶段**

施工图设计是建筑项目设计的重要阶段，是项目设计和施工的桥梁。该阶段主要通过施工图图纸及模型，表达建筑项目的设计意图和设计结果，并作为项目现场施工制作的依据。

施工图设计阶段的 BIM 技术应用是各专业模型创建并进行优化设计的复杂过程。各专业信息模型包括建筑、结构、给水排水、暖通、电气等专业。在此基础上，根据专业设计、施工等知识框架体系，进行碰撞检测、三维管线综合、竖向净空优化等基本应用，完成对施工图阶段设计的多次优化。针对某些会影响净高要求、检修空间、安装空间的重点部位，进行具体分析并讨论，优化安装工程系统空间走向排布、净空高度、检修空间和安装空间等。

1）3D 协调

（1）应用目标

三维管线综合优化的主要目的是基于各专业模型，应用建模软件检查施工图设计阶段各专业管线之间的碰撞、管线与建筑结构的碰撞、管线与装修吊顶的碰撞，完成建筑物设计图纸范围内各专业管线布设与建筑、结构平面布置和竖向高程相协调的三维协同设计工作，避免各类冲突与碰撞，将设计阶段模型传递到施工阶段使用。其应用目标是优化管线综合路由，节省建筑空间净高，消除二维设计平面的差、漏、碰、错等问题，为深化设计、工厂预制加工、设计交底提供依据。

（2）资料准备

三维管线综合优化 BIM 应用需要准备的资料包括：

(a) 各专业模型；

(b) 各专业二维图纸（平面、立面、剖面）。

（3）实施流程

三维管线综合优化 BIM 应用的实施流程如下：

(a) 准备资料，并确保资料的准确性；

(b) 整合建筑、结构、通风空调、强弱电、给水排水及消防等专业模型，形成整合模型；

(c) 根据排布基本原则，逐一调整各专业模型，确保各专业之间的碰撞问题得到解决；

(d) 利用建模软件，检查模型中的碰撞，生成碰撞检测报告，再次确保整个模型各专业之间的冲突与碰撞问题得到解决。

三维管线综合优化 BIM 应用的实施流程如图 3.6 所示。

（4）应用成果

三维管线综合优化 BIM 应用的成果及要求如下：

(a) 优化后的各专业模型；

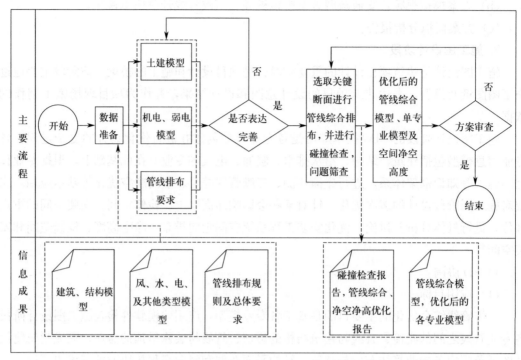

图 3.6　三维管线综合优化 BIM 应用的实施流程

(b) 优化报告。报告应确保整个模型各专业之间无碰撞，记录复杂节点碰撞解决方案，对空间冲突、管线综合优化前后进行对比说明。

2) 预留预埋检查

(1) 应用目标

依据管线综合优化后的模型梳理墙、梁、板及二次结构的孔洞预留和预埋件布置情况，输出预留预埋图，实现预留洞口和预埋件的提前检查，避免延误工期和工程质量隐患。

(2) 资料准备

预留预埋检查 BIM 应用需要准备的资料包括：

(a) 全专业模型文件；

(b) 孔洞预留预埋相关规范；

(c) 其他辅助性资料。

(3) 实施流程

预留预埋检查 BIM 应用的实施流程如下：

(a) 收集资料，并确保资料的准确性；

(b) 审核模型与设计图纸、竣工实体的一致性；

(c) 梳理孔洞预留和预埋件的布置情况；

(d) 分析孔洞预留和预埋件的准确性；

(e) 输出预留预埋图，辅助二维标识和标注，使之满足施工图设计深度及施工图制图标准。

预留预埋 BIM 应用的实施流程如图 3.7 所示。

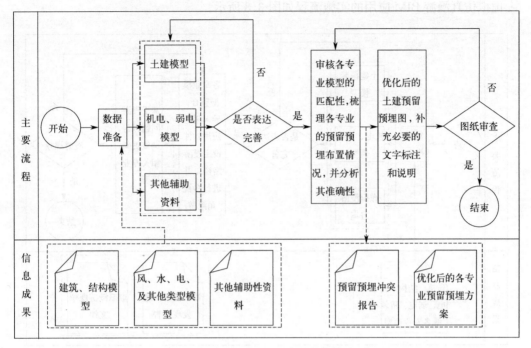

图 3.7 预留预埋 BIM 应用的实施流程

（4）应用成果

预留预埋检查 BIM 应用的成果如下：

(a) 梳理后的模型文件；

(b) 预留预埋二维图。

3）虚拟仿真漫游

（1）应用目标

虚拟仿真漫游是利用建模软件模拟地铁车站内的三维空间，通过人的视角在 BIM 模型中行走漫游，展现站内空间环境，及时发现并修改设计中的错误，避免由于事先考虑不周导致成本浪费，有利于设计人员与管理人员对设计方案进行辅助设计与方案评审，提高设计质量。

（2）资料准备

整合后的各专业 BIM 模型。

（3）实施流程

虚拟仿真漫游 BIM 应用的实施流程如下：

(a) 检查各专业模型，确定模型的准确性；

(b) 将整个模型导入漫游动画制作软件；

(c) 设定视角和漫游路径，视角路径应展示出站内各专业空间位置和设计效果（包含设备区和公共区），能展现出车站建设完成后的真实空间布置；

(d) 将软件中的漫游文件输出为通用格式的视频文件，并保存视频制作成果文件，以备后期的调整与修改。

虚拟仿真漫游 BIM 应用的实施流程如图 3.8 所示。

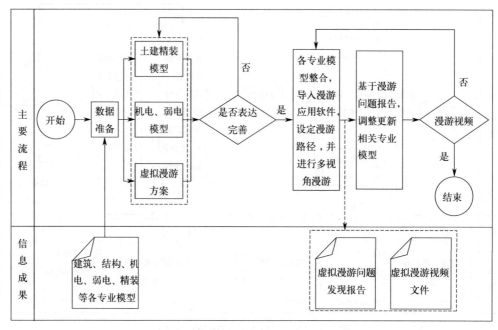

图 3.8 虚拟仿真漫游 BIM 应用的实施流程

（4）应用成果

虚拟仿真漫游 BIM 应用的成果及要求如下：

（a）视频格式文件。视频应流畅清晰，能够反映出站内各专业空间位置关系，能形象地表达出设计意图和设计效果。

（b）模型文件。包括车站各专业完整模型、相机视图和路径曲线。

4）模型封装及出图

（1）应用目标

施工图设计阶段的模型封装是指对本阶段创建的土建工程模型和安装工程模型进行综合管线优化设计后，在三维模型中要标注详细几何尺寸并录入此阶段的相关信息，标注的尺寸及信息要符合此阶段制图标准规定的设计要求，完成优化设计后进行碰撞检测校核、审查和各专业集中会签后，模型完成封装。

出图是指模型封装完成后，以剖切三维设计模型为主，二维绘图为辅，局部借助三维透视图和轴测图的方式输出二维施工图。

（2）资料准备

模型封装及出图需要准备的资料包括：

（a）初步设计的土建专业模型；

（b）初步设计的安装专业模型。

(3) 实施流程

模型封装及出图 BIM 应用的实施流程如下：

(a) 收集资料，并确保资料的准确性。

(b) 审查各专业模型是否符合模型创建要求，并将模型进行整合，进行模型标注及信息录入，检查碰撞。

(c) 优化综合管线设计，检查复核模型差、漏、碰、错等情况，进行模型审核封装。

(d) 剖切土建专业模型，创建相关的施工图设计图纸，如：平面图、立面图、剖面图、门窗大样图、局部放大图等。辅助二维标识和标注，使之满足施工图设计深度。对于局部复杂的空间，宜增加三维透视图和轴测图辅助表达。

(e) 剖切安装专业模型，创建相关的施工图设计图纸：平面图、立面图、剖面图、局部放大图等。辅助二维标识和标注，使之满足施工图设计深度。以土建专业平面图为底图，创建相关的施工图设计平面图纸。辅助二维标识和标注，使之满足施工图设计深度及施工图制图标准。

(f) 复核各专业图纸，确保图纸的准确性。

施工图设计阶段模型封装及出图 BIM 应用的实施流程如图 3.9 所示。

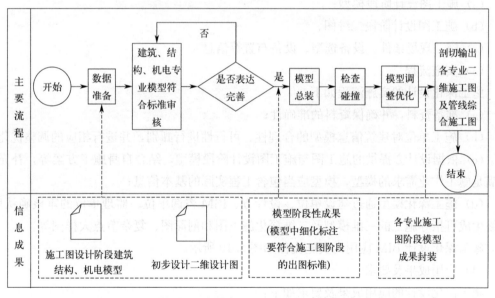

图 3.9　施工图设计阶段模型封装及出图 BIM 应用的实施流程

(4) 应用成果及要求

模型封装及出图 BIM 应用的成果及要求如下：

(a) 各专业模型。各专业模型应当符合各专业设计规范及相关标准中的要求。

(b) 整合模型。整合模型检查应当无碰撞。

(c) 各专业施工图设计图纸。图纸深度应当满足本专业施工图设计阶段要求。

**4. 施工准备阶段**

施工准备阶段广义上是指从建设单位与施工单位签订工程承包合同开始到工程开工为

止。在实际项目中,每个分部分项工程并非同时进行,一般情况下,施工准备阶段贯穿整个项目施工阶段。主要工作内容是为工程的施工建立必需的技术条件和物质条件,统筹安排施工力量和施工现场,使工程具备开工和施工的基本条件。施工准备工作是建筑工程施工顺利进行的重要保证。

施工准备阶段的 BIM 应用价值主要体现在施工深化设计、施工场地规划、施工方案模拟及构件预制加工等方面。该阶段的 BIM 应用对施工深化设计的准确性、施工方案的虚拟展示以及预制构件的加工能力等方面起指导作用。施工单位应结合施工工艺及现场管理需求对施工图设计阶段模型进行信息添加、更新和完善,以得到满足施工需求的施工作业模型。

1) 施工深化设计

(1) 应用目标

施工深化设计的主要目的是提升模型的准确性和可校核性,将施工操作规范与施工工艺融入施工阶段模型,使施工模型满足施工作业的需求,指导现场施工。

(2) 资料准备

施工深化设计需要准备的资料包括:

(a) 施工图设计阶段模型;

(b) 施工图设计阶段二维图;

(c) 施工现场条件、设备选型、设备布置等信息。

(3) 实施流程

施工深化设计的实施流程如下:

(a) 准备资料,并确保资料的准确性;

(b) 施工单位对建筑信息模型的合理性、可行性进行甄别,并进行相应的调整优化;

(c) 依据设计方提供的施工图与施工图设计阶段模型,结合自身施工方案等,补充完善满足施工作业需求的模型,模型应当包含工程实际的基本信息;

(d) 施工深化模型通过建设单位、设计方、BIM 咨询单位、监理单位的审核确认后,最终生成可指导施工的三维模型及二维深化施工图和剖面图、复杂节点大样图等。

施工深化设计 BIM 应用的实施流程如图 3.10 所示。

(4) 应用成果及要求

施工深化设计的应用成果及要求如下:

(a) 施工深化模型。

(b) 深化施工图及剖面图。施工图及节点图应当清晰表述深化后模型的内容,满足施工条件的要求。

其中,优化后的管线排布平面图和剖面图,应当精确标注各类管线的具体位置。

2) 预制构件及深化

(1) 应用目标

预制构件深化设计的应用目标为:

(a) 提高设计深度,为构件工厂化加工提供依据;

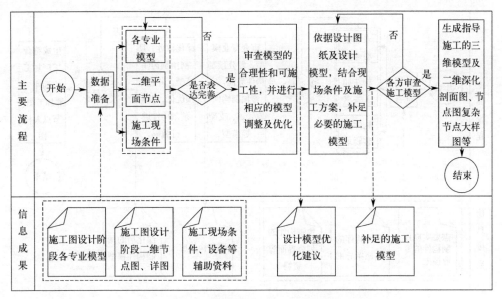

图 3.10 施工深化设计 BIM 应用的实施流程

(b) 逐步实现工厂化预制加工、装配式安装。
(2) 资料准备
预制构件深化设计需要准备的资料包括：
(a) 施工设计文件及模型；
(b) 构件加工及安装工艺要求；
(c) 其他必要的相关资料。
(3) 实施流程
预制构件深化设计的实施流程如下：
(a) 收集资料；
(b) 确定预制构件的划分界面；
(c) 完善预制构件库模型，包含管道、支架等构件；
(d) 预制构件深化设计 BIM 模型；
(e) 深化设计 BIM 模型的分析优化；
(f) 预制构件 BIM 模型应符合安装及后期维护的要求；
(g) 对预制构件进行编码；
(h) 生成符合工厂化加工要求的构件二维加工图纸及大样图。
预制构件及深化 BIM 应用的实施流程如图 3.11 所示。
(4) 应用成果
预制构件深化设计的应用成果如下：
(a) 预制构件模型的构件库；
(b) 预制构件深化设计模型；
(c) 预制构件编码；

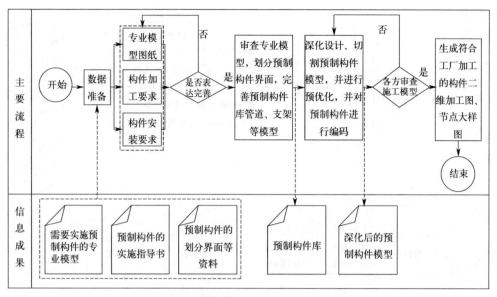

图 3.11 预制构件及深化 BIM 应用的实施流程

(d) 预制构件二维加工图纸及大样图。

3) 重点工序、工艺、工法模拟

(1) 应用目标

在施工细部图纸的基础上利用 BIM 技术对施工中重点工序、工艺、工法进行可视化模拟，将重点工序、工艺、工法的规范施工流程融入施工信息模型，从而明确施工步骤，展示施工难点，进而合理安排工序，提高施工质量和效率。

(2) 资料准备

重点工序、工艺、工法模拟需要准备的资料包括：

(a) 施工图设计阶段模型；

(b) 施工单位的施工方案；

(c) 施工现场条件等。

(3) 实施流程

重点工序、工艺、工法模拟 BIM 应用的实施流程如下：

(a) 收集数据，并确保数据的准确性；

(b) 模型深化，施工单位依据设计方提供的施工图，结合自身施工特点及现场情况，建立可表示工程实体施工作业模型，并将技术、管理等方面施工过程附加信息添加到模型中，达到施工过程可演示程度；

(c) 结合工程项目的重点施工工序、工艺、工法的要求，对模型中重点施工部位按实际施工要求进行拆分，并附带现场施工环境、施工机械的运行方式、施工方法和顺序、所需临时及永久设施安装的位置等模型信息，达到工序、工艺和工法的前后衔接以及关键技术的模拟演示程度；

(d) 针对局部复杂的施工区域，进行 BIM 重点工序、工艺、工法模拟，生成方案模

拟报告,并与施工部门、相关专业分包协调施工方案;

(e) 生成施工过程演示模型及重点工序、工艺、工法的施工方案可行性报告。

重点工序、工艺、工法模拟 BIM 应用的实施流程如图 3.12 所示。

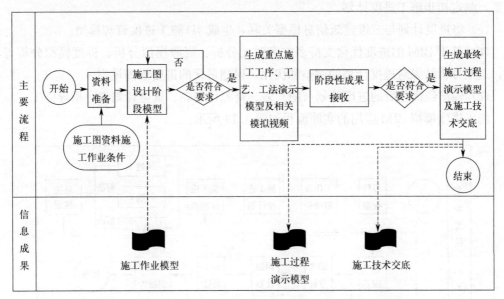

图 3.12 重点工序、工艺、工法模拟 BIM 应用的实施流程

(4) 应用成果及要求

重点工序、工艺、工法模拟的应用成果及要求如下:

(a) 施工过程演示模型。模型应当表示施工过程中重点工序、工艺、工法的施工顺序和相互关系及影响、施工资源、措施等施工管理信息。

(b) 施工技术交底。交底应当通过三维建筑信息模型指导重点工序、工艺、工法的施工。

4) 施工进度模拟

(1) 应用目标

基于 BIM 软件或管理平台按照工程项目的施工计划模拟现实的建造过程,在虚拟的环境下发现施工过程中可能存在的问题和风险,并针对问题对模型和计划进行调整和修改,进而优化施工计划。发生设计变更、施工图更改等情况,也可以快速地对进度计划进行自动同步修改。

(2) 资料准备

施工进度模拟需要准备的资料包括:

(a) 施工深化设计模型;

(b) 编制施工进度计划的资料及依据;

(c) 其他必要的数据资料。

(3) 实施流程

施工进度模拟 BIM 应用的实施流程如下:

(a) 收集工程资料。

(b) 将施工活动根据工作分解结构（Work Breakdown Structure，WBS）的要求，分别列出各进度计划的活动（WBS 工作包）内容。根据施工方案确定各项施工流程及逻辑关系，制定初步施工进度计划。

(c) 将进度计划与三维建筑信息模型关联，生成 4D 施工进度管理模型。

(d) 基于 BIM 的进度优化支持多方案对比分析、资源模拟分析、进度模拟分析等功能，运用分析结果对进度计划的调整和优化，得到最优的进度管理模型。

(e) 输出经优化后的进度计划（图）表、资源计划表、资金计划表，指导施工。

施工进度模拟 BIM 应用的实施流程如图 3.13 所示。

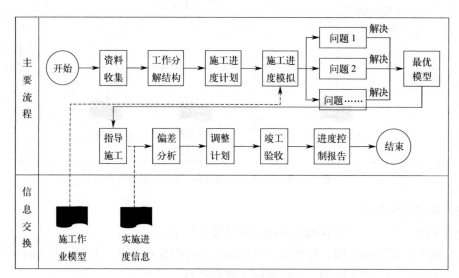

图 3.13　施工进度模拟 BIM 应用的实施流程

（4）应用成果

施工进度模拟 BIM 应用的成果如下：

(a) 4D 施工模拟模型；

(b) 优化后的进度计划及施工方案。

5）三维技术交底

（1）应用目标

利用 BIM 技术建立各分项工程模型，附带施工工艺、工序等信息，进行分项工程全过程模拟的可视化技术交底，以展现措施关键节点和关键工序的衔接，提早预警危险源，从而提高项目施工技术管理水平和施工效率。

（2）资料准备

三维技术交底需要准备的资料包括：

(a) 施工单位施工方案；

(b) 施工图深化设计阶段模型；

(c) 施工现场条件与设备选型等。

(3) 实施流程

三维技术交底 BIM 应用的实施流程如下：

（a）资料收集，并确保数据的准确性；

（b）模型深化，根据施工措施方案及项目设计图纸，建立实体模型，根据施工现场的实际施工工序将模型分解为各分项工程关键节点，并录入施工措施方案、进度等信息；

（c）模拟演示，对分项工程模型进行可视化模拟，着重显示质量验收项目，分步演示交叉施工，从而明确施工顺序，并进行交叉施工部位衔接、安全预警提示等管理；

（d）生成施工技术和安全交底，能够指导施工人员施工。

三维可视化技术交底 BIM 应用的实施流程如图 3.14 所示。

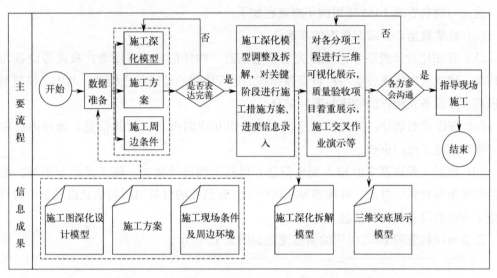

图 3.14　三维可视化技术交底 BIM 应用的实施流程

(4) 应用成果及要求

三维技术交底 BIM 应用的成果及要求如下：

（a）施工技术可视化交底及模拟模型。模型应当正确反映各分项工程部位以及施工顺序，以达到虚拟演示施工过程的效果。

（b）施工技术和安全交底。技术交底应当清晰表述施工内容，满足施工条件，并符合规范要求。

**5. 施工实施阶段**

施工实施阶段是指自工程开工至竣工的实施过程。主要内容是基于 BIM 技术进行科学有效的现场管理，完成合同规定的全部施工任务，以达到验收、交付的条件。

基于 BIM 技术的施工现场管理，将施工准备阶段完成的模型，配合选用合适的施工管理软件进行集成应用，对整个施工过程进行优化和控制，有利于提前发现并解决工程项目中的潜在问题，降低及减少施工过程中的不确定性和风险。同时，按照施工顺序和流程模拟施工过程，可以对工期进行精确地计算、规划和控制，也可以对人、机、料、法等施工资源统筹调度、优化配置，实现对工程施工过程交互式的可视化和信息化管理。

1) 设备与材料管理

(1) 应用目标

运用BIM技术实现按施工作业面配料的目的，实现施工过程中设备、材料的有效控制，提高工作效率，减少浪费。

(2) 资料准备

设备与材料管理需要准备的资料包括：

(a) 施工深化设计模型；

(b) 设备与材料信息。

(3) 实施流程

设备与材料管理BIM应用的实施流程如下：

(a) 收集数据，并确保数据的准确性。

(b) 在深化设计模型中添加或完善楼层信息、构件信息、进度表、报表等设备与材料信息。建立可以实现设备与材料管理和施工进度协同的建筑信息模型。其中，该模型应可追溯大型设备及构件的物流与安装信息。

(c) 按作业面划分，从建筑信息模型中输出相应的设备、材料信息，通过内部审核后，提交给施工部门审核。

(d) 根据工程进度实时输入变更信息，包括工程设计变更、施工进度变更等。输出所需的设备与材料信息表，并按需要获取已完工程消耗的设备与材料信息以及下个阶段工程施工所需的设备与材料信息。

设备与材料管理BIM应用的实施流程如图3.15所示。

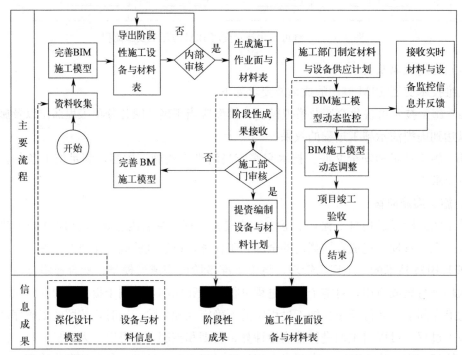

图3.15 设备与材料管理BIM应用的实施流程

(4) 应用成果及要求

设备与材料管理 BIM 应用的成果及要求如下：

(a) 施工设备与材料管理模型。在施工实施过程中，应不断完善模型构件的产品信息及生产、施工、安装信息。

(b) 施工作业面设备与材料表。建筑信息模型可按阶段性、区域性、专业类别等方面输出不同作业面的设备与材料表。

2）质量与安全管理

(1) 应用目标

基于 BIM 技术的质量与安全管理是通过现场施工情况与模型的比对，提高质量检查的效率与准确性，并有效控制危险源，进而实现项目质量、安全可控的目标。

(2) 资料准备

质量与安全管理需要准备的资料包括：

(a) 施工深化设计模型或预制加工模型；

(b) 质量管理方案、计划；

(c) 安全管理方案、计划。

(3) 实施流程

质量与安全管理 BIM 应用的实施流程如下：

(a) 收集数据，并确保数据的准确性。

(b) 根据施工质量、安全方案修改完善施工深化设计或预制加工模型，生成施工安全设施配置模型。

(c) 利用建筑信息模型的可视化功能准确、清晰地向施工人员展示及传递建筑设计意图。同时，可通过施工过程模拟，帮助施工人员理解、熟悉施工工艺和流程，并识别危险源，避免由于理解偏差造成施工质量与安全问题。

(d) 实时监控现场施工质量、安全管理情况，并更新施工安全设施配置模型。

(e) 对出现的质量、安全问题，在建筑信息模型中通过现场相关图像、视频、音频等方式关联到相应构件与设备上，记录问题出现的部位或工序，分析原因，进而制定并采取解决措施。同时，收集、记录每次问题的相关资料，积累对类似问题的预判和处理经验，为日后工程项目的事前、事中、事后控制提供依据。

质量与安全管理 BIM 应用的实施流程如图 3.16 所示。

(4) 应用成果及要求

质量与安全管理 BIM 应用的成果及要求如下：

(a) 施工安全设施配置模型。模型应准确表达大型机械安全操作半径、洞口临边、高空作业防坠保护措施、现场消防及临水临电的安全使用措施等。

(b) 施工质量检查与安全分析报告。施工质量检查报告应包含虚拟模型与现场施工情况一致性比对的分析，施工安全分析报告应记录虚拟施工中发现的危险源与采取的措施，以及结合模型对问题的分析与解决方案。

3）设备设施构件管理

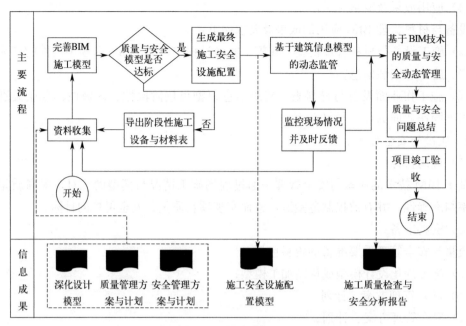

图 3.16 质量与安全管理 BIM 应用的实施流程

（1）应用目标

各专业设施设备构件管理是在设备采购招标的基础上，创建设施设备模型并录入属性信息，使其满足竣工阶段模型深度要求，并有利于建筑空间的合理布置和设施设备的有序管理。

（2）资料准备

设备设施构件管理需要准备的资料包括：

（a）设备设施构件图纸；

（b）设备采购信息；

（c）其他相关资料。

（3）实施流程

设备设施构件管理 BIM 应用的实施流程如下：

（a）收集资料；

（b）按照采购招标的设施设备型号进行构件模型的创建，组织进行构件模型的审核，根据提出的意见及时修改完善模型；

（c）利用创建的构件模型，进行设备用房等的空间布局优化、创建施工模型；

（d）根据设施设备生产、运输、进场验收、安装等的进度，随时在施工模型内添加信息，最终生成竣工模型。

施工阶段设施设备构件管理 BIM 应用的实施流程如图 3.17 所示。

（4）应用成果

设备设施构件管理的应用成果为设施设备构件模型。

4）设备设施编码及管理

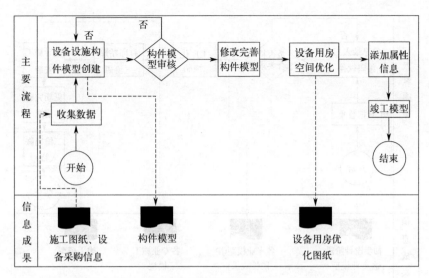

图 3.17 施工阶段设备设施构件管理 BIM 应用的实施流程

(1) 应用目标

将 BIM 技术和二维码技术与传统的工程管理流程相结合，提升建设单位、施工单位、运维管理单位对设施设备的管理水平和效率，进而加强设施设备在资产管理、资产移交、资产运维等各阶段的综合管理，从而实现设施设备的全生命周期管理。

(2) 资料准备

设备实施编码及管理需要准备的资料包括：

(a) 施工作业模型；

(b) 二维码生成及信息录入软件、设施设备编码规则及二维码使用管理办法、设施设备资产目录、设施设备的基础信息资料、信息存储服务器等。

(3) 实施流程

设备实施编码及管理的实施流程如下：

(a) 收集设施设备基础信息，并确保数据的准确性；

(b) 将设施设备信息录入二维码生成及信息录入软件，将二维码和预制加工构件大样图发给厂家进行工厂化加工；

(c) 施工作业人员使用手机扫描构件及设备二维码，查看施工信息，根据信息指导安装；

(d) 完善及更新二维码基础信息，将二维码的基础信息嵌入施工模型形成竣工资料，用于移交给运维单位；

(e) 运维单位根据施工模型准确地对设施设备信息进行查询、检索、统计、定位等，满足设施设备安装、检验、检测、验收、维修更换等使用要求。

设施设备编码及管理 BIM 应用的实施流程如图 3.18 所示。

(4) 应用成果及要求

设备实施编码及管理 BIM 应用的成果及要求如下：

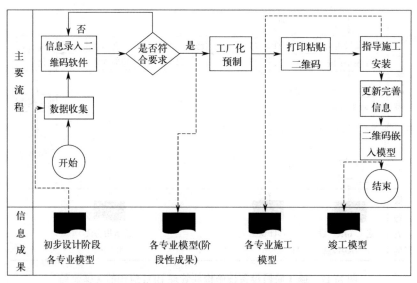

图 3.18　设施设备编码及管理 BIM 应用的实施流程

（a）施工二维码配置模型。模型应当与二维码进行关联，通过在模型中扫描二维码，实现设施设备信息的施工顺序码、规格型号、关键参数、施工单位、生产商、供应商、生命周期、检修记录等属性信息快速查询。

（b）二维码标签。每台设施设备对应唯一的一个二维码标签，且二维码标签应在设施设备的明显易见处粘贴，通过现场扫描二维码标签，实现设施设备信息的快速查询。

### 6. 竣工阶段

1）竣工模型创建及完善

（1）应用目标

创建的 BIM 模型应支持几何信息和非几何信息的有效传递，满足各专业模型等级深度的要求。

（2）资料准备

竣工模型创建及完善需要准备的资料包括：

（a）施工过程模型；

（b）相关二维图纸及变更资料；

（c）工程实体的实际测量数据。

（3）实施流程

竣工模型创建及完善 BIM 应用的实施流程如下：

（a）收集二维图纸及变更资料；

（b）审查二维图纸的完整性、准确性、合规性是否符合要求；

（c）基于施工深化模型形成竣工模型；

（d）对模型的几何信息及非几何信息进行审查，完善模型相关信息；

（e）将形成的竣工模型与工程实体进行一致性检验，合格后形成终版竣工模型，并向下游传递。

竣工模型创建及完善 BIM 应用的实施流程如图 3.19 所示。

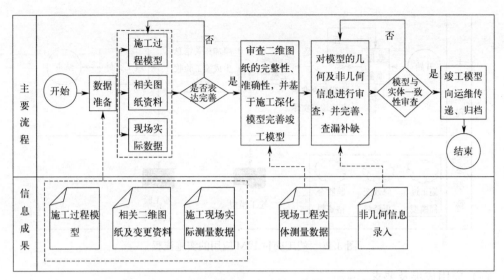

图 3.19　竣工模型创建及完善 BIM 应用的实施流程

（4）应用成果及要求

竣工模型创建及完善 BIM 应用的成果及要求如下：

（a）竣工模型：基于施工深化模型形成与工程实体一致的竣工模型文件，模型应当准确表达构件的几何信息、材质信息、厂家信息以及施工安装信息等。其中，对运营无指导意义的内容，不宜过度建模。

（b）其他竣工资料：应保证资料数据的准确性和唯一性。

2）竣工交付

（1）应用目标

在项目竣工验收时，应将竣工验收信息添加到施工作业模型，并根据项目实际情况进行修正，以保证模型与工程实体的一致性、完整性、准确性，进而形成竣工模型，以满足交付及运维基本要求。

（2）资料准备

竣工模型、信息验收交付需要准备的资料包括：

（a）施工作业模型；

（b）施工过程中变更资料。

（3）实施流程

竣工交付 BIM 应用的实施流程如下：

（a）收集数据，并确保数据的准确性；

（b）相关人员在检查竣工验收资料时，应当检查施工作业模型是否能准确表述竣工工程实体，如表述不准确或不完整，应当修改并完善建筑信息模型相关信息，以形成竣工模型；

(c) 所需的竣工验收资料宜通过建模软件导出或自动生成。

竣工交付 BIM 应用的实施流程如图 3.20 所示。

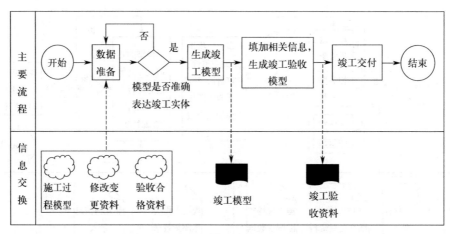

图 3.20 竣工交付 BIM 应用的实施流程

(4) 应用成果及要求

依据建设单位要求进行竣工交付即可。

### 7. 运维阶段

在运维管理阶段，使用 BIM 技术应结合自动化控制技术、物联网、智慧运营等技术，提高运维管理的直观性、空间性和数据集成性，使设计阶段、施工建造阶段的信息得到有效传递、充分利用并共享至该阶段，在提升运维及维护单位管理能力的同时，进一步提高运维管理信息化水平，降低运维成本，提高设备维护及维修效率，实现运维管理平台化、信息化、智能化、移动化。

运维阶段的 BIM 应用主要包括运维管理平台建设、资产设备管理、设备运行管理、安全管理等应用，本节所描述的运维阶段 BIM 应用可根据具体运维阶段的需求补充并完善。

1) 资产设备管理

(1) 资产设备管理

利用运维阶段信息模型对资产进行信息化管理，提高资产信息化管理能力及水平，利用运维模型数据，评估、改造和更新资产的费用，建立维护和模型关联的资产数据库。

(2) 资产信息查询

基于运维阶段信息模型，通过运维管理平台，按资产设备编号、名称、类型、属性等不同信息搜索查询资产信息，将查询结果快速定位至设备所在位置，实现资产信息与资产可视化紧密结合。此外，资产设备信息关联设计、建造、运维各阶段的相关文档，实现设备资料全生命周期管理。

(3) 资产成本分析

通过运维管理平台，对资产成本信息按照不同的系统、范围、属性等进行分类统计和汇总，辅助生成企业的资产财务报告，分析模拟特殊资产更新和替代的成本测算。

(4) 资产物流管理

基于运维阶段信息模型,对供应商管理、出入库管理及采购管理等资产信息的更新、替换或维护过程进行动态显示,并更新模型相关信息数据,形成完善的资产数据库。

2) 设备运行管理

将已有设备系统及其他智能化系统与运维管理平台对接,形成基于 BIM 技术的运行管理系统和运行管理方案,实施设备运行及维护的信息化管理。

(1) 日常巡检

利用运维阶段信息模型,制定及优化设施设备日常巡检路线,减少现场巡检频次,降低人力成本。

(2) 实时监控

利用运维阶段信息模型与检测系统对换乘客流、列车运行、杂散电流、隧道施工等进行实时监控,预防可能发生的安全隐患。

(3) 维保管理

编制维保计划。利用运维阶段信息模型,结合设备实际运行需求,制定设备的维保计划。

(4) 定期维修

利用运维阶段信息模型,结合模型中设备的相关属性,按维保计划要求对设备进行维护保养,确保设备始终处于正常状态。

(5) 报修管理

利用运维阶段信息模型,结合故障范围和情况,快速确定故障位置及故障原因,及时处理设备运行故障。

(6) 维护更新设施设备数据

及时记录和更新运维阶段信息模型的运维计划、运维记录(如更新、损坏、老化、替换、保修等)、成本数据、厂商数据和设备功能等其他数据。

(7) 能源管理

利用运维阶段信息模型,实现与能耗设备对接,对运维管理范围内的能耗监测数据进行分类展示、监测,并对能耗数据进行分析汇总,对异常能源使用情况进行警告或者标识。

8. 其他 BIM 应用

1) 建筑物(预测性)维修计划

这是一个在建筑物设施的整个寿命期,对建筑的结构(墙、板、屋顶等)和服务设备(暖通、电气、水等)的功能进行维护保持的过程。一个成功的维修计划会提升建筑物的表现性能,减少修复,并且减少整体维护成本。

2) 建筑系统分析

这是一个衡量建筑性能与指定设计的比较过程,包含一个通风系统的运作模式和一个建筑物使用了多少能源。这项分析的其他方面包括但不限于通风立面研究、照明分析、内部和外部 CFD(Computation Fluid Dynamic,流体动力学分析)以及日光分析。

3) 资产管理

这是一个有组织的管理系统与记录模型双向链接的过程,以提高设施及其资产的维护和运行效率。包含物理建筑、系统、周边环境和设备资产的维护、升级和运营,必须以成本—效益最大的方式满足所有者和使用者的需求。资产管理可以辅助进行财务决策、短期和长期规划,并且生成有计划的工作清单。资产管理利用记录模型中包含的数据来填充资产管理系统,用于确定更改或升级建筑物资产的成本应用程序,基于财务报税目的分离资产花费,并维护当前的综合数据库,该数据库可以生成一个公司资产的价值。双向链接可以让用户在减少其服务期时,仍能够在模型中浏览资产。

4) 空间管理和追踪

这是一种用 BIM 来有效地分配、管理和追踪设施内适当空间和相关资源的过程。一个设施的建筑信息模型有利于资产管理团队分析空间目前的使用情况,并有效地将过渡计划管理应用于任何适用的变化。这类用途在一个工程的建筑部分仍被占用的项目翻新期间特别适用。空间管理和追踪能确保设施在整个生命期内适当分配空间资源,这种应用有利于记录模型的利用,通常需要与空间跟踪软件集成。

5) 应急管理

这是一种应急响应人能够通过模型和信息的形式,访问关键建筑信息的过程。BIM 将向响应人提供关键的建筑信息,从而提高响应的效率,并将安全风险降至最低。建筑自动化系统(Building Automation System,BAS)可以提供动态的建筑信息,而平面图和设备示意图等静态的建筑信息会留在 BIM 模型中。两个系统通过无线网络连接集成,应急响应人通过无线网络连接到整个系统内。与 BAS 相结合的 BIM 能够清楚地显示出紧急状况发生在建筑物的哪个位置,并给出通往该区域可能的路线,以及该建筑物内任何其他有害位置。

6) 记录建模

这是一种用于准确描述设施的物理条件、环境和资产的过程。记录模型至少应包含与建筑、结构和机电元素相关的信息。它是整个工程所有建筑模型的终点,包括将运营、维护和资产数据链接至竣工模型(由设计、施工、4D 协调模型和分包商制造模型),并将记录模型移交给业主和设施管理者。如果在未来,所有者倾向使用信息,那包含设备和空间计划系统的额外信息也是必要的。

### 3.3.3 不同体系下的应用点区别

#### 1. 中国 BIM 应用情况与交付标准

2016 年 12 月 2 日,中华人民共和国住房和城乡建设部发布国家标准《建筑信息模型应用统一标准》GB/T 51212—2016,该标准作为我国第一部建筑信息模型应用的工程建设标准,提出了建筑信息模型应用的基本要求,是建筑信息模型应用的基础标准,也是我国建筑信息模型应用及相关标准研究和编制的依据。通过这部标准,可以看出我国 BIM 应用标准实现计划从建筑专业标准出发,拟通过三个层次来展开研究,分别为专业 BIM、阶段 BIM（包括工程规划、勘察与设计、施工、运维阶段）和项目 BIM 或全生命期 BIM。在当前中国建筑软件发展的前提下，通过上述三个层次的过程，从专业 BIM 技术与标准的研究出发，以改造现有的专业软件为原则，形成各专业 BIM；在一定阶段后集成专业 BIM，形成阶段 BIM；最后在各阶段 BIM 的基础上，连通起来从而形成项目全生命周期 BIM，最终实现 BIM 在我国的发展。上述三个层次的实施框架是我国 BIM 标准编制的技术路线与工作方法，通过专业—阶段—全生命三个阶段来逐步实现 BIM 标准。在这三个阶段中，最重要的是如何结合当前市场中的应用软件来达到建筑项目全生命过程中上下游数据的有效传递与应用。在专业阶段需要对 BIM 数据存储格式、存储需求、存储数据的完备性等开展研究，在其基础上根据我国划分的建筑过程对各阶段的 BIM 进行细化分析，从规划—勘察与设计—施工—运维四个阶段逐步细化，每个细化过程主要完成的任务包括：①根据上游的数据，创建并提供下游的数据；②开发本阶段的 BIM 应用软件，结合具体案例体现 BIM 在该阶段的应用价值；③研究本阶段现有的国家专业规范。待各阶段的 BIM 达到完全可实施阶段，则可通过集成阶段 BIM 完成全生命的 BIM 应用。

因此，从以上我国 BIM 标准体系的描述中可以发现，我国 BIM 技术应用的总体性目标是：通过在项目全生命周期应用 BIM 技术，全面提升建筑项目管理水平，提高项目质量、缩短建设工期、减少资源浪费、控制工程投资；获得管理效益、技术效益、经济效益；在运维阶段，创建基础数据模型和运维管理系统，方便设施设备等资产运维管理；最终，基于各阶段、各参与方的 BIM 模型，形成 BIM 大数据系统，实现项目全过程 BIM 管理。总体性目标分规划—设计—施工—运维四个阶段实施，各阶段应用目标如下。

1) 工程规划阶段

现状分析：根据现状图纸创建场地现状模型，按照规划要求在模型中创建用地红线及道路红线，生成面积指标。做好总图规划、竖向规划、道路交通规划、绿地景观规划及管线综合规划，进行概念设计，建立建筑初步 BIM 模型。

场地分析：根据项目的地理位置采集项目所在地的采光信息及气候数据，在 BIM 模型数据基础上利用分析软件进行气候分析和环境影响评估；根据项目情况进行交通影响模拟。

成本估算：应用 BIM 信息化功能，整合相关信息，获取较为准确的土建工程量，可以直接计算项目的土建造价，也可以分析方案调整后项目成本的变化情况，通过比对不同方案的造价差异，为项目决策者提供可靠的数据参考。

规划编制：应用 BIM 模型、管线碰撞报告工程量及经济技术指标统计表等 BIM 技术的成果编制设计任务书等。

2) 工程设计阶段

可视化设计：可视化设计即将建筑及构件在设计阶段以三维方式呈现，以避免传统二维图纸表达抽象的缺点。传统的图纸设计需要设计者先构思出所需设计的建筑及构件的立体图，然后再通过立体图去设计二维图纸。在图纸审查或按图施工时，工作人员需要对图纸进行二次理解。不同人员对图纸的理解或有偏差，施工成果很可能和设计意图存在出入。而通过 BIM 技术直接进行三维设计，实现"所见即所得"的效果，既减少后续工作中人员对图纸的理解偏差，又实现了施工中设计图纸的精准表达。在设计过程中，通过BIM 的漫游功能，创建动画演示，业主可以直观地预览工程的设计现状，在虚拟空间三维可视图纸中迅速找到不满足需求的地方，及时提出修改意见，避免后期不必要的工程变更。

碰撞检查：工程中碰撞的类型有两种：第一种是设备内部各专业的碰撞，例如，管线与机电设备之间的碰撞；第二种是建筑、结构专业与设备专业的碰撞，例如，没有预留孔洞，就会出现管道与墙体的碰撞。对于工程量大且涉及专业比较复杂的工程，仅通过人工审查，不可能准确而高效地找出碰撞点。通过将建筑、结构、机电、水暖等专业的 BIM 模型整合在一起，进行管线碰撞检测。运用 BIM 软件可以生成碰撞报告，根据碰撞报告确定碰撞部位，对碰撞部位进行优化设计。

规范审查：随着建筑的复杂化，传统消防设计审查表现出了效率低、客观性差等缺点，消防规范设计审查对于保障建筑消防安全具有十分重要的意义。运用 BIM 相关软件建立的三维模型，包含较为全面的建筑信息，如建筑构件的材质、尺寸、防火等级等信息。同时 BIM 可实时定位消防构件及监控其运行状态。在软件中依据规范设置审查条件，经过数据对比，输出审查报告，设计人员依据审查报告进行设计修缮，实现整个审查过程的高效性和完整性。

3）工程施工阶段

施工模拟：施工是指运用 BIM 技术对项目施工过程进行模拟。将建造过程、施工顺序等信息导入信息模型，可以对施工过程进行可视化模拟，利用模拟对施工方案进行可行性验证，优化施工组织设计。技术交底中，BIM 三维可视化技术有助于施工人员直观理解整个施工过程。

工程量统计：工程量统计在施工过程中的应用包括进度计量、中期付款等。BIM 是一种综合成本、材料和进度的建筑信息模型。利用 Revit 和广联达软件，可以实现一定时期、一定过程的数量、成本统计，并以报表形式呈现。

进度计划：将 BIM 与进度计划相结合，可以模拟施工进度。在 BIM 模型中加入时间信息，可以形成一个直观的 4D 模型，能够准确反映整个施工过程。BIM4D 模型可以实现对整个项目的跟踪管理，将项目的当前进度与节点模型进行比较，当进度滞后时，及时提出优化方案，并通过仿真施工验证方案的可行性。同时，BIM 模型可以对施工管理过程中的材料准备和人员安排提供精确的指导，实现施工材料的精确配置和人员的合理安排，从而实现施工过程的精细化管理。

竣工验收：在竣工验收阶段，各专业的竣工验收工作往往工程量巨大且专业面交叉，需要各专业验收人员协同工作，这种情况下容易出现验收项目的交叉与遗漏，导致验收效率不高；验收过程中因验收人员的经验不足，容易出现误判的情况。在验收过程中验收人员可以在 BIM 模型中提前确定好需验收的项目，然后指挥辅助验收人员至现场进行实地验收，辅助验收人员通过将现场实际情况与 BIM 模型作比较，来判断验收项目是否符合设计规范，验收人员同时对验收项目进行拍照记录，最终将验收结果上传云端，以备日后查验。

4) 工程运维阶段

维护管理：大型建筑中包含的机电设施数量巨大，各专业系统也较为复杂，将 BIM 技术应用到设施的维护管理中，会显著提高设施维护管理的效率和质量。BIM 模型中包含了机电设施的几何信息和性能信息，利用该模型可以将施工阶段的信息传递到运维管理阶段。运营过程中产生的信息也可以存储到该模型中，通过此平台各部门可以共享数据信息，协同合作。

消防救援：BIM 技术在火灾模拟、现场救援指挥、虚拟消防演习中有着重要的应用。传统的建筑火灾模拟都是通过 FDS（Fire Dynamics Simulator，火灾动力学模拟）软件进行的，此过程需要对待测试的建筑进行建模，建模过程中输入的参数较为模糊，其精度与实际情况有较大的差异，不能准确反映火灾发生时建筑的真实情况。而 BIM 模型中包含着建筑所有的空间信息、材质信息、周围环境信息等，无需二次建模，只需将 BIM 模型直接转化为火灾模型，即可实现对火灾情况的模拟。再借助 BIM 的三维漫游功能可实现救援路径、疏散路径的规划。通过 BIM 模型对火灾的模拟，可以帮助人们了解火灾来临时建筑的宏观情况，对疏散路径有一个正确的认识，以提高人们应对灾害的能力。

关于交付标准，现行国家标准《建筑信息模型应用统一标准》GB/T 51212—2016 中对 BIM 的交付与交换提出了原则性的要求，规定了模型数据交付前应进行正确性、协调性和一致性检查，任务相关方在模型数据建立前应商定数据互用的内容及格式，保证数据交付时的详细程度满足使用要求。现行国家标准《建筑信息模型设计交付标准》GB/T 51301—2018 在现行国家标准《建筑信息模型应用统一标准》GB/T 51212—2016 的基础上对交付的要求进一步细化，数据建立包含数据的命名规则和建模要求，明确规定了模型数据及其交付物的命名格式，例如，在现行国家标准《建筑信息模型设计交付标准》GB/T 51301—2018 中规定："电子文件的名称宜由项目编号、项目简称、模型单元简述、专业代码、描述依次组成，以半角下划线 '_' 隔开，字段内部的词组宜以半角连字符 '-' 隔开"，从而保证了数据交付时的统一性；建模要求中规定了建模坐标、建模精细度、信息粒度的相关标准，明确了各信息对象在不同精细度下的精细度要求。

**2. 国外 BIM 标准体系**

1) 英国 BIM 应用情况与交付标准

英国政府认为项目交付物不仅是建筑本身，还包括建筑信息模型，经营者和使用者通过数字化信息及应用数字化信息管理模式提高生产力、降低成本、减少信息重叠。英国政府预测，至 2025 年，使用 BIM 技术能使建设项目成本减少 33%，有害气体排放量减少 50%，生产效率提高 50%，能源耗费减少 50%。因此，英国 BIM 技术已成为建筑行业新的经济增长点，得到了政府的大力支持。英国"BIM 成熟等级"划分了企业不同深度的 BIM 应用，制定了统一的英国 BIM 应用标准、应用内容及过程，分为如下四个应用阶段：

（1）阶段 0 是二维的 CAD 纸质图纸的应用，尚未出现各专业协同合作。

（2）阶段 1 结合了传统二维施工图纸及纸质文件和三维模型，由承包商负责管理这些信息。在这一阶段，项目各参与方各自建立自己的信息库，无协作关系。

(3)阶段2（以下称 BIM Level2）是建立一定的协作关系。在英国的 BIM Task Group 的定义中，BIM Level2 包含着一系列特定领域的模型组合（如建筑、结构等），能作为一个完整的生态系统进行数据的存储和共享。在 BIM Level2 中，设计方需建立共享文件，任何项目的各参与方都有权查看最新的设计进展，据此修改自己的设计和对设计方的设计提出疑问。例如，建立模型时各参与方可不使用统一的核心模型，而是建立各自的模型系统，再将单独建立的模型合并，成为综合信息模型。信息交换是该阶段的关键因素。为实现高效的信息交换，PAS 1992—2：2013 中规定了信息交换的通用格式如 IFC 及 COBie 格式等。2016 年 4 月起，对所有政府项目均要求达到 BIM Level2。

(4)阶段3是建立完全的协同合作关系，为落实建筑业 2025 战略，英国政府于 2015 年 2 月进一步提出英国数字建筑战略（DBB，Digital Built Britain），即 BIM Level 3 战略计划，它规划了 BIM Level 3 将如何改变全球建筑业的工作和运营方式，旨在通过 BIM 的广泛深入应用，创建创新性的数字化建筑业，将建筑业打造成整体视野开阔、包容性、具备高附加值的行业，保持英国在建设领域和数字经济领域中的全球领导地位。

在英国的系列 BIM 标准中，"AEC（UK）BIM Standard"作为最先发布的 BIM 实施标准，主要是对 BIM 模型数据的创建及输出提出了一些基本性的原则，只为 BIM 模型设计人员提供一个不受任何软件平台约束的标准指导，并未涉及具体的实施细节，而在随后发布的"AEC（UK）BIM Standard for Autodesk Revit"（2010 年发布的基于 Revit 平台的 BIM 实施标准）和"AEC（UK）BIM Standard for Bentley Building"（2011 年发布的基于 Bentley 平台的 BIM 实施标准）中，更多的实施细节才得以被补充。

例如，在面向 Revit 的标准中，协作式 BIM 数据共享（Collaborative BIM Data Sharing）章节针对项目协作时的公共数据共享流程作出了规定，流程共包含了如下四个阶段：

(1)阶段1——进行中的工作（Work In Progress），该阶段是指正在构建中的数据，并且规定这些内容在未经审核和确认之前，不适用于设计小组之外使用。

(2)阶段2——共享（Shared），该阶段中模型数据的各提供方应使其设计数据能够通过共享数据库的方式进行访问，并相应作出了明确的规定，例如，模型文件应与经过校审的二维设计图文件一起发布，以便最大限度地降低沟通中的错误风险。

(3)阶段3——出版和成图（Publication and Document Issue），该阶段针对数据文件出版时的状态和成图的格式作出了规定，只有当模型数据经过正式的审批后才能将其保存进"出版区域（Published Area）"中。

(4)阶段4——归档，该阶段是指数据使用完毕后，所有的 BIM 输出数据都应保存在项目档案文件夹内。

这四个阶段对数据从产生到提交，再到最后的保存的工作流程作出了清晰的界定，保证了项目协作时的高效沟通及数据的共享。数据分隔（Data Segregation）和建模方法（Modelling Methodology）章节对如何统一建立模型作出了规定。其中数据分隔中指出为提高大型项目模型数据的操作效率，考虑目前建模资源（人力资源，软硬件资源）

现状，制定了数据分隔的原则。模型应按专业进行划分，一个模型文件应仅包含来自一个专业的数据，而且根据数据的大小，可能需要对模型数据进行进一步的拆分，理论上，文件的大小不应超过 100MB；对建模方法提出了一套标准的模型深化方法，在项目设计的早期，应当使用此方法快速建模，并可以在较低的硬件配置上创建较大的模型；根据此方法，模型构件被分为 3 个等级，按照从粗略到精细的顺序分别为：概念级、定义级、渲染级，同时对图纸的导出做出明确规定，标准中推荐全部在 BIM 模型里生成工程图纸，另外对模型创建时的空间坐标位置及度量单位都作出了相应的规定。文件夹结构与命名规范（Folder Structure and Naming Conventions）章节规定了在项目建设中，应建立中央资源文件夹保存共享的数据，保证了模型数据在提交与共享时的统一性，文件夹结构应按照公共数据共享流程四个阶段的原则制定，同时模型文件的命名使用字母与数字组合的规则，分成 7 个字段对模型文件进行命名，分别为：项目（Project）、创建人代码（Originator Code）、分区/系统（Zone/System）、标高（Level）、类型（Type）、角色（Role）、描述（Description），另外对工作集的命名和视图的命名都作出了详细的规定。

2）美国 BIM 应用情况与交付标准

美国建筑业 BIM 的发展和推广政策与其他国家带有明显行政痕迹的自上而下的发展模式不同，而是以市场为依托，采用政府部门示范引导结合工业界自主发展的创新扩散模式。根据美国国家建筑信息模型标准（National BIM Standard，NBIMS）第三版的定义，BIM 包含三重含义：建筑信息模型（Building Information Model）、建筑信息模拟（Building Information Modeling）以及建筑信息管理（Building Information Management）。美国 BIM 技术标准的研究和制定与推广政策非常类似，形成了以美国国家 BIM 标准（NBIMS）为主，建筑行业职业组织应用标准和大型业主 BIM 工程实施指导为辅的多样化发展的技术标准生态圈。美国 BIM 的发展主要依赖建筑市场，而市场的主体包含：①服务提供方，即工程设计，项目施工管理和咨询公司；②服务采购方，即公/私业主。通过反复的 BIM 工程实践，一批行业先行者和领袖企业，联合日渐成熟的业主方，开始总结 BIM 的得失经验，提炼最佳工程实践和解决方案，并开始制定以实用性、高效性、营利性和可量化性为特征的一批基于市场的 BIM 行业指南和 BIM 项目交付合约规范。在过去的十年中，美国建筑市场涌现一大批优秀的建设项目，以 2015 年 AIA TAP BIM Award 杰出项目交付奖（Delivery Process Excellence）项目，特拉华大学跨学科科学与工程实验室（University of Delaware Interdisciplinary Science & Engineering Laboratory，ISE Lab）为例，该项目的 BIM 技术主要应用在地下管线模型、机电给水排水模型与结构模型协调，以及无尘室管道预制模型、外墙金属幕墙预制模型、机器人控制推土机场地平整以及施工现场移动计算与虚拟现实技术。项目充分体现了多方协同，贯穿项目生命周期的一体化规划、设计、施工和运维的 BIM 应用理念，其交付过程广泛使用了各领域内最新的 BIM 解决方案。项目组在项目初期制定了详细的 BIM 执行计划，明确了项目组成员的各自建模与模型管理任务以及成员间的数据/信息交换标准和协议，清晰地建立了协同合作的技术与交流平台，并有效地结合了其他建筑行业内的高新技术创新，包括装配式建筑、施工机器人、移动计算、云计算以及虚拟现实等。

在 NBIMS-USV2 内容中,"参考标准和信息交互标准"主要是面向软件开发人员或开发商作出的指导;"实践指南"则是面向工程过程中的实施原则作出的相关指导,其中第 5.3 章和 5.4 章分别对 BIM 项目执行规划指南和规划指南的内容作出了规定,将 BIM 项目执行计划的制定分成了 4 个步骤,第一步是确定项目每个阶段中 BIM 的应用目标,第二步是通过流程图设计 BIM 实施过程,第三步是定义 BIM 交付物在信息交互中的形式,第四步是制定基础设施以支持实施如合同、通信程序、技术和质量控制;"项目执行计划"概括了项目在整个过程中需要遵循的整体目标和实施细节,通过执行计划的制定,明确了项目实施 BIM 的最终目的,规划每个阶段模型的提交时间和深度,从而保证在项目交付过程中有效地应用 BIM 技术。

第 5.5 章"机械、电气、水暖、消防系统安装模型的空间协调需求及交付",对从事 3D MEP 空间协调系统的制作和安装的公司或个人提供了指导,主要概述了安装承包商和个人在应用 BIM 技术对 MEP 空间协调过程中,协助团队的结构、角色和职责的定义、技术和 IT 的考虑以及问责制度等方面的规定,同时也规定了在移交给运营阶段时的交付格式、交付内容以及交付形式。

第 5.6 章针对信息提交时的规划、执行和管理分成信息策略、信息提交需求、项目信息提交计划和实施四个步骤进行了描述。信息策略部分主要是对管理政策的声明,强调成果的交付信息对项目的重要性,在确定主要信息的内容、创建这些信息的阶段,以及使用这些信息的业务流程、信息提交时的责任分配等方面作出了规定;信息提交需求部分是通过协商确定所提交信息最终的用途以及从组织的角度建立相对重要的关键信息策略,最终确定这些关键信息的内容,选择用于提交的适当格式和形式以及确定元数据的要求;项目信息提交计划部分对决策制定、工作流程、合规性检查所需的特定信息,信息的优先等级,明确由谁在设施生命周期的何时创建这些信息,明确由谁在什么阶段、什么时候使用这些信息等方面进行了规定,提出从一般到特殊的顺序、成本与收益之间的平衡、提交计划的内容,主要包括项目特定信息的来源及何时被创建、所有优先被创建的信息在生命周期的什么阶段被应用、每种信息的格式、所需的元数据、提交的方法,以及明确所有信息的创建、提交、质量和合规性检查的责任分配;另外对信息质量的管理、新增的项目角色也作出了相应的规定。在项目信息提交实施部分对商业方面的考虑、项目信息管理、合同条款的制定、责任与保险、技术实施、配置管理、信息测试记录最佳实践和项目程序、人员配备和培训、一致性检查等方面制定了原则,相比第一版,NBIMS-USV2 中该部分新增的 BIM 操作合同要求有利于用户获得更好的 BIM 应用成果,使得项目的每个环节都能合理、有效。

3) 中国和海外 BIM 应用与交付标准比较

业主影响力的比较:英国有一套成熟的系统,业主的权利和总承包商的权利相对平衡,例如,图纸出错时,总承包商有权利要求设计方修改图纸;但通常在向施工方交付图纸前,建筑、结构、给水排水、暖通空调、电气专业会进行深化设计,以保证图纸没有或极少出错。施工方拿到的是最后可用于施工的图纸,总承包商不用再自行进行设计深化。

而在中国，业主的权力往往要大于总承包商，导致设计变更频繁以及设计跟实际施工图纸产生较大差异。

信息透明化的比较：英国的市场比中国规范，由政府主导提出行业发展战略，制定规定和规范。如在JCT Design&Build（Joint Contracts Tribunal，联合合同委员会；设计与建筑）合同下，企业投标时单独列出施工成本和利润，BIM的应用也是成本之一。业主不仅考虑价格因素，还会考虑服务、企业声誉等因素，因此价格优势在英国的吸引力要小于中国。

行业保守度和准入门槛的比较：现阶段中英两国政府都大力推广应用BIM技术，建筑企业也积极响应政府号召，但英国有更加完整的流程系统以执行BIM应用。

交付标准的比较：美国的标准在模型数据划分上采用的是针对每个模型元素进行分级，在项目实施中可根据阶段需求按需选择模型元素对应的LOD等级，从而达到制定交付需求的目的，但美国标准认为在任何阶段下都有可能同时存在多种LOD的模型元素，一方面给了项目实施人员在使用标准时更多的自由度，另一方面也带来各方项目人员在制定交付目标时产生分歧的风险；英国的标准在模型数据划分方面更多关注的是对设计阶段的规范；我国的交付标准在制定之初就充分汲取了美国标准中的精髓，同时通过三个维度对模型的精细度进行了规定，形成了完整的划分体系，使得项目实施人员在使用标准的过程中具备了很强的指导性。

## 3.3.4 不同工程类型的BIM应用侧重点

**1. 线性工程（公路、铁路）**

1）公路工程

（1）公路工程特点

公路工程主要包括桥梁、路基、路面、隧道、排水系统等相关设施。体量大、专业多、造价高、投资大是公路工程的鲜明特点。同时，公路工程通常由多家施工企业共同完成，时间跨度大、涉及区域面积大。此外，公路工程建设标准高、质量要求高。因此公路工程施工组织、质量安全管理难度大。公路工程施工的特点集中表现在施工条件的复杂多变，给施工生产活动带来了很大的困难。近年来，公路工程中大型、特大型路桥隧工程项目越来越多，设计内容复杂多样化，施工难度逐渐提高，公路工程质量问题引起了社会的广泛关注，公路工程施工的组织与管理水平亟须提升。

随着BIM技术的大力发展、软硬件技术的提升，以及相应公路工程BIM技术标准的支持，BIM技术在公路工程领域有了显著的应用和发展，借助BIM技术可以有效提高整个工程建设质量，提升公路工程建设水平。

（2）公路工程BIM特色应用

A. 施工便道规划

施工便道设计是公路工程施工组织设计内容的一部分，宜采用BIM技术，制定设计流程，确定模型审核方式、校核时间、修改时间、交付时间等。施工便道设计流程主要包括：现场测量、放线、导入图纸创建BIM模型、二次设计、模型审核、工程量统计、生成设计图纸、校审及提交成果等。施工便道设计模型宜在施工图设计模型基础上,根据统一的单位、分部(子分部)、分项工程划分原则对模型元素进行必要的拆分或组合处理后,再通过增加或细化模型元素等方式进行创建,也可根据施工图等工程项目文件进行创建。深化设计模型宜包括主体结构模型、临时结构模型,根据需求部分临时结构模型可转化成主体结构模型。

B. 沿线地表/地质建模

三维地表模型的数据来源应与勘察设计环节紧密结合,通常利用无人机与GIS技术建立沿线地表模型,并应提供各类接口如AutoCAD(Autodesk Computer Aided Design,计算机辅助设计软件)、DEM(Digital Elevation Model,数字高程模型)、DOM(Document Object Model,文档对象模型)、ASCII(American Standard Code for Information Interchange,美国信息交换标准代码)等,使三维地表建模数据源具有普遍性、通用性和可拓性。建立的三维地表模型应能满足后期BIM应用的需要,如地形交线的求取、区域地形面的切割、填挖方的计算等,以较好地配合后期BIM设计应用。

三维地质模型的数据来源同样应与勘察设计环节紧密结合,并应提供各类接口如AutoCAD、ASCII、TXT等,数据格式宜与地质勘查成果符合,减少数据中转处理的环节,尽可能直接读取地质断面数据、钻探数据。

建立的三维地质模型应能满足后期BIM应用的需要,如地质开挖面的求取、地质开挖体的切割、填挖方的计算、地质纵横断面的剖切等,以较好地配合后期BIM设计应用。根据地质勘查报告,通过BIM技术模拟场地内地质情况,直观呈现各土层的几何分布,便于统计各土层工程量和估算开挖成本。

C. 交通导改

项目施工可能在交通流量大、人员密集、车辆疏解困难的繁忙城区中进行,对施工工地周边的交通疏解提出了更高要求。传统的方法在交通动态仿真模拟以及方案的可视化方面存在不足,影响方案在交管部门的评审。在倾斜摄影模型的基础上,创建轨道交通工程周边道路模型,整合临建设施、现场道路、周边实景模型,建立交通疏解模型,通过收集交管部门提供的交通流量数据,将交通疏解模型导入交通流量分析模拟软件,模拟项目施工期间交通环境,进行可视化的交通导改、疏解方案模拟,论证交通导改施工方案的可行性。

将规划设计的多种方案加载、集成至GIS场景中,进行多角度、多方位观察,比较各个规划设计方案及其对城市景观和周围建筑的影响,同时结合不同方案的规划指标,给出各个规划方案的合理性判断,方便规划设计人员进行有效分析、应用和判断。

交通疏解工程作为轨道交通工程中的前置工程,需要配合地铁主体工程施工,分阶段组织交通疏解。通过BIM模型展示项目施工期间各阶段的交通疏解方案,最大限度地降低施工对车辆通行的影响,使交管部门、建设单位、施工单位直观了解交通疏解前后的交通组织情况,便于各方进行方案沟通和决策,提升决策的效率,确保方案的合理性。

2) 铁路工程

(1) 铁路工程特点

铁路工程项目是一个综合性工程，从规划、勘察设计、施工到交付运维构建一个庞大的系统，具有点多、线长、面广、投资规模大、专业分工细、技术性强、参与单位多等特点，在这个系统内既有严格的分工，又有密切的协作。

一方面，铁路工程设计、施工难度较大。铁路工程项目体量大、涉及专业多、施工环境复杂、技术要求高的特点为项目的建设增加了一定难度。一条铁路项目的建设常常被划分成数个标段，全线工程的作业面呈带状分布，每个建设项目长度延绵从几十千米到上千千米，沿途穿山、越岭、跨河，工程地质、地形和环境复杂多变，工程数量巨大，项目数据海量。而一般的工程建设涉及专业较少，且多集中布置在一个区域，大部分工程是建在已经完成"三通一平"的地形上，地质和周围环境相对简单。

另一方面，铁路项目管理复杂。铁路工程参加专业众多，涉及人员广泛，测绘、地质、线路、路基、轨道、桥梁、隧道、站场、机务、车辆、给水排水、通信、信号、信息、电力、电化、房屋、暖通、环保、工程经济等都需要配备专人作业，无疑增加了铁路项目的管理难度。这些专业不仅技术精度上要求高，而且需要多专业间的密切配合，协同工作，共同完成项目建设目标。

(2) 铁路工程 BIM 特色应用

在铁路工程中，BIM 主要是用于地形建模。地质是铁路设计的基础，承担着为路基、桥梁、场站等全部专业提供地质资料的任务。保证三维地形模型有较好的现势性和精度的情况下，设计专业可以基于三维地形模型的高程信息、地形信息进行地质地层面设计、路基设计、桥梁设计、隧道洞口设计等工作。BIM 技术在地质专业工程勘察阶段的应用可分为三个部分：资料整合、数据分析以及三维可视化展示。勘察过程中的原始资料包括区域地质资料、矿产报告、水文报告等地质基础信息，以及后续进行的地质调绘、勘探、物探、试验等地质勘查信息，这些信息种类多样、形式各异，应用 BIM 技术将信息合理分类并有机整合成数据库，使数据可以有序无损地传递。基于 BIM 技术所提供的存储、处理数据信息的平台，可以有效提高标准化工作的效率和质量，统一的数据存储格式为 BIM 地质三维建模提供基础。利用勘察数据，即可进行地质三维可视化建模，在进行地质三维建模前需要根据地层分层情况制定相应的颜色、材质标准，以使整个项目的颜色及材质统一。

**2. 水运工程（港口）**

1) 港口工程特点

水运工程是保证港口运输的关键，水运工程施工环境较为复杂，涉及水域环境的施工。在施工时需要充分考虑环境因素，采取有效的应对措施，避免受到施工环境的阻碍。水运工程具有隐蔽性，水下环境不易识别，容易造成质量缺陷。为此，在施工前需要对水下环境进行调查，避免水下施工时产生问题，提高水运工程的施工质量。并且水运工程对施工技术要求较为严格，需要按照施工要点进行施工，保障施工技术得到正确运用。

2）港口工程特色应用

（1）场地分析

场地分析主要是建立三维场地模型，运用各类分析软件，分析工程场地的主要影响因素，并提供可视化的模型分析数据，作为方案设计的依据。水运工程场地分析可分为陆域场地分析和水域场地分析。

A. 陆域场地分析

通过三维地形模型可视化方式展示地形的高程、坡度、纵断面、横断面、等高线等，可快速定性判断地形的起伏变化、坡度走向等，直观地查看工程区域地形与周边的高程衔接情况。

利用三维地形模型通过坡度分析，清晰表达工程场地的汇水方向，统计汇水面积；通过高程分析，不同高程范围设置不同的颜色方案，能够清晰展示地形高度变化与地形走势；根据已知场地三维地形模型和工程范围，可快速依据土石方平衡条件设计合理的陆域高程，同时根据指定的标高可快速统计工程区域挖、填土石方工程量。

B. 水域场地分析

通过水域三维地形高程分析、横断面分析，将高程颜色渲染为不同的分区带，既可直观展示水域高程变化、等深线的位置、深泓和浅滩的位置及分布范围等，又能实时查询任意位置的高程值。

将不同历史时期的水域三维地形模型叠加对比，可快速展示水域地形的冲淤变化范围和冲淤厚度，定量查询指定等深线在平面位置的摆动幅度，并通过快速生成地形横断面图可展示指定位置地形的高程变化幅度。

（2）防波堤自动定位

利用建模软件开发扭王字块定位、建立防波堤扭王字块安放模型，实现设计过程自动化。

### 3. 房屋建筑工程

现代社会经济发展速度大幅提升，房屋建筑施工的水平也不断提升，各类房屋建筑的创新性技术得到广泛的应用。在施工中，技术人员以及管理人员需要对施工的情况进行分析，强化施工技术应用质量，对技术进行合理选择，重视施工管理工作，保证施工质量具有高度可靠性。需要结合 BIM 技术的应用优势，尽可能使 BIM 技术在房屋建筑工程中的应用范围得以扩大，确保建筑工程效益大幅度提升。

1）施工周期优化

BIM 技术在应用中能够对建筑工程中的施工周期问题予以有效解决，并且能够解决工艺问题，在施工方案以及具体建筑内部构造中，能够将其特点进行全方位地展现，从而针对各类具有差异化的施工方案开展高效对比，使施工方案能够得到有效优化，并且能够获得完善。在对建筑模型进行构建的基础之上，进行有效的二次渲染，使三维渲染的精度得到大幅提升，由此能够在一定程度上使施工的综合质量得以提升。

2）施工可行性分析

在 BIM 技术的构建中，基于其可视性的特点，技术人员能够对模型进行分析，并且以模型为基础，对施工方案中出现的各类问题进行探讨，对各类碰撞问题进行检查与处理，使后期施工以及后续的各项维修工作能够获得高效的便利性。

3）BIM工程量统计

BIM技术在应用中能够使工程量计算以及各项工程材料的用量计算精准性得以大幅度的提升，避免在施工中存在浪费等情况，使施工效率以及质量得到全方位提升。

**4. 城市轨道交通**

城市轨道交通工程建设涉及政府、业主、设计、施工、运营等多个部门和环节，每个部门又包含如线路、轨道、建筑、结构、暖通、给水排水、供电、通信、信号等多个专业。各部门、各专业之间的信息共享、协同工作越发显得重要。而BIM技术的应用，使得轨道交通工程全生命周期内的数据信息能实现共享和监控。

城市轨道交通工程应结合实际制定BIM发展规划，建立全生命期技术标准与管理体系，开展示范应用，逐步普及推广，推动各参建方共享多维BIM信息、实施工程管理。

城市轨道交通工程BIM应利用GIS、物联网、移动互联、大数据、云计算和人工智能等技术，建立BIM数据集成与管理平台，实现建设工程及设施全生命期内信息数据集成、传递、共享和应用的软硬件环境。

1）可行性研究阶段

可行性研究阶段可应用BIM对设计运营功能、工程规模、工程投资等进行分析，验证工程项目可行性、落实外部条件、稳定线路站位、优化设计方案，保证设计方案的合理性、适用性和经济性。

可行性研究阶段以方案设计模型为基础，利用GIS、大数据、云计算等技术对设计方案进行规划符合性分析、服务人口分析、景观效果分析、噪声影响分析、征地拆迁分析及地质适宜性分析等，选择最优设计方案，并以设计方案为依据进行相关区域的规划控制管理。

2）初步设计阶段

初步设计阶段可应用BIM对设计方案或重大技术问题的解决方案进行综合分析，协调设计接口，稳定主要外部条件，论证技术上的适用性、可靠性和经济上的合理性。

初步设计阶段宜利用初步设计模型对建筑设计方案、结构施工方案、专项风险工程、交通影响范围和疏解方案、管线影响范围和迁改方案进行可视化沟通、交流、讨论和决策。

3）施工图设计阶段

施工图设计阶段可应用BIM对设计方案进行综合模拟及检查，优化方案中的技术措施、工艺做法、用料等，在初步设计的基础上辅助编制可供施工和安装阶段使用的设计文件。

施工图设计阶段宜利用模型开展设计进度和质量管理、限界优化设计、管线碰撞检查、三维管线综合、预留预埋检查及工程量统计等方面的应用，提高设计质量。

4) 施工准备阶段

施工准备阶段可应用 BIM 对工程施工方案开展深化设计及虚拟建造，深入理解设计意图、分析工程重难点，全面优化施工组织设计。

施工准备阶段应结合施工工艺和现场情况，利用模型开展机电深化设计、装修深化设计、土建深化设计、大型设备运输路径检查、关键复杂节点工序模拟和工程筹划模拟等方面的应用，指导现场施工。

5) 施工实施阶段

施工实施阶段可应用 BIM 创建虚拟现场，利用 GIS、物联网、移动互联等技术开展标准化管理、进度管理、安全风险管理、质量管理、重要部位和环节条件验收、成本管理等方面的应用，实现对工程项目的精细化管理。

6) 竣工验收模型交付

城市轨道交通工程竣工验收合格后，将各阶段验收形成的专项验收情况、设备系统联合调试数据、试运行数据等验收信息和资料附加或关联到模型中，形成竣工验收模型，分别向政府管理部门和运营单位移交。竣工验收模型及附加或关联的验收信息、资料和格式等应满足政府管理部门资料归档要求，支持线路运营维护。

## 5. 机场

随着通用航空市场和航空业支线业务的发展，各地都在新建、扩建机场。对于一个大型机场，参与方众多，功能复杂多样且建设水平要求高，高标准的机场建设自然离不开数字化的支撑。机场建设对于数字化的要求非常高，因为建设一个机场就相当于建设一座城市，涉及房屋、道路、交通、变电站、能源管控等各方面。结合大型复杂机场工程的 BIM 技术攻关，探讨 BIM 的可视性、模拟性、协调性、信息传递准确性、全生命期共享性诸多优势在精细化管理中进行应用。

1) 大跨度钢结构滑移模拟

将 BIM-4D（3D 模型＋时间）模拟技术应用于大跨度钢结构滑移。大跨度钢结构滑移施工技术复杂性经常导致工期延误和成本超支，可采用 BIM-4D 模拟技术对其进行优化。出现项目施工环境的变化时，应用 BIM-4D 平台发现土建施工工作面和钢结构滑移施工的冲突。

2) 行李系统施工方案优化

行李系统作为机场项目的特有系统，基于 BIM 技术的系统方案优化是项目的创新点。在施工前进行行李输送设备专业图纸的检查，重点是确定设备材料供应的界面、系统技术界面、设计界面以及施工界面。应用 BIM 可视化漫游很好地解决了电缆桥架、风管等与行李系统的碰撞问题，从而更好地服务于系统深化设计、设备采购供货、现场设备安装、系统调试和缺陷修复。

3) 精装修方案优化及模拟

根据建筑特点提供设计区域内的采光分析、大空间效果分析、声音效果分析等专项分析报告，并应用到实际施工中；利用 BIM 模型对广告位置、商业资源位置及方案的效果进行优化设计；利用 BIM 模型对照明、标识牌及标识引导系统、灯箱、广告牌、广播扬声器位置进行整体设计；根据整体效果，利用 BIM 模型对设计区域内的给水、排水、雨水、供热、供冷、通风、消防、燃气、强电、弱电等管线及末端设备进行细化设计等。

## 3.4 模型精细度（LOD）

### 3.4.1 LOD 概念定义

模型的细致程度，英文称作 Level of Detail，也称作 Level of Development。描述了一个 BIM 模型构件单元从最低级的近似概念化的程度发展到高级的演示级精度的步骤。

LOD（Level of Detail）最早由 J·克拉克（J·Clark）在 1976 年提出，属于计算机图形学领域的一个专业术语。根据"细节层次"的高低，将相应的三维模型（物体）进行分级，从而诞生了一个关于"三维模型的 LOD 层级"的概念。

LOD（Level of Development），即发展精细度等级，最早由美国建造师协会（American Institute of Architects，AIA）在 2008 年提出，用于规范 BIM 参与各方及项目各阶段的界限，属于 BIM 领域的一个专业术语。

这些定义可以根据模型的具体用途进一步地发展，本质上是一项工程信息的层级标准，它的诞生是为了实现工程行业高效沟通协作，而不是为了建立更精细的三维模型。LOD 的定义可被用于两种途径：一是确定模型阶段的输出成果（Phase Outcomes），二是分配建模任务（Task Assignments）。

而在 ISO 19650-1 中，提出了 LOIN（Level of Information Need，信息需求水平）的概念，是指所需传递信息的质量、数量和颗粒度，都应该根据信息所需确定，以满足所有相关需求的最小量度确定 LOIN，避免超过所需的信息质量、数量和颗粒度的要求，超过需求则导致浪费。

### 3.4.2 不同体系下设计深度与 LOD 的关系论述

#### 1. BSI（英）

由 BSI（英国标准协会）编制的 BSI PAS 1192-2：2013 转换而来的 ISO 19650-1 中，规定应根据信息交付的目的来确定每个信息需求水平（Level of Information Need，LOIN），从而使所有参与人员能够清楚地理解项目每个阶段的具体模型内容。这应当包含适当确定的所需信息质量、数量及细度。这就是所谓的信息需求水平（LOIN），随着不同的交付成果而有所差异。

信息需求水平（Level of Information Need，LOIN）应只用于描述模型元素（构件或族），而不是描述模型的整体。只有当一个模型元素的所有规定的要求都得到满足时，它才会发展到给定的 LOIN。LOIN 应与 BIM 应用的目的或应用点保持一致，没有必要要求过高的 LOIN 等级，造成成本浪费。LOIN 又可以划分为三部分内容：LOD-G、LOD-I 和 DOC。

1）几何图形深度等级（Level of Graphics，LOD-G）

LOD-G 是指处理模型几何表达、符号系统和可视化效果的图形表达深度等级。LOD-G 通常针对控制图形精度的 BIM 交付成果。只要模型构件深度满足 BIM 应用点的需求，是可以忽略或简化构件对象的一些几何深度的。

2）属性信息深度等级（Level of Information，LOD-I）

LOD-I 是指添加到每种类型的构件对象上的属性信息的深度等级，目的也是满足 BIM 应用点的需求。属性信息可以包括要求、规范、产品定义、工艺工法、参数、材质、通用或制成品标准等。LOD-I 的要求应与特定项目阶段确定的 AIR 关联一致，以满足相应的 BIM 应用点。

3）文档深度（Level of Documentation，DOC）

DOC 是指为满足 BIM 应用点要求，与模型相关联的文档的深度等级。每个任务组/分包方都应该明确他们针对具体 BIM 应用点的文档交付成果要求。LOIN 应用表中应明确负责 DOC 的任务组角色，并应在该任务组的信息交付表中包含对应的交付成果内容。

2. BIM Forum（美）

美国的 BIM Forum（BIM 论坛）将 LOD 等级分为 6 个等级，即 LOD100、LOD200、LOD300、LOD350、LOD400 和 LOD500，美国 LOD 的 6 个等级介绍见表 3.4。

美国 LOD 的 6 个等级介绍　　　　　表 3.4

| 等级 | 描述 |
| --- | --- |
| LOD100 | 元素并非采用几何的形式呈现。例如，模型元素或符号仅体现相应构件存在但不包含其形状、尺寸或精确位置的信息。所有源自 LOD100 精度元素的信息都应当被视作近似值 |
| LOD200 | 在这个层级，元素是一些通用的空间占位符。它们可以被识别为所表达的构件，也可以仅仅是空间体块。所有源自 LOD200 精度元素的信息都应当被视作近似值 |
| LOD300 | 设计的元素的数量、尺寸、形状、位置和方向信息可以直接从模型中获得，无须引用非模型化的信息，如注释、标注。定义了项目原点，且模型元素相对于项目原点有准确的定位关系 |
| LOD350 | 在确保相邻或具有附着关系的元素之间相互协调的前提下，完成构件模型。这些构件可以包括支架和连接件这类物件。设计的元素的数量、尺寸、形状、位置和方向信息可以直接从模型中获得，无须引用非模型化的信息，如注释、标注 |
| LOD400 | 模型具有足够的细致和精确的信息，可用于制造所代表的构件。设计的元素的数量、尺寸、形状、位置和方向信息可以直接从模型中获得，无须引用非模型化的信息，如注释、标注 |
| LOD500 | 由于 LOD500 这一层级并不代表模型具有更高水平的几何或非几何图形信息，且与现场验证有关，所以本规范不予定义或说明 |

3. BSA（新加坡）

新加坡没有在"Singapore BIM Guide Version 2.0"中说明 LOD 的定义，但在其他文件中将 LOD 等级分成了 LOD200、LOD300 和 LOD350 三级，并与工程阶段联系在一起，新加坡 LOD 的 3 个等级介绍见表 3.5。

新加坡 LOD 的 3 个等级介绍  表 3.5

| 等级 | 描述 |
|---|---|
| LOD200 | 方案设计,元素的模型具有近似的方向、数量、形状、尺寸和位置信息 |
| LOD300 | 施工图设计,元素的模型具有更高的精细度,可以获得精确的方向、数量、形状、尺寸和位置信息 |
| LOD350 | 投标前估算/投标阶段,模型包含各类系统和构件的接口 |

**4. 中国**

现行国家标准《建筑信息模型设计交付标准》GB/T 51301—2018 定义了"模型精细度基本等级划分"（表 3.6～表 3.9）。

模型单元的分级  表 3.6

| 模型单元分级 | 模型单元用途 |
|---|---|
| 项目级模型单元 | 承载项目、子项目或局部建筑信息 |
| 功能级模型单元 | 承载完整功能的模块或空间信息 |
| 构件级模型单元 | 承载单一的构配件或产品信息 |
| 零件级模型单元 | 承载从属于构配件或产品的组成零件或安装零件信息 |

模型精细度等级划分  表 3.7

| 等级 | 英文名 | 代号 | 包含的最小模型单元 |
|---|---|---|---|
| 1.0 级模型精细度 | Level of Model Definition 1.0 | LOD 1.0 | 项目级模型单元 |
| 2.0 级模型精细度 | Level of Model Definition 2.0 | LOD 2.0 | 功能级模型单元 |
| 3.0 级模型精细度 | Level of Model Definition 3.0 | LOD 3.0 | 构件级模型单元 |
| 4.0 级模型精细度 | Level of Model Definition 4.0 | LOD 4.0 | 零件级模型单元 |

几何表达精度等级划分  表 3.8

| 等级 | 英文名 | 代号 | 几何表达精度要求 |
|---|---|---|---|
| 1 级几何表达精度 | Level 1 of geometric detail | G1 | 满足二维化或符号化识别需求的几何表达精度 |
| 2 级几何表达精度 | Level 2 of geometric detail | G2 | 满足空间占位、主要颜色等粗略识别需求的几何表达精度 |
| 3 级几何表达精度 | Level 3 of geometric detail | G3 | 满足建造安装流程、采购等精细识别需求的几何表达精度 |
| 4 级几何表达精度 | Level 4 of geometric detail | G4 | 满足高精度渲染展示、产品管理、制造加工准备等高精度识别需求的几何表达精度 |

信息深度等级划分  表 3.9

| 等级 | 英文名 | 代号 | 等级要求 |
|---|---|---|---|
| 1 级信息表达深度 | Level 1 of information detail | N1 | 宜包含模型单元的身份描述、项目信息、组织角色等信息 |
| 2 级信息表达深度 | Level 2 of information detail | N2 | 宜包含和补充 N1 等级信息,增加实体系统关系、组成及材质,性能或属性等信息 |

续表

| 等级 | 英文名 | 代号 | 等级要求 |
|---|---|---|---|
| 3级信息表达深度 | Level 3 of information detail | N3 | 宜包含和补充 N2 等级信息,增加生产信息、安装信息 |
| 4级信息表达深度 | Level 4 of information detail | N4 | 宜包含和补充 N3 等级信息,增加资产信息和维护信息 |

**5. 设计深度与 LOD 等级要求对应表**

1) 方案设计

(1) 土建

方案设计阶段,土建专业 BIM 模型设计需要包含轴网、标高、建筑的总平面布置、建筑红线、空间功能布置、柱网布置等几何信息,以及项目基础信息、防火分区、抗震等级等非几何信息。模型提资深度要满足机电专业开展系统设计所需的房间布局,模型中要体现机电专业的设备房间、降板等提资要求。

(2) 机电

方案设计阶段,机电专业设计主要是配合土建专业稳定工程规模、功能空间规划,BIM 模型设计需要包含主要设备房间的设备布置。机电模型提资深度要满足土建专业的房间布置、降板等的要求。

2) 初步设计

(1) 土建

初步设计阶段,土建专业 BIM 模型设计需要在方案设计阶段的基础上进行深化,完成整个工程的房间、功能空间等的详细布置,墙、梁、板、柱位置、尺寸准确,洞口大小尺寸位置准确,墙体耐火极限、混凝土等级等非几何信息完整。

模型提资深度要满足机电专业开展系统设计所需的房间布局、局部降板、净高、净空要求。

(2) 机电

初步设计阶段,机电专业 BIM 模型设计需要完整的设备房间布置,各系统管线路由布置等几何信息,以及设备参数等非几何信息。

模型提资深度要满足土建专业进行房间布置、净空、净高优化等的需求。

3) 施工图设计

(1) 土建

施工图设计阶段,土建专业 BIM 模型设计需要表达结构和建筑构造部件的位置、尺寸和做法索引,如中庭、天窗、地沟、地坑、重要设备或设备机座的位置尺寸,以及各种平台、夹层、人孔、阳台、雨篷、台阶、坡道、散水、明沟等内容。

提资深度要求在初步设计阶段的基础上,满足机电施工图设计所需的洞口详细位置等资料。内外墙上所有留洞均应有水平和竖向定位;柱上留洞不应仅在建筑图上标注,还应在结构图中注明采取相应措施,以及明确预留孔洞的大小、防水、防火、隔声处理的构造等级、做法。

(2) 机电

施工图设计阶段，机电专业 BIM 模型设计要达到指导现场机电安装施工的深度，机房内设备尺寸同实际产品保持一致，管线路由经过综合排布，净空、净高经过建筑复核达到深度要求。设备参数、管道材质、管道连接方式等非几何信息完善，能够指导现场施工及材料清单统计。

模型深度与 LOD 等级要求对应可参照表 3.10。

模型深度与 LOD 等级要求对应表　　　　　　　　　　表 3.10

| 阶段 | 细度等级 | 模型深度要求 |
| --- | --- | --- |
| 方案设计阶段 | LOD100 | 满足二维化或者符号化识别需求的几何表达精度；表达外形轮廓基本尺寸 |
| 初步设计阶段 | LOD200 | 满足空间占位、主要颜色等粗略识别需求的几何表达精度；表达主要构件的外形尺寸 |
| 施工图设计阶段 | LOD300 | 满足建造安装流程、采购等精细识别需求的几何表达精度；表达主要构件的外形精准尺寸、构件细部外形轮廓等完整信息描述，达到设计阶段参数描述 |
| 施工阶段 | LOD350/LOD400 | 满足高精度渲染展示、产品管理、制造加工准备等高精度识别需求的几何表达精度；表达主要构件的外形精准尺寸，构件细部外形精准尺寸；精准信息描述，达到采购要求 |
| 运维阶段 | LOD500 | 满足高精度渲染展示、产品管理、制造加工准备等高精度识别需求的几何表达精度；表达主要构件的外形精准尺寸，构件细部外形精准尺寸；精准信息描述，达到运维管理要求 |

## 3.4.3　Level of Detail：模型构建分解原则

**1. 模型构建分解原则**

在 BIM 项目实施过程中，不可避免地会遇到模型拆分，特别是对于轨道交通的长大线路，以及体量比较大的单体建筑物。模型拆分通常遵循以下原则：

（a）根据项目的 WBS（Work Breakdown Structure，工作分解结构）进行拆分；
（b）根据项目各专业的工作界面划分或工作流程进行拆分；
（c）拆分结果应能保证 BIM 实施的高效运转，保证项目质量及交付节点要求；
（d）模型拆分大小要保障 BIM 模型运行顺畅；
（e）拆分原则上不得破坏建筑、结构、机电、弱电等专业的内在结构逻辑；
（f）模型拆分要使得 BIM 模型的应用匹配现场需求。

**2. 拆分逻辑及注意事项**

1）按功能垂直拆分

平面及输出较为方便，外立面与核心筒垂直方向被打断，最终需要在汇总模型中拼接，结构体系垂直方向被打断，其上下对位需要人工核查验证。

2）按结构体系水平拆分

按结构分缝进行模型拆分，外立面与核心筒方向连续，保证了建筑结构逻辑的完整性，同一平面的修改需要调整不同子模型，较为费力。

3) 按内外拆分

将模型内部体系与外表皮进行拆分，建筑物内与外表皮相对独立，完整。

在 BIM 实际实施过程中，以上逻辑可进行组合、嵌套使用。

**3. 模型拆分表**

以轨道交通工程为例，轨道交通模型拆分框架可参照表 3.11，实施过程中还要结合项目的 WBS 架构进行拆分。

轨道交通模型拆分框架　　　　表 3.11

| 一级 | 二级 | 三级 | 四级 |
| --- | --- | --- | --- |
| 正线 | A 车站 | 建筑 | 主体 |
| | | | 出入口 |
| | | | 风道 |
| | | 结构 | |
| | | 给水排水 | 给水 |
| | | | 排水 |
| | | | 消防 |
| | A~B 区间 | | |
| | | | |
| | B 车站 | | |
| | …… | | |
| 场段 | 运用库 | | |
| | 物资总库 | | |
| | …… | | |
| 控制中心 | 主楼 | | |
| | 裙房 | | |
| | …… | | |
| …… | | | |

## 3.4.4　Level of Information：属性信息分类原则

信息分类的基本方法有两种：线分类法与面分类法。在实际使用中常将两种方法搭配在一起使用，称为混合分类法。BIM 属性信息从三个层级进行分类，即项目级、功能级与构件级。三个层级之间的分类方式采用线分法，层级内部则采用面分法。以复杂的轨道交通为例，在设计阶段就需要考虑属性信息的分类。

(1) 设计阶段项目级模型单元属性信息主要包括项目标识、建设说明、建筑类别或等级、技术经济指标、设计方信息、建设方单位信息等属性信息。

(2) 功能级模型单元属性信息主要从身份信息、定位信息及系统信息三个维度进行分类。

（3）构件级模型单元属性信息，除了包含身份信息、定位信息及系统信息外，还包含了各专业的技术信息。

## 3.5 BIM 技术融合与应用

### 3.5.1 BIM+PM

BIM 与 PM 集成应用，是通过建立 BIM 应用软件与项目管理系统之间的数据转换接口，充分利用 BIM 的直观性、可分析性、可共享性及可管理性等特性，为项目管理的各项业务提供准确及时的基础数据与技术分析手段，配合项目管理的流程、统计分析等管理手段，实现数据产生、数据使用、流程审批、动态统计、决策分析的完整管理闭环，以提升项目综合管理能力和管理效率。

BIM 与 PM 集成应用，可以为项目管理提供可视化管理手段。例如，二者集成的 4D（3D+Time）管理应用，可直观反映出整个建筑的施工过程和形象进度，帮助项目管理人员合理制定施工计划、优化使用施工资源。同时，BIM 与 PM 集成应用可为项目管理提供更有效的分析手段。例如，针对某一楼层，在 BIM 集成模型中获取收入、计划成本，在项目管理系统中获取实际成本数据，并进行三算对比分析，辅助动态成本管理。此外，BIM 与 PM 集成应用还可以为项目管理提供数据支持。例如，利用 BIM 综合模型可方便快捷地为成本测算、材料管理以及审核分包工程量等业务提供数据，在大幅提升工作效率的同时，也可有效提高决策水平。

基于 BIM 的项目管理也会促进新的工程项目交付模式 IPD（项目集成交付）得到推广应用。IPD（项目集成交付）是在工程项目总承包的基础上，要求项目参与各方在项目初期介入，密切协作并承担相应责任，直至项目交付。参与各方着眼于工程项目的整体过程，运用专业技能，依照工程项目的价值利益做出决策。

**1. BIM 与 P6 集成应用场景**

建筑施工是一个高度动态的过程，随着建筑工程规模不断扩大，复杂程度不断提高，使得施工项目管理变得极为复杂。通过将 BIM 与 P6 施工进度计划相链接，将空间信息与时间信息整合在一个可视的 4D 模型中，可以直观、精确地反映整个建筑的施工过程。施工模拟技术可以在项目建造过程中合理制定施工计划、4D 精确掌握施工进度，优化使用施工资源以及科学地进行场地布置，对整个工程的施工进度、资源和质量进行统一管理和控制，以缩短工期、降低成本、提高质量。此外借助 4D 模型，施工企业在工程项目投标中将获得竞标优势，BIM 可以协助评标专家从 4D 模型中很快了解投标单位对投标项目主要施工的控制方法、施工安排是否均衡、总体计划是否基本合理等，从而对投标单位的施工经验和实力作出有效评估。图 3.21 为香港机场控制塔楼 4DMS 模拟。

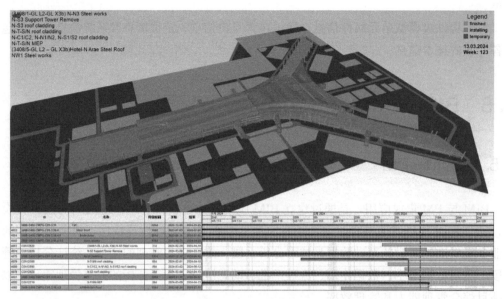

图3.21 香港机场控制塔楼4DMS模拟

**2. BIM 与 P6 数据集成方式**

BIM 模型与 P6 资源计划进行链接，可以实现施工进度模拟、进度规划等功能。数据集成可采用在 Synchro（4D 施工模拟软件）中将两者数据进行集成的方式。首先，项目管理团队要制定项目的整体实施计划，每个计划均有自己的 ID 编号。其次，在 BIM 模型中，对每一个示例构件增加计划 ID 属性信息。最后，在 Synchro 中，将三维 BIM 模型及 P6 资源计划同时输入，通过计划 ID 编号进行自动匹配关联，即实现了三维实体构件与资源计划的关联，可进一步进行计划比对及优化，施工进度模拟，资源调配等场景应用。

**3. BIM 与造价、算量平台集成应用场景**

在 CAD 时代，由于 CAD 无法存储可以让计算机自动计算工程项目构件的必要信息，所以需要依靠人工根据图纸或者 CAD 文件进行测量和统计，或者使用专门的造价计算软件根据图纸或者 CAD 文件重新进行建模后由计算机自动进行统计。前者不仅需要消耗大量的人工，而且比较容易出现手工计算带来的差错，而后者同样需要不断地根据调整后的设计方案及时更新模型，如果滞后，得到的工程量统计数据也往往失效了。而 BIM 是一个富含工程信息的数据库，可以真实地提供造价管理需要的工程量信息，借助这些信息，计算机可以快速对各种构件进行统计分析，大大减少了烦琐的人工操作和潜在错误，非常容易实现工程量信息与设计方案的完全一致。通过 BIM 获得的准确的工程量统计可以用于前期设计过程中的成本估算、在业主预算范围内不同设计方案的探索或者不同设计方案建造成本的比较，以及施工开始前的工程量预算和施工完成后的工程量决算。

**4. BIM 与造价、算量平台数据集成方式**

BIM 与造价、算量平台的数据集成一般是通过造价或算量平台实现。BIM 模型需要按照造价、算量平台进行规范化，包括构件的类别、构件命名、类型名称以及参数属性。

满足算量平台规则的BIM模型导入到平台后，能够被平台进行识别和数据解析，并根据特定的类别提取BIM模型中的工程量，再同平台中内置的计价清单挂接，即可导出工程量造价清单。对于BIM模型未建模的实体，可以在平台中进行手动录入。

BIM与造价、算量软件可通过以下手段融合：

（1）API（Application Programming Interface，应用编程接口）：由BIM软件提供应用软件编程接口，第三方软件通过API从BIM模型中获取信息，跟造价软件集成，也可以逆向操作，把造价软件中数据传输到BIM中。

（2）ODBC（Open Database Connectivity，开放数据库互联）：ODBC是数据库访问技术，导出的数据可以和所有不同类型的应用进行集成。缺点是数据库和BIM模型的变化不能同步，需要人工干预。

（3）IFC标准的数据格式：一般来说，公开数据标准的好处是具有普适性，缺点是效率没有那么高。

## 3.5.2　BIM+GIS

BIM与地理信息系统（Geographic Information System或Geo-Information System，GIS）集成应用，是通过数据集成、系统集成或应用集成来实现的，可在BIM应用中集成GIS，也可以在GIS应用中集成BIM，或是BIM与GIS深度集成，以发挥各自优势，拓展应用领域。

BIM与GIS集成应用，可提高长线工程和大规模区域性工程的管理能力。BIM的应用对象往往是单个建筑物，利用GIS宏观尺度上的功能，可将BIM的应用范围扩展到道路、铁路、隧道、水电、港口等工程领域。BIM与GIS集成应用，可增强大规模公共设施的管理能力。BIM与GIS集成应用，还可以拓宽和优化各自的应用功能。导航是GIS应用的一个重要功能，但仅限于室外。二者集成应用，不仅可以将GIS的导航功能拓展到室内，还可以优化GIS已有的功能。如利用BIM模型对室内信息进行精细描述，可以保证在发生火灾时室内逃生路径是最合理的，而不再只是路径最短。

随着互联网的高速发展，基于互联网和移动通信技术的BIM与GIS集成应用，将改变二者的应用模式，向着网络服务的方向发展。当前，BIM和GIS不约而同地开始融合云计算这项新技术，分别出现了"云BIM"和"云GIS"的概念，云计算的引入将使BIM和GIS的数据存储方式发生改变，数据量级也将得到提升，其应用也会得到跨越式发展。

**1. 应用场景**

场地分析是研究影响建筑物定位的主要因素，是确定建筑物的空间方位和外观、建立建筑物与周围景观联系的过程。在规划阶段，场地的地貌、植被、气候条件都是影响设计决策的重要因素，往往需要通过场地分析来对景观规划、环境现状、施工配套及建成后交通流量等各种影响因素进行评价及分析。传统的场地分析存在诸如定量分析不足、主观因素过重、无法处理大量数据信息等弊端，通过BIM结合地理信息系统，对场地及拟建的建筑物空间数据进行建模，通过BIM及GIS软件的强大功能，迅速得出令人信服的分析结果，帮助项目在规划阶段评估场地的使用条件和特点，从而作出新建项目最理想的场地规划、交通流线组织关系、建筑布局等关键决策。BIM 模型与 GIS 数据的融合如图 3.22 所示。

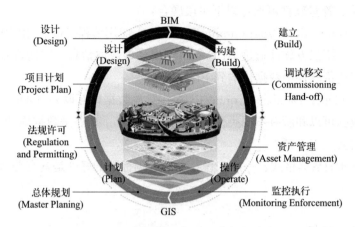

图 3.22　BIM 模型与 GIS 数据的融合

### 2. BIM+GIS 数据集成方式

从 BIM 实体模型到 GIS 模型转换入手，将 BIM 标准数据模型及典型 BIM 数据格式转换为三维 GIS 平台可识别的数据模型，联合 DEM 及 DOM 数据实现无缝整合，进而可实现 BIM 模型到三维 GIS 可视化软件的数据融合、数据管理、数据可视化，最终实现工程建设三维可视化场景的建立（图 3.23）。

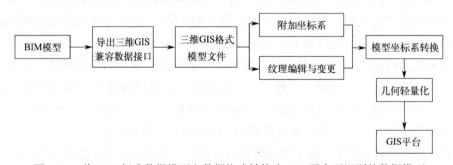

图 3.23　将 BIM 标准数据模型和数据格式转换为 GIS 平台可识别的数据模型

BIM 与 GIS 的数据集成也是通过 GIS 平台与 BIM 模型的融合。BIM 模型经过 GIS 软件特殊格式的处理，被融合到 GIS 平台进行展示。目前应用比较广的 GIS 平台有 ArcScene（一个适于展示三维透视场景的平台）、ArcGlobe（一个适于海量数据大范围展示的平台）、Skyline（三维数字地球平台软件）、GoogleEarth（虚拟地球软件）、Supermap（超图软件）等三维 GIS 平台，每家平台所对 BIM 模型数据集成格式的要求不一，但都可以从 Revit 格式模型进行转换。

1）基于数据格式的 BIM+GIS 数据集成

数据格式的转换包括两个方面内容：一是多层次几何信息提取和转换，主要是将 IFC 格式数据转换为 CityGML（一种用来表现城市三维对象的通用信息模型）标准，并在

GIS中进行显示，目前市场上已经有了一些软件平台可以实现IFC到CityGML转换，应用比较广泛的有IFCExplore、BIMSever、Autodesk Revit和ArcGIS（GIS平台）等。二是语义信息的映射，IFC和CityGML标准存在交集，可通过寻找相同部分直接匹配来实现两者的融合。

2）基于标准扩展的BIM+GIS数据集成

基于标准扩展的数据融合涵盖了两部分内容。一是结合IFC和CityGML的并集进行扩展形成新的数据模型。首先对IFC和CityGML标准中相关实体进行分类，再将分类后的实体类型进行集成，形成新的数据类型。这种方法只进行物理集成，不存在格式上的转换，主要用于城市管理。二是通过扩展CityGML ADE（Application Domain Extension）实体类型支持IFC实体构件。

3）基于本体论的BIM+GIS数据融合

基于本体论的BIM+GIS数据融合，是通过匹配IFC与CityGML的本体信息，构建本体系统，保证人机交互过程中的语义信息一致性，这种方法可以消除同一实体在不同标准中的语义偏差。

## 3.5.3 BIM+MMS

建筑工程后期的运维管理，实际上需要依托运维管理系统（Maintenance Management System，MMS），它是物业管理的扩展和延伸，结合了建筑中智能化、网络化、数字化技术以实现数字化管理。数字化管理是运维管理的核心内容，它利用信息网络技术，提供通过互联网和计算机局域网处理运维信息系统管理中心的各项日常业务的数字化应用，达到提高效率、规范管理、向客户提供优质服务的目的。

随着营建产业的规模增大及架构的复杂化，以计算机信息提升产业效率进行信息化管理为其必然选择，大量的信息与数据随之而生，如何有效地进行信息整合及可视化应用设施维护管理是运维管理的关键。BIM的三维模式和贯穿建筑全生命周期的数据管理使BIM应用于项目运维阶段具有先天优势。

例如，运维管理中很大一部分内容是设备的管理，设备管理的成本在设施管理成本中占有很大的比重。设备管理的过程包括设备的购买、使用、维修、改造、更新、报废等。设备管理成本主要包括购置费用、维修费用、改造费用以及设备管理的人工成本等。由于当前的设备管理技术落后，往往需要大量的人员来进行设备的巡视和操作，而且只能在设备发生故障后进行设备维修，不能进行设备的提前预警工作，这就大大增加了设备管理的费用。

BIM技术可以整合设计阶段和施工阶段的时间、成本、质量等不同时间段、不同类型的信息，并将设计阶段和施工阶段的信息高效、准确地传递到运维管理中，还能将这些信息与运维的相关信息相结合。

**1. 应用场景**

BIM+MMS运维管理平台（图3.24），就是以BIM为核心，互联网为载体，集可视化、模型化、智能化维护等功能于一体的综合运维管理平台。

平台实现数据整合、管理、记录，形成一套完整的以 BIM 模型为核心的系统，三维可视化方式呈现信息，同时支持数据可视化、数据分析、事故预报、漫游巡检、漫游查看，还能通过连接外部设备终端实现 VR 培训。

1) 场景一

BIM 三维可视化的功能是 BIM 最重要的特征，BIM 三维可视化将过去的二维 CAD 图纸以三维模型的形式展现给用户。当设备发生故障时，BIM 可以帮助设施管理人员三维、直观地查看设备的位置及设备周边的情况。BIM 的可视化功能在翻新和整修过程还可以为设施管理人员提供可视化的空间显示，为设施管理人员提供预演功能。

2) 场景二

设施管理中，在进行预防性维护或是设备发生故障进行维修时，首先需要维修人员找到需要维修构件的位置及其相关信息，现在的设备维修人员常常凭借图纸和自己的经验来判断构件的位置，而这些构件往往在墙面或地板后

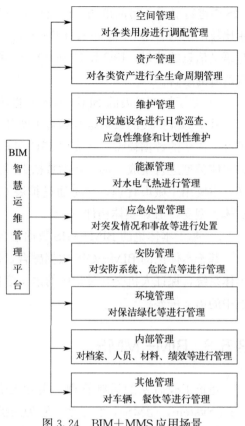

图 3.24 BIM+MMS 应用场景

面等看不到的地方，位置很难确定。准确的定位设备对新员工或紧急情况是非常重要的。使用 BIM 技术不仅可以直接三维定位设备，还可以查询该设备的所有基本信息及维修历史信息。维修人员在现场进行维修时，可以通过移动设备快速地从后台技术知识数据库中获得所需的各种指导信息，同时也可以将维修结果信息及时反馈到后台中央系统，对提高工作效率很有帮助。

**2. BIM+MMS 数据集成方式**

BIM 与 MMS 的数据集成也就是 BIM 三维模型与运维管理平台的融合。通过平台来收集、整合、分析、传输、维护及维修信息，实现问题跟踪、数据分析、提前预警、事故报告等一系列工作。同时，通过 BIM 模型信息关联及数据信息整合，使整个管理可视化。并可通过外部设备及终端来实现智能监控、智能巡检，统筹单兵作战。

BIM 模型要根据运维需求进行非几何信息的梳理，并将结构化的信息数据存储在运维管理平台，采用"数模分离"式 BIM 数据集成。基于 IFC 或 BIM 软件插件可将 BIM 中几何模型和工程数据集成到智慧建造平台，平台可采用 NoSQL（Not Only SQL，非关系型的数据库）数据库存储几何模型，采用关系数据库存储工程数据，实现"数模分离"，并通过唯一 ID 进行数据与几何模型中建筑构件的对应，提高数据交换效率，便于模型更新与管理。通过平台实现数据的整合，将原本独立的设备或构件形成一套完整的系统，数据格式是上述数据交换的基础。

数据格式转换的意义：BIM 不仅有三维模型，还有其附带的语义信息。将 BIM 模型加载到 MMS 平台的时候，不仅要实现三维模型的可视化表达，还要完整继承其语义信息。其强调三维模型多尺度空间实体几何拓扑语义表达。BIM＋MMS 技术的集成过程实质为两种数据格式的相互转换，定义其数据转换过程中语义信息的映射规则和几何信息的过滤方法，实现数据的无损接入。建立数据格式转换标准，对数据进行处理，实现数据的无缝拼接与集成。该标准是实现相互操作和数据共享的关键点。数据格式转换有如下两种方式：直接转换和间接转换（图 3.25、图 3.26）。

图 3.25　BIM 数据格式与 MMS 数据格式的直接转换

图 3.26　BIM 与 MMS 数据同通用数据标准间接互相转换

### 3.5.4　BIM+IoT

**1. IoT 基础知识**

1) 物联网概述

（1）物联网的定义

"物联网"（Internet of Things，IoT）最早是由麻省理工学院执行董事、物联网之父凯文·艾什顿（Kevin Ashton）于 1999 年提出的专业词，物联网采用了电子产品编码（EPC）全球架构下的供应链监控的 RFID（Kevin Ashton，2009）。2005 年，国际电信联盟（International Telecommunication Union，ITU）发布了一份名为"ITU 互联网报告 2005：物联网"（ITU 2005）。根据国际电信联盟提供的最新定义（2012 年），"物联网是信息社会的全球基础设施，通过基于现有和不断发展的、可互操作的信息和通信技术的（物理和虚拟）事物的互联，实现先进的服务"。国际标准化组织（ISO 2018）提供了以下类似的定义，"由相互连接的物体、人、系统和信息资源以及智能服务组成的基础设施，使它们能够处理物理和虚拟世界的信息并作出反应"。根据 IERC（IoT European Research Cluster，欧洲物联网研究项目组，2012），物联网是"一个动态的全球网络基础设施，具有基于标准和可互操作的通信协议的自我配置能力，其中物理和虚拟事物具有身份、物理属性和虚拟个性，并使用智能接口，并无缝集成到信息中"。因此，物联网可以是物理状态和虚拟状态的结合，它包括许多活跃的物理事物，如传感器、执行器、云服务、通信和元件，以及企业和用户的许多具体架构，从而为物联网系统提供框架和相关解决方案。

互联网是把人与人、人与物连接起来，而物联网将人与人、人与物、物与物连接起来。

A. 与 SCADA 的区别

SCADA（Supervisory Control and Data Acquisition，监控和数据采集）系统是由计算机与网络技术作为支撑，实现对现场数据采集、设备控制、数据测量、参数调节以及信号报警等。关注于底层设备的采集，监视和控制，而物联网通常为一套 PaaS（Platform as a Service，平台即服务）平台，其业务范畴远超过一般的 SCADA 系统。随着时代的发展，物联网技术将取代部分 SCADA 系统。

B. 与 M2M 的区别

M2M（Machine to Machine，数据算法模型）代表机器对机器的通信。它是设备之间使用有线或无线通信通道的直接通信系统，无须任何人工交互可收集数据并与其他连接的设备共享。它是一种允许设备在不使用互联网的情况下在设备之间进行连接的技术。M2M 通信提供了各种应用，例如，防御、监控和跟踪、生产和设施管理。物联网是 M2M 技术的一个子集。在物联网中，两台机器之间无须人工指令即可进行通信，使其成为 M2M 通信系统的一部分。M2M 的点对点通信是 M2M 与 IoT 技术的主要区别。同时，物联网系统通常将其设备放置在全球云网络中，以促进更大规模的自动化和更高级的应用。IoT 和 M2M 之间的另一个主要区别是可扩展性。物联网旨在具有高度可扩展性，因为设备也可以包含在网络中并以最少的问题集成到现有网络中。相比之下，维护和建立 M2M 网络可能更加劳动密集，因为必须为每个系统建立新的点对点连接。

（2）物联网体系架构

从技术架构上来看，物联网可分为三层：感知层、网络层和应用层（图 3.27）。

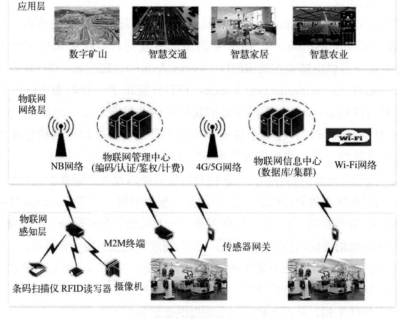

图 3.27 物联网体系架构

（a）感知层的硬件技术是由各种设备组成的，包括传感器和执行单元。传感器实时捕捉数据并处理来自环境的信号，而执行单元将电信号转化为影响环境的实际行动。物联网传感器包括可穿戴设备，它提供有关人类活动的可靠信息；环境传感器，旨在收集不同因素的测量，如温度、湿度、压力、空气质量、长度、时间、速度、运动和心跳。物联网网络层收集大量未经处理的数据，将其转换为数字流，并对其进行过滤和预处理，以便准备进行分析。应用层由边缘设备和集中式计算单元代表，负责处理和加强对数据的分析，同时使用人工智能和ML技术，并将数据呈现给用户和程序以提供进一步的服务。

(b) 网络层也被称为传输层，解决的是感知层所获得的数据在一定范围内，通常是长距离的传输问题，主要完成接入和传输功能，是进行信息交换、传递的数据通路，包括传输网与接入网两种。传输网由公网与专网组成，典型传输网络包括电信网（固网、移动网）、广电网、互联网、电力通信网、专用网（数字集群）。接入网包括光纤接入、无线接入、以太网接入、卫星接入等各类接入方式，实现底层的传感器网络、RFID（Radio Frequency Identification，RFID 射频识别）网络的"最后一公里"的接入。

(c) 应用层也被称为处理层，解决的是信息处理和人机界面的问题。网络层传输而来的数据在这一层里进入各类信息系统进行处理，并通过各种设备与人进行交互。处理层由业务支撑平台（中间件平台）、网络管理平台（例如，M2M 管理平台）、信息处理平台、信息安全平台、服务支撑平台等组成，完成协同、管理、计算、存储、分析、挖掘以及提供面向行业和大众用户的服务等功能，典型技术包括中间件技术、虚拟技术、高可信技术、云计算服务模式、SOA 系统架构方法等先进技术和服务模式，可被广泛采用。

在各层之间，信息不是单向传递的，所传递的信息也多种多样，包括在特定应用系统范围内能唯一标识物品的识别码和物品的静态与动态信息。尽管物联网在智能工业、智能交通、环境保护、公共管理、智能家庭、医疗保健等经济和社会各个领域的应用特点千差万别，但是每个应用的基本架构都包括感知、网络和应用三个层次，各种行业和各种领域的专业应用子网都是基于上述三层基本架构构建的。

(3) 物联网核心技术

物联网的关键核心技术主要包括传感器和执行器和物理系统、RFID 技术、无线传感器网络技术、局域网技术、广域网技术、人工智能技术、云计算技术、边缘计算技术、数据分析技术、网络安全技术等。

A. 传感器、执行器和物理系统

传感器（Sensor）采集实体自身或者所处环境的信息，如温度、湿度、压力、空气质量、长度、时间、速度、运动和心跳。物联网传感器包括温湿度传感器、二维码标签、RFID 标签和读写器、摄像头、可穿戴设备等。

执行器（Actuator，也称致动器）将电信号转化为影响环境的物理行动，可以是气动的、液压的、电动的、热的或磁性的。

执行器与传感器经常通过物理系统协同工作。

B. RFID 技术

射频识别，即 RFID，是 Radio Frequency Identification 的缩写，又称无线射频识别，是一种通信技术，可通过无线电信号识别特定目标并读写相关数据，而无须在识别系统与特定目标之间建立机械或光学接触。

C. 无线传感器网络技术

无线传感器网络（Wireless Sensor NetWork，WSN）技术是传统传感技术和网络通信技术的融合，通过将无线网络节点附加采集各种物理量的传感器而成为兼有感知能力和通信能力的智能节点，是物联网的核心支撑技术之一。

无线传感器网络是由一组稠密布置、随机散布的传感器节点构成的无线自组织网络，其目的是协作感知、采集和处理网络覆盖的地理区域内感知对象的信息，并将其提供给用户。

无线传感器网络主要由传感单元、处理单元、收发单元及电源供应单元组成（图3.28）。

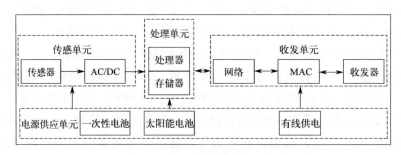

图 3.28 无线传感器网络节点结构

注：AC——Alternating Current，交流电；DC——Direct Current，直流电；MAC——Medium Access Control，介质访问控制。

传感单元：负责监测区域内针对特定观测对象和物理信号的采集与数据转换。

处理单元：负责控制整个传感器的硬件，存储和处理本身采集的或其他节点发来的数据。

收发单元：负责与其他传感器节点进行无线通信，交换应用数据和网络管理控制数据。

电源供应单元：为传感器节点提供行动所需要的能量，通常采用微型高能量一次性电池供电，也可以根据传感器所在地理环境条件采用太阳能电板可充电电池。

D. 局域网技术

将小区域内的各种通信设备互连在一起的通信网络称为局域网（Local Area Network，LAN）。局域网有速率高、距离短、误码率低等典型特性。在无线局域网技术（Wireless LAN，WLAN）出现前，局域网的连接介质多为双绞线、同轴电缆、光纤。无线局域网则采用微波、红外和激光作为传输介质。

E. 广域网技术

广域网（Wide Area Network，WAN）是一种跨地区的数据通信网络，使用电信运营商提供的设备作为信息传输平台。广域网通常跨接很大的物理范围，所覆盖的范围从几十千米到几千千米。

F. 人工智能技术

人工智能物联网〔AIoT，即 AI（Artificial Intelligence，人工智能）＋IoT（物联网）〕就是人工智能技术与物联网在实际应用中的落地融合。它并不是新技术，而是一种新的 IoT 应用形态，从而与传统 IoT 应用区分开。如果物联网是将所有可以行使独立功能的普通物体实现互联互通，用网络连接万物，那 AIoT 则是在此基础上赋予其更智能化的特性，做到真正意义上的万物互联。

随着 AI、IoT、云计算、大数据等技术的快速发展，以及众多产业中的垂直产业落地应用，AI 与 IoT 在实际项目中的融合落地变得越来越多。AIoT 作为一种新的 IoT 应用形态存在，与传统的 IoT 区别在于：传统的物联网是通过有线和无线网络，实现物—物、人—物之间的相互连接，而 AIoT 不仅实现设备和场景间的互联互通，还实现物—物、人—物、物—人、人—物—服务之间的连接和数据的互通。人工智能技术对物联网的赋能进而实现万物之间的相互融合，使得用户获得更加个性化的更好的使用体验、更好的操作感受，最终目的是让用户或使用方获得"安全、简单、便捷、舒适的体验"。

G. 云计算技术

根据美国国家标准与技术研究院（National Institute of Standards and Technology，NIST）的定义，云计算是指能够针对共享的可配置计算资源，按需提供方便的、泛在的网络接入的模型。上述计算资源包括网络、服务器、存储、应用和服务等，这些资源能够快速地提供和回收，而所涉及的管理开销要尽可能小。

一般来说，云计算可以被看作通过计算机通信网络（例如，互联网）来提供计算服务的分布式系统，其主要目标是利用分布式资源来解决大规模的计算问题。

云上的资源对用户是透明的，用户无须知晓资源所在的具体位置。这些资源能够同时被大量用户共享，用户能够在任何时间、任何地点访问应用程序和相关的数据。

云计算的体系架构如图 3.29 所示。

基础设施即服务（Infrastructure as a Service，IaaS）：这项服务是云计算提供的最简单的内容，其涉及大规模的计算资源的交付，这些计算资源包括存储空间、运算能力和网络带宽等。

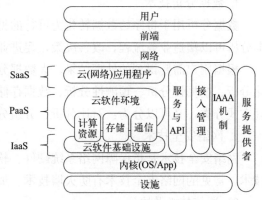

图 3.29　云计算体系架构

注：OS——Operating System，操作系统；App——Application，应用程序；IAAA——Identity，Authentication，Authorization，Auditing，身份、身份验证、授权、审核。

平台即服务（Platform as a Service，PaaS）：这项服务为云计算提供了应用程序的接口。对于云计算来说，基础设施即服务在很多应用场景下能力不足。

软件即服务（Software as a Service，SaaS）：这项服务旨在提供终端用户可以直接使用的服务，这里的服务可以理解为部署在互联网上的软件。这样的服务模式在很大程度上替代了在个人电脑上运行的传统应用程序。

云计算与物联网的互补：物联网能够在云计算的虚拟形式的无限计算能力和资源上补偿自身的技术性限制（例如，存储、计算能力和通信能力）。云计算能够为物联网中服务的管理和组合提供高效的解决方案，同时能够实现利用物联网中产生的数据的应用程序和服务。对于物联网来说，云计算能够以更加分布式的、动态的方式来扩展其能处理的真实世界中物/设备的范围，进而交付大量实际生活中的场景所需要的服务。

H. 边缘计算技术

边缘计算是在靠近物或数据源头的一侧，采用网络、计算、存储、应用核心能力为一体的开放平台，就近提供最近端服务。其应用程序在边缘侧发起，产生更快的网络服务响应，满足行业在实时业务、应用智能、安全与隐私保护等方面的基本需求。

图 3.30 列出一个边缘计算的过程，物联网感知层传感器实时采集到数据后，不直接上传到服务器中，而是就近上传到边缘计算设备处理器中，由各边缘计算设备对各种数据信息，如水质、水压、流量、电压等传感器的数据进行分析，计算出各项检测指标的结果，再将这些处理过的数据上传给服务器平台，服务器只需对这些数据进行汇总分类等操作。

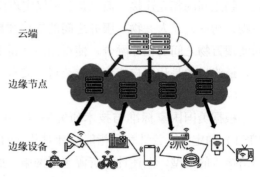

图 3.30　边缘计算节点结构图

I. 数据分析技术

数据分析用于将原始数据转化为可行的见解，通过使用数据发现趋势并解决问题。数据分析可以塑造业务流程，改善决策，促进业务增长。

根据用户需要得到的处理结果，大数据分析技术和方法可以分为六个基本方面：可视化分析、挖掘性分析、预测性分析、数据存储、数据质量与管理、语义引擎。如果按照处理方式分类，又可以分为：对比分析、分组分析、回归分析、预测分析和指标分析。

J. 网络安全技术

网络安全技术是指保障网络系统硬件、软件、数据及其服务的安全而采取的信息安全技术。常见的网络安全技术有防火墙技术、加密技术、病毒/木马防御和清除技术。

2）通信技术及协议

（1）MQTT 协议

MQTT 协议（Message Queue Telemetry Transport，消息队列遥测传输协议）是 IBM 的 Andy Stanford-Clark 和 Arcom 的 Arlen Nipper 于 1999 年为了一个通过卫星网络连接输油管道的项目开发的。为了满足低电量消耗和低网络带宽的需求，MQTT 协议在设计之初就包含了以下几个特点：实现简单、提供数据传输的 QoS（Quality of Service，服务质量）、轻量、占用带宽低。MQTT 协议是基于发布和订阅的通信协议，由 Broker（代理）和连接到 Broker 的多个 Client（客户端）组成。特别适合于使用极小带宽无线网络通信、低功耗、必要时保证高可靠性、对处理和内存资源的需求很低的场景。

典型的应用场景包括车间设备的维护和管理、油气田和油井等现场的监测和控制等。

（2）CoAP 协议

CoAP（Constrained Application Protocol，受限应用协议）协议是一种运行在资源比较紧张的设备上的协议。CoAP 协议通常也是运行在 UDP（User Datagram Protocol，用户数据报协议）协议上的。CoAP 协议设计得非常小巧，最小的数据包只有 4 个字节。CoAP 协议采用 C/S 架构，使用类似于 HTTP 协议（Hypertext Transfer Protocol，超文本传输协议）的请求—响应的交互模式。设备可以通过类似于 coap：//192.168.1.150：5683/2ndfloor/temperature 的 URL 来标识一个实体，并使用类似于 HTTP 的 PUT、GET、POST、DELET 请求指令来获取或者修改这个实体的状态。同时，CoAP 提供一种观察模式，观察者可以通过 OBSERVE 指令向 CoAP 服务器指明观察的实体对象。当实体对象的状态发生变化时，观察者就可以收到实体对象的最新状态，类似于 MQTT 协议中的订阅功能。

典型的应用场景包括传感器数据上报、智能开关等。

（3）Lw 协议

LwM2M（Lightweight Machine-To-Machine，轻量级的机器对机器通信协议）协议是由 Open Mobile Alliance（OMA，开发移动联盟）定义的一套适用于物联网的轻量级协议。它使用 RESTful，提供设备的接入、管理和通信功能，也适用于资源比较紧张的设备。

LwM2M 协议底层使用 CoAP 协议传输数据和信令。而在 LwM2M 协议的架构中，CoAP 协议可以运行在 UDP 或者 SMS（Short Message Service，短信）之上，通过 DTLS（Datagram Transport Layer Security，数据包传输层安全协议）来实现数据的安全传输。

（4）HTTP 协议

HTTP 是一种使用统一资源标识符（Uniform Resource Identifiers，URI）来传输数据和建立连接，从万维网（www）服务器传输超文本到浏览器（客户端）的传送协议。在一些计算和硬件资源比较充沛的设备上，比如运行安卓操作系统的设备，可以使用 HTTP 协议上传和下载数据，就好像在开发移动应用一样。设备也可以使用运行在 HT-TP 协议上的 WebSocket 主动接收来自服务器的数据。

典型的应用适用于数据量大、通信频繁、设备资源充沛、通信稳定的地方，如车间等固定场景。

（5）LoRaWAN 协议

LoRaWAN（Long Range Wide Area Network，长距离广域网）协议是由 LoRa 联盟提出并推动的一种低功率广域网协议，它和我们之前介绍的几种协议有所不同。MQTT 协议、CoAP 协议都是运行在应用层，底层使用 TCP 协议或者 UDP 协议进行数据传输，整个协议栈运行在 IP 网络上。而 LoRaWAN 协议则是物理层/数据链路层协议，它解决的是设备如何接入互联网的问题，并不运行在 IP 网络上。

LoRa（Long Range Radio，远距离无线电），是一种线性调频扩频的无线通信技术，它具有使用距离远、功耗低的特点。可以通过在工程设备上安装支持 LoRa 的模块，使用 LoRaWAN 技术进行组网，通过 LoRa 的中继设备将数据发往其他的有互联网接入的 LoRa 网关设备，LoRa 网关再将数据封装成可以在 IP 网络中通过 TCP 协议或者 UDP 协议传输的数据协议包（比如 MQTT 协议），然后发往云端的数据中心。

典型应用场景包括智能路灯、物品追踪、温湿度探测等。

（6）NB-IoT 协议

NB-IoT 是指窄带物联网（Narrow Band Internet of Things）技术，是一种低功耗广域（Low-Power Wide-Area，LPWA）网络技术标准，基于蜂窝技术，用于连接使用无线蜂窝网络的各种智能传感器和设备，聚焦于低功耗广覆盖（LPWA）物联网（IoT）市场，是一种可在全球范围内广泛应用的新兴技术。NB-IoT 协议和 LoRaWAN 协议一样，是将设备接入互联网的物理层/数据链路层的协议。与 LoRA 不同的是，NB-IoT 协议构建和运行在蜂窝网络上，消耗的带宽较低，可以直接部署到现有的 GSM 网络或者 LTE 网络。设备安装支持 NB-IoT 的芯片和相应的物联网卡，然后连接到 NB-IoT 基站就可以接入互联网。而且 NB-IoT 协议不像 LoRaWAN 协议那样需要网关进行协议转换，接入的设备可以直接使用 IP 网络进行数据传输。

典型的应用场景适用于地下车库、管道、地下室等之前协议与信号难以覆盖的地方。

(7) Zigbee

Zigbee 是一种短距离网状组网无线通信技术，常用于连接 10~100m 范围内的设备，不通过 LPWAN 直接接入网络，需要通过集中器和网关接入。通过其网状拓扑，Zigbee 设备可以通过中间设备在一定距离上传输数据。它的出现弥补了蓝牙、Wi-Fi（无线网络通信技术）等通信协议高复杂、功耗大、距离近、组网规模太小等缺陷。

Zigbee 主要使用的标准有 IEEE 802.15.4。Zigbee 可工作在三个频段：868~868.6MHz、902~928MHz 和 2.4~2.4835GHz，其中最后一个频段在世界范围内通用，为免付费、免申请的无线电频段。三个频段传输速率分别为 20kbps、40kbps 以及 250kbps。

典型应用场景如智能插座、智能灯泡等。

(8) 其他通信技术

基于 Wi-Fi、蓝牙、RFID、无线 USB（Universal Serial BUS，通用串行总线）、红外通信等的短距离通信；SigFox（一种无线通信技术，可以连接低功率物联网设备）、eMTC（enhanced Machine-Type Communication，增强型机器类型通信）等长距无线通信技术。

建筑工程行业常见的物联网设备按其使用目标可分为安全类（如智能安全帽、基坑监控等）、质量类（RFID 材料码等）、材料类（混凝土养护）、环境类（废弃物/废水监测）等。

**2. BIM 与 IoT 融合集成**

1) 融合集成技术背景

BIM 是建筑物的数字化信息模型，是虚拟的建筑，是现实建筑的真实再现。BIM 建模的过程是将建筑设施数字化的过程，这一过程中，利用 BIM 技术进行管线综合、碰撞检测、模拟计算等应用，实现设计各参与方的信息交互，即协同设计，而各信息交互的媒介或基础，即工业基础类（Industry Foundation Classes，IFC）。这一媒介也将贯穿建筑工程项目 BIM 应用的整个全生命周期。

而在全生命周期的施工建造及运维阶段，其各参与方的行为有着高度的分散性、移动性、机动性等特点，对 BIM 技术的应用提出了现场性、移动性、实时性等新要求。与设计阶段基于办公室、人（设计师）及 PC 终端的 BIM 应用不同，在施工建造及运维阶段，其参与方为现场（环境）、人、移动终端及全生命周期中最为重要的实体——物

(即建筑、设备、设施等物体本身)。在这种情况下,仅依靠 IFC 这一媒介无法满足信息交互的需求,因为在施工建造及运维阶段,各参与方之间出现了信息传递的孤岛——物。

因此,需要利用新的技术手段,将"物"这一关键实体与 BIM 模型、人进行有效连接,而物联网技术便可成为完成连接的桥梁。通过物联网技术中的 RFID 标签、二维码、智能传感器、视频前端、定位装置等感知层设备,将现实环境、人、物与 BIM 模型中的信息关联起来。可以说,BIM 技术与物联网的融合,将打通现实与虚拟、实体与数据间的接口,实现对施工建造及运维阶段的行为监控、数据采集,结合 BIM 模型数据完成数据交互,实现有效的现场管理及操作行为。BIM 技术与物联网的融合将延伸和拓展出丰富的综合应用模式与价值。

BIM 与物联网技术在融合应用中各自发挥不同的作用,BIM 实现信息传递和交互共享并形成中心基础数据库,物联网将采集、传输与接收来的信息与 BIM 数据库中的实体相连接。

2) 融合集成平台架构

BIM 与物联网融合的应用平台架构一般如图 3.31 所示。

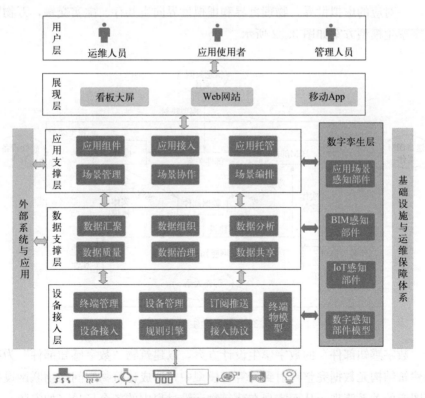

图 3.31 BIM 与物联网融合的应用平台架构

平台架构由设备接入层、数据支撑层、应用支撑层、数字孪生层组成。

设备接入层负责汇总各类物联网设备数据接入,功能上包括终端产品管理、设备管理、设备消息推送、接入网络支撑(Wi-Fi、4G、Zigbee、蓝牙、有线)、接入协议支撑

（MQTT、CoAP、LwM2M、HTTP等）、接入认证安全、终端物模型等。

数据支撑层负责平台的数据汇聚与接入（包括设备数据与第三方IoT平台数据）、数据组织、数据存储、数据分析与数据治理等功能管理。

应用支撑层充当系统的业务中台角色，对各类应用进行场景的基础管理、场景编码、场景接入、场景调度及场景联动等管理，负责构建出各类应用的服务支撑（如安全用电应用、消防监控应用）等。

数字孪生层是通过统一的数字感知部件模型，对设备接入层、数据支撑层与应用支撑层进行模型包装与关系构建，为上述三层提供融合集成支撑能力。

整个平台各层从下往上进行融合集成，实现支撑涵盖人员管理、设备管理、物资管理、视频监控、进度管理、质量管理、安全管理等应用，可为建筑领域行业各类角色用户提供成熟、全面、有效的智能化管理手段。

**3. 融合集成方案详设**

1) 数字孪生模型方案

数字孪生最初是基于设备全生命周期管理场景提出的，着眼点是物理设备的数字化。将这个概念进一步泛化，可以将物理世界的人、物、事件等所有要素数字化，在网络空间再造一个一一对应的虚拟世界，物理世界和虚拟世界同生共存、虚实交融，万物皆可数字孪生。数字孪生模型方案如图3.32所示。

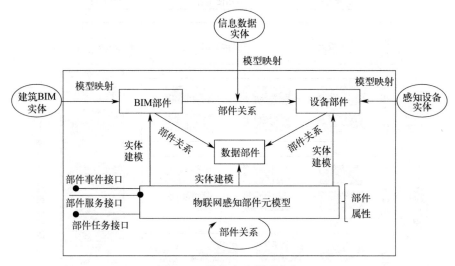

图3.32 数字孪生模型方案

基于"数字感知部件"的数字孪生设计方案，以建筑物"数字感知部件"为载体将真实世界的建筑结构元数据完整映射到计算机模型中，形成建筑物空间与物联网设备中的一种类似于图谱的关系管理，从而实现在建筑物运维过程中的各个场景（如安防、消防、物业、自控、能耗）上的数据、模型及场景融合，实现人、物（设备）与建筑物之间的模型统一，并通过业务场景编排实现数据层的互联互通。

2) 数字感知部件设计

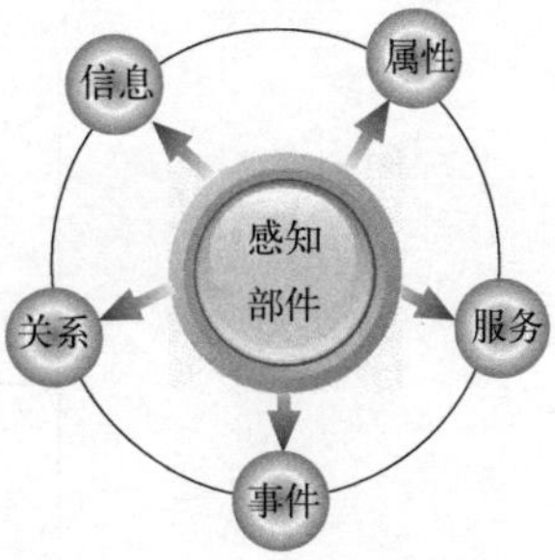

## 第3章 海外项目 BIM 综合应用分析

"数字感知部件"是对建筑物及物联网设备等应用相关场景所关联到的物品进行数字化的描述,它对物品的特征、品行进行抽象归纳,形成"数字感知部件"模型,便于各方用统一的语言描述、控制、理解物品的行业与功能。

"数字感知部件"模型主要是由基础信息、部件属性、部件事件、部件服务及部件关系五大要素进行定义与描述(图 3.33)。

(1) 基础信息

部件基础信息是所有部件核心共有特征信息,比如部件标识与编码、部件名称、部件品类、部件映射标识等;表 3.12 列了部件模型基础关键几个信息项。

图 3.33 数字感知部件模型

**部件基础信息表清单**　　　　　　　　　　　　　　　　　表 3.12

| 信息名称 | 信息说明 |
| --- | --- |
| 部件标识 | 信息系统中对部件的唯一标识 ID,一般是数字编号;作为信息系统内部的数据交换的唯一标识 |
| 部件编码 | 信息系统中对部件的唯一编码,一般是带一定规则的英文/数字的字符串;一般用于提供给外部业务管理使用 |
| 部件名称 | 部件的中文简称,一般是物品的品名,如 BIM 模型中的房间、楼层、机房、场地、门窗都是部件名。IoT 中某款终端产品(烟感、门禁)等也都是部件名 |
| 部件品类 | 部件的基础应用分类,比如建筑物部件、物联网设备部件;一件物品其实分类的维度是多样化的,不存在唯一的分类维度,所以这里的品类也不是绝对,一般业界采用标签化进行多维度分类 |
| 部件映射标识 | 部件映射外部模型系统唯一性标识,比如映射 BIM 模型对应的构件 ID,映射 IoT 终端产品 ID 等,用于与外部系统进行场景交互及数据交换 |

(2) 部件属性

各个部件除了有一套基于系统级的基础信息之外,还有部件个性化的信息,如建筑的楼层、房间、管道等都有各自的一些标准信息体描述,这种信息体在部件模型中用属性来表达,每个部件都有多个属性描述该部件的扩展共同信息体,如"灯"部件标准属性,定义了所有品牌的灯可能有的所有功能。各部件之间同样的功能保持信息定义一致,例如,"灯"部件的开关,"插座"部件的开关,乃至所有部件的开关都用同样的属性定义"power"。

这样高度抽象的物模型定义,是为了统一不同功能在不同物品上的表示方式,方便设计通用功能时理解不同物品功能。例如,在做语音控制设备开关时,只需要将"打开"这样的意图与"power"参数对应,即可实现所有设备的开关控制。

图 3.34 列出了部件属性模型(部件属性基本信息定义结构体)。部件属性信息清单见表 3.13。

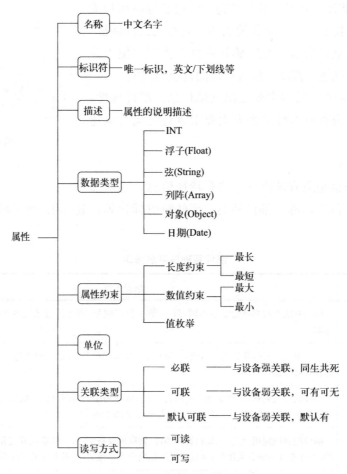

图 3.34　部件属性模型

部件属性信息清单　　　　　　　　　　　　　　　　　　　表 3.13

| 信息名称 | 信息说明 | 信息约束条件 |
| --- | --- | --- |
| 名称 | 参数中文名 | 仅支持中文、英文大小写、数字、部分常用符号（下划线、减号、括弧、空格），必须以中文、英文或数字开头，长度不超过40个字符 |
| 标识符 | 参数唯一英文标识 | 支持大小写字母、数字和下划线，不超过50个字符 |
| 数据类型 |  | 整数型、浮点型、枚举型、字符串、日期、数组、对象等 |
| 属性约束 | 长度、值范围、值枚等约束定义 | 枚举值参数：分为参数值和参数描述，参数值支持整形，不超过2个字符，参数描述支持中文、英文、数字、下划线，不超过20个字符，枚举项数量可自定义。<br>取值范围：整形、浮点数。可自定义，输入的数值范围不超过各类型数据所能表示的范围。<br>字符串长度：仅字符串参数。整数，表示字符串最大长度，取值1～2048 |
| 单位 | 数据单位 |  |

续表

| 信息名称 | 信息说明 | 信息约束条件 |
|---|---|---|
| 关联类型 | 与产品/品类等关联方式 | 必联:是强关联关系,整个生命周期必备;<br>可联:弱关联关系,可有可无;<br>默认:弱关联关系,但会默认关联且有默认值 |
| 读写方式 |  | 可读:可以提供外部访问值;<br>可写:可以提供外部修改设置值 |

（3）部件服务

部件服务是指部件对外提供开放的功能或业务服务能力,由授权的外部平台或系统来调用。在信息系统中一般是一组 API 接口。部件服务模型如图 3.35 所示。表 3.14 列出了部件服务的基本信息定义结构体。

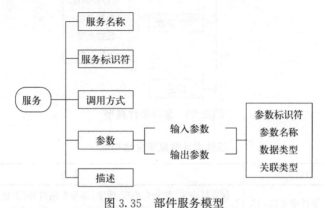

图 3.35 部件服务模型

**部件服务信息定义结构体** 表 3.14

| 信息名称 | 信息说明 | 约束条件 |
|---|---|---|
| 名称 | 服务中文名 | 仅支持中文、英文大小写、数字、部分常用符号(下划线、减号、括弧、空格),必须以中文、英文或数字开头,长度不超过 40 个字符 |
| 标识符 | 参数唯一英文标识 | 支持大小写字母、数字和下划线,不超过 50 个字符 |
| 调用方式 | 同异步方式 | 异步调用或同步调用任选其一。异步调用是指云端执行调用后直接返回,不会关心部件的回复消息;如果服务为同步调用,云端会等待设备回复,否则会调用超时 |
| 输入参数 |  | 输入参数一般指向当前部件的属性,可多选,可为空 |
| 输出参数 |  | 输出参数一般指向当前部件的属性,可多选,可为空 |
| 描述 | 参数描述 | 100 字以内 |

（4）部件事件

部件事件是指部件根据内部的一些业务规则或业务逻辑产生的一个外部平台或系统可能会关注的信息、数据突破点或业务逻辑突变点。比温度测量仪超出温度阈值、烟感控测仪探测到烟雾超过阈值、视频监控探测到人体活动等,部件对这些信息突破点或逻辑突变点设置对应突变通知点,外部平台或系统根据自身的需求可以对这些通知点以"事件接口注册"的方式进行关注并获取事件通知。

图 3.36 为部件事件模型。表 3.15 列出了部件事件的基本信息定义结构体。

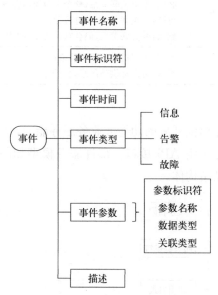

图 3.36　部件事件模型

**部件事件信息定义结构体**　　　　　　　　　　　　　　　　　　　　表 3.15

| 信息名称 | 信息说明 | 约束条件 |
| --- | --- | --- |
| 事件名称 | 事件中文名 | 仅支持中文、英文大小写、数字、部分常用符号（下划线、减号、括弧、空格），必须以中文、英文或数字开头，长度不超过 40 个字符 |
| 事件标识符 | 唯一英文标识 | 支持大小写字母、数字和下划线，不超过 50 个字符 |
| 事件时间 |  | 事件触发产生的时间 |
| 事件类型 |  | 描述事件的分类，比如信息事件、告警事件及故障事件 |
| 输出参数 |  | 输出参数只可选择当前设备的属性，可多选，可为空 |
| 描述 | 参数描述 | 100 字以内 |

（5）部件关系

部件关系是描述不同部件之间的天然物理上、业务场景或管理上需要的关系，部件关系主要用于场景应用上的场景联动。图 3.37 列出了部件关系类型，部件存在的关系主要是三种关系：依赖、构成与组合关系。表 3.16 列出了部件关系信息定义结构体。

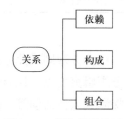

图 3.37　部件关系类型

**部件关系信息定义结构体**    表3.16

| 关系名称 | 关系说明 |
| --- | --- |
| 依赖关系 | 是一种应用层上的关系,产生依赖的部件叫从部件,被依赖的部件叫主部件,从部件在应用上需要主部件的协助才能进行运作。一个从部件可能会依赖多个主部件,一个主部件也可以有多个不同的依赖从部件 |
| 构成关系 | 是一种结构上或管理上拥有的关系,是整体与部分的关系,拥有者/整体一般叫主/群部件,被拥有者/部分体一般叫子部件;子部件无法单独存在。如公司和部门是整体和部分的关系,没有公司,部门也无法存在 |
| 组合关系 | 是一种使用上的关系,也是整体与部分的关系,可以用主/群部件与子部件来称呼。但与构成关系不同的是主从部件是一种零散疏松的关系,从部件具备较强的独立性,如老师与学生的关系。学生选修了某一老师的课程就变成师生组合关系,一旦课程结束后老师与学生就结束了关系 |

注意：构成关系与组合关系中的独立性划分指的是生命周期里面的独立性,如果整体与部分尽管都是比较独立的实体,但如果在应用系统使用上的生命周期内一直是同生共死的,这时就使用构成关系。

3) 设备层融合集成

设备层的融合集成是建筑领域数字孪生体系中最基础与底层的集成,比较优秀的物联网 IoT 平台（如中国电信天翼物联网 AIoT 平台）在设备接入层一般都会有"终端物模型"的模型设计,终端物模型定义了终端产品的功能,即是什么,能做什么,能对外提供哪些服务,其核心元素也由属性、事件与服务组成。与"数字感知部件"模型在模型上比较类似,可以做到模型一一映射对应（图3.38）。

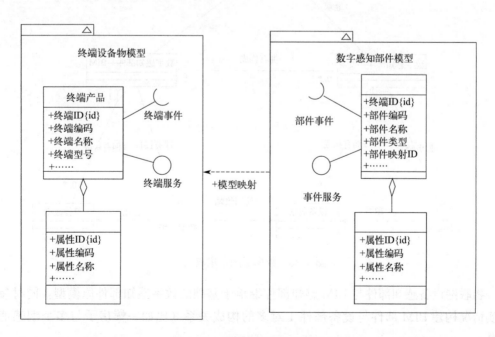

图 3.38 设备层融合集成设计

在模型映射中，数字感知部件通过"部件类型"与"部件映射ID"记录映射终端产品ID，实现感知部件ID与终端产品ID的一一映射；为上层的数据融合与应用融合提供基础。

4）数据层融合集成

成功的物联网应用需要的不仅是简单地将大量设备和传感器连接到互联网，并从中收集数据，更需要理解物联网产生的大量数据。通过对数据的收集、存储、治理、智能分析，挖掘并获得真正有意义的业务所需数据，因此必须设计出具备有效分析数据能力的工具与方法。高级数据分析不再是一项附加功能，而是任何物联网解决方案必不可少的组成部分。它们为用户提供完成更好业务或个人决策所需的信息，并且可以指出潜在的问题领域，而无须用户付出大量努力。

而要实现高效的物联网应用的数据分析方法，一个优秀的分析数据模型是必不可少的，BIM领域的物联网应用数据层的融合集成是整个建筑领域数字孪生设计体系中数据分析中的核心诉求，其在应用层与设备层充当着承上启下的连接作用。通过"数字感知部件"实体数据模型，对BIM与IoT领域上的实体数据进行包装与关系建构，为建筑领域物联网应用的数据分析提供强有力的支撑。

BIM与IoT在数据层的融合集成实现设计模型如图3.39所示。

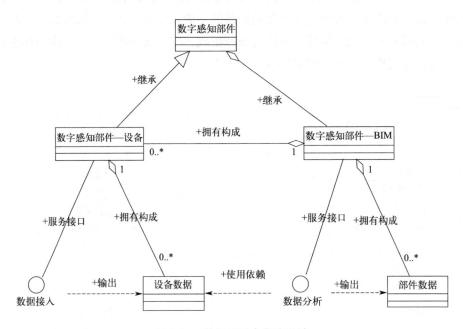

图3.39 数据层融合集成设计

物联网设备感知部件与BIM感知部件继承于基础的数字感知部件原模型，同时参考现实情况构建BIM部件与设备部件1对多的构成关系（比如一幢房子与多个烟感消防设备）。

设备部件提供了数据接入服务接口，负责接收物理设备上报的设备数据（比如烟感检测温度),数据汇聚到一起,作为设备部件的原始数据存储起来。

BIM感知部件根据应用场景需要设计数据分析服务(比如分析一幢楼宇的日均温度),根据多层拥有构成关系提取到所有数据进行分析计算,输出相应的BIM部件数据。

5) 场景层融合集成

BIM与IoT的场景融合是在数据层的模型统一与融合的基础上,将场景关联的"数字感知部件"对象与数据进行数据接入与流转节点的编排与调度,驱动"数字感知部件"数据在不同的流转节点与场景应用进行数据交互,从而实现BIM物理实体与IoT物理设备在数据与场景上的融合集成。场景层融合集成设计如图3.40所示。

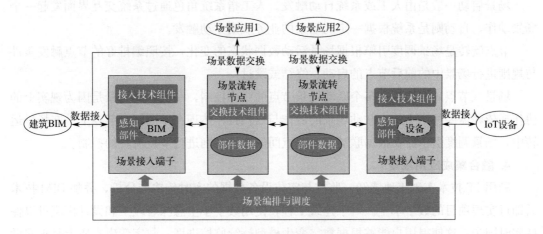

图3.40 场景层融合集成设计

场景层融合集成架构涉及场景定义、场景节点、场景编排及场景调度等内容。

(1) 场景定义

场景是指建筑物运维中涉及的一个个应用中的计算机管理对象,比如安全用电场景、消防监控场景等。

场景定义除了基础的名称、编码、场景类型等信息外,核心是绑定场景活动起始对象"数字感知部件",一个场景开始的活动对象必须是一个"数字感知部件"。"数字感知部件"可能是一个单一无关系的部件,也可以是存在复杂关系(如依赖、组合、构成)的部件。存在复杂关系的部件的场景通常在后续调度中会根据相关的规则产生场景联动(一个场景触发、派生出多个子场景)。

(2) 场景节点/端子

场景节点是指场景活动过程中的与不同平台、系统或用户角色进行人工或自动的交互点。比如一个网上购物活动场景中,下单、支付、发货、收货、评价就是其中购物场景的活动节点。

场景节点一般由部件数据与交换/接入技术组件组成,数据是节点需要交互展现的数据体,技术组件是节点进行交互的技术方式,比如定时器、消息中间件、FTP等都是相关的技术组件。在一个场景活动中,场景节点由场景调度驱动运转。

(3) 场景编排

场景编排是设置构建一个场景活动所涉及的场景节点与活动部件对象的流转顺序与方式（串行、并行）、流转异动条件与触发规则。对于场景活动部件是复杂型部件的情况，同时还要设置对应的主从场景间的联动联作关系、联动触发条件、主从场景节点的依赖协作关系等。

(4) 场景调度

场景调度是对编排好的场景进行启动、节点流转、场景（节点）协调及终结等全生命周期的控制管理，在系统实现设计一般叫流程调度引擎。

场景启动一般是由人工或系统自动触发。人工指系统角色通过系统交互界面发起一个场景动作，自动则是系统根据一定的场景的业务规则主动触发。

节点流转是场景调度引擎根据场景活动数据状态的变化，按照编排好的节点触发条件与规则进行场景中的前后节点的启动、终结或跳过。

场景（节点）协调是指多个联动场景节点的协作控制，一般联动场景是因为现实上的协作或依赖需要所产生的，联动场景的协作与依赖具体体现在不同场景节点上。在场景运转中，场景调度引擎需要根据联动场景节点间的协作规则进行节点流转的控制。

**4. 融合集成应用场景**

利用 IT 技术实现工地感知、监控与定位设备数据的实时传输与分析，叠加 BIM 技术后即可实现项目的数字孪生。对于建筑工程，使用数字孪生意味着竣工和设计模型可以保持实时同步，这使得用户能够根据数字孪生模型持续监控进度。数字孪生本质上是现实世界对象与传感器实时数据之间的连接：来自物理对象上的传感器的数据用于建立虚拟对象的表示，随后用于可视化、建模、分析、模拟和进一步规划。在建筑项目的施工阶段，物联网允许创建广泛的现场连接，可以极大地改善对施工过程的管理。基于物联网，项目管理团队实时获得从施工现场活动中产生的与员工、机器、流程、材料、环境以及风险有关的大量数据和信息，从而提高管理效率，增加项目效益，同时改善现场环境，保障人类安全。传感器可以嵌入到个人穿戴设备中，如头盔、背心或其他物品，以识别和定位工人，并确定他们的行动和生命状态。此外，物联网应用可以收集材料的库存和消耗状态的信息，检查物资的交付时间表，监测连接设备的运行状况，监控异常情况，并提前发出警报，以便及时维修或维护。在企业级/行业级大型标杆工地案例中，多种应用场景可以与 BIM+IoT 深度融合，例如，现场感知、结构监测、人员与设备定位等。

1) 现场感知场景

施工现场通过颗粒物、噪声、温湿度传感器和风速风向仪监控工地现场的 $PM_{2.5}$、$PM_{10}$、噪声强度、温度、湿度、风速与风向等参数，全面感知工地施工条件与环境影响程度。其中，温度、湿度等影响工人工作条件和物料存储条件，超标时需要合理安排工作时间、协调物料存储；风速影响高空塔式起重机施工安全，超标时应立即停止塔式起重机作业；$PM_{2.5}$ 与 $PM_{10}$ 影响工人与周边居民健康，系统可配置两类颗粒物浓度阈值，超标时可自动对接现场喷淋系统进行降尘,达到绿色节能的目的。

2)结构监测场景

施工前创建结构工程、设计架体、监测设备 BIM 模型,并导入系统,使 BIM 模型与现场支撑体系、监测报警器保持一致。施工中通过高精度支模监测传感器采集支撑架体的立杆倾角、位移、轴压力等 IoT 数据,传送至 BIM 平台,并与报警参数进行即时对比。当实测数值超过预警值时,BIM 监测平台发出报警提示,通过 IoT 平台传送至现场告警设备,保证工程施工安全。

3)人员与设备定位场景

智能安全帽内嵌定位芯片,通过北斗(室外)和蓝牙(室内)技术回传定位信息,同时,人员位置与 BIM/GIS 模型融合显示,便于进行可视化调度、人员轨迹查询、班组信息统计与应急指挥。

### 3.5.5 BIM+ AI

**1. AI 技术概述**

人工智能(Artificial Intelligence,AI)领域从 20 世纪 50 年代自学术界发轫以来,大致经历了三个浪潮。20 世纪 60 年代至 70 年代:基于符号推理(Logic-based);20 世纪 80 年代至 21 世纪初:基于知识驱动(Knowledge-driven);21 世纪初至今:基于数据驱动(Data-driven)。其研究重点从自动逻辑推理发展到在机器中构建映射现实世界的知识库,再发展到现阶段从数据中学习"模式"。但这三个时期的界限并非泾渭分明,前一时期的研究成果会持续在后面的时期中被应用与深化。

人工智能在经历了半个多世纪的发展之后,由于算法之间的概念和原理差异,形成了多个学派。参考华盛顿大学佩德罗·多明戈斯(Pedro Domingos)教授的划分方式,这些学派可以分为五类:符号学派(逻辑推理,专家系统,基于案例的推理系统等)、贝叶斯学派(贝叶斯网络,马尔可夫网络等)、类推学派(最近邻算法,支持向量机等)、进化学派(遗传算法等)和联结学派(人工神经网络,机器学习,深度学习等)。

在进入 21 世纪之后,基于人工神经网络的联结学派势头最强,当下最受关注的两个研究方向为:①计算机视觉(Computer Vision,CV)领域研究计算机如何"看",视觉感知(即图像识别)是此领域最重要的任务;②自然语言处理(Nature Language Processing,NLP)领域研究计算机如何"听"。其中,引发现象级技术进步的 GPT(Generative Pre-trained Transformer,生成式预训练 Transformer 模型)模型即属于自然语言处理领域的一项重要创新。深度学习提供的各类神经网络框架、模型和算法在这两个领域里被综合使用,其中卷积神经网络(Convolutional Neural Networks,CNN)主要被用于处理分类和聚类等任务;循环神经网络(Recurrent Neural Network,RNN)可以处理数据样本出现时间顺序的场景;生成对抗神经网络(Generative Adversarial Networks,GANs)以其生成能力,在无监督和半监督学习中受到欢迎;2017 年提出的 Transformer

架构完全有别于 CNN 和 RNN，专注于使用自注意力机制来捕捉序列数据中的长距离依赖关系，在自然语言处理领域取得了巨大的成功。

**2. BIM 和 AI 技术结合的主要模式**

BIM 和 AI 技术结合应用的要点在于：使用 AI 技术的算法、模型和系统，如何能够有效利用 BIM 模型中丰富的结构化数据，以及其他多源非结构化数据，为工程建设领域（Architecture，Engineering&Construction，AEC）各种业务场景下的智能化提供支持。目前应用实践探索，根据其结合的紧密程度和技术选择的不同，主要有以下三类：

1）独立开发的 AI 应用程序，通过数据交换与 BIM 软件工具关联

这种方式通常将在 Revit 等建模软件中构建好的 BIM 模型，以 Excel 表格或者非全量的 IFC 模型导出业务分析所需要的部分数据，经过清洗等处理后，再接入到在 Matlab、Python 等环境中训练好的 AI 模型中，进行分析和预测。此方式下，BIM 和 AI 的结合是较为松散的，但能够快速验证算法效果，故常被研究领域的人员用作进行探索性工作的工具。

此外，AI 程序也能够用于研究探索处理点云数据，使其更自动化地转化为三维模型数据，并进一步使用语义匹配以生成 BIM 模型本身。

2）BIM 软件工具基础上的 AI 应用程序，集成在 BIM 软件中

成熟的本地安装的 BIM 软件由于可以创建 BIM 模型，在其基础上进一步开发包含有 AI 技术的功能模块的困难性不大。以 Autodesk 的 Revit 为例，其较新版本中已有专门的"衍生式设计"分析模块。基于创建出的 BIM 模型（可以由设计师直接在 Revit 中手动建模，也可以在 Dynamo 中进行参数化生成），分析模块可以实现房间办公桌的布局的优化、窗户的视线分析等功能，其中使用到了多目标优化等 AI 算法。此方式下，设计师可以在使用 BIM 软件进行设计和建模的过程中，利用 AI 技术挖掘设计的可能性。

3）提供不同业务场景适用的 AI 服务

在企业级或者行业级的包含 BIM 数据的一体化管控平台中，提供不同业务场景适用的 AI 服务。随着云计算的广泛应用，构建云原生的 SaaS 级的 BIM 的产品，将有望实现在传统的桌面端 BIM 软件时代已经提出但并未实现的跨组织、跨专业、跨阶段的数据协同的愿景。采用松耦合的分布式服务架构方式，面向单一业务场景的服务在应用层就可以较为方便地使用 AI 算法，得到的结果再进一步被部署到 BIM 系统中去。以小库科技（深圳小库科技有限公司，以下简称小库科技）的智能设计云平台为例，在住区规划的场景下，用户上传 CAD 图纸（基于计算机视觉的图像识别技术，识别到图纸上的相关信息作为设计条件和预设对象，例如，精确的红线位置和楼型的轮廓位置等），配合 BIM 系统中确定性的设计条件和楼型，AI 生成引擎能够在建筑用地范围内向着多目标排布出最优化的方案。图 3.41 为小库智能设计云平台生成的住区规划设计。

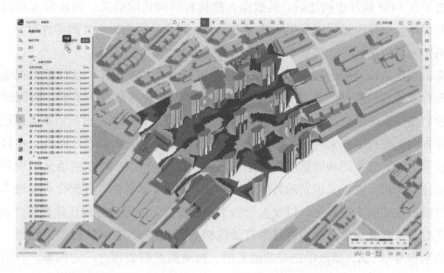

图 3.41 小库智能设计云平台生成的住区规划设计

**3. BIM 和 AI 技术结合的应用场景**

AI 技术当下在 AEC 领域的探索和应用，得益于进入 21 世纪后的这一轮以神经网络为基础的深度学习人工智能。但总体而言，BIM 和 AI 技术的应用场景还未成熟，仍然处于早期探索阶段。这种未成熟一方面是由 AI 技术决定的。由于 AEC 中最被关注和使用的模型和算法主要来自计算机视觉（Computer Vision，CV）和自然语言处理（Natural Language Processing，NLP）这两个主要研究领域的通用成果，其基本性质也自然而然存在于 AEC 对 AI 技术的应用中，造成局限。例如，计算机视觉中采样的对象是图像，其基础单元是像素，在表达语义方面存在天然缺陷。这也是使用 CV 进行 CAD 图纸识别中面临困难和上限的根本原因。另一方面则是由 AEC 领域和 BIM 技术自身的特点造成的。例如，对 NLP 而言，虽然其基础单位为单词，天然具有语义信息，信息密度也高，但是 AEC 领域自身语义的模糊性，对 NLP 的落地造成了障碍。此外，BIM 模型的构建成本高，产权归属于业主，难以获得，因此难以作为训练数据。即便获得 BIM 模型数据，对其的解析和前处理也需要耗费大量的人工成本，AI 技术对 BIM 模型数据的使用效率较低。

尽管存在困难，在学界和工业界也累积了 AI 技术应用的成果。在学界，学者们主要使用各类神经网络和遗传算法，在设计生成与优化、结构健康监测、施工场地管理和项目管理等方向上进行了研究；在工业界，智能设计和优化软件、机器人建造、数字孪生和供应链优化方向上使用 AI 技术的创业公司开始涌现。本节中将针对语义识别、设计生成和分析预测三个方向梳理主要的应用场景。

1）应用场景 1：语义识别

语义识别，在当下的 AEC 领域的语境下主要是指，对承载设计相关信息的 CAD 图纸、卫星照片、城市街景图等图像自动化处理后，获得有建筑语义的数据。对 BIM 模型而言，由于在BIM软件中构建后，其数据天然具有结构化的语义，则通常无须进行语义识别。但若在模型导出过程中发生问题等情况下，对于少量丢失语义的构件对象，也可以通过对拓扑关系的推理等方式自动地补充上语义信息。

语义识别是AEC领域提升自动化水平的前置任务和基础工作，且计算机视觉在识别方面已经有了较好的模型和算法可以使用，故而学界和业界都投入了不少资源研究和应用。学者们在建筑图纸分类、建筑构件识别、城市地图特征识别以及城市街景图语义识别和分割等方向上进行了探索性的工作，在AEC行业累积有的大量设计图纸。在数字化升级的大背景下，智能审图和智慧城市等业务场景，对面向CAD图纸的语义识别起到了极大的需求拉动作用。在语义识别的具体过程中除了使用CV算法，还配合有领域专家归纳的业务逻辑形成的确定性算法，以及人工的干预和反馈，能够较好地让计算机"识别"出工程语义对象来，并可以进一步将其半自动地构成特定格式的BIM模型。但是，由于图像识别技术本身对CAD图纸中携带的抽象的、稀疏的数据处理有一定困难，且识别效果与图纸的绘制质量和绘制风格也息息相关，完全自动化的、完全准确的语义识别在现有的AI技术下难以达成。此外，语义识别的应用中发现，要达到较好的识别效果，另一项前置工作是构建本体库，即对工程建设领域到底涉及了哪些需要被识别的语义对象、属性及其关系首先进行定义。

但目前行业级的且被广泛接受和应用的本体库/字典库仍然缺位，尽管国内外不少组织和机构，都发布有涵盖范围各异的分类标准来规定建设工程领域中的对象，例如，现行国家标准《建筑信息模型分类和编码标准》GB/T 51269—2017，以及国际组织buildingSMART International（bSI，国际智能建筑联盟）的数据字典（buildingSMART Data Dictionary，bSDD）等。其中的一个重要因素在于：要清楚地在建筑物的全生命周期定义语义对象及其属性工作量较为庞大，人工通常只能处理特定业务场景内的本体。当前已经有机构开始使用自然语言处理等AI技术来半自动地进行本体库对象的抽取等工作，相信未来可以更加高效地使用领域内的已有的文本资料。

2）应用场景2：设计生成

将AI技术引入到建筑设计过程中辅助设计生成不是一个全新的尝试，早在20世纪60年代开始已经有学者在此领域进行研究和实践。创立了模式语言（Pattern Language）的著名建筑师克里斯托弗·亚历山大（Christopher Alexander），在他工作早期就在使用启发法——一种典型的AI算法来快速找到设计生成的可行解。但当时的计算机算力较低，处理不了复杂度太高的问题。20世纪70年代的美国，乔治·斯特尼（George Stiny）和詹姆斯·吉普斯（James Gips）创立了形式语法（Shape Grammars），一种基于初始图形和其变化迭代规则来自动生成设计形式的方法，直至今日在GIS领域中形式语法仍然在被使用。20世纪80年代的大学研究所里有应用专家系统（Expert System）的试验性工作：卡内基梅隆大学提出了一个施工规划的专家系统架构；悉尼大学开发了RETWALL进行挡土墙的设计生成，以及PREDIKT专用于厨房设计的生成。

进入21世纪后,随着基于联结学派的深度学习的发展,以及CV和NLP的应用,AI技术与建筑设计生成的结合呈现了和之前主要依赖符号学派推理不一样的应用场景:①在规划阶段,楼栋在地块上的排布方案的生成,除了使用基于人工神经网络的相关算法以外,也结合基于城市设计规范的确定性算法,进一步修正生成结果。国内外商业化的SaaS提供商基本均在这个阶段切入,例如,国内的小库科技、挪威的SpaceMaker(已被Autodesk收购)和澳大利亚的ArchiStar等。②在方案设计阶段,已有研究者和软件开发商使用GANs模型进行针对户型的生成,但由于生成的结果为位图,还需要进一步处理为可编辑的格式。③在扩初阶段,结构、机电等专业在此阶段需要提供技术图纸,目前清华大学土木水利学院的陆新征课题组采用了GANs模型,将建筑专业的平面图作为输入,生成了剪力墙结构的初步方案,并接入到PKPM(PK-PMCAD,工程管理软件)的结构设计软件自动生成结构模型(图3.42)。④在施工图阶段,国内的品览科技〔品览(杭州)科技有限公司〕在尝试将CAD格式的方案设计图纸进行输入,使用人工神经网络相关技术一键生成施工图,但目前仍然在探索发展阶段。

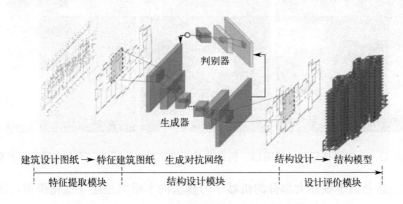

图3.42 基于对抗生成网络的剪力墙结构生成式设计方法

除了前述各阶段作为设计成果的技术图纸外,语义识别+"语言-图像预训练"模型的综合使用,也被用于快速生成大量有视觉冲击力和表现力的建筑效果图(图3.43),以作为激发设计灵感的参考图像。随着Midjourney(AI绘画工具)、Stable Diffusion(AI绘画生成工具)等基于大语言模型的通用图像生成工具的商业落地,建筑意向图和效果图的机器生成应用于建筑设计业务中已成为现实。

总结来看,目前AI技术应用于设计生成,主要发生在少量的特定业务场景中,且生成的设计结果还需要一定量的人工和其他软件的后处理工作,才能被进一步使用,因此在BIM的全流程中发挥的能力有限。目前工程建造设计中的标准化和信息化程度还比较低,在全面发挥AI技术的生成能力之前,可以同步推进行业标准制定和推广实施,行业数据的收集、清洗、存储以及抽象化业务经验为确定性算法等前序工作。

3) 应用场景3:分析预测

在部分学者的论文中,可以看到优化(Optimization)是AI技术在AEC领域被研究

图 3.43 小库科技建筑灵感图创作机器人基于文字输入生成的"不存在建筑"系列

最多的方向。这是由于现在大部分的机器学习算法的本质均是建立优化模型,求模型的最优解来解决优化问题。在工业界,优化问题也可以转化为具体场景的分析和预测。当工程建设项目中已有一个 BIM 模型时(无论属于设计阶段、施工阶段、运维阶段),项目中的信息和数据已集成到模型中,可以从 BIM 模型中获取所需数据输入到训练好的 AI 模型中,进而针对不同的场景进行分析和预测。

(1) 设计阶段

在设计阶段,优化结果可以作为在单目标或多目标下的设计优化方向的指引。例如,可以将防火疏散的最小路径作为优化目标,使用人工神经网络、多代理系统等模型和算法,在建筑空间中建立人流分布模型,获得火灾时人流的高效疏散路径。对于特定业态的空间布置,可以基于对已有数据的分析,对人群在不同时段中的分布情况进行预测,并评估空间的几何形态、尺寸、功能和位置等多种维度的合理性,明显与预测结果相背离的设计应该进行相应的优化。

在结构工程方面,已有学者通过神经网络和集成来加速对潜在形式的结构性能进行评估,高效找到较大局部屈曲力和较强性能的结构设计方案。

(2) 施工阶段

在施工管理中如何使用 AI 技术也是一个研究热点，这是由于随着传感器、无人机、全景相机等硬件的广泛深入使用，施工现场能够高效地采集到大量图像数据，在此基础上充分发挥计算机视觉的处理能力，可以对工地进行实时监测和评估，以起到防止危险出现和掌握施工进度的作用。

A. 危险源排查

在传统施工过程中，通常需要花费大量人力物力在工地的危险源排查上。基于计算机视觉对现场的质量安全进行监测，可以依托 BIM 模型＋实时图片的融合使用，针对施工现场的情况，使用模型场景对现场危险源进行标注和监测，实现文明安全施工预警（图 3.44）。例如，施工人员是否穿戴了安全帽、土方工程的开挖是否超出工地红线、土建结构是否偏离了容许的范围等。

图 3.44　奇航科技的施工安全预警平台中的危险源提醒

B. 施工进度评估

传统上项目进度的评估主要依赖有经验的专家。使用点云数据采集＋影像采集＋AI 图像引擎自动化，可以周期性采集数据，自动生成施工中的全景模型。用户能够在客户端查看施工现状与 BIM 模型之间或者图纸之间的对比。AI 预测模型基于实时的施工数据，可以评估施工进度、预测完成时间，有效提高了工程管理的可预知性。

（3）运维阶段

建筑物和构筑物的运营维护阶段由于有大量数据的留存，是 AI 技术落地应用的一个重要业务场景。随着设施的使用，和其相关的物联网设备中产生各类数据，可用于训练模型，并在新信号输入进模型时，对异常情况的发生进行分析和预测。例如，使用卷积神经网络（Convolutional Neural Networks，CNN），识别和检查公路路面和建筑物上混凝土的开裂。此外，支持向量机（Support Vector Machine，SVM）由于其良好的非线性类推能力，在对建筑性能预测方面也被主要使用。建筑内部耗能数据包括中央空调、垂直交通系统（电梯和扶梯）、通风系统和公共空间的人造采光等，基于这些数据的采集，能够预测包括电费和空气调节系统的负荷等整体建筑的能源消耗量。

  传统的智能楼宇信息化系统，其实已在运维阶段有不少实施成果。例如，使用环境与能源管理评估软件对建筑物进行能源管理成果和环境改进的技术及财务评价。随着 BIM 的进一步普及和使用，出现了以腾讯微瓴为代表的基于云服务的运维管理平台。由于楼宇系统中的设备和传感器可以收集大量运行数据，可以用作 AI 模型的训练数据来源。并通过 AI 模型的预测，在一定程度上实现自动化地预测各类设备的能耗和维护。

# 第 4 章

# 海外项目 BIM 技术实施体系

## 4.1 BIM 执行计划编制指南

### 4.1.1 BEP 总体介绍

**1. BEP 的定义**

BEP 全称 BIM Execution Plan，BIM 执行计划，它是一个实施方案，是对业主信息需求（EIR）的响应，并详细描述了如何实施 BIM 技术以实现预定的目标，包括项目管理目标和 BIM 应用目标。它描述了如何构建满足应用要求的信息模型，并解释了实施过程和信息交换的方式。它还包含了实施 BIM 所需的项目 IT 基础设施的配置信息。简而言之，即：将应用的技术、执行的标准、负责实施的团队和需要履约的合同内容合并形成一份具有效力的工程文件。

需要强调的是，没有适用于每个项目的通用 BEP 模板，各任务团队都应该在主交付团队的带领下有针对性地设计出符合项目情况的 BEP 实施策略。因此，只有了解项目目标、项目特点和成员能力的团队才能制定出合格的 BEP 文件，并在项目中有效实施。

BEP 编制完成后，需要组织评审，通过会审后向所有相关方正式发布。主交付团队负责对 BEP 的执行情况进行跟踪和监测以及维护，确保在项目的各个阶段 BEP 都能得到及时的完善、更新和修正，始终在 BIM 实施过程中发挥重要作用。

**2. 文档编制目的与作用**

BEP 不仅向业主方说明了交付团队如何满足其 BIM 要求，而且还是交付团队和任务团队在整个项目中使用的 BIM 核心体系文件，所有必要的协定、流程、规则和技术支持都记录在 BIM 执行计划（BEP）中，构成了信息创建的核心骨架。BEP 文档的编制目的及其产生的作用价值可以概括为以下几点：

（1）对项目中各个团队的角色和责任及工作界面有更清晰的了解。

（2）BIM 实施或项目管理的具体目标得到明确，确保各方对目标达成共识。

（3）通过组织调研和评估各团队的 BIM 实施能力，根据项目的特点和团队的工作流程来设计一个可实施的 BIM 协同流程。

（4）项目实施过程中，不断有新的项目参与者加入，BEP 将成为他们的 BIM 工作指南。通过对 BEP 中描述的技术路径、流程和策略的理解，能够确保新成员快速融入协同体系。

（5）由于 BEP 的存在，从项目一开始，主交付团队就对各任务团队成员的知识和技能有了全面了解。因此，它为我们规划、制定培训课程或雇用 BIM 专家提供了一个很好的基础。

（6）通过了解项目目标、人员技能和 IT 技术基础设施，主交付团队可以更容易地评估出为实施 BIM 需要购买哪些软硬件。

上述几点仅代表编制一份合格的 BEP 所产生的价值。最终，负责 BIM 实施的整个团队都会从 BEP 中受益。通过提高计划水平，减少实施过程中的不确定因素，从而也降低项目中所有相关方的整体风险。

**3. 文档结构**

正如前文所述，没有适用于每个项目的通用 BEP 模板，下文将按照 ISO 19650 标准和项目实践，尝试总结出形成 BEP 文档的基本结构中必须包括的内容，供参考。

按照 ISO 19650 的要求，如果项目是以招标程序开始，必须有两个 BEP，一个是招标阶段的 Pre-contract（合同前阶段）BEP，由投标人提交；另一个是 Post-contract（合同后阶段）BEP，由获得标书的承包商（受托方）制定。第二个 BEP 必须在中标后规定的期限内进行更新和提交，提供比 Pre-contract BEP 更详细的信息。如果一个项目在开始时就指定了承包商，那么它只需提供签订合同后的 Post-contract BEP。

1) Pre-contract BEP

投标人（潜在主受托方）应制定交付团队（标前）BIM 执行计划，并将其纳入投标人的投标响应文件中。

按照 ISO 19650 的要求，在此过程中投标人（潜在主受托方）应考虑：

（1）项目基本信息，包括交付团队承担信息管理职能的个人其姓名与简历。

（2）交付团队信息交付策略，包括交付团队对 EIR 的响应、信息协同生产的目标、交付团队组织架构、交付团队的成员构成。

（3）交付团队整合策略。

（4）交付团队的责任矩阵（粗略级），包含信息模型中每个元素的已分配职责以及与每个元素相关的关键可交付成果。

（5）交付团队需要对项目的信息生产方法和流程进行建议或附加修正：收集现有资产信息；信息的生产、检查、审批和授权；信息安全和信息发布；以及向委托方提交信息。

（6）交付团队对项目信息标准进行建议或附件修正：任务团队之间的信息交换、向外部发布信息、向委托方提交信息。

（7）交付团队拟采用的软件（包括版本）、硬件和 IT 基础设施的建议清单。

本书建议，应包括在 Pre-contract BEP 的内容如下：

(1) 项目信息（项目详情）；
(2) 提议的信息管理职能（通常称为角色）；
(3) BIM 的目标、应用点和交付成果要求；
(4) 拟定的组织结构和交付团队组成；
(5) 拟担任信息管理职务的个人的姓名和简历信息；
(6) 交付团队的技能水平和能力评估；
(7) 提议的信息交付策略；
(8) 提议的 EIR 策略；
(9) 提议的项目信息标准（通常称为 BIM 流程标准）；
(10) LOD 责任矩阵；
(11) 提议的模型拆分联合策略；
(12) 提议的项目信息创建方法和流程（Standards, Methods and Procedures，SMP）；
(13) 协同创建信息的目标；
(14) 拟定的交付团队风险登记册；
(15) 提议的项目进场计划；
(16) 拟定软件（包括版本）、硬件、CDE 平台和 IT 基础设施的计划表。

2) Post-contract BEP

按照 ISO 19650 的要求，需要中标人在 Pre-contract BEP 基础上确认和完善的信息包括：

(1) 确认将在交付团队中承担信息管理职能的人员姓名；
(2) 更新交付团队的信息交付策略（根据需要）；
(3) 更新交付团队的责任矩阵（根据需要）；
(4) 确认并记录交付团队建议的信息生产方法和流程；
(5) 与指定方商定对项目信息标准的任何补充或修正；
(6) 确认交付团队将使用的软件、硬件和 IT 基础设施的时间表。

本书建议，应包括在 Post-contract 的内容如下：

(1) 项目信息（项目详情）；
(2) 项目信息管理职能（通常称为角色和联系人）；
(3) 信息交付策略；
(4) BIM 的目标、应用点和交付成果要求；
(5) 信息管理任务分配矩阵；
(6) 项目信息标准（通常称为 BIM 流程标准）；
(7) 项目信息创建的方法和流程（通常称为 BIM 流程）；
(8) 模型拆分联合策略（通常称为模型拆分整合策略）；
(9) 实现 SIR（Security Information Requirements，安全信息需求）的安全策略；
(10) 粗略级和详细级的责任矩阵（通常称为 BIM 组织结构图），具有明确的角色、职责和权限；

(11) BIM 团队的资源、能力和培训要求；

(12) 交付团队风险登记册；

(13) 项目进场计划（通常称为资源规划/工作规划的标准）；

(14) 主信息交付计划（MIDP）；

(15) 任务信息交付计划（TIDP）；

(16) BIM 交付成果的时间计划表（计划的）；

(17) 空间协调过程（通常称为 BIM 协调和碰撞检测）；

(18) 软件、硬件、CDE 平台和 IT 基础设施；

(19) 质量保证——BIM 审核。

### 4.1.2 项目信息

**1. 项目基本信息**

需要在 BEP 中提供的项目信息至少包括：

(1) 项目名称：由业主或项目组确定的名称，所有参与人员在讨论项目时使用。

(2) 项目编码：单独的项目编号，对某一特定项目的项目文件进行识别。如果是特大综合体或片区开发类项目，包含多个子项目平行实施，或者要求与外部项目开展协调，项目编码会特别有用。

(3) 合同编号：合同文件编码。

(4) 雇主信息：委托人（雇主或业主）名称。

(5) 项目相关方：提供项目所有参建方的角色和名称信息。名称是指所属单位公司/机构的名字。

(6) 项目位置：项目位置信息描述，应该说明项目的坐标或项目办公地的实际地址。

(7) 项目描述：对项目的工程信息进行描述，包括工程类型、建设内容、主体工程结构形式、主要技术指标等，阅读 BEP 的人能快速了解项目的基本工程信息。

(8) 项目工期：提供项目工期相关信息，包括计划总工期、开工日期、计划完工日期。

以波哥大地铁一号线项目为例，需要在 BEP 中提供的项目信息见表 4.1。

表 4.1　需要在 BEP 中提供的项目信息

| 项目基本信息 | |
|---|---|
| 项目名称 | PLMB(Bogotá Metro First Line Project,波哥大地铁 1 号线项目) |
| 项目编码 | L1T1 |
| 合同编号 | 2019 年第 163 号特许经营合同<br>(Concession contract No. 163 of 2019 ) |
| 雇主信息 | Metro Línea 1 S. A. S(地铁一号线项目公司) |
| 项目相关方 | |
| 项目位置 | 波哥大,哥伦比亚<br>(Bogotá,Colombia) |

续表

| 项目基本信息 | |
| --- | --- |
| 项目描述 | 波哥大地铁一号线,是一条长达 23.96km 的城市轨道交通服务线路,主线采用地上高架结构形式。线路开通后,总计有 30 辆列车运行,每辆列车长度为 145m,可容纳 1800 名乘客。地铁将补充现有的公共交通运输系统,并将与其他运输方式相结合。线路共设有 16 个车站,其中 10 个将与 Transmilenio 大众捷运的 BRT 车站接驳。项目将对沿线 140 万 $m^2$ 的公共空间进行开发建设,包括道路、平台、隔离带、19km 的自行车道,以及约 1 万个自行车停车位。此外,波哥大地铁一号线采用节能设计,充分利用自然光和通风来降低运行能耗。列车采用当前最先进的 ATO4 级无人驾驶技术,运营效率高,纯电力驱动,100%零排放 |
| 项目工期 | |

**2. 项目其他信息**

建议在 BEP 的项目信息介绍章节补充以下内容:

(1) 项目重要节点:包括项目阶段划分和重要的里程碑节点。针对项目阶段要细分到各个子阶段,包括各设计阶段、施工准备阶段、施工阶段、交竣工阶段、试运行阶段、运维阶段等每个阶段对应的时间节点。项目阶段的划分会直接对跨阶段信息交付、各阶段 LOD 定义与 BIM UseS 等 BIM 核心实施内容造成影响。另外,关键控制工程的时间节点也建议在本章中列明。

(2) 项目位置分解与编码:虽然在 BEP 正文及其附件中会有对位置编码的描述,但是从方案编制的整体性考虑,应让阅读 BEP 的人能在较短的时间内就对项目区位有整体认识,指导其对后续章节中有关 WBS 和模型分解结构等内容的理解,建议在项目信息介绍中以 GIS 地图数据为基础通过图文结合的方式呈现相关信息。尤其建议在城市轨道交通线性工程的 BEP 文件中采纳,并在绘图比例1:1000 或 1:2000 的项目总体平面图中标明车站、区间段、特殊结构物、车辆段等建设内容的位置、编码、名称等信息。

(3) 项目实施模式简述:项目采用的 BIM 组织管理模式和项目管理模式建议在编制 BEP 文件时放在此处进行简介,便于 BEP 阅读者了解管理目标、组织架构的形成背景,理解后续相关章节内容的组织逻辑和着笔的侧重点。注意,这里只是对项目实施模式进行简述,要求简明扼要。

### 4.1.3 目标及线路

**1. 项目管理目标**

在完成项目基本信息的编写后,下一步是在 BEP 中描述项目不同阶段的特定的管理目标,系统性考虑项目的特点、参建者的目标和能力以及期望的收益和风险分配,分析通过实施 BIM 可能给项目带来的积极影响和可量化的价值创造,并在此基础上定义出能实现的项目目标。为了有效定义目标,需要牵头编制 BEP 的团队或人员与项目管理团队充分沟通项目管理思路和诉求,并以 PLQ(Plain Language Question,简明语言问题)和 PIR(Project Information Requirement,项目信息需求)文件的形式落在纸面,在此过程中要时刻提醒编制人员自己和项目管理者,这样的目标设定是可以衡量和实现的,并始终围绕自身项目情况来设定。

本书无法给出一份可供参考的项目目标清单，因为每个项目不一样，虽然总的诉求都是保证项目成功，但是如何定义成功？又怎样将抽象的成功转化为具体到可实现的管理目标？管理者总是想在"进度—质量—造价"之间找到平衡点，但这个"古老"的问题并没有因为BIM的带入而产生新的答案，所以如果将项目目标设定得非常宽泛，其实等于没有设定。本书更倾向于在BEP中定义项目目标时围绕BIM能为项目带来什么进行设定，将其落在更加具体的BIM应用目标内。

### 2. BIM应用目标

承接上一节内容，对BEP编制中的BIM应用目标进行描述。并不是所有的BIM应用目标都跟项目管理目标有关，前者始终围绕通过"应用BIM要实现什么"这一主题，所以更加具体。有些项目的BIM应用目标可能与项目管理有关，包括减少项目的工期、降低项目成本，或提高项目的整体质量。比如通过设计方案模型与能耗分析模型的快速迭代来开发更节能的设施；通过详细的VDC虚拟仿真三维施工协调和工序排程来创造更合理的施工组织设计方案以减少返工和缩短工期；或者开发更精确的记录模型来服务运维，提高运行效率降低项目成本。其他目标可能针对特定任务具体操作层面的工作效率，以使项目参与者节省工时或成本。这些目标包括使用参数化建模应用软件来更有效地创建设计文件，以及通过模型自动算量减少将竣工记录数据输入维护管理系统的时间。通过上述内容的描述，会发现BIM应用目标的设定除与项目管理目标有关外，也与BIM应用点的选择存在直接关系。

下文以波哥大项目为例进行介绍。按照合同文件AT3的要求，波哥大地铁一号线的BIM总体应用目标为：特许经营方应将BIM方法贯穿整个项目建设全过程，包括规划、设计、施工、运维阶段（表4.2）。利用BIM方法和技术为项目建立一个基础工作平台（CDE，通用数据环境），在项目的不同阶段，所有相关方都能一致地产生和接收信息（唯一数据源，没有信息歧义），使不同专业开发创建的模型之间能够有效地交换信息，避免重复信息和重复性工作，具体BIM应用目标为：遵守设计施工的deadline（最后期限），按时完工；减少项目实施前的干扰因素；获得及时准确的项目（管理）量化信息；编制可靠的预算；管控项目进度；按照国际标准，开发和管理构成PLMB项目的多专业BIM模型，在整个项目中开展多团队多专业协同；形成项目的竣工模型，以用于设施维护和运行。

**AT3要求的BIM应用目标** 表4.2

| AT3要求的<br>BIM应用目标 | BIM应用点 | | | |
|---|---|---|---|---|
| | 规划阶段 | 设计阶段 | 施工阶段 | 运维阶段 |
| 减少项目实施<br>前的干扰因素 | 现状建模；<br>场地分析 | 现状建模；<br>3D协同；<br>设计审核；<br>设计创建；<br>工程分析 | 现状建模；<br>3D协同；<br>场布设计 | |

续表

| AT3 要求的<br>BIM 应用目标 | BIM 应用点 | | | |
|---|---|---|---|---|
| | 规划阶段 | 设计阶段 | 施工阶段 | 运维阶段 |
| 编制可靠的预算 | 成本预算 | 成本预算 | 成本预算 | 成本预算 |
| 获得及时准确的项目(管理)量化信息 | 进度计划 | | 数字建造 | |
| 遵守设计施工的 deadline，按时完工 | 进度计划 | | 3D 协调与施工管控 | |
| 管控项目进度 | 阶段规划 | | 3D 协调与施工管控 | |
| 按照国际标准，开发和管理构成 PLMB 项目的多专业 BIM 模型，在整个项目中开展多方多专业协同 | 现状建模；<br>阶段规划；<br>场地分析 | 设计创建；<br>设计审查；<br>结构分析；<br>光照分析；<br>能耗分析；<br>机械分析；<br>其他工程分析；<br>可持续发展评估；<br>设计合规性审查 | 场布设计；<br>施工系统设计；<br>3D 协调与施工管控；<br>施工记录模型 | |
| 形成项目的竣工模型，可以用于设施维护和运行 | | | 施工记录模型 | 成本预算；<br>竣工记录模型；<br>资产管理；<br>系统运行分析；<br>预防性维护；<br>空间管理及监控；<br>应急方案及管理 |

### 3. BIM 实施路线图（BIM Road Map）

项目的 BIM 实施路线图（图 4.1），标识了项目每个阶段要开展的 BIM 应用，以及每个 BIM 应用对模型精细度 LOD 等级的要求。绘制 BIM 实施路线图涉及两方面的工作，一方面是选择和确定各阶段的 BIM 应用点，另一方面是完成 LOD 等级的设定与项目各阶段的交付成果深度对应。

1) BIM 应用点选择

一旦确定了应用目标，项目管理团队和主交付团队就应制定出任务团队需要执行的 BIM 应用，虽然有些雇主会直接在招标文件里列明需要执行的 BIM 应用，但是承包人有权利和义务对 BIM 应用开展适用性分析，重新审视并思考模型中的信息在未来将如何应用，通过为每项 BIM 应用确定实施优先级，分析每项 BIM 应用的价值和需要投入的资源以及与之配套的专业能力，选择出最适合这个项目的 BIM 应用。为了辅助 BIM 应用的选择过程，有些 BIM 指南例如宾大的"Project Execution Planning Guide"（项目执行计划指南）中包含一个 BIM 应用选择工作表（表 4.3）。该模板包括一份覆盖 25 项应用点的 BIM 应用清单，以及每项应用的价值、责任方、能力要求、附加说明和团队对是否实施该项 BIM 使用的决定等内容。

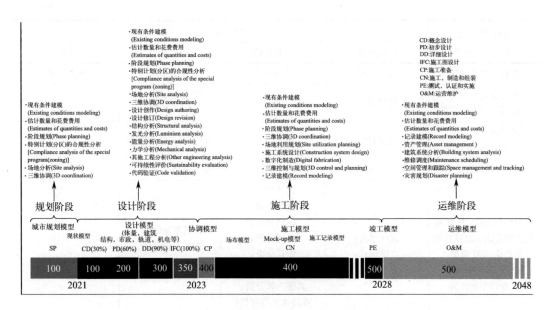

图 4.1 项目的 BIM 实施路线图

BIM 应用选择工作表                             表 4.3

| BIM Use | 责任方<br>(Responsible Party) | 对响应方的价值<br>(Value to Resp Party) | 能力评级<br>(Capability Rating) | | | 实施所需的额外资源/能力<br>(Additional resources/competencies required to implement) | 继续使用<br>(Proceed with Use) |
|---|---|---|---|---|---|---|---|
| | | 高/中/低<br>(High/Medium/Low) | 分级 1~5(1=低)<br>[Scale 1~5(1=Low)] | | | | 是/否/可能是<br>(Yes/No/May Be) |
| | | | 资源<br>(Resources) | 能力<br>(Competency) | 经验<br>(Experience) | | |
| 3D 建模<br>(3D Modelling) | 承包商<br>(Contractor) | 高(High) | 2 | 2 | 2 | 需要培训和外部咨询<br>(Requires training and external consultation) | 是<br>(Yes) |
| | 设施经理<br>(Facility Manager) | 高(High) | 2 | | 1 | 需要培训和软件<br>(Requires training and software) | |
| | 设计师<br>(Designer) | 高(High) | 5 | 5 | 4 | | |

续表

| BIM Use | 责任方<br>(Responsible Party) | 对响应方的价值<br>(Value to Resp Party) | 能力评级<br>(Capability Rating) | | | 实施所需的额外资源/能力<br>(Additional resources/ competencies required to implement) | 继续使用<br>(Proceed with Use) |
|---|---|---|---|---|---|---|---|
| | | 高/中/低<br>(High/ Medium/ Low) | 分级 1~5(1=低)<br>[Scale 1~5(1=Low)] | | | | 是/否/<br>可能是<br>(Yes/No/ May Be) |
| | | | 资源<br>(Resources) | 能力<br>(Competency) | 经验<br>(Experience) | | |
| 3D 立体协调<br>3D Coordination | 承包商<br>(Contractor) | 高(High) | 5 | 3 | 4 | 需要培训<br>(Would require training) | 是<br>(Yes) |
| | 设计师<br>(Designer) | | 5 | 4 | 4 | | |
| 建筑工程分析——BIM 4D<br>(Construction Work Analysis-BIM 4D) | 承包商<br>(Contractor) | 高(High) | 3 | 2 | 2 | 需要聘用外部公司并进行内部培训(Requires employment of an external company and internal training) | 是(Yes) |
| | 客户<br>(Client) | 中<br>(Medium) | 1 | 2 | 2 | 需要基本培训(Requires basic training) | |

宾大版 BIM 应用点选择模板填写步骤如下：

（1）在第 1 栏插入 BIM 在项目上的所有潜在应用。

（2）在第 2 栏填写责任方，确定每个潜在 BIM 使用的负责方，指定谁负责或参与该项 BIM 应用实施。对于每个正在评估的 BIM 使用，应至少确定一个责任方。责任方包括任何参与使用的团队成员，以及可能需要协助执行的潜在外部参与者。在表中首先列出主要负责方。如果 BEP 是为一个任务团队开发的，例如为建筑师团队，这一点可以省略。但是，如果项目中的工作涉及承包商、分包商等不同的任务团队，则应该把他们写在表格里。

（3）在第 3 栏中标记对响应方的价值，即参与者的优先等级，一般分为高、中、低三级。例如，在项目的实施过程中，会有几个责任方，包括设计方、承包商和客户三个主要群体。BIM 模型在施工现场模拟工作过程中的应用对承包商和客户来说可能是有价值的，设计方却不一定能看到这项应用的优势。这就是为什么在表中插入责任方并确定其优先级的原因。

（4）在第 4 栏中具体说明各相关方实施该项 BIM 应用的可行性，即能力评级。从 1 到 5，其中 1 表示缺乏能力，5 表示专业。

（5）在第 5 栏中识别与每项应用实施的额外资源/能力，包括相关的应用价值和潜在风险。团队应考虑获得的潜在价值，以及实施该项 BIM 应用可能产生的额外项目风险。这些价值和风险因素应纳入 BIM 应用选择工作表的"注释"栏中。

（6）在第 6 栏中，决定是否要开展此项 BIM 应用。评估这项 BIM 应用是否适合该项目，需要团队确定对项目的潜在附加值或利益，然后将这种潜在利益与实施成本进行比较。团队还需要考虑实施或不实施该 BIM 应用相关的风险因素。例如，一些 BIM 应用可以显著降低项目的整体风险，但是，它们可能会将风险从一方转移到另一方。在其他情况下，当某一方完成其工作范围时，实施 BIM 可能会潜在地增加其风险。一旦考虑所有因素，团队需要对每个 BIM 应用做出"做/不做"的决定。

至此，章节中已经包括了作出 BIM 应用选择的所有必要信息。本书推荐在编制该 BEP 章节时采用类似宾大的模板辅助 BIM 应用点选择，并将相关文件作为附件。不推荐在 BEP 正文中对 BIM Uses 展开详细介绍，应作为独立文件进行编制然后供 BEP 引用，避免主体文件过于臃肿。想了解更多关于 BIM Uses 的内容请参见本书第 3.3 节。

有些雇主会在招标文件里直接引用宾大的"Project Execution Planning Guide"中关于 BIM Uses 的内容，要求承包商开展项目阶段对应的所有应用，一旦遇见这种情况，投标人应在编制标前 BEP 时如实陈述自己的实施能力，并对某些不适用于项目的 BIM 应用及时提出建议。

2）LOD 等级深度对应

按照项目所在体系下的项目阶段划分，对 LOD 进行整体划分，完成 LOD 等级的设定与项目各阶段交付成果深度的对应，特别是针对各设计阶段。这项工作的作用是通过使用 LOD 这种行业共同语言或交流工具，对项目各阶段的可交付成果建立统一理解（并非标准），并通过 BIM 模型一致地传达信息和意图，消除实施过程中的歧义和多余的解释，避免在配合和交付过程中出现误解，它是每个项目在初期组织协同和设定期望的关键因素。项目所引用或编制的设计文件编制深度规定是开展 LOD 规划工作的基础，如果缺乏这项重要的输入，整个项目 LOD 体系的建立将会根基不牢，甚至在法理层面缺少依据。

下文以波哥大地铁一号线项目为例介绍 LOD 等级与设计深度的对应关系（图 4.2）。

（1）规划和概念设计阶段：设计深度主要满足社会、环境、经济、建设周期及规模等方面的分析和技术可行性研究，该阶段模型以 LOD100 级为主，主要开展现状建模、成本估算、区位线路分析等应用。

（2）初步设计阶段：设计深度要达到根据项目的合规性，要求通过计算分析完成项目关键参数定义的要求，确定项目总体布局和技术规格，指导设备选型，支撑设备供应商招标活动和土建外部接口协调工作，该阶段模型以 LOD200 级为主，主要应用包括建筑性能分析、结构分析、照度分析、合规性检查等。

（3）详细设计阶段：设计深度要达到完成定义所有技术内容的深度，完成建筑及设备产品定义，包括尺寸和性能参数，并开展系统集成与专业接口协调，该阶段模型以 LOD300 级为主，主要应用以 3D 协调和设计合规性检查为主。

（4）IFC（Issue for Construction）阶段：设计深度要达到指导施工出图的深度，该阶段模型达到 LOD350 级别，主要应用围绕施工出图和施工可行性分析。

（5）施工阶段：模型以 LOD400 为主，主要应用包括数字加工、施工协同管理、竣工记录等工作。

图 4.2 LOD 等级与设计深度的对应关系

（6）运维阶段：接收 LOD500 级别的竣工记录模型，根据运维信息需求，对模型几何数据进行轻量化处理后进入运维平台系统。主要应用包括资产管理、建筑系统分析、预防性维护、空间管理与跟踪、应急管理等。

### 4.1.4 信息管理职能

**1. 项目相关方信息管理职能分配**

有效的信息管理的一个重要方面是明确界定各方和项目管理职能部门的权利、义务和责任。在定义项目的组织架构之前，首先要定义参与项目的角色，项目相关方（委托方/客户、受托人/总承包商、咨询方、任务团队）应基于合同界面和项目组织架构定义和明确信息管理角色，以履行分配给他们的信息管理职能，并在项目信息管理 RACI（Responsible，Accountable，Consulted and Informed，执行、负责、咨询和告知）矩阵中明确〔关于职能分配矩阵 RACI（根据 ISO 19650），详见本书第二章〕。按照 ISO 19650 信息管理职能设置的基本原则，项目团队、交付团队、任务团队之间的关系如图 4.3 所示。

在图 4.3 中，实线箭头指：信息要求和信息交换；虚线箭头指：信息的协调，具体包括：

（1）委托方（客户/业主方），以下简称业主方，具体负责：业主方交付管理、业主方信息管理、资产信息管理、信息安全管理。

（2）主受托方（总承包方），以下简称总承包方，具体负责：项目交付管理、项目信息管理。

（3）受托方（任务团队/分包方），以下简称分包方，具体负责：任务管理、任务信息管理、接口管理、信息创作。

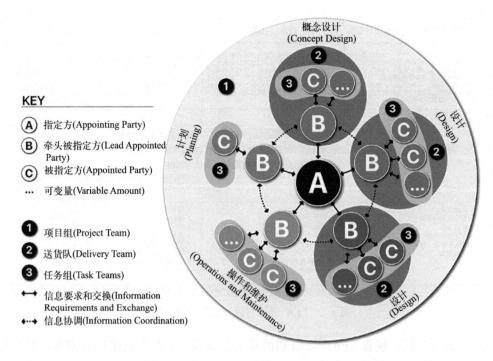

图 4.3 项目团队、交付团队、任务团队之间的关系

在任命任何一方参与信息管理职能之前,要确定承担这些信息管理职能的人员的业务技能与实施能力,程序上要对承担人进行资格认证。根据项目的规模和复杂性不同,对职能的安排也不同,信息管理的职能可能只是个人在项目中承担职能中的一部分,例如,总建筑师既承担设计职能也承担项目信息管理职能。一个人可能会承担多种职能,也可能需要多个人来承担某一项信息管理职能,除了取决于项目的规模和复杂性外,还受到对应的项目组织架构的影响。

1)业主方的信息管理职能

初期承担信息管理的职能主体是业主方,按照 ISO 19650,应由他们定义项目目标和要求,并将项目需求转换为 BIM 要求,来发起项目 BIM 实施。然而很少有业主方具备 BIM 专业知识或技能来开展此项工作,一般由第三方咨询团队代表业主方开展这项工作,并承担相应的职能。如果业主方将这项工作职能外包,作为分包的咨询机构需要为承担的职能确定明确的服务范围。

(1)交付管理职能

业主方需要定义其 BIM 要求(Information Requirement,IR),当接收总承包方或分包方提交的信息成果时,其有权在项目交付节点仅接收满足要求的信息。如果咨询机构代表业主承担该职能,也有权仅接收满足要求的信息。

此交付管理职能一般由业主方的项目经理、代理人或其代表人员承担。

(2)信息管理职能

业主方还需要确定其信息管理的职能,以确保在相关文件(例如,EIR)中明确地定义和编写信息要求,并与交付管理职能形成响应。同样对于总承包方和分包而言,确保对业主方的共享资源、信息的访问，以及所有交付成果得到业主方确认，即根据信息交付标准验证交付的成果是否满足要求。开展持续的交付审查也是可能分配给承担这一职能的人的任务之一。

此信息管理职能一般由业主方的BIM经理、资料员或其代表人员承担。

(3) 信息安全管理职能

由业主方承担项目初期的信息安全管理职能，他们应该制定信息安全分类流程。完成风险评估后，可指定专人或第三方机构代其承担信息安全管理职能。

信息安全管理职能一般由业主方的质量经理、信息技术安全员等人承担。

(4) 资产管理职能

业主方需要定义其资产信息要求（AIR）并确保承包方按要求交付。需要业主方的资产管理职能部门确定资产信息模型（AIM）需要从项目信息模型（PIM）中获取哪些信息。

资产管理职能一般由业主方的运营经理或设施管理经理等人承担。

2) 总承包方的信息管理职能

根据项目阶段，总承包方的职能应该由牵头设计顾问（设计总承包方，Design Contractor, DC）或施工总承包商承担。他们有具体的职责：任命分包团队/任务团队和定义每个分包团队/任务团队的信息生产职责；定义项目模块拆分策略并确定适当的拆分级别；制定项目的实施标准、方法和程序（SMP）并与所有团队达成一致；在BIM实施计划（BEP）中响应业主方的信息要求；制定并验证总承包方的交换信息要求（EIR）；根据业主方的信息要求审查交付的PIM，并按合同约定代表交付团队，批准和接收分包团队/任务团队的交付成果，并向业主方完成提交。

这些职能一般由具有总建筑师、总工程师或总承包商的项目负责人员承担。

(1) 项目信息交付管理职能

总承包方负责与项目信息管理相关的具体交付管理任务以及传统的设计和施工管理任务。其承担的信息交付管理职能包括：根据分包方/任务团队的任务信息交付计划（TIDP）编制和管理主信息交付计划（MIDP）；根据MIDP评估分包团队交付信息的能力；确保分包团队按照MIDP交付项目信息模型PIM；管理与交付PIM相关的风险；保障业主方、总承包方和每个分包团队之间的有效沟通。

项目信息交付管理职能一般由总承包方的项目经理或交付经理等人承担。

(2) 项目信息管理职能

除了项目信息交付管理职能，总承包方还负责具体的项目信息管理职能，包括：评估分包团队/任务团队按SMP的要求生产信息的能力；确保通用数据环境（CDE）对所有分包团队的可用性；确保分包团队按项目SMP的要求创建PIM；管理与PIM创建相关的风险；代表总承包方审查和批准分包团队提交的PIM。

项目信息管理职能一般由BIM经理或项目经理等人承担。

3) 分包团队/任务团队的信息管理职能

分包团队负责确保信息准确及时地交付，以满足项目计划和要求。分包团队的信息管理职能包括：分包团队/任务团队管理；分包/任务信息管理；接口管理；信息创建。

(1) 分包团队/任务团队管理职能

分包团队/任务团队管理职能负责分包任务的交付，具体职能包括：分包/任务信息管理者角色的任命；制定任务信息交付计划（TIDP）；确保有可用的且有能力的资源来执行TIDP；根据分包/任务要求，批准任务团队创建的信息；为任务团队分享的信息指定适当的状态码（信息适用性）；识别与交付 PIM 相关的风险，并在需要的时候向上汇报。

该职能一般由分包方的建筑师或工程师等人承担。

(2) 分包/任务信息管理职能

每个分包团队/任务团队负责及时交付信息以满足项目需求。分包任务信息管理职能包括：确保分包团队/任务团队根据项目 SMP 创建信息；确保分包团队/任务团队创建的信息在分享之前就达到项目 SMP 的要求；针对项目的 SMP，向信息创建人员提供必要的指导培训和支持；识别与 PIM 创建相关的风险，并在需要的时候向上汇报。

该职能一般由分包商的 BIM 协调员（BIM Coordinator）或资料员等人承担。

(3) 接口管理职能

每个分包团队/任务团队还需要有人负责与其他分包团队/任务团队的 BIM 信息的空间协调。接口管理职能包括：解决与其他分包团队/任务团队的 BIM 空间协调问题；将未解决的协调问题上报给总承包方；让任务团队之间互相了解已达成一致的决议、正在进行的决议及进展情况。

该职能一般由分包团队/任务团队的 BIM 经理、BIM 协调员、建筑师或工程师等人承担。

(4) 信息创建职能

每个分包团队/任务团队的关键职能是生产信息（即信息创建）。信息创建职能包括：创建文件并确保正确能抓取到适当的文件属性；根据 BIM 要求创建和修改信息；根据 BEP 生产和修改信息；确保每个任务团队创建的 BIM 模型在空间上是协调的（避免冲突），并将任何接口冲突问题上报给 BIM 经理；确保项目信息模型 PIM 的所有信息元素相互充分协调（图形几何、非图形属性信息和文档信息）；在审查和批准之前，根据 TIDP 自行检查提交的信息。

该职能一般由一个分包团队/任务团队内的所有工作人员承担。

2. 项目及 BIM 团队组织架构

BEP 编制人员应按照合同关系和信息管理职能分配矩阵及内部分工，项目的 BIM 团队组织架构图，如图 4.4 所示。至于如何搭建符合项目特点的 BIM 组织架构，请详见本书第 2.2 节。

3. BIM 团队岗位

在 BEP 正文中描述 BIM 团队组织架构中的主要岗位及职责权限（表 2.3），并建议附上关键人员的联系方式。需要强调的是，在 BEP 正文中申明：BIM 专职人员，包括 BIM 经理、BIM 协调工程师、BIM 专业工程师、建模人员的职责不包括对项目的设计、工程和施工解决方案作出决策，也不包括对各专业的组织流程作出决策。

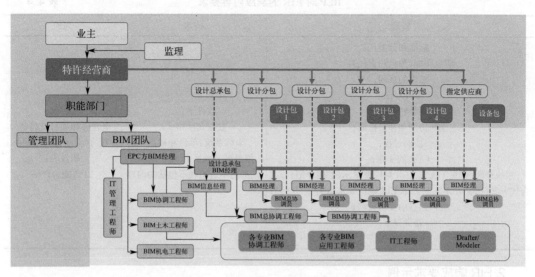

图 4.4 项目的 BIM 团队总体架构

## 4.1.5 EIR 响应

**1. 概述**

EIR 描述了委托方（业主）对受托方的信息交付的要求，以实现定义的 BIM 目标和 BIM 应用点。这包括在指定时间内交付所需数量和满足质量的信息供相关方使用。文件是以正式和明确的方式说明 BIM 交付物和它们必须包含的信息。EIR 可以帮助潜在的承包商在投标时充分考虑数据生产和信息管理的工作量，并在 Pre-BEP 中进行响应。EIR 主要规定与信息传递有关的管理、商业和技术三方面的要求。管理和商业方面应包括信息标准、方法和流程；EIR 的技术方面应详细说明与项目信息需求有关的建议方法及采取的响应措施，且应与项目里程碑或阶段保持一致。

EIR 应从委托方/业主逐层传递到承包商，然后从承包商传递到分包商的任务团队。每次缔约（业主对总包，总包对分包签署合同）都应包括一个 EIR，信息交换要求会伴随项目进程不断细化和具体，最终可以支持具体的交付活动。如有必要，总承包商应根据自己的要求扩展委托方/业主的 EIR，以满足他们为项目确定的 BIM Uses 的信息要求。在交付团队中，应认识到并非所有信息都是为了业主的利益而创建的，在逐级细化 EIR 的时候要体现自身的诉求，并以 BEP 的形式进行回应。

一般在编制 BEP 文件的时候不会单设一章为 EIR 响应，而是会直接在正文里对 EIR 要求的内容进行说明。本书建议单设一章的目的是突出 BEP 文件的结构性和针对性，结构性：该章在全文中发挥承上启下的作用，正式引出 BEP 核心的执行内容；针对性：让业主在审核 BEP 文件时能直观地看到各章节是如何对 EIR 的每一项要求进行响应。

BEP 对 EIR 的响应内容要求见表 4.4。

BEP 对 EIR 的响应内容要求　　　　　　　　　　　表 4.4

| 管理 | 技术 | 商务 |
|---|---|---|
| 标准和分类；<br>信息职能（角色和责任）；<br>工作的规划；<br>BIM Uses；<br>网络安全；<br>空间协调和冲突检测；<br>协同过程；<br>CDE 的实施；<br>系统性能（详见下文"2. EIR 响应要求示例"的介绍）；<br>合规方案（质保）（详见下文"2. EIR 响应要求示例"的介绍）；<br>资产信息的交付策略；<br>培训要求；<br>健康和安全 | 软件平台；<br>数据交换格式；<br>坐标系统、单位和标高；<br>信息需求水平 LOIN/LOD；<br>模型的不适用和不包括的内容 | 交付物；<br>里程碑和项目交付物；<br>委托方/业主的战略目标；<br>职责表；<br>BIM 能力评估 |

**2. EIR 响应要求示例**

1）系统性能

向受托方（例如，承包商）传达委托方（业主方）平台系统的性能限制或具体的 IT 要求，可能需要额外的 IT 资源或非常规的解决方案。在制定 BIM 执行计划时需要考虑以下因素：

（1）模型大小：一般没有大小限制，但实际上不超过 200MB。

（2）软件使用：交付的原生文件格式必须可以公开共享，软件平台系统可以导出 IFC 2x3 用于信息提取、验证、存档和免费模型查看。原生模型数据必须可以与 Microsoft Excel（电子表格）交换的格式提取，以用于信息交换。

（3）业主将在项目中使用的软件平台和版本，在回应 EIR 时应予以考虑。

（4）安全问题。

注意：在受托方的 PRE-BEP 中已对 EIR 系统性能要求进行了回应。

2）合规方案（质保）

让受托方（例如，承包商）在 BIM 执行计划中说明如何维护模型和其他数据源的完整性和质量。如果项目采用英标体系，强制要求使用 COBie 进行数据交换，则根据 BS 1192-4：2014（ISO 19650-4）标准指南以及资产信息要求附录文档中概述的交付要求，所有已发布的信息交换都将根据 COBie UK-2012 进行验证。

BIM 执行计划的回应中应概述模型交付和数据合规流程的方法，包括引用的标准和使用的软件。至少应包括以下内容：

（1）质量保证/控制流程；

（2）相关软件；

（3）质保级别；

（4）安全和信息质保要求；

（5）质保期—管理模型的年数（如果适用）。

业主方信息经理应获准进入项目的 CDE，以便能够定期进行合规性监测和检查。

注意：在受托方的 BEP 中已经对数据、模型和文件的质量保证过程进行了详细说明，以作为对 EIR 合规方案（质保）要求的响应。

## 4.1.6 协同体系

协同是 BIM 的核心，基于 BIM 的协同体系是基于定义的标准、开放的工作流程和以模型为中心的沟通和信息交换，确保 BIM 按照既定的目标和路线实施。项目所有参与方必须对信息管理和数据交换的方法达成共识，这是开展协同的关键。BEP 牵头编制单位需召集所有相关方共同制定团队协作流程、约定信息交换方式和数据格式、商定沟通方式和渠道、统一编码命名规则，从项目开始就统一标准，对齐各方内部的 BIM 工作体系。这些方法和要求的落实需要实施环境，实现对数据和信息交换活动的集中管理，确保对资产对象在整个项目全生命周期的可追溯性。它必须允许项目参与者按照设定权限及时访问到正确、唯一、满足要求的信息以履行其职能。这种环境被称为通用数据环境（CDE）。

协同，不是一项技术也不是一套流程，它是一套完整的工作体系，是为了实现协同工作所创造合适的环境，包括文化和行为、流程、数字工具和正确的合同形式。具体涉及 CDE 通用数据环境、协同策略、信息协同与交换方式、信息交换流程、软件之间数据交换格式、沟通方式与渠道包括会议等内容，是整个 BEP 的核心内容。

**1. CDE**

CDE 为整个项目提供信息管理和团队协同的数字环境，在 BEP 正文章节中须对 CDE 的作用、CDE 架构及软件选型、CDE 流程进行介绍。按照 ISO 19650 标准的规定，委托方（业主）负责为整个项目建设和管理通用数据环境，理想情况下，委托方应在招标前建立 CDE，并在 EIR 中提供相关信息。受托方（承包商）根据委托方提供的 CDE 架构，在 BEP 中对 CDE 流程构建进行详述。如果委托方提供的 CDE 系统解决方案只考虑了自身需求，功能架构尚不够完善，承包商有权提出自己的 CDE 建设方案，只要与委托方的 CDE 平台的信息交换方式和系统之间的数据接口集成达成共识即可。

1）CDE 产生的背景

实际中的项目沟通和数据共享是错综复杂的，无论项目的文控系统多么强大，项目成员之间的电子邮件和文件共享都会不受控制地很快变得混乱和无法跟踪。面对项目海量的信息，文控人员仅是用邮件主题把信息分类出来进而转发给相关人员就已经非常耗费人力，机器虽可以代替人处理大量重复性的工作，但是需要以一种非常结构化的方式来看懂数据，然而除了数据库，BIM 模型文件、表格绝大部分数据都是非结构化的。在工作阶段，错过一场重要的沟通或参考一个过时的图纸或计划，可能意味着浪费时间、增加成本，在最坏的情况下，可能导致诉讼。所以这不仅是一个简单的文控管理问题，因为文控不具备能力鉴别出什么信息是重要的。

在项目的早期阶段，沟通可能是在小范围的组织之间进行——业主、项目经理和设计或施工公司。随着项目的进展和专业顾问的加入，沟通网络会变得越来越复杂和不便，例如，设备供应商的加入带来的无数场设计联络。以波哥大地铁一号线项目为例，项目在其设计高峰期会涉及大约上百个组织和超过上千人之间的沟通，这可能包括超过十几万封电子邮件交流和超过十万份共享文件。这种交流的核心是审阅、批准、RFI信息请求、变动、变更单和其他关键决策点。文件以一种临时的方式从一个人发送到另一个人，人们很快就会失去识别当前正在审查的文件的线索。

即使有了电子文件管理系统 EDMS，由于文件被下载到本地服务器，各办公室之间仍然存在大量的重复。在任何情况下，电子邮件通信和模型服务器都是平行的信息渠道，通常不与中央文件管理系统相连。拥有一个虚拟的、集中的 DCC（Document Control Centra，文档控制中心）可以解决很多通信和数据共享的问题。所谓的通用数据环境（CDE）是一个共享的项目域，它管理着信息的编排与共享。

2）CDE 的定义及作用

通用数据环境（CDE）是任何指定项目或资产的单一信息源，用于收集、管理和传递所有与项目相关的经批准的文件和数据，供各相关方各专业团队在项目协作过程中使用。CDE 必须是一个安全、协同的数字环境，根据利益相关者在项目中的角色和被访问信息的状态来提供安全、可控、可靠的信息访问的功能。CDE 是 BIM 和信息管理流程的核心，应支持基于信息容器的协作，信息管理流程适用于所有信息内容（模型文件、图纸、文件等）。CDE 也是确保项目信息合规性的基础。

一个通用数据环境提供了信息管理功能及流程和技术基础设施。文件管理的重点在于信息的分类、存储和检索。信息是通过信息容器（文件、目录等）进行物理交换的。项目管理规定了项目参与者之间的信息交流、信息的质量评估等过程，协调和控制整个项目的信息流。CDE 实现了所有项目信息无冗余的可用性要求，是所有项目参与者的项目范围内的单一信息源。不过，并非所有信息都能供所有的参与者查阅，信息是按照访问层级逐步提供的。除了实现可追踪和可验证的信息交换，安全方面和知识产权的保护也是 CDE 的职责之一。CDE 可以贯穿工程的整个生命周期，并应支持信息传递到后续的生命周期阶段。CDE 中的流程管理和相关的信息交流应支持实现所有常见的 BIM 应用点，但要实现这一目标，需要与不同供应商进行关于软件解决方案的信息交换。

CDE 是工作流和解决方案的组合（图 4.5），它所具备的特征描述如下：

CDE 是任何指定项目或资产的唯一信息来源，用于通过托管流程收集、管理和传播每个信息容器。CDE 工作流描述了要使用的过程，CDE 解决方案提供相应的技术。信息：以适合通信的正式方式对数据进行重新解释。信息容器：可从文件、系统或应用程序存储中检索的命名持久信息集。

图 4.5 CDE 通用数据环境结构

（1）任何指定项目或资产的一致信息来源。整个设计团队应该就 CDE 的使用达成一致；它是信息的唯一来源；任何项目或现有资产都可以利用 CDE。

（2）用于收集、管理和传播每个信息容器。CDE 包含在每个建设项目中使用的数据

(信息容器);信息容器可以是文件或数据子集,可能是结构化信息(包含元数据,例如,几何模型、数据库、时间表)或非结构化信息(没有元数据的信息,例如,PDF 文档、扫描件、照片、视频),CDE 不仅可用作存储信息的存储库,还有助于管理、共享和与项目中的其他人协作。

(3)通过一个受管理的过程:CDE 工作流程是一个过程;该过程是受管理的,即由指定的经理负责 CDE。

3)CDE 建设

ISO 19650-1:2018 指出,一个项目的信息可能产生、存储、应用在多个场景,CDE 允许工作流程和数据永久化存储分布在几个计算系统或技术平台上。因此,CDE 可能由一个平台或几个系统的组合构成,允许协作、管理、记录和跟踪访问者之间传输的信息。标准建议:CDE 应该在更广泛的企业信息化战略背景和项目 IT 基础设施下考虑,对现有的网络连接、软件系统和硬件进行评估,以确保它们能够达到实施 CDE 解决方案所需的性能水平要求。对于许多解决方案,需要依靠安全和稳定的互联网连接,以实现不间断的信息使用和交付结果。

大型项目或一般规模以上的企业都建立过比较完善的信息管理系统,包括电子文件管理系统 EDMS、企业邮箱系统、OA(Office Automation,办公自动化)等,虽然它们能够实现 CDE 解决方案的部分功能,是这些功能服务可能是"免费"的,但他们可能没有考虑对 BIM 数据进行管理的特殊性,也不符合国际标准对于 CDE 工作流建立的要求。因此,建议与企业或项目内部 IT 资源管理部门进行需求沟通和工作配合,尽早形成实施满足 CDE 要求的 IT 新技术栈的能力,升级现有设施设备。CDE 平台的部署可能需要分阶段实施,在一个确定的时间段内逐步取代传统系统的功能,确保新的工作方式和所需的软件组合有足够的时间容量嵌入原来的管理体系,避免对原本的项目信息流运行机制造成影响。永远不要简单地认为信息系统平台替换只是换个工具干活,而忽略了原有平台搭载的流程的改变和数据迁移带来的巨大工作量和挑战,并且员工接受一个新的软件,也需要学习成本。

市面上主流的 CDE 解决方案都是基于云的 SaaS 模式,允许用户通过简单的互联网协议进行平台之间的集成对接。这种方案能有效解决外部组织跨域访问的难题,包括任何防火墙问题和 VPN 登录问题,只要用户能上网,就能随时随地访问 CDE。由于该解决方案是在网络上全面部署的,每个用户都可以访问相同版本的软件。虽然不需要安装软件,但仍然需要有一个内部系统管理员来帮助维护和设置新用户。互联网覆盖了全球大多数地理区域,原则上只要有网就能开展协作,但有时各区域的互联网的连接速度可能是不同的,在经济落后地区并不那么理想,如果使用 SaaS 模式,就要考虑网速问题,保障任何时候都可实现对互联网平台的访问是至关重要的。例如,很多跨境项目发现在一天中的某些特定时间,互联网性能会明显下降,这时候应避免一些大体量数据包或文件的上传、下载活动。下文将提出在整个 CDE 的建设及采购过程中,需要重点考虑的因素和功能需求。

(1)CDE 建设 IT 基础设施现状需要考虑的因素包括:

(a)所有的计算机都能访问本地服务器吗?

(b)目前安装了哪些核心软件?

(c) 目前的系统是否支持开放的数据格式?
(d) 它们是否有能力支持数据的获取和推送?
(e) 现有的 IT 架构是否允许从 CDE 和其他系统获取和推送数据?
(f) 有没有需要解决的容量问题或性能问题?
(g) 是否需要远程访问?
(h) 要求或建议的网速是多少?
(i) 可靠的互联网服务提供者(Internet Service Provider,ISP)?
(j) 足够的互联网线路?
(k) 足够的内部网络?
(l) 为远程工作人员提供足够的互联网连接?
(m) 正确的浏览器支持配置?
(n) 要安装的应用程序?

根据所选择的管理方法,CDE 平台解决方案要能够应对一定的功能性的需求挑战,要能适配常见的不同项目或项目阶段的工作流。对于单个项目或具体的项目阶段,其采用的 CDE 解决方案都需要满足一定的通用功能性要求(Common Functional Requirements)。

(2) CDE 解决方案通用功能性要求包括:

(a) 将数据存储在基于公有云或本地私有化的安全环境中。当项目涉及网络安全时,业主方应注意托管数据的数据中心的位置,无论数据中心是否必须位于境内。

(b) 提供用户可定制的安全访问权限控制和管理系统。

(c) 提供用户可定制的分区/分类结构。

(d) 提供管理信息流程的工作流,包括:提供文件版本/修订的控制;提供文件状态代码,以支持用途的适用性;提供文件授权代码,以支持交付团队发起的检查审核和批准流程、交付团队发起的审核和批准(设计审核)流程、总承包方的审核和授权流程、业主方发起的审核和验收流程等工作的流程。

(e) 为文件提交和审批提供用户可定制的工作流。

(f) 支持上传、下载、信息模型和文档的属性检索,检索的属性至少包括文档标识(编号)、标题、修订、版本和状态代码(适用性)等。

(g) 支持对所交付信息模型的审核、评论和标记流程,按照 BEP 中约定的专有和开放文件格式和版本进行。

(h) 支持对 BEP 中约定的文档格式和版本的审核、评论和标记流程。

(i) 允许用户从便携式的移动设备和 Web 应用程序上访问信息模型。

(j) 包含保障数据安全的数据加密机制。

(k) 在整个项目阶段提供足够的存储空间,来存储所有文件,并按照业主方的要求保持正常运行。

(l) 已安装杀毒软件,并可对 CDE 所在的操作系统或环境的安全补丁进行更新维护。

(m) 提供仪表盘(控制台),向不同级别的用户展示 BIM 相关的进度信息。

(n) 提供问题跟踪系统,包括问题注册、记录日志、状态更新,以及向所选用户的账户发送消息、邮件或短信通知。

（o）提供所有项目文件的场外备份，包括信息模型、文件和数据信息。

（p）提供项目归档的功能，所有项目文件和信息应在业主方的首选媒介中归档，并在设计阶段和施工阶段分别完成后或在业主方要求的时候，移交给业主。

（q）针对 CDE 中存储的信息，提供完整的审计跟踪能力。

其他选择性的 CDE 功能性要求，包括：

（a）在 CDE 平台中以开放格式（不限于 *.IFC）从信息模型中检索属性和信息；

（b）提供对信息模型不同版本/修订的对比和自动差异识别的功能；

（c）提供对 CDE 内不同信息模型、2D 图纸和项目文档之间的连接功能；

（d）支持数字化信息交付手册（IDM）的导入和使用，以明确工作流程要求；

（e）支持电子签章（e-signature）。

（3）CDE 解决方案平台基本功能要求见表 4.5。

CDE 解决方案平台基本功能要求　　　　　　　　　表 4.5

| 功能 | 示例 |
| --- | --- |
| 文件发布 | 自动生成 PDF 文档；<br>文件同步化，以签出和锁定文件，并签入新的修订版本 |
| 文件管理<br>文件管理应满足命名规则、文件编号、状态字段、文件类型、修订顺序和元数据分类等方面的要求 | 可定制的文件夹结构，具有高度控制的访问权限；<br>上传、记录、内部存储、共享和审查文件；<br>批量上传能力；<br>下载大型信息包，包括批量文件下载和压缩文件；<br>定义文件命名规则的能力，审核跟踪和版本管理；<br>工作流程引擎，自动控制审查和批准过程；<br>通过工作流程引擎进行文件控制和文件操作；<br>创建组织特定的表格、页眉、页脚、免责声明和通信模板，特定的文件类型 |
| 数据安全 | 加密；<br>访问控制；<br>双重身份验证（2FA） |
| 搜索能力<br>搜索能力应满足在一个工作空间内或跨工作空间内找到项目、资产、文档文件、模型文件和数据 | 搜索引擎包括完整的内容搜索（能够搜索文件中的文本） |
| 报表/数据仪表盘<br>仪表板界面提醒用户任何信息的更新或变化，以及传入和传出任务的摘要。理想情况下，功能应该允许自定义报告以及预定义报告，以便灵活地报告所需的若干方面 | 可定制的仪表板，具有实时性能数据；<br>可定制的报告功能；<br>自动触发通知 |
| 信息浏览能力 | 综合红线和标记工具；<br>文字处理和电子表格文件；<br>PDF 文件；<br>CAD/CAM 文件；<br>BIM 3D（包括 IFC）；<br>数字图像 |

续表

| 功能 | 示例 |
|---|---|
| 移动和现场支持 | 移动设备上的现场查看和数据记录能力 |
| 集成潜力 | 与文字处理和电子表格文件的整合工作；<br>与 CAD 系统集成工作，如自动处理 title blocks；<br>网页界面；<br>电子邮件集成 |

（4）CDE 平台采购需考虑的方面见表 4.6。

**CDE 平台采购需考虑的方面**　　　　表 4.6

| 方面/因素 | 描述 |
|---|---|
| 对现有流程和 IT 基础设施的相关评估 | 基于当前的业务流绘制信息管理的数据流，了解 CDE 和 BIM 在企业及项目层面想要实现什么，同时考虑项目或企业目前的技术和现有的基础设施。这有助于评估和确定项目现有流程、技术和技能基础的差距。作为 CDE 解决方案采购评估的一部分，可能会发现目前的技术解决方案的功能可以被进一步挖掘或调整以适应需求 |
| 了解 CDE 的需求和解决方案所具备的功能 | 花时间详细说明 CDE 需要的功能要求，应该系统性考虑安全、功能和用户要求。可以考虑要求入围的供应商根据一组预先确定的问题展示他们的解决方案，并充分利用供应商提供的试用期进行产品试用 |
| 比选不同的 CDE 市场产品 | 市场上的 CDE 解决方案非常多样，包括文件存储和共享系统、基于云的 BIM 解决方案、基于 Web 的施工管理平台、文档管理系统、综合文档管理系统，但供应商一般会夸大宣传他们的产品，CDE 不可能由一个单一的产品平台或系统提供。如果要部署多个平台，要考虑不同系统之间的整合 |
| 确定 CDE 建设的实施策略 | CDE 有多种实施策略，取决于业主方、项目招标采购模式和其他外部因素。包括：<br>在单项目的特定阶段采用；<br>在单项目的多个阶段采用；<br>在单项目的完整资产生命周期中采用；<br>作为所有项目（设计、施工或资产运营）的方案采用；<br>作为企业级的解决方案采用；<br>确保正确的人在正确的时候参与到实施中。对于首次试点 CDE 解决方案的项目，建议考虑分阶段实施，以便有足够的时间容量来嵌入新的技术、技能和工作方式。这可能需要在试点项目中优先使用该解决方案，或者只使用有限的软件功能，直到整个组织达到一个共同的基线能力水平 |
| 评估采购成本和配套资源 | CDE 解决方案的成本将涉及软件本身以外的一些成本。考虑实际系统的成本，以及任何可能需要的咨询、培训或数据迁移 |
| 考虑数据的安全性 | 随着数字数据使用的增加，对网络安全造成的威胁也在增加。考虑 PAS 1192:5 等标准中规定的注重安全的程序，以及对数据主权的重视 |
| 估算用户数量及数据量 | 用户的数量和所需数据的规模应该尽早考虑，应该评估每年可能进行或维护的项目数量。除了自己的内部员工要求，还应该考虑其他利益相关者，如外部项目团队、客户方、承包商和将要合作的供应商。协同意味着在项目的生命周期中不断有人加入和离开。如果是采购 SaaS 服务这种订阅模式，供应商可能需要定期提供服务报告，显示软件和支持服务的使用频率、使用的存储空间和非计划的服务器停机实例或性能问题 |

4）CDE 管理流程配置

事实上，最先配置的是 CDE 的工作流程，然后选择合适的解决方案完成平台系统配置。CDE 管理流程配置包括 CDE 数据空间配置、数据签入/签出设置、信息容器管理配置等内容。

(1) CDE 数据空间配置

在正式介绍 CDE 数据空间之前，需要先理解 ISO 19650 中关于信息容器（Information Container）的概念，因为符合标准要求的 CDE 的所有信息管理流程都是围绕信息容器这个基本单元。根据 ISO 19650-1 标准术语定义 3.3.12-information container：信息容器是持续存在的信息集，可从文件、系统或应用程序的存储层次中检索到。根据 DIN SPEC 91391-1 标准术语定义 3.5-information container：用于文件或模型的最小存储单元以及用于 CDE 内文件或模型管理的逻辑结构。官方给出 5 条释义如下：

(a) 信息容器由元数据和内容数据两部分组成。元数据描述了信息容器中包含的数据内容、状态或其他与项目有关的属性，并允许对其进行结构化访问。

(b) CDE 内部或与 CDE 的任何信息管理都是基于信息容器的。它们代表了 CDE 中最小的可管理单位。

(c) 一个信息容器代表一个文件或模型的最小存储单元。其技术实现由信息处理技术（操作系统及其数据结构）决定。例如，在目前基于文件的操作系统中，一个文件可以被视为一个信息容器。

(d) 信息容器也可以是嵌套的。

(e) CDE 并不提供处理容器内容的功能，而是由与 CDE 交互的应用程序完成的。然而，用于 BIM 工作流程的 CDE 应该能够显示某些内容，如 BIM 模型、IFC 文件、BCF 报告或 PDF 文件。

CDE 流程中最重要的部分之一是管理每个信息容器的状态，这也是设置不同数据空间的主要目的，让每个项目的利益相关者都知道信息创建的进度、状态以及这组数据可以用来做什么，同时为了确保遵守现有的版权、知识产权、保险、委托和合同方面的要求，需要明确信息的所有权和相关责任。CDE 包含四个主要的数据空间（对应四种主要的数据状态）：工作中（Work in Progress，WIP）；已共享（Shared）；已发布（Published）；归档（Archive）。数据空间可根据项目管理模式及合同界面进一步细分。不同的数据空间对应信息容器不同的技术状态，以及不同的参与人员与信息管理职能。空间之间的箭头标记代表数据签出活动，例如，创建中、审核中、共享中、协调中、批复中、验收中、已归档等。

(a) WIP（工作中）：是创建、编写或修改更新文件的唯一数据空间，只有信息创建方可以访问。

当受托方的任务团队开展设计或施工模型创建时，信息容器此时处于 WIP 状态，项目管理团队或其他任务团队成员既不能访问也不能看到该信息容器。例如，设计人员正在准备对模型进行修改，须将文件和其他信息暂时保存在公司的服务器上，团队外的人员无法访问。因此，需要明确具体负责创建或交付信息的组织及所属的任务团队，他们是唯一有权限创建、删除、编辑或修改信息的参与方。只有信息的创建方根据模型质量内部审核流程对信息完成内审后，才可以将信息发布或共享出去，供其他协作的任务团队使用或交付给团队成员。

每个受托方（分包）及其任务团队都应建立自己的 WIP 解决方案，解决方案传统上部署在其公司的服务器或云存储平台上，作为其局域网或广域网的一部分。即便是属于同一单位的不同任务团队的成员，哪怕是在为同一个项目工作，他们也必须有自己单独的 WIP 环境空间位置。任务团队只能链接到其他任务团队已共享或已发布的信息，最好是直接从通用数据环境的指定的文件夹中进行链接。

（b）WIP 数据签出口（Check/Review/Approve）：根据项目要求、标准和流程检查信息容器的过渡状态。一旦确定创建的信息达到发布的要求，创建者应按照约定的交付文件格式，根据预先定义的标准、方法和程序（SMP），将信息上传到通用数据环境。上传后，启动信息的签出流程包括检查、审核、批准，其中信息创建者执行信息检查（Check）流程，然后由 BIM 协调员执行信息审核（Review）流程，最后由任务团队的负责人执行信息批准（Approve）流程。每一个步骤都应按照职能矩阵中指定的角色来执行，这些流程和具体角色应在 BEP 中明确（表 4.7）。

**WIP 数据签出口信息的格式要求**　　　　　　　　　　　表 4.7

| 签出流程 | 执行人 | 流程活动组成 |
|---|---|---|
| 检查（Check） | 信息容器创建者 | 文件共享合规性检查，包括命名、版本、标识检查等；<br>与最新的已共享资源的协调检查；<br>对照标准、方法和程序（SMP）进行检查；<br>空间协调检查；<br>检查文件参照链接文件的命名、状态、修订、版本和授权等信息；<br>文件的修订、版本检查；<br>给出通过或拒绝信息签出的审核结果；<br>使用创建者的签章，包括创建者姓名、时间戳（数字签名）；<br>发布供下一步审核 |
| 审核（Review） | BIM 协调员 | 确认上一步创建者检查后的签章；<br>初步审核、评论和标记；<br>信息需求水平（LOIN）审核；<br>项目信息标准审核（术语、对象、层次等）；<br>空间协调审核；<br>给出通过或拒绝信息签出的审核结果；<br>给出信息适用性（Suitability）的状态码（Status Code）；<br>申请审核签章，包括审核人姓名签名、时间戳（数字签名）；<br>发布供下一步审核 |
| 批准（Approve） | 任务团队负责人 | 确认上一步审核后的签章；<br>批准技术内容；<br>给出信息适用性（Suitability）的状态码（Status Code）；<br>技术审核、评论和标记；<br>给出通过或拒绝信息签出的审核结果；<br>申请批复签章，包括批准人姓名、时间戳（数字签名）；<br>发布以供下一步的共享工作 |

（c）Shared（已共享）：任务团队在此数据空间中分享通过验证的信息，允许其他参与方使用这些过程发布的、已知风险水平的信息。任何项目成员都可以看到和访问处于

"共享"状态的信息容器,但是它们不可编辑,Shared 数据空间也是等待下游同意接收信息的地方。传递到已共享分区的公开信息可能对应不同的使用需求和使用风险,需要通过信息的状态代码(Status Code)进行标识。所有处于 Shared 数据空间准备共享发布的文件都要求必须通过风险水平评估,并选择适用的状态码和授权码进行标记后,才可共享出去供使用,防止信息被误用或滥用。

根据项目合同模式的不同,业主/监理方可能被纳入或排除在已共享分区之外。如果项目采用的是设计施工总承包模式,不需要在 Shared 数据空间纳入业主/监理方,参与处理设计工程、设计方案比选等工作。而且许多设计和施工信息,并非需要业主/监理方的审核和验收。IPD 集成交付模式要求把业主方也纳入 CDE,那么就需建立针对业主/监理方的已共享分区(Client Shared Section),并设置相应权限。原则上,业主/监理方不应对该数据空间的文件给出审核意见。

(d) Shared 数据签出口(Review/Authorization):是在 CDE 的已共享分区和已发布分区(Published)之间,按照项目标准、方法和程序(SMP)对信息容器进行检查的过渡状态。如果信息容器确实满足要求,则将其移至"已发布"状态。如果存在缺陷,那么它会回到"工作中"状态。然后,设计人员对其进行更正,给出新的修订代码,整个过程从头开始。对已共享分区的模型文件进行批准或授权,是为了推进信息容器从已共享分区到已发布分区的交付/传递,因为 CDE 的 Shared 分区包含的主要内容是由每个任务团队/交付团队所创建的信息(未经授权),所创建的文件在进入已发布分区之前,应先通过数据签出口的审核授权流程,确保传递到已发布分区的文件是已完成状态码设置、版本修订和授权流程的文件,Shared 数据签出口信息的格式要求见表 4.8。

**Shared 数据签出口信息的格式要求** 表 4.8

| 签出流程 | 执行人 | 流程活动组成 |
| --- | --- | --- |
| 审核(Review) | 交付团队 | 审查链接文件的命名、修订、版本、授权和验收状态;<br>根据 EIR 和标准、方法和程序(SMP)模板进行审核;<br>与最新的共享资源进行协调审核 |
| 授权(Authorization) | 交付团队负责人 | 给出通过授权或拒绝授权的结果;<br>申请拒绝授权的签章,包括总承包方、授权人姓名、时间戳(数字签名);<br>申请通过授权的签章,包括总承包方、授权人姓名、时间戳(数字签名);<br>信息发布到已发布分区 |

(e) Published(已发布):在已发布数据空间中的信息是经过协调和验证之后的信息,是由总承包方审核和授权通过的交付物。即便不需要业主方的验收,也应由业主方酌情审核确认。例如,实际项目中,一旦模型文件的状态码更改为"已发布",承包商便可以使用它来提交物资采购清单。如果承包商使用"共享"状态的模型,则可能出现的错误将由承包商承担,因为他使用的是未经授权的信息来源。

(f) Archive(归档):包括所有信息交互事务的历史记录,设置归档数据空间的目的是获取已发布的所有信息,以满足后续专业索赔、合同和法律的要求,提供所有信息交互事务（Transactions）的可审计线索和证据链。在归档分区，必须能够在需要时检索到整个项目生命周期中产生的所有信息和对信息容器所作的所有更改的日志。

（2）信息容器管理配置

信息容器的状态管理配置涉及存放位置和状态设置两方面的内容。CDE 不允许存在歧义的信息出现，为确保这一目标的实现，需要对信息容器的存放位置、命名、版控、状态管理、签出授权等内容进行详细配置。在 ISO 19650 标准的官方释义文件里介绍了如何通过元数据分配实现信息容器的管理。元数据被定义为"描述和提供其他数据信息的一组数据"（牛津词典，2019）。例如，信息容器的唯一 ID，可以被认为是元数据，因为它"描述和提供关于其他数据的信息"。ISO 19650 标准明确指出，在模型文件的整个开发过程中要对其信息进行严格控制，建议使用元数据分配来实现这一点，表明信息容器处于什么版本，以及它可以被用于什么目的。

ISO 19650-1 第 12.1 条和 ISO 19650-2 第 5.1.7 条建议对 CDE 中的信息容器进行以下元数据分配：一个修订码；一个状态码；一个分类码。

元数据分配的范围可以扩展到 ISO 19650 标准的建议和要求之外。关于上述三类元数据代码的具体分配方法可参见 ISO 19650 标准官方释义文件："Information management according to BS EN ISO 19650 Guidance Part 2: Processes for Project Delivery Edition 4"（根据 BS EN ISO 19650 指南 第 2 部分：项目交付流程进行信息管理，第 4 版），下文将重点介绍某些国外 BIM 标准及指南重点要求的授权代码（Authorization Codes）。

虽然信息创建团队定义了用来标记信息适用性（Suitability）的状态码，但总承包方也可以用一个代码来表明信息是否已被授权，业主方或其代表同样可以用一个代码来表明信息是否已被验收。CDE 软件解决方案加快了信息的授权确认过程，但也可以把授权确认的流程通过授权码来单独管理，以表明已对信息执行适当的批准、审核和授权流程，或已执行业主方的审核和验收流程。

在审核信息交付计划（如 MIDP）时，总承包方应确定需要对哪些信息执行哪些授权工作流程，否则可能会影响信息的交付时间计划。

信息签核流程的授权代码有三个等级，分别是：

（a）批准（已共享分区）：用于确认已共享的信息，主要是针对总承包方进行项目设计审核后的信息模型，以确认信息模型已与相关的参考模型（Reference Model）进行协调。

（b）授权（已发布分区）：用于确认通过数据签出审核流程的信息，这些信息在进入已发布分区前已获得授权或部分授权（带有意见的授权）。

（c）验收（业主方已共享分区/已发布分区）：业主方或其代理及监理，有义务及时审核和验收信息，业主方如果未能按照合同规定的时间执行该审核和验收流程，就将失去参与该流程的机会。业主方的审核和验收代码，通常用以确认业主方是否已经完成了审核和验收流程，或者业主方未能及时处理，验收代码则表示信息已经默认被验收通过。对于上述流程，授权人员应先通知总承包方，以便指示任务组发布带有适当修订和状态代码的文件。

授权代码（Authorization Codes）示例见表 4.9。

授权代码（Authorization Codes） 表 4.9

| 授权码 | 授权状态的描述 | 模型文件 | 属性信息 | 图纸文件 | 其他文档 |
|---|---|---|---|---|---|
| 交付团队的设计审核批准 ||||||
| A | 已共享、审核和批准。已进行正式的设计审核并已被确认与参照模型相协调 | √ | √ | × | × |
| B | 已共享、审核和带有意见的批准。已进行正式设计审核，并已被确认与带有次要意见的参照模型相协调。<br>所有次要意见均应通过插入云线和"暂时搁置"的声明来表示，直到意见得到解决，然后重新提交以供全面审核和批准。可能需要其他任务组重新提交之前不协调的参照模型信息。可能需要由创作团队对信息进行修改 | √ | √ | × | × |
| C | 已共享、审核并拒绝。被设计总承包方拒绝的已共享信息，要澄清拒绝的原因 | √ | √ | √ | √ |
| 总承包方的授权 ||||||
| A | 由项目设计或施工总承包方审核并授权，并作为按合同要求的文件发布到已发布分区 | √ | √ | √ | √ |
| B | 由项目设计或施工总承包方审核并部分授权，并作为按合同要求的文件发布到已发布分区。<br>对于带有次要授权意见的文件，所有次要意见应通过插入云线和"暂时搁置"的声明来表示，直到意见得到解决，然后重新提交以获得完全的授权。可能需要由创作团队对文件进行修改 | √ | √ | √ | √ |
| C | 被项目交付经理审核并拒绝授权，且不能发布 | √ | √ | √ | √ |
| 业主方的审核和验收 ||||||
| A | 业主方自动验收（超过默认时间）。由于业主方未在指定的时间范围内进行验收，信息默认验收通过 | √ | √ | √ | √ |
| B | 业主方已审核并验收通过，且无须置评 | √ | √ | √ | √ |
| C | 经业主方审核，部分验收，并提出了明确的意见。所有的次要意见应通过插入云线和"暂时搁置"的声明来表示，直到意见得到解决，然后重新提交以获得完全验收。可能需要由创作团队进行修改 | √ | √ | √ | √ |
| D | 业主方拒绝通过验收 | √ | √ | √ | √ |

（3）文件夹结构配置

所有的项目模型文件、图纸、参考文件和数据，都应组织好并存档到中央服务器上的标准文件夹结构中，并提供备份和灾难恢复设施，来保护模型文件和数据库。在模型的日常工作中，模型的副本可以放在本地建模的工作站上。中央服务器下的子文件夹结构应由系统管理员进行标准化设置。通常，其他用户被限制修改文件夹的结构。如果有其他特殊需求，项目团队成员可以与管理员讨论设置可选子文件夹。

企业层面必须有支持各项目 BIM 工作开展的中央资源文件夹，包括：

A. 协议

指导性参考资料，为世界范围内的参考协议。

B. 标准

（a）参数：对程序附带的参数的补充。

（b）分类：IFC、UniFormat、MasterFormat 等。

（c）材料：具有最完整和最新的信息，包括成本、可视化、热能或结构。

（d）图形：线条类型、元素阴影类型、调色板、标志、夹层。

C. 库（BIM 对象的库）

（a）开发商：按年份划分，例如 Revit 2016、Revit 2017、Revit 2018。

（b）公司或办公室：项目中使用，也是按年份划分。

（c）参考：其他类型的对象。

D. 软件

（a）安装器：程序的安装器，包括更新和服务包。

（b）插件：程序的附加组件。

（c）宏和 API：用于开发或下载。

（d）Dynamo：用于开发或下载。

E. 培训

（a）内部和外部的视频教程。

（b）参考查询基础。

项目层面应在用于内部团队成员协同的中央网络服务器或构成 CDE 解决方案的文件管理平台上设置标准的项目文件夹结构。

文件夹的结构设置应遵循 ISO 19650-1 CDE 流程和数据空间划分的原则，设置工作中（WIP）、已共享（Shared）、已发布分区（Published）和归档分区（Archive）主文件夹，并在这些指定的文件夹中存放和隔离数据。图 4.6 是 AEC（UK）BIM Technology Protocol〔AEC（UK）BIM 技术协议〕参考文件夹结构。

5）CDE 平台搭建案例

波哥大地铁一号线项目 CDE 协同环境由 BIM360＋SharePoint＋Teams 共同协作组成，以及业主方指定的 Aconex。其中 SharePoint 和 BIM360 用于文件共享、审核、发布、存储，Teams 用于实时通信和信息交换，Aconex 是最终的交付环境。波哥大地铁一号线项目 CDE 协同环境构成平台的具体定位见表 4.10。

波哥大地铁一号线项目 CDE 协同环境构成平台的具体定位　　　　表 4.10

| 产品 | 供应商 | 管理及维护方 | 用途定位 |
| --- | --- | --- | --- |
| BIM360 | 欧特克(Autodesk) | 设计总体院 | 用于存储和管理设计阶段各专业和分包商的 BIM 模型和图纸 |
| SharePoint | 微软(Microsoft) | 项目总经理部 | 用于内部存储和管理传统文件和来自各学科和设计阶段的分包商的非几何信息；同时，用于管理合同信息 |
| Teams | 微软(Microsoft) | 项目总经理部 | 主要的在线会议平台，就各类工作问题进行非正式的实时互动沟通 |
| Aconex | 甲骨文公司(Oracle) | 业主 | 用于审批和存储项目总经理部提交的文件，包括传统的文件、BIM 模型、图纸和合同文件 |

图 4.6　AEC（UK）BIM Technology Protocol〔AEC（UK）BIM 技术协议〕的参考文件夹结构

施工阶段及后续运维阶段，会对 BIM 平台进行替换。

为了有针对性地管理各类文件，CDE 中的文件流设定特意区分了模型图纸文件和传统文件（图 4.7、图 4.8）。

(1) BIM 文件管理与协同环境

流程说明：

（a）基于本地服务器和联想网盘 FileZ 及项目 OA 搭建项目总经理部内部环境。

（b）基于 BIM360/ACC+SharePoint+Teams 搭建多方参与的通用协同环境。在设计阶段由总体院牵头开展跨组织跨专业的 BIM 协同，负责模型文件整合，设计管理部及其下属 BIM 团队负责 BIM 文件质检及审批流程的发起。该协同环境会一直延续到项目交竣工，直至完成资产信息模型移交。

（c）各方在设计管理部的组织下基于 SharePoint+Teams 就各类问题进行非正式的实时互动沟通，并会针对问题在 Teams 上开设消息频道，发送实时消息记录沟通过程；各方就相关问题统一意见后，若涉及文件提交，可在 SharePoint 直接发起流程。

（d）整个文件权限体系、文件状态、版本管理机制、文件编码体系、审批流程等都将基于 SharePoint 构建。

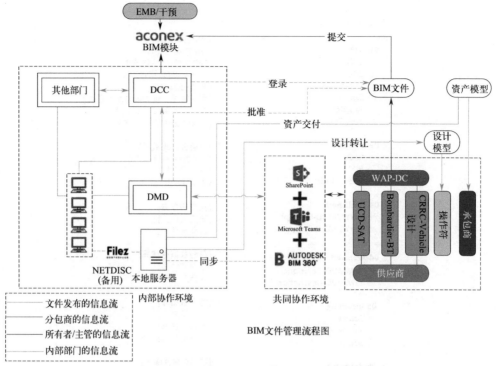

图 4.7　BIM 文件管理与协同环境

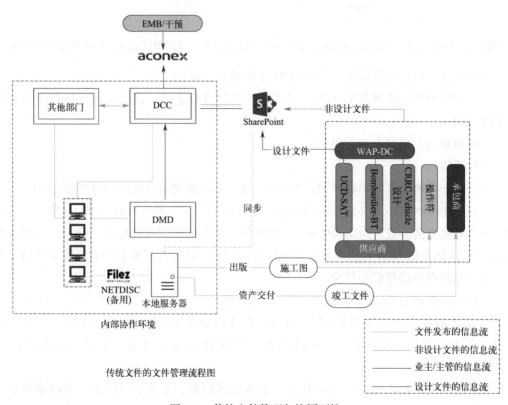

图 4.8　传统文件管理与协同环境

(e) BIM360 与 SharePoint 可实现文件自动同步,并通过 360Sync 实现 BIM360 与本地服务器之间的文件和整个文件夹目录结构的同步,保持内部协同环境与通用协同环境数据文件的一致性。

(f) 重要文件将定期存档备份至本地服务器。

(g) 总体院在经过设计管理部许可授权和 DCC 登记后(上述两步动作在 SharePoint 中完成),可将完成审核的 BIM 文件发布到 Aconex 平台 BIM 模块,供业主查看。

(h) 本地服务器与 FileZ 设置同步盘,在进行文件对外发放和移交时,FileZ 以外部链接的形式将从本地服务器同步提取的 BIM 文件发布给施工方和运营方。

(i) DCC 按文控流程将相关文件上传至 Aconex 以提交业主。

(j) 监理及业主在 Aconex 进行文件审核,并通过邮箱以信函方式进行意见反馈。

(2) 传统文件管理与协同环境

流程说明:

(a) 基于 SharePoint 搭建与外部的传统文件管理与协同平台,各相关方提交的文件都在 SharePoint 站点上进行管理。

(b) 设计文件由总体院统一提交,非设计类文件按合约路径由各相关方自行提交。

(c) DCC 是整个 CDE 内外部环境数据交换的节点,所有正式文件的流入流出都要通过 DCC 文控人员。

(d) FileZ 无法替代 SharePoint 成为 EDMS 电子文件管理系统平台,主要原因是 FileZ 不具备流程管理能力只有审批外部链接的流程,不易实现过程中的文件管理。

(e) FileZ 在项目的定位依旧是网盘,用于内部文件管理和对外文件分享。

(f) 文件通过 SharePoint 搭建的审核流程验证通过后标记为 Archived 状态,并自动同步到本地服务器备份。

(g) 本地服务器与 FileZ 设置同步盘,在进行文件对外发放和移交时,FileZ 以外部链接的形式将从本地服务器同步提取文件发布给施工方和运营方。

(h) DCC 按文控流程将相关文件上传至 Aconex 并提交业主。

(i) 监理及业主在 Aconex 进行文件审核,并通过邮箱以信函方式进行意见反馈。

(3) CDE 文件夹结构

项目 CDE 文件夹结构见表 4.11。文件夹结构直接与项目 WBS 相关,不同平台中的文件夹结构基本相同,以确保相同的交付结构,保持合作的透明度。其中用加粗白体子文件夹与 BIM 方法直接相关。其他文件夹是 ML1 和 WSP 将在本项目中采用的信息安全和质量管理体系的一部分。

项目 CDE 文件夹结构　　　　　　表 4.11

| 主要文件夹 | 子文件夹 | |
|---|---|---|
| 3_ 保密性<br>(3_Confidentiality) | 3.1 | Cto |
| | 3.2 | Actas |
| | 3.3 | RR_HH |

续表

| 主要文件夹 | 子文件夹 |
| --- | --- |
| 2_WIP | 2.1 通信(Correspondence) |
| | 2.2 技术(Technical) |
| | 2.3 消费共享(Consume Sharing) |
| | 2.4 客户信息(Client Information) |
| | 2.5 HSEQ(Health,Safety,Environment,and Quality,健康,安全,环保,质量) |
| | 2.6 项目行政信息(Project Administrative Information) |
| 1_PUB | 0.0 BIM |
| | 0.1 整合(Integration) |
| | 0.2 管理层(Management) |
| | 0.3 许可证(Permits) |
| | 1.1 标准(Standards) |
| | **1.2 证书_cto(Cert_cto)** |
| | 1.3 概念设计"CON"(Conceptual Design "CON") |
| | 1.4 初步设计"PRE"(Preliminary Design "PRE") |
| | 1.5 详细设计"DET"(Detail Design "DET") |
| | 1.6 建筑"IFC"问题(Issue for Construction "IFC") |
| | 1.7 共享(Sharing) |
| 0_存档(0_Archive) | 1.3 概念设计"CON"(Conceptual Design "CON") |
| | 1.4 初步设计"PRE"(Preliminary Design "PRE") |
| | 1.5 详细设计"DET"(Detail Design "DET") |
| | 1.6 建筑"IFC"问题(Issue for Construction "IFC") |

注：传统文件（报告、技术规范、内存等）存储在 SharePoint 和模型中，图纸、模型文件存储在 BIM360 中。

#### 2. 协同策略

制定一整套高效的工作协同和信息交换策略对于在正确的时间为正确的人提供正确信息至关重要。高效协同是建立在信任、尊重和积极配合的基础上的，应有明确的沟通和确定的信息交换过程，不是项目各方口头上的很愿意"合作"，而是各方具备真正能够共同成就的"协同能力"，包括供应链组织层面的能力和项目团队层面的能力。

1) 组织层面的协同策略

如何基于合同关系建立信任体系，制定组织之间的协同策略？建筑业传统形式的合同模式（例如，DBB、DB）中的甲乙关系是非常具有对抗性的，双方对利益风险高度敏感，总是寻求将风险和责任转移给另一方，如果合同包含鼓励保护性或对抗性行为的条款，将对项目未来的合作氛围造成不利影响。在这种分割的供应链环境中，工作沟通和知识共享会存在问题，这是建立协同体系会面对的最大问题。协同不仅涉及组织之间的供应链关系，还涉及组织行为和软技能（例如，沟通技能），这些都是非常重要的，需要在策略制定的时候系统考虑。下文是几条制定组织层面协同策略的关键点：

（1）在合同中明确各方有义务遵守的沟通机制和协同流程，如定期讨论和交流信息。

合同条款的设置对鼓励和要求合作很有帮助，包括明确责成各方之间实施合作的程序，以及以促进合作的方式规定各方的权利和义务。要求各方在相互信任和合作的氛围下工作，确保各方基于正确的意图开展工作，并希望从中取得积极的进展。

（2）在项目管理文件、BEP、接口管理文件里，制定定期共享信息、交流信息的流程和相关的保障机制，以支持建立互联的工作关系。

（3）在工作中不断重复和强化协同关系，定期组织交流，清晰知道下游想要什么，上游能提供什么。CDE 数字工具的使用可以提升协作效率，但同样重要的是通过定期的追问和会议来了解协同情况，非正式的会谈可以创造一个轻松的环境，人们不害怕犯错或在出现问题时说出来，表达出协同的意愿，以及希望获得技术工具和培训来支持他们完成工作。

（4）使用 BIM 技术和数字化流程，使协同更容易和更高效。例如，将 BIM 作为设计协同和交流的关键机制。实践证明，BIM 能够大幅提升多专业协同时的提资效率。

（5）提供必要的培训资源，以提高技术和协作技能。如果团队成员在技能层面差异较大，很难高效协作。

2）团队层面的协同策略

任务团队之间或团队内部如何开展协作需要在 BEP 中描述。在制定团队协同策略时，要从整体考虑与信息交换活动有关的每一个细节，包括协作方式、沟通渠道、数据格式、时间计划、参与人员等。

（1）确定所有待支持或能够被 BIM 支持的协同任务；

（2）确定该协同任务将发生在哪个项目阶段；

（3）确定协同的频率；

（4）确定每项协同任务的参与者；

（5）确定协同任务的开展地点；

（6）确定各方之间信息交换的计划；

（7）信息交换的名称（信息容器名称及编码）；

（8）信息交换的发送者与接收方；

（9）一次性或周期性（是一次性还是周期性交换？如果是周期性，多久一次？）；

（10）开始和结束日期；

（11）模型文件类型；

（12）用于创建文件的软件；

（13）源文件格式类型与文件交换格式；

（14）互动工作空间〔项目团队应考虑在项目的整个生命周期中所需要的物理环境，以面对面开展必要的 workshop（研讨会）、交流和联合审查〕。

3. 协同流程

按照 ISO 9000 的定义，协同流程是："一组相互关联或相互影响的活动，利用输入来实现一个预期的结果"。在 BEP 中设计和制定一套较为完整的流程，用于描述整个信息交换的过程（流程开始的起始条件、连续的流程步骤以及流程成功结束或终止的条件）、内容、形式以及参与者之间的协同关系（包括参与者的任务和角色）。CDE 为专业协同和信息交换提供必要的数据环境，同时需要配套流程去组织整个业务过程，推进落实协同策略。流程可以分解为标准化的子流程，作为流程的组件，以便更好地进行结构化和可重复使用。

本书将协同流程分为两类，一类是针对专业协同的信息交换流程，一类是针对 BIM 应用点的信息交换流程，前者趋向设计业务本身，以及数据的传递，而后者更侧重于模型应用，以及数据的重复利用。本书只提供了定义流程的通用方法。

（1）针对专业协同的信息交换流程

专业协同工作的关键是专业间的相互提资，即上下游专业之间的信息交换。结合 BIM 手段和 CDE 通用数据环境针对传统协作流程进行数字化再造，以专业模型搭建顺序为基础，通过过程协同的整体规划、界面划分，包括本专业设计内容及上下游专业提资要求，设定出信息交换流程。在流程中明确信息交换的阶段、频率和方式，保证各专业团队之间高频次的信息交换。ISO 19650-4：2022 标准第四条中给出了用于专业协同的信息交换流程图的通用架构，如图 4.9 所示。

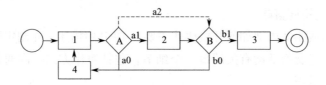

图 4.9　用于专业协同的信息交换流程图的通用架构

注：标号 1 代表正在进行中的工作状态；标号 2 代表共享状态；标号 3 代表发布状态；
标号 4 代表实施修改/变更；标号 A 代表决策 A，包括批准共享（a1）、发起变更（a0）或跨过共享状态（a2）；
标号 B 代表决策 B，包括授权和接受发布（b1）或发起变更（b0）。

在本节中，已经详细地介绍了标号 1、2、3 的内容，但是没有涉及修改/变更子流程。众所周知，工程设计不可能"一次把事情做好"，过程中总是存在各种变化，各专业会处在不同的技术状态，一些设计输入条件的改变会导致变更出现。如图 4.9 所示，在决策 A 和决策 B 中发现的问题和风险可能需要采取行动发起修改或变更子流程。大部分项目会制定符合项目管理要求的变更管理方案，方案中关于变更管理流程的描述会更加具体翔实，但主要步骤包括：

（a）识别问题和风险：信息审核员在审查信息时识别与信息交换目的相关的问题和风险。

（b）分配问题和风险：信息审核员需将所有识别的问题和风险记录下来，以便向责任方反馈并要求采取修正措施。有些问题或风险可以直接分配给责任方，但有些问题涉及相关方较多存在接口问题，需要组织联合审查。

（c）实施修改或变更：在 WIP 工作进展状态下实施必要的修改或变更行动。

读者在编制 BEP 文件时，可参考 ISO 19650 系列标准介绍的通用 CDE 流程架构，以及基于该架构开发的信息交换流程所制定的适用于自身项目的用于专业协同的信息交互流程（图 4.10）。需强调的是，编制此节内容需要项目管理团队的配合，向后者提交设计管理方案、变更管理方案、技术状态管理方案、接口管理方案等，以确定协同流程中涉及的细节内容，包括不同数据空间之间的数据签出口怎么设置符合项目要求的审核流程，变更流程怎么发起、如何落实，模型技术状态的管理如何确保下游专业从上游专业引用参照的设计成果是最新冻结的。当然，在项目前期阶段大概率不存在这些方案输入，所以在前几版的 BEP 文件中不会对此节内容做强制要求，只需给出 High-Level（高级）层级的协同流程，但在设计工作正式开展前的那版 BEP 升级文件中要包括详细的专业协同信息交换流程。

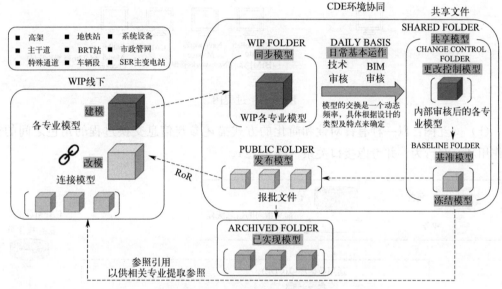

图 4.10  ISO19650 系列标准介绍的通用 CDE 流程架构
注：RoR——Ruby on Rails，一个用于编写网络应用程序的软件包。

（2）针对 BIM 应用点的信息交换流程

一旦项目确定了项目的 BIM 应用点，团队需要绘制实施流程图，实现信息交换的流程映射。如果一个 Model 应用点要求在项目生命周期内的不同时间段执行，或者同一阶段执行的 Model 应用点之间存在信息交换，需要在图中明确表示出来。

从专业的角度，需要通过专业方法（例如，UML 方法）对 BIM 应用点实施流程进行建模，捕捉一个业务流程中的活动、决策责任、控制和数据流。一个完整的业务流程模型包括过程图（Process Maps）、交互图（Interaction Maps）和事务图（Transaction Maps）。上述三种图是有序化和数字化 BIM 信息交换过程管理的基础。在特定的业务背景下，使用上述方法可能是非常合适的：流程图可以用来说明在交互图中确定的事务的细节，而交互图可以用来严格解释流程图中定义的信息事务，事务图可以用来描述交互图的接口通信协议细节。

（a）过程图：是指以精确的可视化的方式描述流程步骤的时间逻辑顺序以及它们之间的联系，通常使用 BPMN（业务流程建模符号）方法绘制过程图（图 4.11）。

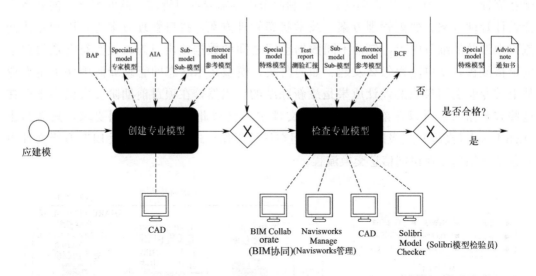

图 4.11　过程图

（b）交互图：以一种有针对性和简化的方式描述参与信息交换过程的角色之间的相互作用和交互行为，并考虑接口关系（图 4.12）。

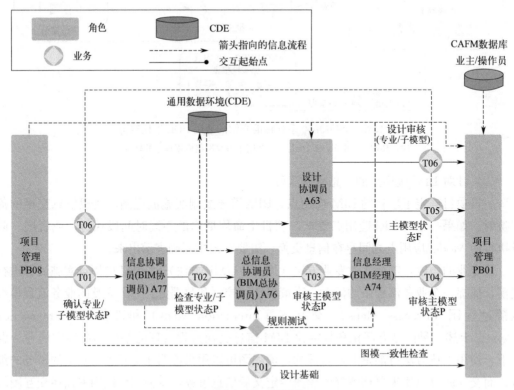

图 4.12　交互图

（c）事务图：确保商定的通信协议能够被执行，保证信息交换的目的顺利实现。事务图包含了交互的相关角色以及导致事务特定结果的预定义动作。一个事务包含一组为特定目的而交换的消息，事务还规定了参与的角色、生命周期中的时间点，以及信息传递的顺序，有一个明确定义的开始和一个明确定义的结束（图 4.13）。在 BIM 语境中，大多数事务都可以理解为信息交换动作。在 BIM 信息交换过程中，一个事务导致一个预定义的信息交换。在 CDE 环境里实现事务图定义的流程，可对交付活动进行编排、监控和追溯。

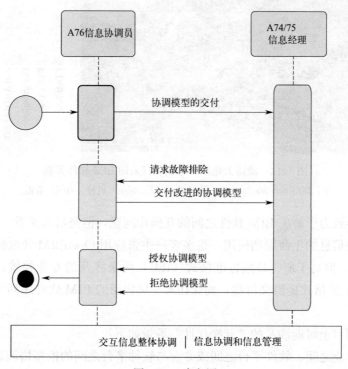

图 4.13　事务图

#### 4. 信息交换方式

协作成功的关键取决于不同项目团队之间沟通、交换、更新和使用数据的能力，这就要求数据具有互操作性。本质上"互操作性"是指软件交换和使用 BIM 数据的能力。虽然来自同一供应商的不同软件可能能够相互"交流"，但在实际项目中会使用多个供应商的产品，它们之间的"互操作性"会成为制约信息交换的重要因素。例如，波哥大地铁一号线项目，由于专业特点，项目所采用的 BIM 软件工具种类比较多样，例如，轨道专业使用 Bentley Rail Track（三维铁路设计软件），市政专业使用 Autodesk Civil 3D（绘图软件），结构与建筑和机电专业使用 Revit 为主，车辆专业使用 PTC Cero（CAD 设计软件包），另外工程测量和现状数据多为 GIS 格式，采用 ArcGIS 软件（图 4.14），并且在实际设计工作中，要求 BIM 软件和计算软件之间实现数据交换，以快速迭代设计模型。因为有很多本地格式，不能在软件之间直接传输，也不能直接用于协调，所以"互操作性"问题非常突出。

在其他行业领域（例如，互联网和制造业），已经开发出比较成熟的、统一的、开放的数据标准格式和交换协议，互操作性问题已经得到了很好的解决，这使得设备、服务和应用能够在一个广泛而分散的网络中共同工作。虽然 AEC 行业也有例如 buildingSMART

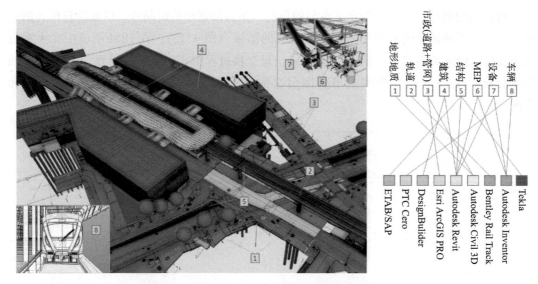

图 4.14 波哥大地铁一号线项目采用 BIM 软件类别

注：MEP——Mechanical，Electrical，Plumbing，机械、电气、管道。

的国际标准协会致力于解决 BIM 软件之间的互操作问题，但是目前来看，依然任重道远。

为确保模型信息的生命周期使用，很多客户主张应用 OpenBIM 开放标准格式交换信息，例如，IFC。但对于那些开放标准格式（IFC）尚未涉及的专业领域，应按双方同意并在 BEP 中指定的格式提供交付物，确保在某一供应商的 BIM 软件序列外能够继续使用模型信息。

（1）工程项目上可能涉及的"互操作性"场景如下：

（a）不同专业之间、软件平台之间或专业与软件平台之间的模型协调；

（b）演示文稿、信息图表和视频；

（c）建模和结构计算软件之间的互操作性；

（d）不同计算程序之间的交叉互用性；

（e）建模和结构设计程序之间的互操作性；

（f）工程算量和造价计算；

（g）BIM 建模和 4D 进度软件之间的互操作性；

（h）BIM 建模和 5D 成本计算软件之间的互操作性；

（i）BIM 建模和 FM 软件平台之间的互操作性；

（g）其他模拟计算，例如，建筑性能分析；

（k）与数据库相关的互操作性。

要实现上述应用场景的"互操作性"，需要对行业常用软件平台、常见数据格式有较为全面的了解，必须在不同的信息流、数据源之间保证稳健的连接性和控制性。在进行 BIM 软件平台选型时，要充分考虑建模工具与用模软件平台之间的信息传递，确保信息交换的一致性。

(2) 对"互操作性"产生影响的因素涉及以下方面：

使用的 BIM 软件：Autodesk（欧特克）系列、Bentley（奔特力）系列、Dassault（达索）系列、Nemechek（内梅切克）系列、Trimble（天宝）系列等，一般来源于不同供应商的软件平台之间的原生文件格式交换会存在问题。

(a) 交付物的类型：除了要求交付原生文件格式外，要求针对同一数据源输出不同类型的交付物，例如，要求提交第三方中间格式 dwg、xls、ifc 等。

(b) CDE 或信息交换平台：内部网络、FTP、Cloud Server（云服务器）和 Revit 服务器。

(c) BEP 的执行情况：按照既定的 LOD 标准构建模型，按照约定的程序审核交付模型。

(d) BIM 经理及团队的能力经验：其在系统集成和软件平台互联方面的专业能力，能够基于开放的 API 接口进行二次开发。

(3) 数据的"交互"方式可以分为：

(a) 单向：与源文件没有联系。在项目中，信息以要求的格式单向导入或导出，如果原始文件有变化，必须重新导入或导出。

(b) 双向：程序之间存在着关系，一般是通过元素的标识 ID 的映射，实现对象的可追溯性。信息可以在任何一个程序中更新，但仍需一个导入导出过程。

(c) 不可编辑：信息以图像、pdf、dwf 类型的格式打印出来，不支持原生编辑，或以不可修改的模型格式〔如 Navisworks（可视化和仿真）〕导出。

(d) 链接：与源文件保持链接的文件类型。

(e) 集成：两个程序之间建立了内部数据库链接，保持数据变化的即时同步。

我们可以将数据交换方式总结为以下几类：基于文件的数据交换和非基于文件的数据交换，后者又分为两种：基于 API 的数据交换和基于数据库的数据交换。

1) 基于文件的数据交换

基于文件的数据交换是一种通过模型文件交换数据的方法，使用专有交换格式或公开开放的标准格式，是目前最普遍的数据交换方式。这种方法涉及在系统或用户之间共享整个文件，通常采用文档或其他数据文件（例如，BIM 模型、CAD 文件、电子表格）的形式。接收系统或用户必须读取、处理和写入整个文件，即使只需要一小部分数据。上下游软件平台对文件格式的兼容性是基于文件交换方式的决定性因素。在工程领域有许多类型的数据交换文件，包括图像或光栅、二维矢量、三维表面（例如，数字地形、Digital Terrain Model，DTM）、三维对象、BIM、GIS 和 XML，组成这些文件的数据模型有很大的不同，因此，在 BEP 中为每一种预期的数据用途选择最合适的文件格式至关重要。

文件交换格式分为专有格式和公开开放的标准格式。专有交换格式是由商业组织开发的用于与该公司的应用程序交互的模式，例如，Autodesk RVT 和 DXF、Bentley DGN 等，专有交换格式一般商业保密。公开开放的标准格式一般由国际或行业非商业组织制定、开发和维护，AEC 行业最著名的国际标准组织是 buildingSMART，它一直是 open-BIM 的倡导者，领导行业发展 IFC 数据标准体系。两个主要的建筑产品数据模型分别是工业基础类（IFC）ISO 16739，用于建筑规划、设计、施工和管理；以及 CIMsteel（建筑钢结构计算机集成制造）集成标准 CIS/2，用于钢结构工程和制造。除了 IFC 和 CIS/

2，许多基于 XML 的数据模型，如 Green Building XML（gbXML，绿色建筑可扩展标记语言）和 OGC OpenGIS（开放的地理数据互操作规范）也已投入使用。

公开开放的标准格式除了大名鼎鼎的 IFC 外，还有广泛应用于 BIM 模型协调的 BCF（BIM Collaboration Format，BIM 协作格式），格式由 Tekla 和 Solibri 开发，后来被 buildingSMART 采用和推广。BCF 主要用于定义 BIM 模型的视图以及与视图中特定对象相关的碰撞和问题（Issue）的相关信息。BCF 文件格式允许用户使用不同 BIM 软件及不同专业就项目问题进行协作。使用 BCF 格式来协调模型信息是对 OpenBIM 方法理念的重要实践。大多数主要的 BIM 建模平台都支持与 BCF 的某些集成，通常使用 BCF 服务器供应商提供的插件。尽管 BCF 最初被设想为一个数据文件，但行业内的软件厂商已经基于 BCF 数据框架发展出许多使用 BCF API 中描述的基于服务器的协作工作流，朝着开源的 Web 服务方向发展。

基于文件的数据交换方式被认为是最直接的方式，它的缺点在于其单向文件传输方式和无法在对象级别进行操作。

2）基于 API 的数据交换

当行业公开的数据模型不够成熟，无法支持两个程序之间的数据交换时，可以通过应用程序接口（API）在两个程序之间开发导入、导出插件以建立链接。最简单的做法是在两个程序之间编写一个临时文件用于数据交换，但一些程序可能要求实现程序间的数据调用，以及能够实时交换数据。这些 API 接口一方面保证应用程序中的 BIM 数据可以进行操作，例如，创建、导出、修改、审查或删除，另一方面为应用程序提供数据导入和调整的能力。程序所支持的交换功能的实现程度是由软件供应商双方（或同一公司内的不同产品部门）决定的，它们确定了交换协议和某些交互用例。如果要实现跨供应商产品体系的数据交换，需要行业级的 BIM 标准定义的 BIM Use 用例支撑，包括 BIM 信息模型交换所需要的用例说明，这是软件供应商之间开发、调试和维护应用程序接口（API）的重要基础，否则一个软件供应商想要与某家供应商的多个软件或多个供应商的产品实现基于链接方式的数据交换，需要做大量重复工作。

Web 程序之间通常依赖于非基于文件的数据交换方法，例如，通过 REST API 构建数据交换服务，这种方式也被称为基于云的数据交换方式，它以高效、低成本、动态实时、按需访问而著称，允许更精细、灵活和高效的数据访问和操作，但是也面临着缺乏开放的云数据标准的问题，以及较多的组织和法律问题，例如，隐私、信息安全、数据所有权以及缺乏足够的 IT 技术支持。为了使云服务实现互操作性，能够跨平台交换和集成数据，一般涉及四个关键技术内容，即 API、数据格式、数据传输协议和标准化。云服务供应商都将云计算与一组自定义的惯例、数据格式和应用程序编程接口（API）打包起来形成供用户调用的 Web 服务。API 使 Web 程序能够请求和接收特定的数据片段，而不是整个文件，这可以显著提高性能并减少系统之间传输的数据量。

在这种方法中，系统使用 API 实现相互通信，这允许它们请求和接收特定的数据元素或数据子集。API 可实现更高效、更准确的数据通信，因为它们不需要读取、处理和写入整个文件，但是也面临着开放性问题。

3）基于数据库的数据交换

虽然基于文件的交换促进了成对的应用程序之间的数据交换，但越来越需要通过数据服务器和数据库管理系统来协调多个应用程序中的数据。应用程序和 DBMS 之间的交互通常由特定的查询语言或协议促进，例如，关系数据库的 SQL 或非关系数据库的专用查询语言。应用程序发送查询或命令来请求、插入、更新或删除特定数据片段，而不是交换整个文件。

在此方法中，应用程序可以更直接地访问 DBMS 的底层数据结构和存储机制。这要求应用程序对数据源、其架构以及用于与其交互的查询语言有更多的了解，然而这也会带来很大的安全性问题和开放性问题。一般商业软件平台不会直接开放自己的底层数据库给用户。

**5. BIM 会议**

会议沟通这种非常传统的方式永远是不可替代的协同工具和交换信息的方式，在很多国家的沟通文化里都喜欢"当面把话说清楚"。项目上虽然会议很多，但并不是总能达到会议的沟通目的，有些会议持续时间很长，但关键信息并不多，会上无休止的讨论、不相关的话题以及参会者的毫无准备，会让这种形式的信息交换效果大打折扣。在 BIM 的方法体系里，有很多配合协作流程的不同会议。

1）BIM kick off meeting（BIM 启动会）

邀请所有相关方参会，以确定 BEP 结构、BIM 交付成果、项目使用的标准以及符合信息交付要求的交付流程等内容。这些内容被确定后，主交付团队将与各任务团队举行 BIM 启动会议来告知他们如何在项目中使用 BIM 方法。

2）BIM strategy meeting（BIM 策略会）

将在项目管理团队、交付团队和任务团队之间举行，联合审查并闭合 BEP。在这个会议中，主交付团队将指导各方如何启动 BIM 工作与实施 BIM 要求，指导工作团队如何完成 BIM 文件（如 MPDT、TIDP），并建立各专业在设计阶段的内部工作流程。

3）BIM internal and external follow-up meeting（BIM 内部及外部进展会议）

该会议的目的是确保相关交付成果已被验证和内部批准，并检查所需的流程和资源是否到位以便开展后续阶段要求的交付。

4）Integrated Concurrent Engineering（ICE）meeting〔集成并行工程（ICE）会议〕

将讨论设计干扰和解决方案，会议将由项目交付经理、BIM 协调员和 BIM 经理共同主持，各相关方 BIM 负责人、设计师、专业负责人和项目经理参加会议。

除了 BIM 会议，其他项目管理方案中安排的会议也很重要，这些会议与项目 BIM 实施直接相关，一般由接口管理经理主持。

5）接口审查会议

项目管理人员会评估每个工作包的接口状态，包括识别、处理和关闭等状态，这些接口已经在接口控制矩阵中注册。通过这种方式，建立了一个早期预警流程，对需要重点关注的工作包给予及时关注。BIM 任务团队要基于接口控制矩阵，确认建模范围。

6）设计提资协调会议

BIM 团队与项目管理团队一起在会上梳理包含过去两周提交或收到的 RFI 提资清单，以及之前就在 RFI 注册表里登记的 RFI。RFI 的状态、责任人和后续行动被记录在注册表里。提资协调会议的目的是保证 RFI 得到及时执行，及时识别分析所有延迟响应的 RFI，并对接近截止日期的 RFI 管理制定行动计划。

在编制 BEP 时，上述提及的会议将与整个项目的合同里程碑进行映射，确定各类会议举行的频率。所有会议必须有会议纪要，会议纪要需如实记录讨论事项、作出的承诺以及需要审核或审查的问题。这些会议随着项目的推进，将陆续邀请项目的建设者和运营者参与讨论。

### 4.1.7 信息管理

**1. 分类编码体系**

在现实生活中，分类帮助我们认知、过滤、理解和发现事物，在实际 BIM 工作中，会存在大量的信息检索、过滤和信息交换业务场景，需要借助分类编码去组织信息。尽管在 BIM 软件和 BIM 数据标准的数据架构图里，都有特定的 BIM 模型数据结构，并且每个 BIM 对象在软件中都有唯一的标识符 GUID，用于在数据环境中识别和分类对象，但是依旧需要不同的分类编码从不同层级、不同维度来归类、标识、跟踪、记录模型对象，实现对象的全生命期数据管理及应用。

分类本质上是关于如何组织某个领域的知识并能够检索重要信息。统一、严谨、科学的分类编码体系，让信息交换的过程更为通畅。

采用行业公认通用的分类系统对 BIM 对象进行分类基本属于 BEP 的常规操作，一方面项目各参建方互相都比较熟悉，容易达成共识，这一点非常有助于各方清晰地传达意图，并减少误解、冲突和资源浪费的发生；另一方面它是连接行业规范和技术规格书的重要纽带，每个国家都有自己的（有时是多个）分类系统，其功能也各不相同。由于这些分类编码系统诞生的年代较为久远，大多是在没有考虑 BIM 的情况下开发的，许多系统的作用超出了 BIM 对象分类的范围。在 BIM 中较为常见的分类编码系统有：MasterFormat、UniFormat、Uniclass 2015、OmniClass 等，在本书中有章节对其进行了详细介绍，此处不再赘述。

波哥大地铁一号线项目采用的分类编码体系竖向由三个主体层级组成：文件级、对象级（构件/族）、类型级，横向 BIM 对象层级沿用项目 WBS 结构，细分为专业、系统、子系统、构件/设备、零部件（非针对所有专业强制要求，编码止于构件/设备类型层级），波哥大地铁一号线项目采用的分类编码体系如图 4.15 所示。

针对某些海外总承包项目，本书建议在组织人员编制 BEP 时，要对 Uniclass 2015 和 OmniClass 两种分类编码体系在项目的适用性及其具备的专业指导性进行系统研究，再做应用决策。例如，OmniClass 表 49 是行业内为数不多对 BIM 对象属性信息进行了详细分类的标准，并且涵盖了建设运营建筑信息交换（COBie）所需的信息，便于项目竣工阶段的数据交付，但是不一定适合所有工程类型。针对 BIM 对象身份标识的分类，建议按项目设计阶段参考 OmniClass 和 Uniclass 2015 不同的子表，以 Uniclass 2015 为例，在方案研究阶段主要使用 SL-Spaces/Locations、EF-Elements/Functions 子表，技术设计阶段采用 Pr-Products、Ss-Systems 以及 Ac-Activities 子表。

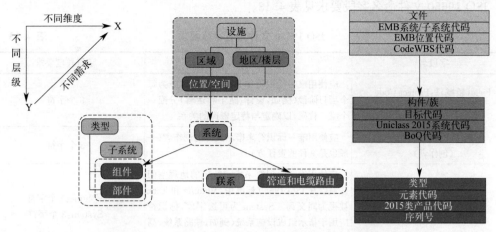

图 4.15 波哥大地铁一号线项目采用的分类编码体系

## 2. 命名规则

### 1）文件命名

每个项目对文件的命名规则要求各不相同，一般业主会制定和发布文件编码的规则和要求，承包商对其进行响应即可。如果项目有义务制定文件命名规则，可参考 ISO 19650-2：2018 标准相关建议。注意，在进行该标准参照时，标准术语 Information Containers 可以指代为文件，Information Containers ID 就是文件命名或编码。满足 ISO 19650 要求的文件命名一般由 7 个标准字段加下划线组成，ISO 19650 文件命名方式要求见表 4.12。

表 4.12 ISO 19650 文件命名方式要求

| 最大字符数<br>(Max. Chars) | 领域 1(Field 1) | | 领域 2<br>(Field 2) | | 领域 3<br>(Field 3) | | 领域 4<br>(Field 4) | |
|---|---|---|---|---|---|---|---|---|
| | 项目代码<br>(Project Code) | — | 创作者<br>(Originator) | — | 区位<br>(Volume) | （系统）<br>(System) | 位置<br>(Location) | （子位置）<br>(Sub-Location) |
| 主字段(Main Field) | 8 | | 3 | | — | | 4 | |
| （可选子字段）<br>(Optional Sub-Field) | | | | | | | | 2 |
| 最大字符数<br>(Max. Chars) | 领域 5<br>(Field 5) | | 领域 6<br>(Field 6) | | 领域 7<br>(Field 7) | | 总字符数<br>(Total Chars) | |
| | 专业<br>(Discipline) | （子专业）<br>(Sub-discipline) | 类型<br>(Type) | （特征）<br>(Characteristic) | 序列号<br>(Sequential Number) | | | |
| 主字段(Main Field) | 2 | | 2 | | — | | 27 | |
| （可选子字段）<br>(Optional Sub-Field) | | 2 | | — | | | 16 | |
| 主字段和可选子字段(包括分隔符)的总字符数＝<br>(Total chars for main field and optional sub-fields including delimiters ＝) | | | | | | | 43 | |

ISO 19650 文件命名字段要求见表 4.13。

**ISO 19650 文件命名字段要求** 表 4.13

| 字段名 | 字段要求 | 字符长度要求 |
|---|---|---|
| Field(领域)1:Project Code（项目代码） | 应使用唯一标识符作为项目代码。应为每个项目阶段(例如,设计、施工和运营)分配一个唯一代码,以确定与特定资产的关系 | 8 个字符 |
| Field 2:Originator（创作者） | 应使用唯一标识符来指示文件的创作者(一般也是文件的责任方) | 3 个字符 |
| Field 3:Volume(区位)/(System)(系统) | 应使用唯一标识符来指示特定的地理空间区域。在 ISO 19650 标准中,Volume 和 Zone 被视为同义词。System 为可选字段,标识符应用于指示组成设施系统(例如,铁路系统、高速公路等)的各专业模型元素的集合 | Volume:3 个字符<br>System:3 个字符 |
| Field 4:Location(位置)/(Sub-location)(子位置) | 应使用标识符来指示特定位置(例如,特定桩号、建筑代码),以进行地理空间协调和未来资产管理。子位置为可选字段,使用标识符来指示同一位置内的子位置(例如,楼层),该字段的值不应与 Location 的值重复 | Location:4 个字符<br>Sub-location:2 个字符 |
| Field 5:Discipline(专业)/(Sub-discipline)(子专业) | 应为每个专业定义一个标识符,必要情况下也应为每个子专业指定标识符 | Discipline:2 个字符<br>Sub-discipline:2 个字符 |
| Field 6:Type(类型)/(Characteristic)(特征) | 应使用标识符来指示容器内保存的信息类型。类型不限于 BIM 模型。特征为可选字段,使用标识符来指示模型的特征 | Type:2 个字符<br>Characteristic:1 个字符 |
| Sub-Field 7:Sequential Number（序列号） | 当需要进一步区分文件时,应分配序列号 | 3 个字符 |

2) 构件/族命名

每个项目的构件/族命名结构会存在一定的差异性,也没有通用标准化的结构来统一规范命名。本书以波哥大项目为例,针对 Revit 族和 Civil 3D 构件对象的命名结构进行介绍：

Revit 族命名由 3 部分字段组成：专业缩写、Revit 类别缩写、族英文全称,族类型的命名是在上述 3 个字段基础上添加关键的描述字段,字段之间用下划线进行分割,第 3 级字段族全称如果超过一个单词,单词之间用连接符；同样,如果第 4 级特征描述字段超过一个特征,特征之间用连接符,要求最多不超过 3 个关键特征描述。族命名示例如下所示：

DISCIPLINE _ CATEGORY _ FAMILY _ DESCRIPTION

族：ARC _ WAL _ MASONRY；

族类型：ARC _ WAL _ MASONRY _ 20cm。

Civil 3D 不区分族与族类型,由专业缩写、类型、子类型、描述字段 4 部分构成。子类型要求使用英文全称。

DISCIPLINE _ TYPE _ SUBTYPE _ DESCRIPTION

Civil 3D 构件对象：DRU_SUP_MANHOLE_CS280。

构件/族命名中不准出现的特殊字符：空格、""、;、:、/、?、\、|、!、@、#、$、%、`、&、*、<>、[]、{} 等，这些特殊字符会给下游软件和数据库中的操作带来困扰，应尽量避免使用。

除了文件命名和 BIM 族构件命名外，BEP 中也应对 CAD 图层、BIM 构件属性、材质、设计协作的工作集的命名给出规则要求。

### 3. 模型拆分整合与协调

1) 拆分合模策略

在国外项目的 BEP 文件或 BIM 指南中，将此章节称为 Federation Strategy（信息整合策略）或 Model Division（模型划分），虽然在叫法上存在差异，会让初次接触 BEP 的读者产生误解，但本质上都是为了更有效地管理 BIM 模型，定义模型的分解结构。与项目管理常见的 WBS 工作分解结构类似，在项目前期需要根据项目特征定义一种信息的分解结构，通过这种方法识别要在项目或资产生命周期中使用的可管理的信息单元。在项目实施过程中，信息和信息的载体（模型）不断地被进一步拆分和组合，以适应不同的信息需求。项目设计阶段，各专业之间频繁引用参照或将与本专业相关的模型整合在一起以检查接口，这其实就是执行合模策略的业务场景。

在定义模型的分解结构 MBS（Model Breakdown Structure）时，需要考虑的项目特征和技术因素包括：合同界面；专业；空间结构（例如，项目区段划分、单项单位工程、主体与附属建筑、楼层等）；系统/子系统；设计/施工接口；模型文件体量限制；交付策略；工作包（设计 WBS 和施工 WBS 的最小可管理单元）；访问效率与访问限制；软件解决方案；信息交换；标准的建模方法（SMP）；安全性。

实际工作中，不可能通过创建极少数的大型模型文件以囊括所有专业模型的细节，这样粗粒度的划分方式虽然降低了合模的工作量但并不合乎逻辑，不同的整合模型对应不同的模型应用，不同的用户有不同的信息需求，整合过多无用的信息只会降低使用者的工作效率和软件平台的运行效率。在制定模型拆分合模策略时，总承包方的 BIM Manager（BIM 经理）要充分与各交付团队的 BIM Coordinator（BIM 协调员）和任务团队的专业负责人进行沟通，避免拆分得过细或过于粗略，本书建议的经验方法是：尽量根据项目 WBS 和各专业的协同流程去拆分。

模型拆分的结果，会直接反映在模型文件命名中，以及间接反映在 MIDP、TIDP 等文件中。

2) 模型协调

设计过程中，各专业频繁参照其他专业的共享模型进行调整。在制定模型的整合拆分策略时，要重点考虑模型协调的要求。协调模型由各专业模型组成，它是为了保证整个交付物的质量而建立的，避免专业接口问题在没有得到及时解决的情况下传递到下游或下个项目阶段，造成不必要的返工。任何与模型协调的详细信息，比如单位、模型精度、坐标系、项目基点、坐标原点、结构标高与建筑标高之间的差异等，应完整记录在 BIM 执行计划（BEP）中，并根据规定的基准进行协调。协调过程中，要注意模型所有权的变化

（例如，建筑结构专业之间墙板权限的变化，建筑结构专业向下游机电专业开放和回收墙板权限），在这种情况下，相关方应在总包方的组织下召开协调会议讨论并对模型权限进行重新分配，各方要根据项目协调计划表保持定期沟通和跟踪。每个专业都应意识到，参照使用模型是从上游专业设计者的角度产生的，可能不会考虑下游的协调需求，所以在 BEP 中约定标准的建模原则（SMP，Standards，Methods and Procedures）和协调流程非常重要。牵头专业（例如，建筑专业）会开发"初始模型"，定义模型协调架构包括定义项目原点、轴网标高、配置坐标系等，初始模型定义完成后需要共享给各个专业，然后各专业根据需要引用模型开展设计工作。BIM 团队还需要协调专业团队包括接口管理团队和设计团队制定 BIM 协调矩阵，以及需重点协调的专业和工程部位。矩阵中的每个单元格表示两个不同专业或工程部位之间的交互，并且根据所需的协调优先级对它们进行编码，BIM 协调矩阵（以建筑结构专业为例）见表 4.14。

**BIM 协调矩阵（以建筑结构专业为例）** 表 4.14

| 建筑结构 BIM 协调矩阵 | | | ARC-010 天花板 | ARC-020 幕墙 | ARC-030 门 | ARC-040 通风口 | ARC-050 地板 | ARC-060 楼梯 | ARC-070 墙 | SVI-010 U梁 | SVI-020 平台 | MEC-010 扶梯 | MEC-020 电梯 | STR-010 楼板 |
|---|---|---|---|---|---|---|---|---|---|---|---|---|---|---|
| 专业 | 集合 | 描述 | | | | | | | | | | | | |
| ARC | ARC-010 | 天花板 | 0 | | | | | | | | | | | |
| ARC | ARC-020 | 幕墙 | | 0 | | | | | | | | | | |
| ARC | ARC-030 | 门 | | | 0 | | | | | | | | | |
| ARC | ARC-040 | 通风口 | | | | 0 | | | | | | | | |
| ARC | ARC-050 | 地板 | | | | | 0 | | | | | | | |
| ARC | ARC-060 | 楼梯 | | | L | | | 0 | | | | | | |
| ARC | ARC-070 | 墙 | L | | | | | | 0 | | | | | |
| SVI | SVI-010 | U 梁 | | | | | | | | 0 | | | | |
| SVI | SVI-020 | 平台 | | | | | | | | H | 0 | | | |
| MEC | MEC-010 | 扶梯 | | | | | | | | | | H | 0 | |
| MEC | MEC-020 | 电梯 | | | | | | | | | | | H | 0 |
| STR | STR-010 | 楼板 | | L | | | | | | | | | | 0 |

BIM 团队需要配合专业团队按照协调流程和协调模型检查专业一致性，当发现不一致时，必须责令相关方限期对其进行纠正。模型协调要落实模型拆分合模策略，明确责任，工作成果中要提供必要的能够指导下一步工作的数据（例如，接口问题的位置、改进措施、时间、紧迫性等）。

模型协调流程如图 4.16 所示。

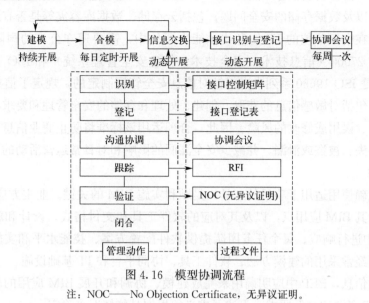

图 4.16 模型协调流程

注：NOC——No Objection Certificate，无异议证明。

**4. Existing Legacy Data（现有遗留数据）数据迁移**

根据 Business Dictionary（商业词典）的说法，遗留数据是"以旧的或过时的格式或计算机系统存储的信息"，因此难以访问或处理，但在 BIM 语境下，是专指由业主方移交的与项目有关的历史数据，例如，项目红线范围内的地勘数据、地下管网、地面建筑物、地下结构物等。数据迁移指"将业主准备移交的数据从源系统传输到接收方的目标系统的过程"。数据迁移的一般方式为：物理拷贝业主移交的数据文件，通过安全的 USB 或 SFTP（Secure File Transfer Protocol，安全文件传输协议）将数据上传到接收方的新系统。

本书建议在编制 BEP 时，将现状遗留数据迁移文件清单作为 BEP 附件，并在 CDE 文件夹结构配置中指定存放该类数据的路径。

当项目进入交竣工阶段，大量项目数据会转变为 Existing Legacy Data，对该数据享有最终所有权的一方需要制定方案，将数据从 CDE 迁移到自己的内部系统。如果大量数据存储在采用了公有云服务的网络平台上，可能额外需要采购供应商的数据迁移服务，例如，海外工程项目大范围使用的 Aconex 平台，在项目后期如果需要迁移数据，并且在当初的采购合同中没有明确相关费用，可能要支付一笔不菲的费用给平台供应商。以此为例，需要提醒的是承包商在传统报价中往往容易忽略与 IT 相关的费用，而随着工程项目信息化、数字化程度的不断提高，这块费用的投入比例也会越来越高。建议承包商在投标时，能够咨询专业人士识别出潜在的风险和估算出较为精准的费用投入。

**5. 信息安全**

BIM 执行计划（BEP）需要对业主方的信息安全要求进行响应，避免信息安全问题对项目履约产生影响。按照 ISO 19650 标准的要求，潜在中标单位需要证明自己有能力确保项目实施过程中的信息安全，以及办公场所和 IT 基础设施已采取必要的保密措施手段。与此同时，需要明确推荐采用的 BIM 软硬件和 CDE 解决方案，是否受到安全措施的约束和影响，以及数据存储的安全问题，包括云存储、数据库容灾等是否有所考虑。

在针对潜在中标单位的 IT 信息技术能力评估中，需要遵守公认的国际认证标准框架，比如 ISO 27000（信息技术—安全技术—信息安全管理系统）和 ISO 19650-5。ISO 19650-5 标准是 ISO 19650 系列中专门针对信息安全管理制定的，规定了信息安全管理的原则和要求，包括对敏感信息的获取、创建、处理和存储的安全管理和要求，有助于降低敏感信息丢失、误用或修改的风险。因此，合理运用该标准将防止商业信息、个人数据和知识产权的丢失、被盗或泄漏，并减少安全漏洞的影响和对日常运营活动的干扰。

#### 6. IT 资源

选择并正确使用适用于项目的工具，是顺利实施 BIM 的关键。业主方应在 BIM 要求范围内，明确其 BIM 应用点，以及其对应的软件工具和交付格式。设计和施工总承包方对其在 BEP 中进行响应。每个任务团队提供软件配置方案、技能水平和实施能力的评估报告，包括其经常采用的建模方法、软件工具、协同平台和 IT 基础设施。

根据上述信息，BEP 中应明确用来完成建模、协调和开展 BIM 应用的软件、硬件和网络带宽等 IT 资源的最低要求。上述要求必须根据具体情况来确定。

对软硬件及 IT 基础设施的要求包括：软件及版本；信息交换的格式；硬件的规格；IT 软硬件设施的升级管理；数据安全及备份措施；CDE 平台的规格等。

采用个人计算机终端运算、本地服务器集中存储的硬件基础架构在当前较为成熟，在个人计算机终端中直接运行 BIM 软件，完成 BIM 的建模、分析及计算等工作；通过网络将 BIM 模型集中存储在企业数据服务器中，实现基于 BIM 模型的数据共享与协同工作。架构方式技术相对成熟、可控性较强，在企业现有的硬件资源组织及管理方式的基础上部署，实现方式相对简单，可迅速进入 BIM 实施过程，是 BIM 应用过程中的主流硬件基础架构。但架构对硬件资源的分配相对固定，不能充分利用企业硬件资源，存在资源浪费的问题。本地数据服务器用于实现企业 BIM 资源的集中存储与共享。集中数据服务器及配套设施一般由数据服务器、存储设备等主设备，以及安全保障、无故障运行、灾备等辅助设备组成。企业在选择集中数据服务器及配套设施时，应根据需求进行综合规划，包括：数据存储容量要求、并发用户数量要求、实际业务中人员的使用频率、数据吞吐能力、系统安全性、运行稳定性等。在明确规划以后，可据此（或借助系统集成商的服务能力）提出具体设备类型、参数指标及实施方案。云服务器是一个整体的 IT 解决方案，应用程序可通过网络从云端按需获取所需的计算资源及服务。对大型企业而言，这种方式能够充分整合原有的计算资源，降低企业新的硬件资源投入、节约资金、减少浪费。随着云计算应用的快速普及，必将实现对 BIM 应用的良好支持，成为企业在 BIM 实施中可以优化选择的 IT 基础架构。

### 4.1.8 模型生产

#### 1. 建模范围

BIM 模型建模范围通常会受到合同要求、专业深度要求、LOD 等级要求的直接影响。BEP此章主要是针对该类情形：工程项目不会要求对所有专业内容的所有细节进行三维建模，当某些特征元素更适合通过二维绘图方式表达时，可采用二维元素对模型细节进行补充。过度的建模细节要求只会徒增建模成本，项目上应尽量避免。BEP中需要制定各专业建模范围通用原则，以切分三维建模与二维绘图表达的界面。需要说明的是，在建模范围内进行专门约定的特征元素，即使模型精细度要求达到LOD400，该元素依然为二维表达。

场地建模要求能够对周边地形、土地使用情况、建筑物、道路以及其他基础设施进行表述，包括地理倾斜摄影模型、地质模型、景观模型等。设计阶段的场地元素包括地块、斜坡、道路、公共工具、城市家具、人行道、地质层等。有些项目不要求进行三维地质建模，只需提供钻孔柱状图和地质断面图。

建筑建模在每个阶段都需开展，对于建筑特征元素（墙、板、门、窗、屋顶等）应尽量创建三维模型，并在项目的每个楼层单独建模。当较小的元素没有使用三维建模时，例如，装饰条、雕花等，可以用二维线和符号来补充模型，例如，一些小于50mm的元素可不需要建模，而是直接在BIM软件制作的图纸上标注二维标准细节，以补充设计图纸细节。

结构模型元素其尺寸和位置应与结构设计图纸所要表达的信息保持完全一致，模型元素包括所有承重结构物，例如混凝土、木材和钢结构，以及非承重结构体系的构件。如果结构设计包括预制构件，需要对该构件的连接件进行详细建模。当元素小于约定的尺寸时，可使用二维图纸或标准细节来补充信息模型，例如，某些规格的柱脚螺栓。

机械、电气和管道建模时建议使用正确的工具创建特征元素（管道工程等），当元素小于约定的尺寸时，可使用二维图纸或标准细节来补充信息模型，例如小于50mm的元素（不包括管道、电线桥架、线槽和线管）不需要建模，可用带有标准注释的二维图纸进行示意。

**2. 模型类型及用途**

现行的行业标准里并没有对模型类型进行分类，指南按照之前的项目经验和模型用途将BIM模型类型分为：Existing Condition Model、Discipline Design Model、Site Layout Model、Mockup Model、BIM Coordination Model、BIM Construction Model、Construction Recording Model、BIM As-Built Model。

1）Existing Condition Model（现状模型）

对应BIM Uses：Site Capture Existing Conditions（现场捕捉现有条件），基于空间三维信息采集方法和BIM建模软件来创建项目场地（包括场地内设施或设施内特定区域）的三维现状模型。这个模型可以用各种方法生成，包括激光扫描、摄影测量或传统的测量方法。模型可能有不同的LOD等级，这取决于模型的预期用途，但需要说明一点：可能在项目刚开始业主就要求承包商提供较高LOD等级的现状模型。

2）Discipline Design Model（专业设计模型）

对应BIM Uses：Author Design（作者设计），为项目各设计专业创建BIM模型，该类模型能够充分表达各阶段的设计意图，支持生成2D图纸和提取工程量，并通过数据交换导入专业的计算软件开展建筑性能分析、结构计算分析等应用。

3）Site Layout Model（施工场地布置模型）

对应 BIM Uses：Site Utilization Planning（场地利用规划），基于设计 BIM 模型和项目场地 GIS 数据和施工场地平面布置图进行创建。对场内区域和道路进行规划，创建或整合场地地形、既有建筑设施、周边环境、施工区域、道路交通、临时设施、加工区域、材料堆场、临水临电、施工机械和安全文明施工设施等模型。

4）Mockup Model（Mockup 数字大样模型）

对应 BIM Uses：Constructive Systems Design（施工系统设计），模拟排布关键施工节点构造，制作节点三维大样模型，利用 BIM 工具对施工人员进行可视化交底及施工验收核查，保障施工质量。例如，针对首件，根据工艺方案搭建包含措施项（临时结构）的工艺样板模型。

5）BIM Coordination Model（BIM 协调模型）

对应 BIM Uses：3D Coordination（三维协调），将进行碰撞检测和接口协调的模型文件进行合模，利用该模型检查专业冲突问题和处理施工接口事项，包括作业面、物资通道、穿插工序等。

6）BIM Construction Model（BIM 施工模型）

对应 BIM Uses：Constructive Systems Design、Digital Fabrication（数字化制造）、3D Control and Planning（三维控制与规划），该模型是接收 IFC 设计阶段模型后，进行施工深化的模型，要求能够完整地体现一个具体的施工建造系统，指导现场生产和预制件的生产加工，包括施工对象安装建造的尺寸、形状、位置、数量和方向，并附有细节、制造、装配和安装信息。施工分包能够利用该模型开展虚拟建造，以验证施工可行性。

7）Construction Recording Model（施工过程记录模型）

对应 BIM Uses：3D Control and Planning，采集施工过程数据并录入施工模型，包括进度、工程量、质量、变更、材料、试验、安全等数据。用于监测、分析、管理和优化施工过程。其目的是保证按照技术规范、当地法规、安全规定和业主的要求进行施工，以及反映项目进度情况和计量支付状况。

8）BIM As-Built Model（BIM 竣工模型）

对应 BIM Uses：As-Built Modeling（竣工阶段建模），依据竣工图纸和竣工资料更新 BIM 施工模型，包括核对原有设计模型施工模型，并整合施工过程中产生的所有补录文件、获批的变更单、澄清说明、释疑请求（RFI）响应以及竣工状况等数据，形成竣工模型交付给运营方。

对上述模型分类的区别进行进一步说明：首先在施工阶段将 BIM Site Model（BIM 现场模型）细化为 Site Layout Model，更具有施工针对性，不仅是规划设计阶段的现状模型，还包括了施工场地布置设计内容。其次将 Construction Model 施工模型细化为 Mockup Model、Construction Model、Construction Recording Model 三种，一方面是考虑与施工阶段 BIM Uses 的成果对应，另一方面是为了控制建模范围和精度，避免过度建模，按照 Mockup Model 的说法（Mockup Model 会对工艺首件进行详细建模，模型精度会非常高，但建模范围会较小），并非所有 Construction Model 都要创建措施项临时工程模型和非必要的钢筋模型。Construction Model 与 Construction Recording Model 的区别主要在于一个侧重于静态数据的生产，另一个侧重于动态数据的采集。As-Built Model 相当于 Construction Model+Construction Recording Model，最后根据竣工图纸及竣工资料进行模型数据复核和模型交付运营前的统一升级。

### 3. LOD 与模型生产计划

LOD BIM 模型精度是描述模型元素中包含的最小维度、空间、数量、质量等的数据，用以区分 BIM 模型包含的信息详细程度，不同 LOD 可以应用于具有不同精度需求的项目阶段中。通过 LOD 的约束，建模过程就有标准可依，既可以保证模型包含必要的项目信息，又可以减少非必要信息的创建，达到以最低的成本和最高的质量完成 BIM 应用实施的目标。

LOD 的相关概念已经在本书第 3.4 章节介绍，此章节不再赘述概念性的内容，主要描述在 BEP 中要求相关方在模型生产中应以何种形式落实和执行 LOD 标准。建筑信息模型通常由许多不同的系统组件模型组成，这些组件模型可能由不同的设计方、承包商或供应商在不同阶段制作。BEP 文件里要对整个项目模型的生产制定计划，即模型生产和交付表（MPDT）。该表确定了每个模型的创建者以及它在项目的不同阶段应达到的详细程度（LOD）。MPDT 应能识别合同中的"指定模型"（专业模型，受合同约束的需要交付模型的专业），通常会涉及项目所有专业。MPDT 可以进一步绘制出指定模型所涵盖的各个系统/组件/实体。为了减少对模型元素理解方面的歧义，可以根据行业认可的分类方法进行编码，例如，Uniclass 2015 分类编码体系。同时 MPDT 需要识别项目阶段，以指示约定的信息交换。每个项目阶段都包含三类信息：模型发起者、几何深度（Levels of Geometry，LOG）和信息深度（Levels of Information，LOI）。这三类信息与指定模型中的系统/组件/实体相关联，因此描述了谁负责交付哪个模型组件。LOG 阐明了每个组件的几何/图形细节级别，LOI 阐明了非图形信息的级别。

因此一个完整的 MPDT 需包括模型所属专业、详细描述、项目阶段、负责专业团队以及对应采用的一系列分类编码、所用软件及输出文件格式，以及生产标准：LOD 等级。

### 4. 生产配置

模型生产配置是 BEP 对各专业任务团队开展模型生产时需要遵守的基本规则进行的约定。内容包括：模型定位，包括标高、轴网、坐标系、项目基点、单位等；视图配置，图纸、2D/3D 视图、过滤器等；中央文件及工作集划分；图形元素外观样式；标签注释；明细表配置；出图配置。

1）模型定位

正式开始数据生产前，在模型样板文件里统一配置轴网、标高、项目基点和项目原点等信息，包括使用对应的项目地理参考坐标系，各专业 BIM 模型建立均以此标准样板文件为基准。

以 Revit 为例，要准确设置项目的设计标高±0.000 对应于绝对高程的值，长度单位设置为毫米。土建（建筑和结构）工程、安装工程和钢结构工程按照设计图纸中对应坐标原点的标高设置。项目原点描述的是内部坐标 [0，0，0]，内部原点也称起始位置，绝对不会移动，创建新模型时，默认情况下项目基点和测量点均放置在内部原点上。项目基点可用于建立一个参照，用于测量距离以及进行对象定位（相对于模型）。测量点会为Revit模型提供真实世界的关联环境。在场地图纸中经常看到的大地坐标（例如，X=3319088.772，Y=508441.994）数值上有数百千米之大，而在Revit模型中的所有几何图形应该位于距模型内部原点16km的范围内。当几何图形远离模型的内部原点时，图元的图形表示的可靠性和准确性将变低。实际上，地球表面是弯曲的，距离内部原点越远，Revit显示的几何图形出现异常的可能性就越大。这需要通过测量点来建立Revit模型与真实世界关联环境的测量坐标系。选中测量点，显示的是在测量坐标系中的坐标，可以看到测量点旁边有个曲别针，表示测量点与测量坐标系关系固定，且测量点属性栏中的标识数据为灰显，不可修改。拖拽移动测量点，测量坐标系会跟着一起移动，测量点坐标不会改变，其他图形在测量坐标系中的坐标会随着变化。

2) 视图配置

在BIM建模软件中，必须在图纸编制之前检查其输出文件的完整性与准确性，并应保持视图模板在整个发布过程的一致性，调整后的视图模板必须重新应用于所有相关视图。以Revit为例，当交付模型文件时，需要清理临时视图，如果需要保留某个特殊的视图，则需在视图浏览器中进行标准化命名和描述。应注意在发布BIM模型之前，任何链接数据都是可用并可见的，发布到BIM360/ACC的视图必须是完整的，不能丢失BIM文件中使用的参考图纸和链接数据。从BIM模型导出的视图可作为CAD或其他图纸的底图，但应清楚地包含三种信息：一是仅供参考的数据；二是数据的详细来源；三是发布日期。

3) 中央文件及工作集

工作集允许多个用户通过使用中央文件和同步的本地副本，同时在一个模型文件上工作。正确地利用工作集，可以极大地提高大型多用户项目的协同效率。一个项目应被分成足够数量的工作集，以避免工作流程出现交集，这也为充分控制模型的生产效率提供了强有力的手段。如果中央文件需要提供给其他外部成员（除设计方），中央文件需要被分离，并保留工作集。将模型文件从中央处理器上分离是非常重要的；且模型的接收者与发布者在同一个网络上工作，且模型没有被分离，模型将被视为本地副本，接收者将能够更新发布者的模型。在没有充分了解限制条件的情况下，不得将复制/监测工具用于其他要素类别，如创建和更新某些没有反映在监测过程中的内容。某些构件来自链接文件，并通过复制/监测功能输入到当前项目文件中，当进行多专业合模时，这可能会影响模型的外观和数据计算，因此当发布合模文件到BIM360时需要在视图中设置类别，并关闭重复的内容。

4) 图形元素外观样式

填充图案和区域时，应使用载入默认模板的模型和草稿的默认填充模式，只有在得到设计方的批准后，才可以使用替代的填充模式。填充图案应使用软件内提供的相关工具来创建，顺序和透明度设置与实际情况相对应，以避免覆盖所需的图形信息。应用对象样式主要是为了在图形中实现正确的表达，并可以与AutoCAD中的图层进行映射。所有的Revit模型的几何图形（实体和线条）都应该有一个子类别，作为控制几何图形的可见性和外观的主要方法，包括在模型和图纸上的线条样式、宽度和颜色等。

5）标签注释

注释对象包含文本类型、尺寸类型和标签，在一套图纸中的文字格式应保持一致。注释要求清晰简洁，应考虑使用不透明的背景，以提高清晰度。当图纸被缩小后，仍可保持文字清晰。一般情况下，不要将字母直接放在线条或符号的上面。在调用阴影区域时，应使用点状的箭头，而不是封闭的填充箭头。

6）明细表配置

以 Revit 为例，它的明细表功能十分强大，不仅可以统计、计算和查看需要的信息（数量、面积、体积等），还可以通过对照明细表来对模型构件直接修改，如门窗、设备、楼梯、管道、材质等。在项目的任何阶段都可以创建明细表，项目的修改会影响明细表的统计量，而明细表会根据实际的量进行自动更新。同时在明细表中可以批量修改、更换构件属性，可直接修改为其他类型以及其他参数，例如，高度、宽度等参数。

7）出图配置

模型出图，涉及（不限于）出图流程、线型、线宽设置、填充图案设置、材质设置、符合企业标准的图层设置、剖面图、大样图、文字注释、图纸修订、图框制作、导出CAD 设置、打印设置、节点出图等相关内容。虽然利用 Revit、ArchiCAD、Tekla、Rebro 等设计软件可以直接得到符合规范的施工图纸，但需经过后期整理才能达到交付要求。一套完整的建筑施工图包括（不限于）图纸目录、建筑设计说明、工艺做法表、平面图、立面图、剖面图、详图，不同的图纸在 BIM 软件里的出图方法是不一样的。通常有三种方式：第一种是模型直接生成图纸，一般是平面图或立体图等，与模型的完整性和正确性有关；第二种是直接在 Revit 中用二维的线条来绘图，这与 CAD 类似，该方式用来解决人力无法作出详细模型的问题；第三种是直接导入已有的 CAD 图，这种方法比较简单，可以作为详图大样的补充。

在出图前需要做好以下工作：一是检查视图比例。从建模视图中复制出专门用于出图的视图，将建模视图与出图视图区分（复制好对应视图并将其打开，随后直接在实例属性栏中的"视图分类"中命名视图分类名称即可）。系统中默认的是 1∶100，打开用于出图的视图，调整好比例。二是对模型图元进行尺寸标注、注释说明。注释的选项包括尺寸标注、详图、文字、标记、颜色填充、符号等。三是图层设置。四是图纸的创建，在视图模式下选择合适的标题栏创建图纸，将相应的视图直接拖移至图纸界面区域。五是图纸布局要求。定位尺寸的标注须准确美观，模型尺寸、标高、系统类型、相关说明标注完善，局部管线复杂的地方应该有剖面图或者详图，剖面图和详图的布局要合理美观，管线基本尺寸、类型应该注明，且布局合理没有碰撞。六是导出图纸。将所有的设置保存，导出CAD 图纸，还需要在 CAD 里对局部进行调整修改，按照相关出图规范出图。

**5. 模型样板配置检查**

模型样板是任务团队为准备模型生产工作制作的标准配置模板，以提高项目的工作效率和一致性。通过定义符合企业（项目）或行业标准的软件技术设置来完成生产配置的内容。模型样板文件不是静态的，会随着 BEP 文件的更新或针对新出台的标准和工作流程对其进行不断调整和完善,但是建议最好在项目初期完成模型样板核心内容的配置,避免在项目执行过程中频繁修改。项目管理团队和交付团队需要对任务团队制作的模型样板配置要求进行检查,所以建议在 BEP 的附件中考虑放入模型样板检查清单(Model Template Checklist)。

下文以 Revit 模型样板配置要求为例,Revit 模型样板检查清单应该包括的内容见表 4.15。

**Revit 模型样板检查清单**　　　　　　　　　　　　　　　表 4.15

| 完成? | 检查项 | 审核意见 |
|---|---|---|
| \multicolumn{3}{c}{Revit 模型样板检查清单} | | |
| \multicolumn{3}{c}{通用设置} | | |
| No | 浏览器组织—视图 | |
| No | 浏览器组织—图纸 | |
| No | 浏览器组织—明细表 | |
| No | 捕捉设置 | |
| No | 项目信息 | |
| No | 项目参数 | |
| No | 共享参数 | |
| No | 全局参数 | |
| No | 项目单位 | |
| No | 族命名规定 | |
| No | 导出 IFC 设置 | |
| No | IFC 与指定参数的映射 | |
| No | Keynote(主旨)设置 | |
| No | 工作集设置 | 工作集只有在启用工作共享后才能被添加—Revit 中心/本地文件 |
| No | Workset(工作集)1 | Revit 默认工作集 |
| No | Shared Levels and Grids(共享标高和轴网) | Revit 默认工作集 |
| No | CAD_Links(链接) | Used to add CAD Links(用于添加 CAD 链接) |
| No | 各专业类别工作集 | 按专业类别区分开 |
| \multicolumn{3}{c}{视图和图纸} | | |
| 完成? | 检查项 | 审核意见 |
| No | 视图命名 | |
| No | 图纸命名 | |
| No | 启动页—Splash Screen | |
| No | 图纸标签族 | |
| No | 审核 | |
| No | 明细表 | |
| No | 明细表列 | |
| No | 图例 | |
| No | 专用视图 | |

续表

| Revit 模型样板检查清单 | | |
|---|---|---|
| 图形标准 | | |
| 完成？ | 描述 | 审核意见 |
| No | 线样式 | |
| No | 线模式 | |
| No | 线宽 | |
| No | 对象样式 | |
| No | 填充样式 | |
| No | 材质库 | |
| No | 视图样板 | |
| No | 过滤器 | |
| No | 图例 | |
| No | 配色表—房间、区域和其他 | |
| No | 阶段 | |
| No | 导出 DWG 设置 | |
| No | 注释 | |
| 注释标准 | | |
| 完成？ | 描述 | 审核意见 |
| No | 文字样式 | |
| No | 尺寸样式 | |
| No | 高程符号 | |
| No | 剖切符号 | |
| No | 标高符号 | |
| No | 详图符号 | |
| No | 视图标题 | |
| No | 房间标签 | |
| No | 门标签 | |
| No | 窗标签 | |
| No | 幕墙标签 | |
| No | Keynote 标签 | |
| No | 轴网气泡符号 | |
| No | 钢筋注释类型 | |

## 4.1.9 数据质量控制

**1. 审核流程**

主交付团队要牵头建立数据质量控制的标准，在每个主要的成果交付节点开始之前，必须完成质量审核流程，包括组织设计审查、协调会议等。每个任务团队应按规定的节点计划提交其负责的 BIM 模型、模型输出物、内部检查报告等。交付团队对提交的 BIM 交付物进行质量检查并确认是否提交。

主交付团队除了在项目启动前建立模型审核标准，同时也应制定合理的节点交付计划 TIDP 和 MIDP，并让各任务团队的 BIM 模型负责人知悉；BIM 模型负责人需要依照计划节点的要求，定期交付相应阶段的设计模型成果；模型设计方交付模型后，模型审核方需要出具审核报告，并对报告定期存档，以便模型问题跟踪；该报告需要业主方、设计方、审核方三方知悉，明确模型设计过程中存在的各项问题和解决办法以及问题闭环时间。

本书相关章节对审核流程已有详述，在编制 BEP 时应根据项目实际规划出可执行的模型审核流程。

**2. 审核清单 Checklist**

BEP 附件中应给出模型文件的审核清单，并在模型交付时一并提交。

1）审核清单项的设置原则

（1）合规性

规范建模是保证模型质量的基础。合规性主要包括：根据项目实际情况确定模型命名规则，以便模型建立时按规则命名；明确各个阶段建模的深度，保证各个阶段模型的正常使用；保证模型中建族的规范，如族类型名称是否正确，类型、实例参数是否完整；确定模型拆分的规则，便于后期模拟应用；保证模型符合图集规范。

（2）一致性

保证图纸与模型的一致性是建模最基本的内容之一。一致性主要包括：建模时根据图纸要求进行建模，保证模型中构件尺寸和位置的准确一致；保证模型中的特殊空间定位标高准确；保证模型中构件的做法与图纸一致；保证交付文件格式一致。

（3）完整性

模型的完整性，更多的是强调模型中构件的做法以及构件的一些参数信息是否录入完整，如一些有做法要求的楼板、墙体、管道等构件，建模时应按照图纸做法进行建立，涉及项目后期的运维时，还需将构件的非几何信息参数完整录入，以保证模型交付时的完整性。

（4）适用性

由于工程各阶段的需求不同，因此对模型的要求需根据阶段进行调整，如施工阶段的模型，需依照施工组织计划进行模型拆分，辅助模型的施工进度模拟应用。此外，在施工深化阶段，模型信息量会逐步加大，对于施工界面的划分、施工工艺的确定问题，以及深化后的模型碰撞和管线综合问题，都属于模型审核的考察范围。

2）各阶段模型审核要点

因项目各个阶段对模型的要求不同，所以模型审核时往往以不同阶段模型的建模深度要求作为审核依据。但在实际项目应用中，应根据项目的特点进行适当的调整。各阶段模型审核要点如下。

（1）设计阶段

（a）方案设计：建筑实体需审核基本形状及总体尺寸，无须体现细节特征及内部构成等；构件需审核尺寸等基本信息。

（b）初步设计：建筑实体需审核主要几何特征及关键尺寸，无须体现细节特征及内部构成等；构件需审核主要尺寸、安装尺寸、类型、规格及其他关键参数等信息。

（c）施工图设计：建筑实体需审核是否包含详细几何特征、精确尺寸、必要的细节特征、内部构成以及各专业之间的接口问题是否闭合；构件应审核是否包含项目在后续阶段（如施工算量、材料统计等应用）需要使用的详细信息，如构件的规格类型参数、主要性能参数及技术要求等。

(2) 施工阶段

模型应与施工深化设计需求相对应，需审核是否包含加工、安装所需要的详细参数信息，是否满足施工专业协调和技术交底工作要求。

(3) 竣工阶段

模型应与工程竣工验收需求相对应，需审核是否包含或链接工程现场签证、设计变更等文件，以及是否包含业主所需完整的参数和属性。

(4) 运维阶段

模型应与运维管理需求相对应，针对运维管理需求，如空间管理、设备管理、应急管理等方面，需审核模型是否完成简化和调整；审查模型是否包含或关联后期所需的运维信息，作为运维效果评价分析的基础资料，具体细度要求需结合运维管理软件制定。

**3. 碰撞检查**

BEP中应指定进行模型碰撞检查时的允许公差。基于BIM软件系统应用的碰撞检查类型有以下四类：

1) 硬碰撞

硬碰撞是指模型对象占据同一空间，几何图形之间彼此相交且穿刺深度大于所设定的公差。

2) 硬碰撞（保守）

模型对象的几何图形之间虽然没有相交，但模型的包围体发生交互现象，即可将两个物体视为发生碰撞。对于硬碰撞来说是精确度、安全性更高的一种碰撞检查类型。

3) 间隙碰撞

间隙碰撞是指根据设定的公差检查所有间距小于该公差的几何图形，该碰撞类型将介于该公差内的所有相离、相交（包括任何硬碰撞）几何图形都视为碰撞。间隙碰撞与软碰撞类似但稍有区别，间隙碰撞主要用于检查与目标几何图形间距小于设定公差的静态几何图形，而软碰撞则主要用于检测运动模型对象之间的潜在碰撞。

4) 副本碰撞

副本碰撞可针对模型自身检查是否存在重复的模型对象，排除模型中某一局部位置同时绘制两次或引用参照多次的情况。可设置公差值，检测零至公差值之间的重复碰撞，忽略超过公差值的几何构件，提高检测的精确度。

**4. 数据验证**

在录入数据信息之后，可以通过校验对已录入的信息数据进行校核。BIM数据校验需求可总结为如下两方面：基于信息模型中特定建筑元素的属性信息进行校验；基于信息模型中两个或两个以上的模型元素之间的关系进行校验。上述校验需求不仅针对信息模型中可直接获取的属性信息，还包括需通过计算获取的信息。本书将BIM数据校验内容分为数据完整性校验、数据正确性校验和数据关联性校验。

1）数据校验的类型

（1）数据完整性校验

数据完整性校验是对信息模型元素的数量和属性信息的完整度进行校验。BIM标准中对信息模型应包含的元素基本信息有所规定，项目中的信息模型创建方在完成信息模型的创建后，应根据技术标准对信息模型元素的基本信息进行校验，判断是否有信息的缺失，依据校验结果完成模型修正后，创建方将数据文件交付给接收方。接收方在收到模型后，按照技术标准再次对模型基本信息的完整度进行校验。模型元素的具体数量要求暂未出现在BIM标准中，但在信息模型交付阶段，创建方和接收方除应按照BIM标准审核模型外，还应根据建设工程的设施设备明细表对模型的完整度进行校验。

（2）数据正确性校验

数据正确性校验是根据BIM标准和建筑设计规范，提取信息模型中相应的属性信息，校验信息的正确性。按照属性信息的获取方式，正确性校验分为直接校验和间接校验。直接校验指需要校验的属性信息可从信息模型中直接获取，无须经过算术运算或几何计算等。间接校验指需要校验的属性信息不能直接从信息模型中获取，需经过算术运算或几何计算等方式获取。直接校验，该类校验需求在BIM标准中较多。为实现BIM数据管理的高效性，BIM标准定义信息模型元素的编码规则，赋予其特定的元素编码。依据BIM标准的编码规则，校验信息模型元素的编码属性就是典型的数据正确性直接校验。间接校验，通常是指分析建筑信息模型的信息组成，例如，楼梯平台的宽度尺寸在信息模型中并无直接表达，需要提取楼梯平台的所有几何信息，经过几何计算推理得出楼梯平台的宽度尺寸。

（3）数据关联性校验

数据关联性校验是根据建筑设计规范的校验分类，对建筑元素间的关系进行校验。基于建筑元素间关系的条款是建筑设计规范中的重要内容，如建筑元素间水平方向和垂直方向的相对距离等。校验建筑元素A和B在水平方向或垂直方向的相对距离，首先需定位建筑元素A和元素B在信息模型中各自的位置，提取建筑元素A和元素B的所有位置表达信息，通过计算推理得出建筑元素A和B的相对距离。

2）BIM数据校验流程

BIM数据校验可分为四个部分，分别是规则解析、模型准备、校验执行和结果反馈。

（1）规则解析

规则解析是BIM数据校验的关键。数据校验的规则主要由BIM标准和建筑设计规范组成，往往是以文字表述、数字图表等方式存储在纸质或电子文本内。文本需翻译为计算机可识别和操作的程序代码，要求参与团队具备建筑工程专业的基础知识和计算机语言的编程能力。在规则解析过程中，特定语言表述的一致性依赖于建筑工程专业的基础知识，指导程序代码能提取对应的建筑元素信息。规则解析的核心内容是形成规范条款和计算机程序语言之间的映射关系，建立通用的语义解析方法。从逻辑关系上对规范条款进行分类，针对同一类别的规范条款，提出切合实际需求的通用方法。

（2）模型准备

信息模型是BIM数据校验的基础。因此，校验实现的前提是在创建信息模型的过程中遵循相应的规则。传统二维设计图纸的绘制规则主要包括图纸布局、线型和线宽等，所绘制的图形并未获得建筑元素的基本属性，只能依靠人力进行元素区分。信息模型的创建是基于面向对象的方式，预先选择创建对象的元素类别，如墙、板、梁，所创建的对象拥有该类别的基本属性，无须依靠人力区分。因此，在创建信息模型时要求准确选择建筑元素的类别，便于建筑模型信息的管理，实现模型对象的准确识别。同样，建筑元素的命名方法也是模型创建规则的重要组成部分。建筑元素的命名方法是实现元素对象自动识别的核心，对制定数据校验通用方法具有重要意义，是建立信息模型元素与规范条款特定对象对应关系的关键环节。此外，为实现特定规范条款的 BIM 数据校验，信息模型需要提供必要的属性信息。因此，建模人员在创建模型时，针对特定对象需要保证必要属性信息的完整性。

（3）校验执行

BIM 数据校验的执行是将信息模型文件导入数据校验平台，或在信息模型内运行数据校验平台，在规范条款已转化为计算机代码的前提下，完成基于特定规范条款的 BIM 数据校验。在 BIM 数据不同的应用阶段，BIM 数据校验的具体规范条款不同，数据校验执行前，结合 BIM 应用阶段的需求，选择对应的规范条款，基于该规范条款实现信息模型的数据校验。

（4）结果反馈

校验结果反馈是数据校验流程的最后步骤，根据特定规范条款进行信息模型的校验，并将结果自动反馈给项目参与团队。结果的反馈形式包含多种，如在图形窗口显示或以文本信息的方式输出，两种方式各有优缺点。通过图形窗口对校验结果进行显示，提供更直观的校验结果展示，便于模型修正，但存在数据管理的障碍。以文本信息的形式输出校验结果，便于校验数据的管理，但存在模型修正的不便。

特定规范条款的校验对象往往不唯一，比如楼梯规范条款的校验，通常情况下建筑信息模型中的楼梯不止一个。因此，为提供模型修正的依据，要求校验结果中包括校验对象的特定信息，便于在修正模型的过程中进行对象查找。校验结果作为数据校验的过程记录，应提供便捷的数据存储方式，满足 BIM 应用的不同阶段对校验流程的审核需求。

**5. 风险管理**

BEP 应在相应章节增加风险管理相关内容，对 BIM 实施过程中的潜在风险进行识别并制定应对措施。指南将 BIM 风险归纳为项目交付团队风险、技术风险和组织风险，并给出了相应的风险等级与缓解措施以供参考（表 4.16～表 4.18）。

项目交付团队风险和相应风险等级及缓解措施　　　　　　　　　表 4.16

| 项目交付团队风险 | 高风险 | 低风险 | 缓解措施 |
| --- | --- | --- | --- |
| 交付团队对委任方信息交换需求作出的假设 |  | √ | 交付团队和委任方每周组织会议、电子邮件和电话，以避免误解 |
| 满足委任方的项目信息交付里程碑 | √ |  | 与各设计团队负责人（包括 BIM 负责人）经常开会；<br>为每个交付成果安排内部控制点 |
| 项目信息协议的内容 |  | √ | 项目 BEP 及其附录的批准将该风险降至最低 |

续表

| 项目交付团队风险 | 高风险 | 低风险 | 缓解措施 |
|---|---|---|---|
| 实现预期的信息交付策略 | ✓ | | 在 BEP 中详细定义信息协作生产的目标,清楚地概述项目管理文件中定义的交付团队组成,以避免该风险发生 |
| 列入(或不列入)对项目信息标准的拟议修正 | | ✓ | 与设计方多次进行管理协调,并与业主定期进一步讨论 |
| 动员 BIM 团队以满足所需的才能和能力 | | ✓ | 进行 BIM 建模软件、CDE、审批流程等相关测试;<br>测试任务团队在不同 CDE 上的信息交换;<br>BIM 负责人和管理层、项目监理进行合作;<br>如有需要,批准招募更多成员和/或提供更多培训 |

**技术风险和相应风险等级及缓解措施**　　　　　　　　　　表 4.17

| 技术风险 | 高风险 | 低风险 | 缓解措施 |
|---|---|---|---|
| 不愿意使用 BIM | | ✓ | 每个专业都配备一个 BIM 负责人,并参与到可交付的团队中,经常参加会议并在控制点上交付信息 |
| 2D 图纸与 3D 模型不一致 | ✓ | | 所有的信息都必须从模型中提取出来。如果无法提取,且有独立的二维信息,而这与三维模型不一致,三维模型将永远有优先权,BIM 负责人必须保证 2D 图纸和 3D 模型的一致性 |
| 工程师不熟悉 BIM 方法和工作流程 | | ✓ | 加强工程师的培训;所有批准过程都需 BIM 团队成员或专业的 BIM 负责人参与 |
| A 公司的某个团队成员删除了 B 公司的另一个分项顾问的模型,或在 CDE 中改变其名称 | ✓ | | 通过文件夹权限降低风险 |
| 使用本 BEP 中约定以外的软件版本 | | ✓ | 公司的软件安装是受到控制的,任何未授权的版本的安装都不会被授权或批准 |
| 对项目模型信息和知识产权的保密性(IPR) | ✓ | | 通过文件夹权限降低保密的风险,此外,每个项目组成员将签署保密协议,在本 BEP 文件的最后,不同的利益相关者之间有一个使用知识产权的协议 |
| 信息在数据中心丢失 | | | 每两周对信息进行一次备份;同时还有 Microsoft 和 Autodesk 的业务支持,将保证信息的安全性 |
| 在 BIM 工作流程中增加不必要的工作/成本 | | ✓ | 创新部门对项目的参与 |
| 将 BIM 本地文件导出到 IFC 模型时数据损失 | ✓ | | 制定专业工作表确保输入和输出信息的完整性 |
| 设计—协调—图纸整合不充分 | ✓ | | 与 BIM 负责人进行高频率的沟通 |
| 代码检查 | ✓ | | 设计师必须遵守当地的强制性标准 |
| 成本超支 | ✓ | | 每个控制点检查 LOG 和 LOI 的详细模型。检查次数的增加应当能减轻这种风险 |
| 内部审查缺乏可追溯性和问责制 | | ✓ | 所有专业的工作都需要问题管理和变更控制。通过所有学科的能力建设和启动会议,将离线工作降至最低 |

## 第4章 海外项目BIM技术实施体系

组织风险和相应风险等级及缓解措施　　　　　　　　　　表 4.18

| 组织风险 | 高风险 | 低风险 | 缓解措施 |
| --- | --- | --- | --- |
| 计划时间不足 | √ | | 遵循管理时间表 |
| 项目关键阶段流失关键员工 | | √ | 所有参与的团队必须有一个以上的人对交付成果负责 |
| 各学科工作负荷超出预期 | √ | | 工作流程已经建立,每项任务的角色必须遵守 |
| 指派没有经验的人员 | | √ | 详细审查简历以满足合同要求 |
| 员工对不同 BIM 软件、插件或 CDE (BIM360 or SharePoint)缺乏经验 | √ | | 制定培训计划;<br>制定机构指南 |
| 缺乏沟通或沟通普遍存在困难 | √ | | 所有会议必须使用英语,如有困难可由会议出席人担任翻译;<br>当出现误解、意见冲突、反对意见时,应通过电子邮件交换意见以进行追溯和问责;<br>所有会议必须有书面记录和/或视听(如果得到授权)的证据;<br>根据各参与方的时差,合理规划会议时间 |

### 4.1.10 信息交付

**1. 交付物定义**

交付物是根据项目各阶段要求和应用需求,从 BIM 模型中提取所需的信息形成的。BIM 模型是承载设计信息的主要载体,其中不仅包括三维模型,也包含相互关联的二维图纸、注释、说明,以及相关文档、结构化数据、质量报告、以 BIM 模型为源的条文细则、相关计划等所有信息。

**2. 交付流程及要求**

BIM 模型中包含丰富的模型元素,然而众多的模型元素如果不能以合理的架构组织起来,势必会导致模型散乱,信息含混不清,从而给模型应用带来困难。所以在 BIM 交付准备过程中,需要根据交付深度、交付物形式、交付协同要求安排模型架构和选取适宜的模型精细度,并根据信息输入模型内容。为了保证项目的成功交付并遵守项目的要求,在不同组织和相关者之间建立一个顺畅的工作流程是很重要的。关键是提高任务和流程的自动化,以提高效率、标准化和质量,从而减少风险。为了保证相关者之间的充分发展和 BIM 协同,项目应该开发协同空间,使用标记或信息请求(RFI)来及时解决问题,并遵循文件控制系统来审查 2D 和 3D 模型,比较文件以跟踪设计的迭代。因此,所有信息都应通过项目 CDE 进行核实、批准和共享。为确保业主方能够完成模型、图纸和数据表等的验收工作,应遵循 CDE 流程部分规定的各种批准流程。其中任务团队的检查、审核和批准流程、设计总承包方的审核和批准流程、设计和施工总承包方的审核和授权流程,以及业主方的审核和验收流程都应具有相应规定。施工承包方的各节点 BIM 交付成果和竣工 BIM 交付成果,应在提交给业主方之前获得总承包方的授权。

对于每个责任方来说，审批程序包括：对专业内容进行评估；由BIM团队进行模型适用性检查；由专业团队提供正确的接口方案和变更控制；由专业团队检查技术内容；专业团队对提取的文件和模型中包含的信息以及报告的一致性进行检查；由交付团队进行最终的质量控制审批；总承包商批准对于特定里程碑的设计；监理/业主批准。

3. 交付策略

作为对BIM要求的回应，承包方应确定每个信息的需求并考虑以下内容：满足雇主信息需求的方法；履行项目信息需求的方法；输入和验证资产信息需求的方法；规范信息需求水平（LOD）；建立验收标准；建立里程碑；组织结构；商业关系；采购；供应链和物流规划/管理。

对于每个项目阶段，应考虑BIM实施的目标、目的和交付成果要求。每个阶段的日期和持续时间，应与业主方提供的里程碑节点一起定义。首先确定一个初步的责任矩阵；然后组织编制任务信息交付计划（TIDP），最后以主信息交付计划（MIDP）的形式，制定完整的设计成果交付计划表和详细责任矩阵。信息的生产和交付将通过变更控制和启用项目CDE进行实时管理。

4. 交付计划

交付计划将由承包方或指定的代表在项目的基础上制作，并与雇主信息需求相互关联。设计团队或承包商应审查该计划，并按照正确格式及时提供相关信息。对于每个项目阶段，应考虑BIM实施的目标、目的和交付成果要求。应与业主方提供的里程碑节点一起定义每个阶段的日期和持续时间。信息交付计划将包括以下内容：交付物清单；每个交付物的格式化要求、限制或范围；信息深度，包括每个交付物的细节等级（LOD）和模型信息深度（LOI）；分包商对应的每个可交付物；其他符合安全要求的相关信息。

每个任务团队，应制定并维护一份任务信息交付计划（Task Information Delivery Plan，TIDP），贯穿项目全过程，该计划应明确其需要提交的交付成果以及相关内容和资源。TIDP应至少记录交付成果的以下信息：唯一标识符；标题或名称；成果的描述；创建所需时间的估计；拟分配的资源；信息的前置项或依赖性（参照）；交付的里程碑节点；信息需求深度等级（LOD）。它还可明确：文件大小；文件格式；交付规模。

主信息交付计划（Master Information Delivery Plan，MIDP），是使用关键路径分析软件开发和记录的主要信息交付计划。其目的是在不断变化的信息设计或创建环境中管理信息的交付。在这种环境中，缺少一次交付可能会升级为重大项目延迟事件。MIDP将由设计和施工总承包方制定，是对每个任务组的任务信息交付计划（TIDP）的核实，包括已确定的项目里程碑节点、信息依赖和质量控制程序。提供标准的TIDP模板有助于汇总与每个交付成果相关的MIDP字段。MIDP的目的在于信息交付发生变化时进行管理，因此需要各参与方的投入。MIDP中可能列出的信息交付成果包括（但不限于）：模型；图纸或副本；规范/规格；时间计划表；空间数据表；报告。

### 4.1.11 协议申明

**1. 数据所有权申明**

BIM 应用中的法律风险源于 BIM 模型数据的所有权。目前缺乏对 BIM 数据所有权的确定，因此无法通过版权法和其他法律渠道对其进行保护。为了防止在版权问题上出现分歧，最好的解决办法是在合同文件中明确所有权和责任。

虽然雇主可能是所有相关知识产权的完全所有权中受益最大的（例如，为了将 BIM 模型和元素用于建筑运营，或在类似的未来项目中不受限制），但其他项目参与者，如设计师等可能不同意相关知识产权的全部转让（例如，他们可能希望以后可以重复使用在 BIM 项目期间创建的某些元素）。因此，双方必须找到共同点，并在知识产权的完全转让、广泛的使用权（不转让基础知识产权）和有限的使用权之间达成平衡，在合同中针对特定的交付物和知识产权量身定制相关权利。

当使用 BIM 时，如果每个模型都是由不同的分包商用他们自己的嵌入式数据创建的，这意味着不同模型（整合的和非整合的）的所有权很可能不止一个相关方。在使用二维纸质图纸的传统施工方法中，除非另有约定，通常是设计者保留其设计的知识产权，而雇主被许可将该设计用于施工和其他相关用途。使用 BIM 技术后，由于信息在整个项目阶段的变化，知识产权与每个特定阶段的负责人相关。这意味着，团队对在不同项目阶段改变的模型拥有不同的知识产权，除非合同交付策略有不同的规定。然而，在设计、施工和运维阶段给予雇主使用信息的许可仍然存在。因此数据所有权问题需重点关注，并在需要时获得适当的许可或转让。数据所有权问题需在协议中特别强调，例如，在支付约定费用后，雇主应被授予有限使用承包商提供的工作成果的非专有权利（仅限约定的项目）。因此，雇主和承包商必须密切关注授予（或转让）的特定知识产权以及影响此类授予/转让的任何上游合同。

**2. 数据交付后的质保**

BIM 模型不仅可以作为规划和施工过程中的宝贵工具，还可以为建筑物的运营提供重要的基础，例如，作为设施管理的连贯数据基础。此外，BIM 模型中包含的相关信息在一定程度上可以全部或部分提取和重用，甚至整个 BIM 模型都可能被重用。因此，设计交付后模型的质量问题还需在合同中特别提及。项目参与人应对他的模型工作负责。项目参与人还应对自己的设计或依靠其他项目参与人的模型而开发的模型负责。项目参与人有义务避免因使用或接触其模型而产生的任何风险，包括及时报告其在自己的模型或其他项目参与人的模型中可能发现的任何错误、差异、遗漏或不完整。项目参与人应被视为已允许随时修改或更新其模型和所需的 BIM 用途，以应对因设计开发、设计和施工协调、冲突检测和变化而引起的任何变化。因此，交付后项目参与人也需对模型的质量负责。

**3. 对合同协议的补充说明**

BIM 合同条件的主要作用是规定雇主和项目参与方在以下方面的责任和义务：在规

定的项目阶段制作 BIM 模型及其后续使用，以及数据（包括 BIM 模型）的传输、交换、存储和存档。这些 BIM 合同条件不是一个独立的合同文件，必须以合同的特殊条件或补充协议的形式纳入现有的专业服务合同。如果这些 BIM 合同条件被纳入合同的特殊条件，所有 BIM 相关的工作和服务都被视为允许在原始协议中进行。

BIM 合同条件的约束力高于合同。如果 BIM 合同条件与原始协议或合同之间有任何冲突，除非另有说明，否则应以 BIM 合同条件为准。这一点遵循了"特殊合同条件"优先于"一般合同条件"的传统安排。因此，必须注意确保 BIM 合同条件与原始合同条款之间没有冲突。这些文件可能包括规格、数量清单/费率表、图纸、时间表或从 BIM 模型中提取的信息，有时也包括在 BIM 模型中单独编制的图纸。BIM 合同条件的一般声明可能不足以解决不同类型的 BIM 模型之间以及从 BIM 模型中提取的信息与规格之间的冲突。因此，应优先考虑所有合同文件当中 BIM 合同条件的优先顺序，且该优先顺序可酌情修改以适应项目的具体要求。

因项目不同，BIM 组织模式与实施方式不同，所以没有标准化的合同模板。相反，BIM 合同的范围和内容将在很大程度上取决于雇主的目标和要求、项目参与者的 BIM 相关能力，以及相关项目的具体设置和环境。如上所述，需解决的关键问题是已知的，因此不应将现有文档和指南视为"即用型模板"框，而应将其视为清单和"备忘录"以助于涵盖所有相关领域。

### 4.1.12 BEP 附件

以波哥大地铁一号线 BEP 文件附件组成为例（表 4.19）。

波哥大地铁一号线 BEP 附件　　　　　　　　　　　　表 4.19

| 附件英语 | 附件中文 |
| --- | --- |
| Appendix 1—RACI Responsibility Matrix | 附录 1——RACI 责任矩阵 |
| Appendix 2—EMB Nomenclature Conventions(Chapter 1, BEP Design) | 附录 2——EMB 的文件命名规范 |
| Appendix 3—BIM Uses | 附录 3——BIM 应用点实施方案 |
| Appendix 4—Model Production And Delivery Table(MPDT) | 附录 4——模型生产和交付表(MPDT) |
| Appendix 5—Task Information Delivery Plan(TIDP) | 附录 5——任务信息交付计划(TIDP) |
| Appendix 6—Master Information Delivery Plan(MIDP) | 附录 6——主信息交付计划(MIDP) |
| Appendix 7—Legacy of Existing Data(Chapter 1, BEP Design) | 附录 7——现有遗留数据处理 |
| Appendix 8—CDE Protocols: Autodesk Construction Cloud | 附录 8——CDE 协议 |
| Appendix 9—Autodesk Construction Cloud Security Protocol | 附录 9——信息安全协议 |
| Appendix 10—Drawings Quality Checklist | 附录 10——图纸质量检查表 |
| Appendix 11—Software Requirements | 附录 11——软件要求 |
| Appendix 12—Public Entity Requirements(Chapter 1, BEP Design) | 附录 12——公共部门要求 |
| Appendix 13—Folder Structure | 附录 13——文件夹结构 |
| Appendix 14—Drawing Manual | 附录 14——制图标准 |
| Appendix 15—BIM Application Requirements In The Construction And o&m Stages | 附录 15——施工和运营阶段的 BIM 应用要求 |

续表

| 附件英语 | 附件中文 |
|---|---|
| Appendix 16—Quality Control For Civil 3D Models | 附录16——Civil 3D模型的质量控制 |
| Appendix 17—Quality Control For Revit Models | 附录17——Revit模型的质量控制 |
| Appendix 18—Technical Appendix 3,Chapter Vii Bim(Chapter 1,BEP Design) | 附录18——技术附录3(合同附件) |
| Appendix 19—Delivery Manual | 附录19——交付手册 |
| Appendix 20—Revit Protocol | 附录20——Revit 协议 |
| Appendix 21—Civil 3D Protocol | 附录21——Civil 3D 协议 |
| Appendix 22—Instructions Aconex Document Control, Registration,Load And Transmission of Documents(Chapter 1,BEP Design) | 附录22——Aconex 文件控制 |
| Appendix 23—Delivery Schedule | 附录23——交付时间表 |
| Appendix 24—Civil 3D To Revit Conversion Protocol | 附录24——Civil 3D到Revit 的转换协议 |
| Appendix 25—TEKLA Structures Protocol | 附录25——TEKLA 结构建模协议 |

## 4.2 基于BIM的协同设计流程

正向BIM协同设计，是相对于逆向翻模应用而言的，即设计核心的相关工作在BIM的工作框架下完成，以BIM的思维和工作方式完成概念设计阶段到交付阶段的全过程设计工作。尤其是专业内协同和专业间协同，设计相关信息通过BIM模型承载，通过模型，完成设计阶段的逐项应用，并导出用于报审、施工、存档等不同用途的二维图纸。

海外工程，特别是欧美地区的工程，大多已经开始使用三维BIM设计软件，直接导出二维设计图纸，用于指导现场施工。特别是对于大型机场、港口等基建工程，严格要求在设计、施工阶段采用BIM完成设计协调、BIM出图及BIM相关应用。海外项目开展BIM的优势之处在于，工程工期相较于国内类似体量的项目都会长一点，这有利于本就需要更多时间的BIM应用的开展。海外工程的BIM设计难点在于，需要按照国际BIM标准开展BIM，需要规范性的图面表达、国外的出图逻辑以及丰富的符合国外设计要求的可参数化BIM族文件。

传统设计还处于二维图纸与BIM模型结合的初级阶段：在概念设计阶段，传统设计使用CAD进行二维设计，再利用BIM软件进行碰撞检查、空间优化、净空分析、能耗分析等分析，并将结果反馈到二维图纸中。

上述设计流程是传统设计的一大弊端，二维设计信息和三维BIM模型信息无法进行联动和正向传递，导致了二维设计巨大的工作量，同时，也制约了BIM技术在全生命周期中的应用价值。

而BIM正向设计特有的参数化设计和自动化出图特点，可为当下的BIM应用节省部分环节，并降低劳动力和信息交换成本。在BIM正向设计中，图纸是模型的结果，二者传递着同样的设计信息，模型的任一个变动，都会使得图纸跟着改变，具有极大的信息联动优势。

图 4.17 和图 4.18 为不同阶段 BIM 整体协作流程以及在轨道交通车站各专业 BIM 协同设计流程。

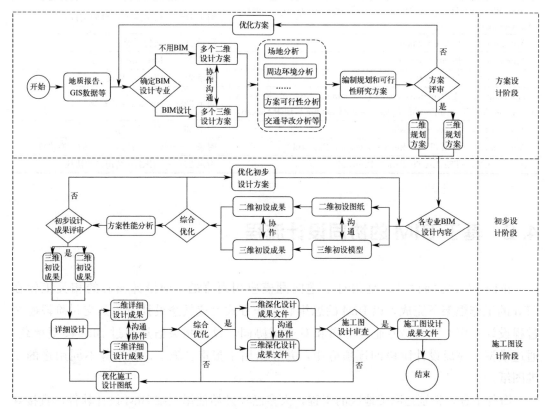

图 4.17　BIM 整体设计协作流程

BIM 协同设计典型特点有：

（1）BIM 模型的创建，依据的是设计意图而非参照成品或半成品的图纸。

（2）BIM 模型作为基础，进行设计的性能指标计算、设计方案推演和合规性审查。

（3）BIM 模型作为主要的成果载体，进行多专业、多部门交互和阶段性交付。

（4）BIM 模型中包含设计相关信息，其信息的价值量大于图形的价值量。

（5）BIM 模型作为核心模型，可直接或间接用于多种 BIM 应用，并可以从应用中获得直接或间接成果输出，用以完善和优化 BIM 模型。

（6）BIM 模型具有可传递性，方案阶段模型优化后成为设计阶段模型，设计阶段模型深化后成为施工阶段模型，施工阶段模型录入信息和与现场核对后成为竣工模型。

虽然 BIM 正向设计在多专业协同、全过程统筹集成设计、优化设计流程等方面存在极大的优势，但是 BIM 正向设计现阶段面临的几大困难，仍然成为制约 BIM 正向设计发展的重大阻碍。

（1）标准问题：本地化标准不够成熟，使得无法在设计前期确定任务书的所有细节问题，导致项目在后期进行时，被多次要求修改。

第4章 海外项目BIM技术实施体系

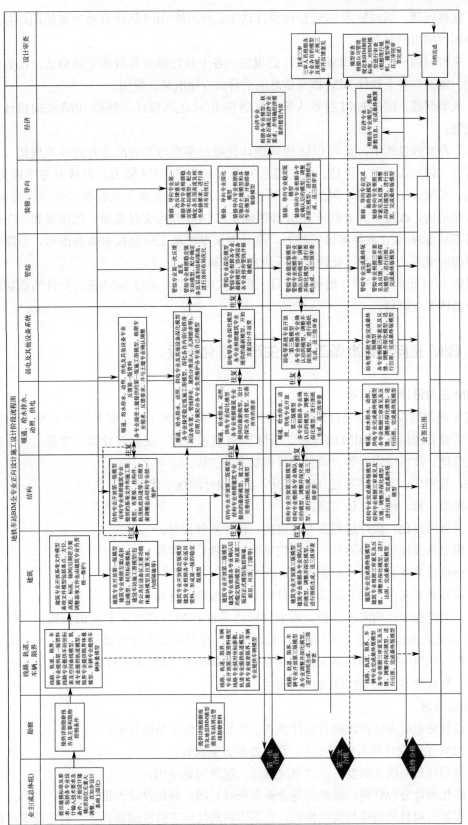

图 4.18 轨道交通车站各专业 BIM 协同设计流程

（2）软件问题：国内缺乏BIM正向设计软件，而国外BIM软件自动生成的图档并不十分符合国内的出图要求。

（3）平台问题：国内外BIM软件厂商很多，各个软件都有各自的存储格式。没有一个统一的、能兼容各个软件BIM模型信息的平台以方便组装、使用。

（4）效率问题：国内BIM技术人员无法适应BIM正向设计，使得BIM正向设计无法得到发展。

此外，在实践过程中，正向BIM协同设计在项目多参与方的配合方面并不理想，主要的参与方（例如，业主、设计、施工总包）具有一定的BIM能力，但涉及专项顾问、审图机构、专项施工分包等，因为在BIM能力上的缺失，造成了比较明显的沟通障碍，尤其是审图机构，政府虽大力倡导BIM和明确要求BIM作为交付成果，但报批和审图机构还普遍不具备对BIM成果审核的能力，并且由于专项施工分包技术普遍落后，不能很好利用模型的成果，通过数字化设备进行快速生产和安装。

为保障BIM正向协同设计能够在项目上顺利实施，需要做好BIM正向设计的前期准备工作及总体实施策划。

### 4.2.1 BIM正向设计准备工作与生产标准化配置

**1. BIM正向设计启动准备**

BIM正向协同设计，是项目整体BIM中的关键环节。为了项目顺利推进BIM正向协同设计，需要管理层从对BIM的理解、项目BIM需求分析、正向设计核心要素（设计管理、人员管理、技术应用）等方面来完成前期准备工作。

首先，管理层、实施层要充分理解BIM正向设计的核心优势：

（1）图模一致，模型公信力高；

（2）三维可视化，设计过程各专业协同，设计质量提升；

（3）模型持续性，一模到底，数据完整性、正确性有保障；

（4）标准体系齐全，专业覆盖齐全，业主驱动；

（5）审查机制完善，供方成熟，项目标准化程度高，落地有保障。

其次，要进行项目的需求分析，需求分析是项目BIM实施方案制定的依据，是整个项目BIM实施的前提，决定着BIM设计能否落地。项目的需求分析要从如下几个方面着手：为谁做，BIM实施的阶段和范围，项目本身的特点和BIM实施的必要性。

最后，要梳理BIM正向设计的核心要素：

1) 设计管理

（1）设计总包需突破传统项目设计模式，作好全方位全角度分析；

（2）BIM正向设计师需提前介入，深入参与方案设计；

（3）采用项目周例会制度，及时解决问题，避免问题堆积；

（4）强化设计分包管控，效果类专业提准时封闭，避免设计大批量修改；

（5）积极与项目公司进行沟通协调，在不影响现场施工进度的前提下，避免施工过程中出现导图、出图情况，预留合理设计周期。

2）人员管理

（1）项目团队人员级别高配，正向设计师应同时具备设计经验与 BIM 技术能力，并预留各专业应急人员；

（2）注重具有创新思维、优秀设计能力的高素质 BIM 正向设计人员的培养；

（3）加强企业内 BIM 技术能力培训，设计人员均应掌握 BIM 软件的基本操作。

3）技术应用

（1）充分理解企业 BIM 标准及相关 BIM 标准、规范的相关技术要求；

（2）熟练掌握企业 BIM 正向设计研发成果的使用，包括设计指南、样板文件、族库等；

（3）利用设计协同平台，实现二维与三维设计模式的打通，提升设计效率。

BIM 正向设计是基于模型的三维设计手段，因此在设计过程中应匹配三维的设计协同方式与设计管理方法。设计方和业主方均应突破传统工作思维，转变传统管理方法，才能真正利用新技术，提升工作效率，提高设计质量，让 BIM 正向设计发挥出最大的价值。

**2. 体系文件和技术要求配置**

要顺利推进 BIM 正向协同设计，就要提前规划正向设计所必需的文件及技术要求配置。

1）BIM 正向设计体系文件

《BIM 执行计划》：为了保证正向 BIM 设计得到执行，业主方的《BIM 执行计划》应作为基本要求，建立项目整体的 BIM 工作框架，并通过合约手段，约定正向 BIM 协同设计的合法性。

《BIM 标准》：《BIM 标准》是 BIM 正向协同设计的技术核心，模型的几何深度、信息深度以及模型的族命名、文件命名等规范性表达均须在标准中予以规定。在 BIM 正向设计项目开展之前，须基于相关的 BIM 国际标准、国家标准及地方标准，并结合项目的特点，编制项目 BIM 实施标准。

《BIM 正向设计指南》：执行国家设计规范，结合企业项目设计管控要点、企业技术标准进行编制，由技术应用要点及项目操作要点两个核心部分组成；供企业项目公司、设计总包、施工部门使用，用于规范正向设计流程、指导 BIM 技术应用。

《BIM 人员团队架构及岗位职责指导文件》：总包形成以设计师为主体的 BIM 团队，能够为项目 BIM 正向设计的推行提供强有力的人力基础保障。

《BIM 正向设计考核机制》：通过 BIM 人力注册系统对总包设计人员进行技术培训，设计人员按要求完成学习并通过考试，取得认证后方可上岗参与项目生产。

《BIM 正向设计计划管理文件》：为保障正向设计顺利实施，从政府条件、业主决策、现场施工三个层面制定项目设计计划管理节点。

《BIM 正向设计质量评价文件》：根据 BIM 正向设计的技术特性，通过 CDE 进行项目设计全流程线上的过程管控。可研发基于 BIM 模型的智能审查系统，进行全覆盖自动审查，实现数据多维度分析，提升业主方设计质量评价能力与管理水平，实现结果管控。

2）技术要求配置

（1）构件库：企业要建立自己的 BIM 标准构件库，通过搭建企业构件库管理系统软件对构件进行创建、使用、维护的统一管理，并辅以奖惩机制和严格的构件筛选入库流程来推动构件库的完善、更新、迭代。

建立起高效建模、快速出图的正向设计构件库，包含各专业的三维构件及二维注释族，并均需前置完成各类业务信息挂接，供项目直接使用，大幅提高正向设计效率和标准化。

构件入库审查流程如图 4.19 所示。

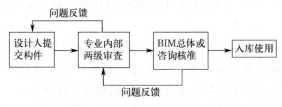

图 4.19　构件入库审查流程

（2）样板文件：BIM 样板文件（.rte）是可以先于项目开展前准备的一个工作基础文件，并且一个好的样板文件可以大幅提高该专业的 BIM 设计效率。以机电专业为例，项目信息、单位、项目基准设置、项目族的载入、项目浏览器的设置、视图样板的设置、出图样板的设置等规范性表达都可以在 BIM 样板文件中进行固化。

### 3. BIM 正向设计团队人力资源配置

BIM 团队建设应以形成生态为目标，应形成明显的梯队和循环效果，即由 BIM 研究性成员不断探索和发现软件的深度应用，以及多软件的衔接应用，并将成果不断地传递给一般的生产团队，生产团队通过不断吸纳研究性成果，并不断提出现实问题交由研究性人员解决，在理顺常见问题，并能保证项目目标可以基本达成后，建立规则与应用指导，并向上传递给项目管理人员和企业职能部门，经过实践，落实为标准，而同时研究性人员继续拓展研究和解决问题，从而引发新一轮的能力提升。

在这一循环链中，每一环节都在现有行业 BIM 发展中找到反例：BIM 研究性团队研究深度不足，研究成果仅局限在团队内部没有扩散，或仅扩散到生产人员，管理人员没有能力提升，仍旧按照传统方式管理项目；团队有了一定的整体 BIM 能力但后续急于盈利，缺少持续性投入，优势逐渐消失。

所以，BIM 正向设计团队建设宜包括研究、管理、生产三个方向的搭建，并在制度和政策上有明显的针对性。以下对管理、生产团队进行介绍。

1）BIM 管理团队

BIM 管理团队是正向 BIM 协同设计的直接推动者和支撑体，其应具备足够的 BIM 技术能力和一定的 BIM 管理能力，其职责包括 BIM 实施标准的修订和补充、样板定义和族库建设、文控、培训、过程监督、成果审核、指导与答疑等。

BIM 管理团队应与设计团队肩并肩工作，团队除包括设计机构的 BIM 人员外，还包括业主方、顾问方等团队的 BIM 人员。

BIM 管理团队负责人，在项目中应积极地参与项目决策，主动提供意见和建议，维护整个项目所有参与方的 BIM 工作框架以及 BIM 氛围。

2）BIM 生产团队

BIM 生产团队即由 BIM 正向设计各专业的实际操作人员组成，每个专业应配备专业负责人、BIM 设计人员及审查人，职责如下：

（1）专业负责人：负责搭建专业级管理目录，配合管理团队提供各阶段的项目策划，本专业 BIM 标准的细化，负责本专业与相关专业间的协调配合，把控本专业 BIM 设计内容的准确性，并协调各级审查过程中存在的问题。一般人数为 1 人。

（2）BIM 设计人员：负责本专业 BIM 模型的设计，并与各专业配合协同设计建模，确保本专业设计文件的质量，完成专业内的各级审查流程及修改、出图。BIM 设计人员数量根据项目规模确定。

（3）审查人：负责对本专业内的设计模型进行逐级审查，提出修改意见并核查意见落实情况。BIM 审查人数量根据企业的质量审查体系配备。

**4. 软件选型和 IT 软硬件配置**

1）BIM 正向设计软件选型及配置

不同于传统的二维设计，三维设计的 BIM 建模和 BIM 应用，不限于单一软件，软件的选择和使用原则遵循项目特点及要求制定，并充分考虑软件之间的格式交换和数据接口。各参与方实施过程可按照本节所选软件操作，以确保数据的统一性和完整性。特别是针对 Revit 系列软件，要确保同一项目，使用同版本建模软件。各专业软件应用方案见表 4.20。

各专业软件应用方案　　　　　　　　　　表 4.20

| 专业 | 类型 | 选用软件 |
| --- | --- | --- |
| 建筑专业 | 方案建模 | SketchUp |
| | 常规建筑 | Revit 2020；<br>鸿业 BIMSpace |
| | 异形曲面建筑外形 | Rhino+Grasshopper |
| 结构专业 | 结构模型 | Revit 2020 |
| 机电专业 | 风、水、电等 | Revit 2020；<br>鸿业 BIMSpace；<br>Rebro |
| BIM 应用 | 模型整合、轻量化 | Navisworks 2020/Fuzor 2020 |
| | 工程量统计 | Revit+广联达 |
| | 虚拟漫游、渲染 | Fuzor 2020/Lumion8.0 |
| | 疏散模拟 | Pathfinder；<br>Anylogic |
| | 仿真模拟 | Massmotion |
| | 环境分析 | Pyrosim |

2) 文件格式

BIM 成果需提供原始模型文件格式，对于同类型文件格式需使用统一版本，严格按照软件统一版本提交，文件格式交付要求见表 4.21。

**文件格式交付要求**　　　　　　　　　　　　　　　表 4.21

| 内容 | 软件 | 交付格式 | 备注 |
| --- | --- | --- | --- |
| 模型成果文件格式 | Revit | *.rvt | |
| 浏览审核文件格式 | Navisworks | *.nwd | |
| | 3dxml | *.3dxml | |
| 媒体文件格式 | | *.avi | 原始分辨率不小于 800×600，帧率不得少于 15 帧/s。内容时长应说明表达内容 |
| | | *.wmv | |
| | | *.mp4 | |
| 图片格式 | | *.jpg/*.3png | 分辨率不小于 1280×720 |

3) IT 硬件配置要求

BIM 主要基于三维工作方式，其建筑模型文件大小从几十兆字节至上千兆字节，故对电脑硬件的计算能力和图形处理能力等，都提出很高要求。

(1) CPU（Central Processing Unit，中央处理器）：CPU 在交互设计过程中承担更多关联运算，且模型三维图像生成需要渲染，而 Revit 支持多 CPU 多核架构的计算渲染，多核系统可提高 CPU 运行效率，尤其在同时运行多个程序时，提效更为显著，故随着模型复杂度的提升，通常认为，CPU 频率越高（CPU 外频和内存频率一般保持 1：4 关系）、核数越多越好；Revit 软件在保存、渲染、清理墙链接等方面，会用到多线程技术，故推荐 CPU 拥有二级或三级高速缓冲存储器；采用 64 位 CPU（即 64 位操作系统），有助于提升运行速度。

(2) 内存：按有关资料介绍，Revit 模型文件所占用内存容量，在文件自身大小 20 倍以上；另为充分发挥 64 位操作系统优势，16G 或 32G 宜成为内存标准配置，且多多益善。

(3) 显卡：显卡性能对模型表现和模型处理而言，至关重要。显卡要求支持 DirectX 11.0（一个图形应用程序接口）和 Shader Model 3.0（DirectX 9.0C 级别显卡全面支持的一项特效）以上。越高端的显卡，其三维效果越逼真，图面切换越流畅。为此，应选用独立显卡（因集成显卡需占用系统内存），且显存容量不宜小于 4G。若采用 Revit 软件，则可在 Autodesk 网站上搜索及查询 Revit 认证的显卡驱动。此外，Revit 软件主要支持基于 windows 环境的显卡，其中 Nvidia 显卡目前市场占有率最高（其最新采用 Fermi 架构 GTX 规格），其次是 ATI 显卡。

(4) 硬盘：硬盘转速对软件系统也有影响，一般来说是越快越好，但其对软件工作表现的提升作用，初看没有前三者明显，故硬盘重要性常被客户忽视。其实当设有虚拟内存并处理复杂模型时，硬盘读写性能十分重要。为提升系统及 Revit 运行速度及文件存储速度，可采取"普通硬盘＋固态硬盘（Solid State Disk 或 Solid State Drive，SSD）"配置模式，并将系统、Revit 和虚拟内存（与物理内存容量之比多为 2∶1）都安置于 SSD 中。

(5) 显示器：BIM 软件多视图对比效果，可在多个显示器上得以淋漓尽致地展现。故为避免多软件间切换烦琐，推荐采用双显示器或多显示器（目前常规图显分辨率为 1920×1080，专业图显则为 2560×1600）。

4）关键配置推荐

(1) 台式机配置推荐（表 4.22）。

台式机配置推荐表　　　　　　　　　　　　表 4.22

| 配置名称 | 机器型号：Dell Precision T5610 |
|---|---|
| CPU1 | Xeon E5-2637 v2<br>（四核 HT,3.5GHz Turbo,15MB） |
| CPU2 | Xeon E5-2637 v2<br>（四核 HT,3.5GHz Turbo,15MB） |
| 操作系统 | Windows® 7 专业版 64 位 |
| 主板 | 英特尔 C602 |
| 内存插槽数 | 8 |
| 内存 | 32GB(4×8GB)1866MHz DDR3<br>ECC RDIMM |
| 显卡 | NVIDIA Quadro K4000 |
| 硬盘 1 | 256GB2.5 英寸 SSD |
| 硬盘 2 | 1TB 3.5 英寸 SATA(7200rpm)硬盘 |
| 网卡 | 无附加网卡 |
| 声卡 | 无附加声卡 |
| 机箱 | 中塔式机 |
| 显示器 1 | 戴尔 Ultrasharp U2412M(1920×1200) |
| 显示器 2 | 戴尔 Ultrasharp U2412M(1920×1200) |
| 电源 | 825W,能效为 90%<br>(80Plus® 金牌认证) |
| 光驱 | 8x 超薄 DVD+/-RW 光驱 |

(2) 笔记本配置推荐（表 4.23）。

笔记本配置推荐表　　　　　　　　　　　　表 4.23

| 配置名称 | 机器型号：Dell Precision M6800 |
|---|---|
| CPU1 | Corei7-4930MX 处理器<br>（四核,3.0GHz,8M,含 HD 显卡 4600） |
| CPU2 | 无 |
| 操作系统 | Windows® 7 专业版 64 位 |
| 主板 | 英特尔 QM87 |
| 内存插槽数 | 4 |
| 内存 | 16GB(4×4GB)1866MHz DDR3L |
| 显卡 | NVIDIA Quadro K5100M |
| 硬盘 1 | 256GB Solid State Drive Full Mini Card |
| 硬盘 2 | 1TB 2.5 英寸 SATA(7200rpm)硬盘 |

续表

| 配置名称 | 机器型号：Dell Precision M6800 |
|---|---|
| 网卡 | 无附加网卡 |
| 声卡 | 无附加声卡 |
| 机箱 | Precision M6800 系列 |
| 显示器1 | 17.3 英寸全高清（1920×1080）<br>宽视角、防眩光、LED 背光 |
| 电池 | 9 芯(97W·h)锂离子电池含 Express Charge |
| 电源 | 240W AC 适配器 |
| 光驱 | 8x 超薄 DVD+/-RW 光驱，吸入式 |

5）网络环境

采用协同平台进行 BIM 协同设计，通常要求所在项目部配置文件缓存服务器，或者利用总部的中心服务器。办公室局域网推荐有线千兆连接，最低保证百兆带宽到工位。不推荐在无线网络中进行 BIM 协同设计。

除了存取文件需要访问文件缓存服务器，协同平台还需要访问中心服务器获取目录结构、权限设置等信息。由于文件缓存服务器和办公位一般处在同一个内网内，延时在毫秒级，此部分的网络延时可以忽略。但是中心服务器和分公司常常是异地的关系，因此分公司到中心服务器的延时理想情况下应保持在 20～30ms 以内，不宜超过 50ms，否则在操作时会感到明显的卡顿。

## 4.2.2 BIM 制图原理

**1. BIM 制图原理概述**

CAD（Computer Aided Design）技术即计算机辅助设计，通过计算机软件及图形设备辅助设计人员完成建筑物的二维平面的建立、修改、分析或优化。CAD 解决了手工绘制和手工修改图纸时容易出错的问题，同时将 CAD 图形运行在建筑所涉及的各专业中交叉循环利用，更好地满足建筑市场需求，节省了设计成本，有效提高了效率。CAD 计算机辅助绘制代替了传统手工绘图，使设计更加便捷、有效，大大提升工作效率，在工程绘（制）图领域中产生了深远的影响。

BIM 主要通过采集建筑工程项目中的各种相关工程信息数据，进行建筑模型的三维图像建立，并以信息数字化的三维几何建模方式呈现建筑物的实际状况。建立的建筑三维立体模型能够保持信息的完备性、关联性、一致性等性能特征，拥有可视化、协调性、模拟性、优化性和可出图性等 5 大应用表现特点。建筑三维立体模型通过将工程项目中从设计到施工运营整个过程所含有的数字信息、功能要求和性能等建筑信息整合集成，将数字信息化管理应用于整个建筑项目全生命周期中。BIM 技术通过连接工程项目在不同阶段产生和需要的数据，在项目的全生命周期中对项目的规划设计、施工及后期的运行和维护等过程施行数字化信息集成综合管理。BIM 除了对采集的信息集成综合管理外，还可以创建新的数据以及对项目全生命周期的动态信息数据实现实时共享。BIM 技术是在 CAD 计算机绘图基础上的技术延伸和发展，使工程技术人员准确高效地识别项目各项信息，协同建筑设计方、施工方及运营方等部门在建筑全生命周期中有效做功，增强建筑的灵活性和可变性，提高建筑的使用效率，降低生产和运营成本。

建筑物的图纸主要通过绘制的平面图、立面图和剖面图等多个部位视图全面展现建筑物的立体状态。在 CAD 技术时期，设计人员运用点、线、面组成图形，体现建筑物的有形构造；但是 CAD 绘制的图像属于二维平面图像，与传统手工绘制的图像相比，虽然能够有效地降低劳动强度，减少对图时硫酸图纸反复重叠带来的失误率；但却不能对图像进行直观呈现，容易在施工人员识别图像信息的过程中，因为人员专业水平的不同，令识别的图纸信息与施工实际操作的过程存在一定的误差。另外，运用 CAD 技术绘制的工程二维平面图也容易出现线条繁多而杂乱的情况，不能全方位清晰展示，须通过 3 个部位视图才能全面表述。而在 BIM 时期，运用 BIM 技术绘制的工程图则可以通过三维建模的立体形式，形象充分展现建筑的设计状态，获得建筑物不同角度的视图。因此，当只需要建筑物的平面、立面和剖面二维图像时，CAD 与 BIM 二者之间区别不明显；但当建筑物的信息或是位置等相关数据需要改变时，CAD 就只能通过更改已有的平面图、立面图和剖面图等能体现建筑物状态的相关图纸，以及统计关于建筑数据信息的文件进行更新，实际操作中除了更改数据外，还需要重新计算建筑物的其他相关数据。该技术方法会导致项目建造时间延长，耽误工期，增加建造成本。而采用 BIM 技术则只需在建立的三维建筑模型中更改相关的参数数据，就可以完成对整个项目数据信息的更新，从而减少了工程技术人员的劳动强度，降低了失误率，减少因变动对后续工作的影响，从而提高工作效率。另外，BIM 技术还能保证施工人员在识别图像信息的过程中，不会因为人员专业技术水平的不同而影响建筑物的实际施工，导致设计图纸所呈现的与实际施工效果不一致。

**2. BIM 出图范围划分与模型架构拆分**

1) 土建 BIM 出图范围

建筑专业 BIM 出图范围包括：

(1) 平面系统：包括各楼层平面图、屋顶平面图。

(2) 立面系统：包括室外立面图、各个房间室内立面图。

(3) 剖面系统：包括各个方向的剖面图、墙体剖面。

(4) 局部放大图：包括卫生间详图、楼梯间。

(5) 详图：特殊需要表达的节点详图。

(6) 明细表：包括面积表、门窗表、柜子明细表、室内材料明细表。

(7) 三维透视图/轴测图：包括整体三维透视图、整体轴测图、局部透视图、局部轴测图。

2) 结构专业出图范围

结构专业节点图由于示意性较强，且受制图规范和格式限制，难以通过 BIM 的实际模型来导出相应图纸，所以仍需要二维制图来辅助。但各层留洞图、柱平法施工图、结构模板图、板配筋图、梁平法施工图以及地下四大块中的底板设备基础图、基础配筋图、基础布置图等均可以通过 BIM 设计出图。

3) 机电 BIM 出图范围

机电系统专业除系统原理图、设计说明外，均采用 BIM 出图，例如，给水排水系统平面图、暖通空调平面图、电气系统平面图、机房大样图、机房三维轴测图等。

4) 模型架构拆分原则

(1) 保障计算机运行的流畅性；

(2) 降低对图纸输出的影响；

(3) 不破坏建筑结构机电模型的结构逻辑；

(4) 单个模型不大于 250MB。

5) 模型架构拆分注意事项

(1) 注意制定模型拆分的原则与标准；

(2) 考虑后续模型的拼接整合；

(3) 注意科学合理的拆分顺序；

(4) 注意考虑拆分之后管线综合的调整需求；

(5) 注意拆分模型的管线综合排布原则一致；

(6) 注意拆分模型上下层之间的机电系统功能联系；

(7) 注意拆分模型各专业之间的相互配合；

(8) 注意考虑模型拆分到模型拼接之间的流程；

(9) 注意模型拆分的质量控制、时间节点、人员安排的合理性。

以轨道交通为例，首先，按车站、区间、场段进行拆分；其次，按专业拆分；最后，每个专业再根据上述拆分原则进行拆分。例如，土建可按车站主体、出入口、风道附属拆分，机电专业可按系统拆分。

### 3. BIM 出图流程介绍

BIM 三维设计软件有多种，这里以 Revit 为例来介绍 BIM 出图流程，Rhino、Tekla 等软件的出图流程大同小异，软件操作可能会略有不同，可进行类比参照。Revit 的出图流程可参照图 4.20。

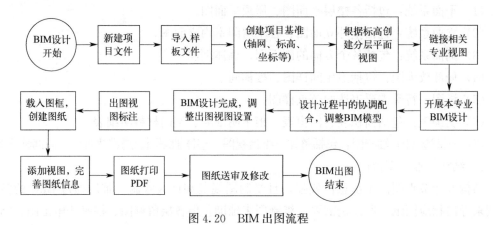

图 4.20 BIM 出图流程

1) 新建项目

收到项目启动模型设计后，各专业 BIM 工程师就要开展模型的搭建工作，首先就需要新建本专业的项目文件。建立本专业项目文件时，要选择项目上已经制定的样板文件，这可以保证项目各专业的基准文件的统一（图 4.21）。

图 4.21 新建本专业的项目文件

2) 初步模型搭建

新建项目文件后，就要开展 BIM 设计工作，各专业的建模方式需要与项目制定的协同机制保持统一。例如，机电专业还需要插入链接建筑、结构及其他相关专业的 BIM 模型文件以进行参照建模。各专业根据先前的输入资料，开展各自专业模型的设计，如建筑的墙、板、门、窗，结构的墙、梁、板、柱，机电的管线、桥架等。

3) 互提资设计配合

各专业在模型设计过程中，会涉及互提资的设计配合。各专业 BIM 模型中应处理针对不同专业的视图，通过过滤器，使得视图中只含有需要提资给接收专业关注的内容，其他内容淡显或隐藏。

4) 模型细节深化

经过多轮的互提资后，各专业的功能布局，系统实现都已趋于配合完成。接下来就需要各专业进行本专业内部的细节深化。建筑、结构专业要关注构件之间搭接的细节，机电专业关注各系统风管、管道、桥架等与设备以及机电末端的连接。

5) 视图设置

出图前需要进行一些准备工作，首先建议从建模视图中复制出专门用于出图的视图，将建模的视图与出图视图区分开来，复制好对应视图后将其打开，直接在实例属性栏的"视图分类"命名视图分类名称即可。

打开用于出图的视图，调整好视图比例，在视图控制栏找到裁剪视图工具，将其切换至裁剪视图和隐藏裁剪区域，把四个立面视图符号隐藏（图 4.22）。

各专业根据图面表达切换"图形显示样式"。

6) 注释添加

(1) 打开视图，点击"注释"选项卡，我们可以看到注释选项卡下包括：尺寸标注、详图、文字、标记、颜色填充、符号，主要使用的是"尺寸标注"和"标记"工具（图 4.23，

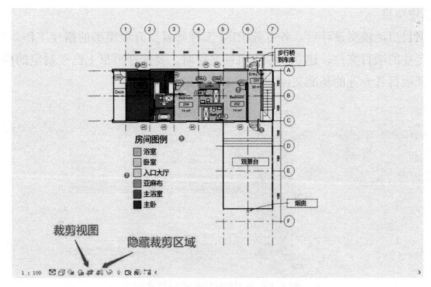

图 4.22 裁剪视图工具操作

尺寸标注的样式可以到对应的类型属性对话框中进行修改）。

图 4.23 "注释"选项卡

（2）点击注释选项卡中的"按类别标记"，逐一标记所选图元，标记符号需要载入相关的注释族、标记族，很多系统自带的资源并不满足各专业的规范要求，这就需要自己重新编辑进行使用。

注意：在绘制管道、风管、桥架时，可以点击选项卡下的"在绘制时进行放置"命令直接对绘制的图元进行标记。

7）图层设置

在"可见性/图形"中找到过滤器，在过滤器中调整图元线型属性（图 4.24）。也可以在导出 DWG/DWF 格式的时候进行设置（图 4.25）。

注意：导出 CAD 图时，如果模型中的图元颜色没有进行任何设置修改，导入到 CAD 里面的二维图中图元的颜色会和 Revit 中设置的图元边框颜色保持一致；在"可见性/图形"中设置的线型属性优先级别比"DWG 导出设置"的更高；DWG/DWF 导出设置可以通过"传递项目标准"进行传递，"可见性/图形"中的设置不能进行传递；对于链接的建筑结构模型，如果进行绑定打散之后，导出的 DWG 文件还需要对墙颜色、填充重新设置；"可见性/图形"中的"模型类别"也可以对图元的线型属性进行设置，这里的设置相当于对图层概念的设置。

8）布图

在"视图"选项卡中单击"图纸"命令创建图纸，选择合适的标题栏（及图框），将

# 第4章 海外项目 BIM 技术实施体系

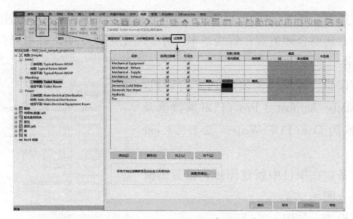

图 4.24 "过滤器"选项卡

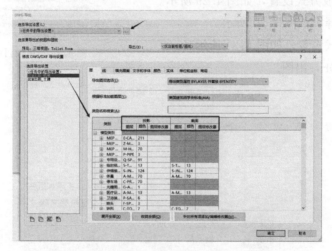

图 4.25 在导出 DWG/DWF 格式时设置

相应的视图直接拖移至图纸界面区域即可（图 4.26）。

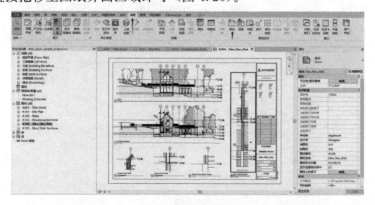

图 4.26 布图操作

标题栏、视图名称都属于族，多数情况都是需要用户自己修改创建的，可以一次做好保存以供以后继续使用。

图纸的布局也是一个重要的工作，图纸应该做到：定位尺寸标注准确美观；模型尺寸、标高、系统类型、相关说明标注完善；局部管线复杂的地方应该有剖面图或者详图；剖面图和详图的布局要合理美观；管线基本尺寸、类型应该注明，且布局合理没有碰撞。

9）图纸导出

（1）PDF 打印机：计算机需安装 PDF 打印机，首选推荐使用 Adobe Acrobat 9 Pro（PDF 阅读器及编辑软件），其次为 Doro PDF Writer _ 2.1.9.1.exe（虚拟打印机）。

（2）图纸准备：在项目中新建图纸，设置图框并完善图纸信息（图 4.27）。

（3）打印机设置，如图 4.28 所示。

（4）PDF 生成方式设置，如图 4.29 所示。

（5）图纸选择，如图 4.30 所示。

（6）打印样式设置，如图 4.31 所示。

（7）打印 PDF，出图。

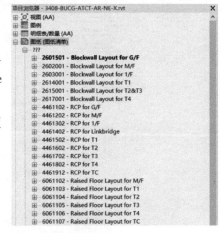

图 4.27 在项目中新建图纸

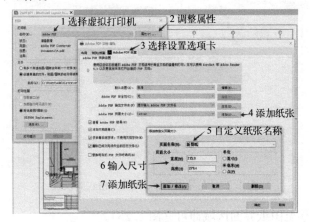

图 4.28 打印机设置

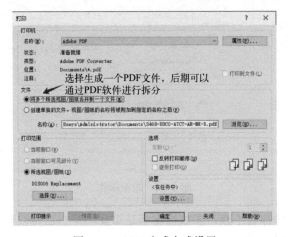

图 4.29 PDF 生成方式设置

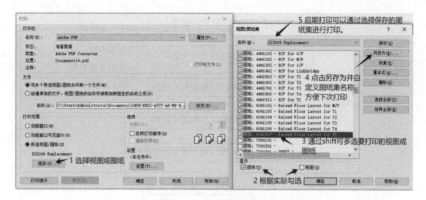

图 4.30　图纸选择

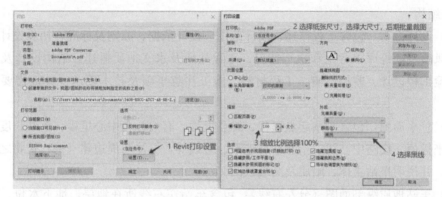

图 4.31　打印样式设置

### 4.2.3　设计协同总体策划与能力建设

**1. BIM 协同工作框架策划**

BIM 协同工作框架包括两部分，一部分是项目整体的 BIM 工作框架，包括各个项目参与方，对各个参与方均应提出明确的 BIM 要求，业主方、顾问方、审核方均应具备基础的 BIM 能力，有比较清晰的对 BIM 的理解，认可正向 BIM 协同设计成果的效力；另一部分是设计团队内部需要建立 BIM 工作框架，设计与设计管理的核心人员，包括项目经理、项目总负责人、设计总负责人、总设计师、各专业负责人，都被囊括在 BIM 工作框架中，项目的核心工作流程，包括评审、内部质量控制、出版控制、文件控制等，都应基于 BIM 的工作方式。BIM 协同工作框架如图 4.32 所示。这要求项目在管理体系、各参与方的团队管理体系、参与方之间的协作体系上，都针对 BIM 有倾向性调整。

**2. 设计文件内容组织策划**

BIM 设计文件内容应基于传统的二维出图表达内容，并且要满足设计文件深度要求。然后在此基础上，可以根据 BIM 相关视图充实设计内容。下面以轨道交通工程中的结构及暖通专业在施工图阶段的设计内容策划为例进行说明。

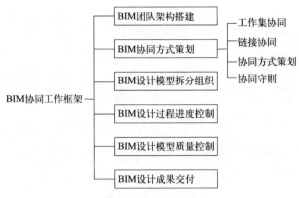

图 4.32 BIM 协同工作框架

1）结构

(1) 设计说明：包含工程概述、设计范围、设计依据、原则及标准、初步设计及抗震专项、风险专项等评审意见和执行情况、工程地质及水文地质概述、结构设计及构造要求、风险工程设计、监控量测、工程材料、施工注意事项及技术要求、其他需要说明的事项。

(2) 总平面图：包含车站起点里程、终点里程、有效站台中心里程、车站长度、车站关键点坐标值、线路中心线、指北针、地形、管线等，标注与周边建（构）筑物之间的平面关系，并说明车站主体、附属及两端区间工法。

(3) 车站地质纵剖面图（分左右线）：包含车站左右线所在地层、地下水位、车站纵向围护结构与地层相对关系、车站竖向各支撑距离、车站围护结构嵌固深度、地层加固范围（若有）。

(4) 车站围护结构平面图：包含围护结构平面布置（含桩型及间距）、止水措施（如有）、第一道支撑（含截面形式和尺寸大小）平面布置、第二道及其以下支撑（含截面形式和尺寸大小）平面布置。

(5) 车站主体围护结构纵剖面图：包含车站围护结构类型、间距、长度；支撑型号、水平间距与竖向间距等。

(6) 车站围护结构横剖面图：包含围护结构类型、长度、坑底嵌固深度；支撑类型及竖向间距，标明支撑设计轴力、预加轴力。

(7) 围护结构配筋图：包含车站所有围护结构的配筋图。

(8) 施工步序图：包含车站标准段施工步序图、车站非标准段施工步序图。

(9) 冠梁、混凝土支撑配筋及节点大样图：包含冠梁、混凝土支撑钢筋图；挡土墙、冠梁角点、混凝土角板撑等钢筋大样图。

(10) 钢支撑、围檩大样图：包含车站设计采用的钢支撑、围檩构造的平面、剖面，各个细部构件的材料类型、形状、尺寸。

(11) 临时立柱结构图：包含临时立柱上部结构尺寸、材料类型及尺寸，上部构件节点详图；下部立柱桩型号、长度及钢筋图。

(12) 冠梁预埋件及钢支撑防脱落构造图：包含冠梁为架设钢支撑预埋钢板型号、尺寸，预埋钢筋型号、数量及长度；钢支撑防脱落构造详图。

(13) 锚索节点图（若有）：包含钢围檩支座平面图、剖面图，支座各构件形状、材料、厚度；锚索大样图。

(14) 顶板结构平面图：包含顶板结构设计范围、顶板纵梁、车站中柱、顶板孔洞、孔洞边梁和次梁、顶板挡墙（若有）、与附属接口。

(15) 中板结构平面图：包含中板结构设计范围、中板纵梁、车站中柱、中板孔洞、孔洞边梁和次梁、侧墙开洞暗柱、临空墙、与附属接口。

(16) 底板结构平面图：包含底板结构设计范围、底板纵梁、车站中柱、底板下沉范围、集水坑、车站端部人防墙、与附属接口。

(17) 中板预埋件及孔洞布置图：包含中板孔洞大小、位置及中板预埋件类型、位置。

(18) 车站结构纵剖面图：包含车站顶板、中板、底板、顶纵梁、中纵梁、底纵梁、中柱、壁柱、边梁及次梁在车站竖向、纵向布置关系。

(19) 车站主体结构横剖面图：包含顶板、中板、底板、纵梁、次梁、中柱、侧墙等构件尺寸。

(20) 内部结构预埋条件大样图：包含车站轨顶风道侧墙、站台板轨底风道侧墙、站台板下柱子钢筋预埋条件。

(21) 车站箱形框架通用钢筋构造图：包含车站主体结构标准段顶板、中板、底板、侧墙的配筋形式、箍筋分布范围及间距、支座、腋角及角部钢筋大样。

(22) 预埋钢环详图：包含车站与区间接口平面、剖面关系，以及车站端墙预埋环型号、数量及立面布置图。

(23) 风险源设计图：包含在车站施工影响范围内的建（构）筑物与车站结构平面关系、剖面关系，并提供有针对性的处理措施。

(24) 监控量测总平面图：包含车站基坑、周边建（构）筑物测点平面布置。

(25) 监控量测横剖面图：包含基坑测点监测项目、监测频率、仪器精度、布点数量、变形控制标准、预警级别及状态描述、地表及管线沉降控制指标。

(26) 顶板配筋平面图：包含顶板结构主筋、分布筋、附加筋、箍筋等钢筋的布置范围、型号和间距。

(27) 中板配筋平面图：包含中板结构主筋、分布筋、附加筋、箍筋等钢筋的布置范围、型号和间距。

(28) 底板配筋平面图：包含底板结构主筋、分布筋、附加筋、箍筋等钢筋的布置范围、型号和间距。

(29) 侧墙配筋平面图：包含侧墙结构主筋、分布筋、附加筋、箍筋等钢筋的布置范围、型号和间距。

(30) 端墙配筋平面图：包含端墙结构主筋、分布筋、附加筋、箍筋等钢筋的布置范围、型号和间距。

(31) 顶纵梁结构钢筋图：包含顶纵梁主筋、分布筋、附加筋、箍筋等钢筋的布置范围、型号和间距。

（32）中纵梁结构钢筋图：包含中纵梁主筋、分布筋、附加筋、箍筋等钢筋的布置范围、型号和间距。

（33）底纵梁结构钢筋图：包含底纵梁主筋、分布筋、附加筋、箍筋等钢筋的布置范围、型号和间距。

（34）柱配筋图：包含柱主筋和箍筋、柱芯主筋及箍筋布置范围、型号和间距。

（35）侧墙开洞及洞边加强图：包含侧墙开洞周边加强钢筋布置范围、型号、长度和数量。

（36）边梁、边柱、暗梁及暗柱配筋图：包含边梁、边柱、暗梁及暗柱主筋、分布筋、箍筋、拉筋等钢筋布置范围、型号和数量。

（37）主体结构节点大样图：

（a）站台板平面布置图：包含站台板孔洞大小及位置、结构梁尺寸及平面布置。

（b）站台板结构剖面图：包含车站范围内不同里程段站台板结构横剖面图。

（c）站台板平面钢筋图：包含站台板横向、纵向钢筋型号、间距。

（d）卫生间及废水池开洞大样图：包含卫生间及废水池开洞大小、位置；预埋件型号及位置。

（38）二次结构节点详图：包含二次结构与车站主体结构相接处节点钢筋大样；二次结构预埋件型号、尺寸及数量；二次节点细部构造尺寸及钢筋图。

（39）轨顶风道平、剖面图：包含轨顶风道平面范围、风道底板开洞大小、数量及分布；轨顶风道剖面图。

（40）楼梯结构及钢筋图：包含车站范围内楼梯结构、楼梯板配筋图、楼梯梁和柱配筋图、楼梯预埋件。

（41）楼板设备基础平面布置图：包含楼板设备基础大小、位置及设备预埋件。

（42）设备基础详图：包含车站范围内基础结构大小及钢筋图。

2）暖通

（1）总图：应清楚表达放置于总图上的暖通设备、管线与车站的相互关系；应注明风亭类型、名称、尺寸、间距、主导风向等信息。

（2）各层平面图：根据建筑专业提供各车站建筑图，绘制车站平面图，包含的内容如下但不限于：风管、水管、VRV（Varied Refrigerant Volume，变制冷剂流量）空调系统、机械设备（组合空调箱、风机、冷水机组等），标注管径、标高、设备编号等。

（3）剖面图：根据建筑专业的车站建筑剖面，在必要处（如管线复杂处）都应绘制剖面图，应表达风管、风道、水管等设备的相互关系、尺寸、标高等信息。

（4）系统图：应有隧道通风原理图、车站通风原理图、水系统原理图、多联机原理图、设备管理用房通风空调原理图等。

**3. BIM 出图范围策划**

以城市轨道交通为例，对主要专业的 BIM 出图范围进行规定。其他类工程可参照执行。

1）建筑专业出图范围示例表（表 4.24）

建筑专业出图范围示例表 表 4.24

| 序号 | 图纸名称 | 是否用 BIM 出图 | 备注 |
| --- | --- | --- | --- |
| 0 | 图纸目录 | 是 | |
| 1 | 设计说明 | 否 | |
| 2 | 设备与管理用房材料、做法及面积统计表 | 是 | |
| 3 | 设计用房顶棚装修详细做法表 | 是 | |
| 4 | 主体建筑部分设备与管理用房门窗表 | 是 | |
| 5 | 车站主体孔洞汇总表 | 是 | |
| 6 | 总平面图 | 是 | 1:500 |
| 7 | 站厅层平面图 | 是 | 1:200 |
| 8 | 站台层平面图 | 是 | 1:200 |
| 9 | 站台板下平面图 | 是 | 1:200 |
| 10 | 剖面图 | 是 | 1:100 |
| 11 | 断面图 | 是 | 1:50 |
| 12 | 站厅层剖面图 | 是 | 1:100 |
| 13 | 站台层剖面图 | 是 | 1:100 |
| 14 | 站台板下层轴平面图 | 是 | 1:100 |
| 15 | 公共区楼扶梯平面图 | 是 | 1:50 |
| 16 | 公共区楼扶梯剖面图 | 是 | 1:50 |
| 17 | 无障碍电梯平剖面图 | 是 | 1:50 |
| 18 | 设备区楼梯平剖面图 | 是 | 1:50 |
| 19 | 出地面紧急疏散楼梯平剖面图 | 是 | 1:50 |
| 20 | 站厅层卫生间平剖面图 | 是 | 1:50 |
| 21 | 站台层公共卫生间平剖面图 | 是 | 1:50 |
| 22 | 废水泵房详图 | 是 | 1:50 |
| 23 | 污水泵房详图 | 是 | 1:50 |
| 24 | 区间人防隔断门详图 | 是 | 1:100 |
| 25 | 大样图 | 否 | 1:20 |

2）结构专业出图范围（表 4.25）

结构专业出图范围示例表 表 4.25

| 序号 | 图纸名称 | 是否用 BIM 出图 | 备注 |
| --- | --- | --- | --- |
| 1 | 设计说明 | 是 | |
| 2 | 结构总平面图 | 是 | |
| 3 | 车站地质纵剖面图 | 是 | |
| 4 | 主体围护结构平面图 | 是 | |
| 5 | 主体围护结构纵剖面图 | 是 | |
| 6 | 主体围护结构横剖面图 | 是 | |
| 7 | 围护桩配筋图 | 是 | |
| 8 | 冠梁、混凝土支撑配筋及节点大样图 | 是 | |
| 9 | 钢支撑、围檩大样图 | 否 | |
| 10 | 临时立柱结构图 | 是 | |
| 11 | 冠梁预埋件及钢支撑防脱落构造图 | 否 | |
| 12 | 锚索节点图 | 否 | |

续表

| 序号 | 图纸名称 | 是否用BIM出图 | 备注 |
|---|---|---|---|
| 13 | 车站主体施工步序图 | 否 | |
| 14 | 车站监控量测总平面图 | 是 | |
| 15 | 主体结构标准横断面监测图 | 是 | |
| 16 | 风险源设计图 | 是 | |
| 17 | 顶板结构平面图 | 是 | |
| 18 | 中板结构平面图 | 是 | |
| 19 | 中板预埋件及孔洞布置图 | 是 | |
| 20 | 底板结构平面图 | 是 | |
| 21 | 主体结构纵剖面图 | 是 | |
| 22 | 主体结构横剖面图 | 是 | |
| 23 | 内部结构预埋条件图 | 是 | |
| 24 | 主体结构标准段配筋图 | 是 | |
| 25 | 车站箱型框架通用钢筋构造图 | 否 | |
| 26 | 顶板配筋平面图 | 是 | |
| 27 | 中板配筋平面图 | 是 | |
| 28 | 底板配筋平面图 | 是 | |
| 29 | 侧墙配筋平面图 | 是 | |
| 30 | 端墙配筋平面图 | 是 | |
| 31 | 顶纵梁结构钢筋图 | 是 | |
| 32 | 中纵梁结构钢筋图 | 是 | |
| 33 | 底纵梁结构钢筋图 | 是 | |
| 34 | 柱配筋图 | 是 | |
| 35 | 侧墙开洞及洞边加强图 | 是 | |
| 36 | 边梁、边柱、暗梁及暗柱配筋图 | 是 | |
| 37 | 主体结构节点大样图 | 否 | |
| 38 | 预埋钢环详图 | 否 | |
| 39 | 站台板下墙、柱平面布置图 | 是 | |
| 40 | 站台板平面布置图 | 是 | |
| 41 | 站台板结构剖面图 | 是 | |
| 42 | 站台板平面钢筋图 | 是 | |
| 43 | 卫生间及废水池开洞大样图 | 是 | |
| 44 | 二次结构节点详图 | 否 | |
| 45 | 轨顶风道平、剖面图 | 是 | |
| 46 | 楼梯结构及钢筋图 | 是 | |
| 47 | 楼板设备基础平面布置图 | 是 | |
| 48 | 设备基础详图 | 否 | |

3）给水排水专业出图范围（表4.26）

**给水排水专业出图范围示例表**　　　　表4.26

| 序号 | 图纸名称 | 是否用BIM出图 | 备注 |
|---|---|---|---|
| 1 | 施工图设计说明 | 否 | |
| 2 | 图例 | 否 | |
| 3 | 主要工程数量表 | 否 | |
| 4 | 室外给水排水及消防总平面图 | 否 | 比例同建筑 |
| 5 | 各层给水排水及消防平面图 | 是 | 1∶100 |
| 6 | 各出入口给水排水及消防平面图 | 是 | 1∶100 |
| 7 | 各风道给水排水及消防平面图 | 是 | 1∶100 |
| 8 | 车站消防给水及生产生活给水系统图 | 否 | |
| 9 | 消防泵房平、剖面图 | 是 | 1∶50 |
| 10 | 消防泵房系统图 | 是 | 三维视图 |
| 11 | 废水泵房平、剖面图 | 是 | 1∶50 |
| 12 | 废水泵房系统图 | 是 | 三维视图 |
| 13 | 污水泵房平、剖面图 | 是 | 1∶50 |
| 14 | 污水泵房系统图 | 是 | 三维视图 |
| 15 | 各层卫生间给水排水大样图 | 是 | 1∶50 |
| 16 | 冷却水循环系统原理图 | 否 | |
| 17 | 车站气体灭火系统平面布置图 | 是 | 1∶100 |
| 18 | 车站气体灭火系统原理图 | 否 | |

4）暖通专业出图范围（表4.27）

**暖通专业出图范围示例表**　　　　表4.27

| 序号 | 图纸名称 | 是否用BIM出图 | 备注 |
|---|---|---|---|
| 1 | 图纸目录 | 否 | |
| 2 | 图例 | 否 | |
| 3 | 总平面图 | 否 | 比例同建筑 |
| 4 | 施工设计说明 | 否 | |
| 5 | 材料表 | 否 | |
| 6 | 区间隧道通风系统、车轨区域排热系统原理图 | 否 | |
| 7 | 车站公共区通风空调系统原理图 | 否 | |
| 8 | 车站公共区通风空调水系统原理图 | 否 | |
| 9 | 车站设备管理用房通风空调系统图 | 否 | |
| 10 | 设备管理用房多联分体空调系统图 | 否 | |
| 11 | 站厅层隧道通风、公共区通风空调平面图 | 是 | 1∶200 |
| 12 | 站台层隧道通风、公共区通风空调平面图 | 是 | 1∶200 |
| 13 | 站厅层大端设备管理用房通风空调平面图 | 是 | 1∶100 |
| 14 | 站厅层小端设备管理用房通风空调平面图 | 是 | 1∶100 |
| 15 | 站台层设备管理用房通风空调平面图 | 是 | 1∶100 |
| 16 | 站台层生活用房通风空调平面图 | 是 | 1∶100 |
| 17 | 站厅层通风空调水系统平面图 | 是 | 1∶100 |
| 18 | 车站剖面图 | 是 | 1∶100 |
| 19 | 中板下通风平面图(轨顶) | 是 | 1∶100 |
| 20 | 站台板下通风平面图(轨底) | 是 | 1∶50 |
| 21 | 站厅层VRV空调平面图 | 是 | 1∶100 |

续表

| 序号 | 图纸名称 | 是否用BIM出图 | 备注 |
|---|---|---|---|
| 22 | 站台层VRV空调平面图 | 是 | 1:100 |
| 23 | 通风空调机房水管平面图 | 是 | 1:50 |
| 24 | 通风空调机房风管平面图 | 是 | 1:50 |
| 25 | 站厅层测点位置图 | 是 | |
| 26 | 站台层测点位置图 | 是 | |
| 27 | 通风空调机房风管平面图 | 是 | 1:50 |
| 28 | 站厅层环控机房主要风系统三维 | 是 | |
| 29 | 车站公共区通风空调系统运行工况表 | 否 | |
| 30 | 车站设备管理用房通风空调系统运行工况表 | 否 | |
| 31 | 车站火灾运行工况表 | 否 | |

5）电气专业出图范围（表4.28）

电气专业出图范围示例表　　　　表4.28

| 序号 | 图纸名称 | 是否用BIM出图 | 备注 |
|---|---|---|---|
| 1 | 0.4kV主接线图 | 否 | |
| 2 | 动力总配电系统图 | 否 | |
| 3 | 照明总配电系统图 | 否 | |
| 4 | 应急照明配电系统图 | 否 | |
| 5 | 环控电控柜控制网络结构示意图 | 否 | |
| 6 | 综合接地系统示意图 | 否 | |
| 7 | 智能照明控制系统示意图 | 否 | |
| 8 | 变电所0.4kV排列图 | 是 | |
| 9 | 站厅A端环控电控室电控柜排列图 | 是 | |
| 10 | 站厅B端环控电控室电控柜排列图 | 是 | |
| 11 | 站厅层电缆干线及配电箱布置平面图 | 是 | 比例同建筑 |
| 12 | 站台层电缆干线及配电箱布置平面图 | 是 | 比例同建筑 |
| 13 | 站厅层/站台层正常照明配电平面图 | 是 | 1:100 |
| 14 | 站厅层/站台层应急照明配电平面图 | 是 | 1:100 |
| 15 | 站厅层/站台层插座配电平面图 | 是 | 1:100 |
| 16 | 站厅层/站台层动力配电平面图 | 是 | 1:100 |

**4. BIM协同设计团队架构和岗位设置策划**

BIM协同设计团队架构和岗位设置策划如图4.33所示。

1）设计总体（项目负责人）

职责：建立内部管理体系和组织架构，在《BIM执行计划》指导下，监督落实各部门、专业BIM技术在项目中的应用；负责将各专业的最终BIM模型成果和BIM应用成果提交给业主。

2）BIM经理（BIM副总体）

职责：编制《BIM执行计划》和《BIM标准》，牵头搭建BIM技术协同设计平台、开发族库、开发数据库系统。组织管理项目的BIM实施，收集并审核各参与方在各个阶段的BIM模型成果和BIM应用成果，对各参与方的BIM工作进行指导、支持；汇总各专项设计方 BIM 模型，整合后向设计总体提交包含各专业的最终 BIM 模型成果和 BIM 应用成果。

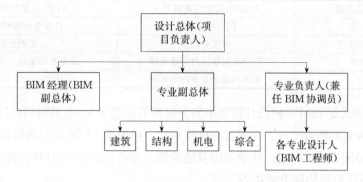

图 4.33 BIM 协同设计团队架构和岗位设置策划

3）专业副总体

职责：主要负责本专业内部的技术方案的制定，同甲方、政府部门进行沟通协调，并对所负责专业的 BIM 技术成果进行质量、进度把控。

4）专业负责人（兼任 BIM 协调员）

职责：同 BIM 经理、专业副总体以及 BIM 工程师进行沟通、协调本专业的设计方案、BIM 实施等工作，督促并检查 BIM 工程师按照《BIM 标准》开展本专业的模型设计及成果提交。对 BIM 工程师遇到的专业技术问题、设计方案问题进行答疑。

5）各专业设计人（BIM 工程师）

BIM 模型设计的实际执行人，根据《BIM 执行计划》及《BIM 标准》，按照工程计划，高质量地完成 BIM 设计。

**5. BIM 协同设计策划**

三维协同的方式可分为链接、工作集协同以及链接与工作集组合的方式。

链接协同是指通过链接的形式将各个专业的图元表达在设计模型中，链接协同的模式对于各专业之间只是作为可视化和空间的定位参考，不能对其他专业进行编辑，占用的硬件和软件资源较少，应用较为广泛，技术也相对成熟。

工作集协同是指将一个模型作为中心模型，各相关专业均在中心模型上创建自己的工作集，在自己的工作集内创建构件，并保持与中心模型的增量传输。工作集协同在建模的过程中，能够实时同步更新模型，以确保模型信息动态可见，协调配合性较好，保证了图元的唯一性，提高了模型的准确性，也可通过借用图元权限对其他专业的图元进行修改。

1）链接与工作集协同方式特点比较

链接与工作集协同方式特点比较见表 4.29。

链接与工作集协同方式特点比较表　　　表 4.29

| 区别项 | 工作集协同 | 链接协同 |
| --- | --- | --- |
| 项目文件 | 同一中心文件 | 不同文件，相互链接 |
| 信息传递 | 双向、同步 | 单向 |
| 编辑其他专业权限 | 请求借用后可编辑 | 不可编辑 |

续表

| 区别项 | 工作集协同 | 链接协同 |
|---|---|---|
| 权限管理复杂度 | 较复杂,需制定管理要求 | 简单,仅需文档级管理 |
| 样板文件 | 同一样板文件 | 各专业单独样板文件 |
| 同步频率 | 可实时同步 | 定期更新 |
| 运行速度 | 模型数据量大时容易卡顿 | 模型数据量较工作集协同小 |
| 适用于 | 单体内或是专业内的协同 | 单体间或是专业间的协同 |

BIM协同方式是BIM正向设计流程中的关键环节,基于Revit的协同设计主要通过工作集与链接两种方式的组合实现。在项目总体策划时,应根据不同的设计阶段以及项目实际情况,结合三种协同方式的特点、优缺点以及适应性,选择合适项目阶段的协同模式。

2）不同设计阶段协同方式推荐

以轨道交通为例,设计阶段一般分为方案设计（总体设计、工程可行性研究设计）阶段、初步设计阶段和施工图设计阶段。

（1）方案设计阶段

方案设计阶段是设计中的一个初期环节,往往方案调整性较大,与周边环境、市政管线、地下障碍物等协调较多,建议采用链接方式将各车站体量、控制性条件的构件串接起来。

（2）初步设计阶段

初步设计阶段,各专业进入相互配合协调的工作状态,并且需要在较短时间内确定技术难点以及方案调整,并同步开展较为深入的建模工作,确保初步设计文件的准确性。因此在初步设计阶段,土建模型、机电模型的单体内采用工作集,各系统专业模型相互链接,在发挥三维模型直观性、精准性的同时,能够提高工作效率。表4.30为初步设计协同方式选用表。

初步设计协同方式选用表　　表4.30

| 单个车站 | 场地 | 土建模型 | 机电模型 | 系统模型 |
|---|---|---|---|---|
| 场地:周边建筑、交通、市政管线模型 | ● | ∞ | | |
| 土建:建筑、结构主体及附属 | ∞ | ● | ∞ | ∞ |
| 机电:暖通、给水排水、动力照明设备管线 | | ∞ | ● | ∞ |
| 系统:通信、信号、供电等设备及桥架 | | ∞ | ∞ | ● |

注：表中∞代表链接协同；●代表工作集协同；空白代表不存在协同关系（按实际情况调整）。

（3）施工图设计阶段

施工图设计阶段属于精细化设计的一个阶段,图纸量大,各专业间需要详细配合管线空间,建议采用链接协同和工作集协同共同使用的方法,土建专业、设备专业延续初步设计的工作集模式,系统专业加入工作集协同,且模型单体间采用链接方式,协同模式能够提高工作效率,缩小模型规模,相对减少专业间的干扰,并能够方便优化各专业间的管线布置,将管线综合调整的内容落实到各专业图纸中,达到指导施工的目的。表4.31为施工图设计协同方式选用表。

施工图设计协同方式选用表    表 4.31

| 单个车站 | 场地 | 土建模型 | 机电模型 | 系统模型 | 装修模型 |
|---|---|---|---|---|---|
| 场地:周边建筑、交通、市政管线模型 | ● | ∞ | | | |
| 土建:建筑、结构主体及附属 | ∞ | ● | ∞ | ∞ | |
| 机电:暖通、给水排水、动力照明设备管线 | | ∞ | ● | ∞ | |
| 系统:通信、信号、供电等设备及桥架 | | ∞ | ∞ | ● | |
| 精装修模型 | | ∞ | ∞ | ∞ | |

注:表中∞代表链接协同;●代表工作集协同;空白代表不存在协同关系(按实际情况调整)。

3) 协同关系架构

工作集与链接协同交互方式如图 4.34 所示。

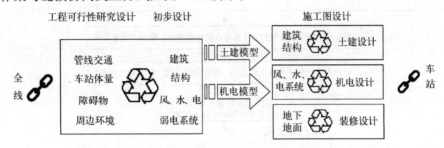

图 4.34 工作集与链接协同交互方式

(1) 工作集协同流程:土建工作集协同流程如图 4.35 所示,机电模型的工作集协同流程如图 4.36 所示。

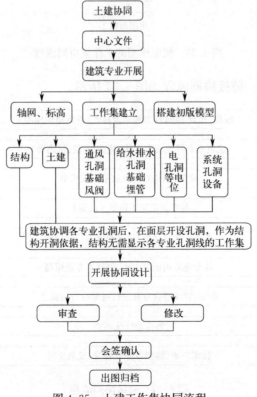

图 4.35 土建工作集协同流程

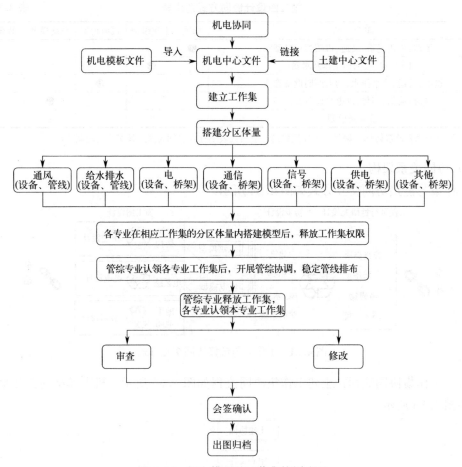

图 4.36 机电模型的工作集协同流程

(2) 链接协同流程：链接协同流程如图 4.37 所示。

图 4.37 链接协同流程

4) 协同进度管理

BIM 经理按 BIM 执行计划、进度计划表对项目进度进行把控；专业负责人（BIM 协调员）对协同设计文件的同步性、借用图元时效性、审查流程进度等进行把控；设计人员（BIM 工程师）需按设计进度计划完成相应的设计任务，并确保设计文件的同步更新、借用图元的及时归还。同步频率、合模碰撞频率见表 4.32。

同步频率、合模碰撞频率　　　　　　　　　　　　表 4.32

| 模型 | 协同方式 | 初步设计 | 施工图设计 |
| --- | --- | --- | --- |
| 土建模型 | 工作集同步 | 前期 1~2 次/周；后期 1 次/日；或根据方案变动情况 | 前期 2~3 次/周；后期 1~2 次/日 |
| | 链接合模 | 1~2 次/周；或根据方案变动情况 | 2~3 次/周 |
| 机电模型 | 工作集同步 | 前期 1 次/周；后期 1~2 次/周；或根据方案变动情况 | 前期 2~3 次/周；后期 1 次/日 |
| | 链接合模 | 1 次/周；或根据方案变动情况 | 2~3 次/周 |
| 系统模型 | 工作集同步 | 1 次/周；或根据方案变动情况 | 前期 2~3 次/周；后期 1 次/日 |
| | 链接合模 | 1 次/周；或根据方案变动情况 | 2~3 次/周 |

注：工作集同步时，图元借用时长不宜超过 1 日；出图前应进行至少 1 次碰撞检查，并形成碰撞报告。

**6. BIM 协同设计能力建设**

正向 BIM 协同设计所需的人力资源，应为首先具备专业能力，其次有较好的执行力和自我约束力，再次建立有 BIM 意识，最后具备软件能力的人才。所以按照优先级，正向 BIM 协同设计的能力建设，应基于以下优先级。

1) 专业能力

正向 BIM 协同设计的设计工作，绝大多数是由设计师完成的，而非由 BIM 工程师完成，所以设计师的专业能力，是保证成果有效性、合理性的关键因素。

只具备软件能力，而缺乏专业能力的项目参与人员，仅可称之为操作员，而非 BIM 工程师，更不是 BIM 设计师。

对于除设计生产人员以外的研究型人员和管理人员，在正向 BIM 协同设计的能力建设中，专业能力的优先级仍是最高的。

研究型人员需在具备专业能力的前提下从事 BIM 研究，才能理解软件、联系应用、明晰设计师诉求、验证解决方案的合理性。

2) 执行能力

对于 BIM 标准、协同规则等，制定时的角度往往是基于项目整体。对于项目参与的个体，并非每个约束都可以在该个体上得到积极的反馈，新的框架、规则，使得原有的职责界限和负担内容产生变化，需要参与者积极的配合。

尤其在协同工作体系下，对个人效率的依赖明显减弱，并且通过约定的规则和标准，拉高了可能存在的最低效率，避免了潜在失误和真空区，从而提升协同工作参与者的团队整体效率。

在实践中，经常可以碰到标准和制度制定得比较先进和完整，但执行较差，使得整个体系被否定。正向 BIM 协同设计也面临同样的风险，尤其是团队成员因为第一优先级能力的要求，普遍具有良好的专业能力和项目实践经验，在固有经验存在的前提下，变化后的规则和标准需要团队执行力作为保障。

3）BIM 意识

BIM 从某个角度讲，可以认为是一种新的项目生产与管理的方法论，BIM 意识，或可称为新方法论的核心理念与逻辑。

BIM 意识的培养除了从学术角度的阐述外，还包括项目实践的验证等。

4）软件能力

软件能力的关键，并不是学会每个功能的使用方法，而是理解软件内在的功能逻辑、面对问题时多功能之间的组合方式、软件的可扩展性、多个软件之间的数据衔接，以及软件体系内的综合应用。

5）BIM 协同设计培训

（1）参训人员

项目中层管理人员。通过培训，对 BIM 协同设计技术应用于建筑设计有总体的认识。

建筑、结构、机电等专业的专业负责人。通过培训，具备在本专业中组织运用 BIM 软件进行模型审查和指导协同设计的能力。

建筑、结构、机电等专业的设计人员。BIM 协同设计培训以建筑、结构、机电和管综为重点，通过培训，各设计人员具备运用 BIM 软件的技能与 BIM 项目协同设计实战的能力。

（2）培训计划

培训班分为土建类、机电类，两组同时进行，课程表按照分组进行设计。培训建议结合实际项目进行具体讲解与实际建模，最终在课程结束时，系统全面地完成一个实际项目。培训采用"知识技能讲授与项目实战"相结合的方式同时进行，分为主课、课堂练习、项目练习、课程考核四个部分。

BIM 培训老师在主课时间，有针对性地进行各专业的知识技能讲授；在课堂练习时间，由助课老师组织学员对上一课讲授内容进行练习，以求熟练掌握基本技能；在项目练习时间，学员采用企业提供的真实项目进行综合练习，把课堂知识与实际项目进行结合，提高软件操作技能；在课程考核部分，在工程负责人的主持下，对参训人员进行培训内容的考核。

（3）培训效果保证

（a）培训准备：每一阶段，实施项目组双方应确定培训计划，包括培训时间地点、参加培训的人员、培训内容。实施方应根据培训内容准备培训课件，项目部应组织好参训人员，维持培训现场纪律，保证培训效果。

（b）现场辅助应用指导：培训方在培训过程中以讲解＋应用指导的方式开展，保证参加的培训人员快速扎实地掌握实际操作。

(c) 培训考核：项目部应制定 BIM 技术技能掌握的考核评定制度，保证培训后的应用效果，引导项目团队重视 BIM 技术的掌握和应用。

### 4.2.4 各专业正向设计流程技术要点

#### 1. 正向设计流程的关注点

BIM 正向设计要确保和验证所有设置是精确可靠的。模型最基本的设置非常关键，例如，坐标系统、红线与退线、轴线和标高等。这些设置需经过先行验证后方可实施，若未经验证，一旦设置错误，就会导致后续模型设计及多专业协调都是基于错误的模型数据。例如，轴线发生了微小的倾斜，之后的大量图元定位都可能不准确。

各专业模型构建宜在初步设计模型的基础上，进一步深化初步设计模型，使其满足施工图设计阶段模型深度；使得项目在各专业协同工作中的沟通、讨论、决策在三维模型的状态下进行，有利于对建筑空间进行合理性优化；为后续深化设计、冲突检测及三维管线综合等提供模型工作依据。

整合建筑、结构、给水排水、暖通、电气等专业模型，形成整合的建筑信息模型，在整合的建筑信息模型中，进行全专业的模型协调。可在碰撞检查软件中，整合各专业的 BIM 模型，运行碰撞检测，并针对碰撞问题进行分类、梳理，甄别真假碰撞，对真碰撞进行协调解决，以提高模型质量，从而提高设计质量。

模型设置和图纸是紧密关联的，需要统一考虑。多数模型设置都会影响图纸的设置和生成。有些模型设置和图纸设置是同时完成的，例如，视图的创建和分类。有些模型设置，则可以提前考虑图纸的需要。

校审施工图模型的合规性，并将结构、给水排水、暖通、电气专业提出的设计条件反映到模型上，进行模型调整和修改。

在模型设计过程中，建筑、结构自身及之间的剪切关系，要在出图之前确认，在设计过程时，为了避免反复修改，减少带来的反复剪切调整的工作量，可以不作剪切。

通过剖切施工图模型创建相关的施工图：平面图、立面图、剖面图、门、窗大样图、局部放大图等。辅助二维标识和标注，使之满足施工图设计深度。对于局部复杂空间，宜增加三维透视图和轴测图辅助表达。

冲突检测及三维管线综合的主要目的是基于各专业模型，应用 BIM 软件检查施工图设计阶段的碰撞，完成项目设计图纸范围内各种管线布设与建筑、结构平面布置和竖向高程相协调的三维协同设计工作，以避免空间冲突，尽可能减少碰撞，避免设计错误传递到施工阶段。

校验完各专业模型之后，在平面、立面、剖面、节点的视图上添加关联标注，使模型深度和二维设计深度保持一致，达到施工图出图要求。

材料做法表和面积明细表统计的主要目的是利用各专业模型，提取房间信息和材料做法，精确统计各项常用面积指标，以辅助进行技术指标测算；并能在模型修改过程中，发挥关联修改作用，实现精确快速统计，和经济专业形成无缝对接。

BIM 正向设计要同时进行技术审查和模型质量审查，均审查通过后，根据项目要求，保存模型文件，完成出图并归档。

**2. 土建专业技术要点**

建筑专业提供第一版提资视图（包含防火分区、房间布局等），其中提资防火分区视图给各专业，以作为机电专业设计的参照底图，以及结构专业配合的依据。在 BIM 模型中，建筑链接结构，建筑视图分为三层，建模视图、配合底图视图、出图视图。其中配合底图视图与出图视图为关联视图。

结构专业提资梁、结构柱等资料给各专业，明确开洞情况、梁高，机电专业在设计过程中应规避大梁。BIM 模型中及时更新链接模型。

对于结构专业来说，需要与结构计算模型进行交互。结构专业的 BIM 正向设计与其他专业有一个明显的区别，即 BIM 模型与其本专业的计算分析模型是分离的，目前仍需基于 CAD 图纸重建结构 BIM 模型，或从计算模型导出 BIM 模型再完善。

**3. 机电、弱电系统专业技术要点**

机电系统专业要在建筑、结构开展模型设计时，就参与到建筑功能布局、结构柱网布置的方案设计过程中。在此阶段就需要根据机电系统各专业自身的功能要求，向建筑专业提资机房、设备集水坑、管井定位及面积需求，注意提资资料要在提资视图中体现，并尽量考虑使用体量模型在提资视图中表达所需房间、集水坑的位置、尺寸。

**4. 管线综合专业技术要点**

在初步设计阶段，管线综合专业就需要介入到建筑设计过程，特别是针对公共区、设备区走廊等机电设备管线多且复杂的位置。管综专业可以要求机电系统、强弱电系统专业提资公共区、设备区走廊及其他重点位置的管线布置及尺寸，管综专业需要根据这些资料，搭建各设备专业的管线分仓体量模型，并复核是否满足建筑专业的净高要求。

**5. 其他专业技术要点**

对于其他专业，需要各专业根据自身的专业特点，提前进行 BIM 设计规划。在二维设计模式下，有互提资接口的专业，在三维设计模式下，也要考虑互提资介入的时间和提资内容。

## 4.2.5　设计过程管理与成果交付

**1. 设计进度与工时成本管控**

进度管理是项目管理中的一个关键业务，对项目进展的控制至关重要。在设计项目管理的基础上，通过制定、调整合理的工作排序和工作周期，进度管理可以在满足项目时间要求的情况下，使资源配置和工时成本达到最佳状态。

1）设计进度管理

进度管理总体业务流程主要包括进度计划编制、进度计划执行与监督、进度计划预警、进度计划调整。

根据项目总进度计划编制包含模型建设、模型整合、模型应用和数据供应等的 BIM

总体进度计划，进度计划经建设方批准后作为目标计划予以执行。

BIM总体进度计划编制完成后，为便于进度计划的执行和监督，进度计划可根据项目具体情况分为年进度计划、月进度计划、周进度计划等，也可根据各个设计阶段进行划分如初步设计进度计划、施工图阶段设计进度计划等。

制定完成的设计进度计划，可根据要求上传至管理平台，平台支持设计进度计划的线上管理，支持根据设计进度的各个节点形成设计任务并分发至各个设计参与方，各个设计参与方根据要求完成设计任务，按进度计划在平台中完成成果提交以及审核、修订等相关工作。

各个站点的专业设计方（包括建筑、结构、给水排水、暖通、电气、信号等各专业）基于一个总装BIM中心文件展开设计工作。根据管理方要求，各专业设计方定期（如每天）将设计成果和中心文件进行同步，BIM中心文件可以基本反映最新设计成果。

在设计进度计划制定时，可设置该进度计划的里程碑节点，该工作节点作为本阶段进度管理的关键节点。根据各专业设计方设计任务的完成情况，当实际进度计划对比计划进度出现延误风险时，平台进行设计进度预警，通知相关管理方、后续工作相关方以及相关设计任务的责任方、督办方等。

当设计实际进度和计划进度出现偏差时，根据管理方的要求，设计任务延迟方进行进度偏差分析，并制定纠偏措施。偏差分析和纠偏措施须经管理方审核，确认偏差分析和纠偏措施的科学性和合理性，纠偏措施可转化为设计责任方的相关任务，通过平台推送至相关责任方。

当设计实际进度的变化致使进度计划需要修订时，相关责任方需在管理平台进行计划进度变更申请，经管理方审核确认后可以变更设计进度计划，并将变更内容推送至相关方，平台内置进度计划变更审批流程。

为了控制BIM设计进度，定期编制月报和例会制度是比较好的手段。例会定期召开，要求BIM经理及各专业BIM协调员参加，主要沟通和交流各方进度及存在的问题。除了例会，还有专题协调会。首先总体设计单位进行问题分析，然后与相关设计方或者部门初步沟通、汇总，待问题情况比较清晰、基本解决方案比较明确，最后召开协调会。总体设计单位的沟通管理通过自身技术能力消除各方信息不对称，节省了各设计方投入的人力。

定期报告包括月报、季报、半年报和年报；进度目标跟踪与控制专题报告调查分析设计进度的因素、提交进度重大变化预测及对策分析。月进度报告内容包括：BIM设计总体月形象进展；各设计方及相关专业BIM设计月执行情况；下月各专业设计进度安排；方案报批、设计深化、协调等多项工作的实际工作与计划进度的比较；相关设计的进展及未来可能变化的可能性、亟待解决的进度问题及对策。

2）工时成本管控

设计人员的人工成本是BIM设计项目成本支出的重要组成部分，占据了项目成本的很大比重。精确衡量人工成本，能更合理分配产能、安排项目工期。推行工时管理，积累工时定额，是有效评估设计项目人工成本的有效手段。

项目WBS分解后，需要为每一个专业指定相应的责任人，建议各专业的BIM协调员作为责任人，并预估每项工作投入的工时，作为该项工作的工时投入限额。项目执行过程中，严格要求BIM设计人员填报相应项目工时。BIM经理在审批过程中，可根据已反馈的工序实际工时和进度完成百分比进行对比，监控工序的进度偏差，并分析偏差的原因，采取相应的措施。若是工时预估不准导致的偏差，专业负责人可申请调整工时预估，BIM经理审批后，同步到 P6 计划。调整的工时预估及原因需反馈到企业，作为企业标准工时定额调整的参考依据。

### 2. 设计模型版本变更管理

随着项目过程的推进，BIM 设计模型都会随着工程资料的输入和阶段的变化而进行不定期的更新，这就需要进行 BIM 模型的版本管理。模型版本管理分为两种类型：一种是工程各个阶段的模型版本管理，例如初步设计模型、施工图设计模型的版本管理。另一种是模型阶段性成果的管理，例如设计模型中，根据项目的实际进行，例如根据 A 方案完成的设计模型，以及经过项目策划，改变了设计方案后再次提交的模型，这二者都是设计模型。

模型版本管理不只是管理模型，更重要的是管理数据，设计过程中的模型版本变更，可以利用 CDE 通用数据环境进行模型版本的变更管理。CDE 版本记录需要包含版本号、更新上传时间、上传人等必要信息，除此之外，还可以添加版本变更说明等信息。

### 3. 多专业协调管理

基于 CAD 的传统二维设计中，建筑、结构、机电专业的图纸协调是通过设计院内部的技术协调会议完成，各专业以 CAD 图纸为基础，进行人工图纸校对，工作量巨大，图纸检查进度十分缓慢，效率低下。而且 CAD 图纸是以二维的形式呈现出来，过于抽象，很多隐藏的设计问题不易被发现，大量的冲突与碰撞在施工过程中才能被发现，导致设计变更频繁出现，施工成本上升，工期拖延。

采用基于 BIM 技术的三维协同设计与管理工作模式后，上述问题将迎刃而解。3D 协调中碰撞检测包括专业间碰撞以及全面碰撞两个方面，专业间碰撞涵盖了土建专业间碰撞、土建专业与机电专业间碰撞以及机电专业间碰撞。具体方法如下：工程经理依托三维协同管理平台，通过创建共享信息系统，定义模型协调区域，制定冲突解决协议，进行碰撞检测，对出现碰撞的区域进行模型修正，再次进行碰撞检测，直至问题得以解决。将优化后的各专业模型通过一个主体文件进行链接，最终得到一个综合模型；通过碰撞软件自定义测试对象，利用多种碰撞规则进行批量处理。依靠 BIM 信息模型特有的三维可视化特性以及自动检测碰撞检测功能可以快速、直观地对综合模型进行碰撞检测工作，协调碰撞结果一目了然，经各方协商、讨论，形成一致意见，修正 BIM 综合模型，消除碰撞，达到优化工程设计的目的。

### 4. 专业接口管理

在设计过程中，各专业之间的接口管理即设计资料互提是非常重要的一个环节，然而对于设计条件各个专业相互约束，提资的过程往往需要多次循环往复，且涉及各专业设计方之间的互相衔接。很多设计错误和设计问题都是由于各方之间沟通不及时造成的。

应用 BIM 中心文件和平台实现各个相关参与方的提资协同，将各专业资料互提完善为过程协同、阶段确认的提资模式，有利于提高设计协同效率，提升设计品质。

1) 设计过程资料互提

在设计过程中，各个专业设计方基于同一个总装 BIM 中心文件模型进行设计，设计师在设计过程中可以实时查看相关其他专业的设计成果，基于BIM中心文件和平台实现设计过程中资料实时互提，将提资过程融入设计过程中，极大提高设计协同效率。

2) 阶段确认提资

由于设计过程是动态的，所以阶段设计成果之前需要进行阶段提资的确认。

各设计专业基于BIM模型中构件的相关属性信息按管理平台内置的标准提资表单对存在于设计接口的专业进行提资。管理平台根据提资标准，提示提资文件中缺少或错误的部分，设计师根据平台提示完善模型或完善提资文件，完成后根据平台内置流程提交至其他专业设计方。相关设计方收到设计提资文件后，对提资文件进行确认，如有问题可反馈至提交人员进行修订，直至提资通过后结束。

以城市轨道交通为例，其是多专业、多单位参与的综合性工程，各专业、各单位直接相互依从、相互制约，又相互联系，形成了繁杂的接口体系。从二维设计转到三维BIM设计后，完整正确的技术接口，是指导、检查和验证各子系统设计的完整性、安全性、可靠性、合理性和经济性的重要文件，它不仅是选择土建工程方案，更是各设备系统确定功能和规模的依据之一，是保证系统的总体完整性和协调运作的一致性的重要保证。以轨道交通建筑专业为例，总结了与之相关的内外接口，在进行BIM协同设计时，需要进行密切配合以及资料互提。轨道交通工程建筑专业主要外部接口见表4.33，轨道交通工程建筑专业同其他专业接口见表4.34。

**轨道交通工程建筑专业主要外部接口** 表4.33

| 专业/系统外部接口部门 | 线路 | 轨道 | 建筑 | 桥隧 | 供电 | 通风 | 给水排水 | 通信 |
|---|---|---|---|---|---|---|---|---|
| 城市规划 | ※ |  | ※ | ※ | ※ | ※ |  |  |
| 城市交通 | ※ |  | ※ | ※ |  |  |  |  |
| 城市道路 | ※ |  | ※ | ※ |  |  |  |  |
| 城市环境、景观 | ※ | ※ | ※ | ※ |  |  | ※ | ※ |
| 城市消防 |  |  | ※ |  |  |  | ※ | ※ |
| 城市人防 |  | ※ | ※ |  | ※ |  | ※ |  |
| 铁路 | ※ |  | ※ | ※ |  |  |  |  |
| 航空 | ※ |  |  |  |  |  |  |  |
| 航运 | ※ |  |  |  |  |  |  |  |
| 文物保护 | ※ | ※ | ※ | ※ |  |  |  |  |

注：表中带※号表示存在接口关系。

**轨道交通工程建筑专业同其他专业接口** 表4.34

| 接口关系专业 | 专业 | 建筑 |
|---|---|---|
| 基础 | 客流 | ※ |
|  | 车辆 | ※ |
|  | 线路 | ※ |
|  | 限界 | ※ |
|  | 行车 | ※ |
| 轨道 | 轨道 | ※ |

续表

| 接口关系专业 | 专业 | 建筑 |
|---|---|---|
| 供电 | 变电 | ※ |
| | 接触网 | ※ |
| 机电 | 动力照明 | ※ |
| | 通风空调 | ※ |
| | 给水排水 | ※ |
| | 自动灭火 | ※ |
| | 电扶梯 | ※ |
| | 防淹门 | ※ |
| | 屏蔽门、安全门 | ※ |
| 自动化控制 | 信号 | ※ |
| | 通信 | ※ |
| | BAS | ※ |
| | FAS | ※ |
| | ACS | ※ |
| | AFC | ※ |
| | ISCS | ※ |
| 土建 | 车站 | ※ |
| 其他 | 环保 | ※ |
| | 人防 | ※ |
| | 防灾 | ※ |

注：表中带※号表示存在接口关系。

### 5. 设计问题管理

1）设计管理

现阶段设计管理存在的问题主要集中于管理组织层级化、沟通信息不畅、分析手段落后、决策策划不到位等方面。

对此，通过组织变革改进设计管理组织架构，降低设计管理界面冲突的可能性；通过引进现代信息技术提高信息传递的时效性、准确性，克服不同参与者之间存在的"信息孤岛"问题；通过借助现代分析手段，开展项目的场地分析、结构分析、功能分析等，为项目阶段性设计决策提供支撑。可在一定程度上克服管理目标不一致、组织间协调难度大、共享信息难等导致的设计管理协同性弱的问题。

除此之外，还可以构建一套基于 BIM 的业主方设计管理协同体系，实现设计管理的组织协同、信息协同、过程协同。借助 BIM 的跨组织特性实现设计管理组织变革，构建以 BIM 应用为支撑，由业主主导、分阶段组织集成，实现项目全过程设计管理的组织结构；改进相应的管理流程，厘清项目各参与方之间的职责，并以此为核心构建基于 BIM 的协同平台，实现项目设计信息的共享和决策的协同，为开展设计管理协同作业奠定基础。

2) 设计问题管理

在传统设计模式下，设计问题的提出和处理大部分需要通过设计校审环节才能进行，对于很多项目，校对、审核、审定以及修改相关意见占据了大量的设计时间，甚至比用于设计的时间还要多。在管理平台中基于 BIM 模型，可以将部分校对、审核、审定工作融入设计过程中，在设计过程中随时发现设计问题，建立基于 BIM 模型的设计问题提出、推送、解决和确认的流程，提高协同效率。

各方基于一个总装设计 BIM 中心文件进行协同工作，各个专业设计方可以相对实时查看其他相关方的设计 BIM 成果，根据设计 BIM 成果发现相关设计问题，通过管理平台推送至相关方，直至问题解决和处理。该种方式主要是为解决平行开展工作的各个专业设计方之间的设计问题。

管理方可以在管理平台基于 BIM 模型发现设计问题，管理方对对应模型视图进行批注，并以模型视图为依托创建设计问题表单，推送至相关责任方，并可指定督办解决人员，对重要的设计问题的处理情况进行监督。

平台将发现的问题推送至对应责任方和督办方，相关设计人员收到问题提醒后，对问题进行确认和处理，并将处理结论和成果反馈至督办方或问题提出方，督办方或问题提出方收到问题处理的反馈，可对问题进行确认，若确认问题解决则关闭该问题；若未解决，则可责令相关设计人员继续完善直至问题得到解决。

设计校审中发现的设计问题以及施工过程中暴露的设计问题在平台中进行积累，平台在此数据基础上分析设计问题产生的原因，对各类项目、各个专业、各个阶段集中的设计问题进行分析归类，形成设计问题库。在后续项目中，可以使用设计问题库，规避类似设计问题，审核时将设计问题库的问题作为审核要点，提高设计工作效率。

对于各专业的设计问题，要建立线上问题清单，BIM 工程师在设计过程中遇到问题，可随时进行记录，BIM 协调员及 BIM 经理定期查看线上问题清单进行回复、答疑，以解决项目实施协同设计过程中的卡壳问题。

### 6. 过程质量管理

BIM 应用通过 BIM 模型数据的交互实现，由于各类分析应用对 BIM 模型以及 BIM 模型数据要求非常精确，所以对 BIM 模型数据的质量控制非常重要。质量控制根据时间可分为事前质量控制以及质量验收两点。事前质量控制是指 BIM 产出物交付以前，由建立 BIM 模型数据的责任方负责完成检查。质量验收一般主要通过 BIM 模型质量管理者对 BIM 模型和二维图纸进行质量审核，必要时根据质量验收结果执行修改补充任务。

针对上述两点可以从内部质量控制和外部质量控制两个方面切入，实现对 BIM 模型和图纸质量的控制。

1) 内部控制

内部控制主要通过企业内部的组织管理及相应规范，对项目过程中 BIM 模型和图纸进行质量控制和管理。企业内部的质量控制依赖于完善的质量实施和保障计划。通过组织架构调整、人力资源配置有效保障工作顺利展开。例如，在一个项目中 BIM 管理团队应该包括 BIM 项目经理、各专业 BIM 工程师等，由 BIM 项目经理组织内部工作人员培训，指导 BIM 问题解决和故障排除。通过定期的质量检查制度管理 BIM 实施过程，通过定期的例会制度促进信息和数据的交换，实现对 BIM 模型的管理与维护。BIM 标准的制定将直接影响 BIM 应用和实施，没有标准的 BIM 应用，将无法发挥 BIM 系统优势，上述内部质量控制手段和方法以 BIM 技术标准和实施标准为指导。技术标准主要有建模标准、工作流程建立标准、图纸交付标准等。而实施与管理标准主要包括外部资料接收标准、数据记录与连接标准、文件存档标准、文件命名标准、目录结构标准等。

由于 BIM 设计的整合性、动态协同性，在设计过程中需特别注意加强管理，确保各专业设计推进的条理性、规范性，进而保证协同质量，避免不可控的风险。BIM 设计过程中的管控要点包括随时成图、随时合模、视图与底图的管理、文档备份等，都与 CAD 设计模式有较大区别，需要各专业 BIM 设计人员从一开始就形成习惯。

过程管理应注意以下方面：

(1) 随时成图：区分建模与出图视图，随时观察成图状态。

(2) 随时合模：持续保留合模的"容器"，各分项持续更新时，可随时观察整体最新设计效果。

(3) 保持精确：在现场分析下工作更容易出现捕捉、对位不精确的情况，须制定建模基本守则以保持精确。

(4) 及时清图：及时清理临时视图与底图。

(5) 文档备份：定期备份、节点备份制度化。

2) 外部控制

外部控制主要是通过项目其他参与方协调过程中对共享、接收、交付的 BIM 模型成果和 BIM 应用进行质量检查控制。指定专门责任人负责模型质量和模型更新，即每一个 BIM 应用都应该有责任方。其中 BIM 模型经理作为 BIM 团队核心成员的一部分，主要任务包括：参与设计审核，参加各方协调会议，处理设计过程中可能出现的问题等。质量检查结果以电子方式进行记录和提交，不符合要求的在协同管理平台进行发布，相关模型负责人接收到信息后进行模型调整和整改。

**7. 成果交付管理**

1) 一般要求

设计方应根据合同约定的 BIM 内容，按照节点要求按时提交成果，并保证交付成果符合相关合同范围及标准要求。提交的成果格式应能方便接入项目 BIM 协同设计管理平台。

设计方应分别向业主、政府主管部门和施工图审查单位等提交对应的 BIM 成果。

设计方提交的成果应满足当地主管部门要求，以及业主规定的设计各阶段的 BIM 审查流程和要求，及时向相关政府主管部门或施工图审查单位提交满足审查要求的成果。

成果交付格式应为项目各参与方通用的软件格式，或可转换为项目通用软件的兼容格式。

2）交付成果内部审查流程

BIM 成果在与项目参与方共享或提交业主之前，BIM 质量负责人应对 BIM 成果质量检查确认，确保其符合要求。成果交付审查流程如图 4.38 所示。

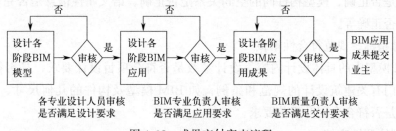

图 4.38　成果交付审查流程

3）外部审查

由设计总体单位作为项目 BIM 工作质量的管理者和责任人，协助业主对各参与方按本技术方案共享、交付的 BIM 模型成果和应用成果进行质量检查。

质量检查的结果，以书面记录的方式提交业主审核，通过业主审核后，各参与方根据业主要求进行校核和调整。

对于不合格的模型等交付物，将明确告知相关参与方不合格的情况和整改意见，由相关参与方进行整改。

全部验收合格的 BIM 成果，由设计总体进行汇总整理并提交业主。

## 4.2.6　设计与模型审核

设计方作为 BIM 模型的创建主体，应按照严格的内审流程对基于项目 BIM 标准的合规性进行审查，内审合格后，由设计总体、施工单位和 BIM 咨询等审查角色进行审查，进行模型完整性、建模规范性、设计指标、规范符合性，模型协调性审核。

**1. 设计模型审核原则**

模型或模型元素的增加、细化、拆分、合并、集成等操作后应进行模型的正确性、完整性和合规性检查。

BIM 模型是项目全生命周期中各相关方共享的工程信息资源，也是各相关方在不同阶段制定决策的重要依据。因此，模型交付之前，应进入 BIM 模型审核的重要环节，以有效地保证 BIM 模型的交付质量。为了保证模型信息的准确、完整，模型的审核必须规范化和制度化。

传统的二维图纸审核重点是图纸的完整性、准确性、合规性，采用 BIM 技术后，模型所承载的信息量更丰富，逻辑性与关联性更强。因此，对于 BIM 模型的审核也更加复杂，模型审核应遵循以下原则：

1) 模型完整性审核

指 BIM 交付物中所包含的模型、构件等内容是否完整，BIM 模型所包含的内容及深度是否符合交付要求。

2) 建模规范性审核

指 BIM 模型是否符合建模规范，如 BIM 模型的建模方法是否合理、模型构件及参数间的关联性是否正确、模型构件间的空间关系是否正确、语义属性信息是否完整、交付格式及版本是否正确等。

3) 设计指标、规范符合性审核

指 BIM 模型中的具体设计内容、设计参数是否符合项目设计要求，是否符合国家和行业主管部门有关建筑设计的规范和条例，如 BIM 模型及构件的几何尺寸、空间位置、类型规格等是否符合合同及规范要求。

4) 模型协调性审核

指 BIM 模型中模型及构件是否具有良好的协调关系，如专业内部及专业间模型是否存在直接的冲突，安全空间、操作空间是否合理等。

**2. 内部校审流程**

设计方内部审查流程如图 4.39 所示。

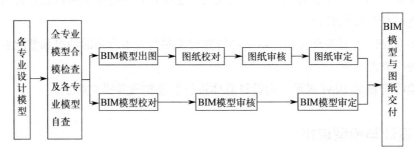

图 4.39 设计方内部审查流程

**3. 整体审查流程**

整体审查流程如图 4.40 所示。

**4. 模型审核方法**

在模型审核过程中，针对以上四个方面的模型审核原则，明确具体并可操作的模型审核方法，通过模型审核真正发现问题，保证设计质量。模型的审核可采用人工和审核软件结合的方法，审核软件中内置模型审核规则，为模型交付审核提供有效手段。

模型检查方法有：

（1）目视检查：确保模型组件完整且无重叠，检查设计意图是否执行。

（2）碰撞检查：用碰撞检查软件检测专业内和不同专业之间的构件之间是否有冲突。

（3）标准检查：确保各专业模型遵循甲方或项目上制定 BIM 标准。

（4）内容验证：确保数据没有未定义或错误定义的内容。

BIM 模型成果质量控制要求可按表 4.35 执行。

## 第4章 海外项目BIM技术实施体系

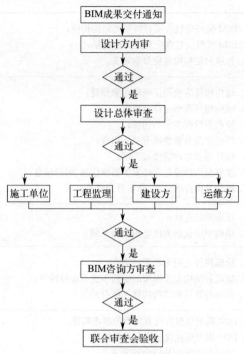

图 4.40　整体审查流程

**BIM 模型成果质量控制要求**　　　　　　　　　　　　　　　　　　　　　　　表 4.35

| | | |
|---|---|---|
| 建筑模型 | 模型完整性 | 1. BIM 模型应包含所有需要的建筑构件；<br>2. BIM 模型应包含所有定义的楼层；<br>3. 每一层的建筑构件及空间应分别建模 |
| | 建模规范性 | 1. 建筑构件应使用正确的对象创建；<br>2. 建筑构件类型应符合规定；<br>3. 模型中没有多余的构件；<br>4. 模型中没有重叠或重复的构件；<br>5. 构件是否与建筑楼层关联；<br>6. 模型及构件应包含必要的属性信息、编码信息；<br>7. 模型及构件的分类、命名符合规范要求 |
| | 设计指标、规范符合性 | 1. BIM 模型应包括总楼面面积的空间对象；<br>2. 空间面积须符合空间规划；<br>3. BIM 模型应包括为机电预留的空间；<br>4. 空间的高度定义（包括吊顶）；<br>5. 空间的形状和大小应与墙体边界匹配；<br>6. 空间不能有重叠；<br>7. 所有的空间必须有唯一的标识 |
| | 模型协调性 | 1. 建筑构件之间无显著冲突；<br>2. 建筑和结构专业模型的结构不能有碰撞冲突 |

续表

| | | |
|---|---|---|
| 结构模型 | 模型完整性 | 1. BIM模型应包含所有需要的结构构件；<br>2. BIM模型应包含所有定义的楼层；<br>3. 每层的结构构件应分别定义 |
| | 建模规范性 | 1. 结构构件应使用正确的对象创建；<br>2. 结构构件类型应符合规定；<br>3. 模型中没有多余的构件；<br>4. 模型中没有重叠或重复的构件；<br>5. 构件是否与建筑楼层关联；<br>6. 模型及构件应包含必要的属性信息、编码信息；<br>7. 模型及构件的分类、命名符合规范要求 |
| | 设计指标、规范符合性 | 1. 柱和梁的连接；<br>2. 结构中应包括为机电预留的开洞 |
| | 模型协调性 | 1. 建筑构件之间无显著冲突；<br>2. 建筑和结构专业模型的结构不能有碰撞冲突；<br>3. 开洞与建筑和结构构件不能有冲突 |
| 机电模型 | 模型完整性 | 1. BIM模型应包含所有需要的机电构件；<br>2. BIM模型应包含所有定义的楼层；<br>3. 每层的机电构件应分别定义 |
| | 建模规范性 | 1. 机电构件应使用正确的对象创建；<br>2. 机电构件应属于一个正确的系统；<br>3. 应系统地定义机电系统使用的颜色；<br>4. 模型中没有多余的构件；<br>5. 模型中没有重叠或重复的构件；<br>6. 构件是否与建筑楼层关联；<br>7. 模型及构件应包含必要的属性信息、编码信息；<br>8. 模型及构件的分类、命名符合规范要求 |
| | 设计指标、规范符合性 | 组件应适合为其预留的空间 |
| | 模型协调性 | 1. 机电构件之间无显著冲突；<br>2. 机电专业之间不能有碰撞冲突；<br>3. 机械、设备与电器之间不能有碰撞冲突；<br>4. 机械设备与建筑、结构之间不能有碰撞冲突；<br>5. 机械设备应具有合理的搬运、安装及维修空间 |
| 综合协调模型 | 模型完整性 | 达到各专业模型内容及深度要求 |
| | 建模规范性 | 1. 达到各专业建模规范要求；<br>2. 所有约定的模型应可用；<br>3. 模型应当表示相同版本的设计；<br>4. 各专业模型应统一设计基准，在正确的坐标系中定位 |
| | 模型协调性 | 1. 竖井与机电系统不得有碰撞冲突；<br>2. 水平预留与机电不得有冲突；<br>3. 吊顶与机电不得有冲突 |

审核完成后，形成BIM模型审核报告，并对审核问题进行分类。BIM模型审核问题分类要求见表4.36。

**BIM 模型审核问题分类要求** 表 4.36

| 序号 | 问题分类 | 描述 |
|---|---|---|
| 1 | A类 | 造成安全性问题 |
| 2 | B类 | 影响使用功能易造成业主投诉的问题 |
| 3 | C类 | 不符合建造标准的问题 |
| 4 | D类 | 违反强制性规范的问题 |
| 5 | E类 | 一般性问题 |

BIM 模型审核问题在分类的基础上，需要结合问题的严重程度进行分级，BIM 模型审核问题分级要求见表 4.37。

**BIM 模型审核问题分级要求** 表 4.37

| 序号 | 问题分级 | 等级描述 | 问题描述 |
|---|---|---|---|
| 1 | 甲级 | 等级较轻 | 设计深度不足或设计笔误 |
| 2 | 乙级 | 等级较重 | 工程设计专业间设计冲突 |
| 3 | 丙级 | 等级严重 | 违反国家强制性条文 |

**5. 各专业模型审查要点**

1）建筑专业

建筑专业模型审查要点见表 4.38。

**建筑专业模型审查要点** 表 4.38

| 序号 | 审查内容 | 问题类别 |
|---|---|---|
| 1 | 墙体 | |
| 1.1 | 核查墙体材质设置是否正确 | C |
| 1.2 | 核查墙面是否分层构建 | C |
| 1.3 | 核查墙体粗装做法是否正确 | C |
| 1.4 | 粗装墙面是否以面层面:内部为定位线 | C |
| 1.5 | 砌块墙体是否以核心层中心线为定位线 | C |
| 1.6 | 建筑专业下的非承重墙，在软件中设定墙的结构勾选项，是否设定为非承重墙 | C |
| 1.7 | 建筑砌块墙底标高是否至结构板顶 | C |
| 1.8 | 建筑砌块墙顶标高是否至结构板底或梁底 | C |
| 1.9 | 建筑墙体与其他专业(结构、景观、内装)交接面是否有交叉重叠 | C |
| 1.10 | 门窗洞口是否正确扣减墙体 | C |
| 1.11 | 管道穿越墙体预留洞口设置是否准确 | C |
| 2 | 建筑楼地面 | |
| 2.1 | 核查楼地面做法是否正确 | C |
| 2.2 | 核查楼地面开洞是否正确 | E |

续表

| 序号 | 审查内容 | 问题类别 |
|---|---|---|
| 2.3 | 核查降板区域是否正确 | E |
| 2.4 | 核查防水做法是否正确 | E |
| 2.5 | 核查各专业交接面位置,核查扣减原则是否满足要求 | C |
| 2.6 | 是否按照做法表与房间定义,分块分区建立楼地面 | C |
| 2.7 | 楼板是否找坡,满足设计需求 | E |
| 3 | 门窗 | |
| 3.1 | 核查门(尤其防火门、卷帘门)是否满足设计形体要求、实际厂家产品要求及接近实际形式 | D |
| 3.2 | 门窗底高、重点机房区域、升降板区域核查是否满足设计表达要求 | E |
| 3.3 | 门窗族中包含房间计算点,是否能通过房间、空间快速查找筛选机房区域的门 | C |
| 3.4 | 核查门窗材质是否正确表达 | C |
| 3.5 | 核查门窗平面表达是否正确 | E |
| 3.6 | 门窗的开启方式模型和设计意图是否表达一致 | E |
| 3.7 | 核查防盗卷帘门表达是否正确 | E |
| 3.8 | 核查是否包含门窗五金件信息 | E |
| 3.9 | 管道、洞口等是否影响门窗 | E |
| 3.10 | 所有门窗编号是否正确 | E |
| 4 | 楼梯 | |
| 4.1 | 核查楼梯平面剖面表达是否满足设计表达要求 | E |
| 4.2 | 楼梯大样是否正确且与平面图对齐 | E |
| 4.3 | 核查楼梯与平台交接是否正常 | E |
| 4.4 | 核查楼梯建模方法是否正确 | C |
| 4.5 | 楼梯内部的送风口开洞及其位置是否和楼梯梯段相冲突 | E |
| 4.6 | 核查楼梯踏步踢面宽高是否满足设计规范要求 | D |
| 4.7 | 核查楼梯平台、梯段下净高是否满足设计规范要求 | D |
| 5 | 栏杆扶手 | |
| 5.1 | 栏杆形式及高度、材质是否正确 | D |
| 6 | 电梯、扶梯 | |
| 6.1 | 核查电梯、扶梯是否有编号及族内有正确的平立剖表达 | E |
| 6.2 | 核查电梯、扶梯是否接近实际样式表达 | E |
| 6.3 | 核查电梯、扶梯基坑构造做法是否正确表达 | E |
| 6.4 | 基坑深度、机房高度、缓冲高度、井道尺寸、轿厢尺寸是否满足要求 | C |
| 7 | 集水坑 | |
| 7.1 | 核查集水坑做法是否满足设计图纸表达要求 | E |

续表

| 序号 | 审查内容 | 问题类别 |
|---|---|---|
| 7.2 | 核查集水坑是否与排水沟相通 | E |
| 7.3 | 核查降板区域集水坑连接是否正确 | E |
| 7.4 | 材质构造是否正确 | E |
| 7.5 | 高度宽度是否正确 | E |
| 7.6 | 是否有相关水泵设置 | E |
| 7.7 | 配套盖板及盖板材质是否正确 | E |
| 8 | 卫生间 | |
| 8.1 | 核查隔断是否设置正确 | E |
| 8.2 | 核查洁具、地漏族等是否有自动连接其他专业相关管道等接口 | C |
| 8.3 | 核查墙面、楼面防水做法是否分层建模,是否正确 | E |
| 8.4 | 核查降板区域是否正确 | E |
| 8.5 | 核查反坎做法是否正确 | C |
| 8.6 | 卫生间相关设备(无障碍设施、母婴设施)是否设置正确 | C |
| 9 | 机房 | |
| 9.1 | 核查墙面、地面、顶棚等构造是否满足防水、防火、防静电、隔声、降噪等相关要求 | B |
| 9.2 | 核查机房楼地面标高是否满足设计要求 | E |
| 9.3 | 核查机房墙体构造做法是否符合设计表达要求 | B |
| 9.4 | 机房内部设备基础是否设置 | E |
| 9.5 | 机房内部地面坡度及排水是否设置 | E |
| 9.6 | 门材质是否满足防火要求,大小是否满足设备安装等要求 | D |
| 9.7 | 墙体等相关洞口封堵是否符合设计表达要求 | E |
| 10 | 人防 | |
| 10.1 | 核查防护单元设计是否正确表达 | D |
| 10.2 | 核查抗爆单元设计是否正确表达 | D |
| 10.3 | 核查旱厕设计是否正确表达,并核查做法 | E |
| 10.4 | 核查电站是否正确表达,并核查做法 | D |
| 10.5 | 核查出入口是否正确表达 | D |
| 10.6 | 核查人防区域机房是否正确表达 | D |
| 10.7 | 核查人防分区防护设备是否正确表达,并核查做法 | E |
| 10.8 | 核查防护密闭门、防爆波活门做法是否正确 | E |
| 10.9 | 核查封堵板做法是否正确 | E |
| 10.10 | 核查人防顶板、墙体厚度设置是否和结构一致 | E |

问题类别说明:A类问题:造成安全性问题;B类问题:影响使用功能易造成业主投诉的问题;C类问题:不符合建造标准的问题;D类问题:违反强制性规范的问题;E类问题:一般性问题

2) 结构专业

结构专业模型审查要点见表4.39。

结构专业模型审查要点　　　　　　　　　　　　　表4.39

| 序号 | 审查内容 | 问题类别 |
|---|---|---|
| 1 | 墙体 | |
| 1.1 | 人防墙、剪力墙、挡土墙、水池侧壁等是否在结构墙体的结构勾选项打钩(与建筑非承重墙进行区分) | E |
| 1.2 | 所有墙体是否以核心层中心线为定位 | C |
| 1.3 | 构件分类编码是否正确 | C |
| 1.4 | 墙体材质、定位、编号、墙厚、标高、混凝土强度等级、抗震等级是否完整 | D |
| 1.5 | 剪力墙、挡土墙等是否保证剪切优先级(墙剪切梁板,但被柱所剪切) | C |
| 1.6 | 墙体预留设备孔洞及套管的尺寸、定位是否正确 | E |
| 2 | 楼板 | |
| 2.1 | 构件分类编码是否正确 | C |
| 2.2 | 楼板材质、定位、板厚、标高、混凝土强度等级、边界及带覆土的顶板抗渗等级是否完整 | E |
| 2.3 | 楼板与梁柱墙交接处,楼板是否被梁、柱、墙扣减 | C |
| 2.4 | 楼板是否按配筋不同区域、降板区域、变板厚区域分开建模 | C |
| 2.5 | 楼板预留设备孔洞及套管的尺寸、定位是否正确 | E |
| 2.6 | 竖直挂板是否使用结构墙建模 | C |
| 2.7 | 水平和斜坡楼板是否使用结构板建模 | C |
| 2.8 | 后浇带的位置、尺寸是否正确 | C |
| 3 | 梁 | |
| 3.1 | 构件分类编码是否正确 | C |
| 3.2 | 梁是否按平法标注跨数分开建模 | C |
| 3.3 | 梁的材质、定位、编号、截面尺寸、标高、混凝土强度等级以及抗震等级是否完整 | D |
| 3.4 | 梁柱墙交接处,梁应被柱墙扣减 | C |
| 3.5 | 梁预留设备孔洞的尺寸及定位是否正确 | E |
| 3.6 | 变截面梁收进方向是否正确 | E |
| 3.7 | 扶梯梁是否设置预埋钢板(特殊情况下检查是否设置牛腿) | E |
| 4 | 柱 | |
| 4.1 | 构件分类编码是否正确 | C |
| 4.2 | 柱的材质、定位、编号、截面尺寸、标高、混凝土强度等级以及抗震等级是否完整 | D |
| 4.3 | 柱与梁板墙交接处,柱子是否扣减梁板墙 | C |
| 4.4 | 柱帽等柱的附属构件是否建立正确 | E |
| 5 | 基础及基础底板 | |
| 5.1 | 构件分类编码是否正确 | C |
| 5.2 | 独立基础及防水板的材质、定位、尺寸、标高、混凝土强度等级、抗渗等级等是否准确 | D |
| 5.3 | 底板是否被基础、集水坑、排水沟扣减 | C |
| 5.4 | 升降板区域标高位置、放坡处角度是否正确 | E |

续表

| 序号 | 审查内容 | 问题类别 |
| --- | --- | --- |
| 5.5 | 集水坑、排水沟、设备基础是否遗漏 | E |
| 5.6 | 后浇带位置、尺寸是否正确 | E |
| 5.7 | 基础后浇带是否设置止水钢板 | E |
| 5.8 | 基础垫层及防水层是否与基础底面吻合 | E |
| 5.9 | 基础垫层及防水层是否形成封闭面 | E |
| 6 | 楼梯 | |
| 6.1 | 构件分类编码是否正确 | C |
| 6.2 | 楼梯各构件的材质、定位、尺寸、标高、混凝土强度等级是否正确 | C |
| 6.3 | 楼梯休息平台和斜梯段是否单独建模 | C |
| 6.4 | 楼梯休息平台是否与斜梯段搭接 | C |
| 6.5 | 核查楼梯梁底净高是否满足规范要求 | D |
| 7 | 基坑、集水坑 | |
| 7.1 | 构件分类编码是否正确 | C |
| 7.2 | 构件的材质、定位、尺寸、标高、混凝土强度等级是否正确 | C |
| 7.3 | 基坑、集水坑相邻位置是否按要求做无放坡 | C |
| 7.4 | 基坑、集水坑与底板之间是否按要求做放坡 | C |
| 7.5 | 基坑、集水坑在底板边缘一侧超出底板范围的部分是否沿底板边切平 | C |
| 7.6 | 核查电梯基坑、集水坑是否与基础相互连接,确保没有重叠 | E |
| 8 | 底板 | |
| 8.1 | 模型与图纸、设计说明及标准要求是否一致 | C |
| 8.2 | 核查基坑、集水坑构造是否正确 | E |
| 8.3 | 核查降板区域是否正确 | E |
| 8.4 | 核查板高差衔接是否正确 | E |
| 9 | 机房 | |
| 9.1 | 模型与图纸、设计说明及标准要求是否一致 | C |
| 9.2 | 核查机房与降板标高是否正确 | E |
| 9.3 | 核查设备基础构造是否表达正确 | E |

问题类别说明:A类问题:造成安全性问题;B类问题:影响使用功能易造成业主投诉的问题;C类问题:不符合建造标准的问题;D类问题:违反强制性规范的问题;E类问题:一般性问题。

3) 给水排水专业

给水排水专业模型审查要点见表4.40。

**给水排水专业模型审查要点**　　　　　　　　　　　　　　表 4.40

| 序号 | 审查内容 | 问题类别 |
| --- | --- | --- |
| 1 | 管道 | |
| 1.1 | 给水排水管线系统的命名及颜色等与要求是否一致 | C |

续表

| 序号 | 审查内容 | 问题类别 |
|---|---|---|
| 1.2 | 管道的标高、规格尺寸以及定位尺寸是否与二维图纸保持一致,是否满足设计规范要求 | C |
| 1.3 | 核查管道与建筑结构的梁板柱等构件是否碰撞 | C |
| 1.4 | 核查给水排水管道穿越外墙及楼板处,是否预留预埋洞口和防水套管 | C |
| 1.5 | 核查重力流排水管、通气管等管道坡度是否满足规范要求 | C |
| 1.6 | 核查管线排布避让原则 | C |
| 1.6.1 | 给水管与排水管上、下平行敷设时,给水管是否在排水管上方 | C |
| 1.6.2 | 是否小管让大管,有压管让无压管 | C |
| 1.7 | 核查管道之间的间距,确保安装间距满足施工及检修要求 | B |
| 1.8 | 对于管径较大的特殊类管道的支吊架是否满足设计要求 | E |
| 1.9 | 管道的连接方式与设计说明要求是否一致 | E |
| 1.10 | 核查管道连接方式,例如,重力流排水管的转向处宜做顺水连接,禁止逆水流方向连接 | D |
| 1.11 | 有保温要求的管道应有体现,保温的材质、厚度等参数是否满足设计要求 | B |
| 1.12 | 管道的安装高度是否满足净高要求,同时应考虑支吊架对高度的影响 | B |
| 1.13 | 管线排列要求整齐 | E |
| 2 | 管道管件、管路附件:阀门、仪表 | |
| 2.1 | 管件及附件材质与颜色表达同系统管道是否一致 | C |
| 2.2 | 管道连接的弯头、三通等附件及连接部位等,是否按照设计说明要求表达清楚 | C |
| 2.3 | 模型中各类阀门附件是否体现到位,与图纸位置一致,且满足要求安装及检修操作空间 | C |
| 3 | 设备 | |
| 3.1 | 设备属性应有明确的系统,且设备的基本参数应齐全,不能缺漏 | C |
| 3.2 | 设备尺寸应符合实际形式,与设计图纸表达一致 | C |
| 3.3 | 设备安装位置是否满足施工、设计及使用要求 | B |
| 3.4 | 核查设备安装高度,如集水坑中的设备的标高是否设置正确 | E |
| 3.5 | 核查设备安装间距,如水泵机组与墙和相邻机组之间的间距是否满足规范、设备操作检修距离的要求 | B |
| 4 | 机电末端 | |
| 4.1 | 所有给水排水点位与装修点位是否对应一致,并包含连接件 | E |
| 4.2 | 模型中末端采用形式是否正确(如喷头形式、参数是否与二维图一致) | D |
| 4.3 | 风管下方增设的喷淋头是否设置到位,并确保不影响净高要求 | D |
| 4.4 | 管道是否和洁具连接 | E |
| 5 | 室外 | |
| 5.1 | 室外雨水口、检修井、阀门井及构筑物是否与景观冲突 | B |
| 5.2 | 室外管道尺寸及管材是否满足设计要求 | E |
| 5.3 | 室外污水井和雨水井位置及标高是否满足设计要求 | E |

问题类别说明:A类问题:造成安全性问题;B类问题:影响使用功能易造成业主投诉的问题;C类问题:不符合建造标准的问题;D类问题:违反强制性规范的问题;E类问题:一般性问题

4) 暖通专业

暖通专业模型审查要点见表 4.41。

暖通专业模型审查要点  表 4.41

| 序号 | 审查内容 | 问题类别 |
| --- | --- | --- |
| 1 | 管道(空调)、风管 | |
| 1.1 | 应包含明确的系统分类,且包含基本的管道参数,如管径、材质、壁厚 | E |
| 1.2 | 相关尺寸、标高应准确无误 | E |
| 1.3 | 应包含符合标准的颜色 | E |
| 1.4 | 所有穿剪力墙、围护墙、结构板的暖通水管应预留有套管或防水套管 | D |
| 1.5 | 核查建筑、结构模型所有竖向风井洞口及管道井应与暖通模型一致 | D |
| 1.6 | 所有暖通风管穿墙处应有预留的土建洞口 | D |
| 1.7 | 核查重力管(冷凝水管)坡度应满足要求 | D |
| 1.8 | 核查重力流水管,如冷凝水管管线禁止"几"字形翻弯 | D |
| 1.9 | 核查空调供回水管,禁止出现大面积下翻弯,可以上翻弯 | D |
| 1.10 | 核查冷凝水管,从风机盘管出来禁止上翻弯 | D |
| 1.11 | 核查冷凝水主干管道,禁止出现"几"字形翻弯 | D |
| 1.12 | 核查管道之间的间距及管道与墙的间距,确保安装间距 | C |
| 1.13 | 需要保温的管道应增加管道的保温,保温的材料及厚度耐火等级应在属性中明确表达 | D |
| 1.14 | 管道穿越楼梯间等疏散通道是否碰头,或立管位置影响疏散宽度等 | B |
| 2 | 管道(空调)管件、风管管件、管路附件;阀门、仪表 | |
| 2.1 | 管件及附件材质与颜色表达应与同系统管道相一致 | E |
| 2.2 | 连接件、三通、四通连接符合设计规范表达要求 | C |
| 2.3 | 核查管路附件安装方式,应满足安装规范要求,如防火阀的安装距离应满足规范要求 | D |
| 3 | 设备 | |
| 3.1 | 设备属性应有明确的系统,且属性中设备的基本参数应齐全 | E |
| 3.2 | 设备尺寸应符合实际形式,满足设计图纸表达 | E |
| 3.3 | 核查设备安装、操作间距要求 | C |
| 4 | 机电末端 | |
| 4.1 | 所有暖通点位与装修点位对应一致,并包含连接件,且风口侧风口处不设管线遮挡 | C |
| 4.2 | 核查点位布置应满足设计要求,风口点位布置会受管线走向影响,需校核以满足设计规范要求 | C |
| 4.3 | 空调末端设备应有明确的定位尺寸,末端设备与管道的连接应能满足施工及检修要求 | B |

问题类别说明:A 类问题:造成安全性问题;B 类问题:影响使用功能易造成业主投诉的问题;C 类问题:不符合建造标准的问题;D 类问题:违反强制性规范的问题;E 类问题:一般性问题

5) 电气专业

电气专业模型审查要点见表 4.42。

电气专业模型审查要点　　　　　　　　　表 4.42

| 序号 | 审查内容 | 问题类别 |
|---|---|---|
| 1 | 桥架、线槽、母线 | |
| 1.1 | 桥架、线槽、母线是否按系统分类 | C |
| 1.2 | 桥架、线槽、母线尺寸及标高是否与施工图保持一致 | C |
| 1.3 | 颜色是否符合标准 | C |
| 1.4 | 是否有横贯梁板柱等构件的情况 | C |
| 1.5 | 电气管线排布是否遵循避让原则 | C |
| 1.5.1 | 桥架与建筑结构墙、梁等构件间距是否与施工图保持一致 | D |
| 1.5.2 | 相同系统桥架间、不同系统桥架间的间距是否与施工图保持一致 | D |
| 1.5.3 | 桥架排列是否遵循强电桥架在上弱电桥架在下的原则 | C |
| 1.5.4 | 桥架是否出现碰撞,是否出现"几"字形翻弯 | C |
| 1.5.5 | 桥架水管空间关系是否遵循桥架在上,水管在下的原则 | C |
| 1.6 | 管线排列是否整齐 | E |
| 1.7 | 桥架、线槽、母线是否注明成本属性、系统类型、设备类型 | E |
| 1.8 | 各专业管线是否有碰撞 | C |
| 2 | 桥架连接件 | |
| 2.1 | 桥架及附件材质与颜色表达是否与同系统桥架相一致 | E |
| 2.2 | 桥架附件安装方式是否满足施工图要求 | E |
| 2.3 | 桥架连接件的系统类型是否与相应桥架一致 | E |
| 3 | 设备 | |
| 3.1 | 设备尺寸是否满足设计图纸表达 | E |
| 3.2 | 防雷接地预埋件是否完整表达 | D |
| 3.3 | 大型设备基础是否完整表达 | D |
| 3.4 | 设备安装位置、安装方式、安装高度是否与施工图相符 | E |
| 4 | 机电末端 | |
| 4.1 | 所有电气点位与装修点位是否对应一致 | E |
| 4.2 | 电气专业设备点位是否受管线走向影响 | E |
| 4.3 | 灯的安装高度是否满足净高要求 | E |
| 4.4 | 降板、挑空区域是否有电气管线穿过 | B |
| 4.5 | 设备、金属槽盒是否具有规格、型号、材质、安装或敷设方式等非几何信息 | E |
| 4.6 | 变电所、强弱电井内设备引用族库、模型及安装高度是否符合要求 | E |
| 4.7 | 需要设置电缆沟、夹层等的变电所,相关路径是否表达完整 | E |

问题类别说明:A类问题:造成安全性问题;B类问题:影响使用功能易造成业主投诉的问题;C类问题:不符合建造标准的问题;D类问题:违反强制性规范的问题;E类问题:一般性问题

6) 装修专业

装修专业模型审查要点见表 4.43。

装修专业模型审查要点　　　　　　　　　　　表 4.43

| 序号 | 审查内容 | 问题类别 |
|---|---|---|
| 1 | 墙面 | |
| 1.1 | 核查内装墙体定位线是否均为面层面内部 | C |
| 1.2 | 内装墙饰面层是否按照设计表达要求进行划分 | C |
| 1.3 | 墙面按照设计表达要求,是否做表面区分,按材料分别处理 | C |
| 1.4 | 墙面装饰面的踢脚线和墙饰条是否按照图纸表达要求建模 | C |
| 1.5 | 墙面装饰面是否按实际装饰厚度建模 | E |
| 1.6 | 墙面装饰面是否按实际标高建模(有无超出天花标高) | E |
| 1.7 | 墙面装饰面造型是否按设计表达要求建模,并进行表面划分 | E |
| 1.8 | 墙面装饰面是否与墙面指示标识有冲突 | E |
| 1.9 | 核查墙体封堵是否按照设计表达要求,符合相关图集做法及规范要求 | D |
| 2 | 楼地面铺装 | |
| 2.1 | 楼地面铺装是否被建筑砌块墙、结构墙、楼板等构件扣减,优先级次序为最低 | C |
| 2.2 | 楼地面做法是否根据设计材料做法表设定,并根据做法表核查 | E |
| 2.3 | 楼地面铺装是否按照设计表达要求,做表面区分,按材料分别建模 | C |
| 2.4 | 地面装饰层是否存在与地面指示标识的冲突 | E |
| 3 | 门窗 | |
| 3.1 | 核查门(尤其防火门、卷帘门)是否满足设计形体要求、实际厂家产品要求,应接近实际形式 | E |
| 3.2 | 门窗族中是否包含房间计算点,通过房间、空间快速查找统计不同精装区域的门窗构件 | E |
| 3.3 | 核查门窗材质是否正确表达 | E |
| 4 | 天花板 | |
| 4.1 | 核查天花板构造要求是否与设计表达、构造要求、工艺做法一致 | E |
| 4.2 | 核查天花板造型是否用楼板、常规模型搭建 | C |
| 4.3 | 核查天花装饰面与墙面交接处的模型表达方式是否正确 | E |
| 4.4 | 核查天花装饰面及龙骨是否存在与风口、灯具、感应器等点位冲突的现象 | E |
| 4.5 | 核查天花装饰面是否与墙、梁、板柱等结构存在冲突 | E |
| 4.6 | 核查天花板洞口开洞是否按照图纸设计建模 | E |
| 5 | 栏杆扶手 | |
| 5.1 | 核查栏杆扶手是否满足设计剖面或详图表达要求 | E |
| 5.2 | 核查栏杆扶手与基础、地面处锚固连接的方式是否按照设计要求建模 | C |
| 6 | 卫浴装置 | |
| 6.1 | 核查卫浴装置是否满足设计形体要求、实际厂家产品要求,应接近实际形式 | E |
| 6.2 | 核查卫浴装置族类别,卫浴装置类别是否设为卫浴装置,不应为常规模型或其他类别 | C |
| 6.3 | 卫浴装置族中是否包含房间计算点,通过房间、空间快速查找统计不同精装区域的卫浴设施 | C |
| 6.4 | 核查卫浴装置材质是否正确表达 | E |
| 6.5 | 核查卫浴装置中是否有相应连接件 | C |

续表

| 序号 | 审查内容 | 问题类别 |
|---|---|---|
| 7 | 电梯扶梯 | |
| 7.1 | 核查电梯、扶梯是否满足设计形体要求、实际厂家产品要求,应接近实际形式 | E |
| 7.2 | 核查电梯、扶梯平立剖表达是否符合施工图表达要求 | E |
| 8 | 末端点位 | |
| 8.1 | 核查各装饰面是否存在与消防系统(如消火栓、管道、喷淋)点位冲突的问题 | E |
| 8.2 | 核查墙面、天花装饰面是否存在与电气、给水排水系统点位冲突的问题 | E |
| 9 | 卫生间 | |
| 9.1 | 核查内装面层与建筑构造层交接是否正确 | E |
| 9.2 | 核查洁具与隔断是否建模 | E |
| 9.3 | 核查点位与机电专业协同是否正确表达 | E |
| 9.4 | 核查无障碍设施做法是否正确表达 | D |
| 9.5 | 核查地面面层标高是否正确 | E |
| 9.6 | 核查降板区域与建筑结构交接面是否正确表达 | E |

问题类别说明：A类问题：造成安全性问题；B类问题：影响使用功能易造成业主投诉的问题；C类问题：不符合建造标准的问题；D类问题：违反强制性规范的问题；E类问题：一般性问题

## 4.3 基于BIM的施工管控流程

基于BIM的施工阶段项目管理流程为：进度、质量、造价/计量。

### 4.3.1 施工阶段进度管理实践

在DBB（设计—招标—施工）、DB（设计—施工一体化）、EPC（工程总承包）和PMC（Project Management Consultancy，项目管理咨询）等项目管理模式下，基于BIM的海外工程进度管理存在以下区别：

1）DBB模式下

在设计—招标—施工模式下，业主、设计方和施工方之间的职责相对独立。基于BIM的进度管理主要通过跨部门协同，共享项目信息，实现业主、设计方和施工方的有效沟通。虚拟施工仿真和变更管理主要针对设计阶段进行优化。

2）DB模式下

在设计—施工一体化模式下，业主只需与一个承包单位签订合同。基于BIM的进度管理可以加强设计和施工阶段的协同，提高项目的进度控制效果。设计和施工数据在同一BIM平台上共享，有利于提高项目进度的透明度和管理效率。

3) EPC 模式下

在工程总承包模式下，业主与一个 EPC 承包商签订合同，EPC 承包商负责项目的设计、采购、施工及质量、安全和环保等方面的管理。基于 BIM 的进度管理可以帮助 EPC 承包商更好地控制项目进度，确保项目按计划进行。同时，业主可以通过 BIM 平台监控项目进度，及时发现问题并提出建议。

4) PMC 模式下

在项目管理咨询模式下，业主聘请一家专业的项目管理咨询公司（PMC）协助进行项目的规划、设计、施工和验收等环节的管理。基于 BIM 的进度管理可以帮助 PMC 更好地协调和监督设计、施工和其他相关单位的工作，确保项目顺利推进。同时，业主可以通过 BIM 平台了解项目进度，评估 PMC 的工作效果。

施工进度管理是指根据项目各施工阶段的工作内容、工作程序、工期和逻辑关系，制定计划并付诸实施。在施工整体进度过程中，应该随着项目的进展，不断比较计划工期和实际工期的区别，分析偏差的原因，对需要补救的部分进行调整或者修改原计划工期。项目进度管理一直被视为衡量项目成败的重要指标之一，通过合理安排各种施工活动，可以有效利用有限的资源，减少浪费，保质保量地在规定的时间内完成项目建设。施工进度管理的最终目的是确保各施工阶段进度目标的实现。

BIM 技术与 PDCA 循环〔Plan（计划）、Do（执行）、Check（检查）和 Act（处理）〕原理结合后用于项目进度计划管理，可以实现两者优点的结合，为优化进度管理提供支持；首先基于 BIM 技术开展施工模拟和创建三维信息模型，改进进度管理技术方案，向项目进度管理提供数据资料；再引入 PDCA 循环，规范施工进度管理过程，降低浪费和损失。引入 BIM 技术和 PDCA 循环可以补充和深化传统项目进度管理水平，保证项目各阶段任务得以顺利完成，提升进度计划管理流程的高效性、可视性和模拟性。

基于 BIM 技术和 PDCA 循环的施工阶段进度管理流程如图 4.41 所示。

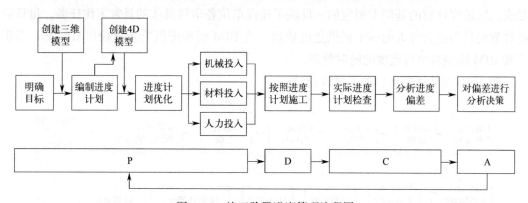

图 4.41　施工阶段进度管理流程图

注：P——Plan，计划；D——Do，执行；C——Check，检查；A——Act，处理。

### 1. 施工阶段进度管理协调流程

1) 明确进度管理目标

工程进度管理的依据是建设工程施工合同所约定的工期目标，围绕工期目标采用工作分解结构模式对工期目标进行细化拆分，工作分解结构即 Work Breakdown Structure (WBS)，以对项目要素进行分组时的基本导向为可交付成果，因此它对项目整个工作范围进行定义和归纳，层级越多代表项目工作划分越详细。WBS 作为计划过程的中心环节，是编制采购计划、风险管理计划、成本预算、资源需求和进度计划等工作的基础，也是控制项目变更的重要基础。WBS 应遵循下述原则：首先逐步细化主体目标，直接分派个人完成最底层的日常活动；每个任务应最终分解到不能细分为止；日常活动中应指派对应的资金、时间和人。任务分解的方法可以分为树状结构分解和团队为中心的分解模式，分解后的活动结构应明确清晰，避免出现盘根错节的情况；分解活动在逻辑上应是一个集成了关键因素的活动，包含临时的监控点和里程碑，并对所有活动进行定义，细化到资金、时间和个人。

2）编制各层级进度计划工作表

编制进度计划工作表包括总进度计划工作表、分项工作进度计划表等，由于不同层级进度计划工作表对工期最小节点的要求不同，如总进度计划工作表往往以周为单位编制，而分项进度计划表可以天或者以小时等为单位进行编制。结合进度管理目标以 WBS 理论为基础在该阶段编制符合要求的进度计划工作表。编制施工进度计划，更有利于现场施工人员准确了解和掌握项目进度。进度计划一般包括总施工进度大纲、总进度计划、次进度计划和日进度计划四个层次。

总施工进度大纲作为一项重要的纲领性文件，应包括项目准备说明、工程施工概况和目标、现场情况、施工界面、里程碑节点等内容。项目设计资料、工期要求、参与单位、人员物资调配、项目投资、地理环境等信息可以有效地支持总进度计划的编制。

总承包商根据施工合同要求编制总进度计划，合理分解工程施工任务，根据各参与单位的工作能力制定合理可行的进度控制目标，并在总进度计划大纲要求范围内确定该层里程碑节点的开工和竣工时间。

二级进度计划由总包单位和分包单位协商，并按照总体进度计划编制。每日进度计划是在二次进度计划的基础上制定的。反映了建设单位各学科具体的日常工作任务。每日进度计划的目的是为每天的施工提供进度依据，为 BIM 模型进度管理提供每日数据，真正实现 BIM 模型对项目进度的随时管理。

图 4.42 为某住宅项目的工序拆分过程。

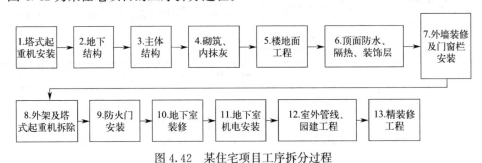

图 4.42 某住宅项目工序拆分过程

根据工序拆分后的过程，确定里程碑节点及其开工、竣工时间，结合任务间的关联关系、任务资源、任务持续时间以及里程碑节点的时间要求，编制进度计划，明确各个节点的开工、竣工时间以及关键线路。

3) 计算各工序工期

底板结构以 $1200m^2$ 分区进行测算 15d，底板结构具体拆分如图 4.43 所示。

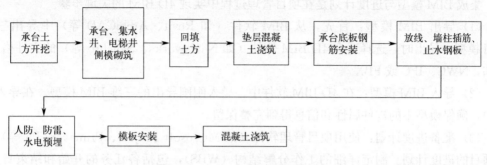

图 4.43 底板结构具体拆分

根据各工序工期编制进度计划表格，初步进度计划表见表 4.44。

初步进度计划表  表 4.44

| 任务名称 | 天数 | 1 | 2 | 3 | 4 | 5 | 6 | 7 | 8 | 9 | 10 | 11 | 12 | 13 | 14 | 15 |
|---|---|---|---|---|---|---|---|---|---|---|---|---|---|---|---|---|
| 承台土方开挖 | 5 | ■ | ■ | ■ | ■ | ■ | | | | | | | | | | |
| 承台、集水井、电梯井侧模砌筑 | 4 | | | | | | ■ | ■ | ■ | ■ | | | | | | |
| 回填土方 | 4 | | | | | | ■ | ■ | ■ | ■ | | | | | | |
| 垫层混凝土浇筑 | 1 | | | | | | | | | | ■ | | | | | |
| 承台底板钢筋安装 | 3 | | | | | | | | | | | ■ | ■ | ■ | | |
| 放线、墙柱插筋、止水钢板 | 1 | | | | | | | | | | | | | ■ | | |
| 人防、防雷、水电预埋 | 1 | | | | | | | | | | | | | ■ | | |
| 模板安装 | 1 | | | | | | | | | | | | | | ■ | |
| 混凝土浇筑 | 1 | | | | | | | | | | | | | | | ■ |

4) 创建符合进度计划要求的模型

在项目初期，可以将模型和进度划分为若干阶段，如概念设计阶段、初步设计阶段、施工图设计阶段等。每个阶段的 MPDT（模型进度详细程度）和 LOIN（模型信息需求级别）都与相应的进度 WBS（工作分解结构）相匹配，这样可以确保项目各阶段的进度管理更为精确。然而，由于模型深度一般达不到进度深度，需要在 BEP 中制定相应的对策来弥补这一差距。在进度计划中，可以设立关键里程碑，将模型的关键节点与项目进度挂钩，这有助于在关键阶段对模型的准确性和完整性进行评估，并确保项目按计划推进。在 BEP 中，应制定模型优化策略，以提高模型的精度和详细程度，包括模型校核、冲突检测、模型审查等过程，以及在设计阶段对模型进行持续优化和更新。在项目管理过程中，应通过技术手段强化模型与进度的关联。例如，可以将 4D BIM 应用于项目进度管理，将模型与进度计划相结合，以实现进度管理的可视化。为了确保模型与进度的有效匹配，可以设立专门的 BIM 协调人员，负责跨专业、跨部门的协调工作，确保模型与进度的匹配原则得到有效执行。在项目实施过程中,应定期评估模型与进度的匹配状况,并根据实际情况进行调整和更新。这有助于及时发现问题,确保项目进度管理的准确性和有效性。

5)集成 BIM 模型与进度计划

集成 BIM 模型与进度计划是在项目管理过程中实现 4D BIM 的关键步骤。

(1)导出 BIM 模型:首先,从 BIM 软件(如 Revit、ArchiCAD 等)中导出三维 BIM 模型。导出时,选择适合 4D BIM 软件(如 Navisworks、Synchro 等)的文件格式,例如,NWC、IFC 或 FBX。

(2)导入 BIM 模型:在 4D BIM 软件中,导入刚刚导出的三维 BIM 模型。在导入过程中,确保模型中的构件属性和信息得到完整保留。

(3)准备进度计划:使用项目管理软件(如 Microsoft Project、Primavera P6 等)创建项目的进度计划。制定详细的工作分解结构(WBS),包括各任务的开始和结束日期,以及任务之间的关系。在完成进度计划后,将其导出为适合 4D BIM 软件的格式,如 XML 或 XER。

(4)导入进度计划:在 4D BIM 软件中,导入项目的进度计划。检查导入后的任务和日期是否与原始进度计划一致。

(5)关联 BIM 模型与进度计划:将进度计划中的任务与 BIM 模型中的相应构件进行关联。关联方式可以是手动关联,也可以是通过编写规则进行自动关联。在关联过程中,确保任务与构件之间的关系得到准确表示。

(6)验证 4D 模型:在关联完成后,查看 4D BIM 模型的时间轴,检查模型中的任务和构件在时间上的表现是否与进度计划一致。如有问题,及时进行调整。

(7)进度模拟与可视化:使用 4D BIM 软件的模拟功能,查看项目在不同时间节点下的施工进度。观察模型中的构件随时间的变化,以验证模型与进度计划的关联是否正确。

(8)保存和共享 4D 模型:将集成了 BIM 模型与进度计划的 4D 模型保存,并在项目团队中进行共享。这样,各团队成员可以实时查看项目的进度情况,提高协同效率。

6)实时进度监控

(1)数据收集:定期收集施工现场的实时数据,包括施工进度、材料消耗、人工资源等。这些数据可以通过现场巡查、自动化数据采集设备(如传感器)或与施工团队的沟通来获取。

(2)更新 4D BIM 模型:根据收集到的实时数据,更新 4D BIM 模型中的进度信息。可以手动更新或通过与现场管理系统集成来自动更新。

(3)对比计划与实际进度:将实际进度与 4D BIM 模型中的预定进度进行对比,分析进度偏差。通过 4D BIM 软件的可视化功能,可以直观地查看实际进度与计划进度之间的差距。

(4)识别问题与风险:根据对比结果,识别项目中存在的问题和潜在风险。包括进度滞后、资源短缺、成本超支等。

(5)制定应对措施:针对识别出的问题和风险,制定相应的应对措施。这可能包括调整施工计划、增加资源、改进施工方法等。对于紧急情况,应立即采取措施进行处理。

(6) 跨部门协同与沟通：通过 4D BIM 平台，及时与项目团队的其他成员分享进度监控信息。这有助于提高跨部门协同的效率，确保项目按计划推进。

(7) 可视化报告与汇报：生成实时进度监控报告，包括进度偏差、问题和风险分析、应对措施等。通过可视化报告，项目团队和业主可以更直观地了解项目的实际进度，从而及时调整管理策略。

(8) 持续改进：在项目实施过程中，不断学习和总结实时进度监控的经验，持续改进监控方法和工具，提高监控效果。

**2. 施工阶段进度管理实例解析**

以某小区四层建筑为例：项目 GF（Ground Floor，地面层），为 800m² 共同办公和餐饮空间；1F 至 3F，每层为 800m² 教学空间；4F，为 600m² 仿真实验室。建筑工期为 12 个月。

1）根据项目实际情况建立 BIM 项目管理目标

根据项目实际情况建立 BIM 施工阶段的管理目标，对于项目工期所需要达到的目标给予明确的要求，对于各进度管理阶段所需要的建模深度等给予指引。初步目标与优化目标见表 4.45。

初步目标与优化目标　　　　表 4.45

| 序号 | 初步目标 | 优化目标 |
| --- | --- | --- |
| 1 | BIM 模型必须包含与设备和设备相关的数据；<br>包括现场建筑工程所需的临时构筑物 | 4D BIM 的使用必须能够实现可视化和分析；<br>解决当两家公司在同一领域工作时设备和临时构筑物占用的空间问题 |
| 2 | 进度表的更新必须实时进行；<br>BIM 模型进展应与现场的确切进度相对应 | 在施工阶段的任何时候，4D BIM 规划必须使建筑工作的测量进度能够精确到误差范围为±3d 成为可能 |

2）确定模型深度及信息要求及相关工作流程

对于项目实施过程中的模型深度及各模型构件中所需要包含的信息，BIM 项目经理必须在项目刚开始的阶段就对工作进行精准定义，并对整个项目实施过程中的工作流程给予细化指引（表 4.46）。

模型深度及各模型构件中所需要包含的信息　　　　表 4.46

| 4D BIM 目标 | 构件信息 |
| --- | --- |
| 4D BIM 的使用必须能够实现可视化和分析，解决两家公司在同一领域工作时设备和临时构筑物占用的空间问题 | 各分包商进场的日期和期限；<br>有关公司的名称；<br>工作性质；<br>占用地区的名称；<br>设备/临时构筑物的尺寸和面积；<br>设备运输路线；<br>设备类型 |
| 在施工阶段的任何时候，4D BIM 规划必须使建筑工作的测量进度在±3d 内成为可能 | 4D 参数与施工进度计划关联；<br>项目任务流程图级别；<br>任务之间工序清晰 |

上述工作采用 BIM 软件协同，采用统一工作流程对项目参与各方的工作进行约束，在 4D 工作过程中采用 Synchro Pro（BIM 4D 模拟软件）进行管理（表 4.47）。

采用 Synchro Pro 对项目参与各方的工作进行管理　　　　　　表 4.47

| 阶段 | 工具 |
| --- | --- |
| 策划 | Microsoft Excel；<br>Microsoft Project |
| 编制工程进度计划 | Microsoft Project；<br>Oracle Primavera P6（一款项目管理软件） |
| 建模 | Autodesk Revit |
| 4D 模拟 | SYNCHRO Control（一个基于云的 SaaS 施工管理中心）；<br>Fuzor〔一款将 BIMVR（Building Information Modeling in Virtual Reality，是将 BIM 和 VR 结合起来的一种技术手段）技术与 4D 施工模拟技术深度结合的综合性平台级软件〕；<br>AutoDesk Navisworks（AutoDesk 出品的建筑工程管理软件套装） |

3）编制施工进度计划表

图 4.44 表示的是项目进度管理流程图。

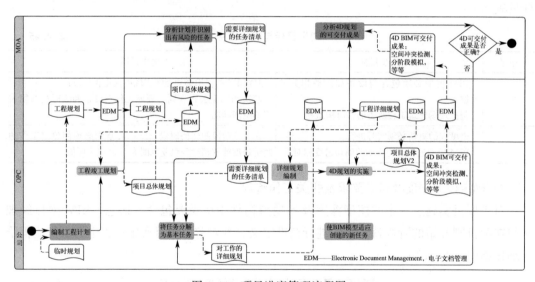

图 4.44　项目进度管理流程图

本书通过结合项目的所有商业规划来确定项目的 OPC（Open Platform Communications，一种开放式通信标准）。4D 管理的项目任务流程计划在该标准属于第 3 级。

施工进度计划的每个步骤能否完成，取决于项目实施过程中的其他因素是否发生改变，BIM 进度管理的优势在于能够进行进度计划模拟，提前预判可能出现进度改变的风险区域，对发生延误概率较大的区域提前预警，做好重点监控。

在施工进度计划表编制的过程中，已经考虑了各工序之间的衔接问题，但没有规划 4D 参数，因此无法将项目模型与进度计划关联，并对项目进度计划的层次进行优化。该项目的 BIM 模型是由 Revit 软件所创建的，因此在所有构件中新建 4D 参数，将进度计划中的 4D 参数在建模过程中赋予每个构件，对每个信息的识别进行规划（表 4.48），这样可以将BIM模型中所有构件分配到不同的进度计划层级中,从而更好地匹配项目进度管理。

当上述阶段完成后,BIM模型与施工进度计划完成关联,将施工进度计划转化为4D信息,以此对进度计划进行优化,从而更好地开展4D模拟。

**4D BIM 构件信息规划** 表 4.48

| 4D BIM 目标 | 构件信息 | 信息识别或定位 |
| --- | --- | --- |
| 4D BIM 的使用必须能够实现可视化和分析解决当两家公司在同一领域工作时设备和临时构筑物占用的空间问题 | 各分包商进场的日期和期限 | 计划中 |
| | 有关公司的名称 | 计划中 |
| | 工作性质 | 计划中 |
| | 占用地区的名称 | 计划中 |
| | 设备/临时构筑物的尺寸和面积 | 计划中 |
| | 设备运输路线 | 计划中 |
| | 设备类型 | 计划中 |
| 在施工阶段的任何时候,4D BIM 规划必须使建筑工作的测量进度在±3d 内成为可能 | 4D 参数与施工进度计划关联 | 计划中 |
| | 项目任务流程图级别 | |
| | 任务之间工序清晰 | |

4)配合进度计划完成4D模型创建

该阶段允许项目承包商将4D BIM信息集成到他们的BIM模型中以实现项目的4D BIM目标。依靠项目执行计划,项目承包商的4D模型必须能够使用时间表中提供的信息。

5)4D BIM 初步规划

首先,创建4D参数,并将其集成到BIM模型构件中。其次,从Revit中使用同步插件导出BIM模型。项目进度会被导入,基于4D参数任务之间的链接也会被导入进而保存。最后,将BIM模型的对象分配给相应的任务。这是第一个基于4D的BIM时间表,它可以导出为视频格式(.avi)或阶段表单(.jpeg),帮助项目团队检查项目工作流是否正确,也可以直接在4D规划软件上更改项目进度。

6)4D BIM 进一步规划

要检验和验证所提出的方法,必须面对现实的合作问题。项目中四个任务协同时期以及三家公司在工地现场同步合作,因此需要更为详尽的4D计划,用以优化施工进度过程。通过创建不同分包商所处的工作界面,对于每个工序,可以执行工作流分析,减少交互工作的影响(图4.45)。在这个模拟场景中,已经检测到工作区域GF层在HVAC(Heating,Ventilation and Air Conditioning,供热通风与空气调节)和ELEC(电气设计软件)干预期间重叠。因此,必须对这两项活动所在的工作界面进行管理,以避免这种合作承包带来的危险减缓了工程进度。

对于施工进度基于4D模型的优化效果见表4.49。

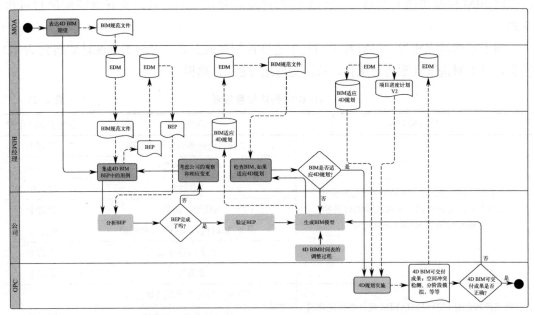

图 4.45 分包界面分析流程

**施工进度基于 4D 模型的优化效果** 表 4.49

| 4D BIM 目标 | 评价 |
| --- | --- |
| 4D BIM 的使用必须能够实现可视化和分析解决当两家公司在同一领域工作时设备和临时构筑物占用的空间问题 | 确定工序,对不同的区域工序情况进行评估;<br>探查是否存在分包界面交叉区域;<br>设备运输空间是否存在交叉 |
| 在施工阶段的任何时候,4D BIM 规划必须使建筑工作的测量进度在±3d 内成为可能 | 新增 4D 模拟规划需要重新构建流程图,因此新增任务层次的流程图,使得制定局部 4D 评估成为可能,促使评估更加准确 |

## 4.3.2 施工阶段质量管控实践

**1. 质量管理定义**

1) 质量的概念

国际标准 ISO 9000:2000 提供了一个全面和准确的质量定义:一组固有特性以满足需求的程度。在本书中,"需求"是指"明确的、通常隐含的或必要的需求或期望"。需求不仅指顾客的需求,还包括社会的需要,应符合国家法律法规和现行相关政策。质量是动态的、及时的和相对的。就施工而言,质量应具有安全性、适用性、经济性和美观性的含义。

项目质量管理阶段如图 4.46 所示。

2) 质量管理的概念

质量管理是对组织中与质量有关的协调活动的指导和控制。它通常包括质量方针和质

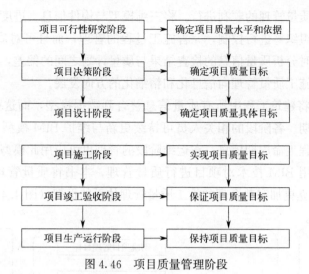

图 4.46 项目质量管理阶段

量目标的建立、质量规划、质量保证和质量改进。因此，质量管理可以进一步理解为通过质量策划、质量控制、质量保证和质量改进来确定和建立质量方针、目标和责任的所有管理职能的所有活动。

3) 建设工程项目各阶段对质量形成的影响

施工质量的特点是由施工项目本身的特点和施工生产的特点所决定的。建筑工程及其生产的特点可以概括为：一是产品的固定性和生产的流动性；二是产品的多样性和生产的统一性；三是产品规模大，投入高，生产周期长，风险大；四是产品的社会性和生产的外部约束。基于建筑工程及其生产的上述特点，形成了建筑工程质量的以下特点：建筑工程质量受设计水平、材料质量、先进施工方法、技术措施、人员素质、施工周期等诸多因素的影响。对于一般产品，客户直接在市场上购买最终产品，而不干扰产品的生产过程；该项目的施工过程非常复杂。其客户（所有者和投资者）必须直接参与整个生产过程，了解整个过程、每个环节和质量管理的每个要素。为了实现项目目标，获得高质量的项目，必须在整个项目过程中实施严格的质量管理。质量管理必须实现微观与宏观、过程与结果的统一。由于项目施工是一个循序渐进的过程，施工项目质量管理过程中任何一个环节的任何问题，都必然会影响后期的质量管理，进而影响项目的质量目标。工程具有周期长、工程质量不是一日形成的特点。工程建设的各个阶段密切相关，相互制约，每个阶段对工程质量的形成都有非常重要的影响。项目立项、设计、施工和竣工验收的过程质量一般应服务于使用阶段，并满足使用阶段的要求。

**2. 施工阶段质量管控流程**

根据研究表明，人为因素在建筑工程活动中具有重要影响。在传统的施工质量管理中，其数据的整合及信息的发布主要依赖于现场的相关人员，效果和效率等都不尽如人意，不仅增加了人的成本，而且很容易造成信息交互滞后，严重形成"信息孤岛"；项目在施工阶段会产生大量的工程信息，用传统的质量管理办法不能将这些信息有效地利用起来，同时，这些信息文档多而杂，很难长久地保存，一旦发生质量缺陷，很难追根溯源。

这些都不利于施工质量管理的顺利进行。将三维模型与构件信息、进度信息整合，不仅可以对进度、质量、组织等进行控制，完善施工过程的管理，而且可对质量计划进行完善，在现场施工时可随时分析质量信息的检查结果与质量计划之间的偏差，并依此制定合理的纠偏措施，有利于施工质量管理向信息化和精细化的方向发展。

BIM技术可以将建筑工程中所有质量信息整合到数据模型，而这些信息贯穿了建筑工程的整个生命周期。各阶段的相关人员可持续更新与维护BIM模型，最后在工程竣工后，凭借完整的工程生命周期信息，在运维阶段的管理也可应用此模型并继续进行更新维护。为了更好地利用BIM技术对项目进行质量管理，本书将质量管理的PDCA循环与BIM技术结合来建立更加完善合理的施工质量管理体系的框架（图4.47）。

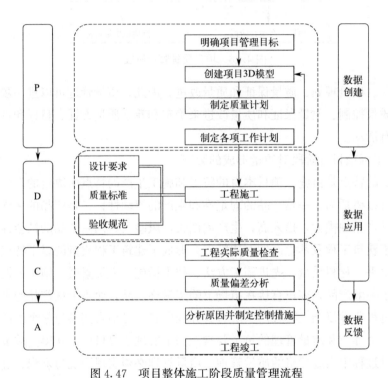

图4.47 项目整体施工阶段质量管理流程

注：P——Plan，计划；D——Do，执行；C——Check，检查；A——Act，处理。

1）施工前期基于BIM项目质量管理

（1）图纸会审

二维平面图纸作为传统的图纸会审的方式，由于不同的人对图纸的理解深度不同，不利于各参建方的交流以及对图纸会审工作的开展。这样的方式已经难以满足建筑业的发展需求。而BIM技术在建模时就会发现图纸的相关问题，这些问题在图纸会审阶段能够提出并加以纠正；另外，利用BIM技术也可以对各专业进行碰撞检查，能够及时发现设计时不合理的地方，减少了不必要的返工。在使用BIM技术进行漫游展示的时候，可以直观地看到建筑物内部的情况，对施工时设备安装的净空设置不够、结构设计不合理等现象及时发现并予以解决。

(2) 技术交底

以往的工程项目尤其是重点工序的技术交底需要用到大量的图纸并附上文字说明，在二维图纸上指出问题的所在，这样"依靠想象"进行技术交底，很容易使人们产生理解性的偏差。通过三维可视化展示，使施工方案和工序交底到每一个施工人员，能直观深刻地了解交底的重点，提高了技术交底的效率。

(3) 预留洞口

将建立好的各专业模型进行整合，利用BIM技术相关软件进行各专业间的碰撞检查，筛选需要预留洞口的碰撞点类别，确定管线穿墙及楼板预留孔洞的位置及尺寸并生成报告，提前发现问题与技术部交流。在施工时依照预留洞口的报告进行施工可以减少返工，提高效率。利用Navisworks软件对各专业模型进行整合后生成碰撞报告，根据碰撞点的位置确定预留洞口的位置（图4.48）。

图4.48 预留洞口

(4) 质量点的监测与跟踪

根据现场划定的质量控制点，利用BIM可视化技术将其施工过程模拟出来，收集现场质量点的数据，对其进行整理、归类并及时将现场质量点的信息录入到BIM模型里，对质量控制点的质量进行实时监控，发现质量问题。及时上传至建立好的云平台，与模型进行关联。相关人员登录自己的BIM 5D手机端，会看到需要整改的信息并及时整改，然后将整改好的图片信息及对应时间录入到BIM模型里，实现现场质量点的动态跟踪。

2) 施工中期基于BIM项目质量管理

(1) 现场质量管理信息的采集和录入

BIM系统质量信息的及时更新在于能够同步现场的进展。BIM信息采集方法主要有计算机图元信息录入、数码相机图片录入和现代数码设备录入等方式。因为项目建设受诸多复杂因素影响，以及质量信息数量巨大、涉及面广等问题，必须借助现代数码采集设备进行图像、视频等信息录入方式进行现场采集。通过运用现场采集的方式获取现场第一时间的质量信息。

信息采集和录入能够保证BIM模型的质量管理全面性，增加了模型质量管理信息的维度。BIM体系对质量信息的统计主要有具体部位的质量状况、质量问题对应的时间、具体问题描述、质量问题处理方案等，质量信息与项目BIM模型实现即时的关联。

质量问题解决方案处理流程图如图4.49所示。

采集信息根据质量问题发生的时间先后分为事前质量问题、事中质量问题和事后质量问题。具体涉及土建各个部位施工质量问题，如梁、板、柱、楼梯、剪力墙等构件完成信息，此外还包括水电、暖通等专业不同楼层的质量问题等信息。表4.50为质量

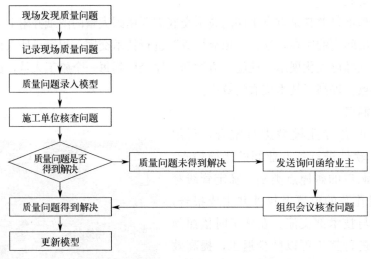

图 4.49 质量问题解决方案处理流程图

问题示例。

质量问题示例 表 4.50

| 质量问题专业划分 | 质量问题示例 | 对应构件 |
| --- | --- | --- |
| 土建施工质量问题 | 框架柱浇筑漏振 | 框架柱 |
| | 梁、板、柱混凝土施工质量问题 | 梁、板、柱 |
| | 施工缝预留质量问题 | 板 |
| 机电施工质量问题 | 楼层照明线路不通 | 电缆 |
| | 公共部位电线未按设计隐蔽 | 电缆 |
| | 供水卡子不牢固 | 给水管 |
| | 供水管线有漏水部位 | 给水管 |
| | 供暖管道内未安装过滤阀 | 相应供暖管道 |
| | 供水管与回水管之间水表未贯通 | 供水与回水管 |

(2) 现场材料进场备案

施工过程中还可以利用 BIM 平台的信息采集功能建立二维码,利用各种通信设备通过互联网扫描二维码,进一步了解项目现状,加强合作效果,提高项目质量(图 4.50、图 4.51)。

图 4.50 材料贴码流程

3) 施工后期基于 BIM 项目质量管理

建筑工程收尾阶段标志着工程实体已基本完成,同时此阶段也是工程质量遗留问题逐步显现的阶段,这就要求在施工质量管理方面比其他阶段更为细致与严谨。BIM 竣工模型是随着工程进展与工程变更逐步更新的,与现场情况保持着高度一致,合理利用竣工模型进行工程收尾阶段的质量管理,可以极大提高收尾阶段的工作效率,简化该阶段的作业内容。

(1) 信息整理和归集

对于施工方而言,通过 BIM 技术收集到的收尾阶段的质量信息是最完整、最准确的信息,施工方将这些数据信息进行绩效评价并通过 BIM 模型保留下来,可为今后的施工总结经验教训。

图 4.51 二维码交底

(2) 奠定竣工基础

BIM 模型里包含了各种收尾阶段最新的质量信息和数据,专人负责整理、归档,通过 BIM 云平台将这些质量信息与施工计划中的信息进行对比,以此来判断项目中已建工程的质量是否符合甲方要求。同时,当所建模型与施工现场不一致时,及时记录并通过云平台反馈给技术人员,分析产生偏差的原因并修改模型,BIM 模型纠偏后添加各种构件信息,使其达到 LOD500 的验收标准,并使三维信息模型与施工收尾阶段的现场质量信息保持一致;随后,对分析的质量信息进行评价与总结,通过 BIM 模型展示给甲方,进行技术交底,能够了解其对工程项目的满意程度,进而将不满意的地方记录下来,通过云平台及时通知给相关技术人员进行整改,为工程顺利竣工验收奠定基础。

**3. 施工阶段质量管控实例解析**

以中国香港地区某施工项目为例,充分利用 BIM 技术,在质量管控方面,从组织架构到具体工作分配,从设计协调到竣工验收,逐层分解,层层落实。以下是实施过程中的案例分享:

1) 质量保障团队

质量保障团队如图 4.52 所示,团队工作职能见表 4.51。

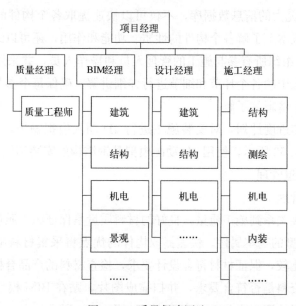

图 4.52 质量保障团队

团队工作职能 表 4.51

| 序号 | 专业\职务 | 工作职能 | 备注 |
|---|---|---|---|
| 1 | 项目经理 | 负责主持协调质量会议,协调各职能团队,制定质量管控目标及评审实施情况 | |
| 2 | 质量经理 | 依据项目要求,制定项目质量标准体系,QA/QC 流程以及监督各职能团队质量管控实施情况 | |
| 3 | BIM 经理 | 依据项目质量管控目标,制定相应的 BIM 实施细则交予项目团队,同时管理 BIM 团队按细则交付成果 | |
| 4 | 设计经理 | 参与协调各专业间的模型图纸工作,负责模型图纸的审核,设计协调等日常工作指导,定期复查本职能团队的质量情况 | |
| 5 | 施工经理 | 参与协调各专业间有关施工方面的工作,负责工程施工模拟等日常工作指导,定期复查本职能团队的质量情况 | |

2) 施工前期质量管理

(1) 图纸会审

项目施工主要依据施工图,设计协调是有效解决施工图设计问题的方法。在传统施工图的基础上,结合本项目承包商建立的 BIM 模型,对施工设计图进行控制和筛选。如果发现施工图设计意图与 BIM 模型不符,则重点检查 BIM 模型的正确性。在确保 BIM 模型完全按照施工设计图纸建立的基础上,使用 BIM 模型和运行碰撞检查的碰撞监控管理软件,并采用带标题的三维模型方法发布记录,最终分配给相应的职能团队进行跟进。

使用 BIM 协调管理软件,将发现的问题发送给业主、监理、总包及设计审查和修改等相关单位。在相关单位响应后,通过局域网(Local Area Network,LAN)快速发送相关单位的处理意见和结果,以加快工作进度,提高工作效率。

(2) 技术交底

利用 BIM 模型庞大的信息数据库,不仅可以快速提取各个构件的详细属性,使所有参与施工的人员从根本上了解各个构件的性质、功能和作用,还可以结合施工方案和进度生成 4D 施工模拟,组织所有参与施工的管理人员和操作人员,并采用多媒体可视化披露的方法,对施工过程中的各个环节和细节进行详细讲解,确保每个参与施工的人在施工前对施工过程都有一个清晰的了解。

结合施工方案和进度计划,对安装施工进行 4D 动画模拟输出,组织施工人员学习。进行技术交底如图 4.53 所示,使用 4D 动画模拟某钢结构的安装和施工。

3) 施工中期质量管理

(1) 材料质量管理

材料的质量直接关系到施工质量,良好的材料质量是保证施工质量的必要措施和有效措施,利用 BIM 模型的基本属性,快速提取构件的优点将采集材料中的各种参数,并与进场材料逐一进行比较,保证材料符合设计要求,检查材料的产品合格证、出厂报告、质量检测报告等相关资料是否符合要求,并扫描成图片,贴在 BIM 模型中与材料所用部件相对的部件上。材料检测报告与 BIM 模型管理如图 4.54 所示。

第 4 章　海外项目 BIM 技术实施体系

图 4.53　技术交底

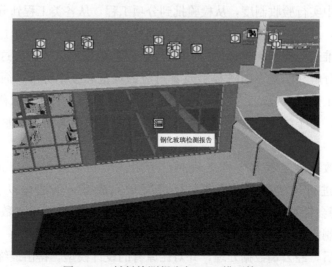

图 4.54　材料检测报告与 BIM 模型管理

（2）施工过程跟踪

施工过程中，施工人员应对各工序进行实时跟踪检查。基于 BIM 模型在移动设备终端可快速阅读的优势，施工人员应随时使用智能手机或其他移动平板等设备阅读施工现场的详细信息及相关施工规范和工艺标准，检查现场施工是否按照技术交底和有关要求进行。所用材料是否为经检验合格的材料，所用部件是否正确。发现不符合项时，应立即查明原因，制定整改措施和要求，发出整改通知并跟踪执行，并通过拍照的方式记录跟踪检查和问题整改的全过程，并将照片等信息反馈给项目 BIM 工作组。BIM 工作组将问题原因、责任方/人员、整改要求、整改情况等信息进行整理，并将验收人员等信息贴到 BIM 模型中相应的组件或部件上。

施工员采用手机或平板根据 BIM 模型，对现场施工的质量管控重点目标进行追踪记录（图 4.55）。

图 4.55 项目质量过程跟踪

将检查的情况记录整理，并上传到 DWSS（Digital Works Supervision System，数字化工程监督系统），电子记录将会同步到有关管理平台或者 BIM 模型参数中。

4）施工后期质量管理

在施工过程中实行验收制度，从检验批到分项工程，从各类工程到分部工程，从分部工程到单位工程，从单位工程到单项工程，直到整个项目的每一个施工过程都必须严格按照相关要求和标准进行检查验收和使用 BIM 综合信息数据库，才会将这看似复杂、任务众多的工作层层分解和实施。BIM 模型及其对应的规范和技术标准，简化了传统的检查验收需要带来施工图纸、规范和技术规范等诸多材料的麻烦，只需采取移动设备的检查验收工作即可准确，易于处理，验收结果应记录在案，大大提高工作质量和效率，减少工作量。

例如，在验收基础工程和支撑工程时，运用三维扫描技术，在 5d 时间内对超过 $30000m^2$ 的场地进行现状扫描，范围包括混凝土完成面、钢结构以及钢筋工程（图 4.56）。质量部门会针对项目要求及标准，整合提出相应的验收标准参数，BIM 部门应依据相应的需求，制定相应的技术流程，以达到质量管控的目的。

在扫描完成后，经云端数据处理，并对比原有的设计模型，得出最终的验收结果。以下是项目 BIM 部门应质量部门的要求做出的一些分析及报告：

(a) 基坑支护工程三维扫描　　　　　　　(b) 钢筋工程三维扫描

图 4.56　项目质量过程跟踪

(1) 混凝土工程—完成面

质量管控目标：一般混凝土完成面施工允许误差为 10mm；排水坑道处，混凝土完成面不允许突出超过 10mm，否则会影响后续沙井的施工。

项目质量过程跟踪如图 4.57 和图 4.58 所示。

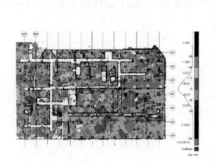

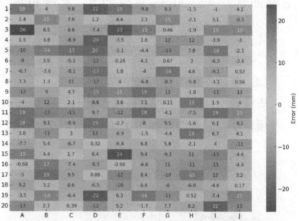

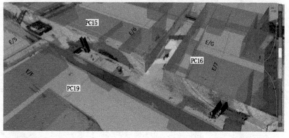

图 4.57　项目质量过程跟踪（一）　　　图 4.58　项目质量过程跟踪（二）

注：Error——误差。

(2) 钢筋工程

质量管控目标：所有钢筋应与结构柱边有足够距离的混凝土保护层距离，施工容许误差为3mm；所有钢筋应保持垂直，倾斜度施工容许误差为2°。

项目质量过程跟踪如图4.59所示。

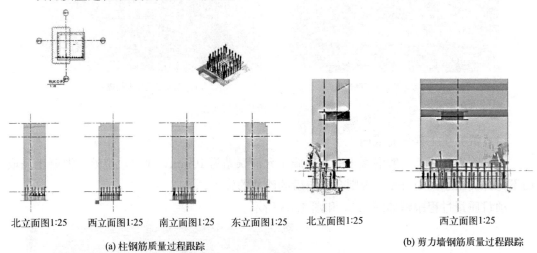

(a) 柱钢筋质量过程跟踪　　　　　　　　　(b) 剪力墙钢筋质量过程跟踪

图4.59　项目质量过程跟踪

(3) 基础支撑工程

质量管控目标：支撑主柱偏移量不超过10mm；平面支撑结构件偏移量不超过50mm。

项目质量过程跟踪如图4.60和图4.61所示。

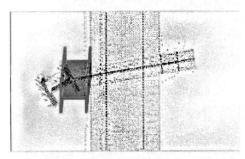

(a) 支撑主柱偏移

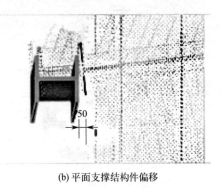

(b) 平面支撑结构件偏移

图4.60　项目质量过程跟踪（一）

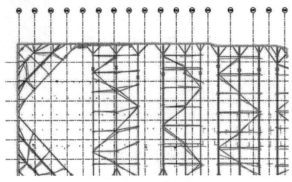

图4.61　项目质量过程跟踪（二）

## 4.3.3 施工阶段造价/计量实践

**1. 施工阶段造价/计量应用流程**

BIM造价流程如图4.62所示。

图 4.62 BIM 造价流程

建设工程造价管理贯穿于建设工程项目发展全过程各个环节的管理脉络,包括建设工程项目管理的各个环节。在从工程招标投标到竣工验收的整个过程中,施工企业的各种相关活动都会产生相应的成本数据信息。大量的成本数据信息需要通过多个环节进行管理和控制,使施工阶段的各个环节都能按需分配,在保证所有施工资源按需分配的情况下,确保实际施工成本不超过计划成本的设定范围。主要申请流程如下。

(1)前期成本管理是指工程招标投标和合同签订过程中的成本控制。通过编制工程规划和合同谈判,实现对前期工程造价的控制。前期成本管理对项目成本进行预测,决定项目整体预期收益。

(2)工程造价管理是通过成本计划、控制、核算、分析、考核等全过程管理来实现成本控制的一个阶段。其基本原则是在施工过程中定期对实际成本和计划成本进行分析比较,找出偏差,并依托施工环境和施工方案找出原因,组织施工管理相关部门讨论解决方案,从而实现及时控制。工程造价管理是一个循环运行的过程,又称动态控制过程。

(3)考核与薪酬管理是一项长期的管理工作,要贯穿于整个项目管理中,即从最初的监督、考核、审核、奖惩,到最后的审核、考核、奖惩。

**2. 施工阶段造价/计量应用重难点分析**

1)施工成本管理的难点

建筑不仅要在使用功能上满足要求,更要在外观和舒适度上满足要求,这对建筑工程提出了更高的要求。但是建筑企业在成本管理方面仍存在许多问题。

(1)工程标准和规范差异

不同国家和地区的工程标准和规范可能存在显著差异。为了确保工程质量和安全,需要对当地的建筑法规和标准进行深入了解,同时制定相应的施工和成本预算方案。

(2)汇率波动

海外工程往往涉及多种货币,汇率波动可能导致预算和实际成本发生偏差。因此,在制定施工预算时要充分考虑汇率波动的风险,并采取相应的措施进行规避。

(3)劳动力成本差异

不同国家和地区的劳动力成本差异较大,这将直接影响施工阶段的造价。管理团队需要考虑当地的劳动力市场状况，合理预估劳动力成本，并制定相应的人力资源策略。

(4) 材料成本和供应

海外工程可能面临材料供应不稳定或价格波动的问题。为了确保施工进度和质量，需要制定合理的材料采购计划，并与可靠的供应商建立良好的合作关系。

(5) 关税和税收政策

不同国家和地区的关税和税收政策差异较大，这将对施工阶段的造价产生影响。因此，在制定预算方案时，需要详细了解目标国家的税收政策，并将其纳入成本考虑。

(6) 文化差异和沟通障碍

海外工程涉及多元文化背景的参与者，沟通和协调可能存在挑战。项目管理团队需要建立有效的沟通机制，以确保信息的及时传递和问题的迅速解决。

(7) 政治风险和法律环境

海外工程可能面临政治风险和不稳定的法律环境。在制定施工和预算方案时，应充分评估这些风险，并采取措施予以应对。

2) 造成传统成本管理困难的原因

(1) 成本数据共享协同困难

目前，工程造价管理主要停留在项目的具体阶段、单岗位、单项目的应用上。在目前的管理模式下，成本管理人员获取的数据不能与内部人员共享，更不能与其他部门、岗位的人员协同工作，导致各部门、各岗位各司其职的现象。沟通协调效率低，数据的准确性和实时性无法保证，影响了工程造价管理的工作质量。

此外，在项目的施工过程中涉及很多工程软件。成本管理信息的创建、管理和共享没有统一的平台，各学科之间不能很好地共享信息，不能发挥信息的实际价值；各个阶段的信息不能相互使用和链接，不能避免和修正错误，导致不能更好地利用其他阶段的数据信息，不能实现不同软件之间的交换和共享，限制了软件价值的发挥，进一步影响了成本管理。

(2) 成本管理体制不尽完善

工程造价管理包含诸多情况，非常复杂。工程建设成本将受到工程工期、工程材料价格、工程材料使用、人工成本、机械设备成本、水电成本等因素的影响。如人工成本控制不好，施工人员就会延误，间接影响工程进度，从而增加人工成本支出；工程材料浪费是工程建设过程中最常见的问题。许多材料管理部门不能有效管理工程材料，导致施工单位接收和使用的材料较多，大大增加了施工成本；如果项目施工管理人员不能科学合理地协调、安排机械设备的使用，机械设备闲置，会增加机械设备的租赁成本；或者机械设备超载，增加机械设备的维护成本，也会增加项目的施工成本。

(3) 成本管理人员水平较低

在目前的施工企业中，缺乏综合素质较高的施工管理人才。现有人员大多熟悉工程施工技术，但不精通造价管理。随着建筑业市场日益朝着规范化的方向发展，建筑业对高层次专业人才的需求也越来越大。但是很多企业在施工人员的培养上还存在很多不足，另外由于其他条件的限制，从事成本管理的人员专业水平较低。因此，在工程造价管理过程中，由于知识体系的不完善，许多实际问题无法解决，影响了工程施工企业的造价管理与控制，极大降低了工作质量。

(4) 轻视施工成本动态管理

在当前的施工成本管理模式下，施工管理人员只注重成本核算，忽视了进度和过程控制，这与项目成本管理向过程管理的发展背道而驰。此外，由于中国市场巨大，成本预算工作面临巨大挑战。材料的种类和类型复杂，材料价格随时波动和变化。指导价不能及时与市场价同步，因此项目成本计算结果与实际市场价格相差很大。由于难以实时收集、更新和分析施工成本数据信息，无法及时纠正偏差，导致施工成本增加。对施工过程数据信息的不重视也导致施工方积累的施工过程成本数据不够准确，制约了施工成本管理水平的提高。

**3. 施工阶段造价/计量应用实例解析**

下文结合荷兰的阿姆斯特丹地铁项目（Amsterdam Metro Project），对施工阶段造价/计量进行具体阐述。

项目是一个采用设计—招标—施工（DBB）模式的大型基础设施项目。该项目旨在改善阿姆斯特丹的交通状况，缓解城市拥堵，提高城市居民的生活质量。阿姆斯特丹地铁项目包括多条新建和扩建的地铁线路，如北南线（North-South Line）和东西线（East-West Line）。其中，北南线是项目的重点项目，连接阿姆斯特丹市中心与周边地区。这条线路的总长度约为10km，包括地下隧道、地铁车站和车辆基地等设施。项目的总投资约为32亿欧元。在阿姆斯特丹地铁项目中，采用了设计—招标—施工（DBB）的项目管理模式。在这种模式下，业主（阿姆斯特丹市政府）首先委托设计公司进行项目设计。设计完成后进行项目招标，最后由中标的施工单位负责施工。在整个项目过程中，业主、设计公司和施工单位之间保持紧密的沟通和协作。在阿姆斯特丹地铁项目中，项目团队广泛应用建筑信息模型（BIM）技术。通过BIM技术，项目团队可以在虚拟环境中创建项目的三维模型，实现设计、施工和运营的高度集成。这有助于提高项目的质量、效率和可持续性。

1）材料和设备采购管理

通过BIM模型，项目团队可以直接从模型中提取所需材料和设备的详细信息，如数量、规格、尺寸等。这有助于项目团队更为准确地预测所需材料和设备的数量，避免浪费和额外成本。利用从BIM模型中提取的信息，项目团队可以编制详细的材料和设备采购计划。采购计划应包括所需材料和设备的名称、规格、数量、预计采购成本等信息，以便项目团队对采购过程进行有效的监控和管理。项目团队应根据材料和设备的质量、价格、交货时间等因素，对供应商进行筛选和评估。BIM技术可以协助项目团队更为准确地比较不同供应商的报价，从而选择合适的供应商。项目团队应定期跟踪材料和设备的采购进度，以确保按时到货。同时，项目团队还应对采购过程中的质量、价格等因素进行监控，确保材料和设备采购的合规性和质量。基于BIM的库存管理可以实时反映项目现场的材料和设备库存状况。项目团队可以根据BIM模型中的实时库存数据，对材料和设备的使用情况进行有效的管理，以避免浪费和库存积压。将BIM模型与项目进度计划集成，有助于项目团队更好地协调材料和设备的采购与施工进度，确保材料和设备按需到货，避免因采购问题导致的施工延误。

2）施工过程成本控制

项目团队应实时更新BIM模型以反映施工进度，包括已完成的工程量、剩余工程量、材料消耗等。这有助于项目团队了解项目当前的成本状况，以便及时发现和解决成本问题。将BIM模型与进度计划集成，可以帮助项目团队更好地协调施工进度与成本。项目团队可以通过比较实际施工进度与计划进度，发现可能导致成本超标的问题，并及时采取调整措施。基于BIM的成本预测和分析功能可以帮助项目团队预测项目成本的变化趋势，从而提前发现潜在的成本风险。这有助于项目团队提前采取措施，确保项目成本控制在预算范围内。在施工过程中，变更是常见的问题。利用BIM模型，项目团队可以迅速进行变更分析，了解变更对成本的影响。这有助于项目团队更为准确地评估变更对预算的影响，并及时进行调整。BIM模型可以协助项目团队进行质量检查，以确保施工质量满足设计要求和相关标准。通过对模型中的错误和遗漏进行检查，项目团队可以尽早发现潜在问题，从而降低因质量问题导致的返工和维修成本。同时，BIM还可以辅助项目团队优化施工方案，从而降低成本。基于BIM的成本报告功能可以帮助项目团队生成详细的成本报告，以便与预算进行对比。这有助于项目团队了解实际成本与预算之间的差异，并进行必要的审计工作。

BIM模型可以与时间维度相结合。宏观上可以根据单个建筑来确定时间，微观上可以根据楼层、类别甚至区域和构件来确定时间。通过计划开工时间和计划完工时间的定义，结合工程造价，可以快速获得每月甚至每天的工程造价。最后根据合同条件确定整个项目的资金计划。

根据项目进度，可以快速查询项目的工程量清单和成本进度，并可协助快速编制按进度的人力和机器计划、资金计划等。

3）变更管理

BIM模型可以帮助项目团队更容易识别施工过程中的变更，包括设计变更、施工方法变更、材料变更等。通过模型比较，项目团队可以迅速发现不同版本之间的差异，从而确定变更的范围和影响。基于BIM的变更评估可以帮助项目团队准确评估变更对项目进度、成本和质量的影响。通过对模型进行分析，项目团队可以了解变更对工程量、材料需求、施工时间等方面的影响，从而为变更决策提供依据。利用BIM模型，项目团队可以在模型中模拟变更方案，以便与其他相关方进行协调。通过BIM模型的可视化功能，项目团队可以更直观地了解变更的具体内容，从而更有效地进行沟通和协调。在变更方案得到批准后，项目团队可以利用BIM模型来指导施工现场的变更实施。模型中的详细信息可以帮助施工人员更准确地执行变更，从而减少错误和返工。项目团队应在BIM模型中记录变更的详细信息，包括变更原因、内容、影响、批准时间等。这有助于项目团队对变更进行追踪，并确保变更按照要求实施。基于BIM的变更审计可以帮助项目团队对变更过程进行监控和评估，以确保变更按照批准的方案实施。项目团队可以通过对比模型中的实际施工情况与变更方案，来评估变更的实施效果。

4) 质量控制

在施工阶段，利用 BIM 模型可进行精确的工程量计算，从而更准确地预测项目成本。项目团队可以根据 BIM 模型预测的成本信息对施工过程进行监控，以确保项目在预算范围内进行。BIM 施工阶段造价监控可以帮助项目团队实时了解项目成本状况。通过将实际成本与 BIM 模型中的预算信息进行对比，项目团队可以识别可能的成本问题，并及时采取措施进行控制。BIM 的施工阶段造价质量控制可以帮助项目团队分析质量问题与成本的关联。通过对模型进行分析，项目团队可以了解质量问题对项目成本的影响，从而为质量改进措施提供依据。利用 BIM 模型，项目团队可以分析质量问题产生的成本，例如，返工、延误、索赔等。这有助于项目团队了解质量问题的经济影响，从而采取有效的质量控制措施。

5) 结算管理

在项目完工后，项目团队可以利用 BIM 模型进行工程结算。通过与实际完成的工程量进行对比，项目团队可以准确计算出项目的实际成本。这有助于确保项目的财务透明度和合规性。利用 BIM 模型，项目团队可以对施工过程中的实际工程量进行精确核算。BIM 模型包含丰富的构件信息，包括尺寸、位置、材料等，有助于提高工程量计算的准确性。基于 BIM 的施工阶段结算管理可以将进度管理与结算管理紧密关联起来。通过对比 BIM 模型中的计划进度与实际进度，项目团队可以对结算进行实时调整，确保结算信息与实际施工情况保持一致。在施工过程中，基于 BIM 的变更管理可以帮助项目团队及时了解变更对工程量的影响，从而准确计算变更所产生的结算金额。这有助于确保变更结算的准确性和公平性。基于 BIM 模型的结算管理可以帮助项目团队对工程款支付进行详细审核和审批。通过对比 BIM 模型中的工程量、进度、质量等信息与实际施工情况，项目团队可以确保支付金额与实际完成工程量相符。利用 BIM 模型，项目团队可以将质量问题与结算管理紧密关联起来。发现质量问题后，项目团队可以及时调整结算信息，确保结算金额与实际质量水平保持一致。基于 BIM 的施工阶段结算管理可以促进项目团队间的信息共享与沟通。通过共享 BIM 模型，各参与方可以更直观地了解项目的结算信息，从而提高结算管理的效率。

6) 绩效评估与持续改进

基于 BIM 的造价管理可以帮助项目团队更为准确地评估造价管理的绩效。通过对比实际成本与预算，项目团队可以发现存在的问题和不足，并采取相应的改进措施。这有助于提高项目的成本效益，并降低未来项目的成本风险。在项目开始阶段，项目团队需要确定一系列与项目目标和要求相关的绩效指标。这些指标可以包括进度、成本、质量、安全等方面的细化指标。基于 BIM 模型的绩效评估可以帮助项目团队更准确地量化这些指标。基于 BIM 模型的施工阶段绩效评估可以实时监控项目绩效。通过对比 BIM 模型中的计划进度、预算成本、质量要求等信息与实际施工情况，项目团队可以及时了解项目绩效状况，从而制定相应的改进措施。利用 BIM 模型，项目团队可以对项目绩效进行深入分析。这包括分析绩效指标之间的关联性、识别影响绩效的关键因素以及评估不同改进措施的效果等。绩效分析可以为项目团队的决策提供依据,从而提高项目绩效。基于 BIM 的施工阶段绩效评估与持续改进需要项目团队在整个施工过程中不断关注项目绩效,识别问题并采取相应的改进措施。通过持续改进,项目团队可以提高项目的整体绩效,实现项目目标。基于 BIM 模型的绩效评估可以帮助项目团队生成综合性的绩效评估报告。这些报告可以包括项目的进度、成本、质量、安全等方面的详细数据和分析结果,为项目团队和相关利益方提供绩效评估的依据。基于 BIM 的施工阶段绩效评估可以为项目团队制定合理的奖励机制提供支持。通过对比实际绩效与预设指标,项目团队可以确定奖励或惩罚措施,从而激励参与方提高工作效率和质量。

### 4.3.4 基于 BIM 的数字加工生产流程

**1. 模块化集成建筑（Modular integrated Construction，MiC）**

模块化集成建筑,是近年来中国香港地区较为推广的一种新型施工方法,在工厂制造独立的建筑体块,包含建筑结构框架、门窗、墙体饰面、家具等构配件,再运到工地现场进行安装。该方法能够提高施工现场的安全管理水平,工厂预制有效地保障了构件质量,缩短建造周期,减少工地现场布置时间以及人手调配,提高环境的可持续性。与内地的装配式建筑类似,在设计初期设计团队就需要与 MiC 供应商合作进行设计,在现场交付的时候还需要考虑具体的现场交付条件,但不同的是 MiC 的集成度更高,对设计的要求以及工厂的预制要求更高。

根据预制化程度的不同,可将预制装配式建筑体系分为一维构件预制体系、二维平面预制体系和三维空间预制体系三类。在一维构件预制装配式建筑体系中,梁、柱、支撑等线性构件在场外工厂加工制作后,运输至现场拼装。同理,二维平面预制装配式建筑体系则实现了面构件的场外预制、场内拼装。三维空间预制装配式建筑,也常被称为盒子建筑、模块化建筑、广义集装箱建筑或叠箱式模块化建筑,均为 MiC 建筑的不同表现方式,是指把一个模块单元作为基本构件加工预制,一个房间可以是一个模块单元或者由多个模块单元组成,模块单元在工厂预制完成后就可以运输到项目现场组合叠置,模块单元之间通过连接措施形成可靠的建筑体系,每一个模块单元均集成供暖、上下水管及照明等所有管网,多个模块单元形成的多层建筑一般采用自承重体系,高层建筑一般会依赖框架体系或添加辅助抗侧立体系。叠箱式模块化建筑可适用于酒店、住宅、学校等多种建筑体系（图 4.63）。

1）数字化加工数据的基本要求

MiC 的设计、施工与安装依托于建筑业的数字化发展,BIM 技术的应用可以集成整合多方的数据信息,实现在同一数字化平台中信息的传递和共享,从而确保数据信息的连贯性和唯一性;在 MiC 的设计、施工与安装过程中,BIM 平台需要多部门的协作,MiC 数字化协作职责见表 4.52。

第4章 海外项目BIM技术实施体系

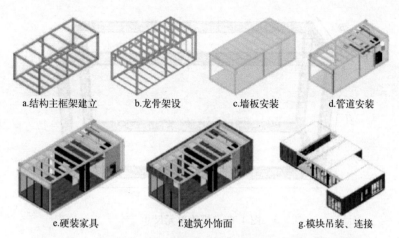

a.结构主框架建立　　b.龙骨架设　　c.墙板安装　　d.管道安装

e.硬装家具　　f.建筑外饰面　　g.模块吊装、连接

图4.63　高层建筑一般会依赖框架体系或添加辅助抗侧立体系

MiC数字化协作职责表　　　　　　　　　　　　　　　表4.52

| 主要职责 | 负责部门 | BIM应用内容 |
| --- | --- | --- |
| CDE平台的搭建和维护 | 数字化部门/IT部门 | 1. 基础数据的设置（用户账号、角色等创建）；<br>2. 日常系统维护（数据备份、数据恢复等），系统更新升级等；<br>3. 收集系统运行过程中遇到的问题，并进行反馈和答复；<br>4. 对业务员进行系统指导等 |
| 设计管理 | 设计部门 | 1. 按照项目需求进行MiC有关的设计工作；<br>2. 按照项目进度进行深化设计并搭建深化设计BIM模型；<br>3. 将数字化加工所需信息加入深化BIM模型中；<br>4. 将由BIM模型导出的数字加工数据文件提供给项目部审核 |
| 成本管理 | 成本管理部门/商务部 | 1. 维护基础的成本数据库，包括物料成本信息、人力成本信息等；<br>2. 导入深化设计模型提供的工程量清单并对清单内容进行成本估算；<br>3. 结合项目施工组织计划和项目合约，对MiC部分进行初步现金流分析 |
| 生产管理 | 生产管理部门 | 1. 基于深化设计模型进行批次划分；<br>2. 基于项目施工组织计划制定生产计划；<br>3. 按月追踪及审视生产进度安排 |
| 工艺质量管理 | MiC工厂质管部门/驻场质量员团队 | 1. 按照生产管理部门发布的生产工作计划进行排班套料；<br>2. 依托深化设计模型和相应的数字化加工文件，制定相应的质检流程；<br>3. 对生产步骤及最终MiC模组进行质检和验收 |
| MiC构件加工生产、组装 | MiC工厂生产线、组装线 | 1. 按照加工文件及工艺文件进行生产制作及组装；<br>2. 实时反馈生产及组装状态；<br>3. MiC构件的初步质检 |
| 物料管理 | 物资管理部 | 1. 材料供应商信息维护以及常用物料信息维护；<br>2. 基于施工组织计划和MiC生产计划，制定有关材料采购计划并实施，物料运单汇总及反馈；<br>3. 物料库存管理与MiC成品储存管理 |

2) 模块单元尺寸选型

单个模块单元的外尺寸指的是模块单元的长度 $L$、宽度 $B$、高度 $H$（图4.64）。模块单元的外尺寸取决于建筑模数、运输限制、建造功能。

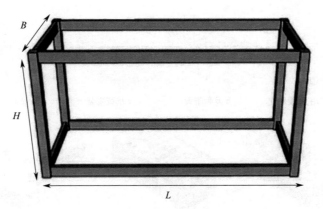

图4.64 模块单元尺寸

建筑设计中，通常采用基本模数或者基本模数的放大倍数作为建筑模数。根据现行国家标准《建筑模数协调标准》GB/T 50002—2013制定的建筑模数相关规定，我国采用的建筑模数 $M=1000$，主要针对建筑物的开间、进深、跨度、构件及配件尺寸等，主要用于建筑物的扩大模数为 $3M$。

模块单元运输方面，其运输方式需要考虑公路运输、水路运输、铁路运输的限制。根据现行国家标准《运输包装件尺寸与质量界限》GB/T 16471—2008中的规定，公路运输允许运输尺寸为长 $L \leqslant 12100mm$，宽 $B \leqslant 2500mm$，高 $H \leqslant 3000mm$；水路运输允许尺寸为长 $L \leqslant 32200mm$，宽 $B \leqslant 10500mm$，高 $H \leqslant 5390mm$；铁路运输允许尺寸为长 $L \leqslant 13020mm$，宽 $B \leqslant 3400mm$，高 $H \leqslant 4300mm$。综合考虑所有运输方式允许的最大尺寸，满足运输限制要求的模块单元外轮廓尺寸为：$L \leqslant 12100mm$，$B \leqslant 2500mm$，$H \leqslant 3000mm$。

综合考虑模块单元的建筑模数要求，以及运输过程中的尺寸限制，本书采用的模块单元尺寸为 $L=6000mm$，$H=3000mm$，$B=2400mm$；模块单元柱截面尺寸为 $200mm \times 200mm$ 的方钢管；模块单元梁采用 $250mm \times 100mm$ 的方钢管。该模块单元采用的尺寸既符合我国建筑物的模数要求，又满足交通运输的限制，并且3m的层高能较好地适用于绝大多数建筑的层高要求。图4.65为基本模数演化为建筑单元示意图。

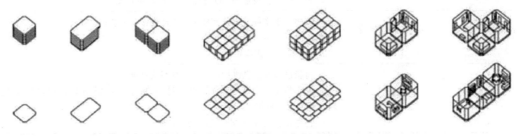

图4.65 基本模数演化为建筑单元

3) 模块标准化数据库建立

BIM数据库的建立能够整合所需要的建筑信息，并且实时地反映在建筑设计上面。

模块单元的设计根据设计需求,有时候要求较高的集成化水平,即模块单元内部集成建筑设备、固定家具、建筑硬装等,以满足单个的模块单元独立使用的需求。此时的模块单元可以看作一个小型建筑。运用 BIM 数据库能够将这些建筑信息直观地反映到模型上面,例如,对模块单元内部设备系统的集成设计,照明设备、暖通设备、电气设备等都可以通过构建带有具体建筑信息的模型直观地反映在设计当中。BIM 数据库为模块单元集成化设计提供了条件。模块单元集成化示意图如图 4.66 所示。

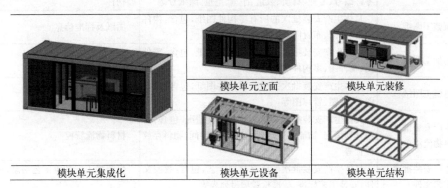

图 4.66 模块单元集成化

4)数字化模型创建

数字化模型主要内容见表 4.53。

数字化模型主要内容　　　　表 4.53

| 模型内容 | 模型信息 | 备注 |
| --- | --- | --- |
| 项目基点、轴网、标高 | 项目基本信息,包括基点设置、结构层高、轴网信息等 | 建模软件基本技术参数设置 |
| 项目分区、层数 | 项目分区,分解信息 | 建模软件基本技术参数设置 |
| 数字化模块分类参数 | 构件分类信息,如钢结构、内装、机电等 | 分类信息设置 |
| 生产批次基本信息 | 项目生产批次信息,包含:批次编号、工程量、构件数量等 | 数字化生产信息 |
| 生产批次工期 | 依据项目施工计划的生产安装批次的工期要求 | 数字化生产信息 |
| 生产批次分班 | 具体生产安装批次信息,包含:具体生产班组的工程量、物料、工期、检查等 | 数字化生产组织计划信息 |
| 建筑构件安装工序明细 | 建筑及内装构件需要经历的工序信息 | 数字化加工信息 |
| 结构构件加工工序明细 | 结构构件需要经历的工序信息 | 数字化加工信息 |
| 机电构件安装工序明细 | 机电有关构件需要经历的工序信息 | 数字化加工信息 |
| 建筑零构件模型 | 具体生产安装批次的相应零构件实体模型,包含:零构件的属性信息,如材质、重量等 | 数字化模型信息,以参数形式赋予到模型构件 |
| 结构零构件模型 | 具体生产安装批次的相应零构件实体模型,包含:零构件的属性信息,如材质、截面类型、重量等 | 数字化模型信息,以参数形式赋予到模型构件 |
| 机电零构件模型 | 具体生产安装批次的相应零构件实体模型,包含:零构件的属性信息,如专业、材质、重量等 | 数字化模型信息,以参数形式赋予到模型构件 |

续表

| 模型内容 | 模型信息 | 备注 |
|---|---|---|
| 建筑零构件清单 | 具体生产安装批次的所有零构件详细清单,包含:零件编号、材质、数量、图纸号等 | 数字化模型信息,以参数形式赋予模型构件 |
| 结构零构件清单 | 具体生产安装批次的所有零构件详细清单,包含:零件编号、材质、数量、净重、毛重、图纸号、表面积等 | 数字化模型信息,以参数形式赋予模型构件 |
| 机电零构件清单 | 具体生产安装批次的所有零构件详细清单,包含:零件编号、专业、材质、数量、净重、毛重、图纸号等 | 数字化模型信息,以参数形式赋予模型构件 |
| 建筑施工图纸 | 具体生产安装批次的所有零构件图纸,包含:构件图、大样图、布置图等 | 图纸及标准信息 |
| 结构加工图纸 | 具体生产安装批次的所有零构件图纸,包含:零件图、构件图、多构件图、布置图等 | 图纸及标准信息 |
| 机电施工图纸 | 具体生产安装批次的所有零构件图纸,包含:系统图、构件图、管综图等 | 图纸及标准信息 |
| 具体生产安装批次材料物流清单 | 具体生产安装批次的所有材料物流情况,包含:材料计划编制、物流节点计划、材料到场时间、物料存放位置等 | 材料物流管控 |
| 具体生产安装批次工艺文件 | 具体生产安装批次的所有材料工艺,包含:数控文件、安装工艺标准、标准检验项目列表等 | 生产加工安装等工艺信息,技术交底信息 |
| 具体生产安装批次造价清单 | 具体生产安装批次的所有材料造价信息,包含:合约编号、工程量、制造/安装单价、人工费、设备费、劳务费、税费等 | 造价信息 |

SinoCAM是常用的数字化加工软件,适用于各种数控切割机(火焰、等离子、激光、水流)的放样、套料和数控编程,在钢结构数字化领域有广泛的应用。

SinoCAM使用的原始加工数据可以直接从BIM模型中提取,包含:零构件的结构信息,如长度、宽度等;零构件的属性信息,如材质、构件编号等;零构件的可加工信息,如尺寸、开孔情况等。SinoCAM使用的材料信息可以直接从企业的物料数据库中提取,通过二次开发链接企业的物料数据库,调用物料库存信息进行排版套料,对排版后的余料进行退库处理。排版套料之后,根据实际使用的数控设备选择不同的数据文件格式,对最终结果进行导出。数字化加工的成果亦可以反馈到BIM模型中,对施工信息进行添加、更新、修改的操作,具体流程如图4.67所示。

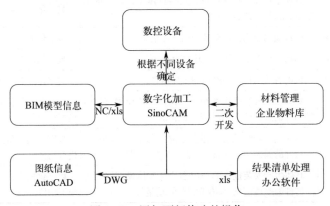

图4.67 添加更新修改的操作

5) 模块化生产的过程跟踪

BIM 数据库结合 RFID 技术能够实现对模块单元构配件的精确控制，RFID（Radio Frequency Identification，射频识别技术），即通过无线电信号对目标进行唯一识别并能读取与写入相关信息，而无须通过机械或者光学方式传递。简言之，RFID 就是物品的身份信息，这项技术早在 20 世纪 60 年代就开始应用于社会活动当中。例如，我国二代身份证内部就含有 RFID 芯片，该芯片无法复制，实现了高度防伪。RFID 技术在未来的"物联网"领域也会有所运用，实现人与物、物与物之间的关联，所有的物品都将建立身份认证。BIM 技术在项目的进程中，同时也需要对建筑构件的使用进行跟踪反馈，实现对建筑信息的监控。RFID 为实现这一需求提供了技术支撑。例如，施工团队需要将某建筑构件替换为类似的构件，传统的交接方式是将构件信息传递给设计团队，设计团队建立构件信息，然后再反馈给施工团队，但通过 RFID 可以通过身份识别快速将构件信息传递给各方，减少沟通时间。

**2. 面向制造和装配的设计（Design for Manufacturing and Assembly，DFMA）**

DFMA 指的是产品或结构中包含的分离部件的设计和制造，这些部件生产后在同一地点组装。每个单独的组件可以在地理位置不同的工厂生产。然而，当应用于建筑行业时，DFMA 涉及分离部件的生产和运输，可以在工厂进行制作再到现场进行最终组装。目前，对于 DFMA 在建筑行业的应用还没有一个通用的定义。事实上，术语 DFMA 和 MiC 经常被互换使用。然而，更明确的定义是，模块化建造（或非现场预制）实际上是 DFMA 过程的一部分。几何模型为三维虚拟现实模型，可让技术人员和非技术人员直观地了解设计意图。它的主要组成部分包括工程师设定的有限元模型和计算机数控（Computer Numerical Control，CNC）模型，使项目的相关要素能够实现自动化生产。三维模型还可以制作二维图纸，可以满足一些非自动化流程的需求，如政府机构的审批、小规模零部件的第三方制造等。

DFMA 的生产是在现场外的工厂环境中完成的。模块生产的范围非常广泛，包括小型部件的生产，如电气配件；大型构件的制造，如预制混凝土楼板和刚性结构，以及预制混凝土或木结构中的排版系统；完全封闭的空间，如独立的房间或完整的建筑物结构、电气、设备、装修等整个装配过程都可以在工厂内进行。通过工厂生产可以实现更高水平的质量控制和保证整体质量。此外，很大一部分工作也可以通过机器人控制的自动化生产来完成。机器人接收到的数据由来自几何模型的计算机数控软件完成。例如，在英国的一个自动化混凝土预制工厂的实验设施。

数据模型是一个涵盖所有相关项目参数的多维数据库。它不仅可以计算时间影响、排序、调度和成本，还可以分析环境影响，如碳足迹、可持续性、噪声污染、空气质量等对环境的影响。其他优点包括减少浪费、避免错误和降低成本。当与 3D 几何模型结合时，元数据模型允许所有用户分析不同设计选择的影响。

DFMA 可以使项目所有的元素通过施工团队的整合，直至达到最佳的解决方案。它包括以下内容：①分散化的建设；②二维图形的生产；③三维协同设计；④四维建设规划；⑤五向的量化和成本预测。包括以项目为基础的，基于地方和全国水平的环境方面影响。总的来说，通过使用DFMA，一个虚拟现实项目的构建可以通过多次迭代和项目团队进行改进，使所有的利益相关者（包括技术和非技术人员）参与到设计和规划过程中，也可以使利益相关者分析出不同的设计备选方案的影响，包括制造和建设以及环境方面的影响，使项目的所有参数在实际施工之前得以确认。

传统的施工过程经常被批评为效率低下、不安全和破坏环境。在城市中，传统的施工和维护的做法往往会为城市经济带来负面影响并干扰人们的日常生活。负面影响包括：噪声污染、施工振动、灰尘和空气污染；服务中断；延误和交通拥堵和安全的障碍。与此同时，为了实现从基于手工艺和劳动密集型的传统施工向可持续的建筑施工的转变，人类已经进行了许多尝试，但些尝试往往是零碎的和临时的，只有使用DFMA，一个全面、高效、省时、低干扰的装配过程才可能在施工现场上得以实现。此外，DFMA为建设项目的经济可行性和环境的可持续性带来高附加值。DFMA的典型目标总结：①使所有的利益相关者参与到设计和规划过程中，推动项目实现最佳的解决方案。包括设计变更的快速实现或方案和总体设计集成方面的改进。②提高效率和降低成本。③使施工现场达到高质量的施工和高品质的保证。④提升施工现场的健康和安全度，保证项目生命周期内的安全运营。⑤减少施工时间，使投资尽早得到回报。⑥提高可持续性和改善环境表现。⑦减少浪费，工厂损耗降低到接近零，现场损耗明显降低。DFMA的使用，可以明显地减少施工程序。通常使用DFMA可以节省30%的建设时间，相关案例研究报道也表明了DFMA的使用甚至可以使项目建设节省50%的时间。然而，如果想要达到大量节省时间的目的，在项目设计的早期就运用DFMA是至关重要的。

### 4.3.5 基于BIM+智慧工地的现场管控流程

**1. 数字工程监理系统（Digital Works Supervision System，DWSS）**

Digital Works Supervision System（DWSS）是一种利用数字技术对工程项目进行监督管理的系统。DWSS通过实时数据收集、分析和可视化，使项目团队能够对施工过程进行有效的监控。这种系统的主要目标是确保项目的质量、安全、成本和进度得到充分控制。香港特区政府发展局于2020年3月发出技术通告，要求工务部门所有合约金额超过3亿元的建筑工程，必须使用数码工程监察系统。DWSS作为一个基于web的建筑工程信息管理和现场管理门户，正是为满足这一要求而设计的。通过使用DWSS，工程团队可以更加有效地进行项目管理，确保工程质量和安全。

DWSS被设计为与来自IOS 19650的通用数据环境（CDE）兼容，CDE营造了一个协作的环境，保证整个团队可以共享工作，并形成信息管理过程的基础。现场所采集的所有数据信息将在各个站点之间以及设备之间自动同步，并支持承包商、现场监督人员、客户以及业主进行现场记录，提升工作监督的标准和效率，提高工程的质量和安全性。

**2. DWSS数字工程监理系统应用范围**

DWSS数字工程监理系统在施工阶段主要包括以下应用范围：

1）检查及测量申请表格

主要功能描述：为项目团队提供实时更新平台，以轻松管理和跟踪所有问题，以及检查记录，并确保所有检查记录都是真实的并且是最新的。

2）工地安全巡查记录

主要功能描述：借助系统的强大功能，项目团队可以更新现场安全记录和照片，人工智能将分析所有数据，以帮助项目团队避免事故发生并改善现场安全状态。

3）工地日志/工地记录本

主要功能描述：作为工作现场的"第一记录"，系统可以帮助项目团队获取最新记录和工作现场进度的状态。

4）环境清洁巡查清单

主要功能描述：为了维持工作场所的卫生并保护工人，系统将帮助项目团队监视并避免清洁工作任务遗漏。

5）人员往返记录

主要功能描述：管理系统可帮助项目团队管理和监视现场劳动力。

**3. Digital Twin 数字孪生在施工阶段的应用实施**

当前，互联网、大数据、人工智能等新技术越来越深入人们的日常生活中。人们花在社交网络、网络游戏、电子商务和数字办公上的时间越来越多，越来越多的个人以数字身份出现在社交生活中。可以想象，除去睡眠占用的时间，如果人类每天在数字世界中的活动超过了有效时间的 50%，那么人类的数字身份将比在物理世界中更加真实和有效。在过去的几年里，物联网领域流行了一个新词：数字孪生。这一术语被美国知名咨询分析机构 Gartner 列入 2019 年十大战略技术趋势。

2019 年 2 月，在全球医疗信息技术行业最具影响力的大型展会之一——美国医疗信息和管理系统协会全球健康大会上，人工智能（AI）医疗保健成为与会者广泛关注的焦点话题。其中最引人注目的是西门子公司研发的人工智能驱动的"数字孪生"技术，旨在通过数字技术了解患者的健康状况，预测治疗方案的效果。

通俗地说，数字孪生是指向物理世界中的对象的指针，通过数字手段在数字世界中构建相同的实体，从而实现对物理实体的理解、分析和优化。在更高的技术水平上，Digital Twin 集成了人工智能（AI）和机器学习（Machine Learning，ML）等技术，将数据、算法和决策分析结合起来，以构建模拟，物理对象的虚拟地图，在问题发生之前检测问题，监控虚拟模型中物理对象的变化，以及基于人工智能诊断多维数据的复杂处理和异常分析，预测潜在风险，合理有效地规划或维护相关设备。

**4. 智慧工地平台系统案例**

下文以中国香港地区某 BIM＋智慧工地数据决策系统为例，对智慧工地平台系统进行具体介绍。

利用 IoT、BIM、大数据、AI 及云端分析等核心技术，实时采集现场数据，自动分析建模，精准分析、智能决策、科学评价，形成数据驱动的新型管理模式。旨在取代重复繁琐性工作，提高现场团队生产力；避免工人从事高风险工作或者进入危险区域；优化工程项目管理，提升整体的效率。

为了在安全管理、质量管理及进度管理等方面实现全方位实时工地情况管控，智慧工地平台应具有如图 4.68 所示的主要功能。

图 4.68 智慧工地平台

1) 基于网络的综合集成平台

基于网络的综合集成平台集成项目进度、质量、安全、机械、人员等所有施工数据，透过 BIM 模型直观呈现，并统一入口，为项目团队随时随地提供更透明、更准确的项目概览。

2) 人员管理模块

人员管理模块主要包括以下功能组别：人脸识别考勤系统；工人工地实时动态；自动注册系统；电子健康申报表。

其中人脸识别考勤功能组别主要涵盖以下用途：利用人脸识别技术，快速辨别工地员工；实时记录员工出入工地情况及验证员工信息（如所属分包公司，准入证有效性等）。

工人工地实时动态功能组别主要涵盖以下用途：实时工人工作位置汇报；准确监察指定区域内工人动态；分包商人员分配表现汇报；禁区监察管理；防疫追踪管理（图 4.69）。

图 4.69 分区管理功能

自动注册系统组别主要依托二维码系统，仅需工人上传工人注册证及完成人脸识别就可完成自动注册。系统需要在工人完成注册后，具有以下的功能选项，包含：自动生成《入职培训综合记录表》等公司或项目标准表格；支持一键注册到公司人员管理系统；支持一键注册到面部识别系统；支持自动生成证件照合集；行为关注名单邮件/短信提示；支持以 excel 格式导出。

电子健康申报功能组别主要是针对由 2020 年开始的新型冠状病毒感染，因此健康申报功能也成了人员管理模组的组成部分。健康申报及操作流程如图 4.70 所示。

图 4.70　健康申报及操作流程

3）安全管理模块

安全管理模块主要包括以下的功能：工人不安全行为监测；AI 防火监控系统；安全驾驶管理；VR 虚拟实景安全培训；Digital Twin 数字孪生实时监控。

工人不安全行为监测功能主要依托于高清 CCTV，将实时影像透过 AI 和云端分析技术进行行为分析，并实时抓拍。智慧平台会实时收到警报显示且电子移动端如手机、平板电脑的智慧工地程序也会实时报告。

AI 防火监控系统主要依托一体化云台摄像仪（结合可见光和红外摄像头），基于人工智能技术探测烟火信号，从而发出火警警报。警报信息会同步在智慧工地平台端和移动端，并会报告火警位置。

安全驾驶管理主要通过人工智能及红外镜头技术，进行追踪记录司机状态、不安全行为抓拍记录、盲点监测以及助驾提示。

VR 虚拟实景安全培训模块主要利用先进的虚拟现实设备、互动科技及云端综合平台提供公司标准化与项目特定的安全培训课程。

4）机械设备管理模块

机械设备管理模块主要包括以下功能：工地移动机械监察；塔式起重机操作效率监测；推土机操作效率监测。

工地移动机械监察主要利用物联网技术和无线网络，实时追踪移动机械的动态，旨在有效规划机械资源，提供机械安全数据可视化及验机自动化提醒。

塔式起重机操作效率监测主要记录吊运次数、吊式起重机操作时间、操作员信息以及分包商信息，综合分析塔式起重机使用率并自动生成电子版报告发送给有关项目团队。塔式起重机操作监测原理如图4.71所示。

图4.71 塔式起重机操作监测原理

推土机操作效率监测的使用原理与塔式起重机相似。

5）施工环境和能耗管理模块

施工环境和能耗管理模块主要包括以下功能：环境、气体及水质智能监控；智慧电箱监查用电安全隐患；AMPD（中国香港地区的一家能源公司）流动电源储能。

环境、气体及水质智能监控功能和智慧电箱监查用电安全隐患功能如图4.72～图4.74所示。

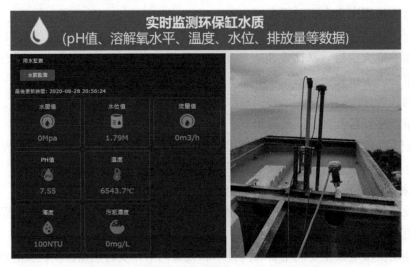

图4.72 智慧工地水质监测界面及现场水缸

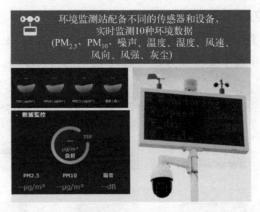

图 4.73 智慧工地环境监测界面及现场告示牌

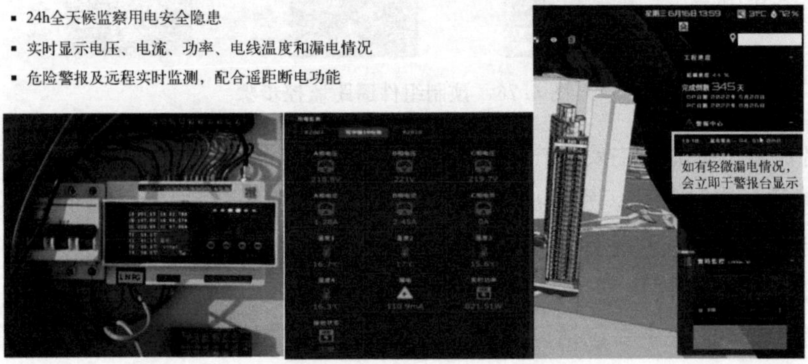

- 24h全天候监察用电安全隐患
- 实时显示电压、电流、功率、电线温度和漏电情况
- 危险警报及远程实时监测,配合遥距断电功能

图 4.74 智慧工地智慧电箱界面及现场拍摄

AMPD流动电源储能模组（图4.75）含有超过30000个汽车级电池单元，被设计成由高性能电力电子设备驱动的防火和防爆电池模块。为满足建筑工地的特定需求，精心设计功能、硬件和软件，模块化的设计方便进行快速的保养及维护。运用AMPD流动电源储能的优势有：代替肮脏、嘈杂和危险的柴油发电机；可以在2h内安装并准备就绪；高输出功率先进电池系统，可为极端条件下的负载供电；启用零碳或低碳能源，实现零排放；比柴油发电机静音近32倍；操作安全，维修简易；实现远程监控、设备管理、故障排除和数据分析；智能自动充电。

图 4.75 智慧工地 AMPD 流动电源储能模组

6）物资材料管理模块

物资材料管理模块主要包括以下功能：预制组件遥距监控；工地出入口车牌监查。预制组件遥距监控步骤主要流程为如图 4.76 所示的六大步骤。

图 4.76　预制组件遥距监控步骤

工地出入口车牌监察主要依托于 CCTV（Closed-Circuit Television，闭路电视监控系统）AI 摄像机，自动扫描识别进出车辆编号，在云系统中自动登记；同时统计工地内车辆数量及类型，辅助施工现场进行车辆管理。

7）施工测量管理模块

施工测量管理模块主要包括以下功能：塔式起重机相机测绘及监测系统；智能沉降监测系统。

塔式起重机相机测绘及监测系统主要是在塔式起重机上安装测绘相机，进行自动高清拍照及无线传输到云端或者本地服务器开启 AI 自动拼图程序，最终将测绘结果与 BIM 模型进行对比，及时发现施工偏差（例如，铝模和预制组件位置）及改正。系统的精度可达 3mm，从而确保结构的准确性。智慧工地塔式起重机相机测绘及监测系统原理如图 4.77 所示。

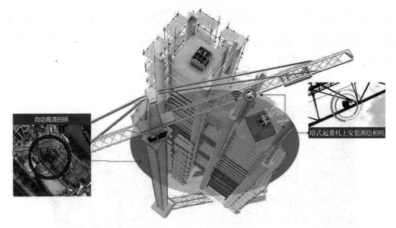

图 4.77　智慧工地塔式起重机相机测绘及监测系统原理

智能沉降监测系统主要是依托 GNSS（Global Navigation Satellite System，全球卫星

导航系统）智慧沉降监测设备，将检测记录通过网络上传到云端进行数据分析（图4.78），可以全天候实时监察及警报，检测记录及报警信息可以通过智慧平台或者移动端发送给相应项目团队成员，以确保数据的实时性和准确性。

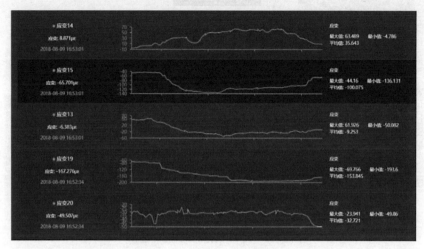

图4.78 智慧工地沉降记录

## 4.4 基于 BIM 的竣工交付与设施运维

本节将参照《使用 BIM 进行信息管理——资产运维阶段》ISO 19650-3 中的项目运营阶段资产信息管理框架，为工程项目建设方和运营方提供一套实用的工具，协助他们在项目设计/施工阶段采集关键运营数据。

本书第 4.1 节可作为 BIM 执行计划（BIP/BEP）的一部分，用于指导实现项目信息模型（Project Information Model，PIM）与资产信息模型（Asset Information Model，AIM）之间的无缝信息整合，提高信息管理过程的效率和效益，并协助各参与方实现项目目标，特别是委任方（资产所有人/经营者）的目标。

### 4.4.1 概述

#### 1. 资产信息模型定义

资产信息模型（AIM）是一套"结构化和非结构化的信息容器"，其中包含支持资产管理所需的数据和信息，并提供与项目运营和最终维护相关或必要的全部数据与信息。

资产信息模型（AIM）不同于项目信息模型（PIM），主要区别在于 AIM 体现的是现场实际完工/竣工状态下的资产数据，而不是反映设计或建造意图的数据。所以，AIM 是指交付给运营方的竣工资料，辅以通过捕获环境和生成点云获得的记录完工/竣工状态的几何图形数据。构成 AIM 的基础要素包括：几何图形数据、现场采集的图像数据、资产数据库中包含的维护和操作相关细节的信息。AIM 数据库输入/输出如图 4.79 所示。

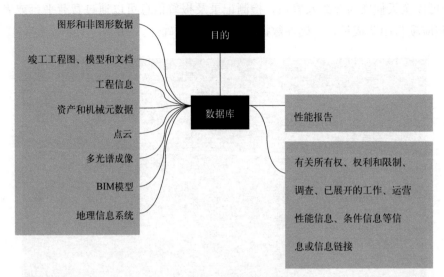

图 4.79　AIM 数据库的输入/输出

AIM 可以与单个资产或整套的资产系统相关联并基于现有资产信息系统创建，或者通过现实捕获和构建的 BIM 模型获取的新信息以及为项目创建的 BIM 模型中的数据创建。

为了更好地管理信息数据流，应引入信息管理流程（Information Management Process，IMP），该流程将在项目的通用数据环境（CDE）和管理它的一套规则和程序中进行，同时 IMP 也应遵循 ISO 19650-4 信息交换指南。通过依托在 ML1 项目的通用数据环境（CDE）中的 IMP 管理 AIM 的整体架构。图 4.80 的示例有三栏，左侧是运营的示例，中间是一些用于决策的分析数据示例，右侧是与数理逻辑和组织流程的相关数据。

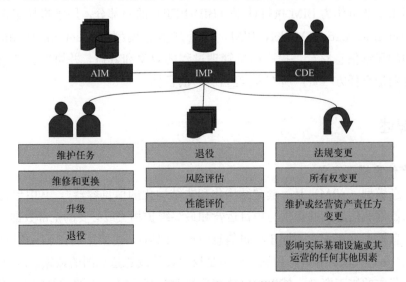

图 4.80　从 AIM 到 IMP 的数据流

信息管理流程（IMP）应保持 AIM 的完整性。数据管理器管理 AIM（称为数据管理员和数据技术员），负责将信息接收到 CDE 的共享区域，并允许其进入发布区域。

**2. 缩略语和术语定义**

相关的缩略语和术语定义见表 4.54。

缩略语和术语定义　　　　　　　　　　　　　　表 4.54

| 缩写—首字母缩略词 | 术语和定义 |
| --- | --- |
| PIM | 项目信息模型 |
| AIM | 资产信息模型 |
| IDM | 信息交付手册 |
| COBie | 施工运营建筑信息交换标准 |
| BCF | BIM 协作格式 |
| BIM | 建筑信息建模 |
| IFC | 行业基准分类 |
| CAFM | 计算机辅助设施管理 |
| CDE | 通用数据环境 |
| FM | 设施管理 |
| OM | 运营维护 |
| GIS | 地理信息系统 |

1) 设施管理（Facility Management，FM）

FM 是以提高人们的生活质量和核心业务的生产力为目的，在建筑环境中整合人员、场所和流程的组织功能。

2) 资产

对一个组织具有潜在或实际价值的项目、事物或实体。

3) 资产管理

组织为实现资产价值而进行的协调活动。

4) 可管理的资产

能够使用管理标准和方法处理的资产。

5) 资产组合

属于资产管理系统范围内的资产。

资产组合通常出于管理控制目的而建立和分配。

一个资产管理系统可以包括多个资产组合。

一个资产组合可能包括实物资产、建筑环境、单个建筑物或结构、技术建筑系统、设备、家具和固定装置。

6) 设施

为满足实体需求而建造、安装或建立的资产集合。

7) 信息模型

一组结构化和非结构化的信息容器。

8) 区域

一个或多个具有特定功能的空间。

9) 要求

明确的、通常隐含的或强制性的需要或期望。

通常隐含是指一个组织及其相关各方的习惯或惯例，所考虑的需要或期望是暗示的。

### 3. 基于BIM的知识与过程管理

基于BIM的知识是指工程和运维团队使用BIM模型及其信息流标准和程序获得的所有细节和信息。知识是在项目专家部门、物流运营商和分包商的日常工作中产生和记录的。知识管理是项目中知识的组织、创造、共享和流通。

建立数据、知识和信息之间的联系并明确它们的区别十分重要。信息是之前从手册、目录、描述、工程文件和技术图纸中获得的对模型资产的所有理解。信息是模型数据库的第一个组成部分，它包含资产名称（分类）、技术信息、关于部署和提供者/建造者的细节。信息作为知识的一部分，与知识的主要区别在于，知识是通过对信息的解释和专业经验获得的，而信息是在源头获得的原始资源。

数据是加密元素的集合，可归类为文本、数值、图像（像素）、点和点云以及来自传感器或设备的交互或转换。这类元素的具体格式明确了对承包商和分包商交付成果的要求，例如，文本为.cvs，图像为.png，模型为.IFC等。这些元素采用共享和流转的配置和格式。

数据是信息和知识共享的媒介，也被称为知识或信息的格式和状态，这些知识与信息用于推进BIM模型，共享资产性能详细信息，并记录资产的当前状态。

知识管理将被理解为项目工程方面的一套程序和要求，以及整个CDE和项目各专业工程师之间的运维信息共享和记录。

知识管理包括对（已知的与从经验中产生的）知识进行分类，控制知识，在所有项目团队之间共享知识，并对这些知识进行过滤，以便在正确的时间提供正确的信息。

知识管理的目的是让参与项目的工程师之间共享并重复利用知识，以改善运营和维护流程。正确的管理BIM知识可以确保所有与项目运营设施（如车场和车站）相关的工作活动的可追溯性和可靠性，并可以优化运营时间和成本。

一个基于ISO 19650-3标准构建的框架，通过采用建筑信息模型（BIM）方法捕获和使用BIM获得的建筑项目知识，同时运用BIM方法以及协调共享的模型概念，建立过程管理系统，并定义所有BIM知识相关过程。

本书将过程管理称为管理和组织与项目提供的运输服务相关的一系列设施和机械的操作流程。宾夕法尼亚州立大学在BIM应用方面提到的流程管理方法，特别是附录B资产管理（第51页），记录建模（第54页）、数字布局（第58页）和现有条件建模（第71页）（信息来源：《指南》2.1版）以及对BIM应用的描述可以作为定义BIM应用与规划其相关流程的例子。

所有的流程都需要事先规划，并在会议上不断评估；规划流程时应采用新的解决方案,并摒弃无用或多余的任务。因为流程数据来自 BIM 模型,并将被应用到 AIM 模型中,所以所有流程都应使用 BIM 术语。宾夕法尼亚州立大学《指南》对流程图描述如下:

"团队确定了 BIM 应用后,就要执行用于规划 BIM 实施的流程图程序。首先,制定一个显示项目中主要 BIM 应用之间的顺序和交互的高层级的规划。这可以让所有团队成员清楚地了解他们的工作流程与其他团队成员的工作流程是如何联系的。"(信息来源:Building Information Modeling Project Execution Planning Guide ©2010 The Computer Integrated Construction Research Group The Pennsylvania State University V2.1)

知识图谱定义为流程和知识事件的图形表示,这些流程和知识事件同三维 BIM 对象与知识事件属性的关系相连接。

BIM 以数字格式保存知识,促进知识在 CDE 环境中便捷地更新和转移。它还依赖于 COBie 分类标准,COBie 作为确保一致文档的一种方式,实现了正确区分和轻松访问资产详细标识。

COBie 实现了 AIM 的交付物在大多数的平台/软件间的转换。其开放标准的特性与简化的电子表格配置打破了软件的限制,使项目团队在任意可用的软件包中分享和交付他们的内容,并为项目团队直接提供已创建的电子操作、维护和资产管理信息。这些信息对于项目新建设施的移交至关重要,对于那些负责运营、维护和管理该设施的人员而言,COBie 标准将节省接收设施并将其集成到其他运营和维护管理系统的时间和精力。

COBie 在信息共享过程中也发挥着重要的辅助作用,有助于控制重复率、正确分组和分层以及精确估算数量。有关 COBie 与整个计划的关系的细节将在本书的 COBie 部分进一步介绍。

以下信息摘录自 "Construction 3D BIM-Based Knowledge Management System: A Case Study, Journal Of Civil Engineering And Management"。

"工程项目中的大部分知识内容都可以被归类为隐性知识或显性知识。隐性知识是个人的、针对具体环境的知识,存储在人们的头脑中,难以形式化、记录或阐明;它存储在人们的头脑中(Hart, 1992)。隐性知识主要产生于现实中的实践和试错的过程。可以直接有效沟通的隐性知识是蕴含在个人经验中的,并通过直接的、面对面的方式进行分享和交流的个人知识(Tiwana, 2000)。相比之下,显性知识是间接获得的:它必须在一个人的心理模型中进行编码和解码,然后被内化为隐性知识。显性知识在系统的、正式的语言中进行编码与传播。显性知识可以记录在组织文件中,包括报告、文章、手册、专利、图片、图像、视频、音频、软件和其他形式。在学术研究中,隐性知识特指以有形或者无形的形式与知识相关联的'硬'信息,例如经验与诀窍。而显性知识是用于执行特定信息的'软'信息,特定信息包括签约、绘图、解决问题或批准提案。"

隐性和显性知识都存储在 CDE 中,可以被专业团队和工程师参考并重复使用。工程师、操作人员和承包商可以从 AIM 的主题目录中学习相关经验与知识。当出现解决操作和维护问题的新方案时,知识就会被更新,并经过批准程序后被重新保存起来,以供将来参考。

知识系统的实施要点具体如下:

实施 BIM 知识系统时,必须考虑适用于任何平台或服务供应商的四个基本层。拟议的系统应该能够在 MS Windows 软件上运行,符合项目 CDE 和 BIM 工具的描述,并且应该与云平台进行无缝集成。

AIM 应支持四种不同类型的层:接口、访问、应用程序和数据库。

接口层定义了管理和终端用户接口。用户应该可以通过计算机或移动设备的网络浏览器访问信息;管理员应该可以通过网络浏览器或使用单独的服务器界面来控制和管理信息。通过用户结构和用户文件配置,可以定义用户的角色,并将整个用户界面展现给团队。这可使参与者了解他们将如何以及通过什么方式能够访问 AIM 模型、文档数据库和交流平台。

访问层应包括系统安全、受限访问、防火墙服务和系统管理功能。分配访问权限和过滤团队成员也有助于信息流的控制和完整性,但是不仅要设置访问权限,还要设置相应的编辑和保存权限。服务器保障信息的安全性,IT 部门应检查防火墙设置和其他项目内部信息安全措施。

应用程序层定义了用于分析和管理信息的各种应用程序,这可以通过〔例如,微软 Power BI(Power Business Intelligence,软件服务、应用和连接器的集合)〕工具与 Autodesk Construction Cloud(施工管理软件)的集成来实现。导出的工作表或报告与 Power BI 平台之间的工作流程(这种工作流程已经存在)可以从 Autodesk Construction Cloud 网站上以模板的形式下载。

数据库层可通过整合 MySQL(关系型数据库管理系统)或 Oracle 数据库与 Autodesk Construction Cloud 的 API 接口来实现,相关细节可以从 Autodesk 官网获取。

**4. 运维适用标准**

运维适用标准见表 4.55。

运维适用标准　　　　　　　　　　　　　　　　　　　　　　表 4.55

| 标准 | 相关性 | 文中信息 |
| --- | --- | --- |
| UK PAS 1192-3: 2014 在资产运营阶段使用建筑信息模型(BIM)的信息管理规范 | 涵盖了以下所需的数据传输过程: 1. 创建资产信息模型(AIM); 2. 使用项目信息模型(PIM); 3. 交换资产信息; 4. 记录资产处置、停用或拆除的相关信息; 5. 使用 AIM 来支持组织要求 随着资产的变化,修订 AIM。将 AIM 作为组织的一种资源 | Figure 2——PAS 1192-2 information delivery cycle amended for asset management(图 2——PAS 1192-2 资产管理信息交付周期修订版); Figure 3——BIM maturity levels extended to asset information management(图 3——BIM 成熟度等级扩展到资产信息管理); Figure 4——Relationship between elements of information management(图 4——信息管理要素之间的关系); Figure 5——High-level asset information process map(图 5——高级别资产信息流程图); Figure 6——Exchange of data and information with the AIM(图 6——与 AIM 交换数据和信息); Figure 7——Interface between the AIM and the existing enterprise systems(图 7——AIM 与现有企业系统的接口) |

续表

| 标准 | 相关性 | 文中信息 |
|---|---|---|
| COBie BSI 2014a 目标分类系统 | 为英国境内雇主和供应链之间使用施工作业建筑信息交换(COBie)提供指导。<br>按角色和关系以及设施生命周期详细阐明业务流程,说明信息交换、管理和质量标准及实施的各种目标。<br>COBie是英国政府首选的建筑信息管理(BIM)联盟模式(UK level 2) | sections 4-7(第4-7节) |
| ISO 15686-4：2014(en)建筑施工 使用寿命规划 第4部分：使用建筑信息模型进行使用寿命规划 | 提供有关使用信息交换标准的信息和指南,用于建筑物和建造资产及其组件的使用寿命规划以及所需的支持数据 | 5 Product specification and selection(5 产品规格和选择)<br>5.1 General(5.1 概述)<br>5.2 Functional measures and quantities(5.2 功能测量和数量)<br>5.3 Selection and performance characteristics(5.3 选型和性能特点)<br>6 Product reference service life(6 产品参考使用寿命)<br>6.1 General(6.1 概述)<br>6.2 Required data(6.2 所需数据)<br>6.3 Service life characteristics(6.3 使用寿命特征)<br>7 Product estimated service life(7 产品估计使用寿命)<br>7.1 General(7.1 概述)<br>7.2 Required data(7.2 所需数据)<br>7.3 Context factors for evaluation(7.3 评估的背景因素) |
| BS 8544：2013 建筑物在使用阶段进行维护的生命周期成本核算指南 | 制定建筑物使用阶段维护的生命周期成本核算(LCC)的规则和方法。<br>还为获取特定LCC结果的资产信息以及评估和确定维护工作的优先级提供指导 | 8.1 Use of COBie(8.1 COBie 的使用)<br>8.2 Use of IFC(8.2 使用 IFC)<br>9.1 General(9.1 概述)<br>9.2 Information sources and data requirements for undertaking LCC of maintenance works(9.2 维护工程 LCC 的信息来源和数据要求)<br>9.3 Asset data capture and the quality or interpretation of the existing asset information(9.3 资产数据采集和现有资产信息的质量或解释)<br>9.4 Asset information: levels and extent of condition surveys and other assessments(9.4 资产信息：状况调查和其他评估的水平和范围)<br>9.5 Condition grading and age or remaining life, and the use of reference service life data(9.5 状态分级和年限或剩余寿命,以及参考使用寿命数据的使用)<br>9.6 Information management: standard data conventions and use in technology or CMMS(9.6 信息管理：技术或 CMMS 中的标准数据约定和使用) |

续表

| 标准 | 相关性 | 文中信息 |
|---|---|---|
| ISO 55000:2014 资产管理 概述、原则和术语 | 该国际标准概述了资产管理和资产管理系统(即用于资产管理的管理系统)。它还提供了 ISO 55001 和 ISO 55002 的背景 | 2 Asset management(2 资产管理)<br>2.1 General(2.1 概述)<br>2.2 Benefits of asset management(2.2 资产管理的益处)<br>2.3 Assets(2.3 资产)<br>2.4 Overview of asset management(2.4 资产管理概述)<br>2.5 Overview of the asset management system(2.5 资产管理系统概述)<br>2.6 Integrated management systems approach(2.6 综合管理系统方法)<br>3.2 Terms relating to assets(3.2 与资产有关的术语)<br>3.3 Terms relating to asset management(3.3 有关资产管理的术语)<br>3.4 Terms relating to asset management system(3.4 与资产管理系统有关的术语) |

### 4.4.2 运维信息要求

**1. 识别关键资产**

资产是与项目运营相关的项目基础设施的所有组件。如上所述,并非所有资产对项目的运营具有相同程度的影响。用于项目常规运营且不可以替换的资产被认为是关键资产,并应被视为维护和运营团队的主要利益。

ISO 55000:2014 对资产的定义如下:

1) 资产

对组织具有潜在或实际价值的项目、事物或实体。

价值可以是有形的或无形的,金融的或非金融的,并包括对风险和负债的考虑。在资产寿命的不同阶段,资产值可以是正的或负的。

有形资产通常指组织拥有的设备、存货和财产。无形资产与有形资产相反,是非实物资产,如租赁、品牌、数字资产、使用权、许可、知识产权、声誉或协议。

被称为资产系统的一组资产也可被视为一项资产。

2) 关键资产

特指可能对实现组织目标产生重大影响的资产。

资产可以是安全关键型、环境关键型或性能关键型资产,并应遵循法律、法规或法定的相关要求。

关键资产可以特指那些为关键客户提供服务的必要资产。

资产系统可以通过类似于定义单个资产的方式被视为一项关键资产。

用于识别运营和维护的资产的方法应通过特定的知识结构来构建,该结构支持所有资产的功能水平。

关键资产是指具有特殊重要性的实体，关键资产失效或者损坏将对整体运营造成重大的负面影响。项目团队应优先确定关键资产，如果这些资产受到损害，将会对公司造成重大损失。确定关键资产是决定资源分配的最佳方式，并将资产潜在的失效风险降到最低。

确定关键资产可以通过分析风险及其影响来完成。预测与资产安装、建造、集成和/或运营相关的风险、隐患和危害对评估资产的重要程度至关重要。为了评估风险水平，以采取措施来降低风险，可以制定、回答以下问题：这一特定资产是否会成为恶意方攻击的目标？这一特定资产的可访问性如何？如果攻击者破坏、禁用或毁坏这一特定资产，会有什么后果？

如果这一资产被攻击的后果超出公司的掌控范围，并影响多个客户与用户的安全，那么必须考虑将其列为关键资产进行保护。

确认关键资产至关重要。要确定资产为关键资产，必须对其发生故障后可产生的所有后果进行评估。关键资产是关键任务。关键资产的任何故障、损坏或毁坏都可能造成某一项基本服务的延迟或完全停止，甚至破坏整体运营。

关键性分析是确定关键资产另一重要方法。这是根据资产的潜在风险评定资产的重要程度的过程。由于无法准确量化风险，该分析考虑资产可能发生故障的所有形式，以及故障对系统和整体运营产生的影响。关键性是通过故障的总体后果进行评估的：后果越严重，关键性越高。关键性分析是多方努力的成果，并考虑所有运营细节。各团队的不同观点与所提供的意见将产生更好的分析结果和更有效的潜在对策。

发生概率与影响严重程度表（表4.56）提供了分析数据，为资产的关键性提供了一个由大及小的衡量标准，并将作为关键资产的识别标准。

发生概率与影响严重程度表　　　　　　　　　　　　　　表 4.56

| | | 概率(Probability) | | | | |
|---|---|---|---|---|---|---|
| 严重性(Severity) | 1 | 2 | 3 | 4 | 5 | 6 |
| | 2 | 4 | 6 | 8 | 10 | 12 |
| | 3 | 6 | 9 | 12 | 15 | 18 |
| | 4 | 8 | 12 | 16 | 20 | 24 |
| | 5 | 10 | 15 | 20 | 25 | 30 |
| | 6 | 12 | 18 | 24 | 30 | 36 |

资产的进一步分类还需引入其他的选项，例如，资产类型、资产功能、资产状况和建筑规范要求。

常见管理应用程序包括计算机化维护管理系统（CMMS）、设施资产管理系统和财产状况评估，该分类还应为上述应用提供合理的数据库结构。

在所有的资产都满足信息要求，并且实现了在多个系统之间存储数据和交换信息的功能之后，下一步骤是识别关键资产并将其整合到设施管理系统中。

资产将按照其功能在整个项目生命周期中的关键程度所定义的层次结构进行评估和

评级。

这需要有价值的资产和更新的"竣工"信息整合到 AIM 模型中，从而减少出错、时间和成本，上述信息包括在多个阶段创建的数据，其形式包括维护记录、保修和服务细节、质量评估和监测、应急程序，以及其他用于运营和维护活动、环境分析和能源性能模拟的信息。

### 2. 资产信息要求

资产信息要求（Asset Information Requirements，AIR）定义与公司的资产管理战略相匹配的操作和维护已建资产所需的信息。资产信息要求（AIR）是建筑信息模型（BIM）流程的一部分，并定义了已建资产在生命周期内运营和管理所需的图形和非图形数据、信息和文档。ISO 19650 将 AIR 定义为"关于资产运营的信息要求"；将信息要求定义为"关于传递什么、何时传递、如何传递以及为谁传递信息的规范"。

在 BIM 流程中，这些信息要求被称为资产信息要求，即在整个生命周期内运营和维护已建成资产所需的信息。这些信息源于在现实中的已建资产（即已经建成的资产，而不是计划的内容）。

资产信息要求会在资产信息要求（AIR）文件中被正式明确定义。该文件在项目的 BIM 执行计划中定义的提供与管理已建资产信息的要求中进行明确，这些要求与公司更广泛的资产管理计划保持一致。

确定资产信息要求有助于创建资产信息模型（AIM）。AIM 由为回应 AIR 而整理的数据和信息构成，因此它将包含资产管理计划所要求的所有信息，并以所要求的格式用于资产全生命周期的运营和维护。

资产所有者和/或经营者及其供应商应该共同承担提供 AIR 所需的数据和信息的责任。

AIR 应涵盖整个资产生命周期。AIR 为制定资本项目的交换信息要求（Exchange Information Requirements，EIR，ISO 19650）或雇主信息要求（Employer's Information Requirements，EIR BS/PAS 1192）提供参考。

触发事件（在 PAS 1192-3：2014 中定义为"改变资产或其状态的计划内或计划外事件"）通常需要评估 AIR 以及确定何时需要更新 AIM。AIR 应指定为合同的一部分或作为对内部团队的指示，并且可以使用来自 AIM 的与正在执行的资产管理活动相关的数据和信息。AIR 还应指定需要采集并输入 AIM 的数据和信息。

ASTM E3035-15（2020）标准描述了设施资产组件追踪系统（Facility Asset Component Tracking System，FACTS）的标准分类，为建筑和现场工作元素和组件及其相关功能、属性和产品建立了分类系统。

该标准定义的组件，是建筑和现场工作或现有条件中常见的主要组成部分。组件通常执行指定的功能，这与设计规范、施工方法或使用的材料无关。按属性分类将更有效地管理资产的运营、维护和生命周期成本。

分类为建筑信息模型提供了相关项的角色和功能的重要信息。在导入施工运营建筑信息交换（COBie）数据之前，需要指定分类类型（如 OmniClass、UniFormat 或自定义分类）以关联属性与相关项目。该系统应在项目的 BIM 执行计划中指定，所有模型组件必须符合该系统，以便 FM&OM 的识别和分组。

**3. 对信息生命周期管理的需求**

信息生命周期管理在 ISO/IEC 15944-12：2020 中被定义为一系列用于管理在某个人控制下的一组（或几组）记录信息集与电子数据交换的活动与规则，并在其从创建到最终完成的过程中，根据适用的信息法规要求进行包括删除在内的一系列处置。

尽管这不是 BIM 的特定定义，但它解释了信息生命周期的含义，并可以推断出为什么需要这样一个复杂的方案来通过时间的推移或周期管理信息，从而建立一个有限的时间周期，在这个周期中，直到信息被修改、替换或删除，信息都将在系统中流转，并将建立一套管理信息流转和交互的规则。

信息生命周期管理通常被视为信息在组织的平台上流转的各个阶段的集合，同时也是对信息质量、完整性和需求合规性的检查点的集合。上述信息生命周期管理阶段包括：创建阶段、存储和维护阶段、使用阶段和归档。

创建阶段是指项目团队、分包商或个人创建和生成信息的阶段。所有信息源都将被识别和注册，这将允许识别信息类别和处理信息，并可以使人们深入了解信息是如何贯穿整个生命周期。

存储和维护阶段是项目定义其信息存储位置、备份计划、维护和安全措施的阶段。在波哥大地铁一号线项目中，Autodesk 建筑云被用于存储所有数据，以确保其安全性和可访问性。

使用阶段是接收、组织和评估信息的阶段。使用阶段将应用所有与项目接收 BIM 数据的方法和处理数据的类型相关的定义和参数。在此阶段，信息将在内部员工或部门之间以及外部分包商和政府机构间共享。在确保信息安全性的同时提供最大支持是一个巨大的挑战。

归档是信息生命周期的最后阶段。此阶段的关键是在业务运营的时效期内确定信息的归档方法以及所使用的硬件。一部分信息将被永久归档，而另一部分信息将进入 AIM 并开始另一个信息生命周期。

信息生命周期管理面临的最常见挑战是处理需要被删除的过期数据以及共享敏感的数据。

**4. 信息类别**

应在 BEP 中定义分类和命名标准，并确定有关模型定义的第一个信息类别，此分类应包含资产类型、资产名称、资产类别、所属单位或建筑以及施工阶段。

分类标准应参考相应的标准指南，所有新模型组件都应通过标准分类采购矩阵进行 QC（Quality Control，质量控制）和 QA（Quality Assurance，质量保证），这将确保将正确信息嵌入到需要它的模型组件中的可追溯性和确定性。

模型组件分类标准是从 BIM 到 AIM 知识系统无缝整合的起点；它定义了第一层次的信息，并应该在每个 BIM 组件中找到。

项目竣工移交时，组件分类的 QA&QC 过程应被再次执行，同时数据经理应接收附加在移交竣工矩阵内（在 BEP 中定义）的文本格式数据库（txt、cvs 等），包括用于配置 FM&OM 知识系统数据库的竣工模型组件。上述分类表中应有以下用于填充资产数据的空间。

1) 工程学科

该空间应包含负责资产运维的工程系统和学科的具体情况，在需要或计划进行维护活动的模型资产的示例中，维护团队是 FM&OM 系统的第一个参考对象，资产知识流经过滤后，应优先向该特定团队和负责工程团队的管理人员传递。

该信息杠杆允许数据管理员配置 AIM 系统或 FM 平台，其方式是检测和指定一项资产以及负责此项资产运维的团队。系统还将触发事件，这些事件将发出警报并为管理团队创建及分配任务，从而密切跟踪直至问题得到解决。

2) 处所代码

处所代码应包含描述资产确切位置的代码，且应该是每项资产的唯一代码，用来指定建筑物或基础设施、楼层、房间、特定 ID（如果是数组 IE 的一部分）。例如，L3.R407.VP1523，示例中的处所代码描述了 MB 主楼第三层、R407 房间和真空泵 1523，最后一个数字最好与 P&IDs 或电路以及描述系统其他的功能和关系的设计文件保持一致。

如果处所代码已在 BIM 的信息计划（BIP）与执行计划（BEP）中详细描述，则应被使用；否则，项目的所有编号规范都应重新定义并被所有项目参与者所接受。

3) 维护计划

维护计划是由维护活动频率定义的层级系统，建议的层级系统如下：

A 级：每周或每天对资产进行维护活动。

B 级：维护活动的执行频率为每月或每 15 天进行一次。

C 级：维护活动的执行频率超过每月一次。

需要指出的是，这种分类的重点是维护或检查资产的频率而不是资产对运营的重要程度。

4) 运营依赖性

运营依赖性是一个应由运营团队来定义的分类系统，它将描述运营生命周期对资产的依赖程度，从而创建如下层级系统：

A1 级：该资产的性能对运营并不关键，并且具有超过 3 个后备组件以用于暂时替代此资产，例如，公共卫生间中的马桶：一个公共设施中可有多间卫生间，一间卫生间内有多个马桶。

B2 级：这一级别适用于在运营中起到一些关键作用，但可以被某一备用系统所替代的资产，例如，发电机、水泵或任何其他可以暂时被另一个备用现有资产替换的资产。

C3 级：这一层级的代码应分配给任何不可或缺且不可替代且对运营至关重要的资产，例如，轨道支柱或轨道本身。

分配运营依赖等级代码允许系统将资产与实际运维计划无缝连接，从而确立优先级并以最佳执行顺序配置运维的数理逻辑，同时协调运维人员的可用性。

## 5）其他信息要求

其他信息要求用于补充与运维相关并由设施团队（FM）标记为相关的资产信息，例如，供应商、保修期、预防性维护供应商、操作手册参考、供应商联系信息或操作危害指标。这些信息将被嵌入到数字资产中，并应在需要时被 AIM 系统使用，或在触发警报时被引用。

## 6）交付成果文件夹结构

为了符合项目 BIM 执行计划中的文件夹结构，可以对文件夹结构进行补充或编辑，并应包括项目运维团队定义的任何其他文件夹。

下列模板示例可以作为承包商和模型创建者的指南，以确保正确放置应用于建模平台的相关数据。它将说明数字资产中数据输入的最低要求，以及文档和缩写的公认规范。

香港特区政府机电工程署的供暖通风与空气调节系统（HVAC）文件夹结构的模板与命名规范的示例如图 4.81 所示。

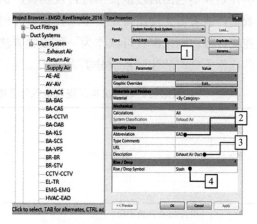

(a) 供暖通风与空气调节系统(HVAC)文件夹结构　　　　(b) Revit中命名规范

图 4.81　香港特区政府机电工程署的供暖通风与空气调节系统（HVAC）文件夹结构模板与命名规范

下一个模板是关于 COBie 标准下的交付控制和质量保证的。最终的 COBie 可交付文件将由设计团队或施工团队按照在 BIM 执行计划（BEP）中的定义进行移交，它在定义竣工模型的同时，也是一个合同中所列全部资产的完整 COBie 数据集。COBie 交付成果模板如图 4.82 所示。

| Deliverable Stage | Project Phase | ML1 Required Data set | A/E RECORD | Appears in COBie Tab | FINAL RECORD DOCUMENTS Under Column | Comments |
|---|---|---|---|---|---|---|
| Final Deliverable | RECORD | | | For each Facility | | |
| | | Facility Name | | Facility | Name | Provided b, FIU |
| | | Facility Type | | Facility | Category, | Provided b, FIU |
| | | Project Name | | Facility | Project name | Provided b, FIU |
| | | Site Name | | Facility | Site name | Provided by, ML1 |
| | | Linear Units | | Facility | Linear Units | Default meter |
| | | Area Units | | Facility | Area Units | Default SQUARE meters |
| | | Volume Units | | Facility | Volume Units | Default CUBIC meters |
| | | Currency Unit | | Facility | Currency Unit | Default USD |
| | | Area Measurement | | Facility | Area Measurement | Provided by, ML1 |
| | | Project number | | Facility | Project number | ML1 project number under which asset was installed |
| | | | | For each Floor | | |
| | | Floor Name | | Floor | Name | |
| | | Floor Classification | | Floor | Category | |
| | | Description | | Floor | Description | |
| | | | | For each Room | | |
| | | Room Name | | Space | Name | Per BIM Specification |
| | | Space Classification | | Space | Category | Per BIM Specification |
| | | Floor Name | | Space | Level | |
| | | Space Description | | Space | Description | |
| | | | | For each Asset Type | | |
| | | Asset Type Name | | Type | Name | Per BIM Specification |
| | | Asset Type Classification | | Type | Categore | Per BIM Specification |
| | | Asset Type Description | | Type | Description | |
| | | Asset Type | | Type | Asset Type | Default FIXED |
| | | Manufacturer | | Type | Manufacturer | |
| | | Model Number | | Type | Model Number | |
| | | Warrants Guarantor- Parts | | Type | Warrants Guarantor- Parts | email address |
| | | Warrants Duration- Parts | | Type | Warranty Duration- Parts | email address |
| | | Warrants Guarantor- Labor | | Type | Warranty Guarantor- Labor | email address |
| | | Warrants Duration- Labor | | Type | Warranty Duration- Labor | email address |
| | | Warrants Duration- Units | | Type | Warranty Duration- Units | Default YEAR |
| | | Vendor | | Type | Vendor | ML1 purchased equipment only |
| | | Purchase Order | | Type | Purchase Order | ML1 purchased equipment only |
| | | Purchase Price | | Type | Purchase Price | ML1 purchased equipment only |
| | | | | For each Asset | | |
| | | Asset Name | | Component | Name | Per BIM Specification |
| | | Asset Type Name | | Component | Type Name | |
| | | Asset Room Location | | Component | Space | |
| | | Asset Description | | Component | Description | |
| | | Asset | | Component | Asset | Provided by, ML1 |
| | | Serial | | Component | Serial Number | Engineered equipment only- at a minimum on AHU, Chillers, Boilers |
| | | Installation Date | | Component | Installation Date | Default Date of beneficial occupancy |
| | | | | For each Contact | | |
| | | Email | | Contacts | Name | |
| | | Classification | | Contacts | Categor, | |
| | | Compan, | | Contacts | Company | |
| | | Phone | | Contacts | Phone | |
| | | | | For all Tabs | | |
| | | Created b, | | All | Created b, | email address |
| | | Date | | All | Created on | |
| | | Ex Ref | | All | EX Ref | Used when data is exported from BIM software |

图 4.82 COBie 交付成果模板

COBie 交付成果模板是一种工具，用于确保将准确并相关的 COBie 数据标准嵌入到模型资产中，并确保信息要求的合规性。

本计划并不包括通过该技术进行现场资产识别的过程。但是，如果需要引用和嵌入正确的数据，或者需要使用特定类型的技术或任何其他技术（如二维码或 RFID）对资产进行监控或计数，则该模板可以作为一种控制方法。表 4.57 为香港特区政府机电工程署电气元件或相关资产的注册系统分类表。

香港特区政府机电工程署电气元件或相关资产的注册系统分类表　　　　表 4.57

| 序号 | 系统名称 | 设备类型 | 设备代码 | 资产标签（在资产上进行标签） | | | 区域标签 |
|---|---|---|---|---|---|---|---|
| | | | | 带有二维码的 RFID 标签 | 二维码标签 | 标签非必需 | 二维码标签 |
| 1 | 升降机及自动扶梯 | 升降机及自动扶梯(^) | LAE | | | √ | |
| | | 电动升降机（包括乘客升降机、货物升降机、车辆升降机、平台升降机、楼梯升降机和升降机的应用） | ELL | √ | | | |
| | | 液压升降机（包括乘客升降机、货物升降机、车辆升降机、平台升降机、楼梯升降机和升降机的应用） | UYL | √ | | | |
| | | 自动扶梯/乘客输送机 | EPC | √ | | | √ |

续表

| 序号 | 系统名称 | 设备类型 | 设备代码 | 资产标签(在资产上进行标签) | | | 区域标签 |
|---|---|---|---|---|---|---|---|
| | | | | 带有二维码的RFID标签 | 二维码标签 | 标签非必需 | 二维码标签 |
| 2 | 低压配电盘 | 低压配电盘(*) | LVS | √ | | | √ |
| | | 电池(包括电池充电器) | BAT | | | √ | √ |
| | | 谐波滤波器 | HAR | | | √ | √ |
| | | 开关设备(包括空气断路器、塑壳断路器、F/S、接触器) | SWG | | | √ | √ |
| | | 继电器 | REL | | | √ | √ |
| | | 电容器 | CAP | | | √ | √ |
| 3 | 应急发电机 | 发电机(*) | GEN | √ | | | √ |
| | | 柴油发动机 | DIE | | | √ | √ |
| | | 交流发电机 | ALT | | | √ | √ |
| | | 控制器 | CTR | | | √ | √ |
| | | 欠电压继电器 | URE | | | √ | √ |
| | | 储油罐 | FUT | | √ | | √ |
| | | 储油泵 | FPMP | | √ | | √ |
| | | 电池充电器 | BAC | | | √ | √ |
| | | 电池 | BAT | | | √ | √ |

**5. BIM流程中的标准化内容与组织要求（开发等级）**

ISO 19650框架在2018年引入了一个新术语"信息需求等级"（Level of Information Need），它取代BS EN 1192中的模型定义发展精细度等级（LOD）以及信息深度等级（LOI）。LOI这一术语将被保留并与LOD结合使用：这两个术语都可以包含在信息需求新的ISO术语级别的范围内。

ISO 19650-1引入了信息需求等级这一术语来定义信息服务。信息需求等级不仅是LOD概念的替代品，更是定义项目管理的信息需要的一种方式。在信息需求等级的概念中，可以使用不同的指标来衡量和限定要交付的信息，信息包括几何图形、字母与数字数据和文档、图纸、报告、点阵图等。

应该注意的是，ISO 19650-1使用的是一种相当通用的语言，适用于不同数字化（BIM）成熟度级别的项目。ISO 19650-1对所需信息水平的定义是"定义了信息的范围和粒度的框架"，信息在同一个ISO标准内被定义为"适用于正式交流、诠释或处理的可识别的数据表达形式"。

总之，在执行任务或支持决策的过程中通常需要信息。所需信息的级别是指每次进行信息交流时，数据集所包含的范围和详细信息。为了避免额外工作和噪声影响，信息应该被过滤并被最低限度地保留。信息需求等级是如何定义每个可交付信息的基本框架，并可以通过几何图形和文件内容等多种方式表达。

运维团队应为每个模型定义各部门或业主所需信息的最低详细程度。对于供应链来说，提供比所需信息更多的细节是一种浪费，将可能使现有的 IT 系统和网络超负荷。

在信息交换中所需的模型定义的等级应在信息需求中被明确，并应与模型定义的 BIM 用途相对应。模型定义的等级应在 BEP 中阐明，并得到所有承包商的同意。

施工承包将指定一位施工数据专业的 BIM 专家，该专家将负责向项目数据管理器交付和交换 BIM 模型与数据。此过程将通过示例模板或模板的变体进行控制和跟踪，以便在每个模型资产集成到 AIM 之前对其进行检查。

### 6. 运维信息需求的配置管理（Configuration Management）

配置管理是一种管理活动，它对产品和服务的生命周期、配置其标识和状态，以及配置相关产品和服务的信息进行技术和管理指导。

配置管理记录了产品与服务的配置，并为确保在生命周期的每个阶段进行准确的信息访问，提供了可识别性与可追溯性以及其物理和功能要求的完成情况。

配置管理需要根据公司的规模以及产品与服务的复杂性和性质来实施，并应反映特定生命周期阶段的需求。配置管理可用于实现 ISO 9001：2015 第 8.5.2 条中规定的有关产品和服务的可识别性和可追溯性的要求。

制定和实施配置管理计划时，应遵循 ISO 10007：2017 第 5.2 条的指导方针，并应着重于收集和记录有关资产的性能、结构和服务能力的各方面信息。

配置管理框架描述了控制资产变更、处置和当前状态的有效方法。实施配置管理框架将记录各组件之间的关系与各项活动的要求，并对运维活动产生的任何变更进行有效的追踪和审计。配置管理计划应遵守 ISO 10007：2017 附件 A 的规定。

配置管理还将包括对相关运维计划的持续审计，同时规定了每一个计划所应包括的不同报告：维护计划应包括程序、操作手册和供应商/提供商信息；运营计划应包括性能、占用和流量数据。

这些数据的参数将被定义，以便根据内容的质量和复杂性进行限定和过滤。

由此产生的配置管理计划将确定承包商/客户关于配置管理过程、管理报告以及负责团队的资格和培训的最终合同协议的标准。

这些定义包含了一个术语及一个已定义的项目的层级结构。在这个结构中，系统作为第一大层通常由参与相同运营活动的模型资产组件组成，并应被视为一个整体，例如，电梯系统应包括特定区域或功能的所有电梯井、电气结构和机械模型（私人电梯系统，公共电梯系统，服务电梯系统）。

在识别关键资产的过程中定义了依赖等级（特指运营依赖等级领域），并确定了特定的操作依赖性和功能依赖性，例如，如果电气系统不运行，电梯就不能运行。

系统所包含的不同处所可以被区分开来。这种区分不仅是指资产或资产组在系统内的位置，也指资产在运营阶段的功能性和依赖等级。

系统之后的下一层级是区域。

出于运营和维护的目的，区域的定义通常将维护团队的技术专长（例如，金属与木材加工、电气、供暖与空调、通信与 IT 管控、水暖)纳入其所属的职责区域内。职责区域包括基础设施布局、规模考量和维护要求,此外还包括针对计划外货币或紧急情况的服务,以及对承包服务的监测。

最后一层是处所。处所(例如,走廊、平台、控制台等)是比区域小得多的特定位置,一般只按区域定义。处所定义了具体的任务区域,并最终定义了可能出现的任务(维修、更换、升级、重新布线、管理和监督、检查和评估)的逻辑要求与程序。

系统、区域和处所之间的包含关系如图 4.83 所示。

图 4.83 系统、区域和处所之间的包含关系

### 4.4.3 资产盘点和登记

盘点登记系统的目的是为真实和虚拟的运营资产提供一致的记录。保存记录的流程有两个主要组成部分,即盘点数据库和登记系统。盘点数据库是一个基于识别关键资产的命名结果创建的清单,按运维系统结构进行规划。名称/代码在现实资产中被镜像为一个标签,该标签可以是模拟的标签、QR 码、条形码或 RFID。这种技术的适用性并不具有排他性,可以与各种标签系统组合使用。关键在于,为了确认适用性与相关性,需定义标签技术的性能和用途。同时,确保该技术与 AIM 数据结构的无缝整合也至关重要。

资产盘点和登记从制定基于处所的资产跟踪策略开始。该策略将定义一个可以使用 ASTM E2499 标准的信息结构。

E2499 标准中描述的资产所在处所信息的数字层级定义了一个关于资产所在处所信息的分级结构。这个结构分为 10 个层级,并为每个层级确定了标准名称和编号。这个结构可作为项目资产盘点的基础。规范中定义的结构由以下 10 个层级组成:

1 级:空间位置。

2 级:国家位置。

3 级:州/省。

4 级:市/乡/县。

5 级:施工现场位置。

6 级:建筑位置。

7 级:楼层位置。

8 级:房间/岗位/电网/站台/区域。

9级：桌子/柜子。

10级：精确定位。

项目将定义与需要被跟踪的资产的相匹配的等级，例如，一个车站可能被追踪到建筑位置级别，但一个控制面板可能被追踪到桌子/架子级别。一旦确定了代码，应该直接嵌入到BIM模型元素中，或者作为一个外部链接的数据库，两种方式均可采取一致的运维资产验证过程。

在位置信息级别被定义，并作为项目元素的标识符后，所有的资产必须被定期核查。在这个过程中，资产将与库存核查期间收集的相关数据进行比较，以对照实体的资产记录信息。这一过程被定义为核对（ASTME 2132第3.1.5条），核对是一个验证官方记录中所包含的资产是否实际存在以及有关这些资产的数据的准确性的过程。

1. 资产盘点和登记程序

资产盘点创建过程以AIM资产模型列表为起点，应使用生成的唯一代码名称进行显示和命名约定。盘点将呈现为一个包含数据库的列表，并应允许按操作系统和物理位置过滤信息。资产盘点和登记程序由普通工人和数据经理指定的BIM专家共同执行。资产盘点和登记程序主要包括以下活动：标记资产、通过照片或多光谱成像记录当前资产外观、完成盘点清单以及将数据上传到运维系统平台。

2. 资产盘点和登记流程

图4.84显示了资产盘点和登记流程。

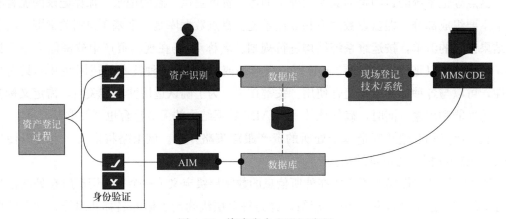

图4.84 资产盘点和登记流程

登记流程包括模拟现场活动和规划，以及数据流到AIM平台的过程，简化的流程图显示了资产知识/数据流如何传输并过滤到所选的MMS或CDE中。流程包括QA/QC模板，并且至少包含以下信息（表4.58）。

3. 登记系统

登记系统是通过定义描述项目所有资产的信息结构来建立的。这是一组用于分类和编码所有要素的标准，如之前在资产盘点和登记程序中所述，登记系统是用于执行资产控制和评估任务的框架，这些任务包括：评估资产记录的准确性和完整性、更新资产记录、评估资产损失经验、识别流程不一致性以及提供经验证的资产状态。

数据流质量保证的格式模板　　　　　　　　　　　　　表 4.58

| 数据流质量保证 ||||||||||||
|---|---|---|---|---|---|---|---|---|---|---|---|
| 问题确定 |||| 作者(个人报告) ||||| 发生日期 |||
| 开放日期 |||| 问题负责人<br>(负责解决方案的个人和实体) ||||| 问题描述 |||
| 关闭日期 |||| 问题标签 ||||| 文件格式 |||
| ♯ID | 资产代码 | 符合信息要求 | 输入或输出 | 规格型号 | 规格 | 几何图形链接 | AIM可行性 | 下一个检查点 | 责任方 | 决策/整改措施 |
| 当前状态描述 |||| 维护人 ||||| 下次维护检查 |||

确定短缺对于评估实体的资产管理系统也至关重要。这允许准确的项目维护任务和下一步采购，在库存验证期间，可以识别记录缺陷，例如，不正确的位置或其他描述性信息。

定期登记活动还将有助于防止和查明项目资产或基础设施被盗窃或滥用的情况。

详细的规划、协调和充分的监督是成功实施登记制度的关键。登记系统可以衡量一段规定时间内的绩效，并对结果进行比较，以确定趋势或问题领域。

为了确定适当的清单和登记册核查方法，必须考虑几个因素。验证方法是评估模型资产和真实资产之间正确关系的关键，当所有要素都已分类和记录后，验证程序的下一步应考虑诸如资产类型、资产数量、数量和位置、需要收集的数据要素、验证任务成本限制，以及所需的资源。

信息交换、交付、管理、质量和协调必须在整个资产生命周期中持续保持。在运维阶段，获得符合COBie标准的竣工BIM模型至关重要，这可以通过仔细规划和执行BIM施工模型创作过程中的信息更新和编辑予以保证。COBie可交付成果的信息交换矩阵是监控和控制信息流的重要工具。

在建筑BIM创建的特定阶段，COBie可交付成果将受益于信息交换控制的使用，并将在COBie应用指南中详细描述。一旦符合COBie标准，关键资产定义流程将完成资产命名和相关知识。

当实现标准化命名和信息需求定义时，信息交换仅在更新时发生，并将由数据管理器进行管理。所有更新必须有作者日期和详细的可追溯性，这将需要信息交付责任方必须满足特定的交付流程，交付流程是一个简单的数据传输与质量保证/质量控制任务，将确保传输数据的可靠性。

关于分类和登记程序的进一步参考，请参见 ASTM 标准：E2135《财产和资产管理术语》，E2279《建立财产管理指导原则的实践》，E2452《设备管理流程成熟度（EMPM）模型实施规程》和 E2495《在采购、利用和处置中确定资产资源优先级的实施规程》。这些标准可作为项目清单和登记册定义过程的参考。

#### 4. 地铁项目的资产列表示例——资产清单

设备清单和施工中所有组件的 COBie 数据集，应按照如下格式进行描述：首先描述资产系统，然后指定此类系统中包含的资产。

（1）自动化和远程机械设备（交通灯、轨道电路、电力驱动等）；

（2）轨道设备元件（上/下轨道结构、人工结构等）；

（3）电气化和供电设施（架空线、供电装置等）；

（4）运输设施（维修点、技术测量综合设施等）；

（5）机械化设施（专用轨道机械等）；

（6）诊断和监控元件（诊断车等）。

主要维护资产应考虑预防性、纠正性、重大、预测性。

当面向 OM 和 FM 时，产生的 AIM 应能够构建作战和生命周期最佳性能，并应分组为：

（1）工具和设备的维护（注册关键资产）；

（2）铁路技术基础培训（模型应为操作和维护培训提供最新知识）；

（3）交通规划和运营（模型信息应传输并交付给规划交通规划和运营部门，以提高性能）；

（4）轨道和悬链线的组装（电气化和供电设施，如架空线路、供电装置等）；

（5）轨道设备元件（上部/下部轨道结构、人工结构等）；

（6）铁路道岔（尖轨、辙叉、封闭轨、防护装置等所有轨道道岔相关资产）；

（7）交通管理系统的运行和维护（自动化和远程机械设备、交通灯、轨道电路、电力驱动等）；

（8）运输设施（维修点、技术测量综合体等）；

（9）机械化设施（专用轨道机械等）；

（10）诊断和监控元件（诊断车等）。

与上述各组相关的所有资产都应记录在资产系统列表中，格式应与表 4.59 类似，如果团队认为有必要扩展列表，则可以添加新字段。

资产列表　　　　　　　　　　　　　　　　　表 4.59

| 序号 | 资产明细 | 序号 | 资产明细 |
| --- | --- | --- | --- |
| 1 | 火车车厢 | 9 | 牵引动力系统 |
| 2 | 自动扶梯、坡道、楼梯、电梯 | 10 | 结构体系 |
| 3 | 灭火系统 | 11 | 自然通风/系统暖通空调 |
| 4 | 通信/火警 | 12 | 供应商和零售 |
| 5 | 办公空间 | 13 | 站台 |
| 6 | 信号系统 | 14 | 轨道 |
| 7 | 照明 | 15 | 维护设备 |
| 8 | 自动疏散标识 | | |

应保留和维护 BIM-BEP 中使用和描述的系统资产的其他编码示例、命名标准,无须升级以前的内容或数据库。表 4.60 是地铁资产列表标准化命名和分类策略的分类示例。

地铁资产列表标准化命名和分类策略　　　　表 4.60

| 项目 | 类别 | 编码 |
| --- | --- | --- |
| 窗户 | 建筑 | B3.00.FT.00.9873 |
| 入口坡道 | 建筑 | B3.02.RA.00.9874 |
| 悬挂照明灯 | 电器 | B3.01.HL.00.9875 |
| 壁灯 | 电器 | B3.04.WL.00.9876 |
| 锚链 | 建筑 | B3.04.CL.00.9477 |
| 监控头 | 安防 | B3.01.CTV.00.4878 |
| 门 | 建筑 | B3.01.AD.00.9879 |
| 楼梯 | 建筑 | B3.01.AS.00.5680 |
| 旋转门 | 通道 | B3.01.ACT.00.1281 |
| 工业用水 | 管道 | B3.01.SWI.00.7645 |
| 扬声器 | 电器 | B3.01.PA.00.9125 |

首先通过基于位置的系统获得 ID 代码,该 ID 代码用以描述与资产相关联的建筑物以及分配给该建筑物的特定号码。例如,B3.00.ACT.00.1281,B3 代表建筑物编号 3,代码后面是一个点,然后是建筑物级别描述,B3.00。ACT.00.1281 代表资产位置的建筑架构级别编号,并可以扩大代码,以满足库存部分所述的基于位置的跟踪的不同级别,只需添加定义的数字或第一个字母即可。其中,ACT 代表访问控制匝道;B3.00 是一个描述区域和房间的数字;ACT.00.1281 是资产的唯一标识符,它将最终链接绑定到资产信息结构 B3.00.ACT.00.1281 的特定数据集。

## 4.4.4　信息交流、传递和管理

### 1. 资产和竣工模型移交流程

竣工模型是在施工阶段完成后,通过现场施工实际数据更新信息。在此过程中,模型 LOD 从 400 升级到 500。此过程由施工和 FM&OM 团队控制。

竣工信息以 LOD500 模型的形式交付,其中包括与资产操作相关的额外数据,如云、文档或成像数据,在后期 COBie 可交付成果中进一步详细说明。

### 2. COBie 应用指南

创建施工运营建筑信息交换(COBie)的目的是以统一格式规范移交时施工和设施经理之间的信息交换。标准化信息交换避免了重复或自定义映射的需要。一旦采用标准,软件供应商可以将该标准纳入其应用程序,用户无须担心数据库链接问题,因为数据可以预先映射。本节旨在:

(1) 描述 COBie 数据集需求描述的资产列表；

(2) 定义 COBie 交付物设计和施工团队成员的角色和责任；

(3) 确定 COBie 和项目指定的数据集（属性），以满足所需的交付成果，并推荐最佳实现途径；

(4) 论述质量控制的数据验证流程；

(5) 提供 COBie 可交付成果进度计划。

1) 角色和职责

不同的团队成员将负责创建 COBie 可交付成果，因此，明确 COBie 责任是流程中的关键部分。COBie 责任矩阵 10 是一个可以帮助团队确定 COBie 可交付成果生成相关责任的工具。该矩阵通过团队对 COBie 可交付成果的不同部分进行颜色编码，以确定 COBie 内具体数据的生产由哪个相关公司负责。COBie 工作表中的颜色编码示例截图如图 4.85 所示。责任矩阵 10 COBie 工作表截图如图 4.86 所示。

图 4.85　COBie 工作表中的颜色编码示例截图

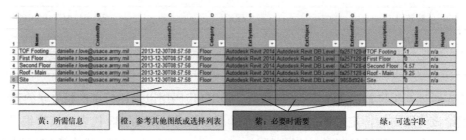

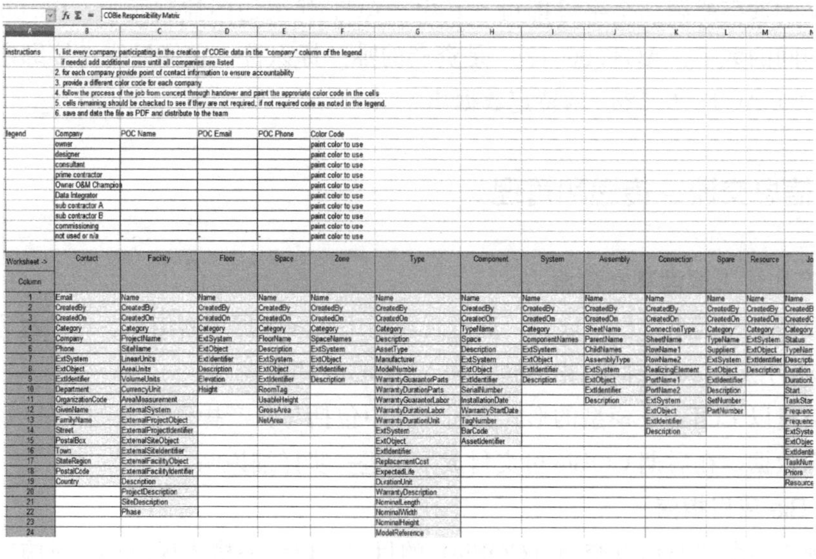

图 4.86　责任矩阵 10 COBie 工作表截图

对于 COBie 集成，所有 COBie 可交付成果将以符合 version 2、release 4（COBie2 2.40）标准的文件格式提供。项目部可提供包含额外数据集的 COBie 可交付成果格式文件样本。表 4.61 和表 4.62 为所需的最小 COBie 数据集。每个属性的第一个可用收集点已确定为 100%设计（D100）、承包商批准的提交文件（Contractor Approved Submittals，CsA）或承包商进场安装（Contractor Installations，CI）。

提供和收集 COBie 数据集的责任方将作为 BEP 的一部分分配给设计团队〔建筑师或工程师（A/E）〕或施工团队（承包商）。

如果需要提供额外的数据集，设计和施工团队负责将这些属性名称添加到图表中，并确定何时首次可用以及谁负责收集。修订后的图表应成为批准的 BEP 的一部分。

**项目所需最小 COBie 数据集 1**　　　　　　　　　　　　　　　　表 4.61

| A/E | 持有设计团队主合同 |
|---|---|
| 承包商（Contractor） | 持有施工队主合同 |
| D100 | 100%设计阶段/CD |
| CsA | 承包商批准的提交文件 |
| CI | 承包商安装 |

**项目所需最小 COBie 数据集 2**　　　　　　　　　　　　　　　　表 4.62

| ML1 所需数据集 | D100 | CsA | CI | 记录 |
|---|---|---|---|---|
| 对于每个设施 | | | | |
| 设备名称 | | | | |
| 设备类型 | | | | |
| 项目名称 | | | | |
| 站点名称 | | | | |
| 线性单位 | | | | |
| 面积单位 | | | | |
| 体积单位 | | | | |
| 货币单位 | | | | |
| 面积测量 | | | | |
| 项目数量 | | | | |
| 对于每层 | | | | |
| 楼层名称 | | | | |
| 楼层分类 | | | | |
| 描述 | | | | |
| 对于每个房间 | | | | |
| 房间名称 | | | | |
| 空间分类 | | | | |
| 楼层名称 | | | | |
| 空间描述 | | | | |
| 对于每种资产类型 | | | | |
| 资产类型名称 | | | | |
| 资产类型分类 | | | | |
| 资产类型描述 | | | | |
| 资产类型 | | | | |
| 生产商 | | | | |
| 模型号码 | | | | |
| 保修担保人-零件 | | | | |
| 保修期-零件 | | | | |

续表

| ML1 所需数据 | D100 | CsA | CI | 记录 |
|---|---|---|---|---|
| 对于每种资产类型 | | | | |
| 保修担保人-劳动 | | | | |
| 保修期-劳动 | | | | |
| 保修期-单元 | | | | |
| 供应商 | | | | |
| 采购订单 | | | | |
| 购买价格 | | | | |
| 对于每项资产 | | | | |
| 资产名称 | | | | |
| 资产类型名称 | | | | |
| 资产房间位置 | | | | |
| 资产描述 | | | | |
| 资产 | | | | |
| 系列 | | | | |
| 安装日期 | | | | |
| 对于每个联系人 | | | | |
| 电子邮件 | | | | |
| 分类 | | | | |
| 公司 | | | | |
| 电话 | | | | |
| 由……创造/创建 | | | | |
| 日期 | | | | |
| 其他 | | | | |

2）基础设施（地铁）生命周期内的信息收集和管理

在项目生命周期的每一阶段，都可以实施 COBie 数据收集和评估。除非另有规定，COBie 可交付成果应以工业基础类（IFC）文件格式（step-Part 21）或 COBie2.4 电子表格格式提供。COBie.Documents 工作表中引用的文件应以 PDF、TIFF 或 JPEG 技术随 COBie 文件一起提交。

标准中考虑项目的不同阶段包括：

35%设计阶段（Design Development Deliverable）：该阶段也可称为方案设计阶段。设计开发可交付成果应以单个文件的形式提供给项目（现场，如适用）中的每个设施，其中包含建筑专业人员开发的设计信息。设计开发交付成果的重点是提供空间和建筑设施资产的准确展示。应根据数据格式（IFC 或电子表格）和内容的符合性评估可交付成果的内容。

100%设计阶段（Construction Documents Design Deliverable）：如果施工文件设计阶段的 COBie 数据是从多个 BIM 文件中提取的，则所需的 BIM 文件应作为 COBie 可交付成果的一部分提供。无论 BIM 模型的原始文件格式如何，应为项目中的每个设施（现场，如果适用）提供一个合并的 COBie 文件。这套 COBie 文件应作为客户评估提交文件的基础。提交 COBie 文件的一方应负责验证提交的文件不包含重复的资产或几何结构，对于具有重复资产或几何结构的模型应作不批准决定。应根据数据格式（IFC 或电子表格）和内容的符合性评估可交付成果的内容。

竣工验收阶段（Beneficial Occupancy Construction Deliverable）总承包商应对实际使用权和竣工施工交付物负责。实益占用施工交付物将作为项目（和现场，如适用）中每个设施的单一COBie文件提供，反映实益占用时的安装和调试设施。文件中应更新施工文件模型，以反映基础建筑和相关COBie数据的任何添加、更新或删除。交付物应提供在实际占用时完成的整套调试信息，并更新已安装产品的预定属性，以反映已安装设备与反映设计基础的属性之间的任何差异。运营和维护设施占用部分所需的信息也应包含在COBie交付物中。

竣工交付阶段（As-Built Construction Deliverable）总承包商应负责实益占用和竣工施工交付。实益占用所需的COBie工作表（或同等IFC文件数据）应由总承包商团队提供，并基于COBie 2.4标准工作表模板。竣工施工交付物将作为项目（和现场，如适用）中每个设施的单一COBie文件提供，文件反映了项目财务竣工时交付的竣工设计文件。文件应更新实益占用交付物模型，以反映基础建筑和相关COBie数据的任何添加、更新或删除。交付物应提供整套调试信息。操作和维护设施所需的信息也应包含在COBie交付物中。

3）基于COBie的资产信息模型与交接工作流策略

资产信息模型移交策略应符合"The COBie Guide；a commentary to the NBIMS-US COBie standard"（COBie指南：NBIMS-US COBie标准评价）第7节"可交付评估标准"。在模型结构方面（每个COBie文件包含一个设施），独特的资产命名和命名语法质量应与项目中使用的先前命名标准、产品规范、空间包容、空间布局和场地空间包容相协调。

移交COBie方法的关键文件，所有关键参与者都应阅读：

(a) BS 1192-4：2014信息协作生产。履行雇主的使用COBie的信息交换要求。

(b) COBie责任矩阵。

(c) NBIMS-USV3 4.2 COBie（以及附录A）。

(1) 资产管理编码标准战术定义

运维团队将根据现有项目要素编码以及实际维护和运营要求和任务建立一套分类原则，这些原则将作为分类原则的条件。但一般而言，除了COBie标准之外，还可以实现其他运维相关类型的编码，这些编码包括：

(a) 账户代码：账户代码按成本和类型对设备进行分类。

(b) 商品代码：按报告需求对设备进行分类；用于为折旧项目分配使用寿命。

(c) 位置代码：标识可以找到设备的设施、建筑物和房间。

(d) 条件代码：表示固定资产的使用状态，例如，单位正在使用还是员工正在借用。

(e) 实体代码：标识当前使用设备的运行状况或设备类型。

(2) O&M的模型内容需求策略

此时，BIM团队要求提供COBie 2 2.40文件中的选项卡，图4.87中虚线椭圆形框格表示需要所有设计人员完成的内容。首席设计师/建筑师应完成所有椭圆形框。

(a) 问题可以包含在已编写的模型中：对于英国，可以参考PAS 1192-6：2018标准，尽管这一标准所要求的信息也可以通过外部数据来实现。

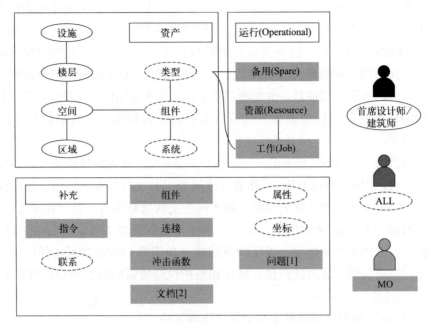

图 4.87　COBie 2 2.40 文件中的选项卡

(b) 文档是与资产相关的信息列表。包括设计师在输出 COBie 中列出的信息。该数据可能是手动创建的 COBie 电子表格或在外部数据库中生成的表格。

(3) 分类表

除非另有规定，否则分类名称必须使用 OmniClass 表。使用以下 OmniClass 分类表：

(a) OmniClass 表 11——按功能空间分类的建筑实体；

(b) OmniClass 表 49——属性；

(c) OmniClass 表 13——按功能—类型分类的空间；

(d) OmniClass 表 23——产品—触点分类；

(e) OmniClass 表 34——组织角色。

COBie 的要求应在总承包商信息中列出，COBie 有 4 种类型的字段：

(a) 必需（黄色单元格）；

(b) 参考（橙色单元格）；

(c) 自动（紫色单元格）；

(d) 可选（可以定义）（绿色单元格）。

COBie 要求必须至少提供必填字段和引用字段，需要提供的信息因设计人员而异，并要求首席设计师/建筑师必须至少提供以下所需数据：

(a) 设施：名称、创建者、创建日期、类别、项目名称、长度单位、面积单位、体积单位、货币单位和面积测量。

(b) 楼层：名称、创建者、创建日期和类别。

(c) 空间：名称、创建者、创建日期、类别和描述。

(d) 区域：名称、创建者、创建日期和类别。

COBie 要求设计师必须至少提供以下所需数据：

（a）联系人：电子邮件、创建人、类别、公司和电话。

（b）类型：名称、创建者、创建日期、类别、描述、资产类型、标称长度、标称宽度和标称高度。

（c）组件：名称、创建者、创建日期和描述。

（d）系统：名称、创建者、创建日期、类别。

核心原则是命名应与图纸和明细表上的信息相匹配，有两种可能的命名方法：

（a）承包商在信息要求中提出的命名要求。

（b）设计师在合同授予后的 BIM 执行计划中提出了他们的建议方法，执行计划应考虑楼层、空间、分区、类型和组件的命名要求和系统。

项目使用 Uniclass 2015 映射过程见表 4.63。

**使用 Uniclass 2015 的映射过程**　　　　　　　　　　　　　　　　表 4.63

| 表 | 列 | 分类表 | 例子 |
|---|---|---|---|
| 链路 | 类别（Category） | 2015 年统一分类表 PM 项目管理（Uniclass 2015 Table PM Project Management） | PM_20_20_54：制造商（Manufacturer） |
| 设施 | Pase〔（意）帕塞〕 | 选择列表（Pick list） | CIC 6：交接工作（Handover） |
| 设施 | 类别（Category） | 统一分类法 2015 表 En 实体（Uniclass 2015 Table En Entities） | En_20_75_10：拘留所建筑（Detention Buildings） |
| 空间 | 类别（Category） | 2015 年统一分类表 SL 空间/位置（Uniclass 2015 Table SL Spaces/Locations） | SL_20_75_22：拘留所（Detention Cells） |
| 类型 | 类别（Category） | 2015 年统一分类表 Pr 产品（Uniclass 2015 Table Pr Products） | Pr_40_20_96_70：嵌入式洗手池（Recessed Wash Basins） |
| 系统 | 类别（Category） | 2015 年统一分类表 Ss 系统（Uniclass 2015 Table Ss System） | Ss_40_15_75：卫生设备系统（Sanitary Appliance Systems） |

（4）COBie 标准和指定数据集

数据集将是一个包含 IFC 格式文件、Excel COBie 工作表，以及一个包含与每个相关元素相关的文档的单独文件夹。

（5）BIM 文件中 COBie 明细表的使用

建议在 BIM 文件中创建 COBie 明细表，标题与 COBie 可交付文件中所需的选项卡相匹配。这些明细表还可用于有效地检查是否已提供所有所需信息。还允许在提取到 COBie 格式的文件提交之前进行快速更正。

（6）COBie 标准格式文件中的手动输入数据

提供 COBie 可交付成果的一个选项是手动将所需信息输入到 COBie 格式的文件中。

对于资产数量有限或没有提供模型的项目,手动输入可能是一个合理的选择。然而,对于拥有大量新资产的项目,手工录入可能不是最具成本效益的收集方法。

(7) 数据验证

以正确的格式提供完整的 COBie 交付件是至关重要的。在提交给总承包方 BIM 团队汇总之前,每个责任方都必须验证并确保所有 COBie 数据集都提供了合同中列出的每项资产的正确信息。交付 COBie 格式的文件后,总承包方 BIM 团队将运行数据验证报告,报告将识别由于丢失、无效输入或损坏数据而导致的任何错误/警告。将与责任方一起审查报告,以确定纠正措施或同意接收的数据。责任方将在 5 个工作日内纠正所有发现的错误,并向总承包方重新提交更新的 COBie 格式文件,以重新运行验证报告,而不会对总承包方产生额外费用。如果第二份验证报告在修订的交付件上显示出新的错误或任何未解决的先前错误,则提交的文件将被拒绝,直至所有错误都得到解决。

(8) COBie 交付计划(COBie Progression Schedule,CPS)

实施向运营过渡的过程中,需根据项目阶段逐步交付 COBie 数据集,确保设施管理团队有时间为新资产做准备。在某些情况下,一个项目阶段可能有多个可交付成果,应在 BIMPxP(BIM Project Execution Plan,BIM 项目实施计划)中说明可交付成果的完整时间表。第一个 COBie 文件交付物应来自设计团队,其数据集根据合同文件中提供的 100% 设计模型或 2D 合同文件创建。数据集将是一个包含 IFC 格式文件的文件夹、Excel COBie 工作表,及一个包含与每个相关元素相关联的文档的单独文件夹。

对于合同中列出的需要 COBie 数据集的资产,以下信息将以 COBie2 2.40 格式文件交付。

(9) 第二个可交付 COBie 文件

在提交批准(CSA)阶段,由设计团队提供。该交付件应在 BIMPxP 中说明,因为它可以在完成所有批准并使用批准的资产更新模型后逐步完成或一次性完成。对于合同中列出的需要 COBie 数据集的资产,数据集将是一个包含 IFC 格式文件、Excel COBie 工作表〔National Institute of Building Science(c)2006-2017 COBiev2_4_HandoverTemplate.xls〕,及一个包含与每个相关元素相关联的文档的单独文件夹。

(10) 第三个可交付 COBie 文件

来自设计团队或施工团队,并在 BIMPxP 中定义。合同中列出的所有资产的 COBie 数据集,在所有资产安装后完成,也可以在完成所有安装并更新模型后逐步完成或一次性完成。

(11) 最终的可交付 COBie 文件

来自代表竣工模型的 BIMPxP 中定义的设计团队或施工团队,并且将是合同中列出的所有资产的完整 COBie 数据集,与竣工模型同时完成。

### 3. MO 项目交付要求

至少需要 CSV 格式的电子表格来跟踪和比较要求与实际情况的差异,因为它与详细的建筑计划有关,且必须注明并解释差异。模型进度计划应作为一种工具,帮助模型贡献者在整个设计、施工和运营阶段了解每个项目里程碑的 BIM 中应包含的内容。设计和施工团队有责任将 MPS 作为 BIMPxP 的一部分，以确定它们逐步达到项目 BIM 管理的预期。

1）施工交付成果

施工团队应负责提供协作软件格式（Navisworks 或同等格式）的联调和组装 BIM，以及原始软件创作工具中每个技术专业模型的单独副本，由组装 BIM 衍生的二维平面图，以及规范手册。

(a) 施工模型的本地文件格式（BIMPxP 中定义的版本）；
(b) 施工团队联合设计联调模型的本地文件；
(c) 100%设计阶段或竣工阶段可交付成果；
(d) 施工团队提供符合 COBie 标准的文件，其中包含房间和产品数据信息。

2）模型内容要求

模型进度计划应作为一种工具，帮助模型贡献者在整个施工和运营阶段了解在每个项目里程碑应包含在 BIM 中的内容。施工竣工模型应反映所提交材料和/或系统的确切几何特性。这些模型应反映准确的材料特性和性能数据。设计和施工团队负责将模型进度计划纳入 BIM 或 BEP 的一部分，以确定其逐步达到项目 BIM 管理的预期。

**4. 基础设施运营阶段的信息管理（PAS 1192-3：2014/ISO 19650-3）**

为了实施信息协议以支持 BS EN ISO 19650-3 资产运营阶段，应参考信息管理章节中有关管理任务的内容。一些关键任务包括：

(a) 确定每次确认的资产信息要求。
(b) 识别、建立、记录和维护机构信息要求。
(c) 建立符合 BS 要求的资产信息要求（EN ISO 19650-3：2020）。
(d) 建立资产信息标准和资产信息，生产方法和程序。
(e) 集合参考信息和共享资源，提供给开发者所有使用开放数据标准。
(f) 建立、审查并根据需要调整信息模型，以及持有资产信息要求中规定的所有信息相关资产（资产信息模型）。资产信息模型应该是一个联合信息模型，内容来自指定方。
(g) 如果未满足 BS EN ISO 19650-3：2020 的要求，应建立审查和维护资产信息模型的流程。
(h) 将确认的信息模型纳入资产信息模型并将该信息与资产的现有内容进行核对。
(i) 编制招标书/要求提供服务信息和响应要求和评估标准。

对于所有团队来说，遵守 BS EN ISO 19650-3：2020 第 5.6.1 条至第 5.6.4 条中规定的与信息制作相关的职责和任务很重要。交付团队在，该阶段应根据资产信息生成方法和程序以及资产信息标准进行信息模型审查（支持 BS EN ISO 19650-3 资产运营阶段的信息协议）。

对所有项目可交付成果运行审查流程，确保合规性并制定纠正不一致性的策略也至关重要。团队必须始终参考 BS EN ISO 19650-3：2020，以获得更好的解释和实施。

## 4.4.5 运维信息系统（MMS，运维管理系统）

运维信息系统是为管理和实施 AIM 而设计的平台，作为一种交互式工具，可直接准确地从现有资产中获取数据，并将其上传到 CDE 或运维特定平台。这是 BIM 模型的 Pinacle 形式，作为资产生命周期运维阶段资产性能监控和报告的永久工具并描述了如何通过 CDE（如 Autodesk Cloud）、可靠的标准化数据结构和流程管理策略来实施和管理 AIM。但 MMS 不止于此，该平台还进一步定制了知识系统的数据架构的引擎部分。

将 AIM 从 CDE（如 Autodesk Cloud）移植到专有的 MMS 在成本削减和故障排除响应方面有优势，在自定义和更新的能力方面亦然。但最大的优势在于最终能够创建一个数字孪生，训练其以 AI 对资产的性能进行监控，并最终在资产性能改善方面产生更多可能的解决方案/机会。

在将实时数据从 SCADA、传感器或 IoT 现场传输到所需平台的过程中，只有数据被传输并链接到 AIM 再通过界面进行显示和管理的过程才是实时的。

## 4.4.6 AIM 应用场景

**1. 应用场景介绍与分析**

参考宾夕法尼亚州立大学《指南》2.2 版，有一些特定的 BIM 用途，最常见于运维阶段，用以识别和管理 BIM 用途，并仔细执行其固有流程，从而在整个资产生命周期内实现 BIM 信息的有序无缝流动。运维策略中建议的 BIM 用途如下：

1）BIM 使用：资产管理

资产管理被定义为一个过程，在该过程中，有组织的管理系统与记录模型双向链接，以有效地帮助设施及其资产的维护和运营。资产管理利用记录模型中包含的数据填充资产管理系统，并在系统分析、评估、记录和比较所有管理、运营和维护任务等方面，优化资产绩效。

资产管理需要一个已定义的专用系统才能正确运行，该系统应是一个灵活的系统，允许双向协作和标准化信息共享。

BIM 使用的一些关键价值点如下：

(1) 存储操作、维护所有者用户手册和设备规范，以便更快地访问。

(2) 执行并分析设施和设备状况评估，维护最新的设施和设备数据，包括但不限于维护计划、保修、成本数据、升级、更换、损坏/劣化、维护记录、制造商数据和设备功能。

(3) 为业主、维护团队和财务部门提供一个全面的资源，用于跟踪建筑物资产的使用、性能和维护。

(4) 通过跟踪更改并将新信息导入模型，以及允许对未来的记录模型进行更新，以显示升级、更换或维护后的当前建筑资产信息。

2）BIM 使用：空间管理和跟踪

空间管理和跟踪是利用 BIM 有效分配、管理和跟踪设施内适当空间和相关资源的过程。设施建筑信息模型允许设施管理团队分析空间的现有使用情况，并有效地将过渡规划管理应用于任何适用的变更中。该应用通常需要与空间跟踪软件、双向 3D 模型操作软件和记录模型进行集成。空间映射和管理输入应用程序包括 MapGuide（GIS 服务器软件）和 Maximo（企业资产维护管理系统）。

BIM 使用的关键价值点是：更容易识别和分配适合建筑用途的空间；提高过渡规划和管理的效率；熟练跟踪当前空间和资源的使用情况；协助规划设施的未来空间需求。

3）BIM 使用：现有条件建模

现有条件建模是项目团队为场地、场地上的设施或设施内的特定区域开发现有条件的 3D 模型的过程。模型可通过多种方式开发：包括激光扫描和传统测量技术，具体取决于所需和最有效的方法。一旦模型构建，就可以查询信息，无论是针对建设项目还是现代化改建项目。随着现实捕捉方法更多地融入运维工作流，该过程将多次发生。目前，在铁路系统中，激光雷达技术正在为运维工作生成最大数量的真实捕获数据。

现有条件建模 BIM 使用实施的关键潜在价值是：提高现有条件文件的效率和准确性；提供环境文档以供将来使用；有助于未来建模和 3D 设计联调；提供已实施工程的准确表示；用于会计目的的实时数量验证；提供详细的布局信息；灾前规划；灾后记录。

**2. MMS 以外的 AIM 使用**

AIM 可以通过基于维护团队所需模型的不同联合级别的管理结构在 CDE 中进行配置，所有系统都可以在 CDE 内进行管理，以维护 AIM，并为运维团队生成部分整合模型，以便获取相关数据并在 CDE 环境内进行处理。

符合部分整合模型的主要群体如下：

1）第一部分

（1）工具和设备的维护；

（2）铁路技术基本培训；

（3）交通规划和运营；

（4）轨道和接触网的组装；

（5）运输设施（维修点、技术测量综合设施等）。

整合模型需要遵循现有的 BEP 指定软件的一组程序，包括：

（1）过滤。应与运维团队一起分配和设置过滤器，以确保相关信息的流畅和准确显示以及决策过程的精确可追溯性。

（2）精确地理定位系统。从模型中更新和提取的所有信息都应通过一套精确的规则进行地理参考和保证，这些规则针对用于信息共享的每个软件或捕获过程进行描述。

（3）模拟和可视化。例如，Autodesk Infraworks（基础设施设计软件）具有部分模拟功能，可用于铁路行业的特定任务，如交通、占用率和频率，还可提供设计选项模拟。

对于任何承包商设计软件、测量或现实捕捉技术，均应发布完整、简单、精确的导出、导入和参考说明。

2) 第二部分

(1) 轨道设备元件；

(2) 铁路道岔（道岔尖轨、辙叉、闭合轨、防护装置等所有轨道开关相关资产）；

(3) 交通管理系统的运行和维护（自动化和远程机械设备、交通灯、轨道电路、电力驱动等）；

(4) 机械化设施（专用轨道机械等）；

(5) 诊断和监控元件（诊断车等）。

这些部分整合模型将遵循 AIM 针对 BEP 中所述的每个软件所需的导出程序，这些程序将涵盖规模、单位、参考、LOD、数据库传输和版本。使用 Navisworks 和 PDF 编辑器，可以在运行中开发分析和计划草图，从而成为更完善指定的基础运维报告或任务。

**3. 风险分析**

在项目的任何阶段实施 BIM 都存在若干风险，显然实施投资的财务风险和过程的技术依赖性始终存在。但具体而言，必须识别作战阶段的风险，首先指出威胁和挑战（风险识别），然后分析和讨论这些因素（风险评估），最后设计出一种降低风险因素潜力的策略（风险响应）。

**4. 项目运维阶段 BIM 风险因素**

BIM 实施风险分为管理风险、技术风险（潜在技术风险）、财务风险（潜在财务风险）和法律风险（潜在法律风险）。

1) 管理风险

管理风险主要集中在承包商的责任上，已发现的主要风险是对变革和采用新技术工具的抵制，以及技术迁移周期较长的团队和 BIM 经验缺乏。

BIM 经验和实践知识缺乏会给项目带来很高的风险。在工作开始前，应检查所有承包商的经验和知识，并确定其技能水平。

2) 技术风险

技术风险是指支持实施的软件结构、应用程序之间的互操作性和软件兼容性问题，被认为是实施 BIM 的主要风险。必须设计和实现软件包和转换协议的可靠证明结构，以解决任何给定软件包的限制。

应建立开放文件交换格式，如工业基础类（IFC），以及独立于应用程序的数据库共享和读取格式，以确保对数据模型的控制。

3) 潜在技术风险

(1) 数据共享风险；

(2) 版本控制问题；

(3) BIM-IFC 文件交换期间的数据丢失；

(4) 许可政策。

4) 财务风险

在项目中实施 BIM 的成本很高。在更新软件、硬件和员工培训方面的投资需求资金巨大,在工作流程和改变工作流程方面也十分昂贵。

5) 潜在财务风险

(1) 缺乏资金;

(2) 成本挑战;

(3) 投资包括软件、硬件和人力培训资源;

(4) 初始投资成本高;

(5) 软件更新。

6) 法律风险

一些国家缺乏本国 BIM 标准,实施 BIM 风险较高。BIM 流程和程序没有明确的标准和政策,没有法律明确提供知识产权、网络安全和数据模型所有权。采用 BIM 是一项私人举措,因此合同中应规定不准确和质量不足的责任。

7) 潜在法律风险

(1) 知识产权;

(2) 数据模型的所有权或许可问题;

(3) 责任级别不明确;

(4) 不同 BIM 模型联合创作产生的责任问题;

(5) 设计师提供的有限保证;

(6) 数据准确性风险;

(7) 无特定 BIM 协议;

(8) BIM 项目无标准合同;

(9) 争端解决机制风险。

# 第 5 章

# 海外项目 BIM 技术应用成果评价体系

在不同区域（如欧洲、北美和亚洲）和不同项目管理模式（如 DBB、DB、EPC 和 PMC）下，基于 BIM 的工程项目的成果评价体系可能会有所差异。在欧洲，如英国、德国和法国等国家，BIM 在工程项目中的应用较为广泛。这些国家的评价体系通常侧重于环境影响、能源效率和可持续性。例如，英国推出了 BREEAM（Building Research Establishment Environmental Assessment Method，建筑科研机构环境评价方法）作为项目的绿色建筑评价标准。在英国的 Crossrail（横贯铁路）项目中，采用 EPC 项目管理模式，通过 BIM 技术实现了卓越的成果，包括设计优化、成本和进度控制以及与各承包商的协同合作。美国和加拿大的成果评价体系通常关注成本、进度和质量管理。LEED（Leadership in Energy and Environmental Design，在能源和环境设计方面的领导地位）是北美地区广泛应用的绿色建筑评价体系。纽约的世贸中心重建项目采用了 DBB 项目管理模式，通过 BIM 技术实现了高质量的设计、施工和运维管理。亚洲地区的成果评价体系也十分重视成本、进度和质量管理，同时逐渐增加了对环境和可持续性的关注。中国、日本和新加坡等国家纷纷制定了本国的 BIM 标准和评价体系。中国上海的上港国际邮轮中心采用了 EPC 项目管理模式，并通过 BIM 技术实现了卓越的项目成果，包括设计优化、成本控制和进度管理。以下以北美地区 BIM 评价体系为例，详述 BIM 评价体系中以打分方式为主要方法的评价手法。

## 5.1 BIM 技术应用成果评价体系

BIM 技术作为一种跨计算机领域和建筑设计领域的新技术，对于项目管理者来说自然具有相当的复杂性。项目完成后需要借助一定的技术指标对项目 BIM 应用的情况进行打分，从而从 BIM 应用目标、BIM 组织架构、BIM 模型质量、BIM 应用广度、BIM 应用深度、BIM 创新应用、BIM 综合收益 7 个维度，每个维度分数值为 0～40 分计分，根据最终得分将

BIM 应用成熟度划分为初步采用阶段（0～60 分）、部分协同阶段（61～120 分）、全面合作阶段（121～180 分）、一体化实施阶段（181～240 分）、充分利用阶段（241～280 分）。

## 5.1.1　BIM 应用目标

通过 BIM 应用目标确认合约商已经充分理解了 BIM 应用的目的和交付成果，且交付成果能够满足业主要求。

对于 BIM 目标需要有清晰的文档作为载体，即项目代码文件、项目执行规定、项目标准、项目应用分类、项目执行计划。

1）初步采用阶段（得分为 0）

没有明确的 BIM 实施目标，没有 BIM 执行计划或 BIM 建模标准，或者有 BIM 执行计划及相关标准，但是缺少关键性因素，包括但不限于质量管理标准，或者 BIM 模型不适用，没有标准的流程、产品或服务。

2）部分协同阶段（最高得分 10 分）

企业或者项目有基本的 BIM 指南，内容包括 BIM 培训手册和 BIM 交付标准，BIM 模型深度标准，根据市场行情建立 BIM 实施目标。

3）全面合作阶段（最高得分 20 分）

详细的 BIM 应用目标设置，企业或项目 BIM 指南清晰，内容包括 BIM 培训内容和不同类型项目的交付标准、相应的 BIM 模型深度标准，以及合理的人员组织架构，模型的应用深度与设定的 BIM 目标紧密相连。

4）一体化实施阶段（最高得分 30 分）

详尽的 BIM 应用目标，企业或项目 BIM 指南一体化，考虑了项目执行各个阶段 BIM 实施的深度，以及项目各阶段的质量、进度及造价要求。

5）充分利用阶段（最高得分 40 分）

经过多个项目检验的 BIM 应用目标，企业或项目 BIM 指南经过多个项目的迭代，相关 BIM 管理方式以及应用深度已经趋于成熟且符合项目及企业的整体需求，质量、进度、造价等过程管理的规章制度齐全，各类项目的管理方法能够复现。

## 5.1.2　BIM 组织架构

BIM 应用评价过程中，BIM 项目实施过程中的组织架构尤为重要，在项目级别的 BIM 项目实施过程中，公司管理层领导对 BIM 的观念及项目经理的 BIM 经验尤为重要。

BIM 组织架构的成果评价可以从团队领导层面和团队两个方面进行。

对于团队领导和管理者来说也可以从几个不同的成熟度进行评价：

1）初步采用阶段（得分为 0）

公司领导或团队管理者对 BIM 技术有着不同的看法，BIM 技术可以随着项目的实际需求动态实现，可以不需要更高级的项目管理指导，BIM 技术被认为是一种技术流，不认可 BIM 技术创新，也不认可 BIM 技术所带来的机遇。

2）部分协同阶段（最高得分 10 分）

公司领导或团队管理者能够就项目 BIM 应用达成一致，但对 BIM 的实际策略缺乏可靠依据或过去的经验，BIM 技术被认为是流程改变，能够认可 BIM 技术带来的行业创新，BIM 技术中存在商业机会，但是不被注重。

3）全面合作阶段（最高得分 20 分）

公司领导或团队管理人员有实施 BIM 的愿景，愿意与大多数员工沟通项目实施，动态实现 BIM 目标，能够理解 BIM 是公认的系列技术，能够改变原有项目的实施方式和流程，不会阻碍 BIM 的创新，愿意推广因 BIM 所产生的 BIM 革新。

4）一体化实施阶段（最高得分 30 分）

整个组织的员工和/或项目合作伙伴共享愿景。BIM 实施中的要求和过程、产品创新被整合到组织、战略、管理和沟通渠道中。

由 BIM 产生的商业机会是团队、组织或项目团队竞争优势的一部分，用来吸引和保持客户。

5）充分利用阶段（最高得分 40 分）

BIM 的愿景在企业中已经内化，所有人正在积极地实现它。不断重新审视 BIM 实施战略及其对组织模式的影响，并与其他战略重新调整。当改变是必要的时候，主动发生改变。欢迎创新的产品/过程解决方案和商业机会，并坚持不懈。

对于项目团队也可以从几个不同的成熟度进行评价：

1）初步采用阶段（得分为 0）

项目团队成员是临时组建的，他们没有在其他项目中合作过，公司的不同项目是独立运行的。

2）部分协同阶段（最高得分 10 分）

项目相关人仅考虑当前项目的情况，项目的收益多寡与团队成员无关。

3）全面合作阶段（最高得分 20 分）

项目团队在其他项目中有过合作，成员收入与本项目利益有关联。

4）一体化实施阶段（最高得分 30 分）

团队成员中有多学科协同，团队成员合作默契，成员收入与本项目利益有高度关联。

5）充分利用阶段（最高得分 40 分）

项目成员由经过多个项目合作优化后的多学科人员组成，且团队成员中有本项目利益相关者。

## 5.1.3 BIM 模型质量

模型的好坏主要是由模型的可用性所决定的。

1）初步采用阶段（得分为 0）

模型仅有工具建成，模型实现的过程没有推动项目计划改变。

2）部分协同阶段（最高得分 10 分）

前期有试点项目对 BIM 模型规范进行试点，BIM 模型质量要求清晰，BIM 模型精细度要求计划清晰。

3）全面合作阶段（最高得分 20 分）

BIM 模型进度要求和精细度要求清晰且符合项目特点，符合市场上常见做法。

4）一体化实施阶段（最高得分 30 分）

BIM 模型进度要求和精细度要求清晰，符合项目特点以及公司策略，且在市场上有足够竞争力。

5）充分利用阶段（最高得分 40 分）

BIM 模型及精细度要求清晰且具有可延展性，BIM 模型质量高可为后续项目提供参考依据。

## 5.1.4 BIM 应用广度

BIM 应用广度来自基于 BIM 模型的合作。

1）初步采用阶段（得分为 0）

单独基于 BIM 协作；与项目合作伙伴不兼容的内部协作能力。项目参与者之间可能缺乏信任和尊重。

2）部分协同阶段（最高得分 10 分）

单线程、定义明确但反应性的 BIM 协作。项目参与者之间有明显的相互信任和尊重的迹象。

3）全面合作阶段（最高得分 20 分）

多线程主动协作，协议被很好地记录和管理。项目参与方之间相互信任、相互尊重、风险与回报共担。

4）一体化实施阶段（最高得分 30 分）

多线程协作包括下游。其特点是在项目的早期生命周期中，关键参与者即参与其中。

5）充分利用阶段（最高得分 40 分）

多线程团队包括所有的关键成员，在一个以善意、信任和尊重为特征的环境中。

## 5.1.5 BIM 应用深度

BIM 应用深度取决于 BIM 技术是在单个项目中应用还是可以在不同的项目中应用，从而形成企业级别的 BIM 应用标准。

1）初步采用阶段（得分为 0）

BIM 模型是由有限的项目成员生成的。模型集成很少或没有预先定义的过程指南、标准或交换协议。没有关于利益相关者角色和责任的正式决议。

2）部分协同阶段（最高得分 10 分）

BIM 模型大部分是由项目利益相关者生成的。集成遵循预先定义的流程指南、标准和交换协议。通过合同手段分配责任并减轻风险。

3）全面合作阶段（最高得分 20 分）

BIM 模型由大多数项目利益相关者生成和管理。在临时项目联盟或长期合作伙伴关系中，责任是明确的。积极管理和分配风险和报酬。

4）一体化实施阶段（最高得分 30 分）

BIM 模型由所有关键的项目利益相关者生成和管理，基于规范形成的模型，焦点不再是如何集成模型/工作流，而是主动检测和解决技术、流程和政策偏差。

5）充分利用阶段（最高得分 40 分）

模型和工作流程一体化进而不断地重新访问和优化。紧密结合的跨学科项目团队积极追求更出色的效率、可交付成果和一致性。BIM 模型由建筑供应链上的许多利益相关者贡献。

### 5.1.6 BIM 创新应用

BIM 创新应用不是 BIM 应用过程中必不可少的一环，但却是 BIM 技术不断发展探索的重要保障，因此，在对 BIM 创新应用进行评价的时候，可以以有创新应用或者无创新应用作为评判标准，创新应用的界定标准为同企业同类型项目中没有应用过，或者为跨学科联合应用。

1）初步采用阶段（得分为 0）

项目中没有 BIM 创新应用点。

2）部分协同阶段（最高得分 10 分）

项目中以文档形式展现对 BIM 创新应用的构思，项目团队有关于 BIM 创新应用的考虑。

3）全面合作阶段（最高得分 20 分）

项目在某个实施阶段存在单点的 BIM 应用创新，项目团队能够有创新的想法，从而将创新的思想涵盖项目整体阶段。

4）一体化实施阶段（最高得分 30 分）

项目在整个项目实施过程中采用创新应用，可以是项目实施流程的创新，也可以是相关新技术新工艺结合运用于项目全流程。

5）充分利用阶段（最高得分 40 分）

项目创新应用在某个项目中使用后，其成熟的经验可覆盖至其他同类型项目。

### 5.1.7 BIM 综合收益

BIM 技术经过国内外专家的研究论证，并得到众多项目的验证，说明它可以为公司的发展和项目建设带来很多好处。在项目建设中，由于应用 BIM 技术的可视化、协同化、仿真化、优化化、标绘化、集成化、参数化和信息完整性等八大特性，可以提高项目决策效率，节省工期。

1）初步采用阶段（得分为0）

很少有供应商生成并代表物理产品的虚拟产品和材料的BIM组件，大多数组件是为软件开发人员和最终用户准备的。

2）部分协同阶段（最高得分10分）

供应商生成的BIM组件越来越多，因为制造商/供应商明确了业务利益。

3）全面合作阶段（最高得分20分）

BIM组件可通过高度可访问/可搜索的中央存储库获得。组件没有与供应商的数据库交互链接。

4）一体化实施阶段（最高得分30分）

BIM软件集成了对构件存储库的访问。组件与源数据库交互链接，包括价格、可用性等信息。

5）充分利用阶段（最高得分40分）

BIM组件包括虚拟产品和材料，通过中心或网络存储库在所有项目利益相关者之间动态、多方式生成和交换。

## 5.2 客户满意度度量方式

在欧洲、北美和亚洲等不同区域，以及在DBB、DB、EPC和PMC等不同项目管理模式下，客户满意度度量方式可能会有所不同。欧洲地区通常采用问卷调查、访谈和定期评估等方法来衡量客户满意度。项目管理团队可能需要与客户就项目目标、预期结果和关键绩效指标达成共识，并在项目实施过程中定期评估客户的满意程度。在德国的一个EPC工程项目中，项目管理团队会邀请客户参与项目进度和质量检查，并在关键阶段进行满意度调查。通过与客户的沟通和反馈，项目团队可以及时调整工作策略，以满足客户的期望。北美地区的客户满意度度量方式通常包括定期问卷调查、客户反馈会议和第三方评估。项目管理团队需要确保与客户保持良好的沟通，并关注客户的需求和期望。在美国的一个DBB项目中，项目管理团队会在设计、施工和竣工阶段与客户进行满意度调查。此外，项目团队还可以邀请第三方机构进行客户满意度评估，以确保客观、公正的评价结果。亚洲地区的客户满意度度量方式同样包括问卷调查、访谈和定期评估等方法。为了提高客户满意度，项目管理团队需要关注项目的质量、进度和成本，并与客户保持密切沟通。在中国的一个PMC工程项目中，项目管理团队会定期与客户进行项目进度和质量检查，并邀请客户参加关键节点的验收。通过与客户的沟通和反馈，项目团队可以及时调整工作策略，以满足客户的期望。

为了获得产品改进信息，为下一个产品的针对性改进或研发方向提供依据，研究影响用户满意度的因素是非常重要和必要的。对于用户满意度的定义，学者们有自己的解释。有学者认为用户满意度是用户从购买产品或服务到使用产品或服务过程中的整体感受，它表达了用户的一种心理过程。有学者提出用户满意度代表了用户对使用感觉形式的响应是输出。这个定义包含了很多关于用户满意度的观点，用户满意度是使用所带来的诸多感受之一。以下以欧洲地区为例展示如何以调查问卷的方式来衡量客户满意度。

### 5.2.1 业主与投资方

对于业主方和投资方来说，BIM技术在项目中的使用，最大的意义就是缩减开支，那么在对业主与投资方进行满意度调查的时候应以项目收益为主要量测点。表5.1为对业主与投资方进行BIM技术满意度调查时可参考的调查问卷。

对业主与投资方进行 BIM 技术满意度调查问卷　　　　表 5.1

| 测量变量 | 问卷题项 | 是 R 否 Q |
|---|---|---|
| 高层管理者支持 | 高层管理者为 BIM 运用提供了很多培训 | |
| | 高层管理者为 BIM 咨询和交流提供了支持 | |
| | 高层管理者为 BIM 实施提供了充足财政支持 | |
| 目标管理 | 公司对 BIM 应用项目设立了管理部门 | |
| | 公司对 BIM 应用项目制定了整体的实施规划 | |
| | BIM 应用项目有详细的执行计划 | |
| | BIM 应用项目设定了清晰的实施目标 | |
| | BIM 应用项目中的工作人员都知道自己目标 | |
| 系统质量 | BIM 系统能够稳定地运行 | |
| | BIM 相关软件反应速度能满足我的要求 | |
| | BIM 平台具有较好的整合性 | |
| | 能从 BIM 平台中快速找到我需要的东西 | |
| | BIM 系统中各软件的兼容性 | |
| 服务质量 | BIM 相关软件的更新及时 | |
| | BIM 系统人员能及时地提供信息 | |
| | BIM 系统人员有做好自己工作的能力 | |
| 信息质量 | BIM 平台上的信息精度让我感到满意 | |
| | BIM 平台上的信息内容全面 | |
| | BIM 平台上的信息内容能满足我的需求 | |
| | BIM 平台上的信息内容比较可靠 | |
| | BIM 相关软件的输出格式能满足我的要求 | |
| | BIM 平台能及时提供我需要的信息 | |
| 外部支持 | 可从软件供应商处获得所需的支持 | |
| | 可从 BIM 咨询机构处获得所需的支持 | |
| | 可从 BIM 项目的利益相关方获得所需的支持 | |

续表

| 测量变量 | 问卷题项 | 是R否Q |
|---|---|---|
| 感知易用性 | 学习使用BIM系统并不需要花费我太多的时间 | |
| | 对我来说使用BIM系统的相关软件是容易的 | |
| | 我可以使用BIM系统的相关软件做我要做的事 | |
| 感知有用性 | 运用BIM技术可以提高我的工作效率 | |
| | 运用BIM技术可以改善我的工作效果 | |
| | 运用BIM技术使我可以更轻松地完成工作 | |
| | 运用BIM技术对我的工作是很有帮助的 | |
| BIM用户满意度 | BIM实施条件/环境基本满足我的预期 | |
| | 我对BIM的实施条件/环境十分满意 | |
| | 我对BIM实施效果感到满意 | |

## 5.2.2 设计方与顾问方

设计方和顾问方是BIM技术应用的第一环，他们对BIM技术的满意程度决定了BIM在整个项目中的推行效果，BIM的易用性将是这两者的主要考察度量。表5.2为对设计方和顾问方进行BIM技术满意度调查时可参考的调查问卷。

对设计方和顾问方进行BIM技术满意度调查问卷　　表5.2

| 测量变量 | 问卷题项 | 是R否Q |
|---|---|---|
| 高层管理者支持 | 高层管理者为BIM运用提供了很多培训 | |
| 目标管理 | BIM应用项目有详细的执行计划 | |
| | BIM应用项目设定了清晰的实施目标 | |
| | BIM应用项目中的工作人员都知道自己的目标 | |
| 系统质量 | BIM系统能够稳定地运行 | |
| | BIM相关软件反应速度能满足我的要求 | |
| | BIM平台具有较好的整合性 | |
| | 能从BIM平台中快速找到我需要的东西 | |
| | BIM系统中各软件的兼容性 | |
| 信息质量 | BIM平台上的信息内容比较可靠 | |
| | BIM相关软件的输出格式能满足我的要求 | |
| | BIM平台能及时提供我需要的信息 | |
| 外部支持 | 可从软件供应商处获得所需的支持 | |
| | 可从BIM项目的利益相关方获得所需的支持 | |
| 感知易用性 | 学习使用BIM系统并不需要花费我太多的时间 | |
| | 对我来说使用BIM系统的相关软件是容易的 | |
| | 我可以使用BIM系统的相关软件做我要做的事 | |

续表

| 测量变量 | 问卷题项 | 是 R 否 Q |
|---|---|---|
| 感知有用性 | 运用 BIM 技术可以提高我的工作效率 | |
| | 运用 BIM 技术可以改善我的工作效果 | |
| | 运用 BIM 技术使我可以更轻松地完成工作 | |
| | 运用 BIM 技术对我的工作是很有帮助的 | |
| BIM 用户满意度 | BIM 实施条件/环境基本满足我的预期 | |
| | 我对 BIM 的实施条件/环境十分满意 | |
| | 我对 BIM 实施效果感到满意 | |

## 5.2.3 总承包方与专业分包方

对于总承包方与专业分包方来说，BIM 技术的应用需要能切实改变项目拆改较多的现状，拓宽应用点，拓深应用深度且不增加额外费用。表 5.3 为对总承包方与专业分包方进行 BIM 技术满意度调查时可参考的调查问卷。

对总承包方与专业分包方进行 BIM 技术满意度调查问卷　　表 5.3

| 测量变量 | 问卷题项 | 是 R 否 Q |
|---|---|---|
| 高层管理者支持 | 高层管理者为 BIM 运用提供了很多培训 | |
| | 高层管理者为 BIM 实施提供了充足财政支持 | |
| 目标管理 | BIM 应用项目有详细的执行计划 | |
| | BIM 应用项目设定了清晰的实施目标 | |
| | BIM 应用项目中的工作人员都知道自己的目标 | |
| 系统质量 | BIM 系统能够稳定地运行 | |
| | BIM 相关软件反应速度能满足我的要求 | |
| | BIM 平台具有较好的整合性 | |
| | 能从 BIM 平台中快速找到我需要的东西 | |
| | BIM 系统中各软件的兼容性 | |
| 信息质量 | BIM 平台上的信息精度让我感到满意 | |
| | BIM 平台上的信息内容全面 | |
| | BIM 平台上的信息内容能满足我的需求 | |
| | BIM 平台上的信息内容比较可靠 | |
| | BIM 相关软件的输出格式能满足我的要求 | |
| | BIM 平台能及时提供我需要的信息 | |
| 外部支持 | 可从软件供应商处获得所需的支持 | |
| | 可从 BIM 咨询机构处获得所需的支持 | |
| | 可从 BIM 项目的利益相关方获得所需的支持 | |

续表

| 测量变量 | 问卷题项 | 是R否Q |
|---|---|---|
| 感知易用性 | 学习使用BIM系统并不需要花费我太多的时间 | |
| | 对我来说使用BIM系统的相关软件是容易的 | |
| | 我可以使用BIM系统的相关软件做我要做的事 | |
| 感知有用性 | 运用BIM技术可以提高我的工作效率 | |
| | 运用BIM技术可以改善我的工作效果 | |
| | 运用BIM技术使我可以更轻松地完成工作 | |
| | 运用BIM技术对我的工作是很有帮助的 | |
| BIM用户满意度 | BIM实施条件/环境基本满足我的预期 | |
| | 我对BIM的实施条件/环境十分满意 | |
| | 我对BIM实施效果感到满意 | |

## 5.2.4 运维及资产管理方

项目管理末端的运维及资产管理方对BIM应用的诉求回归了模型本身，他们不作为BIM模型的搭建方，也不作为BIM信息的输入方，更多地扮演了BIM数据查询方的角色，因此软件的易用性是他们注重的关注点。表5.4为对运维及资产管理方进行BIM技术满意度调查时可参考的调查问卷。

**对运维及资产管理方进行BIM技术满意度调查问卷**　　　　表5.4

| 测量变量 | 问卷题项 | 是R否Q |
|---|---|---|
| 系统质量 | BIM系统能够稳定地运行 | |
| | BIM相关软件反应速度能满足我的要求 | |
| | BIM平台具有较好的整合性 | |
| | 能从BIM平台中快速找到我需要的东西 | |
| | BIM系统中各软件的兼容性 | |
| 服务质量 | BIM相关软件的更新及时 | |
| | BIM系统人员能及时地提供信息 | |
| | BIM系统人员有做好自己工作的能力 | |
| 信息质量 | BIM平台上的信息精度让我感到满意 | |
| | BIM平台上的信息内容全面 | |
| | BIM平台上的信息内容能满足我的需求 | |
| | BIM平台上的信息内容比较可靠 | |
| | BIM相关软件的输出格式能满足我的要求 | |
| | BIM平台能及时提供我需要的信息 | |
| 外部支持 | 可从软件供应商处获得所需的支持 | |

续表

| 测量变量 | 问卷题项 | 是R否Q |
|---|---|---|
| 感知易用性 | 学习使用BIM系统并不需要花费我太多的时间 | |
| | 对我来说使用BIM系统的相关软件是容易的 | |
| | 我可以使用BIM系统的相关软件做我要做的事 | |
| 感知有用性 | 运用BIM技术可以提高我的工作效率 | |
| | 运用BIM技术可以改善我的工作效果 | |
| | 运用BIM技术使我可以更轻松地完成工作 | |
| | 运用BIM技术对我的工作是很有帮助的 | |
| BIM用户满意度 | BIM实施条件/环境基本满足我的预期 | |
| | 我对BIM的实施条件/环境十分满意 | |
| | 我对BIM实施效果感到满意 | |

## 5.3 工作成果价值与项目效益度量方式

在欧洲、北美和亚洲等不同区域，以及在DBB、DB、EPC和PMC等项目管理模式下，工作成果价值与项目效益度量方式可能会有所不同。欧洲地区通常采用综合指标评估项目的工作成果价值与项目效益。这些指标包括项目成本、进度、质量、环境和社会效益等。项目管理团队需要定期评估这些指标，并制定相应的改进措施。在英国的一个DBB工程项目中，项目管理团队使用Earned Value Management（EVM，挣值管理法）方法来度量工作成果价值，并通过对比预算、进度和实际完成工作量来评估项目效益。此外，还需要关注项目的环境影响和社会效益，如碳排放和就业机会等。北美地区的工作成果价值与项目效益度量方式通常关注项目的成本、进度和质量管理。此外，还需要评估项目的环境和社会效益。项目管理团队可以采用EVM、KPIs（Key Performance Indicators，关键绩效指标）和ROI（Return on Investment，投资回报率）等方法进行度量。在美国的一个EPC工程项目中，项目管理团队使用EVM和KPIs来度量工作成果价值，并计算ROI以评估项目效益。同时，需要关注项目对当地社区的经济和环境影响，如就业机会和可持续发展等。亚洲地区的工作成果价值与项目效益度量方式同样关注项目的成本、进度和质量管理，以及环境和社会效益。项目管理团队可以采用EVM、KPIs、ROI等方法进行度量，并关注项目对当地社区的经济和环境影响。在中国的一个PMC工程项目中，项目管理团队使用EVM和KPIs来度量工作成果价值，并计算ROI以评估项目效益。此外，还需要关注项目对当地社区的经济和环境影响，如就业机会和可持续发展等。基于BIM工作成果的事实，建立项目效益度量的方式，主要从以下五个方面入手：

## 5.3.1 健康与安全方面

BIM 的使用有助于改善资产生命周期施工和运营阶段的健康和安全情况,并控制风险。例如,3D 模型可以为改进员工岗前培训和模拟提供可视化基础,还可以进一步利用 4D 模拟(包括建设和拆除活动)从安全角度优化工序。

**1. 健康与安全效益的意义**

健康和安全改善带来的益处主要由建筑工地工人获得,工人的亲戚朋友也将获得相关的福利待遇,以及间接的费用节约。学术文献表明,BIM 在健康和安全方面的潜在效益是显著的。例如,一项研究发现,与全国平均水平相比,当在资产交付过程中使用 BIM 时,可记录的伤害数量减少了 87.5%,改善健康和安全成果是许多政府建设客户战略目标的一部分。例如,英国高速铁路 2 号工程项目公司计划中详述的关键价值之一就是创造一个安全可靠的工作环境。通过 BIM 改善健康和安全可以帮助政府部门和机构实现诸如此类的目标。

**2. 收益货币化**

改善健康和安全带来的社会成本减少可以分为两个主要组成部分:

1) 财务成本

财务成本包括生产力成本(包括因旷工造成的收入和产出损失,以及生产成本,即招聘的成本);雇主责任强制保险费用(扣除支付给个人的补偿);保健和康复费用(如国民保健制度面临的费用);行政和法律费用(如因管理索赔而产生的费用)。

2) 人力成本

代表与生命质量损失/死亡情况下生命损失相关的货币价值的成本。

**3. 量化益处**

评估 BIM 带来的健康和安全改善的方法,包括估计 BIM 导致的事故数量(或与工作有关的疾病事件数量)的减少,并应用反映该事故或与工作有关的疾病的社会成本的参数。

1) 量化影响

确定 BIM 导致的致命和非致命伤害数量的差异,以及与工作相关的疾病数量。

例如,针对健康和安全管理日志以及相关现场记录,比较分析一个 BIM 项目与一个非常相似的项目,所涉及的施工类型和时间相同,通过从分析中删除 BIM 不会影响的任何事故或与工作相关的疾病确定量化影响。

2) 货币化

将每起事故或与工作有关的疾病事件(注意致命事故的值与非致命伤害的值不同)对社会造成的成本,结合因 BIM 所减少的事故(或与工作有关的疾病事件)数量,以确定总效益。

减少事故的价值=因 BIM 所减少的事故数量×社会平均每事故的损失。

减少事故相关疾病发生的价值=因 BIM 所减少事故相关疾病数量×社会平均每事故相关疾病发生的损失。

### 4. 所需数据

每个项目中致命和非致命事故的数量；每个项目中与工作有关的健康问题事件数量；关于这些事故/与工作有关的健康问题事件的详细信息；以及每次事故/与工作有关的健康问题事件所带来的社会成本。

假设每起致命事故的成本为 1570000 英镑（2014 年价格），每起非致命伤害的成本为 7400 英镑（2014 年价格），每起与工作有关的健康问题事故的成本为 17600 英镑（2014 年价格）（表 5.5）。

事故估计费用  表 5.5

| 每个案例的社会成本（每个案例的个人、雇主和政府成本之和）<br>[Cost to society per case (sum of cost to individual, employer, and government per case)] | | | |
|---|---|---|---|
| | 非财务人力成本（按 2014 年价格计算, 英镑）<br>[Non-financial human cost (£ in 2014 prices)] | 财务成本（按 2014 年价格计算, 英镑）<br>[Financial cost (£ in 2014 prices)] | 总成本（按 2014 年价格计算, 英镑）<br>[Total cost (£ in 2014 prices)] |
| 致命伤<br>(Fatal injuries) | 1149000 | 421000 | 1570000 |
| 非致命伤<br>(Non-fatal injuries) | 4500 | 2900 | 7400 |
| 缺勤 7 天或以上<br>(7 or more days of absence) | 18200 | 10300 | 28500 |
| 最多缺勤 6 天<br>(Up to 6 days of absence) | 320 | 550 | 870 |
| 健康（Ⅲ health） | 9400 | 8200 | 17600 |
| 缺勤 7 天或以上<br>(7 or more days of absence) | 19600 | 16800 | 36400 |
| 最多缺勤 6 天<br>(Up to 6 days of absence) | 270 | 570 | 840 |

资料来源 HSE 英国成本模型 39
(Source: HSE Cost to Britain model 39)

### 5. 案例：比较两个基本工程的现场事故数目

由于缺乏可比较的数据或案例研究，本书使用了一个例子来说明计算方法。

第一个项目是 BIM 成熟项目（项目 A），2017 年完成施工。第二个项目是一个"无 BIM"项目（项目 B），于 2010 年底完成。工程范围相类似的工程项目包括兴建两栋新楼、翻新其中一幢现有楼宇及相关的园景工程。

这两个项目的总资本成本约为 2 亿英镑。项目 A 历时 22 个月交付，项目 B 历时 24 个月交付。根据现场报告，现场的平均每日工人人数大致相似：项目 A 平均每天有 43 名工人，项目 B 有 47 名工人。每个工人每天在工地上花费的平均工时也相似：项目 A 工人平均花费 7.9h，项目 B 工人平均花费 8.2h。两个项目的主承包商是相同的。

分析现场报告，提取事故的数量和类型。在 A 项目中，事故数据只包括 9 个月的建设期。关于项目 B，有 18 个月的数据。因此，为了比较两个数据集，有必要将 9 个月期间的现场事故正常化。为了简单,我们除以 2。其他数据,如项目成本、进度、范围、平均每日工人人数和平均每日工时都可以进行比较。

在项目 A 中,现场团队使用联合 Revit 模型纳入最新的临时工程并模拟施工顺序。工具箱会谈包括在 3D 中审查现场进展情况,并根据现场配置的变化进行危险识别。

在项目 B 中,现场小组使用纸质图纸与健康和安全手册进行安全审查。安全谈话是在没有任何虚拟仿真的情况下口头进行的。

1) 标准化差异

基于数据的可用性和项目的差异,有必要考虑其他可能影响现场事故数量的因素,与 BIM 的使用无关。

项目进度:项目 A 22 个月,项目 B 24 个月;时间表相似,项目之间的比较期定为 9 个月,以反映现有数据。考虑季节性,用于项目之间比较的数据包含相同数量的冬季/夏季月份。在施工期间,现场均无恶劣天气。

项目范围/复杂性:两个项目范围相似,范围的差异不太可能影响事故的数量。

项目成本:两个项目成本都是 2 亿英镑,没有区别。

现场人数:项目 A 平均每天 43 人,项目 B 平均每天 47 人;8.5% 的差异,不足以影响事故的数量。

总工时:项目 A 7.9 人 h/d,项目 B 8.2 人 h/d;4% 的差异,不足以影响事故的数量。

2) 结论

在 9 个月的时间里,项目 A 的记录确认了 5 起轻微事故、3 起险些脱险和 0 起非致命的 RIDDOR(Reporting of Injuries, Disease and Dangerous Occurrences Regulations,即《伤害、疾病和危险事件报告条例》)事故。项目 B 的记录在 18 个月期间内确定了 23 起轻微事故、3 起险些脱险和 3 起非致命的 RIDDOR 事故。

在分析的 9 个月期间,BIM 成熟项目的事故数量明显减少,两个项目都没有发生致命事故。

由于没有发生事故,因此没有考虑近期脱险减少的成本。

3) 假设

用于比较的"无 BIM"项目代表了一个合适的和适当的反事实,即有可能是其他不可预见的情况导致了事故的发生。然而,我们已经分析了所有可用的事故数据,基于建筑工人的专业知识,对于项目 B 中发生的额外事故,使用 BIM 是有可能避免的。

4) 收益计算

减少事故的价值＝致命事故的减少×致命事故的总花费＋非致命事故的减少(最多 6 天缺勤)×非致命事故的总花费＋非致命事故的减少(7 天或以上缺勤)×非致命事故的总花费＝ 0 ×£1570000＋9×£870＋1.5×£28500＝£50580。

5) 收益是如何实现的

这种衡量节省时间的方法可以应用于我们的利益框架并确定以下利益:

(1) 改善建筑业的健康和安全;

（2）改善维修/拆除方面的健康和安全。

## 5.3.2 项目成本管理方面

BIM 的应用有可能为政府建筑客户和他们的供应链在整个资产生命周期中带来其他更广泛的成本节约，在这些资产生命周期中很难区分时间和材料元素。由于潜在的时间和材料的节省，它们可能直接积累到供应链或资产所有者及政府建设客户。

例如，在资产交付过程中，成本节约可能在"项目实施"阶段实现，因为如果使用完备 BIM 模型，对设计的更改更少，并且避免了冲突。

使用 AIM 可节省资产运作的成本，从而实现更有效的维修、更便宜的翻新和设施管理，以及更快的处理。

在资产生命周期的"战略"阶段，通过业主信息要求（EIR）和资产信息要求（AIR）更好地定义项目范围和信息流程，可以降低供应链未来索赔的可能性。

**1. 收益的意义**

1）资产交付

在资产交付过程中节省的成本可能对政府建设客户和供应链成员都是重要的。供应链通过更好的协作和冲突检测减少返工，从而节省成本。学术文献表明，冲突检测的节省可以达到合同价值的 10%，大多数行业专业人士指出减少冲突和变更是 BIM 的最大好处。

2）运行

由于资产的使用寿命长达 120 年或更长，因此在资产运营期间节省的成本可能比在资产交付阶段节省的成本更高。根据一些消息来源，通过 BIM 工具可以在运营阶段节省高达 25% 的成本，这些工具增加了对精确数据的访问的方便性，主要是使用资产交付期间开发的综合 AIM。通过更小的公用事业成本、更灵活的维护机制和更高效的空间翻新，可以直接为资产所有者节省成本。资产所有者还可以从资产处置成本的降低中获益，因为回收材料的回报更高，资产退役的速度更快。

**2. 实现效益**

为了实现上述节约的成本，本书需要考虑 BIM 应用的两个可能的影响。

1）特定事件实例数量的变化

所涉及的事件可能是冲突、变更、诉讼索赔或"更换灯泡"的要求。对于每一个发生的"事件"，都会有一个相关的成本或相关的可避免的成本。由于 BIM 的应用，事件发生次数的减少或增加将导致成本的变化。例如，如果冲突检测是一个事件，那么增加检测到的冲突数量将节省成本。如果诉讼是一个事件，那么诉讼索赔数量的减少也将导致成本的节约。节省的费用是由于有关事件的发生次数减少而不再需要的人工和材料的节省。

2）与特定事件相关的成本减少

由于 BIM 数字信息的可用性，一个特定的事件可以更快地开展，因此需要的劳动力投入更少（或材料更少）。例如，BIM 实现了对资产信息更快的访问，这意味着处理诉讼索赔可以更快/更容易，并降低了每次索赔的成本。类似地，使用 AIM 中容易访问的信息执行特定的维护实例会更快，也降低了每个维护任务的成本。

重要的是要确定哪些影响正在发生。

**3. 估计 BIM 应用的成本节约**

我们必须考虑上述两种影响中任何可能发生的变化。

1）量化影响

确定可归因于 BIM 的特定事件的实例数量的变化。正如前文所描述的，有许多方法来对抗适当的反事实。

例如，通过使用 BIM，是否可能检测到使用其他方法无法注意到的某些冲突？

确定与 BIM 事件的一个实例相关的成本变化。正如前文所描述的，有许多方法来对抗适当的反事实。例如，对于检测到的每个冲突，考虑 BIM 软件的使用，它是否更容易解决，从而获得更快/更低的成本？

2）货币化

将每个实例的平均成本应用于实例数量，以确定节省的总成本。或者，根据可用的数据和比较数据，计算有 BIM 的活动以及包含该活动的所有事件的总成本，并从没有 BIM 的相同活动的总成本中减去。

成本节约＝一个实例项目事件中的节约×同类型事件平均成本改变。

或，成本节约＝没用 BIM 项目的总成本－用了 BIM 项目的总成本。

3）数据需求

根据类似项目的成本数据或专家意见确定实例数量和平均成本或每个实例的成本的记录/日志。

**4. 假定：一个特定事件的实例的平均成本**

一个实例发生的平均成本应该由适当合格的涉众根据他们对项目执行的经验来确定。这一价值将取决于许多因素，如项目类型、重要性、供应链和客户组织的成熟度。

**5. 收益实现的方式**

这种衡量成本节约的方法可以应用于利益框架中的以下利益：碰撞检测中的成本管理、优化变更中的成本管理、运营设施管理中的成本管理、资产维护中的成本管理、更新中的成本管理、资产处置中的成本管理、项目诉讼中的成本管理。

### 5.3.3 项目生产力方面

BIM 的使用有可能以许多不同的方式以节省时间，无论是对于在资产生命周期内的每个阶段的资产交付，还是政府组织的服务交付（或寻常业务）。例如，使用通用数据环境（CDE）可以实现更简单的工作方式和更快的信息交换。在某些情况下，节省的时间首先会直接积累到供应链，而在其他情况下则会积累到政府施工客户或资产所有者。

### 1. 生产力提升的意义

1）资产交付

在资产交付过程中节省的时间对所有政府建设客户都有潜在的重要意义。学术文献提供了 BIM 在整个资产生命周期中节省时间的证据；例如，有人提出 BIM 可以节省多达 64% 的时间来完成成本和数量估算过程，节省多达 70% 的时间来查找和共享资产信息。设计和施工双方和政府施工客户都将直接节省时间，例如在设计细节审查、客户方施工协调和利益相关方咨询等方面。

2）服务交付

在服务交付中使用 BIM 资产信息节省的时间对政府资产所有者也有可能产生重大影响。如果 BIM 可以帮助组织在收集信息以满足信息请求方面节省时间，或者更快速地开展业务/服务，那么节省时间的效果将是显著的。对于服务交付过程，资产所有者也可以直接节省时间。

### 2. 货币化

节省时间带来的金钱节省基于以下三种可能的效果：

1）通过减少直接人工成本

BIM 所节省的每一个人·小时都将节省项目的人工成本。相当于全时劳动力成本的削减应包括以工资、社保和津贴形式的间接费用以及基本薪金。

2）通过减少依赖时间的经常性初步成本

如果项目的持续时间总体减少，就会产生这种节约，从而减少产生"初步"成本的需要，可能是每天/每周固定或半可变的成本减少。费用的减少将包括劳动力的减少和其他随时间变化的费用的减少，例如，一般场址、行政、服务和保安。

3）通过加速资产交付

加速资产交付加速相应的项目收益。通过减少资产交付生命周期的总体时间，减少了项目现金流的时间——包括成本和收益。这会改变项目的净现值（Net Present Value，NPV）。

### 3. BIM 效益测量方法

1）计算直接人工成本的减少

（1）量化影响

确定 BIM 的工时变化。有许多可能的方法来对抗适当的反事实。了解谁的时间被节省了以及节省了多少时间是很重要的。例如，与利益相关人一起经历建设过程或活动，并确定在有或没有 BIM 的情况下进行活动所需的时间。

（2）货币化

节省的时间价值＝BIM 带来的时间变化（所有利益相关人员节省时间的天数总和）×包括管理费用在内的平均日工资。

（3）所需数据

每个单位人从 BIM 中节省的时间（天）；日工资（包括节省时间的人的日常管理费用）。

2) 计算与时间相关的经常性前期成本的减少

（1）量化影响

确定项目的持续时间是否因为 BIM 的应用而缩短。有许多可能的方法来对抗适当的反事实。例如，是否有可能通过使用 BIM 优化场地规划来缩短建造和调试阶段的持续时间？如果不使用 BIM，这种减少可能发生吗？可以将 BIM 项目的项目进度与没有使用 BIM 的类似项目进行比较，排除由于其他原因产生的差异，以确定 BIM 导致的进度缩短程度。

（2）货币化

节省时间的价值＝缩短的项目进度（天）×每天的项目"初步"成本。

（3）所需数据

两个类似项目的项目进度表（区别在于是否使用 BIM）；了解任何由于 BIM 无法影响的事件而导致的项目延误；影响 BIM 进度的原因；平均每日项目初期成本。

重要的是避免对节省的时间所带来的好处进行重复计算。项目前期成本包括直接人工成本，因此不应单独计算这些成本，除非它们是在项目持续时间缩短所节省的费用之外。

**4. 假设**

1）平均工资率

为了评估所省的时间，了解谁的时间被节省了，以及他们的技能/技能水平，还有他们工作的部门是很重要的。只有这样，才可以采用适当的工资率进行计算。在这里，我们假设可以从涉众的知识中了解到谁的时间被节省了。ASHE〔Annual Survey of Hours and Earnings，英国国家统计局（Office for National Statistics，ONS）进行的一项年度调查，旨在收集英国全国各行各业的薪资和就业数据〕提供了按行业或职业分列的每小时工资毛额数据；例如，作为行业的"铁路和地下铁路建设"，或作为职业的"瓦匠和泥瓦匠"。这些数据可以用来估计雇员的平均工资率。

2）BIM 效益测量方法

劳动力成本＝工资＋管理费用。如果无法获得实际成本，可以使用 30％的管理费率。建筑业全职工人周总工资中位数见表 5.6。

表 5.6 建筑业全职工人周总工资中位数（取自 ASHE 数据，英镑）

| 描述 | 周总工资中位数（2016 年价格） | 描述 | 周总工资中位数（2016 年价格） |
| --- | --- | --- | --- |
| 所有的建筑 | 544.6 | 铁路、地下铁路建设 | — |
| 建造建筑物 | 571.3 | 建造桥梁及隧道 | — |
| 建筑项目的发展 | 610.0 | 公共事业项目建设 | 535.9 |
| 兴建住宅及非住宅楼宇 | 563.9 | 流体公共事业项目的建设 | 539.8 |
| 土木工程 | 585 | 电力、电信公共事业项目建设 | 520.0 |
| 公路、铁路建设 | 575.0 | 其他土木工程建设 | 600.0 |
| 道路和高速公路的建设 | 572.0 | 水利工程建设 | — |

续表

| 描述 | 周总工资中位数（2016年价格） | 描述 | 周总工资中位数（2016年价格） |
|---|---|---|---|
| 专业的建筑活动 | 518.2 | 其他建筑安装 | 480.7 |
| 拆卸及现场准备工作 | 560.0 | 建筑完工和整理 | 460.1 |
| 拆迁 | 557.0 | 抹灰 | 497.4 |
| 现场准备 | 559.5 | 细木工安装 | 458.7 |
| 试钻和钻孔 | — | 地板和墙面覆盖物 | 490.4 |
| 电气、管道及其他建筑安装活动 | 550.0 | 绘画和玻璃 | 431.0 |
| | | 其他建筑完工及装修 | 474.8 |
| 电气安装 | 568.5 | 其他专业建筑活动 | 518.5 |
| 水管、暖气及空调装置 | 532.0 | 屋顶活动 | 448.9 |

3）BIM效益测量方法

初期费率：费率将在项目的成本计划和（或）工程量清单中确定。

衡量效益：节省建造时间和佣金。

影响途径：来自详细的利益框架（图5.1）。

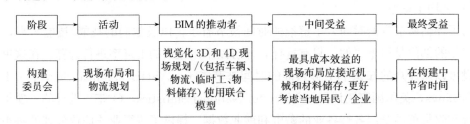

图 5.1 详细的利益框架示意图

（1）BIM的使用如何节省时间

在现场布局和物流规划中使用了BIM模型，以数字化审查施工现场的条件。在模型审查期间，发现了诸如站点访问不良等问题。为了提高工厂工作模式和后勤布局的效率，对施工进度进行了调整。如果没有BIM的使用，这些变化就不会被识别出来，承包商就会按照原计划进行工作，导致交通转换工程被推迟到项目的后期，造成更多的破坏。BIM的使用使项目进度缩短了一周。BIM模型的虚拟回顾也意味着不再需要实际的现场访问，从而节省了更多的时间和直接的劳动力影响。

（2）结果

项目在21周内交付，而不是原计划的22周，从而节省了一个星期的整体项目。此外，还节省了额外的劳动时间：更好地规划现场工作，节省了176人·h；避免现场视察，节省了110人·h。节省的总价值为62010英镑，占总资本成本的0.06%。

（3）计算收益

因缩短项目工期而节省的时间价值（f）＝建造和调试阶段在项目进度计划上节省的总时间（周）×（初步费率）＝1周×每周51000英镑。

操作工厂及视察工地所省的劳力时间（f）＝BIM带来的时间变化（所有涉众节省

的工时总和)×平均每小时工资,包括日常管理费用=(4人×2h×22人次+4人×2.5h×11次)×(35英镑×1.205)/h=12062英镑。

总节省=51000英镑+12062英镑=63062英镑。

(4)假设

平均工资=35英镑/h;

开销率=30%;

每周项目总成本=51000英镑。

这种衡量节省时间的方法可以应用于确定效益框架中的以下效益(从详细框架派生的高级分组):节省设计时间、节省建造和佣金的时间、节省回复信息请求(Request For Informations,RFIs)的时间(在"建造和调试"期间)、节省移交时间、节省事件应对时间。

### 5.3.4 项目质量管控方面

#### 1. 提高资产质量

使用 BIM 可以改善服务交付,提高资产的设计质量,这有利于使用它进行公共服务交付的最终用户。例如,BIM 的 3D 和 4D 可视化能力使建筑布局更好,如建筑可以倾斜以获得更多阳光。BIM 定义的过程,以及它所鼓励的与项目利益相关者的参与,使得从项目一开始就明确定义了操作性能和设计目标。BIM 提高了设计和施工过程的可视性,从而提高了最终用户的资产质量。

#### 2. 质量提升的意义

提高资产质量的好处将在服务交付期间累积。有一些证据表明,这种好处可能是显著的。相关文献表明,资产质量对最终用户的结果有可衡量的影响。然而,很难量化和归因于 BIM 的使用。BIM 可以通过多种方式提高资产的设计质量。学术文献表明,根据资产类型/使用的不同,提高设计质量的好处可以以不同的方式表现出来。例如,在医疗保健部门,研究发现提高建筑质量后会改善患者的医疗保健结果。一项研究发现,住在新建医院的患者出院率比旧建筑快 21%,减少了住院时间,节省了成本。

有关资产质量的文献强调,由于资产质量改善,在包括但不限于住院条件、工作人员士气和公共住房等领域取得了具体且可衡量的改善,具体影响取决于资产类型。此外,BIM 通过早期项目利益相关者的参与和设计过程中对最终用户的更多关注,对提高设计质量有更广泛的影响。所显示的好处只能部分归因 BIM,因为 BIM 只是影响资产质量的众多元素中的一个。表 5.7 为提高资产质量的文献综述摘要。

提高资产质量的文献综述摘要　　表 5.7

| 作者 | 结果 |
| --- | --- |
| 医院 | |
| 谢菲尔德大学建筑学院(1999) | 住在新楼的病人比住在旧楼的病人的出院率高 21%。此外,精神病患者住院时间缩短 14%,言语爆发(24%)和威胁行为(42%)有所减少 |

续表

| 作者 | 结果 |
|---|---|
| 医院 | |
| Ulrich,R.(1984) | 与那些可以看到砖墙的病房相比,住在视野开阔的病房的病人术后住院时间缩短9%。他们需要的药物更少,术后并发症的发生率也更低 |
| Leather,P.(2000) | 住在室内环境(照明、外部视野)改善的病房的患者脉搏率和血压读数较低,术后住院时间缩短27% |
| Coote,A.(Ed)(2002) | 医院重新设计后,员工的士气提高56% |
| 公共住房 | |
| 城市土地研究所 | 对四桩住宅发展项目超过10000宗房屋交易的研究显示,秉持基本城市设计原则的方案,平均售价可高出20000元(11%) |

收益是如何实现的:改善资产质量的影响路径见表5.8。

**提高资产质量的影响路径(从收益框架中提取)** 表5.8

| 阶段 | 活动 | BIM的推动者 | 中间受益 | 最终受益 |
|---|---|---|---|---|
| 0:策略 | 开发项目业务案例 & 信息需求 | 软着陆需要在一开始就定义业务和运营绩效结果,项目涉众从一开始就参与其中。软着陆是贯穿资产生命周期的一个常见主题 | 性能反馈用于更好地告知客户需求和设计概要;供应链有动力改进操作和维护的设计 | 提高资产质量 |
| 1-3:简短的概念 | 供应链采购,合同授予和动员 | 供应链向客户提交主信息交付计划(MIDP)和预合同BEP | 提高客户对供应链BIM L2成熟度的可见性 | |
| 4:设计 | 客户评审和利益相关者咨询 | 3D和4D虚拟设计模拟 | 为终端客户提供更高质量的资产 | |

提高资产质量的影响取决于资产类型:

(1)有些影响会给资产所有者带来金钱上的好处(例如,减少人员流动率会通过减少招聘/培训成本直接影响所有者的成本);

(2)其他福利将纯粹是改善福利(例如,工作人员士气的提高会使工作人员获得福利)。

资产所有者(而不是最终用户)能在多大程度上实现收益,将取决于资产的类型、资产提供的服务以及质量收益如何体现。

收益的货币化:提高资产质量的收益分为两类:

(1)资产质量直接影响资产所有者的成本,如减少员工流失率或减少每个病人所需的住院时间(这将减少医院面临的成本)。

(2)如果最终用户直接受益(如改善教育成果、减少道路事故和改善用户体验),则间接影响资产所有者。

### 3. 为最终用户估计改进的质量的价值

资产所有者需要考虑改进的质量可能直接影响用户结果和相关利益的方式。根据英国财政部绿皮书的指导，如何评估提高后的资产质量取决于是否提高质量，对资产所有者有直接的经济影响。对资产所有者的直接经济影响可以变现，对最终用户的间接利益也可以变现，然而，这在实践中可能更加困难。

可能会产生各种各样的好处。根据现有的学术文献，本书在表 5.9 中提供了直接利益的例子和相关计算，可以用来捕捉这些。这些资产是根据它们产生的资产类型进行分类的。

提高资产质量的效益计算示例　　　　　　　　　　　　　　　　　　　　表 5.9

| 资产类型 | 质量改进的效果 | 获取利益的计算 |
| --- | --- | --- |
| 所有 | 由于提高了员工的士气/对工作环境的满意程度，减少了员工流失率 | 节约成本=减少培训新员工的成本+降低招聘成本<br>降低培训成本=减少新员工培训人数×平均培训费用<br>降低招聘成本=工作人员节省的时间×平均日工资，包括间接费用 |
| 医院 | 减少住院时间 | 日常管理费用在内的平均日工资因停留时间缩短而节省的费用=缩短停留时间(天)×停留费用(每小时) |

## 5.3.5 可持续性发展

### 1. 提高声誉

BIM 的应用可以通过改善与资产交付和服务交付相关人员的体验，潜在地提高政府建设客户以及涉及资产交付的供应链的声誉。例如，在资产交付中，使用 BIM 可能会导致更好的现场布局和更优化的物流。这可以减少对居住在建筑工地附近的居民、企业和客户的负面影响。在服务交付中，如果客户服务得到加强或事件管理得到改善，那么使用 BIM 可以提高声誉。在事件管理方面，AIM 模型可以减少与雇佣专家检索相关文档和开展调查有关的成本，以了解事件发生前的资产状态。这可以导致更快的事件响应和解决，对政府资产所有者的声誉产生积极影响。

### 2. 可持续发展意义

1) 资产交付

BIM 可以在建造和调试阶段提高政府施工客户和供应链的声誉，在此阶段，高效的现场布局、对公众的考虑以及改善的健康和安全可以提高公众对项目和相关方的认知。例如，如果在道路建设过程中，BIM 导致了更有效的现场布局，施工过程更流畅、更快，临时道路工程更少，这可能会为资产所有者带来声誉收益。对于那些资产具有较大公众知名度的政府建设客户/资产所有者，或者对于资产的建设过程可能会影响公众的政府建设客户/资产所有者，这种做法的好处可能最为显著。

2) 服务提供

在服务提供过程中,如果对服务提供的感知得到改善,资产所有者或运营商及关联方的声誉就会得到改善。铁路服务提供商、公路服务提供商等提供的服务的显著改善可能会对组织的声誉产生重大影响。

3. 效益是如何实现的

改善声誉的影响途径见表5.10。

改善声誉的影响途径(从详细的利益框架中提取)　　　表5.10

| 阶段 | 活动 | BIM的推动者 | 中间受益 | 最终受益 |
|---|---|---|---|---|
| 1—3:简短的概念(Brief-Concept) | 供应链采购,合同授予和动员 | 供应链向客户提交主信息交付计划(MIDP)和预合同BEP | 提高客户对供应链BIM L2成熟度的可见性 | 提高声誉 |
| 5:建造和委托 | 现场布局及物流规划 | 使用联邦模型进行可视化的3D和4D场地规划(包括车辆、物流、临时工程、材料储存) | 最具成本效益的场地布局,便于机械和材料存储,更好地考虑当地居民/企业 | |
| 5:建造和委托 | 健康和安全管理 | 改进的信息,包括用于解决健康和安全危害的3D/4D模型(支持良好的清洁发展机制) | 更好地理解施工操作,更好地了解安全和健康风险,包括残留风险 | |
| 7:操作和使用结束 | 维护 | AIM提供了更快的信息访问。需要进行维护 | 维护速度更快 | |
| 7:操作和使用结束 | 事件管理 | 基于三维模型的数据支持事件调查 | 更多/更好的信息来支持法律立场 | |

4. 收益的货币化

将声誉改善归因于BIM的难度很大,因为许多因素都对声誉有贡献,很难区分每个因素的责任程度。例如,一个政府部门可能会因为新资产的建设和更顺利的建设过程而获得声誉的提高,但同样,声誉的提高也可能是政策变化或人员配置变化等的结果。通过调查来评估声誉收益的程度是可能的,但将其归因于BIM仍然是困难的。此外,重要的是要确保任何声誉收益都超过了利益度量方法中其他地方捕获的利益。

5. 衡量的效益

影响途径见表5.10。

6. 结果

32%的受访承包商将"增强组织形象"作为与BIM相关的组织的三大好处之一。由于形象的改善,19%的承建商还声称"营销新业务",13%的承建商声称他们能够"保持回头客"。这些调查结果表明,BIM的成熟度有助于提高声誉,从而将供应链成员转化为更成功的业务。

## 参 考 文 献

[1] Amos Darko, et al. Artificial intelligence in the AEC industry: Scientometric analysis and visualization of research activities [J]. Automation in Construction, 2021, 112.

[2] Asare Kofi A. B., Issa Raja R. A., Liu Rui, Anumba Chimay. BIM for Facilities Management: Potential Legal Issues and Opportunities [J]. Journal of Legal Affairs and Dispute Resolution in Engineering and Construction, 2021, 13 (4).

[3] BIMForum. Level of Development Specification [EB/OL]. [2022-08-12]. https://bimforum.org/lod/.

[4] Cho, Dahngyu, et al. Recognizing Architectural Objects in Floor-plan Drawings Using Deep-learning Style-transfer Algorithms. Proceedings of the 25th CAADRIA Conference, RE: Anthropocene, Design in the Age of Humans [C]. Bangkok, Thailand, 2020.

[5] Digital Practice Documents, AIA [EB/OL]. [2022-08-12]. https://www.aiacontracts.org/contract-doc-pages/27086-digital-practice-documents.

[6] Dong B, Cao C, Lee SE. Applying support vector machines to predict building energy consumption in tropical region [J]. Energy and Buildings. 2005, 37 (5): 545-53.

[7] Eastman C M, Eastman C, Teicholz P, et al. BIM handbook: A guide to building information modeling for owners, managers, designers, engineers and contractors [M]. John Wiley & Sons, 2011.

[8] F. Elghaish, et al.. Detecting Distresses in Buildings and Highway Pavements-Based Deep Learning Technology. Blockchain of Things and Deep Learning Applications in Construction-Digital Construction Transformation [C]. Springer, Switzerland, 2020.

[9] F. Elghaish et al.. Deep Learning to Detect and Classify Highway Distresses Based on Optimised CNN Model. Blockchain of Things and Deep Learning Applications in Construction-Digital Construction Transformation [C]. Springer, Switzerland, 2020.

[10] Federal Highway Administration, Advancing BIM for Infrastructure: National Strategic Roadmap (Washington, DC: 2021) [EB/OL]. (2021-07-28) [2022-10-25]. https://doi.org/10.21949/1521637.

[11] Hamid Abdirad, Carrie S Dossick. Normative and descriptive models for COBie implementation: discrepancies and limitations [J]. Engineering, Construction and Architectural Management, 2019, 26 (8).

[12] Hamil S. What is COBie? [EB/OL]. (2018-10-29) [2022-10-25]. https://www.thenbs.com/knowledge/what-is-cobie.

[13] Jose Luis Blanco, et al. Seizing opportunity in today's construction technology ecosystem [EB/OL]. (2018-09-05) [2022-09-06]. https://www.mckinsey.com/business-functions/operations/our-insights/seizing-opportunity-in-todays-construction-technology-ecosystem.

[14] Lai F, Magoulès F, Lherminier F. Vapnik's learning theory applied to energy consumption forecasts in residential buildings. International Journal of Computer Mathematics [J]. 2008, 85 (10): 1563-88.

[15] Li Q, Meng QL, Cai JJ, Hiroshi Y, Akashi M. Applying support vector machine to predict hourly cooling load in the building [J]. Applied Energy, 2009, 86 (10): 2249-56.

[16] Liang J, Du R. Model-based fault detection and diagnosis of HVAC systems using support vector machine method [J]. International Journal of Refrigeration, 2007, 30 (6): 1104-14.

[17] Lingxi Xie et al. What Is Considered Complete for Visual Recognition? [J]. arXiv: 2105.13978, 2021.

[18] Mariusz Flasiński. Introduction to Artificial Intelligence [M]. Switzerland: Springer International. 2016.

[19] Meeran, Ahmed & Joyce, Sam. Machine Learning for Comparative Urban Planning at Scale: An Aviation Case Study. Proceedings of the 40th Annual Conference of the Association of Computer Aided Design in Architecture (ACADIA) Conference, Distributed Proximities [C]. online, 2020.

[20] NBS. National BIM report, 2018 [EB/OL]. (2018-5-10) [2022-10-25]. https://www.thenbs.com/knowledge/the-national-bim-report-2018.

[21] Ng, Jennifer Mei Yee, et al. Optimising Image Classification-Implementation of Convolutional Neural Network Algorithms to Distinguish Between Plans and Sections within the Architectural, Engineering and Construction (AEC) Industry. Proceedings of the 24th CAADRIA Conference, Intelligent & Informed [C]. Wellington, New Zealand, 2019: 795-804.

[22] Patacas, J., Dawood, N., Vukovic, V. and Kassem, M.. BIM for facilities management: evaluating BIM standards in asset register creation and service life planning [J]. Journal of Information Technology in Construction, 2015, 20 (10): 313-318.

[23] Pedro Domingos. The Master Algorithm: How the Quest for the Ultimate Learning Machine Will Remake Our World [M]. New York: Hachette Book Group, 2018.

[24] S. Neda Naghshbandi. BIM for Facility Management: Challenges and Research Gaps [J]. Civil Engineering Journal, 2016, 2 (12).

[25] Solutions A B I. Building Information Modeling [J]. White Paper Autodesk Inc. USA, 2002.

[26] Sun, Chengyu and Wei Hu. A Rapid Building Density Survey Method Based on Improved Unet. Proceedings of the 25th CAADRIA Conference, RE: Anthropocene, Design in the Age of Humans [C]. Bangkok, Thailand, 2020.

[27] Uzun, Can & Colakoglu, Birgul. Architectural Drawing Recognition A case study for training the learning algorithm with architectural plan and section drawing images. in Proceedings of the 37th eCAADe and 23rd SIGraDi Conference, Architecture in the Age of the 4th Industrial Revolution [C]. Porto, Portugal, 2019: 29-34.

[28] Vishal Kumar, Evelyn Ai Lin Teo. Perceived benefits and issues associated with COBie datasheet handling in the construction industry [J]. Facilities, 2020, 39 (5/6).

[29] Waishan Qiu, et al. Subjectively Measured StreetscapeQualities for Shanghai with Large-Scale Application of Computer Vision and Machine Learning [C]. Proceedings of the 2021 DigitalFUTURES, 2021.

[30] Wawan Solihin. A simplified BIM data representation using a relational database schema for an efficient rule checking system and its associated rule checking language [D]. Atlanta: Georgia Institute of Technology, 2016.

[31] Xia, Yixi, et al. Development of an Urban Greenery Evaluation System Based on Deep Learning

[32] Xiao, Yahan, et al. Automatic Recognition and Segmentation of Architectural Elements from 2D Drawings by Convolutional Neural Network. Proceedings of the 25th CAADRIA Conference, RE: Anthropocene, Design in the Age of Humans [C]. Bangkok, Thailand, 2020: 843-852.

and Google Street View. Proceedings of the 25th CAADRIA Conference, RE: Anthropocene, Design in the Age of Humans [C]. Bangkok, Thailand, 2020: 783-792.

[33] Yalcinkaya, M., Singh, V., Nenonen, S. and Junnonen, J.-M.. Evaluating the usability aspects of construction operation building information exchange (COBie) standard [C]. CIB World Building Congress, 2016.

[34] Yunjuan Sun, et al. A Machine Learning Method of Predicting Behavior Vitality Using Open Source Data [C]. Proceedings of the 40th Annual Conference of the Association for Computer Aided Design in Architecture (ACADIA) Philadelphia, USA. 2020.

[35] Zhao HX, Magoulès F. Parallel support vector machines applied to the prediction of multiple buildings energy consumption [J]. Journal of Algorithms & Computational Technology, 2010, 4 (2): 231-49.

[36] Zhe Zheng, Yu-Cheng Zhou, Xin-Zheng Lu, Jia-Rui Lin. Knowledge-informed semantic alignment and rule interpretation for automated compliance checking [J]. Automation in Construction, 2022, 142.

[37] Zheng, H., Moosavi, V., & Akbarzadeh, M. Machine learning assisted evaluations in structural design and construction [J]. Automation in Construction, 2020, 119.

[38] 戴军,韩文照. 香港BIM技术的发展及对内地的启示 [J]. 工程技术研究,2018 (8): 30-32.

[39] 翟韦,蒋琦. COBie标准在建筑工程数字化交付中的应用 [J]. 土木建筑工程信息技术,2022, 14 (1): 61-68.

[40] 丁少华. 基于BIM的装配式建筑全产业链项目管理模式研究 [J]. 建筑经济,2021, 42 (8): 67-71.

[41] 丁颖. 高层新型工业化住宅设计与建造模式研究 [D]. 南京: 东南大学,2018.

[42] 丁有政. 基于BIM装配式建筑实施阶段的造价管理研究 [D]. 石家庄: 河北地质大学,2022.

[43] 杜薇. 基于BIM技术的PMC模式在大型基础建设项目中的应用研究 [J]. 江西建材,2017, (11): 240-241.

[44] 高志国,陈为公,杨慧迎,等. BIM技术在建设项目中的应用成熟度评价 [J]. 青岛理工大学学报,2021, 42 (2): 68-77.

[45] 葛昕,孙玉厚. 三亚体育场工程EPC模式下BIM技术的综合应用 [J]. 建筑技术,2022, 53 (1): 31-34.

[46] 郭红兵,赵亚兰. BIM技术的国际研究概况与我国市政BIM应用分析 [J]. 人民长江,2021, 52 (4): 164-170.

[47] 何宛余,赵珂,王楚裕. 给建筑师的人工智能导读 [M]. 上海: 同济大学出版社,2021.

[48] 黄若鹏. 基于BIM的建筑工程施工质量管理信息集成研究 [D]. 徐州: 中国矿业大学,2019.

[49] 贾善涛. 基于BIM技术的超大深基坑进度管理研究 [D]. 青岛: 青岛理工大学,2015.

[50] 蒋雅丽. 基于BIM 4D的综合管廊工程施工进度管理 [D]. 西安: 西安理工大学,2018.

[51] 寇园园,刘凯. 基于BIM技术的装配式建筑精细化施工管理研究 [J]. 工程管理学报,2020, 34 (6): 125-130.

[52] 李菲. BIM技术在工程造价管理中的应用研究 [D]. 青岛: 青岛理工大学,2014.

[53] 李烨. BIM技术在DB模式中的应用研究 [D]. 武汉：武汉理工大学，2014.

[54] 刘继龙. 基于BIM技术的工程项目进度管理研究 [D]. 西安：西安工业大学，2016.

[55] 陆培争. 基于BIM和大数据的建筑工程质量管理研究 [D]. 徐州：中国矿业大学，2017.

[56] 宁穗智，陆鑫. DBB模式下的建设工程BIM应用管理模式研究 [J]. 土木建筑工程信息技术，2016，8（5）：21-25.

[57] 渠立朋. BIM技术在装配式建筑设计及施工管理中的应用探索 [D]. 徐州：中国矿业大学，2019.

[58] 饶洋，赵成宇，周宏韬，等. 科威特国际机场新航站楼EPC项目BIM应用体系 [J]. 土木建筑工程信息技术，2021，13（5）：49-57.

[59] 孙润润. 基于BIM的城市轨道交通项目进度管理研究 [D]. 徐州：中国矿业大学，2015.

[60] 唐新民. 房建工程EPC/DB模式的发展瓶颈与对策研究 [J]. 建筑技术开发，2020，47（24）：46-47.

[61] 王恒玉. 基于BIM的综合管廊项目全过程造价管理研究 [J]. 建筑经济，2021，42（12）：53-58.

[62] 王彦. 基于BIM的施工过程质量控制研究 [D]. 赣州：江西理工大学，2015.

[63] 王翌飞. 香港建筑信息模拟（BIM）技术的发展及经验借鉴 [J]. 住宅与房地产，2020（11）：44-54.

[64] 魏宏亮，牛昌林，吴星蓉，等. BIM技术在建筑工程施工质量管理中的应用 [J]. 项目管理技术，2021，19（10）：113-117.

[65] 吴蔚. BIM效益评价方法及应用研究 [D]. 武汉：华中科技大学，2014.

[66] 萧俊杰，曹健. 基于IPD模式下BIM技术的应用探究 [J]. 砖瓦，2021（7）：75-77.

[67] 邢雪雯. 我国EPC总承包管理模式发展影响因素分析研究 [D]. 衡阳：南华大学，2020.

[68] 徐梦杰. 基于BIM的施工进度管理研究 [D]. 徐州：中国矿业大学，2016.

[69] 许志文. BIM技术在建筑工程项目进度管理中的应用研究 [D]. 北京：华北电力大学，2021.

[70] 杨士超. 基于BIM技术的建筑工程施工质量过程管理研究 [D]. 北京：中国科学院大学（工程管理与信息技术学院），2016.

[71] 姚辉彬. 基于工程总承包模式的BIM应用研究 [D]. 济南：山东建筑大学，2019.

[72] 于家水. "业主＋PMC＋EPC"管理模式应用研究 [D]. 青岛：山东科技大学，2019.

[73] 俞启元，吕玉惠，张尚. BIM在建筑业PMC模式中的应用研究 [J]. 建筑经济，2016，37（12）：31-34.

[74] 袁斯煌. 业主驱动的BIM应用效益评价研究 [D]. 重庆：重庆大学，2016.

[75] 张国庆. 基于BIM的工程项目进度管理效益评价研究 [D]. 长沙：中南林业科技大学，2017.

[76] 张毅，葛斌，郑果. 基于BIM的智能建造在香港感染控制中心项目中的探索与实践 [C] //中国图学学会土木工程图学分会. 第八届BIM技术国际交流会——工程项目全生命期协同应用创新发展论文集.《土木建筑工程信息技术》编辑部（Journal of Information Technology in Civil Engineering and Architecture），2021：7.

[77] 郑波. 传统DBB与DB设计模式的区别 [J]. 交通世界，2017（10）：124-125.

[78] 周鹏超. 基于4D-BIM技术的工程项目进度管理研究 [D]. 赣州：江西理工大学，2015.

[79] 周志华. 机器学习 [M]. 北京：清华大学出版社，2016.

[80] 周梓珊. 基于BIM的装配式建筑产业化效率评价的指标体系研究 [D]. 北京：北京交通大学，2018.

# 后记

近年来，世界各国陆续在大型项目中使用 BIM 技术，可以看出，业界普遍意识到在工程中导入 BIM 技术的优势，BIM 技术应用已经成为全球建筑业发展的主流方向。各国在应用 BIM 技术的过程中，为求成效的最大化，相关标准的制定应运而生。

当前，随着我国对"一带一路"倡议及供给侧结构性改革的不断推进，我国建筑单位承接了越来越多海外工程，由于国内外 BIM 技术标准存在差异，对海外工程项目 BIM 技术应用进行研究已刻不容缓。

本书基于波哥大地铁一号线项目，对海外工程项目 BIM 技术应用进行了研究。作为国际标准下 BIM 全生命周期应用典型项目，波哥大地铁一号线项目对 BIM 应用进行系统性顶层设计，根据 ISO 19650 定义的标准工作，编制了详细完善的 BIM 实施体系文件，包括 EIR、BEP、MIDP、TIDP、MPDT、应用方案等。体系文件经过了初步设计阶段的检验，证明确实对项目 BIM 工作起到关键的指导作用，并且项目总经理部对 BIM 实施过程中遇到的问题进行归纳总结，及时组织相关方对 BEP 等体系文件进行修编，实现内容迭代。同时，与同济大学、中国建筑标准设计研究院有限公司、中国建筑工程（香港）有限公司、北京城建设计发展集团股份有限公司、WSP（科进公司）、ENG（ENG 环球公司）、哥伦比亚安第斯大学等国内外知名公司、院校开展协调沟通，沟通实施经验，扩展房建市政、海事工程、道路桥梁、航空枢纽、成套设备等工程领域关于 LOD 模型精度、BIM 应用等方面的内容。

随着人们对国际标准体系下工程项目全生命周期 BIM 技术应用的重视，现如今已有不少针对海外工程项目 BIM 技术应用的研究，但为了对接 BIM 国际标准，相关的人才培养机制亟需建立，国内需构建高职院校建筑技术和工程管理专业人才培养模式，为建筑行业提供高素质的应用型人才，以此适应我国建筑市场的国际化发展，提高我国建筑行业的国际竞争能力。